दो शब्द

पूरा करना है अगर IAS का सपना तो जरूरी है NCERTs को समझना...

सिविल सेवा परीक्षा भारत की सर्वाधिक प्रतिष्ठित, कठिन एवं चुनौतीपूर्ण परीक्षा है।

भारत में सिविल सेवा की परीक्षा इसलिए भी कठिन और चुनौतीपूर्ण हो जाती है कि इसमें "कितना पढ़ना है" से ज्यादा महत्त्वपूर्ण होता है "क्या पढ़ना है"

सफल अभ्यर्थियों के अनुभवों तथा विगत् वर्षों के प्रश्न-पत्रों के विश्लेषण से यह सिद्ध हुआ है कि इस परीक्षा में **NCERT की पुस्तकों** का विशेष महत्त्व है, क्योंकि इन्हीं पुस्तकों को आधार बनाकर सामान्य अध्ययन के प्रश्नों को परीक्षा में पूछा जाता है। **NCERT के तथ्यों** से प्रत्येक वर्ष सीधे प्रश्न पूछे जा रहे हैं।

NCERT पुस्तकों के अध्ययन को आसान तथा उद्देश्यपूर्ण बनाने हेतु 'अरिहन्त पब्लिकेशन्स' द्वारा **'NCERT MCQs'** सीरीज तैयार की गई है। इस सीरीज में कक्षा 6 से 12 तक की पुरानी व नई **NCERT का कवरेज वस्तुनिष्ठ प्रश्नों** के रूप में किया गया है।

2nd संस्करण की प्रमुख विशेषताएँ

- प्रश्नों का स्तर सिविल सेवा एवं विभिन्न लोक सेवा आयोगों की प्रारम्भिक परीक्षाओं के अनुरूप
- पुस्तक में **प्रश्नों को अध्यायवार रूप** में रखा गया है, जिससे अभ्यर्थी को NCERT पुस्तक से सम्बन्धित विषय के सम्पूर्ण अध्ययन का ज्ञान प्राप्त हो
- 100% त्रुटि रहित एवं विस्तृत व्याख्या
- तमिलनाडु बोर्ड एवं NIOS की पुस्तकों से अतिरिक्त प्रश्नों का संकलन
- विषय से संबंधित सम्पूर्ण अभ्यास के लिए तीन प्रैक्टिस सेट्स

इस सीरीज को पूरा करने में विशेषज्ञों की एक टीम ने उत्साह के साथ कार्य किया है। इस पुस्तक के संकलन में विशेषज्ञों के साथ-साथ प्रोजेक्ट मैनेजमेण्ट टीम का भी विशेष योगदान रहा, जिसमें मोना यादव (प्रोजेक्ट मैनेजर), दिव्या गुसाईं (प्रोजेक्ट कॉर्डिनेटर), प्रीति रंधावा, मीनाक्षी, सुशील (प्रूफ रीडर्स), विनय शर्मा, कमल किशोर (डीटीपी ऑपरेटर) और शानू एवं मजहर (कवर एवं इनर डिजाइनर) प्रमुख हैं।

आशा है कि सिविल सेवा तथा अन्य प्रतियोगी परीक्षाओं के अभ्यर्थी इस पुस्तक का अध्ययन कर अपने लक्ष्य को निश्चित ही प्राप्त करेंगे। आपके उपयोगी सुझाव सदैव हमें बेहतर संस्करण बनाने में सहायक सिद्ध हुए हैं। इसलिए आप हमें अपने सुझाव अवश्य भेजें, जिनके आधार पर हम पुस्तक के आगामी संस्करण को और भी बेहतर बना सकें।

लेखक

विषय-सूची

NCERT MCQs

भारतीय राजव्यवस्था एवं प्रशासन

Class 6-12 (Old+New)

NCERT MCQs

भारतीय राजव्यवस्था एवं प्रशासन

Class 6-12 (Old+New)

लेखक
अजीत कुमार, प्रवीण कुमार
सम्पादक
डॉ. राजेश राजन

arihant
SUCCESS AND NOTHING LESS

arihant
SUCCESS AND NOTHING LESS

अरिहन्त पब्लिकेशन्स (इण्डिया) लिमिटेड

卐 रजि. कार्यालय

'रामछाया' 4577/15, अग्रवाल रोड, दरिया गंज, नई दिल्ली- 110002
फोन: 011-47630600, 43518550

卐 मुख्य कार्यालय

कालिन्दी, टी०पी० नगर, मेरठ (यूपी)– 250002
फोन: 0121-7156203, 7156204

卐 शाखा कार्यालय

आगरा, अहमदाबाद, बरेली, बंगलुरु, चेन्नई, दिल्ली, गुवाहाटी, हैदराबाद, जयपुर, झाँसी, कोलकाता, लखनऊ, नागपुर तथा पुणे

卐 मूल्य ₹ 165.00

PO No. : TXT-59-T065214-05-25

PUBLISHED BY ARIHANT PUBLICATIONS (INDIA) LTD.

'अरिहन्त' की पुस्तकों के बारे में अधिक जानकारी के लिए हमारी वेबसाइट **www.arihantbooks.com** पर लॉग इन करें या **info@arihantbooks.com** पर सम्पर्क करें।

Follow us on...

अध्याय 01

संवैधानिक विकास

संवैधानिक विकास

संविधान का विकास

रेग्यूलेटिंग एक्ट, 1773
- कंपनी के मामलों को नियंत्रित करने के लिए ब्रिटिश संसद द्वारा पारित
- बंगाल के गवर्नर को बंगाल, मद्रास और बॉम्बे की तीनों प्रेसीडेंसियों के लिए गवर्नर-जनरल के रूप में नामित।
- कलकत्ता में सर्वोच्च न्यायालय की स्थापना (1774), एलिजा इम्पे मुख्य न्यायाधीश नियुक्त;

सेटलमेंट अधिनियम, 1781
- रेग्यूलेटिंग एक्ट, 1773 की कमियों को दूर करने के लिए लाया गया।
- सर्वोच्च न्यायालय के विरुद्ध शिकायतों को दूर करने के लिए अदालतों की एक नई प्रणाली की स्थापना की।

1784 का पिट्स इंडिया अधिनियम
- कंपनी के मामलों का मार्गदर्शन और पर्यवेक्षण करने के लिए निदेशक मण्डल पर नियंत्रण बोर्ड की स्थापना की गई।

चार्टर अधिनियम, 1793
- कंपनी का व्यापारिक एकाधिकार अगले 20 वर्षों के लिए बढ़ा दिया गया
- नियंत्रण बोर्ड और उनके कर्मचारियों को वेतन का भुगतान भारतीय राजस्व से किया जाता था।
- लिखित कानूनों और विनियमों द्वारा सरकार की नींव रखी गई।

1813 का चार्टर अधिनियम
- ईस्ट इंडिया कंपनी का व्यापारिक एकाधिकार समाप्त कर दिया गया
- भारत में पश्चिमी शिक्षा और ईसाई मिशनरियों के प्रसार के लिए प्रावधान किया गया
- ईस्ट इंडिया कंपनी को चीन के साथ व्यापार पर अपना एकाधिकार 20 वर्षों तक जारी रखने की अनुमति दी गई।

चार्टर अधिनियम, 1833
- ब्रिटिश भारत में केंद्रीयकरण की दिशा में अंतिम चरण
- बंगाल के गवर्नर-जनरल को सभी नागरिक एवं सैन्य शक्तियों के साथ भारत का गवर्नर-जनरल बनाया गया

चार्टर अधिनियम, 1853
- भारतीय केंद्रीय विधानपरिषद् की स्थापना
- केंद्रीय विधानपरिषद् में स्थानीय प्रतिनिधित्व की शुरुआत
- विधि सदस्य को कार्यकारी परिषद् का पूर्ण सदस्य बनाया गया

क्राउन के शासन के तहत संवैधानिक विकास

भारत सरकार अधिनियम, 1858
- सरकार, क्षेत्र एवं राजस्व को कंपनी ने ब्रिटिश क्राउन को हस्तांतरित कर दिया गया
- कम्पनी के शासन का अंत तथा शासन की दोहरी प्रणाली समाप्त
- भारत पर शासन के लिए राज्य सचिव का कार्यालय गठित किया गया

भारतीय परिषद् अधिनियम, 1909
- जिसे **मार्ले मिंटो** सुधार के नाम से भी जाना जाता है
- केंद्रीय एवं प्रांतीय विधान दोनों के आकार में वृद्धि
- सत्येन्द्र प्रसाद सिन्हा वायसराय की कार्यकारी परिषद् में शामिल होने वाले पहले भारतीय बनें

अगस्त घोषणा, 1917
- भारत में स्वशासन संस्थाओं के प्रशासन और विकास में भारतीयों की भागीदारी बढ़ाने का प्रस्ताव रखा।

भारत सरकार अधिनियम, 1919
- इसे **मॉण्टेग्यू-चेम्सफोर्ड सुधार** के रूप में जाना जाता है
- प्रांत में द्वैध शासन प्रणाली लागू की गई, जिसमें विषयों को 2 वर्गों में विभाजित किया गया - स्थानांतरित और आरक्षित

भारत सरकार अधिनियम, 1935
- प्रांतों एवं रियासतों को मिलाकर अखिल भारतीय संघ की स्थापना की गई
- केंद्र एवं प्रांतों के बीच शक्तियों का बँटवारा-संघीय, प्रांतीय और समवर्ती सूची, प्रांतीय स्वायत्तता प्रदान की

क्रिप्स मिशन, 1942
- विश्व युद्ध के बाद डोमेनियन स्टेटस के दर्जा का प्रस्ताव
- भारतीय राष्ट्रीय कांग्रेस द्वारा अस्वीकृत

कैबिनेट मिशन, 1946
- 389 सदस्यों वाली संविधान सभा की स्थापना की जाएगी
- भारतीय संघ में भारतीय राज्य एवं ब्रिटिश प्रांत शामिल होंगे।

भारतीय स्वतंत्रता अधिनियम, 1947
- भारत में ब्रिटिश शासन समाप्त हो गया और भारत का विभाजन हो गया
- भारत और पाकिस्तान के बीच सीमाओं का सीमांकन के लिए सीमा आयोग का प्रावधान

SOURCE Old NCERT Class XI भारतीय संवैधानिक विकास के महत्त्वपूर्ण मोड़ NIOS Chap 37

1 1773 के नियामक अधिनियम के संबंध में निम्न कथनों पर विचार कीजिए *(Chap 7, Class-XI, Old NCERT)*

1. इसके अंतर्गत कलकत्ता प्रेसीडेंसी में एक सरकार की स्थापना की गई।
2. इस सरकार में गवर्नर-जनरल और उसकी परिषद् के 4 सदस्य थे, जो अपनी सत्ता का उपयोग संयुक्त रूप से करते थे।
3. इसने ब्रिटिश ताज को बंबई में एक उच्चतम न्यायालय की स्थापना के लिए अधिकृत किया, जिसका क्षेत्र बंगाल, बिहार एवं उड़ीसा तक विस्तृत था।
4. इस अधिनियम ने गवर्नर-जनरल एवं उसकी परिषद् पर कई अंकुश लगाए।

उपर्युक्त में से कितने कथन सही नहीं है/हैं?

(a) केवल एक (b) केवल दो (c) केवल तीन (d) सभी चार

उत्तर *(a)*

व्याख्या 1773 के नियामक अधिनियम (रेग्यूलेटिंग एक्ट) के संबंध में केवल एक कथन अर्थात् (3) सही नहीं है, क्योंकि इस अधिनियम के तहत ब्रिटिश ताज को बंबई में नहीं, बल्कि कलकत्ता में (1774 ई. में) एक उच्चतम न्यायालय की स्थापना (1773 ई.) के लिए अधिकृत किया था।

रॉबर्ट चैंबर्स, स्टीफन सीजर एवं जॉन हाइड तीन अन्य न्यायाधीश बनाए गए। इस न्यायालय का कार्यक्षेत्र बंगाल, बिहार एवं ओडिशा तक विस्तृत था।

2 चार्टर एक्ट 1853 के संदर्भ में दिए गए कथनों पर विचार कीजिए *(Chap 37, Old NIOS)*

1. गवर्नर जनरल की परिषद् जो विधायिका के रूप में कार्य करती थी, में 5 नए सदस्यों को शामिल किया गया।
2. इस चार्टर एक्ट का उद्देश्य विधायिका को सशक्त बनाना था, इसलिए गवर्नर जनरल की परिषद् के कार्यों को विधायी तथा प्रशासनिक कार्यों में विभाजित कर दिया गया।

उपर्युक्त में से कौन-सा/से कथन सही नहीं है/हैं?

(a) केवल 1 (b) केवल 2 (c) 1 और 2 (d) न तो 1 और न ही 2

उत्तर *(a)*

व्याख्या चार्टर एक्ट 1853 के संदर्भ में कथन (1) सही नहीं है, क्योंकि गवर्नर जनरल की परिषद्, जो विधायिका के रूप में कार्य करती थी, में 6 नए सदस्यों को शामिल किया गया न कि 5 सदस्यों को।

3 निम्नलिखित युग्मों पर विचार कीजिए *(Chap 1, Class-XI, Old NCERT)*

	अधिनियम		प्रावधान
1.	1833 का चार्टर अधिनियम	—	विधि निर्माण की शक्ति सपरिषद् गवर्नर-जनरल से सन्निहित
2.	1853 का चार्टर अधिनियम	—	गवर्नर-जनरल की परिषद् में 6 नए सदस्यों की वृद्धि की गई
3.	1858 का अधिनियम	—	कोर्ट ऑफ डायरेक्टर्स को समाप्त कर दिया गया
4.	1861 का भारतीय परिषद् अधिनियम	—	गवर्नर-जनरल को अध्यादेश जारी करने की शक्ति

उपर्युक्त युग्मों में से कितने युग्म सही सुमेलित हैं?

(a) केवल एक (b) केवल दो (c) केवल तीन (d) सभी चार

उत्तर *(d)*

व्याख्या दिए गए सभी युग्म सही सुमेलित हैं।

1833 के चार्टर अधिनियम के अंतर्गत भारतीय संवैधानिक व्यवस्था में कुछ परिवर्तन करते हुए विधि निर्माण का एकाधिकार सपरिषद् गवर्नर-जनरल में सन्निहित कर दिया गया। परिषद् के सदस्यों की संख्या 4 रखी गई, जिसमें एक विधि-सदस्य होता था।

1853 के चार्टर अधिनियम के अंतर्गत गवर्नर-जनरल की परिषद् में जो वह विधायिका के रूप में कार्य करती थी, में 6 नए सदस्यों की वृद्धि की गई। इन 6 नए सदस्यों में मद्रास, बंबई, बंगाल तथा पश्चिमोत्तर प्रांतों में से प्रत्येक से एक प्रतिनिधि और एक मुख्य न्यायाधीश व एक कनिष्ठ न्यायाधीश होते थे।

1858 के अधिनियम के द्वारा कोर्ट ऑफ डायरेक्टर्स तथा बोर्ड ऑफ कंट्रोल को समाप्त कर दिया गया तथा उनके अधिकार को ब्रिटिश मंत्रिमंडल के एक सदस्य (भारतीय सचिव) को दे दिया गया।

1861 के भारतीय परिषद् अधिनियम के द्वारा गवर्नर-जनरल को आपात स्थिति में परिषद् की अनुमति के बिना अध्यादेश जारी करने का अधिकार प्रदान किया गया।

4 1861 के भारतीय परिषद् अधिनियम के संदर्भ में निम्नलिखित कथनों पर विचार कीजिए *(Chap 1, Class-XI, Old NCERT)*

1. इस अधिनियम में गवर्नर-जनरल की परिषद् में 6 से 12 सदस्यों की वृद्धि की गई, जिनका कार्यकाल दो वर्ष निर्धारित किया गया।
2. इस अधिनियम में उपबंध किया गया कि भारतीय विधानमंडल द्वारा पारित प्रत्येक प्रस्ताव पर सपरिषद् भारत सचिव के माध्यम से महारानी की स्वीकृति आवश्यक थी।

उपर्युक्त में से कौन-सा/से कथन सही है/हैं?

(a) केवल 1 (b) केवल 2
(c) 1 और 2 दोनों (d) न तो 1 और न ही 2

उत्तर *(c)*

व्याख्या 1861 के भारतीय परिषद् अधिनियम के संदर्भ में दोनों कथन सही हैं। भारतीय परिषद् अधिनियम, 1861 में पहली बार गवर्नर-जनरल की परिषद् में सदस्यों की संख्या में 6 से 12 सदस्यों की वृद्धि की गई। इन सदस्यों का कार्यकाल 2 वर्ष निर्धारित किया गया।

भारतीय विधानमंडल द्वारा पारित प्रस्ताव पर सपरिषद् भारत सचिव के माध्यम से महारानी की स्वीकृति को इस अधिनियम द्वारा अनिवार्य किया गया।

5 निम्न कथन (A) व कारण (R) को पढ़िए और नीचे दिए गए कूट की सहायता से सही उत्तर का चयन कीजिए। *(Chap 1, Class-XI, Old NCERT)*

कथन (A) 1892 के भारतीय परिषद् अधिनियम में पहली बार विधान परिषदों में वित्तीय विषयों पर प्रश्न पूछने के लिए नियम बनाने का अधिकार गवर्नर-जनरल को दिया गया।

कारण (R) गवर्नर-जनरल द्वारा प्रश्न पूछने के संदर्भ में बनाए गए नियमों पर भारत सचिव की परिषद् की सहमति अनिवार्य थी।

कूट

(a) A और R दोनों सही हैं तथा R, A का सही स्पष्टीकरण है
(b) A और R दोनों सही हैं, परंतु R, A का सही स्पष्टीकरण नहीं है
(c) A सही है, किंतु R गलत है
(d) A गलत है, किंतु R सही है

उत्तर *(b)*

व्याख्या A और R दोनों सही हैं, परंतु कारण R, A का सही स्पष्टीकरण नहीं है।

भारतीय परिषद् अधिनियम, 1892 में पहली बार विधान परिषदों में वित्तीय विषयों पर प्रश्न पूछने के संदर्भ में नियम बनाने का अधिकार गवर्नर-जनरल को दिया गया, किंतु नियमों पर सपरिषद् भारत सचिव की सहमति अनिवार्य थी।

इस अधिनियम के माध्यम से केंद्रीय एवं प्रांतीय विधान परिषदों का विस्तार कर 8 से 20 नए सदस्य जोड़े गए, जिनमें 40% सदस्य गैर-सरकारी थे।

6 निम्न कथन (A) व कारण (R) को पढ़िए और नीचे दिए गए कूट की सहायता से सही उत्तर का चुनाव कीजिए *(Class-XI, Old NCERT)*

कथन (A) भारत शासन अधिनियम, 1909 जिसे मार्ले मिंटो सुधार कहा गया, 1892 के भारत परिषद् अधिनियम के बाद की प्रगति का संकेत था।

कारण (R) 1909 के अधिनियम ने देश में विधायी संस्थाओं की शक्ति बढ़ाने के लिए भारतीय माँगों को पूर्ण किया।

कूट

(a) A और R दोनों सही हैं तथा R, A का सही स्पष्टीकरण है
(b) A और R दोनों सही हैं, परंतु R, A का सही स्पष्टीकरण नहीं है
(c) A सही है, किंतु R गलत है
(d) A गलत है, किंतु R सही है

***उत्तर** (a)*

व्याख्या A और R दोनों सही हैं तथा R, A का सही स्पष्टीकरण है।

1892 के भारत परिषद् अधिनियम द्वारा केन्द्रीय एवं प्रान्तीय विधानपरिषदों की सदस्य संख्या में वृद्धि की गई, जिसमें केन्द्रीय विधानपरिषद् में न्यूनतम 10 तथा अधिकतम 16 सदस्यों की संख्या निर्धारित की गई। 1909 के अधिनियम द्वारा भारतीयों को विधि निर्माण तथा प्रशासन में प्रतिनिधित्व प्रदान किया गया। इस प्रकार 1909 का अधिनियम, 1892 के परिषद् अधिनियम के पश्चात् विधायी संस्थाओं की प्रगति का दृष्टिकोण था। जिसमें केंद्रीय तथा प्रांतीय शक्तियों का विस्तार करते हुए सदस्यों को बजट पर चर्चा करने की भी शक्ति दी गई।

7 भारत शासन अधिनियम, 1919 के संदर्भ में विचार कीजिए *(Chap 37, Old NIOS)*

1. 1919 के अधिनियम द्वारा प्रशासन के केंद्र व प्रांतों में विभाजन में गवर्नर जनरल की शक्तियों को कमजोर बना दिया, क्योंकि अब प्रांतों में प्रांतीय गवर्नर की भूमिका सर्वोपरि हो गई।
2. अधिनियम द्वारा अपनाई गई द्वैध तंत्र व्यवस्था प्रशासन की सर्वोत्तम व्यवस्था सिद्ध हुई।

उपर्युक्त में से कौन-सा/से कथन सही नहीं है/हैं?

(a) केवल 1 (b) केवल 2
(c) 1 और 2 (d) न तो 1 और न ही 2

***उत्तर** (d)*

व्याख्या भारत शासन अधिनियम, 1919 के संदर्भ में दोनों कथन सही नहीं हैं।

अधिनियम द्वारा यद्यपि प्रांतीय गवर्नरों को प्रांतों में शक्ति का विस्तार दिया गया किंतु प्रांतों को दिए गए हस्तांतरित विषयों पर भी गवर्नर मंत्रियों द्वारा नियंत्रण रखता था। सुधार जाँच समिति की अल्पसंख्यक रिपोर्ट के अनुसार, द्वैध तंत्र प्रारंभिक तीन वर्षों तक ठीक चला, किंतु 1924 के पश्चात् यह प्रशासनिक अक्षमता का शिकार हो गया। प्रांतीय विषयों में 'आरक्षित' तथा 'हस्तांतरित' विषयों का विभाजन अतार्किक था। कृषि जहाँ हस्तांतरित विषय था, वहीं सिंचाई जो कृषि का ही अंग थी आरक्षित वर्ग में आती थी।

8 भारतीय शासन अधिनियम, 1919 के अंतर्गत केंद्रीय विधानमंडल की संरचना में किस प्रकार का परिवर्तन किया गया? *(Chap 1, Class-XI, Old NCERT)*

(a) द्विसदनात्मक विधानमंडल का सृजन
(b) गवर्नर-जनरल परिषद् को एक सदन माना गया
(c) केंद्रीय विधानमंडल के निर्वाचक मंडल में परिवर्तन
(d) केंद्रीय विधानसभा के सदस्यों की संख्या में कमी

***उत्तर** (a)*

व्याख्या भारतीय शासन अधिनियम, 1919 के अंतर्गत सर्वप्रथम केंद्र में द्विसदनात्मक विधानमंडल की स्थापना की गई, जिसमें प्रथम सदन राज्य परिषद् तथा दूसरा सदन केंद्रीय विधानसभा थी।

राज्य परिषद् में 60 सदस्य होते थे, जिनमें से 33 का निर्वाचन होता था तथा 27 सदस्य मनोनीत होते थे। केंद्रीय विधानसभा में कुल 145 सदस्य होते थे, जिनमें से 104 सदस्य निर्वाचित तथा 41 सदस्य मनोनीत होते थे।

9 1919 के भारतीय शासन अधिनियम के संबंध में निम्न में से कौन-सा कथन सही नहीं है? *(Chap 1, Class-XI, Old NCERT)*

(a) केंद्रीय विधानमंडल द्वारा पारित किसी विधेयक पर अंतिम निर्णय का अधिकार गवर्नर-जनरल को प्राप्त था
(b) बजट को दो भागों में बाँटा जाता था। पहला जिस पर सदस्य मतदान कर सकते थे तथा दूसरा जिस पर सदस्य मतदान नहीं कर सकते थे
(c) सदस्य कुल खर्च के $\frac{2}{3}$ पर मतदान कर सकते थे, जबकि $\frac{1}{3}$ भाग पर वे मतदान नहीं कर सकते थे
(d) प्रांतीय विधानमंडलों को प्रांतीय विषयों के संबंध में विधि बनाने का अधिकार था, किंतु ये अधिकार गवर्नरों के अधिकार के कारण सीमित हो गए थे

***उत्तर** (c)*

व्याख्या 1919 के भारतीय शासन अधिनियम के संबंध में कथन (c) सही नहीं है, क्योंकि 1919 के भारतीय शासन अधिनियम के अंतर्गत केंद्रीय विधानमंडल के सदस्य कुल खर्च (बजट) के केवल $\frac{1}{3}$ भाग पर ही मतदान कर सकते थे, शेष $\frac{2}{3}$ भाग पर उन्हें मतदान का अधिकार प्राप्त नहीं था। इस अधिनियम के मतदान के आधार पर बजट को दो भागों में विभाजित किया गया था।

पहला भाग, जिस पर विधानमंडल के सदस्य मतदान कर सकते थे तथा *दूसरा भाग* वह था, जिस पर वह मतदान नहीं कर सकते थे। इसके अतिरिक्त जिन विषयों पर उन्हें मतदान का अधिकार प्राप्त था, उन विषयों पर भी गवर्नर-जनरल को यह अधिकार प्राप्त था कि सदस्यों द्वारा अस्वीकृत किए गए विषयों को अपने कर्त्तव्यपालन के आधार पर वह पुनर्जीवित कर सके।

10 भारत सरकार अधिनियम, 1935 के संबंध में विचार कीजिए *(Unit 1, Class-XII, Tamil Nadu Board)*

1. इसने राज्यपाल की विवेकाधीन शक्तियों का विस्तार किया।
2. इस अधिनियम में छ: प्रांतों में एक सदनीय विधानमंडल और पाँच प्रांतों में द्विसदनीय विधायिका का प्रावधान किया गया।

उपर्युक्त में से कौन-सा/से कथन सही हैं?

(a) केवल 1 (b) केवल 2
(c) 1 और 2 (d) न तो 1 और न ही 2

***उत्तर** (d)*

व्याख्या भारत सरकार अधिनियम, 1935 के संदर्भ में दोनों कथन सही नहीं हैं।

भारत सरकार अधिनियम, 1935 तथा 1919 के अधिनियम में शुरू की गई द्वैध शासन व्यवस्था को समाप्त कर दिया गया तथा गवर्नर जनरल को मंत्रिपरिषद् की सलाह पर कार्य करने की सलाह दी गई। यद्यपि कुछ असाधारण मामलों में गवर्नर जनरल को विवेकाधीन शक्तियाँ दी गई, किंतु इस अधिनियम द्वारा राज्यपाल की विवेकाधीन शक्ति का विस्तार नहीं किया गया।

इस अधिनियम द्वारा छ: प्रांतों में द्विसदनीय तथा 5 प्रांतों में एक सदनीय विधायिका का प्रावधान किया गया था।

11 भारत के संविधान में केंद्र और राज्यों के बीच किया गया शक्तियों का विभाजन इनमें से किसमें उल्लेखित अधिनियम पर आधारित है? *(Chap 1, Class-XI, Old NCERT) (IAS Pre 2012)*

(a) मार्ले मिंटो सुधार, 1909 (b) मॉण्टेग्यू चेम्सफोर्ड एक्ट, 1919
(c) भारत सरकार अधिनियम, 1935 (d) भारत स्वतंत्रता अधिनियम, 1947

उत्तर (c)

व्याख्या भारत के संविधान में केंद्र और राज्यों के बीच किया गया शक्तियों का विभाजन भारत सरकार अधिनियम, 1935 पर आधारित है, जिसे भारत के संविधान ने अपनाया। इस अधिनियम में शासकीय कार्यों को तीन सूचियों में सूचीबद्ध किया गया। संघ सूची में 59, प्रांतीय सूची में 54 तथा समवर्ती सूची में 36 विषय थे। संघीय सूची में केंद्र सरकार को तथा प्रांतीय सूची में प्रांतीय सरकार को अनन्य क्षेत्राधिकार दिया गया। समवर्ती सूची पर केंद्र तथा प्रांतों को कानून बनाने का समान अधिकार था।

12 1935 के अधिनियम द्वारा स्थापित संघ में अवशेष शक्तियाँ किसको दी गई थीं? *(Chap 1, Class-XI, Old NCERT) (IAS Pre 2018)*

(a) संघीय विधानपालिका को (b) प्रांतीय विधानमंडल को
(c) गवर्नर-जनरल को (d) प्रांतीय गवर्नरों को

उत्तर (c)

व्याख्या 1935 के अधिनियम द्वारा स्थापित संघ में अवशेष शक्तियाँ गवर्नर-जनरल को दी गई थीं। 1935 के भारतीय शासन अधिनियम द्वारा द्वैध शासन की स्थापना कर संघीय विषयों को संरक्षित तथा हस्तांतरित में वर्गीकृत किया गया था। संरक्षित विषयों पर गवर्नर-जनरल को स्वविवेक पर आधारित शक्तियाँ प्राप्त थीं। हस्तांतरित विषयों पर मंत्रिपरिषद् को नियंत्रण प्राप्त था। मंत्रिपरिषद् संघीय विधानमंडल के प्रति उत्तरदायी थी।

13 भारतीय शासन अधिनियम, 1935 के संबंध में निम्न कथनों पर विचार कीजिए *(Chap 1, Class-XI, Old NCERT)*

1. इस अधिनियम में 321 अनुच्छेद तथा 10 अनुसूचियाँ थीं।
2. इसके द्वारा भारत में सर्वप्रथम संघीय शासन प्रणाली का प्रस्ताव दिया गया था।
3. इस अधिनियम ने शासकीय कार्यों को तीन सूचियों-संघ सूची, राज्य सूची तथा समवर्ती सूची में विभक्त किया।
4. संघ सूची में शामिल विषयों की संख्या 58 थी।

उपर्युक्त में से कितने कथन सही हैं?

(a) केवल एक (b) केवल दो
(c) केवल तीन (d) सभी चार

उत्तर (c)

व्याख्या भारतीय शासन अधिनियम, 1935 के संबंध में केवल तीन कथन अर्थात् (1, 2 और 3) सही हैं।

1935 का भारतीय शासन अधिनियम, भारत के लिए तैयार संवैधानिक प्रस्तावों में अंतिम तथा सबसे विस्तृत दस्तावेज था। इस अधिनियम में कुल 321 अनुच्छेद तथा 10 अनुसूचियाँ थीं।

इस अधिनियम की एक प्रमुख विशेषता यह थी कि इसके द्वारा भारत में सर्वप्रथम संघीय शासन प्रणाली की शुरुआत की गई।

संघ की दो इकाइयाँ थीं-ब्रिटिश भारतीय प्रांत तथा देशी रियासतें। इसके तहत प्रांतों में स्थापित द्वैधशासन को समाप्त कर केंद्र में द्वैधशासन की स्थापना की गई तथा इसके साथ ही केंद्र तथा राज्यों के मध्य शक्ति का विभाजन-संघ सूची, राज्य सूची तथा समवर्ती सूची के अंतर्गत किया गया।

कथन (4) सही नहीं है, क्योंकि भारतीय शासन अधिनियम, 1935 की संघ सूची में 59, राज्य सूची में 54 तथा समवर्ती सूची में 36 विषय शामिल थे।

14 भारतीय शासन अधिनियम, 1935 के अंतर्गत कोई विधेयक उस समय तक अधिनियम नहीं बन सकता था, जब तक कि वह

(a) दोनों सदनों द्वारा पारित न हो *(Chap 1, Class-XI, Old NCERT)*
(b) दोनों सदनों द्वारा पारित तथा गवर्नर-जनरल द्वारा स्वीकृत न हो
(c) दोनों सदनों द्वारा पारित तथा ताज द्वारा स्वीकृत न हो
(d) दोनों सदनों द्वारा पारित तथा ब्रिटिश प्रधानमंत्री द्वारा स्वीकृत न हो

उत्तर (b)

व्याख्या भारतीय शासन अधिनियम, 1935 के अंतर्गत कोई भी विधेयक उस समय तक अधिनियम नहीं बन सकता था, जब तक वह दोनों सदनों द्वारा पारित तथा गवर्नर-जनरल द्वारा स्वीकृत न हो। किसी विधेयक के संबंध में मतभेद होने की स्थिति में दोनों सदनों की संयुक्त बैठक का प्रावधान था। गवर्नर-जनरल को यह शक्ति प्राप्त थी कि वह संघीय विधानमंडल द्वारा पारित किसी भी विधेयक को स्वीकृत या अस्वीकृत कर सकता था

15 1935 के भारत शासन अधिनियम के अंतर्गत स्थापित संघीय न्यायालय के संबंध में कौन-सा कथन सही नहीं है? *(Chap 1, Class-XI, Old NCERT)*

1. संघीय न्यायालय में एक मुख्य न्यायाधीश सहित अधिकतम 6 न्यायाधीश होते थे।
2. संघीय न्यायालय एक अभिलेख न्यायालय था, जिसे अपनी अवमानना के लिए दंड देने की शक्ति प्राप्त थी।

कूट

(a) केवल 1
(b) केवल 2
(c) 1 और 2 दोनों
(d) न तो 1 और न ही 2

उत्तर (a)

व्याख्या 1935 के भारत शासन अधिनियम के अंतर्गत स्थापित संघीय न्यायालय के संबंध में कथन (1) सही नहीं है, क्योंकि इस अधिनियम के अंतर्गत स्थापित संघीय न्यायालय में एक मुख्य न्यायाधीश और अधिक-से-अधिक 6 अन्य न्यायाधीश होते थे।

संघीय न्यायालय में न्यायाधीशों की नियुक्ति ब्रिटिश क्राउन द्वारा होती थी तथा वे 65 वर्ष की आयु में अवकाश ग्रहण करते थे।

16 1935 के भारत शासन अधिनियम द्वारा प्रांतों में द्विसदनीय विधानमंडलों की स्थापना के संदर्भ में कौन-सा कथन सही है? *(Chap 1, Class-XI, Old NCERT)*

(a) इस अधिनियम द्वारा 6 प्रांतों में द्विसदनीय विधानमंडल की व्यवस्था की गई
(b) द्विसदनीय विधानमंडल की व्यवस्था वाले प्रांत बंगाल, बिहार, असम, उड़ीसा, मध्य प्रदेश तथा मद्रास थे
(c) द्विसदनीय विधानमंडल में उच्च सदन विधानसभा थी
(d) द्विसदनीय विधानमंडल में निम्न सदन राज्य परिषद् थी

उत्तर (a)

व्याख्या 1935 के भारत शासन अधिनियम द्वारा प्रांतों में द्विसदनीय विधानमंडलों की स्थापना के संदर्भ में कथन (a) सही है।

भारत शासन अधिनियम, 1935 के द्वारा 6 प्रांतों में; जैसे-बंगाल, बिहार, असम, संयुक्त प्रांत, बंबई एवं मद्रास में द्विसदनीय विधानमंडल की स्थापना की गई। इसके अतिरिक्त 5 प्रांतों में एक सदनीय विधानमंडलों की स्थापना की गई। विधानमंडल के उच्च सदन को विधानपरिषद् तथा निम्न सदन को विधानसभा कहा गया। विधानपरिषद् एवं विधानसभा के सदस्यों की संख्या अलग-अलग प्रांतों में भिन्न-भिन्न थी। विधानसभा में मनोनीत सदस्यों की व्यवस्था समाप्त कर दी गई, किंतु विधानपरिषद् में यह व्यवस्था जारी रखी गई।

17 ब्रिटिश मंत्रिमंडलीय समिति (कैबिनेट मिशन) द्वारा मई, 1946 में प्रस्तुत प्रस्ताव के संबंध में कौन-सा कथन सही नहीं है?

(Chap 1, Class-XI, Old NCERT)

(a) भारत में एक संघीय शासन की स्थापना
(b) किसी भी महत्त्वपूर्ण सांप्रदायिक प्रश्न पर विधानमंडल का निर्णय उसमें उपस्थित तथा मतदान करने वाले उस संप्रदाय के कुल सदस्यों के 2/3 बहुमत से होना चाहिए
(c) संघ की एक कार्यपालिका तथा विधायिका होनी चाहिए, जिसमें प्रांतों तथा देशी रियासतों का प्रतिनिधित्व होना चाहिए
(d) संघीय सरकार का क्षेत्राधिकार वैदेशिक संबंध, प्रतिरक्षा तथा संचार व्यवस्था तक सीमित होना चाहिए

उत्तर *(b)*

व्याख्या ब्रिटिश मंत्रिमंडलीय समिति (कैबिनेट मिशन) द्वारा मई, 1946 में प्रस्तुत प्रस्ताव के संबंध में कथन (b) सही नहीं है क्योंकि इसमें यह प्रावधान था कि किसी भी महत्त्वपूर्ण सांप्रदायिक प्रश्न पर विधानमंडल का निर्णय उसमें उपस्थित तथा मतदान करने वाले उस संप्रदाय के कुल सदस्यों के बहुमत से होना चाहिए, न कि 2/3 बहुमत से।

ब्रिटिश मंत्रिमंडलीय समिति (कैबिनेट मिशन) ने भारत के सभी राजनीतिक दलों के प्रमुख नेताओं से विचार-विमर्श करने के पश्चात् 16 मई, 1946 को एक योजना (दीर्घकालीन समझौते हेतु) प्रस्तुत की गई, जिसे कैबिनेट मिशन कहा जाता है।

मंत्रिमंडलीय योजना के प्रस्ताव के अन्य प्रावधान थे-संघीय शासन की व्यवस्था, केंद्र में द्वैध शासन, प्रांतीय स्वायत्तता तथा संघीय न्यायालय की स्थापना आदि।

18 निम्न कथन (A) व कारण (R) को पढ़िए और नीचे दिए गए कूट की सहायता से सही उत्तर का चयन कीजिए

(Chap-1, Class-XI, Old NCERT)

कथन (A) **ब्रिटिश मंत्रिमंडलीय समिति द्वारा एक अंतरिम सरकार की स्थापना की परिकल्पना की गई थी।**

कारण (R) **संविधान की निर्माण विधि में शासन संचालन हेतु अंतरिम सरकार की स्थापना की परिकल्पना की गई थी, जिसमें सभी पद भारतीयों को दिए जाने की व्यवस्था थी।**

कूट

(a) A और R दोनों सही हैं तथा R, A का सही स्पष्टीकरण है
(b) A और R दोनों सही हैं, परंतु R, A का सही स्पष्टीकरण नहीं है
(c) A सही है, किंतु R गलत है
(d) A गलत है, किंतु R सही है

उत्तर *(a)*

व्याख्या A और R दोनों सही हैं तथा R, A का सही स्पष्टीकरण है।

ब्रिटिश मंत्रिमंडलीय समिति ने 16 जून, 1946 को (अल्पकालिक योजना के अंतर्गत) एक अंतरिम सरकार के गठन से संबंधित सुझाव प्रस्तुत किए थे। अंतरिम सरकार का कार्य संविधान की निर्माणविधि में शासन को संचालित करना था।

अंतरिम सरकार में सभी पद भारतीयों को दिए जाने का प्रावधान किया गया था और ब्रिटिश सरकार की ओर से यह आश्वासन दिया गया था कि अंतरिम सरकार को जिन समस्याओं का सामना करना पड़ेगा, उनमें वह सहयोग प्रदान करेगा।

19 ब्रिटिश मंत्रिमंडलीय समिति द्वारा प्रस्तुत योजना के अनुसार अंतरिम सरकार में किनके प्रतिनिधि/प्रतिनिधियों को शामिल किया जाना था?

(Chap 1, Class-XI, Old NCERT)

1. कांग्रेस 2. मुस्लिम लीग 3. भारतीय ईसाई
4. सिख 5. पारसी समुदाय

कूट

(a) 1 और 2 (b) 1, 2 और 3 (c) 1, 2, 3 और 4 (d) ये सभी

उत्तर *(d)*

व्याख्या ब्रिटिश मंत्रिमंडलीय समिति द्वारा प्रस्तुत योजना के अनुसार अंतरिम सरकार में कांग्रेस, मुस्लिम लीग, भारतीय ईसाई, सिख तथा पारसी समुदाय के प्रतिनिधियों को शामिल किए जाने का प्रावधान था।

अंतरिम सरकार में कुल 14 सदस्यों को शामिल किए जाने की व्यवस्था की गई थी। इन 14 सदस्यों में से 6 सदस्य कांग्रेस के, 5 मुस्लिम लीग के, 1 भारतीय ईसाई, 1 सिख तथा 1 पारसी समुदाय के प्रतिनिधि थे।

20 माउंटबेटन योजना के संबंध में निम्न कथनों पर विचार कीजिए

(Chap 1, Class-XI, Old NCERT)

1. भारत के विभाजन की योजना को माउंटबेटन योजना के नाम से भी जाना जाता है।
2. इस योजना के अंतर्गत विवादग्रस्त चार प्रांतों असम, बंगाल, पंजाब तथा उड़ीसा का विभाजन किए जाने का प्रावधान था।
3. असम के सिलहट क्षेत्र में विभाजन का निर्णय जनमत द्वारा किया जाना था।

उपर्युक्त में से कितने कथन सही नहीं है/हैं?

(a) केवल एक (b) केवल दो
(c) केवल तीन (d) इनमें से कोई नहीं

उत्तर *(a)*

व्याख्या माउंटबेटन योजना के संबंध में केवल एक कथन अर्थात् (2) सही नहीं है, क्योंकि माउंटबेटन योजना के अंतर्गत चार प्रांतों में नहीं, बल्कि तीन प्रांतों-असम, बंगाल तथा पंजाब का विभाजन किए जाने का प्रावधान था।

21 भारतीय स्वतंत्रता अधिनियम, 1947 के अंतर्गत कौन-सा प्रावधान शामिल नहीं था?

(Chap 1, Class-XI, Old NCERT)

1. भारत और पाकिस्तान दो स्वतंत्र अधिराज्यों की स्थापना।
2. देशी रियासतों को भारत या पाकिस्तान किसी में भी शामिल होने की छूट दी गई।
3. जनजातीय क्षेत्रों पर ब्रिटिश शासन का नियंत्रण बरकरार रखा गया।
4. भारत या पाकिस्तान दोनों अधिराज्यों को कॉमनवेल्थ से अलग होने की छूट प्राप्त थी।

कूट

(a) 2 और 3 (b) केवल 3 (c) केवल 4 (d) 3 और 4

उत्तर *(b)*

व्याख्या भारतीय स्वतंत्रता अधिनियम, 1947 के अंतर्गत प्रावधान (3) शामिल नहीं था, क्योंकि इस अधिनियम के प्रावधान के अंतर्गत जनजातीय क्षेत्रों से ब्रिटिश शासन का नियंत्रण समाप्त कर दिया गया तथा जो भी संधियाँ अथवा समझौते ब्रिटिश सरकार तथा जनजातियों के बीच, अधिनियम लागू होने के दिन विद्यमान थे, उन्हें समाप्त कर दिया गया।

22 1949 में अंगीकृत भारतीय संविधान मुख्यतः किस अधिनियम से प्रभावित था?

(Chap 1, Class-XI, Old NCERT)

(a) 1892 का भारतीय परिषद् अधिनियम
(b) 1935 का भारतीय शासन अधिनियम
(c) 1919 का भारतीय शासन अधिनियम
(d) 1909 का भारतीय परिषद् अधिनियम

उत्तर *(b)*

व्याख्या 1949 के अंगीकृत भारतीय संविधान मुख्यत: 1935 के भारतीय शासन अधिनियम से प्रभावित था। इस अधिनियम के द्वारा ही भारत में सर्वप्रथम संघीय शासन प्रणाली की नींव पड़ी।

अध्याय 02

भारतीय संविधान का निर्माण

भारतीय संविधान का निर्माण

संविधान एवं इसकी ऐतिहासिक पृष्ठभूमि

परिचय
- सर्वोच्च कानून है, जो भविष्य के सभी कानूनों का मार्गदर्शन करता है एवं लोगों और सरकारों के बीच संबंध निर्धारित करता है।

संविधान की आवश्यकता
- राष्ट्रीय विचारों एवं आकांक्षाओं को परिभाषित करता है
- राजनीतिक व्यवस्था एवं सरकारी अंगों की भूमिकाएँ निर्दिष्ट करता है
- सरकारी प्राधिकार के दुरुपयोग की जाँच करता है
- विभिन्न समाजों में समन्वय एवं क्षय को बढ़ाता है
- मौलिक अधिकार एवं अल्पसंख्यकों की सुरक्षा करता है

ऐतिहासिक पृष्ठभूमि
- आजादी से पहले भारत के मौलिक कानून ब्रिटिश कानूनों द्वारा शासित होते थे
- भारतीय राष्ट्रीय कांग्रेस एवं मोतीलाल नेहरू द्वारा संविधान सभा की माँग की गई
- ब्रिटिश कैबिनेट मिशन को भारत की स्वतंत्रता और संविधान की रूप-रेखा तैयार करने के लिए भेजा गया था

संविधान का निर्माण, स्वरूप एवं कार्यविधि

भारतीय संविधान का निर्माण
- संविधान सभा अप्रत्यक्ष रूप से एकल संक्रमणीय मत के माध्यम से आनुपातिक प्रतिनिधित्व द्वारा चुनी गई
- इसमें नेहरू, प्रसाद और पटेल जैसे प्रमुख नेता शामिल थे
- सभा में प्रांतों (292), राज्यों (93), मुख्य आयुक्त प्रांतों (3), बलूचिस्तान (1) का प्रतिनिधित्व करने वाले 389 सदस्य शामिल थे।
- संविधान का मसौदा तैयार करने के लिए व्यापक बहस और विचार-विमर्श के लिए समितियाँ बनाई गईं।

संविधान सभा का स्वरूप
- सदस्यों का चयन सार्वभौमिक वयस्क मताधिकार के आधार पर किया गया
- संविधान सभा में भारत के विभिन्न समुदायों तथा क्षेत्रों के सदस्य शामिल थे।
- संविधान सभा में अनुसूचित जातियों के सदस्यों की संख्या 26 तथा अनुसूचित जनजाति के सदस्यों की संख्या 33 थी।
- इसके अतिरिक्त इसमें 15 महिलाएँ भी शामिल थीं।

संविधान सभा की कार्यविधि
- संविधान सभा का कार्य अधिक व्यवस्थित, खुला और सर्वसम्मति बनाने के प्रयास पर आधारित था।
- सभी अधिवेशन, प्रेस प्रतिनिधियों तथा जनता के लिए खुले थे।
- लोगों को समाचार-पत्रों में अपने दृष्टिकोण और विचारों को प्रकट करने की पूरी स्वतंत्रता थी।

उद्देश्य प्रस्ताव एवं संविधान सभा की मुख्य समितियाँ

उद्देश्य प्रस्ताव
- जवाहरलाल नेहरू द्वारा प्रस्तुत किया गया
- इसने संविधान का मार्गदर्शन करने वाली आकांक्षाओं और सिद्धांतों को रेखांकित किया।
- प्रस्ताव में उल्लिखित सिद्धांत, संविधान की प्रस्तावना में परिलक्षित होते हैं।
- 22 जनवरी, 1956 को उद्देश्य प्रस्ताव 'संविधान सभा' द्वारा पारित
- **संविधान बनाने की अवधि** 2 साल 11 माह 18 दिन
- **संविधान अंगीकृत** 26 नवंबर, 1949
- **284 सदस्यों द्वारा हस्ताक्षरित**
- लागू किया गया-26 जनवरी, 1950 को

संविधान सभा की मुख्य समितियाँ एवं उनके अध्यक्ष

समिति	अध्यक्ष
संघ शक्ति समिति	जवाहरलाल नेहरू
संघीय संविधान समिति	जवाहरलाल नेहरू
प्रांतीय संविधान समिति	सरदार वल्लभभाई पटेल
प्रारूप समिति	डॉ. बी. आर. अंबेडकर
कार्य संचालन समिति	डॉ. के. एम. मुंशी
राष्ट्र ध्वज संबंधी तदर्थ समिति	डॉ. राजेंद्र प्रसाद
प्रक्रिया नियम समिति	डॉ. राजेंद्र प्रसाद
संचालन समिति	डॉ. राजेंद्र प्रसाद

SOURCE Old NCERT Class VII हमने अपना संविधान कैसे बनाया, New NCERT Class IX संविधान निर्माण, Old NCERT Class IX & X सभारतीय संविधान और उसकी विशेषताएँ New NCERT Class XI संविधान क्यों और कैसे, Tamil Nadu Board Class-XII Unit 1, NIOS Module-2, Chap 5

संविधान का परिचय

1 संविधान के कार्यों के संबंध में दिए गए कथनों में कौन-सा कथन सही नहीं है? *(Chap 1, Class-XI, New NCERT)*

(a) समाज में न्यूनतम समन्वय व विश्वास हेतु बुनियादी नियमों का समूह उपलब्ध कराना
(b) निर्णय लेने वाली संस्था को सुनिश्चित करना
(c) नागरिकों एवं सरकार की सीमाएँ सुनिश्चित करना
(d) यह सुनिश्चित करना कि सत्ता में अच्छे लोग आएँ

उत्तर *(d)*

व्याख्या संविधान के कार्यों के संबंध में कथन (d) सही नहीं है, क्योंकि संविधान उन विनियमों व नियमों का लिखित दस्तावेज होता है, जिसके आधार पर देश के शासन का संचालन होता है। इसके अंतर्गत सरकार के अंगों व जनता के अधिकार, कार्य एवं दायित्वों का वर्णन होता है। इस प्रकार संविधान अनेक कार्य करता है, जिनमें कुछ प्रमुख कार्य निम्न प्रकार हैं

- संविधान का पहला कार्य यह है कि वह बुनियादी नियमों का एक ऐसा समूह उपलब्ध कराए, जिससे समाज के सदस्यों में एक न्यूनतम समन्वय और विश्वास बना रहे।
- संविधान यह स्पष्ट करता है कि समाज में निर्णय लेने की शक्ति किसके पास होगी। वह यह भी निर्धारित करता है कि सरकार का निर्माण कैसे होगा।
- संविधान सरकार द्वारा अपने नागरिकों पर लागू किए जाने वाले कानूनों की सीमाएँ भी सुनिश्चित करने का कार्य करता है, जिससे सरकार कभी उसका उल्लंघन न कर पाए।
- संविधान सरकार को ऐसी क्षमता प्रदान करता है, जिससे कि वह जनता की आकांक्षाओं को पूरा कर एक न्यायपूर्ण समाज की स्थापना के लिए उचित परिस्थितियों का निर्माण कर सके।

2 निम्नलिखित कथनों पर विचार कीजिए
(Chap 1, Class-XI, New NCERT)
(Unit 1, Class-XII, Tamil Nadu Board)

1. राष्ट्रीय पहचान की अवधारणा अलग-अलग संविधान में अलग-अलग तरीकों की होती है।
2. भारतीय संविधान जातीयता या नस्ल को नागरिकता के आधार के रूप में मान्यता देता है।
3. संविधान राज्य को अधिकार प्रदान करता है कि वह समाज की आकांक्षाओं के अनुरूप विधि निर्माण कर सके तथा उसका क्रियान्वयन सुनिश्चित करने की शक्ति भी देता है।
4. भारतीय संविधान का भाग-V सरकार को सामाजिक हित में विधि निर्माण की शक्ति देता है।

उपर्युक्त में से कितने कथन सही नहीं हैं?

(a) केवल एक (b) केवल दो
(c) केवल तीन (d) इनमें से कोई नहीं

उत्तर *(b)*

व्याख्या दिए गए कथनों में से केवल दो कथन अर्थात् (2 और 4) सही नहीं हैं, क्योंकि विभिन्न राष्ट्रों में देश की केंद्रीय सरकार और विभिन्न क्षेत्रों के बीच के संबंधों को लेकर भिन्न-भिन्न अवधारणाएँ होती हैं। यह संबंध उस देश की राष्ट्रीय पहचान बनाता है। उदाहरणस्वरूप जर्मनी का निर्माण 'जर्मन नस्ल' के आधार पर हुआ और जर्मनी के संविधान ने इस पहचान को अभिव्यक्ति भी दी, किंतु दूसरी ओर भारतीय संविधान जातीयता या नस्ल को नागरिकता के आधार के रूप में मान्यता नहीं देता है।

भारतीय संविधान का भाग-IV (राज्य के नीति-निदेशक सिद्धांत) सरकार को सामाजिक हित में विधि बनाने की शक्ति देता है, न कि भाग-IV।

3 निम्नलिखित कथनों पर विचार कीजिए
(Chap 1, Class-XI, New NCERT)

1. विभिन्न देशों में संविधान इसलिए निष्प्रभावी होते हैं, क्योंकि वे सैनिक शासकों या ऐसे अलोकप्रिय नेताओं के द्वारा बनाए जाते हैं, जिनके पास लोगों को अपने साथ लेकर चलने की क्षमता नहीं होती।
2. भारत, दक्षिण अफ्रीका और अमेरिका का संविधान विश्व के सर्वाधिक सफल संविधान के उदाहरण हैं। इन संविधानों को एक सफल राष्ट्रीय आंदोलन के पश्चात् बनाया गया।

उपर्युक्त में से कौन-सा/से कथन सही है/हैं?

(a) केवल 1 (b) केवल 2
(c) 1 और 2 दोनों (d) न तो 1 और न ही 2

उत्तर *(c)*

व्याख्या दिए गए दोनों कथन सही हैं।

विश्व के कई देशों में संविधान सफल व प्रभावी नहीं हो पाते हैं। इसका मुख्य कारण यह है कि वे ऐसे व्यक्तियों के द्वारा बनाए जाते हैं, जिनके पास देश के सभी वर्गों, समुदायों आदि को एक साथ लेकर चलने की क्षमता नहीं होती है।

भारत, दक्षिण अफ्रीका और अमेरिका आदि देशों के संविधान को विश्व का सर्वाधिक सफल संविधान माना जाता है, क्योंकि इन देशों के संविधान का निर्माण एक व्यापक व सफल राष्ट्रीय आंदोलन के पश्चात् किया गया और इन राष्ट्रीय आंदोलनों में समाज के सभी वर्गों को एक साथ लेकर चलने की विलक्षण क्षमता थी। इस प्रकार इन देशों के संविधानों को लोगों का व्यापक समर्थन मिला।

4 निम्न कथन (A) व कारण (R) को पढ़िए और नीचे दिए गए कूट की सहायता से सही उत्तर का चुनाव कीजिए
(Chap 2, Class-IX, New NCERT) (Chap 5, Module-2 NIOS)

कथन (A) संविधान में सार्वभौमिक मताधिकार सशक्त विधायिका के गठन का दृष्टिकोण था।

कारण (R) औपनिवेशक संस्थाओं के अध्ययन में संविधान निर्माताओं ने सीमित वोट के अधिकार को कमजोर विधायिका का एक महत्त्वपूर्ण कारक माना था।

कूट

(a) A और R दोनों सही हैं तथा R, A की सही व्याख्या है
(b) A और R दोनों सही हैं, परंतु R, A की सही व्याख्या नहीं है
(c) A सही है, किंतु R गलत है
(d) A गलत है, किंतु R सही है

उत्तर *(a)*

व्याख्या A और R दोनों सही हैं तथा R, A की सही व्याख्या है।

औपनिवेशिक शासन की राजनीतिक संस्थाओं तथा व्यवस्थाओं को समझने से नई राजनीतिक संस्थाओं का स्वरूप तथा नए संगठनों में सुधार के लिए आवश्यक सुधारों को समझने में सहायता मिली। अंग्रेजों द्वारा सीमित मताधिकार ने विधायिका की कमजोर प्रवृत्ति को बनाए रखा था, इसलिए नए संविधान में सार्वभौमिक मताधिकार को शामिल करना राजनीतिक सशक्तिकरण का दृष्टिकोण माना गया। विधायिका के सशक्तिकरण के उद्देश्य से ही संविधान सभा ने सार्वभौमिक मताधिकार को प्रारंभ से ही शामिल किया था।

5 निम्नलिखित कथनों पर विचार कीजिए *(Chap 1, Class-XI, New NCERT)*

1. अधिक कठोर संविधान परिवर्तन के दबाव में नष्ट हो जाते हैं।
2. यदि संविधान अत्यधिक लचीला है, तो वह समाज को सुरक्षा और पहचान दे सकता है।
3. एक अच्छा संविधान प्रमुख मूल्यों की रक्षा करने और नई परिस्थितियों के अनुसार स्वयं को ढालने में एक संतुलन रखता है।

उपर्युक्त में से कितने कथन सही नहीं हैं?

(a) केवल एक (b) केवल दो
(c) केवल तीन (d) इनमें से कोई नहीं

उत्तर *(a)*

व्याख्या दिए गए कथनों में से केवल एक कथन अर्थात् (2) सही नहीं है, क्योंकि संविधान की रूपरेखा बनाते समय इस बात का ध्यान रखा जाता है कि उसमें बाध्यकारी मूल्य, नियम और प्रक्रियाओं के साथ अपनी कार्यप्रणाली में लचीलापन का संतुलन हो, जिससे वह बदलती आवश्यकताओं और परिस्थितियों के अनुकूल स्वयं को ढाल सके, क्योंकि अधिक कठोर संविधान परिवर्तन के दबाव में नष्ट हो जाते हैं और यदि संविधान अत्यधिक लचीला है, तो वह समाज को सुरक्षा और पहचान नहीं दे सकेगा। अतएव एक अच्छा संविधान वहीं होता है, जिसमें मूल्यों की रक्षा करने और नई परिस्थितियों के अनुसार स्वयं को ढालने की क्षमता अथवा योग्यता हो।

6 निम्नलिखित कथनों में कौन-सा इस बात की धारणा को स्पष्ट करता है कि संविधान की प्रामाणिकता संसद से अधिक है?

(Chap 1, Class-XI, New NCERT)

(a) संसद के अस्तित्व में आने से कहीं पहले संविधान बनाया जा चुका था
(b) संविधान के निर्माता संसद के सदस्यों से कहीं अधिक बड़े नेता थे
(c) संविधान यह बताता है कि संसद कैसे बनाई जाए और इनकी शक्तियाँ तथ सीमाएँ क्या होंगी
(d) संसद, संविधान का संशोधन नहीं कर सकती है

उत्तर *(c)*

व्याख्या संविधान की प्रामाणिकता संसद से अधिक है, यह इस बात से प्रमाणित होता है कि संविधान द्वारा ही संसद के गठन की प्रक्रिया, उसकी शक्तियाँ तथा सीमाएँ निर्धारित होती हैं।

संविधान ही यह तय करता है कि सरकार कैसे निर्मित होगी। संविधान का एक महत्त्वपूर्ण कार्य सरकार (संसद) द्वारा अपने नागरिकों के लिए बनाए जाने वाले कानूनों की सीमा निर्धारित करना है और संसद, संविधान द्वारा निर्धारित सीमाओं का उल्लंघन नहीं कर सकती है।

7 भारतीय संविधान निर्माताओं से संबंधित कथनों पर विचार कीजिए

(Chap 2, Class-IX, New NCERT)

1. संविधान विभिन्न विचारधाराओं का प्रतिनिधित्व करता है।
2. संविधान सभा में कांग्रेस तथा अन्य राजनीतिक दलों के लोग शामिल थे।
3. संविधान सभा विभिन्न सामाजिक समूहों का प्रतिनिधित्व करती थी।

उपर्युक्त कथनों में से कितने कथन सही हैं?

(a) केवल एक
(b) केवल दो
(c) सभी तीन
(d) उपर्युक्त में से कोई नहीं

उत्तर *(c)*

व्याख्या भारतीय संविधान निर्माताओं से संबंधित सभी कथन अर्थात् (1, 2 और 3) सही हैं।

संविधान सभा में विभिन्न विचारधाराओं के लोग शामिल थे। इसमें भारत के विभिन्न समुदाय; जैसे—हिन्दू, मुस्लिम, सिख, एंग्लो-इंडियन, पारसी तथा विभिन्न राजनीतिक दलों (कांग्रेस, मुस्लिम लीग आदि) दलों के प्रतिनिधि शामिल थे। संपूर्ण भारत में राज्यों एवं प्रांतों के विभिन्न सामाजिक समूहों का प्रतिनिधित्व कर रही थी। संविधान सभा संपूर्ण भारत के लोगों का प्रतिनिधित्व कर रही थी। यद्यपि सार्वभौमिक मताधिकार नहीं था। सभा के सदस्यों का चयन प्रांतीय विधानमण्डल के सदस्यों द्वारा किया गया था।

8 निम्न कथन (A) तथा कारण (R) को पढ़िए और नीचे दिए गए कूट की सहायता से सही उत्तर का चयन कीजिए

(Chap 4, Class-IX & X, Old NCERT)

कथन (A) भारतीय संविधान एक आधारभूत कानूनी दस्तावेज है, जिसके अनुसार देश की शासन प्रणाली का क्रियान्वयन होता है।

कारण (R) भारतीय संविधान के आधार पर ही देश के किसी कानून का निर्माण किया जाता है। ऐसा कोई भी कानून नहीं बनाया जा सकता, जो संविधान के अनुकूल नहीं हो।

कूट

(a) A और R दोनों सही हैं तथा R, A का सही स्पष्टीकरण है।
(b) A और R दोनों सही हैं, परंतु R, A का सही स्पष्टीकरण नहीं है।
(c) A सही है, किंतु R गलत है।
(d) A गलत है, किंतु R सही है।

उत्तर *(a)*

व्याख्या A और R दोनों सही हैं तथा R, A का सही स्पष्टीकरण है।

भारतीय संविधान एक आधारभूत कानूनी दस्तावेज है, जिसके आधार पर सरकार के प्रमुख अंगों के कार्यक्षेत्र तथा नागरिकों के अधिकारों को सुनिश्चित किया जाता है।

कोई भी कानून संविधान के उपबंधों के आधार पर ही बनाया जाता है। ऐसा कोई भी कानून नहीं बनाया जा सकता है, जो संविधान के उपबंधो के अनुकूल न हो।

संविधान सभा का गठन/संविधान निर्माण

9 निम्नलिखित में से कौन-सा/से कथन सही है/हैं?

(Chap 1, Class-VII, Old NCERT)

(a) ब्रिटिश शासन ने भारतीय स्वतंत्रता के प्रश्नों के समाधान हेतु एक तीन सदस्यीय कैबिनेट भारत भेजा
(b) कैबिनेट मिशन ने भारत के नए संविधान की रचना हेतु एक संविधान सभा के गठन की सिफारिश की
(c) भारतीय संविधान निर्माण के लिए संविधान सभा के निर्वाचन के लिए जुलाई, 1946 में चुनाव कराए गए
(d) उपर्युक्त सभी

उत्तर *(d)*

व्याख्या दिए गए सभी कथन सही हैं।

ब्रिटिश प्रधानमंत्री क्लीमेंट एटली ने मार्च, 1946 में यह घोषणा की कि भारतीयों को स्वतंत्र होने का अधिकार है। इसके लिए ब्रिटिश शासन ने भारतीय स्वतंत्रता के प्रश्नों के समाधान खोजने के लिए कैबिनेट मिशन के रूप में एक तीन सदस्यीय शिष्टमंडल भारत भेजा।

इसके सदस्यों में लॉर्ड पैथिक लॉरेंस (अध्यक्ष), सर स्टेफोर्ड क्रिप्स व ए. वी. अलेक्जेंडर शामिल थे। 16 मई, 1946 को इस कैबिनेट मिशन ने एक अंतरिम सरकार की स्थापना तथा संविधान निर्माण हेतु संविधान सभा के गठन की सिफारिश की। इस मिशन की सिफारिशों के अनुसार संविधान सभा के निर्वाचन के लिए जुलाई, 1946 में चुनाव कराए गए।

10 निम्नलिखित कथनों पर विचार कीजिए

(Chap 1, Class-XI, New NCERT)

1. संविधान सभा के सदस्यों का चुनाव जनता द्वारा प्रत्यक्ष तरीके से किया गया।
2. संविधान सभा के सदस्यों का चुनाव भारतीय शासन अधिनियम, 1935 के अंतर्गत गठित प्रांतीय विधानसभाओं के सदस्यों द्वारा अप्रत्यक्ष विधि से किया गया।

3. संविधान सभा की पहली बैठक में पण्डित जवाहर लाल नेहरू ने डॉ. सच्चिदानंद सिन्हा को अस्थायी अध्यक्षता करने का प्रस्ताव दिया।

उपर्युक्त में से कितने कथन सही हैं?

(a) केवल एक
(b) केवल दो
(c) सभी तीन
(d) उपर्युक्त में से कोई नहीं

उत्तर *(a)*

व्याख्या दिए गए कथनों में से केवल एक कथन अर्थात् (2) सही है। संविधान सभा के सदस्यों का चुनाव भारतीय शासन अधिनियम, 1935 के अंतर्गत गठित प्रांतीय विधानसभाओं के सदस्यों द्वारा अप्रत्यक्ष विधि से कराया गया। संविधान सभा की रचना लगभग उसी योजना के अनुसार हुई, जिसे कैबिनेट मिशन ने प्रस्तावित किया था।

कथन (1) और (3) सही नहीं हैं, क्योंकि संविधान सभा के सदस्यों का चुनाव अप्रत्यक्ष तरीके से किया गया न की प्रत्यक्ष तरीके से।

संविधान सभा की पहली बैठक का विषय 'अस्थायी अध्यक्ष पद का चयन' था, जिसमें आचार्य जे. बी. कृपलानी द्वारा डॉ. सच्चिदानंद सिन्हा को अस्थायी अध्यक्षता स्वीकार करने का प्रस्ताव दिया गया, न कि जवाहरलाल नेहरू द्वारा।

11 निम्न कथन (A) तथा कारण (R) को पढ़िए और नीचे दिए गए कूट की सहायता से सही उत्तर का चुनाव कीजिए

(Chap 1, Class-XI, New NCERT)

कथन (A) संविधान सभा के निर्वाचन में सामान्यत: दस लाख की जनसंख्या पर एक सीट का अनुपात रखा गया था।

कारण (R) प्रत्येक प्रांत, देशी रियासत या रियासतों के समूह को उनकी जनसंख्या के अनुपात में संविधान सभा की सीटें दी गई थीं।

कूट

(a) A और R दोनों सही हैं तथा R, A का सही स्पष्टीकरण है।
(b) A और R दोनों सही हैं, परंतु R, A का सही स्पष्टीकरण नहीं है।
(c) A सही है, किंतु R गलत है।
(d) A गलत है, किंतु R सही है।

उत्तर *(a)*

व्याख्या A और R दोनों सही हैं तथा R, A का सही स्पष्टीकरण है।

कैबिनेट मिशन द्वारा प्रस्तुत योजना के अनुसार संविधान सभा की सीटें प्रत्येक प्रांत, देशी रियासत या रियासतों के समूह को उनकी जनसंख्या के अनुपात में प्रदान की गई थीं। संविधान सभा के सदस्यों की संख्या का निर्धारण जनसंख्या के आधार पर किया गया था, जिसके अंतर्गत प्रत्येक दस लाख की आबादी पर एक प्रतिनिधि (या एक सीट) निश्चित किया गया।

12 निम्नलिखित कथनों पर विचार कीजिए

(Chap 1, Class-XI, New NCERT) (IAS Pre 2011)

1. ब्रिटिश सरकार के प्रत्यक्ष शासन वाले प्रांतों से संविधान सभा के 292 सदस्य चुनने थे।
2. देशी रियासतों को संविधान सभा की न्यूनतम 93 सीटें आवंटित की गईं।
3. प्रत्येक प्रांत की सीटों को मुस्लिम, सिख और सामान्य तीन समुदायों में बाँटा गया था।

उपर्युक्त में से कितने कथन सही हैं?

(a) केवल एक (b) केवल दो
(c) सभी तीन (d) इनमें से कोई नहीं

उत्तर *(d)*

व्याख्या दिए गए सभी कथन अर्थात् (1, 2 और 3) सही हैं।

भारतीय संविधान सभा के सदस्यों की कुल संख्या 389 निर्धारित की गई थी। इनमें से 292 सदस्य ब्रिटिश सरकार के प्रत्यक्ष शासन वाले 11 प्रांतों से, 4 सदस्य चीफ कमिश्नरी के प्रांतों से व 93 सदस्य देशी रियासतों से चुने जाने थे। प्रत्येक प्रांत की सीटों को तीन प्रमुख समुदायों मुस्लिम, सिख और सामान्य में विभाजित कर दिया गया था और प्रत्येक समुदाय के प्रतिनिधि अपने समुदाय के सदस्यों द्वारा ही चुने जाते थे।

13 संविधान सभा के संदर्भ में निम्नलिखित कथनों पर विचार कीजिए

(Chap 3, Class-IX, New NCERT) (CGPSC Pre 2023)

1. संविधान सभा की पहली बैठक 9 दिसम्बर, 1946 को हुई।
2. इसके प्रथम स्थायी अध्यक्ष डॉ. सच्चिदानन्द सिन्हा थे।
3. मुस्लिम लीग ने संविधान सभा की प्रथम बैठक का बहिष्कार किया।

उपर्युक्त में से कितने कथन सही हैं?

(a) केवल एक
(b) केवल दो
(c) सभी तीन
(d) उपर्युक्त में से कोई नहीं

उत्तर *(b)*

व्याख्या भारतीय संविधान के संदर्भ में केवल दो कथन अर्थात् (1 और 3) सही हैं। संविधान सभा की पहली बैठक 9 दिसम्बर, 1946 को हुई थी। यद्यपि मुस्लिम लीग ने संविधान सभा की प्रथम बैठक का बहिष्कार किया और पृथक् पाकिस्तान की माँग पर बल दिया।

कथन (2) सही नहीं है, क्योंकि संविधान सभा की पहली बैठक में डॉ. सच्चिदानन्द सिन्हा को अस्थायी अध्यक्ष चुना गया था, जबकि 11 दिसम्बर, 1946 को डॉ. राजेन्द्र प्रसाद को स्थायी अध्यक्ष नियुक्त किया गया था।

14 निम्नलिखित कथनों पर विचार कीजिए।

(Chap 2, Class-IX, New NCERT)

1. संविधान सभा में भारतीय राष्ट्रीय कांग्रेस के सदस्यों का प्रभुत्व था।
2. संविधान सभा में सभी समूह, जाति, वर्ग, धर्म व पेशों के लोगों का अभाव था।
3. संविधान सभा में कांग्रेस के कई ऐसे सदस्य थे, जो कांग्रेस के विचारों से सहमत नहीं थे।

उपर्युक्त में से कितने कथन सही नहीं हैं?

(a) केवल एक (b) केवल दो
(c) सभी तीन (d) इनमें से कोई नहीं

उत्तर *(a)*

व्याख्या दिए गए कथनों में से केवल एक कथन अर्थात् (2) सही नहीं है, क्योंकि सामाजिक रूप से संविधान सभा में सभी समूह, जाति, वर्ग, धर्म (हिंदू, मुस्लिम, सिख, पारसी, ईसाई) तथा अनुसूचित जाति व जनजाति, कानून के विद्वान और पेशेवर लोग शामिल थे।

कथन (1) और (3) सही हैं। संविधान सभा में कांग्रेस को 208 सीटें (199 सदस्य कांग्रेस के और 9 सदस्य कांग्रेस के समर्थित उम्मीदवार) प्राप्त हुई थीं, जबकि मुस्लिम लीग को 73 सीटें प्राप्त हुई तथा इसमें 8 स्वतंत्र सदस्य शामिल थे। इस प्रकार संविधान सभा में कांग्रेस के सदस्यों का प्रभुत्व था।

संविधान सभा में कांग्रेस के अंदर कई राजनीतिक समूह और विचार के लोग थे। इसमें कई सदस्य ऐसे थे, जो किसी विशेष मुद्दे पर कांग्रेस के विचारों से सहमत नहीं थे।

15 निम्न में कौन-से सदस्यों ने संविधान सभा में अल्पसंख्यक वर्गों का प्रतिनिधित्व किया? *(Chap-1, Class-VII, Old NCERT)*

1. फ्रेंक एंथनी
2. डॉ. एच. पी. मोदी
3. सर अल्लादि कृष्णास्वामी अय्यर
4. जयपाल सिंह

कूट

(a) 1 और 4 (b) 2 और 3
(c) 1 और 2 (d) 1 और 3

उत्तर *(c)*

व्याख्या संविधान सभा में अल्पसंख्यक वर्गों; जैसे-एंग्लो-इंडियन और पारसियों का प्रतिनिधित्व क्रमशः फ्रेंक एंथनी और डॉ. एच. पी. मोदी ने किया, जबकि अल्लादि कृष्णास्वामी कानूनी विद्वान् थे और जयपाल सिंह आदिवासी समुदाय से थे।

16 संविधान दिवस के बारे में निम्नलिखित कथनों पर विचार कीजिए *(Chap 3, Class-IX, New NCERT) (IAS Pre 2023)*

कथन I नागरिकों के बीच संवैधानिक मूल्यों को सम्वर्द्धित करने के लिए संविधान दिवस प्रतिवर्ष 26 नवम्बर को मनाया जाता है।

कथन II 26 नवम्बर, 1949 को भारत की संविधान सभा ने भारत के संविधान का प्रारूप तैयार करने के लिए डॉ. बी. आर. अम्बेडकर की अध्यक्षता में एक प्रारूपण समिति बनाई।

कूट

(a) कथन I और कथन II दोनों सही हैं तथा कथन II, कथन I की सही व्याख्या है
(b) कथन I और कथन II दोनों सही हैं, परंतु कथन II, कथन I की सही व्याख्या नहीं है
(c) कथन I सही है, किंतु कथन II गलत
(d) कथन I गलत है, किंतु कथन II सही है

उत्तर *(c)*

व्याख्या कथन I सही है, किंतु कथन II गलत है।
नागरिकों के बीच संवैधानिक मूल्यों को संवर्द्धित करने हेतु प्रतिवर्ष 26 नवम्बर को संविधान दिवस मनाया जाता है। भारतीय संविधान को 26 नवम्बर, 1949 को अंगीकृत किया गया था, जो 26 जनवरी, 1950 से लागू हुआ। भारत सरकार वर्ष 2015 से प्रतिवर्ष संविधान दिवस मनाती है। इसकी घोषणा सामाजिक न्याय और आधिकारिक मन्त्रालय ने 19 नवम्बर, 2015 को की थी। संविधान सभा की सभी समितियों में सबसे महत्त्वपूर्ण समिति प्रारूप समिति थी, जिसके अध्यक्ष डॉ. बी. आर. अम्बेडकर थे। इस समिति का गठन 29 अगस्त, 1947 को किया गया था। इसका प्रमुख कार्य संविधान का प्रारूप तैयार करना था। इसमें अध्यक्ष सहित 7 सदस्य थे।

17 निम्नलिखित कथनों पर विचार कीजिए *(Chap 2, Class-IX, New NCERT)*

1. प्रारूप समिति ने प्रत्येक अनुच्छेद पर कई दौर में चर्चाएँ कीं।
2. प्रारूप समिति ने दो हजार से अधिक संशोधनों पर विचार किया।

उपर्युक्त में से कौन-सा/से कथन सही है/हैं?

(a) केवल 1
(b) केवल 2
(c) 1 और 2 दोनों
(d) न तो 1 और न ही 2

उत्तर *(c)*

व्याख्या दिए गए दोनों कथन सही हैं।
संविधान सभा का कार्य व्यवस्थित तथा सर्वसम्मति पर आधारित था। सबसे पहले बुनियादी सिद्धांतों पर सर्वसम्मति का प्रयास किया गया। डॉ. बी. आर. अम्बेडकर की अध्यक्षता में प्रारूप समिति ने एक 'प्रारूप' तैयार किया गया। संविधान के इस प्रारूप की धाराओं पर चर्चा की गई। दो हजार से अधिक संशोधनों के बाद इसे प्रभावी रूप दिया गया।

18 संविधान सभा के संदर्भ में निम्नलिखित कथनों पर विचार कीजिए *(Chap 2, Class-IV, New NCERT)*

1. संविधान सभा में पेश प्रस्तावों को 'कॉन्स्टीट्यूएंट असेंबली डिबेट्स' नाम से 14 खंडो में प्रकाशित किया गया।
2. भविष्य में संवैधानिक मुद्दों के क्लीष्ट विचारों को समझने में न्यायपालिका द्वारा इन दस्तावेजों का प्रयोग होता है।

उपर्युक्त में से कौन-सा/से कथन सही है/हैं?

(a) केवल 1 (b) केवल 2
(c) 1 और 2 (d) न तो 1 और न ही 2

उत्तर *(b)*

व्याख्या संविधान सभा के संदर्भ में कथन (2) सही है।
'कॉन्स्टीट्यूएंट असेंबली डिबेट्स' 12 खंडो में प्रकाशित पुस्तक है, जिसमें संविधान सभा में पेश प्रत्येक प्रस्तावों को रिकॉर्ड रूप में रखा गया है। इस रिकॉर्ड का प्रयोग न्यायपालिका द्वारा संविधान की व्याख्या में किया जाता है।
कथन (1) सही नहीं है, क्योंकि संविधान सभा में पेश प्रस्तावों को 'कॉन्स्टीट्यूएंट असेंम्बली डिबेट्स' नाम से 12 खण्डो में प्रकाशित किया गया, न कि 14 खण्डो में।

19 निम्नलिखित कथनों पर विचार कीजिए *(Chap 5, Module-2, NIOS)*

1. भारत का संविधान अपराधियों को दंड देने का आधार प्रदान करता है।
2. भारतीय संविधान सभा में शामिल सदस्यों का चयन सार्वभौमिक मताधिकार आधार पर हुआ है।
3. भारत का संविधान परामर्शदात्री समिति तथा प्रारूप समिति द्वारा लिखा गया था।

उपर्युक्त में से कितने कथन सही हैं?

(a) केवल एक (b) केवल दो
(c) सभी तीन (d) इनमें से कोई नहीं

उत्तर *(d)*

व्याख्या दिए गए कोई भी कथन अर्थात् (1, 2 और 3) सही नहीं हैं।
भारत का संविधान नागरिकों के बीच संबंधों का आधार प्रदान करता है, जबकि अपराधियों को दंड देने का आधार भारतीय दंड संहिता में निर्धारित है। भारतीय संविधान सभा में शामिल सदस्यों का चयन प्रांतीय विधानसभाओं द्वारा निर्वाचित सदस्यों तथा देशी रियासतों के मनोनीत सदस्यों द्वारा किया गया था। भारत का संविधान प्रारूप समिति द्वारा लिखा गया था, जिसके अध्यक्ष डॉ. भीमराव अम्बेडकर थे।

20 संविधान सभा में अपनाई गई प्रक्रिया के संदर्भ में विचार कीजिए *(Unit 1, Class-XII, Tamil Nadu Board)*

1. संविधान सभा ने विहित प्रक्रिया के अंतर्गत कार्य किया तथा सभी प्रस्तावों पर सहमतिपूर्ण प्रक्रिया को अपनाया।
2. प्रारूप समिति द्वारा संवैधानिक प्रावधानों पर एक प्रारूप प्रस्तुत किया गया था।
3. संविधान सभा की बैठक कुल 197 दिनों तक चलनी थी।
4. इस बैठक का विस्तार 2 वर्ष, 9 महीने तथा 12 दिनों तक हुआ।

उपर्युक्त में से कितने कथन सही हैं?

(a) केवल एक (b) केवल दो
(c) केवल तीन (d) सभी चार

उत्तर (b)

व्याख्या संविधान सभा द्वारा अपनाई गई प्रक्रिया के संदर्भ में केवल दो कथन अर्थात् (1 और 2) सही हैं। संविधान सभा द्वारा संविधान निर्माण की प्रक्रिया में विहित प्रक्रिया के अंतर्गत कार्य किया गया जिसमें प्रत्येक प्रस्तावों पर सहमतिपूर्ण दृष्टिकोण को अपनाया गया। कुछ मूल सिद्धांतों को निर्धारित किया गया तथा उन पर आम सहमति से निर्णय लिया गया। इसके पश्चात् प्रारूप समिति द्वारा इस पर प्रारूप बनाया गया।

कथन (3) और (4) सही नहीं हैं, क्योंकि संविधान सभा की बैठक 166 दिनों तक चलनी थी, जिसका विस्तार 2 वर्ष, 11 महीने, 18 दिन तक किया गया। संविधान सभा की बैठकों को प्रेस तथा लोगों के लिए खुला रखा गया था।

21 निम्नलिखित घटनाओं पर विचार कीजिए तथा इन्हें सही कालानुक्रम में व्यवस्थित कीजिए (सबसे पहले से लेकर आखिरी गतिविधि तक)

(Chap 2, Class-IX, New NCERT) (UPPSC Pre 2023)

1. प्रारूप समिति की नियुक्ति
2. भारतीय संविधान को अंगीकृत और अधिनियमित किया
3. भारतीय संविधान के प्रवृत्त होने की तिथि
4. संविधान सभा की प्रथम बैठक

कूट

(a) 4, 1, 2, 3
(b) 1, 2, 4, 3
(c) 4, 1 , 3, 2
(d) 3, 2, 1, 4

उत्तर (a)

व्याख्या उपर्युक्त दी गई घटनाओं का सही कालानुक्रम 4, 1, 2, 3 है।

संविधान सभा की प्रथम बैठक 9 दिसम्बर, 1946 को हुई। प्रारूप समिति 29 अगस्त, 1947 को गठित की गई थी। भारतीय संविधान को अंगीकृत और अधिनियमित 26 नवम्बर, 1949 को किया गया। भारतीय संविधान के प्रवृत्त होने की तिथि 26 जनवरी, 1950 है।

22 निम्नलिखित युग्मों पर विचार कीजिए

(Chap 2, Class-IX, New NCERT) (HPSC Pre 2023)

	संविधान सभा की समिति		अध्यक्ष
1.	भाषा समिति	–	जवाहरलाल नेहरू
2.	संघ शक्ति समिति	–	मोतरी सत्यनारायण
3.	अल्पसंख्यक समिति	–	एच. सी. मुखर्जी
4.	मौलिक अधिकार उप-समिति	–	जे. बी. कृपलानी
5.	मौलिक अधिकारों की सलाहकार समिति	–	सरदार वल्लभभाई पटेल

उपर्युक्त में से कितने युग्म सही सुमेलित हैं?

(a) केवल एक (b) केवल दो
(c) केवल तीन (d) सभी पाँच

उत्तर (c)

व्याख्या दिए गए युग्मों में से केवल तीन युग्म अर्थात (3, 4 और 5) सही सुमेलित हैं। अल्पसंख्यक समिति के अध्यक्ष एच. सी मुखर्जी, मौलिक अधिकार उप-समिति के अध्यक्ष जे. बी. कृपलानी तथा मौलिक अधिकारों की सलाहकार समिति के अध्यक्ष सरदार वल्लभभाई पटेल थे।

युग्म (1) और (2) सही सुमेलित नहीं हैं, क्योंकि भाषा समिति के अध्यक्ष सरदार वल्लभभाई पटेल तथा संघ शक्ति समिति के अध्यक्ष जवाहरलाल नेहरू थे।

अध्याय 03

भारतीय संविधान : प्रस्तावना एवं विशेषताएँ

भारतीय संविधान : प्रस्तावना एवं विशेषताएँ

प्रस्तावना का परिचय एवं उपयोगिता

प्रस्तावना
- संविधान के लक्ष्यों और उद्देश्यों को रेखांकित करने वाले एक परिचयात्मक वक्तव्य के रूप में कार्य करती है
- यह जवाहरलाल नेहरू द्वारा संविधान सभा में 13 दिसम्बर 1946 को दिए गए भाषण (उद्देश्य संकल्प) पर आधारित थी और इसे संविधान सभा द्वारा 22 जनवरी, 1947 को अपनाया गया था
- प्रस्तावना को वर्ष **1976 में 42वें संविधान** संशोधन द्वारा एक बार संशोधित किया गया है
- संशोधन के माध्यम से समाजवादी, पंथनिरपेक्ष और अखंडता शब्द जोड़े गए
- यह न्यायपालिका द्वारा प्रवर्तनीय नहीं है, किंतु एक मार्गदर्शक सिद्धांत के रूप में कार्य करती है।
- प्रस्तावना के घटकों में अपनाने की तारीख, उद्देश्य,
- भारतीय राज्यी चर्चा की प्रकृति का औचित्य और भारत के लोगों की शक्ति के अंतिम स्रोत के रूप में स्वीकृति शामिल है
- **बेरूबाड़ी** मामले में उच्चतम न्यायालय ने कहा कि प्रस्तावना को संविधान का हिस्सा नहीं माना जा सकता
- **LIC ऑफ इंडिया मामले** में उच्चतम न्यायालय ने माना कि प्रस्तावना संविधान का अभिन्न अंग है

प्रस्तावना का महत्त्व
- प्रस्तावना संवैधानिक जटिलताओं को सरल बनाने का प्रकाश स्तंभ है।
- बेरूबाड़ी मामले में उच्चतम न्यायालय ने इस बात पर सहमति व्यक्त की है कि उद्देशिका (प्रस्तावना) संविधान निर्माताओं के मन की कुंजी है।
- संविधान की प्रस्तावना उन सिद्धांतों का निचोड़ है, जिनके आधार पर सरकार को कार्य करना है।

प्रस्तावना की उपयोगिता
- प्रस्तावना संविधान के विस्तृत विवरण का संक्षिप्त स्वरूप है।
- यह संविधान की आत्मा है, जिसमें संविधान के दर्शन की स्पष्ट झलक मिलती है।
- **के. एम. मुंशी** ने संविधान की प्रस्तावना को हमारे संप्रभु प्रजातांत्रिक गणतंत्र की जन्म कुंडली कहा है।
- भारतीय संविधान की प्रस्तावना में हमें क्या करना है, हमारा उद्देश्य क्या है और हम किस दिशा में जा रहे हैं, का विवरण है।

भारतीय संविधान की विशेषताएँ

प्रमुख विशेषताएँ
- भारतीय संविधान विश्व का सबसे लंबा लिखित संविधान है, जिसमें 448 अनुच्छेद (मूल रूप से 395 अनुच्छेद) 25 भाग और 12 अनुसूचियाँ हैं
- यह कार्यपालिका, विधायिका और न्यायपालिका के बीच शक्तियों के पृथक्करण के साथ संसदीय लोकतंत्र की स्थापना करता है
- नागरिकों को मौलिक अधिकारों की गारंटी दी जाती है, जिनमें शामिल हैं
  - समानता का अधिकार
  - स्वतंत्रता का अधिकार
  - शोषण के विरुद्ध अधिकार
  - धार्मिक स्वतंत्रता का अधिकार
  - सांस्कृतिक एवं शैक्षणिक अधिकार
  - संवैधानिक उपचारों का अधिकार
- संविधान में विभिन्न स्रोतों एवं विभिन्न देशों से उधार ली गई विशेषताएँ शामिल हैं; संविधान में मौलिक कर्त्तव्य, राज्य के नीति-निदेशक सिद्धांत शामिल हैं; संविधान में एक मजबूत केंद्रीकरण प्रवृत्ति वाली संघीय व्यवस्था का प्रावधान भी शामिल हैं
- यह एक स्वतंत्र और एकीकृत न्यायिक प्रणाली प्रदान करता है
- संसदीय संप्रभुता और न्यायिक सर्वोच्चता के बीच संतुलन
- संविधान विभिन्न प्रक्रियाओं के माध्यम से संशोधन योग्य है और इसमें आपातकालीन स्थितियों के लिए प्रावधान शामिल है।
- यह त्रिस्तरीय सरकारी संरचना स्थापित करता है।
- निर्वाचन आयोग और नियंत्रक एवं महालेखा परीक्षक (CAG) जैसे स्वतंत्र निकायों का प्रावधान करता है
- भारत यद्यपि संरचना में संघीय है, इसमें एकात्मक विशेषताएँ भी हैं, जो इसे अर्ध-संघीय प्रणाली बनाती है।; ये विशेषताएँ सामूहिक रूप से भारतीय संविधान की जटिल और व्यापक प्रकृति को दर्शाती हैं, जो शासन के लिए रूपरेखा प्रदान करती हैं और अपने नागरिकों के अधिकारों और स्वतंत्रता की रक्षा करती हैं

SOURCE Old NCERT Class VII हमारे आदर्श क्या हैं-प्रस्तावना, Old NCERT Class VII हमारे संविधान की प्रमुख विशेषताएँ, New NCERT Class IX संविधान का निर्माण, Old NCERT Class IX & X भारतीय संविधान और उसकी विशेषताएँ, New NCERT Class XI संविधान : क्यों और कैसे?, Old NCERT Class XI संविधान का राजनीतिक दर्शन, Old NCERT Class XI भारतीय संविधान : प्रस्तावना, मुख्य विशेषताएँ तथा भारतीय संघ NIOS, Module-2 Chap-5 Tamil Nadu Board Class-XII Unit-1

प्रस्तावना

1 भारतीय संविधान सभा के उद्देश्य प्रस्ताव के संदर्भ में निम्न कथनों पर विचार कीजिए *(Chap 3, Class-XI, Old NCERT)* *(Unit 1, Class-XII, Tamil Nadu Board)*

1. भारतीय संविधान सभा ने उद्देश्य प्रस्ताव को 22 जनवरी, 1947 को पारित किया।
2. 'उद्देश्य प्रस्ताव' 13 दिसंबर, 1946 को जवाहरलाल नेहरू द्वारा संविधान सभा में दिया गया भाषण था।
3. प्रस्तावना में सामाजिक, आर्थिक तथा राजनीतिक न्याय की अवधारणा संयुक्त राज्य अमेरिका से ली गई है।

उपर्युक्त में से कितने कथन सही हैं?

(a) केवल एक (b) केवल दो
(c) सभी तीन (d) इनमें से कोई नहीं

उत्तर *(b)*

व्याख्या भारतीय संविधान सभा के उद्देश्य प्रस्ताव के संदर्भ में केवल दो कथन (1 और 2) सही हैं। भारतीय संविधान सभा ने उद्देश्य प्रस्ताव को 22 जनवरी, 1947 को पारित किया था। उल्लेखनीय है कि इस प्रस्ताव को जवाहरलाल नेहरू द्वारा संविधान सभा में 13 दिसंबर, 1946 को प्रस्तुत किया गया था। इस प्रस्ताव में यह कहा गया था कि भारत एक पूर्णतया स्वतंत्र एवं संपूर्ण प्रभुतासंपन्न गणराज्य होगा। वह अपने संविधान का निर्माण स्वयं करेगा। भारतीय गणराज्य प्रांतों और देशी राज्यों का संघ होगा तथा भारतीय संघ और उसके राज्यों में समस्त शक्ति का मूल स्रोत जनता होगी।

कथन (3) सही नहीं है, क्योंकि प्रस्तावना में वर्णित सामाजिक, आर्थिक तथा राजनीतिक न्याय की अवधारणा सोवियत संघ से ली गई है, न कि संयुक्त राज्य अमेरिका से।

2 निम्न कथन (A) व कारण (R) को पढ़िए और नीचे दिए गए कूट की सहायता से सही उत्तर का चुनाव कीजिए *(Chap 1, Class-XI, New NCERT)*

कथन (A) **राष्ट्रीय आंदोलन से जिन सिद्धांतों को संविधान सभा में लाया गया, उसका सर्वोत्तम सारांश हमें जवाहरलाल नेहरू द्वारा वर्ष 1946 में प्रस्तुत 'उद्देश्य-प्रस्ताव' में मिलता है।**

कारण (R) **उद्देश्य प्रस्ताव में संविधान सभा के उद्देश्यों को परिभाषित किया गया था और सभी आकांक्षाओं और मूल्यों को समाहित किया गया था।**

कूट

(a) A और R दोनों सही हैं तथा R, A का सही स्पष्टीकरण है
(b) A और R दोनों सही हैं, परंतु R, A का सही स्पष्टीकरण नहीं है
(c) A सही है, किंतु R गलत है
(d) A गलत है, किंतु R सही है

उत्तर *(a)*

व्याख्या A और R दोनों सही हैं तथा R, A का सही स्पष्टीकरण है।

भारतीय संविधान सभा की कार्यवाही जवाहरलाल नेहरू द्वारा 13 दिसंबर, 1946 को प्रस्तुत 'उद्देश्य प्रस्ताव' के साथ प्रारंभ हुई। इस प्रस्ताव में संवैधानिक संरचना के ढाँचे एवं दर्शन को प्रतिबिंबित किया गया था।

उद्देश्य प्रस्ताव में संविधान सभा के उद्देश्यों को परिभाषित किया गया था और इसमें संविधान की सभी आकांक्षाओं तथा मूल्यों को समाहित किया गया था।

संविधान के मौलिक प्रावधान वस्तुत: उद्देश्य प्रस्ताव में समाहित मूल्यों से प्रेरित तथा उनका सारांश है। इस प्रस्ताव के आधार पर हमारे संविधान में समानता, स्वतंत्रता, लोकतंत्र, संप्रभुता जैसी बुनियादी प्रतिबद्धताओं को संस्थागत रूप दिया गया है।

3 संविधान की प्रस्तावना में प्रयुक्त निम्न शब्दों को उनके सही क्रम में व्यवस्थित कीजिए *(Chap 4, Class-IX & X, Old NCERT)* *(BPSC Pre 2008)*

1. समाजवादी 2. प्रजातांत्रिक 3. सार्वभौमिक 4. पंथनिरपेक्ष

कूट

(a) 1, 2, 3, 4 (b) 1, 2, 3, 4 (c) 3, 1, 4, 2 (d) 2, 1, 3, 4

उत्तर *(c)*

व्याख्या संविधान की प्रस्तावना में प्रयुक्त शब्दों का सही व्यवस्थित क्रम—संपूर्ण प्रभुत्वसंपन्न (सार्वभौमिक), समाजवादी, पंथनिरपेक्ष, लोकतंत्रात्मक (प्रजातांत्रिक) गणराज्य है, जोकि उद्देशिका अथवा प्रस्तावना में निहित हैं।

4 संविधान की प्रस्तावना के संबंध में निम्नलिखित कथनों पर विचार कीजिए *(Chap 2, Class-IX, New NCERT)*

1. भारतीय संविधान के बुनियादी मूल्यों की झलक प्रस्तावना में मिलती है।
2. 'प्रस्तावना' को 'भारतीय संविधान की आत्मा' कहा गया है।

उपर्युक्त में से कौन-सा/से कथन सही है/हैं?

(a) केवल 1 (b) केवल 2
(c) 1 और 2 दोनों (d) न तो 1 और न ही 2

उत्तर *(c)*

व्याख्या संविधान सभा की प्रस्तावना के संबंध में दोनों कथन सही हैं। संविधान की प्रस्तावना संविधान के मुख्य आदर्शों, आकांक्षाओं एवं बुनियादी मूल्यों का उल्लेख करती है। इसमें लोकतंत्र, समाजवादी, पंथनिरपेक्ष, न्याय आदि के दर्शन अंतर्निहित हैं।

यह संविधान का प्रेरणा स्रोत है। अत: जहाँ संविधान की भाषा संदिग्ध अथवा अस्पष्ट है, वहाँ प्रस्तावना संविधान निर्माताओं के आशय को समझने में सहायक है। अत: प्रस्तावना को 'संविधान की मूल आत्मा' कहा जाता है।

5 प्रस्तावना के संदर्भ में दिए गए कथनों में से कौन-सा/से कथन सही नहीं है/हैं? *(Chap 2, Class-VII, Old NCERT)*

(a) लोकतंत्र, धर्मनिरपेक्षता और समाजवाद हमारे राष्ट्रीय लक्ष्य हैं
(b) प्रस्तावना में वर्णित शब्द शासन के आधारभूत सिद्धांत हैं
(c) प्रस्तावना में उल्लेखित सिद्धांतों पर नागरिकों की पूर्ण आस्था नहीं है
(d) इसके आधार पर सामाजिक-आर्थिक विषमताओं का समाधान करने का प्रयास किया जाता है

उत्तर *(c)*

व्याख्या प्रस्तावना के संदर्भ में कथन (c) सहीं नहीं है, क्योंकि संविधान की प्रस्तावना में वर्णित आदर्शों, मूल्यों एवं दर्शन पर भारत के समस्त नागरिकों की पूर्ण आस्था है। प्रस्तावना में देश के सभी नागरिकों को न्याय, स्वतंत्रता, समता को प्राप्त करने और उन सभी में व्यक्ति की गरिमा को सुनिश्चित करने तथा बंधुता बढ़ाने के दृढ़ संकल्प को व्यक्त किया गया है।

6 निम्न कथन (A) व कारण (R) को पढ़िए और नीचे दिए गए कूट की सहायता से सही उत्तर का चुनाव कीजिए *(Chap 5, Module-2, NIOS)*

कथन (A) **संविधान को समझने के लिए प्रस्तावना को संविधान की कुंजी माना जाता है।**

कारण (R) **प्रस्तावना में संवैधानिक लक्ष्यों की व्याख्या की गई है, जो स्वतंत्र भारत के आदर्शों का स्पष्टीकरण है।**

कूट

(a) A और R दोनों सही हैं तथा R, A का सही स्पष्टीकरण है
(b) A और R दोनों सही हैं, परंतु R, A का सही स्पष्टीकरण नहीं है
(c) A सही है, किंतु R गलत है
(d) A गलत है, किंतु R सही है

उत्तर *(a)*

व्याख्या A और R दोनों सही हैं तथा R, A का सही स्पष्टीकरण है।

प्रस्तावना, संक्षेप में, संविधान के लक्ष्यों की दो प्रकार से व्याख्या करती है, एक प्रशासन की संरचना के बारे में तथा दूसरा स्वतंत्र भारत द्वारा प्राप्त किए जाने वाले आदर्शों के विषय में। इसलिए संविधान को समझने के लिए प्रस्तावना को संविधान की कुंजी माना जाता है। प्रस्तावना में वर्णित लक्ष्यों में नागरिकों की सामाजिक, आर्थिक, राजनीतिक न्याय, समानता, बंधुत्व, स्वतंत्रता को शामिल किया गया है।

7 संविधान में वर्णित समाजवादी व्याख्या के संदर्भ में विचार करें

(Class-XI, Old NCERT)

1. समाजवाद शब्द का प्रयोग सामाजिक नियोजन के संदर्भ में हुआ, जिसमें संसाधनों का वितरण श्रेणीबद्ध आधार पर किया जाएगा, ताकि सामाजिक समानता स्थापित हो सके।
2. भारतीय संविधान में समाजवादी शब्द प्रारंभ में नहीं था।
3. समता तथा बंधुत्व को महत्त्वपूर्ण सिद्धांत के रूप में स्थापित करने के लिए सामाजिक लोकतंत्र जरूरी है।

उपर्युक्त में से कितने कथन सही हैं?

(a) केवल एक
(b) केवल दो
(c) सभी तीन
(d) उपरोक्त में से कोई नहीं

उत्तर *(b)*

व्याख्या संविधान में वर्णित समाजवादी व्याख्या के संदर्भ में केवल दो कथन (2 और 3) सही हैं। भारतीय संविधान में समाजवादी शब्द प्रारंभ में प्रयुक्त नहीं हुआ था। इसे 42वें संविधान संशोधन 1976 द्वारा जोड़ा गया था। सामाजिक लोकतंत्र की स्थापना समता, बंधुत्व तथा स्वतंत्रता के सिद्धांत की स्थापना के लिए महत्त्वपूर्ण है।

कथन (1) सही नहीं है, क्योंकि संविधान में समाजवाद शब्द का प्रयोग आर्थिक नियोजन के संदर्भ में हुआ है, जिसका अभिप्राय असमानताओं का निराकरण करने, सभी की न्यूनतम मूलभूत आवश्यकताओं की पूर्ति करने के लिए समान वेतन देने जैसे आदर्शों की प्राप्ति के लिए प्रतिबद्धता को दर्शाता है।

8 प्रस्तावना में वर्णित पंथनिरपेक्षता के संबंध में निम्नलिखित में से कौन-सा/से कथन सही है/हैं? *(Chap 4, Class-IX & X, Old NCERT)*

1. राज्य का अपना कोई निजी धर्म नहीं है।
2. नागरिकों को अपनी इच्छानुसार किसी भी धर्म को मानने और उसके अनुसार आचरण करने की स्वतंत्रता है।
3. राज्य किसी धर्म विशेष को प्रोत्साहित कर सकता है।
4. धर्म के आधार पर भेदभाव का अभाव है।

कूट

(a) 1, 2 और 3 (b) 1, 2 और 4
(c) 2, 3 और 4 (d) ये सभी

उत्तर *(b)*

व्याख्या प्रस्तावना में वर्णित पंथनिरपेक्षता के संबंध में कथन (1), (2) और (4) सही हैं। पंथनिरपेक्षता का अर्थ है कि राज्य का अपना कोई धर्म नहीं होगा अर्थात् राज्य किसी धर्म विशेष को राजधर्म के रूप में मान्यता प्रदान नहीं करता है, बल्कि वह सभी धर्मों को तटस्थ रूप से समान संरक्षण प्रदान करता है। राज्य में धर्म को एक वैयक्तिक विषय के रूप में माना जाता है, जिसके अनुसार नागरिकों को अपनी इच्छानुसार किसी भी धर्म को मानने तथा उसके अनुसार आचरण करने की स्वतंत्रता प्राप्त होती है और न ही धर्म के आधार पर किसी से भेदभाव किया जाता है।

कथन (3) सही नहीं है, क्योंकि राज्य किसी धर्म विशेष को प्रोत्साहित नहीं करता है अर्थात् यह सभी धर्मों को समान महत्त्व देता है।

9 भारत के संविधान की 'उद्देशिका'

(Chap 3, Class-XI, Old NCERT) (IAS Pre 2020)

(a) संविधान का भाग है, किंतु कोई विधिक प्रभाव नहीं रखती
(b) संविधान का भाग नहीं है और कोई विधिक प्रभाव भी नहीं रखती
(c) संविधान का भाग है और ऐसा ही विधिक प्रभाव रखती है, जैसा कि उसका कोई अन्य भाग
(d) संविधान का भाग है, किंतु उसके अन्य भागों से स्वतंत्र होकर उसका कोई विधिक प्रभाव नहीं है

उत्तर *(d)*

व्याख्या भारत के संविधान की उद्देशिका संविधान का भाग है, किंतु उसे वैधानिक रूप से न्यायालयों द्वारा लागू नहीं किया जा सकता अर्थात् अन्य भागों से स्वतंत्र होकर इसका कोई विधिक प्रभाव नहीं है। प्रस्तावना (उद्देशिका) का लक्ष्य एक ऐसी सामाजिक व्यवस्था स्थापित करना है, जहाँ जनता संप्रभु हो, शासन निर्वाचित हो और जनता के प्रति उत्तरदायी हो। शासन की सत्ता मौलिक अधिकारों से सीमित हो तथा जनता को अपने विकास का समुचित अवसर प्राप्त हो।

10 प्रस्तावना में भारत को एक गणराज्य घोषित किया गया है। इस संदर्भ में कौन-सा कथन इसकी पुष्टि नहीं करता है?

(Chap 2, Class-VII, Old NCERT)

(a) राज्य का मुखिया निर्वाचित राष्ट्रपति होता है
(b) राज्य का मुखिया जनता द्वारा निर्वाचित व्यक्ति होता है
(c) राज्य के मुखिया की नियुक्ति वंशानुगत होती है
(d) गणराज्य के सभी नागरिक समान होते हैं

उत्तर *(c)*

व्याख्या प्रस्तावना में भारत को एक गणराज्य घोषित किया गया है। इस संदर्भ में कथन (c) इसकी पुष्टि नहीं करता है, क्योंकि राज्य के मुख्य की नियुक्ति वंशानुगत नहीं हाती है, बल्कि भारत के गणराज्य होने का तात्पर्य यह है कि भारत में राज्य का मुखिया (राष्ट्राध्यक्ष) निर्वाचित राष्ट्रपति होता है, जबकि राजतंत्र अथवा राजशाही में राज्य का प्रमुख वंशानुगत आधार पर नियुक्त होता है। भारत का राष्ट्रपति पाँच वर्ष की अवधि के लिए चुना जाता है।

11 भारतीय संविधान की प्रस्तावना में किस प्रकार की स्वतंत्रता का उल्लेख किया गया है? *(Chap 3, Class-XI, Old NCERT)*

1. विचार की स्वतंत्रता 2. अभिव्यक्ति की स्वतंत्रता
3. उपासना की स्वतंत्रता 4. धर्म की स्वतंत्रता
5. विश्वास की स्वतंत्रता 6. न्याय की स्वतंत्रता
7. भ्रमण की स्वतंत्रता

कूट

(a) 1, 2, 4 और 6 (b) 1, 2, 5 और 7
(c) 1, 2, 3 और 4 (d) 1, 2, 3, 4 और 5

उत्तर *(d)*

व्याख्या भारतीय संविधान की प्रस्तावना में पाँच प्रकार की स्वतंत्रता का उल्लेख किया गया है; जैसे—

- विचार की स्वतंत्रता
- अभिव्यक्ति की स्वतंत्रता
- विश्वास की स्वतंत्रता
- धर्म की स्वतंत्रता
- उपासना की स्वतंत्रता

उल्लेखनीय है कि प्रस्तावना के अनुसार उक्त स्वतंत्रताओं को सभी नागरिकों को प्राप्त कराने के लिए भारतीय संविधान दृढ़ संकल्पित है। इस प्रकार प्रस्तावना में उपर्युक्त सभी प्रकार की स्वतंत्रता का वर्णन है।

जबकि न्याय और भ्रमण की स्वतन्त्रता का उल्लेख भारतीय संविधान की प्रस्तावना में नहीं किया गया है। प्रस्तावना में तीन प्रकार के न्याय (सामाजिक, आर्थिक व राजनीतिक) का उल्लेख किया गया है।

12 लोकतंत्र से अभिप्राय एक ऐसी व्यवस्था से है, जहाँ सरकार

(Chap 3, Class-XI, Old NCERT)

1. जनता द्वारा निर्वाचित होती है।
2. अपने कार्यों के लिए जनता के प्रति उत्तरदायी नहीं होती है।
3. एक निश्चित अंतराल के पश्चात् निर्वाचित होती है।
4. जनता को स्वतंत्रतापूर्वक तथा न्यायपूर्ण तरीके से मतदान का अधिकार प्रदान करती है।

उपर्युक्त में से कितने कथन सही हैं?

(a) केवल एक (b) केवल दो
(c) केवल तीन (d) सभी चार

उत्तर *(c)*

व्याख्या लोकतंत्र से अभिप्राय के संदर्भ में केवल तीन कथन अर्थात् (1, 3 और 4) सही हैं। लोकतंत्र का तात्पर्य लोगों का तंत्र अर्थात् जनता का शासन है। इस प्रणाली में सरकार जनता द्वारा निर्वाचित होती है। इसके अंतर्गत एक निश्चित समय पर (भारत के संदर्भ में 5 वर्षों के लिए) चुनाव संपन्न होते हैं, जिसमें जनता को स्वतंत्रतापूर्वक तथा न्यायपूर्ण तरीके से मतदान का अधिकार प्राप्त होता है। इससे आशय यह भी है कि इस प्रणाली में विधि का शासन होता है।

कथन (2) सही नहीं है, क्योंकि सरकार अपने कार्यों एवं नीतियों के लिए जनता के प्रति पूर्णत: उत्तरदायी होती है।

13 भारतीय संविधान की 'उद्देशिका' के संबंध में निम्न कथनों में से कौन-से कथन सही हैं?

(Chap 3, Class-XI, Old NCERT) (UPPSC Pre 2009)

1. जवाहरलाल नेहरू द्वारा प्रस्तुत 'ऑब्जेक्टिव प्रस्ताव' अंततोगत्वा उद्देशिका बना।
2. इसकी प्रकृति न्याय योग्य (Justiciable) नहीं है।
3. इसका संशोधन नहीं किया जा सकता।
4. संविधान के विशिष्ट प्रावधानों को यह रद्द नहीं कर सकता।

कूट

(a) 1 और 2
(b) 1, 2 और 4
(c) 1, 2 और 3
(d) 2, 3 और 4

उत्तर *(b)*

व्याख्या भारतीय संविधान की 'उद्देशिका' के संबंध में कथन (1), (2) और (4) सही हैं। 13 दिसंबर, 1946 को जवाहरलाल नेहरू ने संविधान सभा में 'ऑब्जेक्टिव प्रस्ताव' रखा, जो अंतत: 'प्रस्तावना' (उद्देशिका) के रूप में सामने आया। उद्देशिका की प्रवृत्ति न्याय योग्य नहीं है। इसके वर्णित उद्देश्यों के क्रियान्वयन के लिए व्यक्ति न्यायालय में दावा प्रस्तुत नहीं कर सकता। यह संविधान के किसी प्रावधान को रद्द नहीं कर सकता।

कथन (3) सही नहीं है, क्योंकि भारतीय संविधान की उद्देशिका में संशोधन किया जा सकता है।

14 भारतीय संविधान की प्रस्तावना में किसका उल्लेख नहीं है?

(Chap 3, Class-XI, Old NCERT)

(a) सामाजिक न्याय
(b) आर्थिक न्याय
(c) राजनीतिक न्याय
(d) धार्मिक न्याय

उत्तर *(d)*

व्याख्या भारतीय संविधान की प्रस्तावना में धार्मिक न्याय का उल्लेख नहीं है, बल्कि प्रस्तावना में निम्न तीन प्रकार के न्याय का उल्लेख है

सामाजिक न्याय का अभिप्राय ऐसी व्यवस्था से है, जहाँ जाति, मत, रंग, लिंग, जन्मस्थान, धर्म या भाषा के आधार पर किसी के साथ कोई भेदभाव न हो अर्थात् समाज में किसी वर्ग विशेष को विशेषाधिकार प्राप्त न हो।

राजनीतिक न्याय का अभिप्राय ऐसी व्यवस्था से है, जहाँ सभी नागरिकों को समान रूप से मत देने, चुनाव लड़ने तथा सार्वजनिक पद प्राप्त करने का अधिकार हो।

आर्थिक न्याय का अभिप्राय ऐसी व्यवस्था से है, जहाँ आर्थिक कारणों के आधार पर किसी भी व्यक्ति से कोई भेदभाव नहीं किया जाएगा। इसके अंतर्गत संपदा, आय तथा संपत्ति की असमानता को दूर करना भी शामिल है।

15 निम्नलिखित में से सही कथन की पहचान कीजिए

(Chap 4, Class-IX & X, Old NCERT)

(a) प्रस्तावना संविधान की व्याख्या की दृष्टि से महत्त्वपूर्ण है
(b) प्रस्तावना में वर्णित उद्देश्य सरकार द्वारा क्रियान्वित नहीं किए जाने पर उसे न्यायालय में चुनौती नहीं दी जा सकती
(c) प्रस्तावना सरकार की शासन संचालन की दिशा को इंगित करती है
(d) उपर्युक्त सभी

उत्तर *(d)*

व्याख्या दिए गए सभी कथन सही हैं।

प्रस्तावना संविधान की व्याख्या की दृष्टि से अत्यंत महत्त्वपूर्ण है, क्योंकि जहाँ भी संविधान की भाषा अस्पष्ट है, वहाँ प्रस्तावना संविधान निर्माताओं के आशय को समझने में सहायक है।

प्रस्तावना/संविधान का एक भाग या अंश है, किंतु प्रस्तावना न्याय या वाद योग्य नहीं है अर्थात् यदि प्रस्तावना में वर्णित उद्देश्य सरकार द्वारा क्रियान्वित नहीं किए जाते हैं, तो कोई व्यक्ति इस आधार पर उसे न्यायालय में चुनौती नहीं दे सकता।

यद्यपि इसके बावजूद यह शासन का आधारभूत सिद्धांत है, क्योंकि यह उस दिशा को इंगित करती है, जिस दिशा में सरकार को शासन चलाना चाहिए।

16 भारतीय संविधान की प्रस्तावना में निम्नलिखित में से किस स्वतंत्रता का वर्णन नहीं है?

(Chap 3, Class-IX & X, Old NCERT) (IAS Pre 2017)

(a) विचार की स्वतंत्रता (b) विचार प्रकट करने की स्वतंत्रता
(c) विश्वास की स्वतंत्रता (d) आर्थिक स्वतंत्रता

उत्तर *(d)*

व्याख्या भारतीय संविधान की प्रस्तावना में आर्थिक स्वतंत्रता का वर्णन नहीं है प्रस्तावना में आर्थिक न्याय की बात अवश्य की गई है तथा इसे सुनिश्चित करने पर भी बल दिया गया है। भारतीय संविधान की प्रस्तावना (उद्देशिका) में विचार करने, विचार प्रकट करने (अभिव्यक्ति) की स्वतंत्रता, विश्वास तथा धर्म एवं उपासना की स्वतंत्रता की चर्चा की गई है।

संविधान की विशेषताएँ

17 भारतीय संविधान में समाहित किन विशेषताओं के कारण यह एक 'अनूठा संविधान' है? *(Chap 3, Class-VII, Old NCERT)*

1. लोकतंत्र 2. संघ
3. मूल अधिकार 4. नीति-निदेशक तत्त्व
5. गणराज्य

कूट

(a) 1 और 3 (b) 1, 3 और 4
(c) 1, 2 और 3 (d) ये सभी

उत्तर *(d)*

व्याख्या प्रश्न में दी गई सभी विशेषताओं के कारण भारत का संविधान एक 'अनूठा संविधान' है। भारतीय संविधान की कई विशेषताएँ हैं, जो विश्व के अन्य संविधानों से अलग, उसकी पहचान बनाती हैं। भारतीय संविधान की प्रमुख विशेषताओं में लोकतंत्र, संघीय व्यवस्था, मूल अधिकार, मूल कर्त्तव्य, नीति-निदेशक तत्त्व, गणराज्य आदि शामिल हैं। इस प्रकार उक्त वर्णित सभी विशेषताएँ भारतीय संविधान की हैं।

18 भारतीय संविधान की कौन-सी विशेषताएँ अद्वितीय हैं?

(Chap 3, Class-XI, Old NCERT)

1. भारतीय जनता द्वारा निर्मित
2. विभिन्न संविधानों का प्रभाव
3. नम्यन या अनम्य का मिश्रण
4. जनता की संप्रभुता
5. विस्तृत संविधान

कूट

(a) 1, 2 और 5 (b) 3, 4 और 5
(c) 1, 2, 3 और 4 (d) 1, 2, 3, 4 और 5

उत्तर *(d)*

व्याख्या प्रश्न में दी गई भारतीय संविधान की सभी विशेषताएँ अद्वितीय हैं। भारतीय संविधान की मुख्य विशेषताएँ दो प्रकार की हैं-अद्वितीय एवं अन्य विशेषताएँ। कुछ विशेषताएँ अद्वितीय हैं, जो भारत के किसी पूर्व संविधान में नहीं पाई जाती हैं। भारतीय संविधान की निम्नलिखित अद्वितीय विशेषताएँ हैं

- भारतीय जनता के द्वारा निर्मित
- विभिन्न संविधानों का प्रभाव
- गणराज्य
- जनता की संप्रभुता
- पंथनिरपेक्ष राज्य
- मौलिक अधिकार एवं कर्त्तव्य
- राज्य के नीति-निदेशक तत्त्व
- न्यायिक समीक्षा
- सार्वभौम वयस्क मताधिकार
- नम्य एवं अनम्य (कठोर और लचीला) का मिश्रण।
- विस्तृत संविधान का होना भारतीय संविधान की एक महत्त्वपूर्ण विशिष्टता है।

19 निम्नलिखित में से कौन-सा प्रावधान ब्रिटिश संविधान से प्रेरित नहीं है?

(Chap 1, Class-XI, New NCERT)

1. सरकार का संसदीय स्वरूप
2. अवशिष्ट शक्तियों का सिद्धांत
3. न्यायपालिका की स्वतंत्रता
4. कानून निर्माण की विधि
5. कानून के शासन का विचार

कूट

(a) 2 और 4 (b) 1, 3 और 5
(c) 2 और 3 (d) 2, 3 और 4

उत्तर *(c)*

व्याख्या अवशिष्ट शक्तियों का सिद्धांत एवं न्यायपालिका की स्वतंत्रता संबंधी प्रावधान ब्रिटिश संविधान से प्रेरित नहीं हैं। जबकि अवशिष्ट शक्तियाँ, कनाडा के संविधान व न्यायपालिका की स्वतंत्रता अमेरिका के संविधान से प्रेरित हैं। ब्रिटिश संविधान से लिए गए कुछ प्रमुख प्रावधान निम्न हैं

- सर्वाधिक मत के आधार पर चुनाव में जीत का निर्णय
- सरकार का संसदीय स्वरूप
- कानून का शासन
- कानून निर्माण की विधि
- द्विसदनीय व्यवस्था
- एकल नागरिकता

20 सूची I को सूची II के साथ सही सुमेलित कीजिए और कूट की सहायता से सही उत्तर दीजिए

(Chap 1, Class-XI, New NCERT) (IAS Pre 2003)

सूची I (भारतीय संविधान के मद)	सूची II (जिस देश से अपनाया गया)
A. राज्य के नीति निदेशक सिद्धांत	1. ऑस्ट्रेलिया
B. मूल अधिकार	2. कनाडा
C. संघ-राज्य संबंधों की समवर्ती सूची	3. आयरलैंड
D. भारत राज्यों का संघ है तथा संघ में अधिक शक्ति निहित है	4. यूनाइटेड किंगडम (ब्रिटेन)
	5. संयुक्त राज्य अमेरिका

कूट

	A	B	C	D		A	B	C	D
(a)	5	4	1	2	(b)	3	5	2	1
(c)	5	4	2	1	(d)	3	5	1	2

उत्तर *(d)*

व्याख्या सही सुमेलन A-3, B-5, C-1, D-2 है।

भारतीय संविधान में वर्णित 'राज्य के नीति निदेशक सिद्धान्त' आयरलैंड के संविधान से लिए गए हैं।

मूल अधिकारों का उपबंध संयुक्त राज्य अमेरिका के संविधान से प्रभावित है।

संघ-राज्य संबंधों की समवर्ती सूची को ऑस्ट्रेलिया के संविधान से लिया गया है।

संघीय व्यवस्था के अंतर्गत अवशिष्ट शक्तियों के केंद्र में निहित होने की शक्ति कनाडा के संविधान से प्रेरित है।

21 निम्नलिखित कथनों पर विचार कीजिए

(Chap 5, Class-XI, New NCERT)

1. मौलिक अधिकार निरंकुश या असीमित होते हैं।
2. सरकार मौलिक अधिकारों पर किसी भी प्रकार का प्रतिबंध नहीं लगा सकती।

उपर्युक्त में से कौन-सा/से कथन सही है/हैं?

(a) केवल 1 (b) केवल 2
(c) 1 और 2 दोनों (d) न तो 1 और न ही 2

उत्तर *(d)*

व्याख्या दिए गए दोनों कथन सही नहीं हैं।

मौलिक अधिकार निरंकुश या असीमित नहीं होते हैं। सरकार मौलिक अधिकारों के प्रयोग पर 'औचित्यपूर्ण' प्रतिबंध लगा सकती है। मौलिक अधिकारों के हनन को रोकने की शक्ति और इनका उत्तरदायित्व न्यायपालिका के पास होता है। विधायिका या कार्यपालिका के किसी कार्य या निर्णय से यदि मौलिक अधिकारों का हनन होता है या उन पर अनुचित प्रतिबंध लगाया जाता है, तो न्यायपालिका उसे अवैध घोषित कर सकती है।

22 राजव्यवस्था की प्रवृत्ति के संदर्भ में दिए गए कथनों पर विचार कीजिए

(Chap 5, Module-2, NIOS)

1. संघीय व्यवस्था में दो स्पष्ट स्तर की सरकारें होती हैं, जिसमें केंद्र में एक सरकार होती है, इसके अतिरिक्त प्रत्येक इकाई अथवा राज्य की भी एक सरकार होती है।
2. अर्द्धसंघात्मक संरचना वाली व्यवस्था में दो स्पष्ट सरकारें होती हैं, जिसमें दोनों स्तर पर सरकारों को समान शक्ति का विभाजन किया जाता है।
3. एकात्मक संरचना वाली सरकार का ढाँचा अर्द्धसंघीय व्यवस्था की तरह ही रहता है।

उपर्युक्त में से कितने कथन सही नहीं हैं?
(a) केवल एक
(b) केवल दो
(c) सभी तीन
(d) उपर्युक्त में से कोई नहीं

उत्तर (b)

व्याख्या राजव्यवस्था की प्रवृत्ति के संदर्भ में केवल दो कथन अर्थात् (2 और 3) सही नहीं हैं, क्योंकि अर्द्धसंघात्मक संरचना वाली व्यवस्था में दो स्पष्ट सरकारें होती हैं, किंतु केंद्र सरकार को राज्य की अपेक्षा अधिक शक्तियाँ प्राप्त होती हैं। एकात्मक संरचना वाली सरकार में शक्ति का केंद्रण पूर्णतया केंद्र सरकार की ओर होता है तथा संबंधित अन्य इकाइयाँ केन्द्र के अधीन या उसके निर्देश पर कार्य करती हैं।

23 निम्नलिखित कथनों पर विचार कीजिए

(Chap 3, Class-XI, Old NCERT)

1. राज्य के नीति-निदेशक तत्त्व संविधान की एक प्रमुख विशेषता है।
2. ये 1935 के भारतीय शासन अधिनियम में उल्लेखित निर्देश पत्र के बिल्कुल समान हैं।
3. लोक कल्याणकारी राज्य की अवधारणा का अधिकांश तत्त्व नीति निदेशक तत्त्वों में समाहित है।

उपर्युक्त में से कितने कथन सही हैं?
(a) केवल एक (b) केवल दो
(c) सभी तीन (d) इनमें से कोई नहीं

उत्तर (b)

व्याख्या दिए गए कथनों में से केवल दो कथन अर्थात् (1 और 3) सही हैं। राज्य के नीति-निदेशक तत्त्व भारतीय संविधान की एक प्रमुख विशेषता है। भारतीय संविधान में 'राज्य के नीति-निदेशक तत्त्व' का उपबंध आयरलैंड के संविधान से लिया गया है। भारत तथा आयरलैंड को छोड़कर विश्व के अन्य किसी भी देश के संविधान में इस प्रकार के निदेशक तत्त्वों का उल्लेख नहीं है।

नीति निदेशक तत्त्वों में अधिकांश अनुच्छेदों को लोक कल्याणकारी राज्य की अवधारणा को स्थापित करने के उद्देश्य से शामिल किया गया है। इसमें महिला सुरक्षा, पर्यावरण संरक्षण, समान नागरिक संहिता आदि लोक कल्याणकारी प्रावधान हैं।

कथन (2) सही नहीं है, क्योंकि नीति-निदेशक तत्त्व भारतीय शासन अधिनियम, 1935 में वर्णित अनुदेश प्रपत्र (Instrument of Instruction) के समान हैं, जोकि ब्रिटिश सरकार द्वारा गवर्नर-जनरल और भारत की औपनिवेशिक कॉलोनियों के गवर्नरों को जारी किए जाते थे, किंतु इनमें अंतर यह है कि निदेशक तत्त्व विधायिका और कार्यपालिका के लिए अनुदेश (उपदेश) हैं।

24 भारतीय संविधान की विशेषता के संदर्भ में निम्न कथनों पर विचार कीजिए

(Chap 3, Class-XI, Old NCERT)

1. संविधान संघीय और राज्य विधानमंडलों के अधिनियमों तथा संघीय और राज्यों की कार्यपालिकाओं के क्रिया कलापों की न्यायिक समीक्षा की व्यवस्था करता है।
2. संविधान भारत के नागरिकों के लिए दोहरी नागरिकता का प्रावधान करता है।
3. संविधान हिंदी को भारतीय संघ की राजभाषा के रूप में मान्यता प्रदान करता है।
4. संविधान द्वारा प्रत्येक भारतीय नागरिक को जिसने 20 वर्ष की आयु पूरी कर ली है, उसे प्रत्येक स्तर पर सरकार के निर्वाचन में भागीदारी का अधिकार प्रदान करता है।

उपर्युक्त में से कितने कथन सही नहीं हैं?
(a) केवल एक (b) केवल दो (c) केवल तीन (d) सभी चार

उत्तर (b)

व्याख्या भारतीय संविधान की विशेषता के संदर्भ में केवल दो कथन अर्थात् (2 और 4) सही नहीं हैं, क्योंकि भारतीय संविधान द्वारा भारत की एकता और अखंडता को सुनिश्चित करने के उद्देश्य हेतु उसकी संघीय संरचना के बावजूद एकल नागरिकता का प्रावधान किया गया है।

संविधान द्वारा देश में सार्वभौम वयस्क मताधिकार की व्यवस्था की गई है। इसके अंतर्गत प्रत्येक भारतीय नागरिक को, जिसने 18 वर्ष की आयु पूरी कर ली है, उसे मतदान करने तथा केंद्र, राज्य और स्थानीय सभी स्तरों पर सरकार के निर्वाचन में भागीदारी का अधिकार प्राप्त है।

25 निम्न में से कौन-सा कथन भारतीय संविधान की एक प्रमुख विशेषता 'संसदीय व्यवस्था' को सही निरूपित नहीं करता है?

(Chap 4, Class-IX & X, Old NCERT)

(a) संसदात्मक व्यवस्था में संसद की प्रधानता रहती है
(b) भारत में संसदात्मक सरकार की व्यवस्था है
(c) इसमें शासन का संचालन वस्तुत: मंत्रिपरिषद् द्वारा किया जाता है
(d) मंत्रिपरिषद् विधायिका के प्रति अनुत्तरदायी होती है

उत्तर (d)

व्याख्या भारतीय संविधान की एक प्रमुख विशेषता 'संसदीय व्यवस्था' को कथन (d) सही निरूपित नहीं करता है, क्योंकि संसदीय प्रणाली में मंत्रिपरिषद् विधायिका के प्रति सामूहिक रूप से उत्तरदायी होती है।

शासन की संसदीय प्रणाली भारतीय संविधान की एक प्रमुख विशेषता है। यह प्रावधान भारतीय संविधान में ब्रिटेन से लिया गया है।

भारत में सरकार की संसदीय प्रणाली अपनाई गई है। इस व्यवस्था में संसद की प्रधानता रहती है तथा यह जनता का प्रतिनिधित्व करती है।

इस प्रणाली में यद्यपि कार्यपालिका का नाममात्र प्रमुख केंद्र एवं राज्यों में क्रमश: राष्ट्रपति व राज्यपाल होता है, क्योंकि इन्हीं के नाम पर शासन चलाया जाता है। तथापि इसकी वास्तविक शक्ति मंत्रिपरिषद् में निहित होती है, जिसका प्रधान केंद्र एवं राज्यों में क्रमश: प्रधानमंत्री व मुख्यमंत्री होता है।

26 निम्नलिखित में से कौन-सी विशेषता संसदीय शासन व्यवस्था की नहीं है?

(Unit 1, Class-XII, Tamil Nadu Board)

(a) राष्ट्रपति संसदीय व्यवस्था में सर्वोच्च होता है
(b) राष्ट्रपति राज्य का प्रमुख होता है
(c) संसदीय व्यवस्था में सामूहिक नेतृत्व की अवधारणा कार्य करती है
(d) सामूहिक एवं व्यक्तिगत उत्तरदायित्व की कार्यप्रणाली

उत्तर (a)

व्याख्या संसदीय शासन व्यवस्था के संदर्भ में कथन (a) सही नहीं है, क्योंकि व्यवस्था में राष्ट्रपति सर्वोच्च नहीं होता है, बल्कि अध्यक्षीय शासन प्रणाली में राष्ट्रपति राज्य और सरकार दोनों का प्रमुख होता है। राष्ट्रपति राज्य का मुखिया होता है। जबकि सरकार का मुखिया (प्रधान) प्रधानमंत्री होता है। इसमें राष्ट्रपति नाममात्र का कार्यकारी होता है तथा वास्तविक कार्यकारी प्रधानमंत्री होता है।

27 निम्न कथन (A) व कारण (R) को पढ़िए और नीचे दिए गए कूट की सहायता से सही उत्तर का चयन कीजिए।

(Chap 3, Class-XI, Old NCERT)

कथन (A) भारतीय संविधान सुनमनीयता (Flexibility) तथा दुष्नमनीयता (Rigidity) का अनुपम मिश्रण है।

कारण (R) किसी राज्य के नाम अथवा सीमा में परिवर्तन संविधान संशोधन के अंतर्गत नहीं माना जाता है।

कूट

(a) A और R दोनों सही हैं तथा R, A का सही स्पष्टीकरण है
(b) A और R दोनों सही हैं, परंतु R, A का सही स्पष्टीकरण नहीं है
(c) A सही है, किंतु R गलत है
(d) A गलत है, किंतु R सही है

***उत्तर** (b)*

व्याख्या A और R दोनों सही हैं, परंतु R, A का सही स्पष्टीकरण नहीं है। भारतीय संविधान में संशोधन की जो प्रक्रिया दी गई है, वह नम्यता और अनम्यता का अनोखा मिश्रण है। संविधान के कुछ प्रावधान ऐसे हैं, जिन्हें संसद के दोनों सदनों के साधारण बहुमत से संशोधित किया जा सकता है।

इसके अतिरिक्त कुछ प्रावधान ऐसे हैं, जिनमें संशोधन करने हेतु विशेष बहुमत (संसद के दोनों सदनों में से प्रत्येक सदन की सदस्य संख्या के पूर्ण बहुमत एवं उपस्थित व मतदान करने वाले सदस्यों के 2/3 बहुमत तथा कुल सदस्यों में से आधे राज्यों के विधानमंडलों के समर्थन से) की आवश्यकता होती है। किसी राज्य के नाम अथवा सीमा में परिवर्तन करने हेतु संसद के दोनों सदनों के साधारण बहुमत की आवश्यकता होती है। ऐसे संशोधन (राज्य के नाम अथवा सीमा में परिवर्तन) को संविधान संशोधन नहीं माना जाता है।

28 भारतीय संविधान की विशेषताओं के संदर्भ में निम्न कथनों पर विचार कीजिए *(Chap 3, Class-XI, Old NCERT)*

1. भारत में दोहरी नागरिकता की प्रथा नहीं है।
2. नागरिकों को कुछ विशिष्ट अधिकार प्राप्त हैं, जो विदेशी नागरिकों को भारत में प्राप्त नहीं हैं।
3. प्रत्येक भारतीय नागरिक को निश्चित अधिकार तथा उत्तरदायित्व प्राप्त हैं।
4. भारतीय नागरिक लोकतांत्रिक व्यवस्था में एक मतदाता भी है।

उपर्युक्त में से कितने कथन सही हैं?

(a) केवल एक
(b) केवल दो
(c) सभी तीन
(d) उपर्युक्त में से कोई नहीं

***उत्तर** (d)*

व्याख्या भारतीय संविधान की विशेषताओं के संदर्भ में सभी कथन अर्थात् (1, 2, 3 और 4) सही हैं। भारतीय संविधान में 'नागरिकता' एक विशिष्टता है। भारत में एकल नागरिकता की पद्धति को अपनाया गया है। भारतीय संविधान द्वारा नागरिकों को विशिष्ट अधिकार प्राप्त हैं, जो विदेशी नागरिकों को नहीं हैं। प्रत्येक भारतीय को निश्चित अधिकार तथा उत्तरदायित्व प्राप्त हैं।

भारतीय नागरिक 'लोकतंत्र' के लिए एक मतदाता भी है और उसे मत देने का अधिकार भी प्राप्त है।

29 संघात्मक व्यवस्था भारतीय संविधान की एक महत्त्वपूर्ण विशेषता है। इस संदर्भ में निम्न कथनों पर विचार कीजिए *(Chap 3, Class-VII, Old NCERT)*

1. संविधान में भारत को राज्यों का संघ कहा गया है।
2. इसमें सरकार की दोहरी (संघ सरकार और राज्य सरकार) पद्धति पाई जाती है।
3. इस प्रणाली में राज्य सरकार, संघ सरकार से शक्ति प्राप्त करती है।

उपर्युक्त में से कितने कथन सही हैं?

(a) केवल एक
(b) केवल दो
(c) सभी तीन
(d) इनमें से कोई नहीं

***उत्तर** (b)*

व्याख्या भारतीय संविधान की संघात्मक व्यवस्था के संबंध में केवल दो अर्थात् कथन (1 और 2) सही हैं। भारत में संघीय सरकार की व्यवस्था है। संविधान के अनुच्छेद 1 में कहा गया है कि भारत अर्थात् इंडिया राज्यों का संघ (Union of States) होगा। संघीय व्यवस्था में सरकार के दो स्तर होते हैं—केंद्र अथवा संघ सरकार तथा राज्यों में राज्य सरकार।

कथन (3) सही नहीं है, क्योंकि संघीय व्यवस्था में केंद्र एवं राज्य सरकारों को अपने अधिकार, दायित्व एवं कार्य आदि की शक्ति संविधान से प्राप्त होती है। उदाहरणस्वरूप, भारत में संघ सरकार एवं राज्य सरकारों के बीच शक्तियों का बँटवारा संविधान की सातवीं अनुसूची के अंतर्गत तीन सूचियों संघ सूची, राज्य सूची एवं समवर्ती सूची के माध्यम से स्पष्ट रूप से किया गया है।

30 संविधान के 'उदारवाद' के संदर्भ में निम्नलिखित कथनों पर विचार कीजिए *(Chap 10, Class-XI, New NCERT)*

1. भारतीय संविधान सामाजिक न्याय से जुड़ा हुआ है।
2. अनुसूचित जाति और अनुसूचित जनजाति के लिए केवल केंद्रीय विधायिका में सीटों के आरक्षण का प्रावधान है।
3. संविधान के विशेष प्रावधानों के अंतर्गत अनुसूचित जाति और अनुसूचित जनजाति को सरकारी नौकरियों में आरक्षण की व्यवस्था की गई है।

उपर्युक्त में से कितने कथन सही हैं?

(a) केवल एक
(b) केवल दो
(c) सभी तीन
(d) उपर्युक्त में से कोई नहीं

***उत्तर** (b)*

व्याख्या संविधान के 'उदारवाद' के संदर्भ में केवल दो कथन अर्थात् (1 और 3) सही हैं। भारतीय संविधान का उदारवाद, शास्त्रीय उदारवाद (Classical Liberalism) से अलग है, क्योंकि शास्त्रीय उदारवाद सामाजिक न्याय और सामुदायिक जीवन मूल्यों से अधिक व्यक्ति को महत्त्व देता है, जबकि भारत का संविधान सामाजिक न्याय के साथ जुड़ा है।

अनुसूचित जाति और अनुसूचित जनजाति के लिए आरक्षण का प्रावधान इसका सर्वोत्तम उदाहरण है। इस संदर्भ में अनुसूचित जाति व जनजाति हेतु अनुच्छेद 16 (4) के अंतर्गत सरकारी नौकरी के आरक्षण की व्यवस्था की गई है।

कथन (2) सही नहीं है, क्योंकि अनुसूचित जाति/जनजातियों के लिए संविधान के अनुच्छेद 330 के अंतर्गत लोकसभा में राज्यवार जनसंख्या के अनुपात में आरक्षण का प्रावधान किया गया है। इसी प्रकार अनुच्छेद 332 के अंतर्गत राज्यों की विधानसभाओं में आरक्षण प्रदान किया गया है।

31 निम्न कथन (A) व कारण (R) को पढ़िए और नीचे दिए गए कूट की सहायता से सही उत्तर का चयन कीजिए *(Chap 10, Class-XI, New NCERT)*

कथन (A) संविधान ने व्यक्तिगत स्वतंत्रता पर आँच लाए बिना सामाजिक न्याय के सिद्धांत को स्वीकार किया है।

कारण (R) जाति आधारित सकारात्मक कार्य योजना के प्रति संवैधानिक प्रतिबद्धता से प्रकट होता है कि भारत दूसरे राष्ट्रों की तुलना में बहुत पीछे है।

कूट

(a) A और R दोनों सही हैं तथा R, A का सही स्पष्टीकरण है
(b) A और R दोनों सही हैं, परंतु R, A का सही स्पष्टीकरण नहीं है
(c) A सही है, किंतु R गलत है
(d) A गलत है, किंतु R सही है

***उत्तर** (c)*

व्याख्या A सही है, किंतु R गलत है।

भारतीय संविधान ने व्यक्तिगत स्वतंत्रता पर संकट लाए बिना सामाजिक न्याय के सिद्धांत को स्वीकार किया है। इस संदर्भ में समाज के अनुसूचित जाति एवं जनजाति वर्गों के साथ सदियों से हो रहे अन्याय से मुक्ति हेतु इन वर्गों के हितों की रक्षा के लिए संविधान के विशेष उपाय द्वारा विधायिका एवं सरकारी नौकरियों में आरक्षण की व्यवस्था की गई है।

इस प्रकार जाति आधारित सकारात्मक कार्य योजना के प्रति संवैधानिक प्रतिबद्धता से स्पष्ट होता है कि भारत दूसरे राष्ट्रों की तुलना में आगे है। उदाहरणस्वरूप, संयुक्त राज्य अमेरिका में सकारात्मक कार्य योजना वर्ष 1964 के नागरिक अधिकार आंदोलन के पश्चात् प्रारंभ हुई, जबकि भारतीय संविधान ने इसे लगभग दो दशक पहले ही अपना लिया था।

32 उच्चतम न्यायालय के निर्णयों में निम्नलिखित में से किसका संविधान की मूल संरचना के रूप में उल्लेख किया गया है?

1. संविधान की पंथनिरपेक्ष प्रकृति *(Chap 4, Class-XI, Old NCERT)*
2. संविधान की संघीय प्रकृति
3. संविधान की सर्वोच्चता
4. राज्य का गणतांत्रिक और शासन का लोकतांत्रिक स्वरूप
5. विधायिका, कार्यपालिका एवं न्यायपालिका के मध्य शक्ति पृथक्करण

कूट

(a) 2, 3 और 4 (b) 1, 2 और 3
(c) 2, 3, 4 और 5 (d) ये सभी

उत्तर *(d)*

व्याख्या उच्चतम न्यायालय के निर्णयों में उपर्युक्त सभी विकल्पों का संविधान की मूल संरचना के रूप में उल्लेख किया गया है।

केशवानंद भारती मामले (1973) में सर्वोच्च न्यायालय द्वारा संविधान की मूल संरचना का सिद्धांत दिया गया, किंतु न्यायालय ने यह स्पष्ट नहीं किया कि संविधान की मूल संरचना से उसका अभिप्राय क्या है। यद्यपि संविधान की मूल संरचना के जिन दृष्टांतों का उल्लेख उच्चतम न्यायालय के निर्णयों में किया गया है, वे निम्नानुसार हैं

- संविधान की सर्वोच्चता
- संविधान की पंथनिरपेक्ष प्रकृति
- राज्य का गणतांत्रिक और शासन का लोकतांत्रिक स्वरूप
- विधायिका, कार्यपालिका एवं न्यायपालिका के मध्य शक्ति पृथक्करण
- संविधान की संघीय प्रकृति
- मौलिक अधिकारों के आधारभूत सिद्धांत
- न्यायिक समीक्षा

33 निम्न कथन (A) व कारण (R) को पढ़िए और नीचे दिए गए कूट की सहायता से सही उत्तर का चयन कीजिए

(Class-XI, Old NCERT)

कथन (A) भारतीय प्रस्तावना में भारत के स्वरूप को 'गणराज्य' के रूप में स्थापित किया गया है।

कारण (R) गणराज्य, जनता द्वारा चुने गए प्रधानमंत्री को राज्याध्यक्ष के रूप में स्वीकार करता है न कि आनुवंशिकता पर आधारित राजप्रमुख को।

कूट

(a) A और R दोनों सही हैं तथा R, A का सही स्पष्टीकरण है
(b) A और R दोनों सही हैं, परंतु R, A का सही स्पष्टीकरण नहीं है
(c) A सही है, किंतु R गलत है
(d) A गलत है, किंतु R सही है

उत्तर *(c)*

व्याख्या A सही है, किंतु R गलत है।

भारतीय प्रस्तावना में भारत को गणराज्य कहा गया है, जिसमें राज्य का अध्यक्ष राष्ट्रपति होता है, जो अप्रत्यक्ष रूप से जनता द्वारा ही निर्वाचित होता है। यह ब्रिटेन के राजप्रमुख की भाँति आनुवंशिक आधार पर नहीं होता है।

भारत का प्रधानमंत्री राज्य का राज्याध्यक्ष नहीं होता है, बल्कि यह सरकार का प्रमुख होता है, जो संसद के रूप में जनता द्वारा प्रत्यक्ष रूप से निर्वाचित होता है।

अध्याय 04

संघीय क्षेत्र एवं राज्यों का पुनर्गठन

संघीय क्षेत्र एवं राज्यों का पुनर्गठन

संघवाद

- संघवाद, केंद्रीय सरकार (सत्ता) और घटक इकाइयों के बीच शक्ति को विभाजित करता है
- भारत का संघवाद, फेडरेशन और संघ दोनों की विशेषताओं को जोड़ता है

भारतीय संघवाद की प्रकृति

- भारत का संघवाद अर्ध-संघीय है, जिसमें लचीलेपन और कठोरता का मिश्रण है
- केंद्र सरकार द्वारा राज्यपालों की नियुक्ति केंद्रीय सत्ता की ओर झुकाव का संकेत देती है।
- संघ सूची केंद्रीय सरकार को अधिक शक्ति प्रदान करती है।

भारतीय संघीय व्यवस्था में संघर्ष

- **क्षेत्रीय दावे** केंद्रीय प्रभुत्व
- **असमान राजस्व बँटवारा** राजकोषीय संघवाद के मुद्दे
- **केंद्रीकृत नियोजन** राज्यों की कार्यकारी शक्ति

देशी रियासतों का विलय/एकीकरण

- देशी रियासतों की संख्या 600 थी, जिनमें से 565 रियासतों को छोड़कर शेष 35 रियासतें पाकिस्तान में शामिल हो गईं।
- देशी रियासतों एकीकरण में सरदार वल्लभभाई पटेल ने ऐतिहासिक भूमिका निभाई।
- सरदार पटेल के प्रयासों के परिणामस्वरूप लगभग सभी (जूनागढ़, हैदराबाद, जम्मू-कश्मीर और मणिपुर को छोड़कर) रियासतें 15 अगस्त, 1947 से पूर्व ही भारतीय संघ में शामिल हो गईं, जिनकी सीमाएँ स्वतंत्र भारत से जुड़ती थीं।
- भारत में शामिल होने के लिए देशी रियासतों के शासकों ने विलय के एक **सहमति-पत्र** (इंस्ट्रूमेंट ऑफ एक्सेशन) पर हस्ताक्षर किए।
- जूनागढ़ रियासत का भारत में विलय जनमत संग्रह के आधार पर किया गया।

नए राज्यों की स्थापना के संवैधानिक प्रावधान

- **अनुच्छेद 2** संसद कानून द्वारा नए राज्यों को संघ में शामिल कर सकती है या निर्माण कर सकती है, जिन शर्तों और दशाओं को वह उचित समझती है।
- **अनुच्छेद 3** संसद कानून द्वारा नए राज्यों के गठन और वर्तमान राज्यों के क्षेत्रों, सीमाओं या नामों में बदलाव का प्रावधान कर सकती है।

राज्यों का पुनर्गठन

- ब्रिटिश शासनकाल में प्रांतों का गठन राजनीतिक और प्रशासनिक सुविधाओं के अनुरूप हुआ था।
- वर्ष 1920 में कांग्रेस के नागपुर अधिवेशन में कांग्रेस ने इस सिद्धांत को मान लिया कि राज्यों का पुनर्गठन भाषा के आधार पर होगा।
- भाषायी आधार पर राज्यों के पुनर्गठन की माँग को ध्यान में रखते हुए जून, 1948 में न्यायमूर्ति एस. के. धर की अध्यक्षता में भाषायी प्रांत आयोग का गठन किया गया।
- जे.वी.पी. समिति ने अपनी रिपोर्ट अप्रैल, 1949 में प्रस्तुत की तथा इस समिति ने भाषा के आधार पर राज्यों के पुनर्गठन को अस्वीकार कर दिया।

1956 के पश्चात् गठित राज्य एवं संघशासित क्षेत्र

- गुजरात एवं महाराष्ट्र, नागालैंड, हरियाणा, चंडीगढ़ और हिमाचल प्रदेश, मणिपुर, त्रिपुरा एवं मेघालय, सिक्किम, मिजोरम और अरुणाचल प्रदेश, गोवा, छत्तीसगढ़, उत्तराखंड एवं झारखंड, तेलंगाना, जम्मू-कश्मीर और लद्दाख केंद्रशासित प्रदेश, दादरा और नगर हवेली तथा दमन व दीव का विलय

SOURCE New NCERT Class X संघवाद, Old NCERT Class X राज्यों में हमारी सरकार,
New NCERT Class XI संघवाद, New NCERT Class XII क्षेत्रीय आकांक्षाएँ,
New NCERT Class XII राष्ट्र-निर्माण की चुनौतियाँ,
Old NCERT Class XII क्षेत्रीय असंतुलन : क्षेत्रवाद, भाषावाद, पृथक्तावाद,
Tamil nadu Board Class-XII Unit 7

1 निम्नलिखित कथनों पर विचार कीजिए

(Chap 2, Class-IX & X, Old NCERT)

1. भारत का संविधान 'फेडरल स्टेट' शब्द के प्रयोग से बचता है।
2. संविधान भारत को 'राज्यों का संघ' घोषित करता है।
3. संविधान भारत को 'राज्यों का केंद्र' घोषित करता है।

उपर्युक्त कथनों में से कितने कथन सही नहीं हैं?

(a) केवल एक (b) केवल दो
(c) सभी तीन (d) इनमें से कोई नहीं

उत्तर *(a)*

व्याख्या दिए गए कथनों में से केवल एक कथन अर्थात् (3) सही नहीं है, क्योंकि भारत का संविधान भारत को 'राज्यों का संघ' (अनुच्छेद-1) घोषित करता है, न कि 'राज्यों का केंद्र।'

भारतीय संघ, संघवाद के सिद्धान्त पर आधारित है। संघवादी व्यवस्था में शक्तियों का विभाजन केंद्रीय सत्ता तथा उसकी इकाइयों में होता है। भारतीय संघ में राज्य को केंद्र से अलग होने का अधिकार नहीं है।

2 निम्नलिखित कथनों पर विचार कीजिए

(Chap 1, Class-XII, New NCERT)

1. भारतीय संघ में अधिकांश रियासतों का विलय 15 अगस्त, 1947 से पूर्व ही कर लिया गया था।
2. रियासतों को भारतीय संघ में सम्मिलित कराने में सरदार पटेल ने महत्त्वपूर्ण भूमिका निभाई थी।

उपर्युक्त में से कौन-सा/से कथन सही है/हैं?

(a) केवल 1
(b) केवल 2
(c) 1 और 2 दोनों
(d) न तो 1 और न ही 2

उत्तर *(c)*

व्याख्या दिए गए दोनों कथन सही हैं।

भारतीय संघ में अधिकांश रियासतों (रजवाड़े) जिनकी सीमाएँ स्वतंत्र भारत की नई सीमाओं से मिलती थीं, का विलय शांतिपूर्ण बातचीत के द्वारा 15 अगस्त, 1947 से पूर्व ही कर लिया गया था। अधिकतर रियासतों (रजवाड़ों) के शासकों ने भारतीय संघ में अपने विलय हेतु एक सहमति-पत्र पर हस्ताक्षर किया, जिसे 'इंस्टुमेंट ऑफ एक्सेशन' कहा जाता है।

रियासतों के एकीकरण में या रजवाड़ों का भारतीय संघ में विलय कराने में सरदार वल्लभभाई पटेल की महत्त्वपूर्ण भूमिका थी। 15 अगस्त, 1947 तक 136 रियासतों ने भारत में विलय के लिए 'विलय-पत्र' पर हस्ताक्षर किए थे।

3 हैदराबाद रियासत के संदर्भ में कौन-सा कथन सही नहीं है?

(Chap 1, Class-XII, New NCERT)

(a) इसका कुछ हिस्सा आज के महाराष्ट्र तथा कर्नाटक में और शेष हिस्सा आंध्र प्रदेश में है
(b) तेलंगाना क्षेत्र के किसान निजाम के दमनकारी शासन से दु:खी थे
(c) निजाम के शासन में सबसे अधिक अत्याचार का शिकार महिलाएँ हुई थीं
(d) हैदराबाद का शासक भारतीय संघ में हैदराबाद का विलय करने को तैयार था

उत्तर *(d)*

व्याख्या हैदराबाद रियासत के संदर्भ में कथन (d) सही नहीं है, क्योंकि हैदराबाद का शासक जिसे 'निजाम' कहा जाता था, हैदराबाद का विलय भारतीय संघ में करने के पक्ष में नहीं था। वह यह चाहता था कि हैदराबाद की रियासत को आजाद रियासत का दर्जा दिया जाए।

हैदराबाद की रियासत के लोगों के बीच निजाम के शासन के खिलाफ एक आंदोलन शुरू हो गया। 13 सितंबर, 1948 को भारतीय सेना ने 'ऑपरेशन पोलो' के अंतर्गत कार्रवाई की, जिसके बाद अंतत: निजाम ने आत्मसमर्पण कर दिया और हैदराबाद का विलय भारतीय संघ में हो गया।

4 हैदराबाद के संदर्भ में निम्नलिखित कथनों पर विचार कीजिए

(Chap 8, Class-XII, New NCERT)

1. हैदराबाद के नवाब द्वारा पारंपरिक मुसलमानों के एक गुट को इकट्ठा कर इत्तेहादुल मुस्लिमीन नामक दल बनाया गया तथा रजाकार नामक सैन्य दल का गठन किया गया।
2. भारत सरकार द्वारा वर्ष 1948 में नवाब पर पुलिस कार्यवाही की गई।
3. पुलिस कार्यवाही के पश्चात् नवाब ने 17 सितम्बर, 1948 को भारत संघ में विलय पत्र पर हस्ताक्षर किया।

उपर्युक्त कथनों में से कितने कथन सही हैं?

(a) केवल एक
(b) केवल दो
(c) सभी तीन
(d) उपरोक्त में से कोई नहीं

उत्तर *(c)*

व्याख्या दिए गए सभी कथन अर्थात् (1, 2 और 3) सही हैं।

हैदराबाद का नवाब कट्टर मुस्लिमों को संगठित करने में सफल रहा तथा इस संगठित दल को इत्तेहादुल मुस्लिमीन दल कहा गया। भारतीय संघ की भावना के विरुद्ध नवाब ने रजाकार नामक सैन्य दल का गठन किया गया, जिसके विरुद्ध भारत सरकार द्वारा वर्ष 1948 में पुलिस कार्यवाही की गई। इस कार्यवाही (ऑपरेशन पोलो) के परिणामस्वरूप 17 सितम्बर 1948 में नवाब ने भारत संघ के विलय-पत्र पर हस्ताक्षर किया।

5 जम्मू-कश्मीर के महाराजा हरि सिंह ने भारत सरकार के साथ विलय-पत्र पर कब हस्ताक्षर किए?

(Chap 8, Class-XII, New NCERT)

(a) अक्टूबर, 1947 (b) अक्टूबर, 1948
(c) दिसंबर, 1947 (d) दिसंबर, 1948

उत्तर *(a)*

व्याख्या जम्मू-कश्मीर के महाराजा हरि सिंह ने भारत सरकार के साथ 26 अक्टूबर, 1947 को विलय-पत्र पर हस्ताक्षर किए। वर्ष 1947 से पूर्व जम्मू-कश्मीर के शासक महाराजा हरि सिंह भारत या पाकिस्तान में शामिल नहीं होना चाहते थे, बल्कि अपनी रियासत के लिए स्वतंत्र दर्जा चाहते थे।

अक्टूबर, 1947 में पाकिस्तान समर्थित कबिलाई घुसपैठियों ने कश्मीर पर आक्रमण किया, जिसके परिणामस्वरूप हरि सिंह को भारतीय सैनिकों की सहायता लेनी पड़ी। अंतत: महाराजा हरि सिंह को भारत सरकार के साथ विलय-प्रपत्र पर हस्ताक्षर करने पड़े।

6 रियासतों/रजवाड़ों के भारतीय संघ में विलय के संबंध में निम्नलिखित में कौन-सा कथन सही नहीं है?

(Chap 1, Class-XII, New NCERT)

(a) जूनागढ़, हैदराबाद तथा कश्मीर का विलय कराने में कठिनाई उत्पन्न हुई
(b) हैदराबाद की रियासत को जनमत संग्रह द्वारा भारत में समाहित किया गया
(c) भोपाल का विलय भारत में सबसे अंत में हुआ था
(d) मणिपुर के महाराजा बोधचंद्र सिंह ने भारत सरकार के साथ भारतीय संघ में अपनी रियासत के विलय के लिए 'विलय-पत्र' पर हस्ताक्षर किए थे

उत्तर *(b)*

व्याख्या रियासतों/रजवाड़ों के भारतीय संघ में विलय के संबंध में कथन (b) सही नहीं है, क्योंकि हैदराबाद की रियासत को जनमत संग्रह द्वारा भारत में समाहित नहीं किया गया था, बल्कि एक सैन्य कार्यवाही द्वारा निजाम को विलय करने के लिए विवश किया गया।

कथन (a), (c) और (d) सही हैं। जूनागढ़ में फरवरी, 1948 को जनमत संग्रह कराया गया, जिसमें सर्वसम्मति से भारत के साथ इस रियासत के विलय को मंजूरी दी गई।

भोपाल रियासत ने सबसे अंत में 1 जून, 1949 को भारत में विलय के लिए सहमति देते हुए विलय-पत्र पर हस्ताक्षर किए।

मणिपुर के शासक ने आंतरिक स्वायत्तता को प्रभावी बनाए रखने के लिए विलय-पत्र पर हस्ताक्षर किए।

7 निम्नलिखित कथनों पर विचार कीजिए

(Chap 1, Class-XII, New NCERT)

(Unit 7, Class-XII, Tamil Nadu Board)

1. वर्ष 1920 में कांग्रेस के नागपुर अधिवेशन में भारतीय राष्ट्रीय कांग्रेस ने राज्यों के भाषाई आधार पर गठन के सिद्धांत को स्वीकार किया था।
2. स्वतंत्रता प्राप्ति के पश्चात् राष्ट्रीय नेताओं ने सामाजिक-आर्थिक चुनौतियों के कारण राज्यों का भाषाई आधार पर गठन करने से इंकार कर दिया था।

उपर्युक्त में से कौन-सा/से कथन सही है/हैं?

(a) केवल 1 (b) केवल 2
(c) 1 और 2 (d) न तो 1 और न ही 2

उत्तर (c)

व्याख्या दिए गए दोनों कथन सही हैं।

वर्ष 1920 में कांग्रेस के नागपुर अधिवेशन के पश्चात् यह मान लिया गया कि राज्यों का पुनर्गठन भाषाई आधार पर होगा। इस अधिवेशन में भाषाई आधार पर प्रांतीय कांग्रेस समितियों की स्थापना को भी स्वीकृति दी गई।

स्वतंत्रता प्राप्ति के पश्चात् स्थितियों के बदलने से भाषाई आधार पर राज्यों का गठन एक अव्यवस्था और देश में पुन: विभाजन की स्थिति को दर्शा रहा था। साथ-ही-साथ राष्ट्रीय नेताओं को यह भी लग रहा था कि यदि भाषाई आधार पर राज्यों का गठन हुआ, तो अन्य सामाजिक-आर्थिक चुनौतियाँ मुख्य मुद्दा न रहकर एक विकल्प मात्र रह जाएँगी। अत: इन नेताओं ने भाषई आधार पर राज्यों के गठन से इंकार कर दिया था।

8 निम्नलिखित कथनों पर विचार कीजिए

(Chap 1, Class-XII, New NCERT)

1. संविधान में 'राज्यों का संघ' शब्द भारतीय राज्यों को पृथक् होने का अधिकार नहीं देता।
2. ए. के. धर. आयोग ने राज्यों के पुनर्गठन हेतु भाषा के आधार की अपेक्षा प्रशासनिक सुविधा को वरियता दी।
3. पंडित नेहरू तथा सरदार पटेल राज्यों के पुनर्गठन में भाषाई आधार के पक्ष में नहीं थे।

उपर्युक्त में से कितने कथन सही हैं?

(a) केवल एक (b) केवल दो
(c) सभी तीन (d) इनमें से कोई नहीं

उत्तर (c)

व्याख्या दिए गए सभी कथन अर्थात् (1, 2 और 3) सही हैं।

भारत के संविधान के अनुच्छेद 1 में भारत को 'यूनियन ऑफ स्टेट्स' अर्थात् 'राज्यों का संघ' बताया गया है। राज्य, संघ की ऐसी इकाई है, जिसे पृथक् होने का अधिकार नहीं है।

संविधान सभा के अध्यक्ष डॉ. राजेंद्र प्रसाद ने राज्यों के पुनर्गठन की प्रक्रिया के लिए ए. के. धर. की अध्यक्षता में एक आयोग गठित किया। इस आयोग ने भाषाई आधार पर राज्यों के पुनर्गठन के बदले प्रशासनिक आधार को महत्त्व दिया। धर आयोग की रिपोर्ट पर कांग्रेस के जयपुर अधिवेशन में चर्चा की गई, जहाँ कार्य समिति में शामिल जवाहरलाल नेहरू तथा वल्लभभाई पटेल ने भाषाई पुनर्गठन का विरोध किया।

9 भाषाई आधार पर राज्यों के गठन के संदर्भ में निम्नलिखित कथनों पर विचार कीजिए

(Chap 14, Class-XII, New NCERT)

(UPPSC Mains 2009)

1. भाषाई आधार पर भारत में गठित होने वाला पहला राज्य आंध्र प्रदेश था।
2. भाषाई आधार पर पृथक् आंध्र प्रदेश के गठन के लिए आंदोलन करने वाले कांग्रेसी नेता पी. श्रीरामुलु का निधन लंबी भूख हड़ताल के कारण हो गया।

उपर्युक्त में से कौन-सा/से कथन सही है/हैं?

(a) केवल 1
(b) केवल 2
(c) 1 और 2
(d) न तो 1 और न ही 2

उत्तर (c)

व्याख्या भाषाई आधार पर राज्यों के गठन के संदर्भ में दोनों कथन सही हैं। भाषाई आधार पर गठित होने वाला प्रथम राज्य आंध्र प्रदेश था। भारत सरकार द्वारा अक्टूबर, 1953 में मद्रास में तेलुगू भाषी क्षेत्रों को पृथक् कर आंध्र प्रदेश का गठन किया गया था। भाषाई आधार पर पृथक् आंध्र प्रदेश की स्थापना के लिए एक लंबा विरोध आंदोलन भी हुआ था, जिसके अंतर्गत 50 दिनों की भूख-हड़ताल के बाद एक कांग्रेसी कार्यकर्ता पोट्टी श्रीरामुलु का निधन हो गया था।

10 राज्य पुनर्गठन आयोग के संबंध में निम्नलिखित कथनों पर विचार कीजिए

(Chap 1, Class-XII, New NCERT)

(UPPSC Pre 1990)

1. इस आयोग का गठन वर्ष 1953 में किया गया था।
2. इस आयोग का कार्य राज्यों के सीमांकन के मामले पर विचार करना था।
3. इस आयोग ने अपनी रिपोर्ट वर्ष 1956 में प्रस्तुत की थी।
4. इसने अपनी रिपोर्ट में स्वीकार किया कि राज्यों की सीमाओं का निर्धारण वहाँ बोली जाने वाली भाषा के आधार पर होना चाहिए।

उपर्युक्त में से कितने कथन सही नहीं हैं?

(a) केवल एक (b) केवल तीन
(c) सभी चार (d) इनमें से कोई नहीं

उत्तर (a)

व्याख्या राज्य पुनर्गठन आयोग के संबंध में केवल एक कथन अर्थात् (3) सही नहीं है, क्योंकि राज्य पुनर्गठन आयोग ने अपनी रिपोर्ट वर्ष 1955 में प्रस्तुत की थी।

राज्य पुनर्गठन आयोग को फज़ल अली की अध्यक्षता में वर्ष 1953 में गठित किया गया था। यह एक तीन सदस्यीय आयोग था, जिसके अन्य दो सदस्यों में के. एम. पणिक्कर तथा एच. एन. कुंजरु शामिल थे।

इस आयोग का गठन भाषाई आधार पर राज्यों के पुनर्गठन (सीमांकन) हेतु किया गया था, क्योंकि आंध्र प्रदेश के गठन के पश्चात् अन्य राज्यों द्वारा भी भाषा के आधार पर पुनर्गठन की माँग उठने लगी थी।

11 निम्नलिखित युग्मों पर विचार कीजिए

(Chap 1, Class-XII, New NCERT)

	सिद्धांत/आधार		उदाहरण
1.	विभिन्न भाषाओं के आधार पर देश की सीमा का निर्धारण	—	भारत और पाकिस्तान
2.	धर्म के आधार पर देश की सीमा का निर्धारण	—	पाकिस्तान और बांग्लादेश
3.	किसी देश के भीतर प्रशासनिक और राजनीतिक आधार पर क्षेत्रों का सीमांकन	—	हिमाचल प्रदेश और उत्तराखंड
4.	भौगोलिक आधार पर किसी देश के आंतरिक क्षेत्रों का सीमांकन	—	झारखंड और छत्तीसगढ़

उपर्युक्त युग्मों में से कितने युग्म सही सुमेलित हैं?

(a) केवल एक (b) केवल दो
(c) सभी चार (d) इनमें से कोई नहीं

***उत्तर** (d)*

व्याख्या दिए गए सभी युग्म सही सुमेलित नहीं हैं।

वर्ष 1971 के युद्ध के पश्चात् जाति और भाषा आधार पर पाकिस्तान और बांग्लादेश की सीमा का निर्धारण हुआ। पूर्वी पाकिस्तान को बांग्लादेश के रूप में तथा पश्चिमी भाग को पाकिस्तान के रूप में जाना जाता है।

वर्ष 1947 में धर्म के आधार पर भारत और पाकिस्तान की सीमा का निर्धारण किया गया था, जिसमें मुस्लिम बहुल क्षेत्रों को भारतीय राज्यों से अलग कर पाकिस्तान बनाया गया।

हिमाचल प्रदेश को पंजाब से अलग कर एक नए राज्य के रूप में स्थापित किया गया और उत्तराखंड को उत्तर प्रदेश से अलग कर एक नए राज्य के रूप में स्थापित किया गया था। इन दोनों राज्यों के क्षेत्रों के सीमांकन का आधार राजनीतिक और प्रशासनिक था।

झारखंड को बिहार से तथा छत्तीसगढ़ को मध्य प्रदेश से अलग कर एक नए राज्य के रूप में स्थापित किया गया। इन राज्यों के आंतरिक क्षेत्रों का सीमांकन भौगोलिक आधार पर किया गया था।

12 वर्ष 1956 के राज्य पुनर्गठन अधिनियम द्वारा, कितने राज्य और संघीय क्षेत्रों की स्थापना की गई?

(Chap 1, Class-XII, New NCERT)
(MPPSC Pre 2021) (CGPSC Pre 2023)

(a) 14 राज्य, 6 संघीय क्षेत्र
(b) 18 राज्य, 9 संघीय क्षेत्र
(c) 22 राज्य, 8 संघीय क्षेत्र
(d) 21 राज्य, 7 संघीय क्षेत्र

***उत्तर** (a)*

व्याख्या वर्ष 1956 के राज्य पुनर्गठन अधिनियम द्वारा 14 राज्य और 6 संघीय क्षेत्रों की स्थापना की गई थी।

राज्य पुनर्गठन आयोग ने अपनी रिपोर्ट वर्ष 1955 में प्रस्तुत की, जिसके आधार पर 1956 में राज्य पुनर्गठन अधिनियम पारित किया गया।

राज्य पुनर्गठन आयोग ने यह सलाह दी थी कि मूल संविधान के अंतर्गत चार आयामी राज्यों के वर्गीकरण को समाप्त किया जाए और 16 राज्यों एवं 3 केंद्रशासित क्षेत्रों का निर्माण किया जाए। इन संस्तुतियों को भारत सरकार ने बहुत कम परिवर्तनों के साथ स्वीकार कर लिया। लेकिन पुनः कुछ संशोधित परिणामों के साथ 1 नवंबर, 1956 को 14 राज्य और 6 केंद्रशासित प्रदेशों का गठन किया गया।

13 निम्नलिखित भारतीय राज्यों का उनके गठन के अनुसार कालानुक्रम बनाएँ तथा नीचे दिए गए कूट की सहायता से सही उत्तर का चयन कीजिए

(Chap 1, Class-XII, New NCERT)
(Unit 7, Class-XII, Tamil Nadu Board)

1. हरियाणा 2. मेघालय 3. नागालैंड 4. गुजरात

कूट

(a) 4 2 1 3 (b) 4 3 1 2 (c) 4 1 3 2 (d) 1 4 3 2

***उत्तर** (b)*

व्याख्या दिए गए भारतीय राज्यों का उनके गठन के अनुसार सही कालक्रम 4, 3, 1, 2 है।

बंबई पुनर्गठन अधिनियम, 1960 के द्वारा वर्ष 1960 में द्विभाषी राज्य बंबई को दो पृथक् राज्यों में विभक्त किया गया। महाराष्ट्र को मराठी भाषी के लिए तथा गुजरात को गुजराती भाषी के लिए। गुजरात, भारतीय संघ का 15वाँ राज्य था।

नागालैंड राज्य अधिनियम, 1962 के द्वारा वर्ष 1963 में नागा पहाड़ियों और असम के बाहर के तुएनसांग क्षेत्रों को मिलाकर नागालैंड राज्य का गठन किया गया। नागालैंड भारतीय संघ का 16वाँ राज्य था।

पंजाब पुनर्गठन अधिनियम, 1966 के द्वारा वर्ष 1966 में पंजाब को राज्य से पृथक् कर भारतीय संघ के 17वें राज्य के रूप में हरियाणा का गठन किया गया।

पूर्वोत्तर क्षेत्र पुनर्गठन अधिनियम, 1971 के द्वारा वर्ष 1972 में मेघालय को सह-राज्य की संज्ञा दी गई और इस प्रकार, यह भारत का 21वाँ राज्य बना।

14 निम्नांकित में से कौन-से कथन गोवा, दमन और दीव के संबंध में सही हैं?

(Chap 8, Class-XII, New NCERT)

1. वर्ष 1947 के पश्चात् भी गोवा, दमन और दीव पर पुर्तगालियों का शासन रहा।
2. भारतीय सेना ने वर्ष 1961 में इन्हें पुर्तगालियों से मुक्त कराकर संघशासित प्रदेश बना दिया।
3. वर्ष 1988 में गोवा भारतीय संघ का राज्य बना।

कूट

(a) 1 और 2 (b) 2 और 3 (c) 1 और 3 (d) 1, 2 और 3

***उत्तर** (a)*

व्याख्या गोवा, दमन और दीव के संबंध में कथन (1) और (2) सही हैं।

वर्ष 1947 में भारत से ब्रिटिश आधिपत्य समाप्त होने के पश्चात् भी गोवा, दमन और दीव पर पुर्तगालियों का शासन था।

19 दिसंबर, 1961 को भारतीय सेना के 'ऑपरेशन विजय' अभियान के माध्यम से गोवा तथा दमन एवं दीव को पुर्तगाली आधिपत्य से मुक्त कराया गया, जिसके पश्चात् गोवा एक संघशासित प्रदेश बना।

कथन (3) सही नहीं है, क्योंकि गोवा का एक पूर्ण राज्य के रूप में गठन 30 मई, 1987 को किया गया था।

15 सिक्किम के संबंध में निम्नलिखित कथनों पर विचार कीजिए

(Chap 8, Class-XII, New NCERT)

1. स्वतंत्रता के पश्चात् इसकी रक्षा और विदेशी मामलों की जिम्मेदारी भारत सरकार की थी।
2. भारत में विलय से पूर्व सिक्किम भारत का सह-प्रांत था।
3. वर्ष 1975 में यह भारत का अभिन्न अंग बन गया।

उपर्युक्त में से कितने कथन सही नहीं हैं?

(a) केवल एक (b) केवल दो
(c) सभी तीन (d) इनमें से कोई नहीं

***उत्तर** (d)*

व्याख्या सिक्किम के संबंध में सभी कथन अर्थात् (1, 2 और 3) सही हैं स्वतंत्रता प्राप्ति के समय सिक्किम भारत का अंग तो नहीं था, परंतु वह पूर्णरूप से संप्रभु राष्ट्र भी नहीं था। सिक्किम की रक्षा तथा विदेशी मामलों की जिम्मेदारी भारत सरकार की थी, जबकि सिक्किम के आंतरिक प्रशासन की बागडोर यहाँ के राजा चोंग्याल के हाथों में थी।

सिक्किम विधानसभा के लिए पहला लोकतांत्रिक चुनाव वर्ष 1974 में हुआ। इस चुनाव में सिक्किम कांग्रेस को बहुमत प्राप्त हुआ। यह पार्टी सिक्किम को भारत के साथ जोड़ने के पक्ष में थी। हालाँकि सिक्किम पूर्व में ही भारत का सह-प्रांत था।

अप्रैल, 1975 में पारित एक प्रस्ताव के द्वारा भारत के साथ सिक्किम के पूर्ण विलय की बात कही गई। इसके लिए एक जनमत संग्रह कराया गया और इस प्रकार जनता के निर्णय के बाद वर्ष 1975 में सिक्किम भारतीय संघ का 22वाँ राज्य बना। यह 36वें संविधान संशोधन, 1975 का परिणाम था।

16 भारत में निम्नलिखित राज्यों के बनने के सही कालानुक्रम की पहचान नीचे दिए गए कूट से कीजिए

(Chap 7, Class-XI, New NCERT)

1. झारखंड
2. उत्तराखंड
3. अरुणाचल प्रदेश
4. तेलंगाना

कूट

(a) 3 1 2 4 (b) 1 2 3 4
(c) 3 2 1 4 (d) 2 1 3 4

उत्तर *(c)*

व्याख्या प्रश्नानुसार दिए गए राज्यों के गठन का सही कालक्रम 3, 2, 1, 4 है।

वर्ष 1987 में अन्य दो राज्यों गोवा तथा मिजोरम के साथ अरुणाचल प्रदेश भी भारतीय संघ का 24वाँ राज्य बना। इससे पूर्व वर्ष 1972 में यह केंद्रशासित प्रदेश था।

9 नवंबर, 2000 को उत्तर प्रदेश से अलग होकर उत्तराखंड एक पृथक् राज्य बना। यह भारत का 27वाँ राज्य है।

15 नवंबर, 2000 को बिहार से अलग होकर झारखंड एक पृथक् राज्य बना। यह भारत का 28वाँ राज्य था।

आंध्र प्रदेश से पृथक् कर 2 जून, 2014 को तेलंगाना को भारतीय संघ का एक राज्य बनाया गया।

17 निम्नलिखित में से उन क्षेत्रों की पहचान कीजिए, जो फ्रांस के अधीन थे और बाद में भारत के अंग बने।

(Chap 7, Class-XI, New NCERT)

1. यमन
2. पाण्डिचेरी
3. दादरा और नगर हवेली
4. कराइकल
5. माहे

कूट

(a) 1 और 2 (b) 2, 3, 4 और 5
(c) 1, 2, 4 और 5 (d) ये सभी

उत्तर *(c)*

व्याख्या यमन, पॉण्डिचेरी, कराइकल तथा माहे ऐसे क्षेत्र थे, जो फ्रांस के अधीन थे, जबकि दादरा और नगर हवेली पुर्तगाल के अधीन थे। कालांतर में ये सभी भारत के अंग बने। यमन, कराइकल तथा माहे वर्तमान में पॉण्डिचेरी की प्रशासनिक व्यवस्था के अंतर्गत हैं। वर्ष 2006 में पॉण्डिचेरी का नाम बदलकर पुदुचेरी कर दिया गया था।

18 निम्नलिखित में से कितने युग्म सुमेलित नहीं हैं?

(Chap 7, Class-XI, New NCERT)

राज्य		गठन (वर्ष)
1. मिजोरम	—	1972
2. त्रिपुरा	—	1972
3. छत्तीसगढ़	—	2001

कूट

(a) केवल एक (b) केवल दो
(c) सभी तीन (d) इनमें से कोई नहीं

उत्तर *(c)*

व्याख्या दिए गए युग्मों में से केवल दो युग्म अर्थात् (1 और 3) सही सुमेलित नहीं हैं, क्योंकि मिजोरम राज्य का गठन वर्ष 1987 में भारत के 23वें राज्य के रूप में किया गया था।

छत्तीसगढ़ राज्य का गठन मध्य प्रदेश को विभाजित कर 1 नवंबर, 2000 को 26वें राज्य के रूप में किया गया था।

19 राज्य पुनर्गठन आयोग (फजल अली आयोग) की सिफारिशों के संदर्भ में विचार कीजिए *(Unit 7, Class-XII, Tamil Nadu Board)*

1. राज्य गठन का आधार भाषाई तथा सांस्कृतिक एकरूपता होना चाहिए।
2. नए राज्य का गठन राष्ट्र की एकता, सुरक्षा का संरक्षण एवं सुदृढ़ीकरण पर आधारित होना चाहिए।
3. राज्यों के गठन में वित्तीय, आर्थिक एवं प्रशासनिक विचारों को भी शामिल किया जाए।

उपर्युक्त में से कितने कथन सही हैं?

(a) केवल एक
(b) केवल दो
(c) सभी तीन
(d) उपर्युक्त में से कोई नहीं

उत्तर *(c)*

व्याख्या राज्य पुनर्गठन आयोग से (फजल अली आयोग) की सिफारिशों के संदर्भ में सभी कथन अर्थात् (1, 2 और 3) सही हैं।

भारत सरकार द्वारा वर्ष 1953 में तीन सदस्यीय राज्य पुनर्गठन आयोग का गठन फजल अली की अध्यक्षता में किया गया।

आयोग ने सितम्बर 1955 में राज्यों के पुनर्गठन के लिए किसी भी योजना में तीन कारकों को ध्यान में रखने की सिफारिश की थी, जो निम्न हैं

- भाषाई एवं सांस्कृतिक एकरूपता
- वित्तीय, आर्थिक तथा प्रशासनिक संयोजन
- राष्ट्रीय एकता, सुरक्षा का संरक्षण तथा सुदृढ़ीकरण

20 संसद द्वारा नए राज्यों को बनाने की प्रक्रिया के बारे में कौन-सा कथन सही नहीं है? *(Chap 7, Class-XI, New NCERT)*

(a) संसद राज्यों का निर्माण कर सकती है तथा वर्तमान राज्यों की सीमाओं या नाम में फेरबदल कर सकती है
(b) इस प्रकार के किसी विधेयक को राष्ट्रपति प्रभावित राज्य के विधानमंडल को निर्दिष्ट कर सकता है
(c) इस प्रकार का कोई विधेयक संसद में तभी पेश किया जाएगा, जब राष्ट्रपति इसके लिए सिफारिश करे
(d) राज्य विधानमंडल को संबंधित प्रस्ताव भेजने की प्रक्रिया 10वें संविधान संशोधन द्वारा भारत के संविधान में जोड़ी गई

उत्तर *(d)*

व्याख्या संसद द्वारा नए राज्यों को बनाने की प्रक्रिया के बारे में कथन (d) सही नहीं है, क्योंकि नए राज्यों के गठन तथा वर्तमान राज्यों की सीमाओं या नाम में परिवर्तन संबंधी विधेयक को राज्य की विधानसभा में प्रेषित करने की प्रक्रिया 5वें संविधान संशोधन अधिनियम, 1955 द्वारा भारतीय संविधान में जोड़ी गई।

21 निम्नलिखित में से कौन-सा कथन नए राज्यों के निर्माण के बारे में सही है? *(Chap 7, Class-XI, New NCERT)*

(a) संसद किसी राज्य की सीमाओं या नाम में परिवर्तन कर सकती है
(b) संसद किसी राज्य से उसका राज्य क्षेत्र अलग करके नए राज्य का निर्माण कर सकती है
(c) इस संबंध में संविधान पहले संबंधित राज्य के विधानमंडल को विचार व्यक्त करने का अवसर देता है
(d) उपर्युक्त सभी

उत्तर *(d)*

व्याख्या दिए गए सभी कथन नए राज्यों के निर्माण के बारे में सही हैं। संविधान में वर्णित अनुच्छेद 3 संसद को अधिकृत करता है कि वह

- किसी राज्य की सीमाओं में परिवर्तन कर सकेगी।
- किसी राज्य के नाम में परिवर्तन कर सकेगी।
- किसी राज्य में से उसका राज्य क्षेत्र अलग करके अथवा दो या अधिक राज्यों को या राज्यों के भाग को मिलाकर अथवा किसी राज्य क्षेत्र को किसी राज्य के भाग के साथ मिलाकर नए राज्य का निर्माण कर सकेगी। हालाँकि इस संबंध में अनुच्छेद 3 में दो शर्तों का उल्लेख किया गया है।

(i) उपर्युक्त परिवर्तन से संबंधित कोई अध्यादेश राष्ट्रपति की पूर्व मंजूरी के बाद ही संसद में पेश किया जा सकता है।
(ii) संस्तुति से पूर्व राष्ट्रपति उस अध्यादेश को संबंधित राज्य के विधानमंडल का मत जानने के लिए भेजता है।

22 निम्नलिखित युग्मों पर विचार कीजिए
(Chap 1, Class-XII, New NCERT)

राज्य का गठन		वर्ष
1. अरुणाचल प्रदेश	—	1987
2. नागालैंड	—	1962
3. उत्तराखंड	—	2000

उपर्युक्त युग्मों में से कितने युग्म सही सुमेलित हैं?

(a) केवल एक (b) केवल दो
(c) सभी तीन (d) इनमें कोई भी नहीं

उत्तर *(b)*

व्याख्या दिए गए युग्मों में से केवल दो युग्म अर्थात् (युग्म 1 और 3) सही सुमेलित हैं। अरुणाचल प्रदेश अधिनियम, 1986 के अन्तर्गत अरुणाचल प्रदेश का गठन अधिनियम, 1987 में किया गया था। उल्लेखनीय है कि उत्तर-पूर्वी क्षेत्र (पुनर्गठन) अधिनियम, 1971 द्वारा वर्ष 1972 में अरुणाचल प्रदेशों का गठन केंद्रशासित प्रदेश के रूप में किया गया। उत्तराखंड का गठन उत्तर प्रदेश से विभाजित करके वर्ष 2000 में किया गया था।

युग्म (2) सही सुमेलित नहीं है, क्योंकि नागालैंड का गठन वर्ष 1962 में नहीं, बल्कि वर्ष 1963 में किया गया था।

अध्याय 05

नागरिकता

नागरिकता

नागरिकता एवं प्रावधान

परिचय

- व्यापक रूप से स्वीकृत परिभाषा, राजनीतिक समुदाय में पूर्ण और समान सदस्यता
- **परिभाषा** समाजशास्त्री टी.एच. मार्शल द्वारा दी गई है

नागरिकता के लिए प्रावधान

- **अनुच्छेद 5** भारत में निवास करने वाला व्यक्ति
- **अनुच्छेद 6** पाकिस्तान से प्रवासित. व्यक्ति
- **अनुच्छेद 7** व्यक्ति पाकिस्तान प्रवासित, लेकिन बाद में भारत लौट आए
- **अनुच्छेद 8** भारतीय मूल के व्यक्ति भारत से बाहर रह रहे हैं।
- भारत के बाहर रहने वाले भारतीय मूल के कुछ व्यक्तियों को नागरिकता प्रदान करता है।
- **अनुच्छेद 9** स्वेच्छा से विदेशी नागरिकता प्राप्त करने वाला व्यक्ति भारतीय नागरिक नहीं हैं।
- **अनुच्छेद 10** नागरिकता की निरंतरता को सम्बोधित करता है।
- **अनुच्छेद 11** कानून के माध्यम से नागरिकता को विनियमित करने के लिए संसद को प्राधिकृत करता है।
- भारतीय संविधान के अनुसार, केवल भारतीय नागरिक ही संसद तथा राज्य विधानसभाओं के सदस्य और न्यायालयों के न्यायाधीश बन सकते हैं एवं उन्हीं को स्थायी राजकीय कर्मचारी नियुक्त किया जा सकता है।

- **नागरिकता अधिनियम 1955** में अब तक 6 बार संशोधन किए जा चुके हैं। ये संशोधन वर्ष 1986, वर्ष 1992, वर्ष 2003, वर्ष 2005, वर्ष 2015 तथा वर्ष 2019 में किए जा चुके हैं। CAA 2019 द्वारा पाकिस्तान, अफगानिस्तान, बांग्लादेश के अल्पसंख्यकों को नागरिकता

नागरिकता का अर्जन एवं समाप्ति

भारतीय नागरिकता का अधिग्रहण और निर्धारण

- **जन्म द्वारा**
  - जन्म आधारित 26 जनवरी, 1950 को या उसके बाद
  - 1 जुलाई से 2 दिसंबर, 2004 के बीच
  - 3 दिसंबर, 2004 को या उसके बाद
- **पंजीकरण द्वारा**
  - भारत में 7 वर्ष तक अवश्य निवास किया हो
  - भारतीय मूल के लोग जो अविभाजित भारत के बाहर रहते हैं, पात्र हैं
  - भारतीय नागरिकता के पति/पत्नी 7 वर्ष के
  - सामान्य निवास के बाद आवेदन कर सकते हैं
- **वंश द्वारा**
  - यदि पिता जन्म से भारतीय नागरिक, तो वंश के आधार पर नागरिकता
- **प्राकृतिकीकरण द्वारा**
  - भारत में 12 वर्ष का सामान्य निवास आवश्यक है
  - राज्य- क्षेत्र से जुड़े व्यक्ति निर्दिष्ट तिथि के आदेशानुसार नागरिक बन जाते हैं

नागरिकता की समाप्ति

- नागरिकता अधिनियम, 1955 के अंतर्गत धारा 8
- यदि कोई नागरिक किसी अन्य देश की नागरिकता ग्रहण कर लेता है, तो उसकी नागरिकता स्वयं बर्खास्त हो जाती है।
- जब कोई व्यक्ति नागरिक नहीं रह जाता, तो नाबालिग बच्चा भी नागरिकता खो देता है

प्रवासी भारतीय एवं अन्य तथ्य

प्रवासी भारतीय

- **गैर निवासी भारतीय** (एनआरआई)
  - यदि कोई भारतीय नागरिक एक निर्दिष्ट अवधि के लिए भारत में निवास नहीं करता
  - आयकर अधिनियम के अनुसार, गैर निवासियों को, कर उद्देश्यों से गैर निवासी माना जाता है।
- **भारतीय मूल के व्यक्ति** (पी आई ओ)
  - पूर्व भारतीय पासपोर्ट के साथ विदेशी नागरिक या भारत में जन्मे पूर्वज
  - इसमें पाकिस्तान, अफगानिस्तान, चीन आदि शामिल नहीं हैं
  - **मानदंड** भारतीय पासपोर्ट होना चाहिए, माता-पिता/दादा-दादी का जन्म भारत में नहीं हुआ हो

भारत के समुद्रपारीय नागरिक (ओसीआई)

- पूर्व भारतीय पासपोर्ट धारक
- माता-पिता, दादा-दादी या परदादा-परदादी का जन्म भारत में हुआ हो और वे निर्दिष्ट देशों के निवासी न हों, भारत के स्थायी निवासी हों।

नागरिकता से संबंधित अन्य तथ्य

- नागरिकता प्रदान करने संबंधी प्रावधान नागरिकता संशोधन अधिनियम, 1992 के अंतर्गत किया गया।

नागरिकता अधिनियम 1955

- देशीयकरण
- उसके द्वारा अपने देश की नागरिकता से त्याग-पत्र दे दिया गया हो।
- वह किसी ऐसे देश का नागरिक न हो, जहाँ भारत द्वारा देशीयकरण प्रतिबंधित हो।
- आवेदन करने के ठीक पूर्व उसने भारत में कम-से-कम कुल एक वर्ष तक निवास किया हो अथवा भारत सरकार की सेवा में रहा हो।

SOURCE Old NCERT Class VII नागरिकता, Old NCERT Class IX & X समाज तथा नागरिक, New NCERT Class XI नागरिकता, Tamil Nadu board Class-XI Unit 4, NIOS Module-2, Chap 5

1 **निम्नलिखित कथनों पर विचार कीजिए**

(Chap 1, Class-IX & X, Old NCERT)

1. नागरिक वह व्यक्ति होता है, जो अपने देश में अधिकारों का उपभोग करता है, किंतु कर्त्तव्यों का निर्वाह करने के लिए बाध्य नहीं होता है।
2. नागरिकता, व्यक्तिगत नागरिक की विशेषताओं पर ध्यान केंद्रित करती है। इसके कुछ निश्चित अधिकार होते हैं जो सभी देशों में समान होते हैं।
3. भारत में निवास करने वाला प्रत्येक व्यक्ति भारत का नागरिक है।

उपर्युक्त में से कितने कथन सही हैं?

(a) केवल एक (b) केवल दो
(c) सभी तीन (d) इनमें से कोई नहीं

***उत्तर** (d)*

व्याख्या दिए गए कोई भी कथन अर्थात् (1, 2 और 3) सही नहीं हैं।

नागरिक वह होता है, जो किसी देश का सदस्य होता है तथा शासन की प्रक्रिया में भाग लेता है। नागरिकता में अधिकार तथा कर्त्तव्य दोनों शामिल होते हैं। भारतीय नागरिकों को संविधान द्वारा स्वीकृत कुछ अधिकार दिए गए हैं, साथ ही संविधान में उनके कुछ कर्त्तव्य भी दिए गए हैं। उदाहरणस्वरूप, अधिकार के रूप में उन्हें मत देने, चुनाव लड़ने का अधिकार तथा कर्त्तव्य के रूप में कानूनों का पालन एवं करों का भुगतान करना आदि शामिल हैं।

नागरिकता किसी देश में निवासित व्यक्तिगत नागरिकों की विशेषताओं, सुविधाओं पर ध्यान केंद्रित करना है, जो उस देश की आर्थिक, सामाजिक तथा भौगोलिक परिस्थितियों पर निर्भर करता है, इसलिए नागरिकता के मानक, दायित्व तथा अधिकार अलग-अलग देशों में अलग-अलग होते हैं।

किसी राज्य के क्षेत्र में निवास करने वाला प्रत्येक व्यक्ति नागरिक नहीं कहलाता है। भारत में रहने वाले बहुत से लोग भारतीय नागरिक नहीं हैं, वे विदेशी भी हो सकते हैं।

2 **निम्नलिखित कथनों पर विचार कीजिए**

(Unit 4, Class-XI, Tamil Nadu Board)

कथन I **वैश्विक नागरिकता राष्ट्रीय सीमाओं से पार महत्त्व से संबंधित है जहाँ लोगों को सामाजिक, आर्थिक असमानताओं से अलग उनके हितों के लिए विभिन्न राष्ट्रों द्वारा सहयोगात्मक दृष्टिकोण अपनाया जाता है।**

कथन II **राष्ट्रीय नागरिकता अपने नागरिकों को व्यक्तिगत गारंटी देने में असक्षम हैं।**

कूट

(a) कथन I और कथन II दोनों सही हैं तथा कथन II, कथन I की सही व्याख्या है
(b) कथन I और कथन II दोनों सही हैं, परंतु कथन II, कथन I की सही व्याख्या नहीं है
(c) कथन I सही है, किंतु कथन II गलत है
(d) कथन II सही है, किंतु कथन I गलत है

***उत्तर** (c)*

व्याख्या कथन I सही है, किंतु कथन II गलत है।

राष्ट्रीय नागरिकता मानती है कि राज्य अपने नागरिकों को जीने के लिए आवश्यक सुरक्षा और अधिकार प्रदान कर सकता है, किंतु राज्य की कुछ सीमाएँ होती हैं तथा उसे राज्य में व्याप्त अन्य समस्याओं से भी निपटना होता है। वहीं वैश्विक नागरिकता सीमा पार महत्त्व से संबंधित है, जो इस बात पर बल देती है कि हम एक ऐसी दुनिया में रहते हैं, जहाँ राज्य एक-दूसरे से जुड़े हैं इसलिए वैश्विक सौहार्द के लिए आपसी संबंधों को सशक्त बनाना महत्त्वपूर्ण है। वैश्विक नागरिकता किसी भी स्तर पर राष्ट्रीयता का विकल्प नहीं है, बल्कि दोनों के उद्देश्य अलग-अलग हैं।

3 **भारतीय संविधान में 'नागरिकता' के बारे में क्या सही नहीं है?**

(Chap 11, Class-VII, Old NCERT)
(Chap 5, Module-2, NIOS)

(a) भारतीय संविधान में नागरिकता का प्रावधान भाग-2 में है
(b) भारतीय नागरिक वह है जो अपने देश में स्थायी रूप से रहता है
(c) किसी अन्य देश की नागरिकता ग्रहण करने पर भी भारत की नागरिकता बची रहती है
(d) भारत सरकार कुछ प्रावधानों में किसी व्यक्ति की नागरिकता समाप्त कर सकती है

***उत्तर** (c)*

व्याख्या भारतीय संविधान में 'नागरिकता' के बारे में कथन (c) सही नहीं है, क्योंकि किसी अन्य देश की नागरिकता ग्रहण करने पर भारत की नागरिकता स्वत: समाप्त हो जाती है। कुछ विशेष परिस्थितियों में भारत सरकार 'नागरिकता के अधिकार' से व्यक्ति को वंचित कर सकती है।

ध्यातव्य है कि 'नागरिकता' से संबंधित प्रावधानों का उल्लेख भारतीय संविधान के भाग-2 में अनुच्छेद 5-11 तक में मिलता है। प्राय: देश में स्थायी रूप से रहने वाले देश के 'नागरिक' होते हैं।

4 **कोई व्यक्ति निम्नलिखित में से किस आधार पर भारत की नागरिकता प्राप्त कर सकता है?** *(Chap 6, Class-XI, New NCERT)*

1. जन्म
2. वंश-परंपरा
3. पंजीकरण
4. देशीयकरण
5. किसी भू-क्षेत्र के राज्यक्षेत्र में सम्मिलित होने पर

कूट

(a) 1, 2 और 3 (b) 1, 3 और 4
(c) 1, 2, 3 और 5 (d) उपर्युक्त सभी

***उत्तर** (d)*

व्याख्या प्रश्न में दिए गए सभी आधारों पर कोई व्यक्ति भारत की नागरिकता प्राप्त कर सकता है।

भारतीय नागरिकता अधिनियम, 1955 में भारतीय नागरिकता संबंधी प्रावधान हैं। इस अधिनियम के अनुसार कोई व्यक्ति भारतीय नागरिकता निम्नलिखित पाँच प्रकार से प्राप्त कर सकता है

1. जन्म से
2. वंश परंपरा से
3. पंजीकरण से
4. देशीयकरण से/प्राकृतिक रूप से
5. भू-क्षेत्र के समाविष्ट द्वारा

5 **भारत में नागरिकता की निम्नलिखित विशेषताओं में कौन सही है?**

(Chap 11, Class-VII, Old NCERT) (UPPSC Pre 1994, 2015)

(a) राज्य तथा राष्ट्र की दोहरी नागरिकता
(b) राज्य की एकल नागरिकता
(c) संपूर्ण भारत की एकल नागरिकता
(d) भारत तथा अन्य देश की दोहरी नागरिकता

***उत्तर** (c)*

व्याख्या भारत में नागरिकता की विशेषताओं के संबंध में विकल्प (c) में दी गई विशेषता सही है, क्योंकि भारत में इकहरी (एकल) नागरिकता का प्रावधान है। राज्य की नागरिकता की चर्चा नहीं मिलती है अर्थात् राज्य के आधार पर कोई नागरिक नहीं होता, बल्कि वह केवल भारत का नागरिक होता है। नागरिकों को कई अधिकार तथा कर्त्तव्य भारतीय संविधान से प्राप्त हैं।

6 निम्नलिखित कथनों पर विचार कीजिए

(Chap 11, Class-VII, Old NCERT)

1. भारतीय संविधान के लागू (26 जनवरी, 1950) होने के समय, वे सभी व्यक्ति जो भारत में रह रहे थे, वे इस तिथि से भारत के नागरिक माने गए।
2. कोई विदेशी व्यक्ति भी भारतीय नागरिकता अर्जित कर सकता है बशर्ते वह भारत में पाँच वर्ष से अधिक समय से रह रहा हो तथा भारतीय संविधान के अनुसार कुछ शर्तों को पूरा करता हो।

उपर्युक्त में से कौन-सा/से कथन सही है/हैं?

(a) केवल 1
(b) केवल 2
(c) 1 और 2 दोनों
(d) न तो 1 और न ही 2

उत्तर *(c)*

व्याख्या दिए गए दोनों कथन सही हैं।

भारतीय संविधान के लागू होने के साथ ही 26 जनवरी, 1950 से भारत में रह रहे सभी लोगों को भारतीय नागरिक माना गया।

भारत में नागरिकता अर्जित करने के दो आधार हैं-जन्म से तथा राज्य कृत। किसी विदेशी को राज्य कृत विधि से तब नागरिकता मिलती है, जब वह भारत में पाँच वर्षों से अधिक समय से रह रहा हो।

7 भारतीय संविधान के अनुसार निम्नलिखित में किस पद पर विदेशी नागरिकों को नियुक्त नहीं किया जा सकता, बल्कि केवल भारतीय नागरिकों को ही नियुक्त किया जा सकता है?

(Chap 11, Class-VII, Old NCERT)

1. उच्चतम न्यायालय का न्यायाधीश
2. उच्च न्यायालय का न्यायाधीश
3. भारतीय संसद के सदस्य
4. राज्य विधानसभाओं के सदस्य

कूट

(a) केवल 1 (b) 1 और 2
(c) 3 और 4 (d) ये सभी

उत्तर *(d)*

व्याख्या भारतीय संविधान के अनुसार, राष्ट्रपति, उपराष्ट्रपति, प्रधानमंत्री, लोकसभा एवं राज्यसभा के सदस्य, न्यायालयों के न्यायाधीश, राज्य विधानसभाओं के सदस्य आदि केवल भारतीय नागरिक ही बन सकते हैं या इन पदों पर नियुक्त हो सकते हैं। स्थायी राजकीय कर्मचारी के पदों पर भी केवल भारतीय नागरिक नियुक्त हो सकते हैं। कोई विदेशी नागरिक इन पदों पर नियुक्त नहीं किए जा सकते।

8 'नागरिकता' के संदर्भ में कानून बनाने की प्रक्रिया पर विचार कीजिए *(Chap 1, Class-IX & X, Old NCERT)*

1. भारतीय संविधान ने संसद को नागरिकता संबंधी कानून बनाने की शक्ति दी है।
2. 'नागरिकता' प्राप्त करने के प्रावधानों का विवरण भी भारतीय संविधान में दिया गया है।
3. संविधान के भाग-2 में अनुच्छेद 10 द्वारा संसद जन्म, वंश, पंजीकरण या क्षेत्र समावेशन आधार पर नागरिकता संबंधी कानून बना सकता है।

उपर्युक्त में से कितने कथन सही हैं?

(a) केवल एक (b) केवल दो
(c) सभी तीन (d) इनमें से कोई नहीं

उत्तर *(b)*

व्याख्या 'नागरिकता' के संदर्भ में कानून बनाने की प्रक्रिया के संबंध में केवल दो कथन अर्थात् (1 और 2) सही हैं। भारतीय संविधान में संसद को नागरिकता संबंधी कानून बनाने की शक्ति दी है। इसके अंतर्गत संसद द्वारा भारतीय नागरिकता अधिनियम, 1955 पारित किया गया है। इस अधिनियम में अब तक कुल छः बार (वर्ष 1986, 1992, 2003, 2005, 2015 और 2019) संशोधन किया गया है।

भारतीय नागरिकता अधिनियम, 1955 के अंतर्गत नागरिकता प्राप्त करने और उसके समाप्त होने संबंधी प्रावधान दिए गए हैं।

कथन (3) सही नहीं है, क्योंकि संविधान के नागरिकता प्राप्त करने के प्रावधानों का विवरण भारतीय संविधान के अनुच्छेद 11 में वर्णित है।

संविधान का अनुच्छेद 10 नागरिकता के अधिकारों की निरंतरता से संबंधित है। इसके अनुसार कोई भी व्यक्ति, जिसे इस भाग के किसी प्रावधान के तहत भारत का नागरिक माना जाता है, वह नागरिक बना रहेगा और संसद द्वारा बनाए गए किसी भी कानून के अधीन भी होगा।

9 कोई व्यक्ति जिसका जन्म भारत में हुआ है, वह भारत की नागरिकता प्राप्त कर सकता है *(Chap 1, Class-IX & X, Old NCERT)*

1. यदि उसके माता-पिता दोनों भारत के नागरिक हों।
2. यदि उसके माता या पिता दोनों में कोई एक भारत का नागरिक हो।
3. उसके माता-पिता को भारत का नागरिक होना आवश्यक नहीं है।

उपर्युक्त में से कितने कथन सही हैं?

(a) केवल एक (b) केवल एक
(c) सभी तीन (d) इनमें से कोई नहीं

उत्तर *(c)*

व्याख्या भारत की नागरिकता प्राप्त करने के संदर्भ में केवल दो कथन अर्थात् (1 और 2) दोनों सही हैं।

कोई व्यक्ति जन्म से भारतीय नागरिकता प्राप्त कर सकता है यदि उसका जन्म 26 जनवरी, 1950 को या उसके पश्चात् भारत में हुआ हो तथा उसके जन्म के समय उसके माता-पिता दोनों अथवा इनमें से कोई एक भारत का नागरिक हो।

कथन (3) सही नहीं है, क्योंकि भारत में जन्में व्यक्ति को जन्म से नागरिकता प्राप्त करने हेतु जन्म के समय उसके माता या पिता का भारत का नागरिक होना आवश्यक है।

10 भारत का एक नागरिक अपनी नागरिकता से वंचित हो सकता है, यदि वह *(Chap 11, Class-VII, Old NCERT) (UPPSC Mains 2017)*

1. भारतीय नागरिकता का परित्याग करता है।
2. स्वेच्छा से अन्य देश की नागरिकता ग्रहण करता है।
3. किसी अन्य देश के नागरिक से विवाह करता है।
4. यदि व्यक्ति सरकार की आलोचना करता है।

उपर्युक्त में से कौन-सा/से कथन सही है/हैं?

(a) 1, 2 और 3 (b) 2, 3 और 4
(c) 1 और 2 (d) 1 और 4

उत्तर *(c)*

व्याख्या प्रश्नानुसार कथन (1) और (2) सही हैं।

भारतीय नागरिकता अधिनियम, 1955 के अनुसार व्यक्ति निम्नलिखित तीन कारणों से भारतीय नागरिकता से वंचित हो सकता है

- यदि कोई भारतीय नागरिक स्वेच्छा से भारतीय नागरिकता का परित्याग कर देता है।
- यदि कोई भारतीय नागरिक किसी अन्य देश की नागरिकता ग्रहण कर लेता है।
- भारत सरकार द्वारा वंचित किए जाने पर।

भारत सरकार निम्न के आधार पर भी किसी व्यक्ति को भारतीय नागरिकता से वंचित कर सकती है
- संविधान के प्रति अनादर दिखाने पर
- यदि नागरिकता गलत (फर्जी) तरीके से प्राप्त की गई हो
- युद्ध के दौरान शत्रु की सहायता आदि करने पर।

कथन (3) और (4) सही नहीं हैं, क्योंकि किसी अन्य देश के नागरिक से विवाह करने तथा सरकार की आलोचना आदि करने के कारण भारत का कोई भी नागरिक, भारतीय नागरिकता से वंचित नहीं किया जा सकता।

11 निम्नलिखित कथनों पर विचार कीजिए *(Unit 1, Class-XII, Tamil Nadu Board)*

कथन I संविधान के लागू होने के पश्चात् नागरिकता अधिनियम 1955 नागरिकता के निर्धारण और अधिग्रहण को विनियमित करता है।

कथन II यह अधिनियम किसी व्यक्ति को विशिष्ट योग्यता पूरी करने पर पंजीकरण या देशीकरण द्वारा नागरिकता के लिए आवेदन करने की अनुमति देता है।

कूट

(a) कथन I और कथन II दोनों सही हैं तथा कथन II, कथन I की सही व्याख्या है
(b) कथन I और कथन II दोनों सही हैं, परंतु कथन II, कथन I की सही व्याख्या नहीं है
(c) कथन I सही है, किंतु कथन II गलत है
(d) कथन II सही है, किंतु कथन I गलत है

***उत्तर** (b)*

व्याख्या कथन I और कथन II दोनों सही हैं, परंतु कथन II, कथन I की सही व्याख्या नहीं है।

भारतीय संविधान का भाग-II से अनुच्छेद 5-11 तक में नागरिकता संबंधी प्रावधानों का उल्लेख है। अनुच्छेद-11 के अंतर्गत संसद को नागरिकता के संबंध में कानून बनाने की शक्ति प्रदान की गई है। इसी परिप्रेक्ष्य में संसद द्वारा नागरिकता अधिनियम, 1955 को अधिनियमित किया गया। यह अधिनियम नागरिकता प्राप्त करने के पाँच तरीकों को निर्धारित करता है जैसे-जन्म, वंश, पंजीकरण, देशीकरण तथा क्षेत्र का समावेश वर्ष 2019 में इसमें नवीनतम संशोधन किया गया।

12 भारत के प्रवासी नागरिक की श्रेणी भारत के नागरिकता अधिनियम में संशोधन द्वारा किस वर्ष में प्रविष्ट की गई? *(Unit 1, Class-XII, Tamil Nadu Board)*

(a) वर्ष 1986 (b) वर्ष 1992
(c) वर्ष 1996 (d) वर्ष 2003

***उत्तर** (d)*

व्याख्या भारत के प्रवासी नागरिक की श्रेणी भारत के नागरिकता अधिनियम में संशोधन द्वारा वर्ष 2003 में प्रविष्ट की गई।

9 जनवरी, 2003 को प्रथम भारतीय प्रवासी दिवस के अवसर पर तत्कालीन प्रधानमंत्री अटल बिहारी वाजपेयी द्वारा विदेशों में रह रहे भारतीय मूल के लोगों को दोहरी नागरिकता (सीमित रूप से भारतीय नागरिकता) देने की घोषणा की गई।

इसके उपरांत विधेयक को 7 जनवरी, 2004 को राष्ट्रपति की स्वीकृति प्राप्त हुई और प्रवासी भारतीय नागरिकता योजना 2 दिसम्बर, 2005 को प्रारंभ हुई। इसके अंतर्गत भारतीय मूल के व्यक्तियों को 'ओवरसीज सिटीजन ऑफ इंडिया' (OCI) का दर्जा प्रदान किया गया। इस नागरिकता अधिनियम का मुख्य उद्देश्य भारतीय मूल के व्यक्तियों को आजीवन वीजामुक्त भारत यात्रा की सुविधा प्रदान करना तथा विभिन्न प्रकार के आर्थिक, शैक्षणिक और सांस्कृतिक लाभ प्रदान करना था।

13 निम्नलिखित कथनों पर विचार कीजिए *(Class-XI, Old NCERT)*

1. अनिवासी भारतीय (NRI) भारत में रुपया लेखा और विदेशी मुद्रा लेखा दोनों नहीं रख सकते।
2. राष्ट्रीय महिला आयोग ने संस्तुति की है कि अनिवासी भारतीयों के विवाहों का पंजीकरण अनिवार्य कर दिया जाए।

उपरोक्त कथनों में से कौन-सा/से कथन सही है/हैं?

(a) केवल 1 (b) केवल 2
(c) 1 और 2 (d) न तो 1 और न ही 2

***उत्तर** (c)*

व्याख्या दिए गए दोनों कथन सही हैं।

अनिवासी भारतीय (NRI) भारत में रुपया लेखा और विदेशी मुद्रा लेखा नहीं रख सकते। हालाँकि बैंकों में खाता खोलने एवं कुछ राशि जमा करने संबंधी प्रावधान इनके लिए किए गए हैं। NRI अचल संपत्ति में निवेश, शेयर तथा प्रतिभूति में निवेश तथा भारतीय संस्थाओं एवं कंपनियों में जमा करने के लिए स्वच्छंद होता है।

वर्ष 2009-10 में राष्ट्रीय महिला आयोग ने अनिवासी भारतीयों के विवाहों का पंजीकरण कराने की सिफारिशें की थीं, जिन्हें मान्यता देते हुए अनिवार्य कर दिया गया।

अध्याय 06

मौलिक अधिकार

मौलिक अधिकार

परिचय

मौलिक अधिकारों की ऐतिहासिक पृष्ठभूमि
- मौलिक अधिकारों का सर्वप्रथम विकास ब्रिटेन में हुआ था।
- विश्व को स्वतंत्रता, समानता और भ्रातृत्व का संदेश सर्वप्रथम फ्रांस की क्रांति ने दिया।
- 1789 ई. में फ्रांस के संविधान में मानवीय अधिकारों को संवैधानिक मान्यता देने की शुरुआत की गई।
- अमेरिका के संविधान में मौलिक अधिकारों का प्रावधान 1791 ई. में संविधान संशोधन के द्वारा बिल ऑफ राइट्स को जोड़कर किया गया।

भारतीय संविधान में मौलिक अधिकार
- भाग-III (तीन)
- अमेरिकी संविधान से लिया गया
- **उद्देश्य** व्यक्तिगत गरिमा की रक्षा करना और पूर्ण व्यक्तित्व विकास को बढ़ावा देना; राजनीतिक लोकतंत्र के विचारों को स्थित रखना
- सत्तावादी शासन को रोकना, राज्य के अतिक्रमण से स्वतंत्रता की रक्षा करना

भारत में मौलिक अधिकारों की ऐतिहासिक पृष्ठभूमि
- 1928: सर्वदलीय सम्मेलन में मौलिक अधिकारों का समर्थन किया
- 1931: कराची कांग्रेस अधिवेशन में व्यक्तिगत अधिकारों को समर्थन
- 1944-45: सप्रू समिति
- 1947: संविधान सभा ने अल्पसंख्यकों और मौलिक अधिकारों पर सलाहकार समिति बनाई

मौलिक अधिकारों की आवश्यकता/महत्त्व
- लोकतंत्र में प्रत्येक नागरिक को वोट देने और चुनाव लड़कर प्रतिनिधि चुने जाने का अधिकार है; ये सरकार को नागरिकों के विरुद्ध कार्य करने से रोकते हैं और इनका उल्लंघन होने पर उपचार सुनिश्चित करते हैं।
- अधिकांश लोकतांत्रिक शासन व्यवस्थाओं में नागरिकों के अधिकार संविधान में लिखित रूप में होते हैं।

मौलिक अधिकारों का वर्गीकरण

समानता का अधिकार (अनुच्छेद 14-18)
- कानून के समक्ष समानता (अनुच्छेद 14)
- कुछ आधारों पर भेदभाव का निषेध (अनुच्छेद 15)
- सार्वजनिक रोजगार के मामलों में अवसर की समानता (अनुच्छेद 16)
- अस्पृश्यता का उन्मूलन (अनुच्छेद 17)
- उपाधियों का अंत (अनुच्छेद 18)

स्वतंत्रता का अधिकार (अनुच्छेद 19-22)
- भाषण और अभिव्यक्ति की स्वतंत्रता का अधिकार (अनुच्छेद 19)
- अपराधों के लिए दोषसिद्धि के संबंध में संरक्षण (अनुच्छेद 20)
- जीवन और व्यक्तिगत स्वतंत्रता की सुरक्षा (अनुच्छेद 21)
- शिक्षा का अधिकार (अनुच्छेद 21A)
- कुछ मामलों में गिरफ्तारी से सुरक्षा (अनुच्छेद 22)

शोषण के विरुद्ध अधिकार (अनुच्छेद 23-24)
- मानव तस्करी और बलपूर्वक श्रम का निषेध (अनुच्छेद 23)
- बाल मजदूरी, कारखानों में बाल श्रम पर प्रतिबंध (अनुच्छेद 24)

धार्मिक स्वतंत्रता का अधिकार (अनुच्छेद 25-28)
- अंतरात्मा की स्वतंत्रता और धर्म का स्वतंत्र अभ्यास एवं प्रचार (अनुच्छेद 25)
- धार्मिक मामलों के प्रबंधन का अधिकार (अनुच्छेद 26)
- धर्म विशेष प्रचार के लिए करों की स्वतंत्रता (अनुच्छेद 27)
- धार्मिक कार्यक्रम में भाग लेने की स्वतंत्रता (अनुच्छेद 28)

सांस्कृतिक एवं शैक्षणिक अधिकार (अनुच्छेद 29-30)
- अल्पसंख्यकों के हितों की सुरक्षा (अनुच्छेद 29)
- भाषाई और धार्मिक अल्पसंख्यकों को उनकी पसंद के शैक्षिक संस्थानों की स्थापना और प्रशासन का अधिकार (अनुच्छेद 30)

संवैधानिक उपचारों का अधिकार (अनुच्छेद 32)
- बंदी प्रत्यक्षीकरण
- परमादेश
- प्रतिषेध
- उत्प्रेषण
- अधिकार पृच्छा

मौलिक अधिकार: नागरिक बनाम गैर नागरिक
- अनुच्छेद 21 जैसे मौलिक अधिकार भारतीयों तथा विदेशियों दोनों पर लागू
- अनुच्छेद 19 भारतीयों के लिए

मौलिक अधिकार के अन्य प्रमुख पहलू
- मौलिक अधिकारों का निलंबन
- अनुच्छेद 20 और 21 कभी निलंबित नहीं होते
- सशस्त्र बल एवं मौलिक अधिकार (अनुच्छेद 33)
- मार्शल लॉ और मौलिक अधिकार (अनुच्छेद 34 और 35)

मौलिक अधिकार के बाहर उल्लेखित अधिकार
- संपत्ति का अधिकार
- वोट का अधिकार
- व्यापार, वाणिज्य और समागम की स्वतंत्रता

SOURCE Old NCERT Class VII हमारे मूल अधिकार, New NCERT Class IX लोकतांत्रिक अधिकार, Old NCERT Class IX & X मौलिक अधिकार तथा राज्य के नीति-निदेशक तत्त्व, New NCERT Class XI भारतीय संविधान में अधिकार, Old NCERT Class XI मौलिक अधिकार, मौलिक कर्त्तव्य और राज्य के नीति-निदेशक तत्त्व, Old NCERT Class XII अधिकार तथा कर्त्तव्य : अर्थ एवं संबंध, NIOS Module-2 Chap 6, Tamil Nadu Board Class-X, Unit 1

1 अधिकारों के घोषणा-पत्र से संबंधित निम्नलिखित कथनों पर विचार कीजिए *(Chap 3, Class-XI, Old NCERT)* *(HPSC Pre 2023)*

1. वर्ष 1930 में 'मोतीलाल नेहरू समिति' ने अधिकारों का एक घोषणा-पत्र प्रस्तुत किया।
2. अधिकारों का घोषणा-पत्र सरकार को नागरिकों के अधिकारों के विरुद्ध काम करने से रोकता है और उनका उल्लंघन हो जाने पर उपचार सुनिश्चित करता है।
3. सरकार मौलिक अधिकारों के प्रयोग पर औचित्यपूर्ण प्रतिबंध नहीं लगा सकती है।

उपर्युक्त में से कौन-सा/से कथन सही नहीं है/हैं?

(a) 1 और 2 (b) 2 और 3
(c) 1, 2 और 3 (d) 1 और 3

उत्तर *(d)*

व्याख्या अधिकारों के घोषणा-पत्र से संबंधित कथन (1) और (3) सही नहीं हैं, क्योंकि 'मोतीलाल नेहरू समिति' ने वर्ष 1928 में अधिकारों का एक घोषणा-पत्र (नेहरू रिपोर्ट में) प्रस्तुत किया था, न कि वर्ष 1930 में। मौलिक अधिकार अत्यांतिक नहीं हैं, राज्य/सरकार मूल अधिकारों के प्रयोग पर राष्ट्रपति एवं लोकहित में औचित्यपूर्ण प्रतिबंध लगा सकती है।

जब किसी व्यक्ति के मूल अधिकार का उल्लंघन होता है तब उपचार के लिए अनुच्छेद 32 के तहत सीधे उच्चतम न्यायालय अथवा अनुच्छेद 226 के तहत उच्च न्यायालय की शरण ले सकता है।

2 सारभूत रूप में 'विधि की सम्यक् प्रक्रिया' का अभिप्राय क्या है? *(Chap 4, Class-XI, Old NCERT) (IAS Pre 2023)*

(a) नैसर्गिक न्याय का सिद्धान्त (b) विधि द्वारा स्थापित पद्धति
(c) विधि की निष्पक्ष प्रयुक्ति (d) विधि के समक्ष समता

उत्तर *(c)*

व्याख्या सारभूत रूप में 'विधि की सम्यक् प्रक्रिया' का अभिप्राय विधि की निष्पक्ष प्रयुक्ति से है।

विधि की सम्यक् प्रक्रिया का तात्पर्य यह है कि कानून को स्थापित प्रक्रिया के अंतर्गत ही बनाया जाएगा, परंतु जब न्यायपालिका को उस कानून की समीक्षा करेगी, तो वह न केवल कानून बनाने की प्रक्रिया की समीक्षा करेगी, बल्कि उस कानून में क्या लिखा है, उसकी भी समीक्षा करेगी अर्थात् न्यायालय को यदि उस कानून में कुछ भी ऐसी बातें प्रतीत होती हैं, जो संविधान सम्मत नहीं है, तो उस कानून को रद्द किया जा सकता है।

3 मौलिक अधिकार के संबंध में कौन-सा कथन सही नहीं है? *(Chap 5, Class-IX & X, Old NCERT)*

(a) ये बुनियादी मानव अधिकार हैं, मनुष्य होने के नाते हमें इन अधिकारों को उपयोग करने का अधिकार है।
(b) मौलिक अधिकारों की गारंटी और उनकी सुरक्षा स्वयं संविधान करता है।
(c) यदि इन अधिकारों का खंडन किया जाता है, तो नागरिकों को न्यायालय की शरण में जाने का अधिकार है।
(d) मूल अधिकारों में परिवर्तन करने के लिए संविधान में संशोधन करने की आवश्यकता नहीं होती है।

उत्तर *(d)*

व्याख्या मौलिक अधिकार के संबंध में कथन (d) सही नहीं है, क्योंकि मौलिक अधिकारों में परिवर्तन करने हेतु संविधान में संशोधन करना आवश्यक होता है।

मौलिक अधिकार नागरिकों को राज्य द्वारा प्रदत्त अधिकार हैं, जिनका सामान्य परिस्थितियों में उल्लंघन नहीं किया जा सकता। मूल अधिकारों को यह नाम इसलिए दिया गया है, क्योंकि इन्हें संविधान के अनुच्छेद 12 से 35 में गारंटी एवं सुरक्षा प्रदान की गई है। ये 'मूल' इसलिए भी हैं, क्योंकि ये व्यक्ति के चहुँमुखी विकास (भौतिक, बौद्धिक, नैतिक एवं आध्यात्मिक) के लिए आवश्यक हैं।

4 नीचे दो कथन दिए गए हैं *(Chap 5, Class-IX, X, Old NCERT)* *(HPSC Pre 2023)*

कथन I मौलिक अधिकार न्यायालयों में वाद योग्य नहीं हैं।

कथन II राज्य के नीति-निदेशक सिद्धांत न्यायालयों में वाद योग्य हैं।

कूट

(a) कथन I और II दोनों सही हैं
(b) कथन I और II दोनों गलत हैं
(c) कथन I सही है, किंतु कथन II गलत है
(d) कथन I गलत है, किंतु कथन II सही है

उत्तर *(b)*

व्याख्या कथन I और II दोनों गलत हैं।

मौलिक अधिकार न्यायालय में वाद योग्य है, क्योंकि मौलिक अधिकार के हनन होने पर कोई भी व्यक्ति संविधान के अनुच्छेद 32 के अंतर्गत सर्वोच्च न्यायालय में जा सकता है।

इसी प्रकार अनुच्छेद 226 में भी यह उपबंध किया गया है कि मौलिक अधिकारों के हनन होने पर व्यक्ति उच्च न्यायालय में अपील दायर कर सकता है। राज्य के नीति-निदेशक सिद्धांत न्यायालयों में वाद योग्य नहीं हैं, क्योंकि अनुच्छेद 37 में यह उल्लिखित है कि इसे न्यायालय में चुनौती नहीं दी जा सकती है।

5 भारतीय संविधान के मौलिक अधिकारों के संबंध में निम्नलिखित कथनों पर विचार कीजिए *(Chap 2, Class-XI, New NCERT)*

1. भारतीय संविधान में मौलिक अधिकारों को सूचीबद्ध किया गया है और इसकी सुरक्षा के लिए विशेष प्रावधान किए गए हैं।
2. मौलिक अधिकारों की गारंटी के लिए भारतीय संविधान ने स्वयं उपबंध किए हैं, जो सामान्य कानूनों के संरक्षण से भिन्न हैं।

उपर्युक्त में से कौन-सा/से कथन सही है/हैं?

(a) केवल 1
(b) केवल 2
(c) 1 और 2 दोनों
(d) न तो 1 और न ही 2

उत्तर *(c)*

व्याख्या भारतीय संविधान के मौलिक अधिकारों के संबंध में दोनों कथन सही हैं।

भारतीय संविधान में उन अधिकारों को सूचीबद्ध किया गया है, जो मनुष्य के लिए सुरक्षा देने योग्य हैं। इन्हें 'मौलिक अधिकार' की संज्ञा दी गई है। मौलिक अधिकारों का महत्त्व अत्यधिक है तथा यह सुनिश्चित किया जाता है कि सरकार भी इनका उल्लंघन न कर सके। मौलिक अधिकार अन्य सामान्य अधिकारों से भिन्न हैं, जिस कारण इन अधिकारों की सुरक्षा की गारंटी स्वयं संविधान द्वारा दी गई है।

6 निम्नलिखित में कौन-सा कथन मौलिक अधिकारों का सबसे सटीक वर्णन है? *(Chap 2, Class-XI, New NCERT)*

(a) किसी व्यक्ति को प्राप्त समस्त अधिकार
(b) कानून द्वारा नागरिकों को प्रदत्त समस्त अधिकार
(c) संविधान द्वारा प्रदत्त और सुरक्षित समस्त अधिकार
(d) संविधान द्वारा प्रदत्त वे अधिकार जिन पर कभी प्रतिबंध नहीं लगाया जा सकता

उत्तर *(c)*

व्याख्या दिए गए कथनों में से कथन (c) मौलिक अधिकारों का सबसे सटीक वर्णन है। मौलिक अधिकार प्राय: संविधान द्वारा प्रदत्त और सुरक्षित समस्त अधिकार हैं। सामान्य कानूनों को संसद कानून बनाकर परिवर्तित कर सकती है, लेकिन मौलिक अधिकारों में परिवर्तन के लिए संविधान में संशोधन करना पड़ता है।

7 निम्नलिखित में से कौन-से अधिकार मौलिक अधिकारों की श्रेणी में शामिल हैं? *(Chap 2, Class-XI, New NCERT)*

1. धार्मिक स्वतंत्रता का अधिकार
2. संवैधानिक उपचारों का अधिकार
3. शोषण के विरुद्ध अधिकार
4. संपत्ति का अधिकार
5. सांस्कृतिक और शैक्षिक अधिकार
6. स्वतंत्रता का अधिकार

कूट

(a) 1, 2 और 4 (b) 2, 3 और 6
(c) 1, 2, 3, 5 और 6 (d) ये सभी

उत्तर *(c)*

व्याख्या 'संपत्ति के अधिकार' को छोड़कर दिए गए अन्य सभी अधिकारों को मौलिक अधिकारों की श्रेणी में शामिल किया गया है। संविधान में मौलिक अधिकारों की श्रेणी में कुल 6 अधिकार शामिल हैं। ये अधिकार हैं

- समता का अधिकार (अनुच्छेद 14-18)
- स्वतंत्रता का अधिकार (अनुच्छेद 19-22)
- शोषण के विरुद्ध अधिकार (अनुच्छेद 23-24)
- धार्मिक स्वतंत्रता का अधिकार (अनुच्छेद 25-28)
- सांस्कृतिक और शैक्षिक अधिकार (अनुच्छेद 29-30)
- संवैधानिक उपचारों का अधिकार है (अनुच्छेद 32)

8 समता के अधिकार के संदर्भ में विचार कीजिए

(Chap 4, Class-XI, Old NCERT) (IAS Pre 2002)
(Chap 6, Module-2 NIOS)

1. समता का अधिकार सभी व्यक्तियों को समान रूप से विशेषाधिकारों तथा अवसरों का उपयोग करने का अधिकार देता है।
2. यह राज्य द्वारा धर्म, जाति, वंश, लिंग तथा जन्म स्थान पर विभेद को वर्जित करता है।
3. समानता का अधिकार 6 प्रकार की समानता का वर्णन करता है।

उपर्युक्त कथनों में से कितने कथन सही नहीं हैं?

(a) केवल एक
(b) केवल दो
(c) सभी तीन
(d) उपर्युक्त में से कोई नहीं

उत्तर *(b)*

व्याख्या समता के अधिकार के संदर्भ में केवल दो कथन अर्थात् (कथन 1 और 3) सही नहीं हैं, क्योंकि समता का अधिकार सभी नागरिकों को समान रूप से विशेषाधिकारों तथा अवसरों का उपयोग करने का अधिकार देता है न कि सभी व्यक्तियों को समानता का अधिकार 6 प्रकार की समानता का वर्णन नहीं करता, बल्कि 5 प्रकार की समानता का वर्णन करता है; जैसे—अनुच्छेद 14 में कानून के समक्ष समानता, अनुच्छेद 15 में धर्म, लिंग, जाति, जन्म पर विभेद का निषेध, अनुच्छेद 16 में रोजगार के अवसर की समानता, अनुच्छेद 17 में छुआछूत का अंत तथा अनुच्छेद 18 में उपाधियों का अंत आदि उपबंद किए गए हैं।

9 समता का अधिकार (अनुच्छेद 14-18) के संबंध में निम्न कथनों पर विचार कीजिए *(Chap 4, Class-XI, Old NCERT)*

1. अनुच्छेद 14 विधि के समक्ष समता तथा भारतीय भू-क्षेत्र के सभी व्यक्तियों को विधि द्वारा समान संरक्षण की व्यवस्था करता है।
2. अनुच्छेद 15 सार्वजनिक पदों पर नियुक्ति के संबंध में सभी नागरिकों को समान अवसर प्रदान करने से संबंधित है।
3. अनुच्छेद 16 धर्म, प्रजाति, जाति, लिंग या जन्म स्थान में से किसी के भी आधार पर नागरिकों में विभेद की अस्वीकृति करता है।
4. अनुच्छेद 18 उपाधियों के लोप से संबंधित है।

उपर्युक्त में से कितने कथन सहीं नहीं हैं?

(a) केवल एक
(b) केवल दो
(c) केवल तीन
(d) सभी चार

उत्तर *(b)*

व्याख्या समता के अधिकार (अनुच्छेद 14-18) के संबंध में केवल दो कथन अर्थात् (2 और 3) सही नहीं हैं, क्योंकि अनुच्छेद 15 के अंतर्गत केवल धर्म, मूल वंश, लिंग, जाति, जन्म स्थान या इनमें से किसी भी आधार पर नागरिकों के बीच भेदभाव करने से राज्य को प्रतिबंधित किया गया है।

अनुच्छेद 16 राज्य के अधीन अथवा सार्वजनिक पदों पर नियोजन अथवा नियुक्ति के संबंध में सभी नागरिकों को समान अवसर प्रदान करता है। इस संदर्भ में केवल धर्म, मूल वंश, जाति, लिंग, जन्म स्थान, उद्भव एवं निवास के आधार पर नागरिकों के साथ कोई भेदभाव नहीं किया जाएगा।

10 निम्नलिखित कथनों पर विचार कीजिए *(Chap 5, Class-XI, NCERT)*
(IAS Pre 2023)

कथन I भारत के उच्चतम न्यायालय ने अपने कतिपय निर्णयों में यह विचारण किया है कि भारत के संविधान के अनुच्छेद 16 (4) के अधीन बनाई गई आरक्षण नीतियाँ प्रशासन की दक्षता को बनाए रखने के लिए अनुच्छेद 335 द्वारा सीमित होंगी।

कथन II भारत के संविधान के अनुच्छेद 335 'प्रशासन की दक्षता' पद को परिभाषित करता है।

कूट

(a) कथन I और कथन II दोनों सही हैं, परंतु कथन II, कथन I की सही व्याख्या नहीं है
(b) कथन I और कथन II दोनों सही हैं तथा कथन II, कथन I की सही व्याख्या है
(c) कथन I सही है, किंतु कथन II गलत है
(d) कथन I गलत है, किंतु कथन II सही है

उत्तर *(c)*

व्याख्या कथन I सही है, किंतु कथन II गलत है।

भारत के उच्चतम न्यायालय ने नागराज और अन्य बनाम भारत संघ तथा उत्तर प्रदेश पावर कॉर्पोरेशन लिमिटेड बनाम राजेश कुमार और अन्य मामलों में यह विचारण किया है कि भारत के संविधान के अनुच्छेद 16 (4) के अधीन बनाई गई आरक्षण नीतियाँ प्रशासन की दक्षता को बनाए रखने के लिए अनुच्छेद 335 द्वारा सीमित होंगी अर्थात् अनुच्छेद 16 के अंतर्गत प्रदान किए गए आरक्षण और अनुच्छेद 335 के अंतर्गत दक्षता के बीच एक संतुलन होना चाहिए।

कथन (2) सही नहीं है, क्योंकि अनुच्छेद 335 दक्षता को परिभाषित नहीं करता है। इस अनुच्छेद के अंतर्गत सेवाओं और पदों के लिए अनुसूचित जातियों और अनुसूचित जनजातियों के दावे का उल्लेख है।

11 भारतीय संविधान के अनुच्छेद 18 के संदर्भ में निम्नलिखित कथनों पर विचार कीजिए *(Chap 3, Class-XI, Old NCERT)* *(HPSC Pre 2023)*

1. भारत का कोई भी नागरिक विदेशी राज्य से उपाधि प्राप्त कर सकता है।
2. बालाजी राघवन बनाम भारत संघवाद (1996) में सर्वोच्च न्यायालय ने यह अवधारित किया है कि 'पद्म विभूषण', 'पद्म भूषण' एवं 'पद्म श्री' उपाधियाँ हैं, परंतु ये पुरस्कार समानता के अधिकार का उल्लंघन करते हैं।

उपर्युक्त में से कौन-सा/से कथन सही है/हैं?

(a) केवल 1 (b) केवल 2
(c) 1 और 2 दोनों (d) न तो 1 और न ही 2

उत्तर *(d)*

व्याख्या भारतीय संविधान के अनुच्छेद 18 के संदर्भ में कोई भी कथन सही नहीं हैं, क्योंकि अनुच्छेद 18(2) के अनुसार, भारत का कोई भी नागरिक किसी विदेशी राज्य से कोई भी उपाधि प्राप्त नहीं कर सकता, जबकि भारतीय संविधान भाग-III के अनुसार, जब किसी विदेशी नागरिक ने राज्य में कोई विश्वास अथवा लाभ का पद धारण किया हुआ है, तब राष्ट्रपति की अनुमति के बिना उपाधि प्राप्त नहीं कर सकता।

अनुच्छेद 18(1) के अनुसार, बालाजी राघवन बनाम भारत संघवाद (1996) में सर्वोच्च न्यायालय ने यह अवधारित किया कि भारत रत्न, पद्म विभूषण, पद्म भूषण और पद्मश्री अलंकरण उपाधि नहीं, बल्कि यह सम्मान है तथा इनका प्रयोग अलंकृत व्यक्ति के नाम के आगे अथवा पीछे नहीं किया जा सकता।

12 निम्नलिखित मूल अधिकारों के किस संवर्ग में अस्पृश्यता के रूप में किए गए विभेदन के विरुद्ध संरक्षण समाविष्ट है? *(Chap 4, Class-XI, Old NCERT) (IAS Pre 2020)*

(a) शोषण के विरुद्ध अधिकार
(b) स्वतंत्रता का अधिकार
(c) संवैधानिक उपचार का अधिकार
(d) समता का अधिकार

उत्तर *(d)*

व्याख्या भारतीय संविधान में 6 प्रकार के मूल अधिकार वर्णित हैं, जिन्हें अनुच्छेद 14 से 18 तक समता के अधिकार के अंतर्गत रखा गया है। इनमें से अनुच्छेद 17 में अस्पृश्यता के अंत की व्यवस्था की गई है। यह अनुच्छेद भारतीय संविधान के भाग III में वर्णित मौलिक अधिकारों की श्रेणी में है।

13 निम्न में से कौन-सा स्वतंत्रता संबंधी अधिकारों (अनुच्छेद 19-22) में शामिल नहीं है? *(Chap 4, Class-XI, Old NCERT)*

(a) संपत्ति की स्वतंत्रता
(b) अपराधों के लिए दोषसिद्धि के संबंध में संरक्षण
(c) किसी व्यक्ति को विधि द्वारा स्थापित प्रक्रिया के अनुसार ही उसके प्राण या दैहिक स्वतंत्रता का संरक्षण
(d) कुछ दशाओं में गिरफ्तारी एवं निरोध से संरक्षण

उत्तर *(a)*

व्याख्या संपत्ति की स्वतंत्रता अनुच्छेद 19-22 के अंतर्गत वर्णित स्वतंत्रता के अधिकारों में शामिल नहीं है, बल्कि संपत्ति का अधिकार वर्तमान में एक विधिक (कानूनी) अधिकार है। शेष सभी स्वतंत्रता संबंधी अधिकारों के अंतर्गत शामिल हैं।

अपराधों के लिए दोषसिद्धि के संबंध में संरक्षण अनुच्छेद 20 में दिया गया है। प्राण या दैहिक स्वतंत्रता का संरक्षण अनुच्छेद 21 में दिया गया है। कुछ दशाओं में गिरफ्तारी और निरोध से संरक्षण अनुच्छेद 22 में दिया गया है।

14 निम्नलिखित में से कौन-सा अधिकार स्वतंत्रता के अधिकार के अंतर्गत शामिल है? *(Chap 5, Class-IX, New NCERT)*

1. संगठन व संघ बनाने की स्वतंत्रता का अधिकार
2. देश में कहीं भी आने-जाने की स्वतंत्रता का अधिकार
3. देश के किसी भी भाग में निवास करने की स्वतंत्रता का अधिकार
4. कोई भी काम करने या पेशा करने की स्वतंत्रता का अधिकार

कूट

(a) केवल 2 (b) केवल 4 (c) 3 और 4 (d) ये सभी

उत्तर *(d)*

व्याख्या स्वतंत्रता के अधिकार के अंतर्गत दिए गए सभी अधिकार शामिल हैं। संविधान के अनुच्छेद 19 (1) के अंतर्गत निम्न मौलिक अधिकार शामिल हैं

- वाक् एवं अभिव्यक्ति की स्वतंत्रता
- शांतिपूर्वक तथा निरायुध सभा की स्वतंत्रता
- संगठन और संघ बनाने की स्वतंत्रता
- भारत के संपूर्ण राज्य क्षेत्र में कहीं भी अबाध रूप से आने-जाने की स्वतंत्रता
- भारत के किसी भी भाग में निवास करने की स्वतंत्रता
- कोई भी काम करने, व्यवसाय चुनने या पेशा/व्यवसाय करने की स्वतंत्रता

15 अभिव्यक्ति की स्वतंत्रता के अधिकार के अंतर्गत कोई व्यक्ति अपने विचारों को किस रूप में व्यक्त कर सकता है? *(Chap 5, Class-IX, New NCERT)*

(a) बोलकर (b) लिखकर
(c) कोई चित्र तथा कलाकृति बनाकर (d) ये सभी

उत्तर *(d)*

व्याख्या प्रश्न में दिए गए सभी प्रकार से कोई व्यक्ति अपने विचारों को व्यक्त कर सकता है। अभिव्यक्ति की स्वतंत्रता के अधिकार के अंतर्गत कोई भी व्यक्ति अपने विचारों को बोलकर, लिखकर एवं चित्र या कलाकृति बनाकर व्यक्त कर सकता है। संविधान का अनुच्छेद 19 (1)(क) देश के सभी नागरिकों को वाक् एवं अभिव्यक्ति की स्वतंत्रता प्रदान करता है।

अभिव्यक्ति शब्द का अर्थ बहुत व्यापक है। इसके अंतर्गत विचारों को व्यक्त करने के जितने भी साधन हैं, वे सभी इसमें शामिल हैं।

16 निम्नलिखित में कौन-सी स्वतंत्रता (मौलिक अधिकार) भारतीय नागरिकों को प्राप्त नहीं है? *(Chap 5, Class-IX, New NCERT)*

(a) सरकार की आलोचना की स्वतंत्रता
(b) सशस्त्र विद्रोह में भाग लेने की स्वतंत्रता
(c) सरकार बदलने के लिए आंदोलन शुरू करने की स्वतंत्रता
(d) सरकार की नीतियों का विरोध करने की स्वतंत्रता

उत्तर *(b)*

व्याख्या सशस्त्र विद्रोह में भाग लेने की स्वतंत्रता भारतीय नागरिकों को प्राप्त नहीं है। भारतीय संविधान के अनुच्छेद 19 के अंतर्गत स्वतंत्रता का अधिकार, भारतीय नागरिकों को विभिन्न प्रकार की स्वतंत्रताएँ प्रदान करता है। अभिव्यक्ति की स्वतंत्रता लोकतंत्र में एक प्रभावी मौलिक अधिकार है। सरकार की आलोचना, उसे बदलने के लिए आंदोलन करना तथा सरकार की नीतियों का विरोध करने की स्वतंत्रता लोगों को प्राप्त है।

17 निम्नलिखित में से किस आधार पर राज्य को भाषण और अभिव्यक्ति की स्वतंत्रता के अधिकार पर युक्तियुक्त प्रतिबंध लगाने का अधिकार प्राप्त है? *(Chap 4, Class-XI, Old NCERT)*

(a) लोक व्यवस्था (b) विदेशी राज्यों के साथ मैत्रीपूर्ण संबंध
(c) न्यायालय की अवमानना (d) इनमें सभी

उत्तर *(d)*

व्याख्या प्रश्न में दिए गए सभी आधारों पर राज्य को भाषण और अभिव्यक्ति की स्वतंत्रता के अधिकार पर युक्तियुक्त प्रतिबंध लगा सकता है। भारतीय संविधान के अनुच्छेद 19 (2) के अंतर्गत राज्य को कुछ आधारों पर प्रतिबंध लगाने का अधिकार प्राप्त है; जैसे–भारत की संप्रभुता और अखंडता, राज्य की सुरक्षा, विदेशी राज्यों के साथ मैत्रीपूर्ण संबंध, लोक व्यवस्था, शिष्टाचार अथवा सदाचार, न्यायालय की अवमानना व मानहानि एवं अपराध-उद्दीपन के संबंध में आदि।

18 निम्नलिखित में से कौन भारतीय संविधान के अनुच्छेद 20 का हिस्सा नहीं है? *(Chap 4, Class-XI, Old NCERT)* *(UPPSC Pre 2023)*

(a) दोहरे दण्ड की धारा
(b) कार्योत्तर विधि
(c) यातना के विरुद्ध निषेध
(d) स्वयं अपने विरुद्ध साक्षी होने से निषेध

उत्तर *(c)*

व्याख्या 'यातना के विरुद्ध निषेध' भारतीय संविधान के अनुच्छेद 20 का हिस्सा नहीं है, क्योंकि यह अनुच्छेद व्यक्तियों को अपराधों के लिए दोषसिद्धि के संबंध में संरक्षण प्रदान करता है। इसके अंतर्गत किसी अपराध के आरोपित व्यक्ति को अनुच्छेद 20(1) के अंतर्गत कार्योत्तर विधियों से संरक्षण, अनुच्छेद 20(2) के अंतर्गत दोहरे दंड से संरक्षण और अनुच्छेद 20(3) के अंतर्गत आत्म अभिशंसन (स्वयं के विरुद्ध साक्ष्य देने से) से संरक्षण प्रदान किया गया है

19 निम्नलिखित कथनों पर विचार कीजिए *(Chap 4, Class-XI, Old NCERT)*

1. अनुच्छेद 20 में यह वर्णित है कि एक ही अपराध के लिए एक से लिखित अधिक बार न तो किसी पर मुकदमा चलाया जा सकता है और न ही उसे दंड दिया जा सकता है।
2. अनुच्छेद 21 कुछ दशाओं में गिरफ्तारी और निरोध से संरक्षण प्रदान करता है।
3. अनुच्छेद 22 के अनुसार किसी व्यक्ति को विधि द्वारा स्थापित प्रक्रिया के बिना, उसके प्राण एवं वैयक्तिक स्वतंत्रता से वंचित नहीं किया जा सकता है।
4. अनुच्छेद 22 में यह व्यवस्था है कि गिरफ्तार व्यक्ति को 24 घंटे के अंदर निकटतम न्यायाधीश के सम्मुख पेश किया जाना चाहिए।

उपर्युक्त में से कितने कथन सही नहीं हैं?

(a) केवल एक (b) केवल दो (c) केवल तीन (d) सभी चार

उत्तर *(b)*

व्याख्या दिए गए कथनों में से केवल दो कथन अर्थात् (2) और (3) सही नहीं हैं, क्योंकि अनुच्छेद 21 में यह उल्लेख किया गया है कि किसी व्यक्ति को उसके प्राण एवं दैहिक स्वतंत्रता से विधि द्वारा स्थापित प्रक्रिया के अनुसार ही वंचित किया जा सकता है, अन्यथा नहीं। जबकि अनुच्छेद 22 कुछ दशाओं में गिरफ्तारी और निरोध से संरक्षण प्रदान करता है। इस अनुच्छेद के अनुसार, जब कभी कोई भी व्यक्ति गिरफ्तार किया जाता है, तो यथाशीघ्र उसे उन कारणों से अवगत कराया जाएगा जिसके आधार पर उसे गिरफ्तार किया गया है।

20 निम्नलिखित कथनों पर विचार कीजिए *(Chap 4, Class-XI, Old NCERT)*

1. ऐसा व्यक्ति जो किसी निवारक निरोध अधिनियम के अंतर्गत गिरफ्तार किया गया है, पूर्णतया असहाय नहीं है। उसका मामला एक परामर्शदात्री बोर्ड के सम्मुख तीन महीनों के अंदर रखना आवश्यक है।
2. ऐसे परामर्शदात्री बोर्ड में वे व्यक्ति नियुक्त किए जाते हैं, जो उच्चतम न्यायालय के न्यायाधीश पद पर नियुक्त किए जाने योग्य हों।

उपर्युक्त में से कौन-सा/से कथन सही नहीं है/हैं?

(a) केवल 1 (b) केवल 2
(c) 1 और 2 दोनों (d) इनमें से कोई नहीं

उत्तर *(b)*

व्याख्या दिए गए कथनों में से कथन (2) सही नहीं है, क्योंकि अनुच्छेद 22 के अंतर्गत किसी निवारक निरोध अधिनियम के अंतर्गत गिरफ्तार व्यक्ति के संबंध में गठित होने वाले बोर्ड में वे व्यक्ति नियुक्त किए जाते हैं, जो किसी उच्च न्यायालय के न्यायाधीश के पद पर नियुक्त किए जाने योग्य हों, न कि उच्चतम न्यायालय के। परामर्शदात्री बोर्ड की अनुमति के पश्चात् ही गिरफ्तार व्यक्ति को तीन माह की अवधि तक जेल में रखा जा सकता है।

21 निम्नलिखित कथनों पर विचार कीजिए *(Chap 5, Class-XI, New NCERT) (IAS Pre 2023)*

1. भारत के संविधान के अनुसार, केन्द्र सरकार का यह दायित्व है कि वह राज्यों को आंतरिक विक्षोभों से बचाएगी।
2. भारत का संविधान राज्यों को, निवारक निरोध में रखे जा रहे किसी व्यक्ति को विधिक काउंसिल उपलब्ध कराने से छूट प्रदान करता है।
3. आतंकवाद निवारण अधिनियम, 2002 के अनुसार, पुलिस के समक्ष अभियुक्त की संस्वीकृति को साक्ष्य के रूप में प्रयुक्त नहीं किया जा सकता।

उपर्युक्त में से कौन-सा/से कथन सही है/हैं?

(a) केवल 1 (b) 1 और 2 दोनों
(c) ये सभी (d) इनमें से कोई नहीं

उत्तर *(a)*

व्याख्या दिए गए कथनों में से कथन (1) सही है। भारतीय संविधान के अनुच्छेद 355 के अनुसार, संघ सरकार का यह दायित्व है कि वह राज्यों को बाहरी आक्रमण तथा आंतरिक विक्षोभों, गड़बड़ी से बचाएगी अर्थात् सुरक्षा प्रदान करेगी।

कथन (2) और (3) सही नहीं हैं, क्योंकि भारतीय संविधान के अनुच्छेद 22 में निवारक निरोध संबंधी प्रावधान हैं। इसके अंतर्गत भारत का संविधान राज्यों के निवारक निरोध में रखे जा रहे किसी व्यक्ति को विधिक काउंसिल उपलब्ध कराने से छूट प्रदान नहीं कर सकता है।

इसके अतिरिक्त आतंकवाद निवारण अधिनियम, 2002 के अंतर्गत पुलिस के समक्ष अभियुक्त की संस्वीकृति को साक्ष्य के रूप में प्रयुक्त किया जा सकता है। वहीं सामान्य या इस अधिनियम के बाहर की स्थिति में संस्वीकृति को साक्ष्य के रूप में प्रयुक्त नहीं किया जा सकता है।

22 शोषण के विरुद्ध अधिकार के अंतर्गत निम्नलिखित में कौन-सा कथन शामिल है? *(Chap 5, Class-IX, New NCERT)*

1. लोगों के अवैध व्यापार का निषेध
2. किसी प्रकार के बेगार या जबरन काम लेने का निषेध
3. बाल मजदूरी का निषेध, जिसके अंतर्गत 18 वर्ष से कम आयु के बच्चे को किसी कारखाने-खदान या रेलवे जैसे जोखिमपूर्ण काम में लगाने पर प्रतिबंध हो।

कूट

(a) 1 और 2 (b) 1 और 3
(c) 2 और 3 (d) 1, 2, 3 सभी

उत्तर *(a)*

व्याख्या शोषण के विरुद्ध अधिकार के अंतर्गत कथन (1) और (2) शामिल हैं। संविधान के अनुच्छेद 23 के अंतर्गत मनुष्य जाति के अवैध व्यापार (क्रय-विक्रय), बेगार या जबरन काम करवाने और बाल श्रम को निषेध किया गया है।

उल्लेखनीय है कि बेगार प्रथा में मजदूरों को अपने स्वामी या मालिक के लिए बिना मजदूरी अथवा बहुत ही कम अनाज आदि के लिए जबरन काम करना पड़ता है और जब यही काम मजदूर को आजीवन करना पड़ जाता है, तो उसे बंधुआ मजदूरी कहा जाता है।

कथन (3) शोषण के विरुद्ध अधिकार में शामिल नहीं है, क्योंकि अनुच्छेद 24 के अंतर्गत 14 वर्ष से कम आयु के (न कि 18 वर्ष से कम आयु के) बच्चे को कारखानों, खानों या अन्य किसी जोखिमपूर्ण कार्य में लगाने को निषेध किया गया है।

23 निम्नलिखित कथनों पर विचार कीजिए

(Chap 4, Class-XI, Old NCERT)

1. अनुच्छेद 25 के अंतर्गत लोक व्यवस्था के अधीन रहते हुए सभी व्यक्तियों को अंत:करण की स्वतंत्रता का और धर्म को अबाध रूप से मानने का अधिकार प्राप्त है।
2. अनुच्छेद 26 यह व्यवस्था करता है कि किसी भी व्यक्ति को ऐसे करों को देने के लिए बाध्य नहीं किया जाएगा, जिसकी जमा राशि से किसी विशिष्ट धर्म का पोषण किया जाता हो।

उपर्युक्त में से कौन-सा/से कथन सही है/हैं?

(a) केवल 1 (b) केवल 2
(c) 1 और 2 दोनों (d) इनमें से कोई नहीं

उत्तर *(a)*

व्याख्या दिए गए कथनों में से कथन (1) सही है। संविधान के अनुच्छेद 25 में यह उपबंध किया गया है कि लोक व्यवस्था सदाचार और स्वास्थ्य के अधीन रहते हुए सभी व्यक्तियों को अंत:करण की स्वतंत्रता का और धर्म को अबाध रूप से मानने, आचरण करने और प्रचार-प्रसार करने का समान अधिकार होगा।

कथन (2) सही नहीं है, अनुच्छेद 26 में यह उपबंध किया गया है कि प्रत्येक धार्मिक संप्रदाय को धार्मिक संस्थाओं की स्थापना और उनके पोषण का, अपने धर्म विषयक कार्यों का प्रबंध करने का व स्थावर संपत्ति के अर्जन और स्वामित्व का और ऐसी संपत्ति के प्रशासन का अधिकार होगा।

जबकि संविधान के अनुच्छेद 27 (किसी विशिष्ट धर्म की अभिवृद्धि के लिए करों के संदाय के बारे में स्वतंत्रता) के अंतर्गत यह प्रावधान किया गया है कि किसी भी व्यक्ति को ऐसे करों को देने के लिए बाध्य नहीं किया जाएगा, जिसकी जमा राशि से किसी विशिष्ट धर्म या धार्मिक संप्रदाय का पोषण किया जाता है।

24 धार्मिक स्वतंत्रता के अधिकार के संबंध में निम्नलिखित कथनों पर विचार कीजिए *(Chap 2, Class-XI, New NCERT)*

1. धार्मिक स्वतंत्रता का अधिकार असीमित है। सामाजिक बुराइयों को दूर करने के लिए सरकार धार्मिक मामलों में हस्तक्षेप नहीं कर सकती।
2. लोक व्यवस्था, नैतिकता और स्वास्थ्य के आधार पर सरकार धार्मिक स्वतंत्रता पर प्रतिबंध लगा सकती है।
3. लोगों को एक धर्म से दूसरे धर्म में परिवर्तन का अधिकार प्राप्त है।

उपर्युक्त में से कितने कथन सही हैं?

(a) केवल एक (b) केवल दो
(c) सभी तीन (d) इनमें से कोई नहीं

उत्तर *(b)*

व्याख्या धार्मिक स्वतंत्रता के अधिकार के संबंध में केवल दो कथन अर्थात् (2 और 3) सही हैं। संविधान के अनुच्छेद 25 (1) के अंतर्गत लोक व्यवस्था, सदाचार या नैतिकता व स्वास्थ्य के आधार पर सरकार धार्मिक स्वतंत्रता पर प्रतिबंध लगा सकती है। इसके अतिरिक्त वह अनुच्छेद 25 (2) के अंतर्गत धार्मिक आचरण से संबद्ध किसी आर्थिक, वित्तीय, राजनैतिक अथवा अन्य लौकिक क्रियाकलापों का विनियमन कर सकती है।

संविधान धर्म का प्रचार करने की स्वतंत्रता के अंतर्गत लोगों को एक धर्म से दूसरे धर्म में परिवर्तन तथा मानने का अधिकार भी प्रदान करता है, किंतु जबरन धर्म-परिवर्तन की अनुमति नहीं देता है।

कथन (1) सही नहीं है, क्योंकि धार्मिक स्वतंत्रता का अधिकार असीमित नहीं है। कुछ सामाजिक कुरीतियों को दूर करने हेतु सरकार धार्मिक मामलों में हस्तक्षेप कर सकती है; जैसे-सती प्रथा, बहु-विवाह व मानव-बलि आदि पर प्रतिबंध लगाने हेतु कई कदम उठाए हैं।

25 संविधान के अनुच्छेद 26 में धार्मिक कार्यों के प्रबंध की स्वतंत्रता पर क्या प्रतिबंध लगाया गया है?

(Chap 4, Class-XI, Old NCERT) (CGPSC Pre 2018)

1. लोक व्यवस्था 2. राष्ट्रीय सुरक्षा
3. शिक्षा 4. सदाचार
5. स्वास्थ्य 6. धर्म निरपेक्षता

कूट

(a) 1, 2 और 3 (b) 2, 3 और 5 (c) 2, 4 और 6 (d) 1, 4 और 5

उत्तर *(d)*

व्याख्या भारतीय संविधान के अनुच्छेद 26 में व्यवस्था की गई है कि लोक व्यवस्था, सदाचार तथा स्वास्थ्य के अधीन रहते हुए प्रत्येक धार्मिक संप्रदाय को धार्मिक संस्थाओं की स्थापना, उनके पोषण तथा प्रबंधन का अधिकार है। लोक व्यवस्था, सदाचार तथा स्वास्थ्य को बनाए रखने के लिए इस अधिकार को प्रतिबंधित किया जा सकता है।

26 संविधान द्वारा प्रदत्त धार्मिक स्वतंत्रता संबंधी अधिकारों के संदर्भ में निम्न कथनों पर विचार कीजिए *(Chap 4, Class-XI, Old NCERT)*

1. राज्य निधि से पूर्णत: पोषित किसी शिक्षा संस्था में धार्मिक शिक्षा दिए जाने को प्रतिबंधित किया गया है।
2. राज्य से मान्यता प्राप्त शिक्षण संस्थान में शिक्षा ग्रहण करने वाले किसी व्यक्ति को ऐसी संस्था में दी जाने वाली धार्मिक शिक्षा में भाग लेने हेतु बाध्य किया जा सकता है।

उपर्युक्त में से कौन-सा/से कथन सही है/हैं?

(a) केवल 1 (b) केवल 2
(c) 1 और 2 दोनों (d) न तो 1 और न ही 2

उत्तर *(a)*

व्याख्या संविधान द्वारा प्रदत्त धार्मिक स्वतंत्रता के संबंध में कथन (1) सही है। अनुच्छेद 28 में यह प्रावधान किया गया है कि राज्य से मान्यता प्राप्त या राज्य निधि से सहायता पाने वाले (वित्त पोषित) शिक्षण संस्थान में शिक्षा ग्रहण करने वाले किसी व्यक्ति को ऐसी संस्था में दी जाने वाली धार्मिक शिक्षा में भाग लेने अथवा धार्मिक उपासना में उपस्थित होने के लिए बाध्य नहीं किया जाएगा।

27 निम्नलिखित में से कौन सांस्कृतिक और शैक्षिक अधिकारों की सही व्याख्या है?

(Chap 2, Class-XI, New NCERT)

(a) शैक्षिक संस्था खोलने वाले अल्पसंख्यक वर्ग के बच्चे ही इस संस्थान में पढ़ाई कर सकते हैं।
(b) सरकारी विद्यालयों को यह सुनिश्चित करना चाहिए कि अल्पसंख्यक वर्ग के बच्चों को उनकी संस्कृति और धर्म-विश्वासों से परिचित कराया जाए।
(c) भाषाई और धार्मिक अल्पसंख्यक अपने बच्चों के लिए विद्यालय खोल सकते है और उनके लिए इन विद्यालयों को आरक्षित कर सकते हैं।
(d) भाषाई और धार्मिक अल्पसंख्यक यह माँग कर सकते हैं कि उनके बच्चे उनके द्वारा संचालित शैक्षणिक संस्थाओं के अतिरिक्त किसी अन्य संस्थान में नहीं पढ़ेंगे।

उत्तर *(c)*

व्याख्या सांस्कृतिक और शैक्षिक अधिकारों की सही व्याख्या कथन (c) है। भारतीय संविधान के अनुच्छेद 30 में सांस्कृतिक और शैक्षिक अधिकारों के संरक्षण का प्रावधान है। इसके अंतर्गत किसी भी भाषाई और धार्मिक अल्पसंख्यक समुदाय को अपने शैक्षणिक संस्थानों की स्थापना और उसके प्रबंधन का अधिकार है। भाषाई और धार्मिक अल्पसंख्यक अपने बच्चों के लिए विद्यालयों की स्थापना कर उनके लिए इसे आरक्षित कर सकते हैं।

28 भारतीय नागरिकों को अनुच्छेद 29 के अंतर्गत किस प्रकार का मौलिक अधिकार प्राप्त है? *(Chap 4, Class-XI, Old NCERT)*

(a) आस्था और प्रार्थना की आजादी
(b) कुछ शिक्षा संस्थाओं में धार्मिक शिक्षा का अधिकार
(c) अपनी भाषा, लिपि या संस्कृति को संरक्षित करने का अधिकार
(d) धार्मिक मामलों के प्रबंधन का अधिकार

उत्तर *(c)*

व्याख्या भारतीय संविधान के अनुच्छेद 29 के अनुसार, भारत में रहने वाले किसी भी नागरिक को जिसकी अपनी कोई विशिष्ट भाषा, लिपि या संस्कृति है, उसे बनाए रखने और संरक्षित करने का अधिकार प्राप्त होगा। इस अनुच्छेद में यह उपबंध भी किया गया है कि किसी भी नागरिक को धर्म, प्रजाति, जाति, भाषा या इनमें से किसी के भी आधार पर राज्य द्वारा पोषित या राज्य निधि से सहायता पाने वाली किसी शिक्षा संस्था में प्रवेश से वंचित नहीं किया जाएगा।

29 निम्नलिखित कथनों पर विचार कीजिए *(Chap 4, Class-XI, Old NCERT)*

1. संवैधानिक उपचारों का अधिकार अनुच्छेद 32 में वर्णित है।
2. अनुच्छेद 30 मौलिक अधिकारों को सुरक्षा प्रदान करने की व्यवस्था करता है।
3. अनुच्छेद 32 के अंतर्गत उच्चतम न्यायालय को संविधान द्वारा प्रदत्त मौलिक अधिकारों को लागू करने के लिए आवश्यक निर्देश, आदेश या लेख जारी करने का अधिकार प्राप्त है।

उपर्युक्त में से कितने कथन सही नहीं हैं?

(a) केवल एक (b) केवल दो
(c) सभी तीन (d) इनमें से कोई नहीं

उत्तर *(a)*

व्याख्या दिए गए कथनों में से केवल एक कथन अर्थात् (2) सही नहीं है, क्योंकि मौलिक अधिकारों को सुरक्षा प्रदान करने की व्यवस्था अनुच्छेद 32 के अंतर्गत की गई है, न कि अनुच्छेद 30 के अंतर्गत। अनुच्छेद 30 अल्पसंख्यकों को अपनी शिक्षण संस्थाएँ स्थापित करने तथा उनका प्रबंधन करने की स्वतंत्रता देता है।

30 संवैधानिक उपचारों का अधिकार (अनुच्छेद 32) के अंतर्गत न्यायालयों द्वारा विभिन्न प्रकार की रिटें जारी की जाती हैं। निम्न में से कौन-सी रिट इसमें शामिल नहीं है?
(Chap 5, Class-IX & X, Old NCERT) (Chap 6, Module-2, NIOS)

(a) बंदी प्रत्यक्षीकरण
(b) प्रमाणीकरण
(c) अधिकार पृच्छा
(d) उत्प्रेषण

उत्तर *(b)*

व्याख्या संवैधानिक उपचारों के अधिकार (अनुच्छेद 32) के अंतर्गत प्रमाणीकरण रिट में शामिल नहीं है। सर्वोच्च न्यायालय एवं उच्च न्यायालयों द्वारा मौलिक अधिकारों के प्रवर्तन के लिए पाँच प्रकार की रिटें जारी की जाती हैं। ये रिटें हैं-बंदी प्रत्यक्षीकरण, परमादेश, उत्प्रेषण, निषेध आदेश और अधिकार पृच्छा।

31 निम्न में से किसने संवैधानिक उपचारों के अधिकार को 'संविधान का हृदय और आत्मा' की संज्ञा प्रदान की है? *(Chap 2, Class-XI, New NCERT)*

(a) महात्मा गाँधी (b) आइवर जैनिंस
(c) जवाहरलाल नेहरू (d) डॉ. बी आर अंबेडकर

उत्तर *(d)*

व्याख्या डॉ. बी आर अंबेडकर ने संवैधानिक उपचारों के अधिकार को 'संविधान का हृदय और आत्मा' की संज्ञा दी है। इनका मानना था कि संवैधानिक उपचारों का अधिकार वह साधन है, जिसके अंतर्गत प्रत्येक नागरिक अपने मौलिक अधिकारों के उल्लंघन किए जाने पर सीधे सर्वोच्च न्यायालय या उच्च न्यायालय जा सकता है।

32 संवैधानिक उपचारों के संबंध में निम्न कथनों पर विचार कीजिए *(Chap 2, Class-XI, New NCERT)*

1. इसके अंतर्गत प्रत्येक नागरिक को यह अधिकार प्राप्त है कि वह अपने मौलिक अधिकारों के उल्लंघन किए जाने पर सीधे उच्च न्यायालय या सर्वोच्च न्यायालय जा सकता है।
2. सर्वोच्च न्यायालय या उच्च न्यायालय मौलिक अधिकारों को लागू करने के लिए सरकार को कोई आदेश और निर्देश नहीं दे सकता।

उपर्युक्त में से कौन-सा/से कथन सही है/हैं?

(a) केवल 1 (b) केवल 2
(c) 1 और 2 दोनों (d) इनमें से कोई नहीं

उत्तर *(a)*

व्याख्या संवैधानिक उपचारों के संबध में केवल कथन (1) सही है, क्योंकि सर्वोच्च न्यायालय या उच्च न्यायालय मौलिक अधिकारों को लागू करने के लिए सरकार को विभिन्न प्रकार की रिट के माध्यम से आदेश या निर्देश दे सकता है।

33 जब कोई भी शासक, न्यायालय, निगम अथवा सार्वजनिक अधिकारी अपने लिए निर्धारित कर्त्तव्य का पालन नहीं करता है, तो उच्चतम न्यायालय उसे अपने कर्त्तव्य का पालन करने के लिए कौन-सी रिट जारी करता है? *(Chap 4, Class-XI, Old NCERT)*

(a) उत्प्रेषण (b) निषेध (c) अधिकार-पृच्छा (d) परमादेश

उत्तर *(d)*

व्याख्या जब कोई सार्वजनिक पदाधिकारी (शासक, न्यायालय, निगम आदि) अपने कानूनी और संवैधानिक दायित्वों का पालन नहीं करता है और इससे किसी व्यक्ति के मौलिक अधिकार का उल्लंघन हो रहा है, तो न्यायालय द्वारा परमादेश (रिट) जारी किया जा सकता है।

इसके अतिरिक्त जब वह कोई ऐसा कार्य करता है, जो उसके अधिकार क्षेत्र से बाहर है, तब ऐसी स्थिति में भी इस रिट के माध्यम से न्यायालय उस कार्य को करने पर रोक लगा सकता है।

34 निम्नलिखित कथनों पर विचार कीजिए *(Chap 2, Class-XI, New NCERT)*

1. बंदी प्रत्यक्षीकरण के द्वारा न्यायालय किसी गिरफ्तार व्यक्ति को न्यायालय के सामने प्रस्तुत करने का आदेश देता है।
2. बंदी प्रत्यक्षीकरण के अंतर्गत यदि गिरफ्तारी का तरीका या कारण गैर कानूनी या असंतोषजनक है; तो न्यायालय गिरफ्तार व्यक्ति को छोड़ने का आदेश देता है।
3. अधिकार पृच्छा की रिट उस समय जारी की जाती है, जब कोई निचली अदालत या सरकारी अधिकारी बिना अधिकार के कोई कार्य करता है।

4. जब कोई निचली अदालत अपने अधिकार क्षेत्र का अतिक्रमण करके किसी मुकदमे की सुनवाई करती है, तो उच्च न्यायालय या सर्वोच्च न्यायालय उसे ऐसा करने से रोकने के लिए निषेध आदेश जारी करता है।

उपर्युक्त में से कितने कथन सही नहीं हैं?

(a) केवल एक (b) केवल दो
(c) केवल तीन (d) सभी चार

उत्तर (a)

व्याख्या दिए गए कथनों में से केवल एक कथन अर्थात् (3) सही नहीं है, क्योंकि अधिकार पृच्छा की रिट न्यायालय द्वारा उस समय जारी की जाती है, जब कोई व्यक्ति ऐसे पद पर नियुक्त हो गया है या धारण कर लिया है, जिस पर उसका कानूनी अधिकार नहीं है। इस तरह न्यायालय इस रिट के द्वारा उस पद पर व्यक्ति को कार्य करने से रोक देता है। किसी निचली अदालत या सरकारी अधिकारी द्वारा बिना अधिकार के कोई कार्य करने पर 'उत्प्रेषण' रिट को जारी किया जाता है।

35 मौलिक अधिकारों के दो वर्ग हैं। कुछ अधिकार केवल भारतीय नागरिकों को प्राप्त हैं, जबकि कुछ अधिकार नागरिकों तथा विदेशी नागरिकों दोनों को प्राप्त हैं। निम्न में से कौन-सा अधिकार मात्र नागरिकों को प्राप्त है? *(Chap 4, Class-XI, Old NCERT)*

(a) अनुच्छेद 14 (b) अनुच्छेद 15
(c) अनुच्छेद 17 (d) अनुच्छेद 27

उत्तर (b)

व्याख्या अनुच्छेद 15 में वर्णित मूल अधिकार केवल भारतीय नागरिकों को प्राप्त हैं। यह अधिकार विदेशी नागरिकों को प्राप्त नहीं है। भारतीय संविधान द्वारा प्रदत्त मूल अधिकारों में कुछ ऐसे अधिकार हैं, जो भारतीय नागरिकों एवं विदेशियों को समान रूप से प्राप्त हैं। जबकि कुछ अधिकार ऐसे हैं, जो केवल भारतीय नागरिकों को प्राप्त हैं। वे अधिकार, जो विदेशियों को प्राप्त नहीं हैं, वे निम्नलिखित हैं

- अनुच्छेद 15 में केवल धर्म, मूल वंश, जाति, लिंग, जन्म स्थान के आधार पर विभेद का प्रतिषेध का उल्लेख है।
- अनुच्छेद 16 में लोक नियोजन के विषय के अवसर की समता का उल्लेख है।
- अनुच्छेद 19 में विचार अभिव्यक्ति, शांतिपूर्ण सम्मेलन, निर्बाध विचरण एवं निवास तथा संघ बनाने की स्वतंत्रता का उल्लेख किया गया है।
- अनुच्छेद 29 में अल्पसंख्यकों को शिक्षा एवं संस्कृति संबंधी अधिकार सम्मिलित हैं।

36 निम्नलिखित में से कौन-सा अधिकार भारतीय नागरिकों और विदेशी नागरिकों को समान रूप से प्राप्त है? *(Chap 4, Class-XI, Old NCERT)*

(a) कुछ दशाओं में गिरफ्तार और निरोध से संरक्षण का अधिकार
(b) सार्वजनिक पदों पर नियुक्ति का अधिकार
(c) समुदाय अथवा संघ बनाने की स्वतंत्रता का अधिकार
(d) अपनी कोई विशिष्ट भाषा, लिपि या संस्कृति को बनाए रखने का अधिकार

उत्तर (a)

व्याख्या भारतीय संविधान के अनुच्छेद 22 के द्वारा प्रदत्त कुछ दशाओं में गिरफ्तारी और निरोध से संरक्षण संबंधी अधिकार भारतीय नागरिकों और विदेशियों को समान रूप से प्राप्त हैं, जबकि शेष अन्य अधिकार केवल भारतीय नागरिकों को प्राप्त हैं। उल्लेखनीय है कि अनुच्छेद 22 के अतिरिक्त अनुच्छेद 14, 20, 21, 23 आदि में प्रदत्त अधिकार भारतीय नागरिकों के समान विदेशियों को भी प्राप्त हैं।

37 आम चुनावों में वोट देने का अधिकार कौन-सा अधिकार है? *(Chap 5, Class-IX, New NCERT)*

(a) मौलिक अधिकार (b) वैधानिक अधिकार
(c) संविधानेत्तर अधिकार (d) इनमें से कोई नहीं

उत्तर (b)

व्याख्या भारत में वोट देने का अधिकार एक विधिक/वैधानिक अधिकार है, न कि मूल अधिकार। 61वें संविधान संशोधन अधिनियम, 1989 के द्वारा अनुच्छेद 326 में संशोधन करके लोकसभा तथा राज्य विधानसभाओं के चुनाव में मतदान की न्यूनतम आयु 21 वर्ष से घटाकर 18 वर्ष कर दी गई है।

38 निम्नलिखित कथनों पर विचार कीजिए *(Chap 2, Class-XI, New NCERT)*

1. सर्वोच्च न्यायालय ने संपत्ति के अधिकार को मूल ढाँचे का तत्त्व नहीं माना है।
2. 44वें संविधान संशोधन के द्वारा संपत्ति के अधिकार को मौलिक अधिकारों की सूची से हटाकर अनुच्छेद 300 (क) के अंतर्गत एक कानूनी अधिकार बना दिया गया।
3. मूल संविधान में संपत्ति का अधिकार मौलिक अधिकार की श्रेणी में शामिल नहीं था।

उपर्युक्त में से कितने कथन सही नहीं हैं?

(a) केवल एक (b) केवल दो
(c) सभी तीन (d) इनमें से कोई नहीं

उत्तर (a)

व्याख्या दिए गए कथनों में से केवल एक कथन अर्थात् (3) सही नहीं है, क्योंकि भारत के मूल संविधान में भारतीय नागरिकों को 7 मौलिक अधिकार प्राप्त थे, जिनमें संपत्ति का अधिकार भी शामिल था। अब नागरिकों को केवल 6 मूल अधिकार ही प्राप्त हैं।

39 निम्नलिखित कथनों पर विचार कीजिए *(Chap 4, Class-XI, Old NCERT)*

1. मौलिक अधिकार संविधान के अनुच्छेद 12 में वर्णित राज्य के विरुद्ध प्राप्त हैं।
2. मौलिक अधिकारों के संबंध में न्यायपालिका को विधि द्वारा यह निर्धारित करने का अधिकार है कि सैन्य बलों तथा खुफिया विभागों में ये अधिकार किस सीमा तक प्राप्त होंगे।
3. जब कभी संविधान के अनुच्छेद 352 के अंतर्गत युद्ध या बाह्य आक्रमण के कारण आपातकाल की घोषणा की जाती है, तो संविधान के अनुच्छेद 19 में उल्लिखित स्वतंत्रता संबंधी अधिकार का क्रियान्वयन विलंबित रहता है।
4. राष्ट्रपति संविधान के अनुच्छेद 359 के अंतर्गत एक दूसरा आदेश जारी कर अन्य मौलिक अधिकारों के क्रियान्वयन को स्थगित कर सकता है।

उपर्युक्त में से कितने कथन सही नहीं हैं?

(a) केवल एक (b) केवल दो
(c) केवल तीन (d) सभी चार

उत्तर (a)

व्याख्या दिए गए कथनों में से केवल एक कथन अर्थात् (2) सही नहीं है, क्योंकि मौलिक अधिकार के संबंध में सैन्य बलों तथा खुफिया विभागों के लिए विधि बनाने का अधिकार संसद को है, न कि न्यायपालिका को। संविधान के अनुच्छेद 33 के अनुसार, संसद सशस्त्र बलों के सदस्यों व खुफिया विभागों आदि में नियोजित व्यक्तियों के संबंध में यह अवधारित कर सकेगी कि भाग-III द्वारा प्रदत्त किसी मूल अधिकार को किस सीमा तक निर्बंधित या निराकृत किया जाए।

40 **निम्नलिखित कथनों पर विचार कीजिए**

(Chap 2, Class-XI, NCERT)
(Unit 4, Class-XII, Tamil Nadu Board)

कथन I न्यायालय राज्य को किसी व्यक्ति के शारीरिक उपस्थिति को सुनिश्चित करने का आदेश दे सकता है ताकि अंतिम व्यक्ति तक न्याय के सिद्धांत को हासिल करते हुए उसके कारावास या मुक्ति को न्यायोचित ठहराया जा सके।

कथन II संविधान के भाग-III के संवैधानिक उपचारों के अंतर्गत न्यायालय मूल अधिकारों की रक्षा करने के लिए रिट जारी कर सकता है।

कूट

(a) कथन I और II दोनों सही हैं तथा कथन II, कथन I की सही व्याख्या है।
(b) कथन I और कथन II दोनों सही हैं, परंतु कथन II, कथन I की सही व्याख्या नहीं है।
(c) कथन I सही है, किंतु कथन II गलत है।
(d) कथन II सही है, किंतु कथन I गलत है।

***उत्तर** (a)*

व्याख्या कथन I और कथन II दोनों सही हैं तथा कथन II, कथन I का सही स्पष्टीकरण है।

संविधान के भाग-III में संवैधानिक उपचारों के अंतर्गत (अनुच्छेद 32) उच्चतम न्यायालय रिट जारी कर सकता है, जिसका उद्देश्य 'अंतिम व्यक्ति तक न्याय' की पहुँच को सुनिश्चित करते हुए मूल अधिकारों की रक्षा की जा सके। किसी व्यक्ति की गिरफ्तारी की वैद्यता का प्रश्न न्यायालय के दृष्टिकोण से न्याय की समुचित पहुँच का प्रश्न होता है, यदि वह युक्ति संगत या न्यायोचित नहीं है, तो न्याय बाधित होगा। इसलिए बंदी प्रत्यक्षीकरण रिट द्वारा उच्चतम न्यायालय इस पर विचार कर सकता है।

41 **मौलिक अधिकारों की श्रेणी में अनुच्छेद 13 में क्या उपबंधित है?**

(Chap 4, Class-XI, Old NCERT)

(a) उच्चतम तथा उच्च न्यायालयों की न्यायिक समीक्षा का संवैधानिक अधिकार
(b) संवैधानिक उपचार से संबंधित अधिकार
(c) नीति-निदेशक तत्त्वों पर मौलिक अधिकार की अधिभारिता का संकेत
(d) मूल कर्त्तव्यों के बिना मौलिक अधिकार की आधारहीनता के संदर्भ में

***उत्तर** (a)*

व्याख्या भारतीय संविधान के अनुच्छेद 13 में उपबंध किया गया है कि उच्चतम न्यायालय तथा उच्च न्यायालयों को न्यायिक समीक्षा का अधिकार है जिसके अंतर्गत वह उन कानूनों को उस अंश तक शून्य घोषित कर सकते हैं, जो किसी मौलिक अधिकार के क्षेत्र को न्यून करते हों।

42 **निम्नलिखित कथनों पर विचार कीजिए**

(Chap 2, Class-XI, New NCERT)

1. सर्वोच्च न्यायालय ने संविधान की मूल ढाँचागत विशेषताएँ केशवानंद भारती मामले के अपने निर्णय में दी थीं।
2. संसद संविधान के मूल ढाँचे में परिवर्तन किए बिना किसी भी अंश या प्रावधान में संशोधन कर सकती है।

उपर्युक्त में से कौन-सा/से कथन सत्य है/हैं?

(a) केवल 1
(b) केवल 2
(c) 1 और 2 दोनों
(d) न तो 1 और न ही 2

***उत्तर** (c)*

व्याख्या दिए गए सभी कथन सही हैं।

मौलिक अधिकारों में संशोधन से संबंधित उत्पन्न विवाद और 24वें संशोधन अधिनियम, 1971 के आलोक में केशवानंद भारती बनाम केरल सरकार वाद (1973) में सर्वोच्च न्यायालय ने अपने निर्णय में संविधान की मूल संरचना का सिद्धांत देते हुए यह कहा कि संसद संविधान के मूल ढाँचे में परिवर्तन किए बिना संविधान के किसी भी भाग में मौलिक अधिकारों सहित संशोधन कर सकती है।

43 **नीचे दो कथन दिए गए हैं** *(Chap 5, Class-XI, New NCERT)*

(UP Lower 2013) (UPPSC Pre 2015) (HPSC Pre 2023)

कथन I वर्ष 1973 में केशवानंद भारती मामले में सर्वोच्च न्यायालय द्वारा 'बुनियादी ढाँचे के सिद्धांत' को प्रतिपादित किया गया है।

कथन II भारतीय संसद के पास पूरे संविधान में संशोधन करने की शक्ति है।

कूट

(a) कथन I और II दोनों सही हैं
(b) कथन I और II दोनों गलत हैं
(c) कथन I सही है, किंतु कथन II गलत है
(d) कथन I गलत है, किंतु कथन II सही है

***उत्तर** (a)*

व्याख्या कथन I और II दोनों सही हैं।

वर्ष 1973 में केशवानंद भारती मामले में सर्वोच्च न्यायालय द्वारा 'बुनियादी ढाँचे के सिद्धान्त' को प्रतिपादित किया गया है। सर्वोच्च न्यायालय ने यह विचार दिया कि संविधान के अनुच्छेद 368 के अन्तर्गत प्रस्तावना में भी संशोधन किया जा सकता है। बशर्ते की संशोधन के अधिकार का प्रयोग इस प्रकार किया जाए कि संविधान के बुनियादी ढाँचे के सिद्धांत को हानि न पहुँचे।

इसी प्रकार भारतीय संसद के पास पूरे संविधान में संशोधन करने की शक्ति अनुच्छेद 368 में निहित है। संसद संविधान में संशोधन तीन प्रकार से करती है।

44 **निम्न में से कौन-सा युग्म सही सुमेलित है?**

(Chap 4, Class-XI, Old NCERT)

	प्रावधान	अनुच्छेद
(a)	भारत में रहने वाले सभी नागरिकों को अपनी भाषा, लिपि या संस्कृति को बनाए रखने का अधिकार	अनुच्छेद 30
(b)	अल्पसंख्यकों को अपनी शिक्षण संस्थाओं की स्थापना करने तथा उनका प्रबंध करने की स्वतंत्रता	अनुच्छेद 29
(c)	कुछ दशाओं में गिरफ्तारी और निरोध से संरक्षण	अनुच्छेद 21
(d)	अपराधों के लिए दोषसिद्धि के संबंध में संरक्षण	अनुच्छेद 20

***उत्तर** (d)*

व्याख्या दिए गए युग्मों में से युग्म (d) सही सुमेलित है। अनुच्छेद 20 में अपराधों के लिए दोष सिद्धि के संबंध में संरक्षण का प्रावधान किया गया है। (a), (b) और (c) सही सुमेलित नहीं हैं, क्योंकि अनुच्छेद 30 अल्पसंख्यकों को अपनी पसंद की शिक्षण संस्थाएँ स्थापित करने व उनके प्रबंधन का अधिकार देता है।

अनुच्छेद 29 भारत के सभी नागरिकों को अपनी भाषा, लिपि या संस्कृति को बनाए रखने व संरक्षित करने का अधिकार देता है।

अनुच्छेद 21 के अनुसार, किसी व्यक्ति को विधि द्वारा स्थापित प्रक्रिया के बिना, उसके प्राण या दैहिक स्वतंत्रता से वंचित नहीं किया जा सकता।

45 **सूची I को सूची II से सही सुमेलित कीजिए**

(Chap 2, Class-XI, New NCERT)
(CGPSC Pre 2016)

सूची I (रिट)	सूची II (अर्थ)
A. बंदी प्रत्यक्षीकरण	1. अधीनस्थ न्यायालय के आदेश को रद्द करना
B. उत्प्रेषण	2. सशरीर पेश करना
C. परमादेश	3. आपका अधिकार क्या है
D. अधिकार-पृच्छा	4. हमारा आदेश है

कूट

	A	B	C	D		A	B	C	D
(a)	1	2	3	4	(b)	2	1	4	3
(c)	3	4	1	2	(d)	4	1	3	2

***उत्तर** (b)*

व्याख्या सही सुमेलन A-2, B-1, C-4, D-3 है।

बंदी प्रत्यक्षीकरण का तात्पर्य है 'सशरीर पेश करना'। न्यायालय इसमें गिरफ्तार व्यक्ति को प्रस्तुत करने का आदेश देता है।

उत्प्रेषण का अर्थ अधीनस्थ न्यायालय के आदेश को रद्द करना है। इसमें वह आदेश को उच्च न्यायालय को हस्तांतरित करने का निर्देश देता है।

परमादेश का अर्थ है, 'हमारा आदेश है'। इसमें किसी सार्वजनिक पदाधिकारी के उत्तरदायित्व के बारे में पूछा जाता है।

अधिकार-पृच्छा में न्यायालय व्यक्ति से उसके अधिकार के बारे में पूछता है और उसे निर्णय लेने से रोक सकता है।

46 **निम्नलिखित युग्मों पर विचार कीजिए**

(Chap 4, Class-XI, Old NCERT)

अनुच्छेद		संबंधित प्रावधान
1. अनुच्छेद 14	—	अस्पृश्यता का अंत
2. अनुच्छेद 17	—	विधि के समक्ष समता
3. अनुच्छेद 16 (4)	—	सरकारी नौकरियों में आरक्षण
4. अनुच्छेद 18	—	उपाधियों का अंत

उपर्युक्त युग्मों में से कितने युग्म सही सुमेलित नहीं हैं?

(a) केवल एक (b) केवल दो (c) केवल तीन (d) सभी चार

***उत्तर** (c)*

व्याख्या दिए गए युग्मों में से केवल तीन युग्म अर्थात् (1, 2 और 3) सही सुमेलित नहीं हैं।

अनुच्छेद 14 विधि के समक्ष समता तथा भारतीय भू-क्षेत्र के सभी व्यक्तियों को विधि द्वारा समान संरक्षण की व्यवस्था की गई है।

अनुच्छेद 17 अस्पृश्यता को समाप्त करने की व्यवस्था और किसी भी रूप में इसका आचरण निषिद्ध करता है।

अनुच्छेद 16 (4) के अंतर्गत पिछड़े वर्गों के लिए सरकारी नौकरियों में आरक्षण का प्रावधान किया गया है।

युग्म (4) सही सुमेलित है। अनुच्छेद 18 के द्वारा राज्य को उपाधियाँ प्रदान करने तथा नागरिकों को उपाधियाँ ग्रहण करने से प्रतिषिद्ध किया गया है।

47 **निम्नलिखित कथनों पर विचार कीजिए**

(Chap 5, Class-IX, New NCERT)

1. अधिकार वस्तुत: नियमों और सिद्धांतों को कायम रखने का व्यक्ति, समूह या देशों का वादा होता है।
2. मानवाधिकार सार्वभौमिक स्वरूप के होते हैं, जो राज्य की स्थिति तथा समयकाल में परिवर्तित होते रहते हैं।
3. मानव अधिकारों से जुड़ी संधियों पर हस्ताक्षर करने वाले पर इसके पालन की कोई बाध्यता नहीं होती है।

उपर्युक्त में से कितने कथन सही हैं?

(a) केवल एक (b) केवल दो (c) सभी तीन (d) इनमें से कोई नहीं

***उत्तर** (a)*

व्याख्या दिए गए कथनों में केवल एक कथन अर्थात् (1) सही है। अधिकार वस्तुत: नियमों और सिद्धांतों को कायम रखने का व्यक्ति, समूह या देशों का वादा होता है।

कथन (2) और (3) सही नहीं हैं, क्योंकि मूल अधिकार सार्वभौमिक प्रकृति के होते हैं, किंतु ये राज्य की स्थिति या समयकाल में परिवर्तित नहीं होते, बल्कि अपनी नैसर्गिक प्रकृति में सतत व्याप्त रहते हैं, क्योंकि प्रतिज्ञा-पत्र संधि पर हस्ताक्षर करने वाले व्यक्ति, समूह या देशों के ऊपर प्रतिज्ञा-पत्र में अंतर्निहित नियमों व सिद्धांतों को लागू करने अथवा पालन करने की कानूनी बाध्यता होती है।

48 **निम्न कथन (A) व कारण (R) को पढ़िए और नीचे दिए गए कूट की सहायता से सही उत्तर का चुनाव कीजिए**

(Chap 5, Class-XI, New NCERT)

कथन (A) **स्कूली शिक्षा प्रत्येक भारतीय का अधिकार बन चुका है।**

कारण (R) **भारतीय संविधान के मौलिक अधिकारों की सूची में 'शिक्षा के अधिकार' को शामिल किया जा चुका है।**

कूट

(a) A और R दोनों सही हैं तथा R, A की सही व्याख्या है।
(b) A और R दोनों सही हैं, परंतु R, A की सही व्याख्या नहीं है।
(c) A सही है, किंतु R गलत है।
(d) A गलत है, किंतु R सही है।

***उत्तर** (a)*

व्याख्या A और R दोनों सही हैं तथा R, A की सही व्याख्या है।

स्कूली शिक्षा प्रत्येक भारतीय नागरिक का मौलिक अधिकार बन चुका है। 14 वर्ष तक के सभी बच्चों को नि:शुल्क तथा अनिवार्य शिक्षा देना सरकार का उत्तरदायित्व बन गया है। 86वें संविधान संशोधन अधिनियम 2002 द्वारा 14 वर्ष तक की आयु के बच्चों को नि:शुल्क तथा अनिवार्य शिक्षा को मौलिक अधिकारों के अंतर्गत अनुच्छेद 21(A) में स्थान दिया गया है।

49 **निम्नलिखित में से किस संवैधानिक संशोधन अधिनियम द्वारा मौलिक अधिकारों की सूची से संपत्ति के अधिकार को हटाया गया?**

(Chap 4 , Class-XI, Old NCERT)
(Unit 1, Class XII, Tamil Nadu Board) (MPPSC Pre 2019)

(a) 37वाँ संविधान संशोधन 1975
(b) 38वाँ संविधान संशोधन 1975
(c) 44वाँ संविधान संशोधन 1978
(d) 42वाँ संविधान संशोधन 1976

***उत्तर** (c)*

व्याख्या मूल संविधान में मौलिक अधिकारों की एक श्रेणी, संपत्ति के अधिकार का प्रावधान भी था, किंतु 44वें संविधान संशोधन अधिनियम 1978 द्वारा इसे हटा दिया गया।

इस अधिकार के कारण तत्कालीन शासकों के लिए कई समस्याएँ उत्पन्न हुई थीं। यह अधिकार तत्कालीन सरकार के सामाजिक आर्थिक सुधार कार्यक्रमों में बाधक था, जिस कारण इसे मौलिक अधिकारों की सूची से बाहर किया गया।

50 **निम्न में से कौन-सा अधिकार भारतीय नागरिकों के साथ विदेशी नागरिकों को भी प्राप्त है?** *(Chap 4, Class-XI, Old NCERT)* *(Unit 1, Class-X, Tamil Nadu Board)*

(a) संवैधानिक उपचारों का अधिकार (b) अभिव्यक्ति की स्वतंत्रता
(c) विचरण तथा बसने का अधिकार (d) संगठन या संघ बनाने की स्वतंत्रता

उत्तर *(a)*

व्याख्या संवैधानिक उपचारों का अधिकार भारतीय नागरिकों के साथ-साथ विदेशी नागरिकों को भी प्राप्त है।

अन्य अधिकार अभिव्यक्ति की स्वतंत्रता, स्वतंत्र विचरण तथा बसने का अधिकार तथा संघ या संगठन बनाने का स्वतंत्रता का अधिकार मात्र भारतीय नागरिकों को ही प्राप्त है।

संवैधानिक उपचारों के अधिकार के अंतर्गत भारत का नागरिक अनुच्छेद 32 के अंतर्गत उच्चतम न्यायालय से तथा अनुच्छेद 226 के अंतर्गत उच्च न्यायालय के मूल अधिकारों के हनन पर अपील कर सकता है।

51 **सूची I को सूची II से सही सुमेलित कीजिए** *(Chap 4, Class-XI, Old NCERT) (CGPSC Pre 2023)*

	सूची I		सूची II
A.	सांस्कृतिक व शिक्षा का अधिकार	1.	अनुच्छेद 14 से 18
B.	संवैधानिक उपचारों का अधिकार	2.	अनुच्छेद 23 से 24
C.	शोषण के विरुद्ध अधिकार	3.	अनुच्छेद 32
D.	समानता का अधिकार	4.	अनुच्छेद 29 से 30

कूट

	A	B	C	D
(a)	4	3	1	2
(b)	3	4	2	1
(c)	3	4	1	2
(d)	4	3	2	1

उत्तर *(d)*

व्याख्या सही सुमेलन A-4, B-3, C-2, D-1 है।

सांस्कृतिक एवं शैक्षिक अधिकारों से संबंधित प्रावधान संविधान के अनुच्छेद 29 से 30 में किया गया है।

संवैधानिक उपचारों के अधिकार का प्रावधान संविधान के अनुच्छेद 32 में किया गया है।

शोषण के विरुद्ध अधिकारों से संबंधित प्रावधान अनुच्छेद 23 से 24 में किया गया है।

समानता के अधिकारों का प्रावधान अनुच्छेद 14 से 18 में किया गया है।

52 **'शिक्षा का अधिकार' के संदर्भ में निम्नलिखित कथनों पर विचार कीजिए** *(Chap 5, Class-XI, New NCERT)*

1. संविधान का (86वाँ) संशोधन अधिनियम 2002 ने भारत के संविधान में अत: स्थापित अनुच्छेद 21-क, मौलिक अधिकार के रूप में 6 से 14 वर्ष की आयु समूह में सभी बच्चों को मुफ्त और अनिवार्य शिक्षा का प्रावधान करना है।
2. नि:शुल्क और अनिवार्य बाल शिक्षा (आर.टी.ई) अधिनियम, 2009 अनुच्छेद 21 क का परिणामी विधान है।
3. आर.टी.ई. अधिनियम 1 अप्रैल, 2009 को लागू किया गया।

उपर्युक्त में से कितने कथन सही हैं?

(a) केवल एक
(b) केवल दो
(c) सभी तीन
(d) उपर्युक्त में से कोई नहीं

उत्तर *(b)*

व्याख्या 'शिक्षा का अधिकार' के संदर्भ में केवल दो कथन अर्थात् (1 और 2) सही हैं। 86वें संविधान संशोधन अधिनियम, 2002 के द्वारा शिक्षा को मूल अधिकार के रूप में शामिल किया गया है। अनुच्छेद 21-क, 6 से 14 आयु वर्ग के बच्चों को मुफ्त तथा अनिवार्य शिक्षा का प्रावधान करता है, जिसके क्रियान्वयन के लिए नि:शुल्क और अनिवार्य शिक्षा अधिनियम, 2009 पारित किया गया।

कथन (3) सही नहीं है, क्योंकि यह अधिनियम 1 अप्रैल, 2010 को लागू हुआ था न कि 1 अप्रैल, 2009 को।

53 **44वें संविधान संशोधन अधिनियम के संदर्भ में विचार कीजिए** *(Chap 2, Class-XI, New NCERT)* *(Unit 1, Class-XII, Tamil Nadu Board)*

1. इस संशोधन अधिनियम द्वारा संपत्ति के अधिकार को मूल अधिकार से प्रतिस्थापित कर विधिक अधिकार के रूप में स्थापित कर दिया गया।
2. संविधान के प्रारंभ में संपत्ति का अधिकार अनुच्छेद 30(A) में वर्णित था, जिसे 300(A) में विधिक अधिकार के रूप में प्रतिस्थापित कर दिया गया।
3. यह संशोधन अधिनियम 1978 में पारित किया गया था।

उपर्युक्त में से कितने कथन सही हैं?

(a) केवल एक
(b) केवल दो
(c) सभी तीन
(d) उपुर्यक्त में से कोई नहीं

उत्तर *(b)*

व्याख्या 44वें संविधान संशोधन अधिनियम के संदर्भ में केवल दो कथन अर्थात् (1 और 3) सही हैं। 44वें संविधान संशोधन अधिनियम द्वारा संपत्ति के अधिकार को मूल अधिकार से प्रतिस्थापित कर विधिक अधिकार के रूप में प्रतिस्थापित कर दिया गया। यह संशोधन अधिनियम, 1978 में पारित किया गया था।

कथन (2) सही नहीं है, क्योंकि संविधान के प्रारंभ में सम्पत्ति का अधिकार अनुच्छेद 30(A) में नहीं, बल्कि अनुच्छेद 31(A) में वर्णित था, जिसे 44वें संविधान संशोधन अधिनियम, 1978 द्वारा अनुच्छेद 300(A) में विधिक अधिकार के रूप में प्रतिस्थापित कर दिया गया। अनुच्छेद 300(A) में यह प्रावधान किया गया है कि किसी व्यक्ति को उसकी संपत्ति से विधि के प्राधिकार से ही वंचित किया जाएगा अन्यथा नहीं।

अध्याय 07

राज्य के नीति-निदेशक तत्त्व

राज्य के नीति-निदेशक तत्त्व

नीति-निदेशक तत्त्व

निदेशक सिद्धान्त
- सामाजिक और आर्थिक लोकतंत्र को प्राथमिकता हेतु कल्याणकारी राज्य का लक्ष्य
- कानून/नीतियाँ बनाने और लागू करने में सरकार के मार्गदर्शक
- न्यायालय में प्रवर्तनीय नहीं

डीपीएसपी के लिए संवैधानिक प्रावधान
- अनुच्छेद 36 से 51 - भाग V
- आयरिश संविधान (1937) से लिए गए

डीपीएसपी का उद्देश्य
- सामाजिक-आर्थिक विकास में राज्य के मार्गदर्शक
- संविधान में 'कल्याणकारी राज्य' की अवधारणा प्रस्तुत करते हैं।
- नागरिकों के लिए न्याय, स्वतंत्रता और समानता की गारंटी प्रदान करते हैं।
- डीपीएसपी सामाजिक, आर्थिक और सांस्कृतिक अधिकारों को सुरक्षित करता है।

डीपीएसपी का वर्गीकरण

- सामाजिक आर्थिक सिद्धांत पर
- **अनुच्छेद 38** यह लोक कल्याण की अभिवृद्धि करके ऐसी सामाजिक व्यवस्था की स्थापना करेगा, जिसमें प्रत्येक व्यक्ति के लिए सामाजिक, आर्थिक तथा राजनीतिक न्याय सुनिश्चित हो सके।
- **अनुच्छेद 39 (A)** यह सुनिश्चित करेगा कि वैधानिक व्यवस्था इस प्रकार कार्य करे कि समान अवसर के आधार पर न्याय सुलभ हो।
- **अनुच्छेद 41** बेरोजगारी, बुढ़ापा, बीमारी और विकलांगता के लिए सार्वजनिक सहायता
- **अनुच्छेद 42** राज्य कार्य की न्याय-संगत और मानवोचित दशाओं को सुनिश्चित करने के लिए और प्रसूति सहायता की व्यवस्था करेगा।
- **अनुच्छेद 43 (A)** राज्य किसी उद्योग में लगे हुए उपक्रमों, स्थापनाओं या अन्य संगठनों के प्रबंध में श्रमिकों का भाग लेना सुनिश्चित करने के लिए उपयुक्त विधि या किसी अन्य रीति के कदम उठाएगा।

- गाँधीवादी सिद्धांत पर
- **अनुच्छेद 40** इसके अंतर्गत राज्य ग्राम पंचायतों का संगठन करने के लिए कदम उठाएगा।
- **अनुच्छेद 43** इसमें यह प्रावधान किया गया है कि राज्य गाँवों में कुटीर उद्योगों को वैयक्तिक या सहकारी आधार पर बढ़ाने का प्रयास करेगा।
- **अनुच्छेद 46** कमजोर वर्गों को सहायता
- **अनुच्छेद 47** इसमें राज्य अपने लोगों के पोषाहार स्तर और जीवन स्तर को ऊँचा करने और लोक स्वास्थ्य के सुधार को अपने प्राथमिक कर्त्तव्यों में मानेगा।
- **अनुच्छेद 48** इसमें राज्य, कृषि और पशुपालन को आधुनिक और वैज्ञानिक प्रणालियों से संगठित करने का प्रयास करेगा।

- उदारवादी सिद्धांत
- **अनुच्छेद 44** इसके अंतर्गत राज्य भारत के समूचे राज्य क्षेत्र में नागरिकों के लिए एक समान व्यवहार संहिता, एक समान सिविल संहिता प्राप्त कराने का प्रयास करेगा।
- **अनुच्छेद 45** सभी बच्चों को छः वर्ष की आयु पूरी करने तक निःशुल्क शिक्षा
- **अनुच्छेद 48** राज्य देश के पर्यावरण के संरक्षण तथा संवर्द्धन का और वन तथा वन्य जीवों की रक्षा करने का प्रयास करेगा।
- **अनुच्छेद 49** स्मारकों की सुरक्षा तथा संरक्षण
- **अनुच्छेद 50** इसमें यह प्रावधान किया गया है कि राज्य की लोक सेवाओं- न्यायपालिका को कार्यपालिका से पृथक् करने के लिए राज्य कदम उठाएगा।

नीति-निदेशक सिद्धांत के अन्य महत्त्वपूर्ण तथ्य

डीपीएसपी में संशोधन
- 42वें संविधान संशोधन, 1976 में चार अनुच्छेद [39, 39A, 43 (A) और 48 (A)] जोड़े गए
- 44वें संविधान संशोधन, 1978 में अनुच्छेद 38 जोड़ा गया
- 86वें संविधान संशोधन, 2002 में अनुच्छेद 45 को संशोधित किया गया
- 97वें संविधान संशोधन, 2011 में अनुच्छेद 43 (B) जोड़ा गया

डीपीएसपी और मौलिक अधिकारों में टकराव
- चंपाकम दोराइराजन बनाम मद्रास राज्य, 1951
- गोलकनाथ केस, 1967
- मिनर्वा मिल्स केस, 1980
- राजन द्विवेदी बनाम भारत संघ मामला, 1983

डीपीएसपी का महत्त्व
- हालाँकि यह कानूनी रूप से लागू करने योग्य नहीं है, फिर भी संविधान में मौलिक अधिकार के बराबर महत्त्व रखता है।
- अनुच्छेद 37 उनकी गैर-प्रवर्तनीयता पर बल देता है, लेकिन शासन में उनकी मौलिक भूमिका को रेखांकित करता है।
- डीपीएसपी शांतिपूर्ण राजनैतिक बदलाव को प्रेरित करते हुए सामाजिक, आर्थिक, सांस्कृतिक और शैक्षिक उद्देश्यों को शामिल करता है।
- के.वी. राव के अनुसार, डीपीएसपी संविधान का मस्तिष्क केंद्र है, जो इसकी कार्यप्रणाली के लिए मार्गदर्शन प्रदान करता है।

डीपीएसपी का कार्यान्वयन
- केंद्र और राज्य सरकार दोनों द्वारा कार्यांवित
- योजना आयोग की स्थापना वर्ष 1950 में हुई
- न्यूनतम वेतन अधिनियम, 1948
- बाल श्रम (निषेध एवं नियमन) अधिनियम, 1986
- बंधुआ मजदूरी प्रणाली (उन्मूलन) अधिनियम, 1976
- विधिक सेवा अधिनियम (1987), पारित
- वन्यजीव संरक्षण अधिनियम, (1972)
- पर्यावरण संरक्षण अधिनियम, 1986
- 73वें संविधान संशोधन के अन्तर्गत पंचायती राज की स्थापना।

SOURCE Old NCERT Class VII राज्य के नीति-निदेशक सिद्धांत, Old NCERT Class IX & X मौलिक अधिकार तथा राज्य के नीति-निदेशक तत्त्व, New NCERT Class XI भारतीय संविधान में अधिकार, Old NCERT Class XI मौलिक अधिकार, मौलिक कर्त्तव्य और राज्य के नीति-निदेशक तत्त्व, Tamil Nadu Board Class-XII Unit 1, NIOS Module-2 Chap 6 & 7

1 भारतीय संविधान का कौन-सा भाग देश के शासन का आधारभूत तत्त्व है तथा कल्याणकारी राज्य के आदर्श की घोषणा करता है?

(Chap 5, Class-IX & X, Old NCERT) (IAS Pre 2020)

(a) राज्य के नीति-निदेशक तत्त्व (b) मूल अधिकार
(c) उद्देशिका (d) सातवीं अनुसूची

उत्तर (a)

व्याख्या राज्य के नीति-निदेशक तत्त्व, देश के शासन के लिए आधारभूत तत्त्व हैं। यह ऐसा विचार है, जिसमें जनता का सामाजिक और आर्थिक जीवन सन्निहित है।

भारतीय संविधान के भाग-IV में वर्णित नीति-निदेशक तत्त्व कल्याणकारी राज्य के आदर्शों की घोषणा करते हैं। कल्याणकारी राज्य का उद्देश्य सामाजिक तथा आर्थिक प्रजातंत्र की स्थापना करना है।

2 निम्नलिखित कथनों पर विचार कीजिए।

(Chap 5, Class-IX & X, Old NCERT)
(Unit 1, Class XII Tamil Nadu Board)

1. राज्य के नीति-निदेशक तत्त्व संविधान द्वारा केंद्र और राज्य की सरकारों को दिए गए निर्देश हैं।
2. संविधान का भाग-III भारत में सामाजिक, आर्थिक न्याय स्थापित करने के दृष्टिकोण से महत्त्वपूर्ण है।
3. केंद्र एवं राज्य सरकारों को नीति एवं कानून बनाते समय नीति-निदेशक तत्त्वों पर विचार करना चाहिए।

उपर्युक्त में से कितने कथन सत्य हैं?

(a) केवल एक (b) केवल दो
(c) सभी तीन (d) इनमें से कोई नहीं

उत्तर (b)

व्याख्या दिए गए कथनों में से केवल दो कथन अर्थात् (1 और 3) सत्य हैं। राज्य के नीति-निदेशक तत्त्वों को नीति-निदेशक तत्त्व इसलिए कहा जाता है, क्योंकि ये भारत की सभी सरकारों (केंद्र व राज्य की सरकारों) के लिए निर्देश हैं। निदेशक तत्त्व देश के शासन के लिए मूलभूत सिद्धांत हैं, जिसके अंतर्गत प्रत्येक सरकार का यह कर्त्तव्य है कि वह कानून बनाते समय इन तत्त्वों को ध्यान में रखे व उनका प्रयोग करे।

कथन (2) असत्य है, क्योंकि संविधान का भाग-IV भारत में सामाजिक, आर्थिक न्याय स्थापित करने के दृष्टिकोण से महत्त्वपूर्ण है, न कि भाग-III।

3 राज्य के नीति-निदेशक तत्त्वों के उद्देश्यों के संदर्भ में निम्नलिखित में से कौन-सा कथन असत्य है?

(Chap 2, Class-XI, New NCERT)

(a) लोगों का कल्याण, सामाजिक, आर्थिक तथा राजनीतिक न्याय
(b) लोगों का जीवन-स्तर उठाना, संसाधनों का समान वितरण
(c) अंतर्राष्ट्रीय शांति को बढ़ावा देना
(d) अल्पसंख्यकों के लिए शिक्षण संस्थाओं की स्थापना

उत्तर (d)

व्याख्या राज्य के नीति-निदेशक तत्त्वों के उद्देश्यों के संदर्भ में कथन (d) असत्य है, क्योंकि अल्पसंख्यकों के लिए शिक्षण संस्थानों की स्थापना करना राज्य के नीति-निदेशक तत्त्वों के उद्देश्य में शामिल नहीं है, बल्कि यह एक मूल अधिकार है। राज्य के नीति-निदेशक तत्त्वों के उद्देश्य निम्नलिखित हैं

- लोगों के कल्याण के लिए राज्य सभी नागरिकों को सामाजिक, आर्थिक तथा राजनीतिक न्याय उपलब्ध कराने का प्रयास करेगा।
- लोगों का जीवन स्तर उठाने के लिए राज्य संसाधनों का केंद्रीकरण होने से रोकेगा तथा उसके समान वितरण का प्रयास करेगा।
- अनुच्छेद 51 के अनुसार, राज्य अंतर्राष्ट्रीय शांति और सुरक्षा की अभिवृद्धि का प्रयास करेगा।

4 राज्य के नीति-निदेशक तत्त्व किस नीति से संबद्ध हैं?

(Chap 4, Class-XI, Old NCERT)

1. सामाजिक नीति 2. आर्थिक नीति
3. राजनीतिक नीति 4. शैक्षणिक एवं सांस्कृतिक नीति

कूट

(a) 1 और 2 (b) 1 और 3
(c) 1, 2 और 3 (d) ये सभी

उत्तर (d)

व्याख्या राज्य के नीति-निदेशक तत्त्व सामाजिक, आर्थिक, राजनीतिक, शैक्षणिक एवं सांस्कृतिक तथा स्वास्थ्य नीति से संबद्ध हैं। इन नीतियों से संबंधित कुछ प्रमुख तत्त्व इस प्रकार हैं

- सामाजिक नीति समाज के कमजोर वर्गों, विशेषरूप से अनुसूचित जातियों/जनजातियों की शिक्षा और अर्थ संबंधी हितों की अभिवृद्धि और सभी प्रकार के शोषण से सुरक्षा आदि से संबद्ध है।
- आर्थिक नीति संसाधनों का समान वितरण, पुरुषों और स्त्रियों दोनों के लिए समान रूप से जीविका के पर्याप्त साधन की उपलब्धता आदि से संबद्ध है।
- राजनीतिक नीति ग्राम पंचायतों के गठन आदि से संबद्ध है।
- शैक्षणिक और सांस्कृतिक नीति बच्चों को नि:शुल्क प्राथमिक शिक्षा एवं प्राचीन सांस्कृतिक विरासत का संरक्षण देने आदि से संबद्ध है।
- स्वास्थ्य नीति लोगों के पोषाहार स्तर और जीवन स्तर को ऊँचा करना आदि से संबंधित है।

5 राज्य के नीति-निदेशक तत्त्वों के संदर्भ में निम्नलिखित में से कौन-सा कथन असत्य है? *(Chap 4, Class-XI, Old NCERT)*

(a) ये तत्त्व वाद योग्य नहीं हैं।
(b) ये शासन के आधारभूत सिद्धांत हैं।
(c) कार्यपालिका, विधायिका और न्यायपालिका को इनकी महत्ता स्वीकार करनी पड़ती है।
(d) 'समान नागरिक संहिता' राज्य के नीति-निदेशक तत्त्व का हिस्सा नहीं है।

उत्तर (d)

व्याख्या राज्य के नीति-निदेशक तत्त्वों के संदर्भ में कथन (d) असत्य है, क्योंकि समान नागरिक संहिता, भारतीय संविधान के अनुच्छेद 44 में राज्य के नीति निदेशक तत्त्वों की सूची में शामिल है। राज्य के नीति-निदेशक तत्त्वों के क्रियान्वयन के लिए न्यायालय का सहारा नहीं लिया जा सकता अर्थात् ये तत्त्व न्यायालय द्वारा प्रवर्तित नहीं किए जा सकते। तथापि ये शासन के आधारभूत सिद्धांत हैं और शासन के तीनों अंगों विधायिका, कार्यपालिका तथा न्यायपालिका द्वारा इन्हें स्वीकार किया जाता है।

6 राज्य के नीति-निदेशक तत्त्वों में निम्न में से किस सिद्धांत/विचार के लक्षण दृष्टिगोचर नहीं होते हैं? *(Chap 4, Class-XI, Old NCERT)*

1. समाजवादी सिद्धांत 2. गाँधीवादी सिद्धांत
3. उदारवादी सिद्धांत 4. साम्यवादी सिद्धांत

कूट

(a) केवल 1 (b) 1 और 2 (c) 1 और 3 (d) केवल 4

उत्तर (d)

व्याख्या राज्य के नीति-निदेशक तत्त्वों में साम्यवादी सिद्धांत/विचार के लक्षण दृष्टिगोचर नहीं होते हैं। जबकि राज्य के नीति-निदेशक तत्त्वों में समाजवादी, गाँधीवादी तथा उदारवादी सिद्धांतों के लक्षण दृष्टिगोचर होते हैं। यद्यपि संविधान में नीति-निदेशक तत्त्वों का कोई वर्गीकरण नहीं किया गया है, तथापि इनकी दशा एवं दिशा के आधार पर इन्हें तीन श्रेणियों समाजवादी, गाँधीवादी और उदारवादी सिद्धांतों/विचारों में वर्गीकृत किया जाता है

सामाजिक सिद्धांत का लक्ष्य सामाजिक एवं आर्थिक न्याय (अनुच्छेद 38) प्रदान करना है। गाँधीवादी सिद्धांत गाँधीवादी विचारधारा पर आधारित हैं; जैसे- ग्राम पंचायतों का गठन (अनुच्छेद 40) व ग्रामीण क्षेत्रों में कुटीर उद्योगों को प्रोत्साहन (अनुच्छेद 43) आदि।

उदारवादी सिद्धांत उदारवादिता की विचारधारा से संबंधित हैं; जैसे—नागरिकों के लिए समान नागरिक संहिता (अनुच्छेद 44) इत्यादि।

7 निम्नलिखित में से कौन राज्य के नीति-निदेशक तत्त्वों की नीतियों में शामिल हैं? *(Chap 5, Class-VII, Old NCERT)*

1. मद्यपान निषेध
2. घरेलू उद्योगों को बढ़ावा
3. समान नागरिक संहिता
4. उपयोगी पशुओं की हत्या पर रोक
5. ग्राम पंचायतों को प्रोत्साहन

कूट

(a) 1, 2 और 5 (b) 2, 3 और 4 (c) 2 और 5 (d) ये सभी

उत्तर *(d)*

व्याख्या प्रश्नानुसार दिए गए सभी विकल्प राज्य के नीति-निदेशक तत्त्वों की नीतियों में शामिल हैं। इनका विवरण निम्न हैं

- अनुच्छेद 47 में राज्य के लिए यह निर्देश हैं कि वह स्वास्थ्य के लिए हानिकारक मादक द्रव्यों तथा अन्य पदार्थों पर प्रतिबंध लगाएगा।
- अनुच्छेद 43 में यह उल्लेख है कि राज्य ग्रामीण क्षेत्रों में व्यक्तिगत या सहकारी के आधार पर कुटीर उद्योगों को प्रोत्साहन देगा।
- अनुच्छेद 44 के अंतर्गत यह प्रावधान किया गया है कि राज्य भारत के समस्त राज्य क्षेत्र में नागरिकों के लिए एक समान सिविल संहिता प्राप्त कराने का प्रयास करेगा।
- अनुच्छेद 48 के अंतर्गत यह उपबंध किया गया है कि राज्य गाय, बछड़ा व अन्य दुधारू पशुओं की बलि पर रोक लगाएगा तथा उनकी नस्लों में सुधार को प्रोत्साहित करेगा।
- अनुच्छेद 40 के अंतर्गत यह उपबंध किया गया है कि राज्य ग्राम पंचायतों के गठन हेतु कदम उठाएगा और उन्हें आवश्यक शक्तियाँ प्रदान कर स्वायत्त शासन की इकाई के रूप में कार्य करने की शक्ति प्रदान करेगा।

8 निम्न में से कौन-सा कथन राज्य के नीति-निदेशक तत्त्वों में सम्मिलित नहीं है? *(Chap 5, Class-VII, Old NCERT)*

(a) कृषि और पशुपालन को आधुनिक व वैज्ञानिक प्रणालियों से संगठित करना।
(b) मजदूरों के काम करने तथा रहने की अनुकूल परिस्थितियाँ।
(c) समान कार्य के लिए महिलाओं एवं पुरुषों के लिए समान वेतन।
(d) देश में कहीं भी बसने के लिए आवास सुविधा देना

उत्तर *(d)*

व्याख्या देश में कहीं भी बसने के लिए आवास सुविधा देना राज्य के नीति-निदेशक तत्त्व में सम्मिलित नहीं है। जबकि अन्य कथन राज्य के नीति-निदेशक तत्त्वों में शामिल हैं।

अनुच्छेद 48 के अंतर्गत यह प्रावधान है कि राज्य कृषि और पशुपालन को आधुनिक व वैज्ञानिक प्रणालियों से संगठित करने का प्रयास करेगा।

अनुच्छेद 42 में यह प्रावधान है कि राज्य काम की न्यायसंगत और मनोवांछित दशाओं को सुनिश्चित करने के लिए और प्रसूति सहायता की व्यवस्था करेगा।

अनुच्छेद 39 (A) में प्रत्येक नागरिक को चाहे वह स्त्री हो या पुरुष, समान कार्य के लिए समान वेतन देने का प्रावधान है।

9 निम्नलिखित में से कौन एक राज्य का नीति-निदेशक तत्त्व नहीं है? *(Chap 4, Class-XI, Old NCERT)*

(a) युवकों और बालकों को शोषण से सुरक्षा
(b) नि:शुल्क और वैधानिक सहायता
(c) अस्पृश्यता उन्मूलन
(d) संसाधनों का समान वितरण

उत्तर *(c)*

व्याख्या अस्पृश्यता उन्मूलन राज्य का नीति-निदेशक तत्त्व नहीं है, बल्कि यह अनुच्छेद 17 के अंतर्गत एक मौलिक अधिकार है। जबकि शेष विकल्प राज्य के नीति-निदेशक तत्त्व में शामिल हैं।

अनुच्छेद 39 (च) में बच्चों को स्वतंत्र और गरिमामय वातावरण में स्वस्थ विकास के अवसर और सुविधा, बच्चों तथा युवकों की शोषण तथा नैतिक और भौतिक परित्याग की रक्षा का प्रावधान है।

अनुच्छेद 39 (क) के अंतर्गत समान न्याय एवं गरीबों को नि:शुल्क विधिक सहायता उपलब्ध कराने का प्रावधान है।

अनुच्छेद 39 (ख) के अंतर्गत यह उल्लेख है कि समुदाय के भौतिक संसाधनों का स्वामित्व और नियंत्रण इस प्रकार बँटे, जिससे कि सामूहिक हित सर्वोत्तम रूप से संपादित हो सके।

10 निम्न कथन (A) व कारण (R) को पढ़िए और नीचे दिए गए कूट की सहायता से सही उत्तर का चुनाव कीजिए *(Chap 4, Class-XI, Old NCERT)*

कथन (A) भारत में पंचायती राज संस्थाओं की स्थापना कर शासन के विकेंद्रीकरण को प्रभावी बनाया गया है।

कारण (R) भारतीय संविधान में अंतर्निहित राज्य के नीति-निदेशक तत्त्वों की सूची में अनुच्छेद 40 में पंचायती राज संस्थाओं के गठन का उपबंध किया गया है।

कूट

(a) A और R दोनों सही हैं तथा R, A की सही व्याख्या है।
(b) A और R दोनों सही हैं, परंतु R, A की सही व्याख्या नहीं है।
(c) A सही है, किंतु R गलत है।
(d) A गलत है, किंतु R सही है।

उत्तर *(b)*

व्याख्या A और R दोनों सही हैं, परंतु R, A की सही व्याख्या नहीं है। भारत में पंचायतों के गठन की व्यवस्था राज्य के नीति-निदेशक तत्त्वों के अनुच्छेद 40 के अंतर्गत की गई है। इसके अनुसार राज्य ग्राम पंचायतों के गठन के लिए कदम उठाएगा और वह सभी आवश्यक अधिकार और शक्ति प्रदान करेगा, जिससे कि वह स्वायत्त शासन की इकाइयों के रूप में कार्य कर सके।

11 निम्न में से कौन-सा तत्त्व राज्य के नीति-निदेशक तत्त्वों में निहित नहीं है? *(Chap 4, Class-XI, Old NCERT),* *(Unit 1, Class-XII, Tamil Nadu Board)*

(a) उद्योगों के प्रबंध में श्रमिकों की भागीदारी
(b) समाज के कमजोर वर्गों विशेषकर अनुसूचित जातियों व अनुसूचित जनजातियों के हितों की रक्षा
(c) प्रवासी भारतीयों के लिए उदार नियमों का निर्माण
(d) बेकारी बुढ़ापा और नि:शक्तता आदि के कारण लोगों को आर्थिक सहायता उपलब्ध कराना

उत्तर *(c)*

व्याख्या प्रवासी भारतीयों के लिए उदार नियमों का निर्माण करना राज्य के नीति-निदेशक तत्त्वों में निहित नहीं है। जबकि अन्य सभी कथन नीति-निदेशक तत्त्वों में निहित हैं।

अनुच्छेद 43 (क) के अंतर्गत उद्योगों के प्रबंध में कर्मकारों की भागीदारी का प्रावधान है।

अनुच्छेद 46 के अंतर्गत समाज के कमजोर वर्गों के हितों की सुरक्षा का प्रावधान है।

अनुच्छेद 41 के अंतर्गत जीविका प्राप्त करने का, शिक्षा प्राप्त करने का और बेकारी, बुढ़ापा और नि:शक्तता आदि के कारण लोगों को आर्थिक सहायता उपलब्ध कराने का प्रावधान है।

12 निम्नलिखित में से कौन-सा/से कथन राज्य के नीति-निदेशक तत्त्वों में शामिल है/हैं? *(Chap 4, Class-XI, Old NCERT)*

1. राष्ट्रीय महत्त्व वाले घोषित किए गए कलात्मक या ऐतिहासिक अभिरुचि वाले प्रत्येक स्मारक या स्थान या वस्तु का विरूपण, विनाश व अपसारण से संरक्षण
2. लोगों के पोषाहार-स्तर को बेहतर करना
3. मानव के दुर्व्यापार और बलात् श्रम का प्रतिषेध
4. पर्यावरण का संरक्षण व संवर्द्धन तथा वन व वन्यजीवों की रक्षा

कूट

(a) 1 और 2 (b) 2 और 3
(c) 1, 2 और 4 (d) ये सभी

उत्तर (c)

व्याख्या दिए गए कथनों में से कथन (1), (2) और (4) राज्य के नीति-निदेशक तत्त्वों में शामिल हैं।

अनुच्छेद 49 में यह उपबंध है कि राज्य द्वारा प्रत्येक स्मारक, कलात्मक या ऐतिहासिक अभिरुचि वाले स्थानों को, जिन्हें राष्ट्रीय महत्त्व हेतु घोषित किया गया है, की रक्षा का प्रयास किया जाएगा।

अनुच्छेद 47 में यह उपबंध है कि राज्य लोगों के पोषाहार-स्तर और जीवन स्तर को ऊँचा करने तथा लोक स्वास्थ्य का सुधार करने का प्रयास करेगा।

अनुच्छेद 48 (क) में उपबंध है कि राज्य पर्यावरण के संरक्षण और संवर्द्धन का तथा वन और वन्यजीवों की सुरक्षा का प्रयास करेगा।

कथन (3) राज्य के नीति-निदेशक तत्त्वों में शामिल नहीं है, क्योंकि मानव दुर्व्यापार और बलात् श्रम के प्रतिषेध का उल्लेख अनुच्छेद 23 मौलिक अधिकारों के अंतर्गत किया गया है।

13 निम्नलिखित में से कौन सरकार के नीति-निदेशक तत्त्वों को लागू करने के प्रयास को निरूपित करता है? *(Chap 2, Class-XI, Old NCERT) (IAS Pre 2012)*

1. जमींदारी उन्मूलन कानून
2. न्यूनतम मजदूरी निर्धारण
3. शिक्षा का अधिकार
4. रोजगार गारंटी योजना के अंतर्गत काम का सीमित अधिकार
5. स्कूली बच्चों के लिए दोपहर के भोजन की योजना

कूट

(a) 1 और 3 (b) 2, 3 और 4
(c) 1, 3, 4 और 5 (d) ये सभी

उत्तर (d)

व्याख्या प्रश्न में दिए गए सभी प्रयास सरकार के नीति-निदेशक तत्त्वों को लागू करने की प्रतिबद्धता को निरूपित करते हैं। इस दिशा में सरकार द्वारा किए गए कुछ प्रमुख प्रयास इस प्रकार हैं

- न्यूनतम मजदूरी निर्धारण अधिनियम (1948)
- जमींदारी उन्मूलन कानून (1951)
- बोनस संदाय अधिनियम (1965)
- मध्याह्न भोजन योजना (मिड-डे-मील) (1995)
- महात्मा गाँधी राष्ट्रीय ग्रामीण रोजगार गारंटी अधिनियम (मनरेगा) (2005)
- शिक्षा का अधिकार अधिनियम (2009)

14 निम्नलिखित में से किन अधिकारों के संबंध में न्यायालय में दावा नहीं किया जा सकता है? *(Chap 2, Class-XI, New NCERT)*

1. आर्थिक शोषण के विरुद्ध
2. छ: वर्ष से कम आयु के बालकों के लिए प्रारंभिक बाल्यावस्था में देख-रेख व शिक्षा हेतु
3. महिलाओं और पुरुषों को समान काम की समान मजदूरी उपलब्ध कराने हेतु
4. प्राण और दैहिक स्वतंत्रता के संरक्षण हेतु
5. काम की उपलब्धता कराने हेतु

कूट

(a) 1, 2 और 3 (b) 2, 3 और 4
(c) 1, 2, 3 और 5 (d) ये सभी

उत्तर (c)

व्याख्या प्रश्नानुसार कथन (1), (2), (3) और (5) में दिए गए अधिकारों के संबंध में न्यायालय में दावा नहीं किया जा सकता, क्योंकि ये सभी उपबंध राज्य के नीति-निदेशक तत्त्व के अंतर्गत आते हैं, जो केंद्र एवं राज्य सरकारों के लिए संवैधानिक निर्देश मात्र हैं। मौलिक अधिकारों की भाँति नीति निदेशक तत्त्व के उपबंध न्यायालय द्वारा प्रवर्तनीय नहीं हैं।

प्राण एवं दैहिक स्वतंत्रता का संरक्षण अनुच्छेद 21 के अंतर्गत एक मौलिक अधिकार है। अत: इसका उल्लंघन किए जाने पर कोई भी व्यक्ति न्यायालय की शरण ले सकता है और न्यायालय द्वारा इसे प्रवर्तनीय कराया जा सकता है।

15 राज्य के नीति-निदेशक तत्त्व किस प्रकार मौलिक अधिकार से भिन्न हैं? *(Chap 5, Class-IX & X, Old NCERT)*

(a) निदेशक तत्त्व केंद्र सरकार के लिए हैं तथा मौलिक अधिकार राज्य सरकारों के लिए।
(b) निदेशक तत्त्व न्यायालय में प्रवर्तनीय नहीं हैं, जबकि मौलिक अधिकार प्रवर्तनीय हैं।
(c) निदेशक तत्त्व और मौलिक अधिकार दोनों न्यायालयों में 'वाद योग्य' हैं।
(d) उपर्युक्त में से कोई नहीं

उत्तर (b)

व्याख्या मौलिक अधिकार, राज्य के नीति-निदेशक तत्त्वों से भिन्न हैं, क्योंकि निदेशक तत्त्व न्यायालय में प्रवर्तनीय नहीं हैं अर्थात् ये वाद योग्य नहीं है, जबकि मौलिक अधिकार प्रवर्तनीय हैं। मौलिक अधिकार 'वाद योग्य' हैं तथा इन्हें न्यायालयों द्वारा प्रवर्तित किया जा सकता है। सरकार इन अधिकारों से लोगों को वंचित नहीं कर सकती।

सरकार को मौलिक अधिकारों की रक्षा के लिए न्यायालय के आदेश को मानना पड़ेगा, जबकि नीति-निदेशक तत्त्व केवल एक नैतिक सिद्धांत हैं, जो लोक कल्याणकारी राज्य की अवधारणा के अनुकूल हैं।

16 नीति निदेशक तत्त्वों और मौलिक अधिकारों के संबंध में निम्नलिखित कथनों पर विचार कीजिए

(Chap 2, Class-XI, New NCERT)

1. मौलिक अधिकार व्यक्ति के अधिकारों को संरक्षित करते हैं, जबकि नीति-निदेशक तत्त्व संपूर्ण समाज के हित की बात करते हैं।
2. मौलिक अधिकार सरकार के कुछ कार्यों पर प्रतिबंध लगाते हैं, जबकि नीति-निदेशक तत्त्व कुछ कार्यों को करने की प्रेरणा देते हैं।
3. मौलिक अधिकार और नीति-निदेशक तत्त्व दोनों एक-दूसरे के पूरक हैं।

उपर्युक्त में से कितने कथन सही हैं?

(a) केवल एक (b) केवल दो
(c) सभी तीन (d) इनमें से कोई नहीं

उत्तर *(d)*

व्याख्या नीति-निदेशक तत्त्वों और मौलिक अधिकारों के संबंध में सभी कथन (1, 2 और 3) सही हैं।

मौलिक अधिकार विशेष रूप से व्यक्ति के व्यक्तिगत अधिकारों की सुरक्षा की गारंटी देते हैं, जबकि राज्य के नीति-निदेशक तत्त्व संपूर्ण समाज के हित और कल्याण की बात करते हैं।

मौलिक अधिकार राज्य के लिए नकारात्मक हैं, क्योंकि ये सरकार के कुछ कार्यों को करने पर प्रतिबंध लगाते हैं, जबकि नीति-निदेशक तत्त्व सकारात्मक हैं, क्योंकि ये सरकार को कुछ कार्य करने के लिए प्रेरित करते हैं।

मौलिक अधिकार और नीति-निदेशक तत्त्व एक-दूसरे के पूरक हैं, क्योंकि नीति-निदेशक तत्त्व वे साध्य (लक्ष्य) हैं, जिन्हें हमें प्राप्त करना है तथा मूल अधिकार वे साधन हैं, जिनके माध्यम से उन लक्ष्यों को प्राप्त किया जा सकता है।

17 गाँधीवादी निदेशक तत्त्वों पर विचार कीजिए

(Chap 4, Class-XI, Old NCERT)

1. ग्राम पंचायतों का गठन
2. अंतर्राष्ट्रीय शांति एवं सुरक्षा
3. कामगारों के लिए उचित अवकाश एवं सांस्कृतिक मनोरंजन
4. अस्वास्थ्यप्रद पदार्थों पर प्रतिबंध

गाँधीवादी निदेशक तत्त्वों में कितने कथन सम्मलित हैं?

(a) केवल एक (b) केवल दो
(c) सभी चार (d) इनमें से कोई भी नहीं

उत्तर *(b)*

व्याख्या दिए गए कथनों में से केवल दो कथन अर्थात् (1 और 4) गाँधीवादी निदेशक तत्त्वों में शामिल हैं।

ग्राम पंचायतों का गठन, अस्वास्थ्यप्रद पदार्थों पर प्रतिबंध, गाँवों में कुटीर उद्योगों का विकास (अनुच्छेद 43), गाय, भैंस आदि दुधारू, कृषि, पशुपालन, पशुओं की नस्लों में तथा उनके वध पर प्रतिबंध (अनुच्छेद 48) आदि गाँधीवादी निदेशक तत्त्वों में शामिल हैं।

अंतर्राष्ट्रीय शांति एवं सुरक्षा (अनुच्छेद 51) समाज कल्याण संबंधी निदेशक तत्त्वों में शामिल है तथा कामगारों के लिए उचित अवकाश एवं सांस्कृतिक मनोरंजन आर्थिक निदेशक तत्त्वों में शामिल हैं।

18 नीति निदेशक तत्त्व के परिप्रेक्ष्य में राज्य द्वारा अपनाई गई नीतियों पर विचार कीजिए

(Chap 7, Module-2, NIOS)

1. अनुच्छेद 39 के परिप्रेक्ष्य में भौतिक संसाधनों के स्वामित्व एवं नियंत्रण के समान वितरण को सुनिश्चित करने के लिए भूमि सुधार लागू किया गया।
2. अनुच्छेद 41 के परिप्रेक्ष्य में 73वाँ तथा 74वाँ संशोधन अधिनियम पारित कर पंचायतों को संवैधानिक दर्जा दिया गया।
3. महिला कल्याण के लिए महिला आयोग की स्थापना, निर्धन के लिए जन वितरण प्रणाली नीति-निदेशक सिद्धान्तों के परिप्रेक्ष्य में की गई।

उपर्युक्त में से कितने कथन सही हैं?

(a) केवल एक (b) केवल दो
(c) सभी तीन (d) इनमें से कोई भी नहीं

उत्तर *(b)*

व्याख्या दिए गए कथनों में से केवल दो कथन अर्थात् (1 और 3) सही हैं।

अनुच्छेद 39 के परिप्रेक्ष्य में सरकार द्वारा वर्ष 1950 में जमींदारी उन्मूलन और भूमि सुधार अधिनियम लागू किया गया, जो भौतिक स्वामित्व की समान अवधारणा के निदेशक तत्त्व के परिप्रेक्ष्य में किया गया था। इसी प्रकार महिला आयोग की स्थापना, जन वितरण प्रणाली, सम्पत्ति के अधिकार का मूल अधिकार से हटाकर विधिक अधिकार के रूप में प्रतिस्थापन आदि नीतियाँ इसी संदर्भ में हैं।

कथन (2) सही नहीं है, क्योंकि अनुच्छेद 40 के परिप्रेक्ष्य में 73वाँ तथा 74वाँ संविधान संशोधन वर्ष 1992 में किया गया था, जिसके अनुसार पंचायतों को संवैधानिक दर्जा दिया गया।

19 राज्य के नीति-निदेशक सिद्धांतों के संदर्भ में निम्न कथनों पर विचार कीजिए

(Chap-5, Class-XI, New NCERT)
(HPSC (Pre) 2023)

1. भारतीय संविधान के अंतर्गत राज्य के नीति-निदेशक सिद्धांतों को तीन भागों में विभक्त किया गया है; यथा- समाजवादी, गाँधीवादी और उदारवादी।
2. भारतीय संविधान में राज्य के नीति-निदेशक सिद्धांत सहकारी समिति (अनुच्छेद 43 के अन्तर्गत) से सम्बद्ध हैं, को नेहरू के वस्तुनिष्ठ प्रस्ताव, 1946 से लिया गया है।

उपर्युक्त कथनों में से कौन-सा/से कथन सही है/हैं?

(a) केवल 1
(b) केवल 2
(c) 1 और 2 दोनों
(d) न तो 1 और न ही 2

उत्तर *(a)*

व्याख्या राज्य के नीति-निदेशक सिद्धांतों के संदर्भ में कथन (1) सही है। भारतीय संविधान के अंतर्गत राज्य के नीति-निदेशक सिद्धांत निहित हैं। इन्हें गाँधीवादी, समाजवादी एवं उदारवादी भागों में विभाजित किया जाता है।

कथन (2) सही नहीं है, क्योंकि भारतीय संविधान में राज्य के नीति-निदेशक सिद्धान्त के अंतर्गत सहकारी समिति का उल्लेख अनुच्छेद 43(B) में निहित है, जिसे 97वें संविधान संशोधन अधिनियम, 2011 के द्वारा संविधान में जोड़ा गया। यद्यपि इसे नेहरू के वस्तुनिष्ठ प्रस्ताव, 1946 से नहीं लिया गया।

20 भारतीय संविधान के अनुच्छेद 51 में अंतर्राष्ट्रीय शांति और सुरक्षा को बढ़ावा देने हेतु राज्य द्वारा कौन-से प्रयास किए जाने का उल्लेख है?

(Chap 4, Class-XII, New NCERT)

(a) राष्ट्रों के बीच न्यायसंगत और सम्मानपूर्ण संबंधों को बनाए रखने का।
(b) अंतर्राष्ट्रीय विवादों को मध्यस्थता द्वारा निपटाने के लिए प्रोत्साहन देने का।
(c) संगठित लोगों के एक-दूसरे से व्यवहारों में अंतर्राष्ट्रीय विधि और संधि-बाध्यताओं के प्रति आदर बढ़ाने का।
(d) उपर्युक्त सभी

उत्तर *(d)*

व्याख्या भारतीय संविधान के अनुच्छेद 51 में अंतर्राष्ट्रीय शांति और सुरक्षा के बढ़ावे के लिए राज्य के नीति-निदेशक सिद्धांत में निम्नलिखित प्रयास वर्णित हैं

- राज्य अंतर्राष्ट्रीय शांति और सुरक्षा की अभिवृद्धि का प्रयास करेगा।
- राष्ट्रों के बीच न्यायसंगत और सम्मानपूर्ण संबंधों को बनाए रखने का प्रयास करेगा।
- संगठित लोगों के एक-दूसरे से व्यवहारों में अंतर्राष्ट्रीय विधि और संधि-बाध्यताओं के प्रति आदर बढ़ाने का प्रयास करेगा।
- अंतर्राष्ट्रीय विवादों को मध्यस्थता द्वारा निपटाने के लिए प्रोत्साहन देने का प्रयास करेगा।

21 नीति निदेशक तत्त्व में शामिल सामाजिक न्याय के संदर्भ में विचार कीजिए *(Chap 4, Class-VIII, New NCERT)*

1. वर्ष 2005 में न्यायमूर्ति खेहर की अध्यक्षता में मुसलमानों के विकास के आयामों की जाँच के लिए समिति बनाई गई, जिसने मुसलमानों की शैक्षणिक, सामाजिक तथा आर्थिक स्थिति को अनुसूचित जाति, जनजाति के समान पाया।
2. वर्ष 1993 में 'एम्प्लॉयमेंट ऑफ मैन्युअल स्केवेंजर्स एंड कंस्ट्रक्शन ऑफ ड्राई लैट्रीन्स (प्रोहिबिशन) एक्ट' पारित किया गया, जो सामाजिक न्याय के अंतर्गत नीति-निदेशक तत्त्व तथा मूल अधिकार दोनों के तत्त्व को सुनिश्चित करता है।

उपर्युक्त कथनों में से कौन-सा/से कथन सही है/हैं?

(a) केवल 1
(b) केवल 2
(c) 1 और 2
(d) न तो 1 और न ही 2

उत्तर *(c)*

व्याख्या नीति निदेशक तत्त्वों में निहित सामाजिक न्याय की अवधारणा के संदर्भ में दोनों कथन सही हैं।

वर्ष 2005 में न्यायमूर्ति खेहर की अध्यक्षता में मुसलमानों के विकास के आयामों की जाँच के लिए समिति बनाई गई, जिसने मुसलमानों की शैक्षणिक, सामाजिक तथा आर्थिक स्थिति को अनुसूचित जाति, जनजाति के समान पाया।

वर्ष 1993 में बनाया गया एक्ट एम्प्लॉयमेंट ऑफ मैन्युअल स्केवेंजर्स एंड कंस्ट्रक्शन ऑफ ड्राई लैट्रीन्स (प्रोहिबिशन) एक्ट सिर पर मैला उठाने वाले के लिए नियोजन तथा सूखे शौचालय के निर्माण पर पाबंदी लगाता है। यह मूल अधिकार के अंतर्गत अनुच्छेद 17 तथा नीति-निदेशक तत्त्व के अनुच्छेद 38 के उद्देश्यों को पूर्ण करता है।

22 भारतीय संविधान के किस भाग में महिला सुधार संबंधी मुद्दों को सम्मलित किया गया है? *(Unit 1, Class-XI, Tamil Nadu Board)*
(Chap 6 & 7, Module-2, NIOS)

(a) भाग-III, भाग-IV, भाग-IV (क)
(b) भाग-III, भाग-IV, भाग-II
(c) भाग-IV, भाग-VI, भाग-XV
(d) भाग-IV, भाग-XIII, भाग-XVII

उत्तर *(a)*

व्याख्या संविधान के भाग-III (मूल अधिकार), भाग-IV (नीति-निदेशक तत्त्व), भाग-IV (क) (मूल कर्त्तव्य) में महिला सुधार संबंधी मुद्दों को सम्मलित किया गया है।

मूल अधिकारों में अनुच्छेद-14, 15 तथा 16 के अंतर्गत, नीति-निदेशक सिद्धांत में अनुच्छेद 38, 39 (D) तथा 44 के अंतर्गत तथा मूल कर्त्तव्य में अनुच्छेद 51 (क) (5) के अंतर्गत महिला अधिकार मुद्दों को सम्मलित किया गया है।

अध्याय 08

मौलिक कर्त्तव्य

मौलिक कर्त्तव्य

भारतीय संविधान में मौलिक कर्त्तव्य

- मूल संविधान में मौलिक कर्त्तव्यों को शामिल नहीं किया गया था; इसे 42वें संविधान संशोधन अधिनियम, 1976 द्वारा जोड़ा गया
- स्वर्ण सिंह समिति द्वारा अनुशंसित

स्वर्ण सिंह समिति
- वर्ष 1976 में गठित
- आंतरिक आपातकाल के दौरान (1975-1977)
- संविधान में एक अलग अध्याय जोड़ने का प्रस्ताव दिया
- मूलरूप से मौलिक कर्त्तव्यों का सुझाव दिया

मौलिक कर्त्तव्यों का महत्त्व
- नैतिक, सामाजिक और आर्थिक महत्त्व
- अधिकारों का आनंद लेते हुए कर्त्तव्यों के प्रति जागरूक रहने का स्मरण पत्र
- राष्ट्र का अपमान करने वाली गतिविधियों के विरुद्ध चेतावनी के रूप में कार्य करता है।

मौलिक कर्त्तव्यों की आवश्यकता
- मौलिक अधिकारों के साथ-साथ नागरिकों का स्मरण-पत्र; समाज के प्रति अनुशासन और प्रतिबद्धता को बढ़ावा देता है।
- अधिकारों और कर्त्तव्यों के बीच सह-संबंध पर बल देते हुए लोकतांत्रिक मानदंडों के पालन को प्रोत्साहित करता है।

ग्यारह मौलिक कर्त्तव्य

भारतीय नागरिकों के ग्यारह मौलिक कर्त्तव्य
- संविधान का पालन करते हुए राष्ट्रीय ध्वज और राष्ट्रगान का सम्मान
- स्वतंत्रता संग्राम के सिद्धांतों का पालन
- भारत की संप्रभुता एकता और अखंडता की रक्षा
- जब आह्वान किया जाए, तब देश की रक्षा करें और राष्ट्रीय कर्त्तव्य का पालन करें
- देश के सभी लोगों में समरसता और समान भ्रातृत्व की भावना का निर्माण करें
- भारत की सामाजिक संस्कृति की गौरवशाली परंपरा का महत्त्व समझें और उनका परीक्षण करें
- प्राकृतिक पर्यावरण की रक्षा करें और उसका संवर्द्धन करें
- वैज्ञानिक दृष्टिकोण और ज्ञानार्जन की भावना का विकास करें
- सार्वजनिक संपत्ति को सुरक्षित रखें
- व्यक्तिगत एवं सामूहिक गतिविधियों के सभी क्षेत्रों में उत्कर्ष की ओर बढ़ने का प्रयास करें।
- माता-पिता या संरक्षक द्वारा 6 से 14 वर्ष के बच्चों को प्राथमिक शिक्षा प्रदान करना

प्रवर्तन, आलोचना एवं मौलिक कर्त्तव्य एवं मौलिक अधिकार के बीच संबंध

मौलिक कर्त्तव्यों का प्रवर्तन करना
- नागरिकों का मार्गदर्शन करना और विधायी एवं कार्यकारी कार्यों को प्रभावित करना
- मौलिक कर्त्तव्य और डीपीएसपी की कानूनी उपयोगिता समान हैं

मौलिक कर्त्तव्यों की आलोचना
- आलोचकों का मानना है कि मौलिक कर्त्तव्यों की सूची संपूर्ण नहीं है, बल्कि अदालती कार्यान्वयन में अप्रभावी है।
- राष्ट्रीय ध्वज का सम्मान करने जैसे कुछ कर्त्तव्य संविधान में स्वत: निष्पादित, अनावश्यक माने गए हैं।

मौलिक अधिकार और मौलिक कर्त्तव्यों के बीच संबंध
- मौलिक कर्त्तव्य कानूनी रूप से लागू करने योग्य नहीं हैं, यह नागरिकों के नैतिक दायित्व का प्रतिनिधित्व करते हैं।
- मौलिक कर्त्तव्यों को मौलिक अधिकारों का पूरक होना चाहिए।
- अनुच्छेद 21 शिक्षा के अधिकार की गारंटी देता है और अनुच्छेद 51 (क) माता-पिता को मुफ्त और अनिवार्य शिक्षा प्रदान करने का आदेश देता है। (6-14 वर्ष)

SOURCE Old NCERT Class VII हमारे मूल कर्त्तव्य, Old NCERT Class IX & X मौलिक अधिकार तथा राज्य के नीति-निदेशक तत्त्व, New NCERT Class XI भारतीय संविधान में अधिकार, Old NCERT Class XI मौलिक अधिकार, मौलिक कर्त्तव्य और राज्य के नीति-निदेशक तत्त्व, Old NCERT Class XII अधिकार तथा कर्त्तव्य : अर्थ एवं संबंध
Tamil Nadu Board Class-XII Unit 1 & 7, NIOS Module-2 Chap 7

1 निम्न कथनों पर विचार कीजिए

(Chap 4, Class-XI, Old NCERT) (Chap 7, Module-2, NIOS)

1. मूल कर्त्तव्य आरंभ से ही संविधान के भाग थे।
2. मूल कर्त्तव्यों को 42वें संविधान संशोधन (1976) के द्वारा संविधान में जोड़ा गया।
3. 86वें संशोधन अधिनियम, 2002 के पश्चात् मूल कर्त्तव्यों की कुल संख्या 11 हो गई

उपर्युक्त में से कितने कथन सही हैं?

(a) केवल एक (b) केवल दो
(c) सभी तीन (d) इनमें से कोई नहीं

उत्तर *(b)*

व्याख्या दिए गए कथनों में केवल दो कथन अर्थात् (2 और 3) सही हैं। संविधान में मूल कर्त्तव्यों को सरदार स्वर्ण सिंह समिति की सिफारिशों के आधार पर 42वें संविधान संशोधन अधिनियम, 1976 द्वारा जोड़ा गया था। 42वें संविधान संशोधन द्वारा 10 मूल कर्त्तव्य जोड़े गए थे और 86वें संविधान संशोधन, 2002 द्वारा एक नया मूल कर्त्तव्य जोड़ा गया, जिससे इनकी संख्या 11 हो गई।

कथन (1) सही नहीं है, क्योंकि भारत के मूल संविधान में मूल कर्त्तव्यों का उल्लेख नहीं था।

2 निम्न कथन (A) व कारण (R) को पढ़िए और नीचे दिए गए कूट की सहायता से सही उत्तर का चयन कीजिए।

(Chap 12, Class-VII, Old NCERT)

कारण (A) भारतीय संविधान के मूल कर्त्तव्य में 'जीवन के प्रति वैज्ञानिक दृष्टिकोण के विकास' को रखा गया है।

कारण (R) हमें अंधविश्वासों पर विश्वास नहीं करना चाहिए। हमें सामाजिक कुप्रथाओं की समाप्ति के साथ समाज-सुधार के क्षेत्र में काम करना चाहिए।

कूट

(a) A और R दोनों सही हैं तथा R, A की सही व्याख्या है।
(b) A और R दोनों सही हैं, परंतु R, A की सही व्याख्या नहीं है।
(c) A सही है, किंतु R गलत है।
(d) R सही है, किंतु A गलत है।

उत्तर *(a)*

व्याख्या A और R दोनों सही हैं तथा R, A की सही व्याख्या है।

भारतीय संविधान के अनुच्छेद 51(A) में मौलिक कर्त्तव्यों का विवरण है। इसमें 'जीवन के प्रति वैज्ञानिक दृष्टिकोण के विकास' को स्थान दिया गया है।

इसका तात्पर्य यह है कि हम उन कुप्रथाओं एवं रूढ़ियों का निषेध करें, जो अंधविश्वास की श्रेणी में आती हैं। हमें इस दृष्टिकोण के साथ समाज-सुधार पर बल देना चाहिए।

3 निम्न में से कौन-सा एक मूल कर्त्तव्य नहीं है?

(Chap 5, Class-IX & X, Old NCERT)
(Unit 1, Class, Tamil Nadu Board)

(a) संविधान का पालन करना
(b) राष्ट्रध्वज और राष्ट्रगान का आदर करना
(c) पंचायतों का गठन
(d) देश की एकता और अखंडता की रक्षा करना

उत्तर *(c)*

व्याख्या पंचायतों का गठन नागरिकों के लिए मूल कर्त्तव्य नहीं है, क्योंकि संविधान के अनुच्छेद 40 के अंतर्गत पंचायतों के गठन का उल्लेख राज्य के नीति-निदेशक तत्त्वों में किया गया है।

4 निम्न में से कौन-सा/से प्रत्येक नागरिक का/के मूल कर्त्तव्य है/हैं?

(Chap 4, Class-XI, Old NCERT)

1. देश की रक्षा करें और आह्वान किए जाने पर राष्ट्र की सेवा करें।
2. वैज्ञानिक दृष्टिकोण, मानववाद और ज्ञानार्जन तथा सुधार की भावना विकसित करें।
3. सार्वजनिक संपत्ति को सुरक्षित रखें और हिंसा से दूर रहें।
4. अभिभावक 6 से 14 वर्ष की आयु वर्ग के प्रतिपाल्यों की अनिवार्य शिक्षा का उपबंध करें।

कूट

(a) 1 और 2 (b) 2 और 3
(c) 1, 2 और 3 (d) ये सभी

उत्तर *(d)*

व्याख्या प्रश्न में दिए गए सभी कथन भारतीय संविधान के अनुच्छेद 51(A) में वर्णित मूल कर्त्तव्यों की सूची में शामिल हैं। देश की रक्षा करना, राष्ट्र सेवा करना, व्यक्तियों में वैज्ञानिक दृष्टिकोण, मानववाद और ज्ञानार्जन तथा सुधार की भावना विकसित करना, सार्वजनिक संपत्ति को सुरक्षित रखना, हिंसा से दूर रहना तथा अभिभावकों द्वारा 6 से 14 वर्ष की आयु वर्ग के अपने प्रतिपाल्यों को अनिवार्य शिक्षा के अवसर प्रदान करना है तथा राज्य इसके लिए उपबंध 21 (क) करेगा।

5 निम्न पर विचार कीजिए *(Chap 4, Class-XI, Old NCERT)*

1. अस्पृश्यता का निवारण
2. महिलाओं के सम्मान के विरुद्ध प्रचलित कुप्रथाओं का परित्याग
3. उपाधियों का अंत
4. प्राकृतिक पर्यावरण का रक्षण और संवर्द्धन

उपर्युक्त में से कौन-से मूल कर्त्तव्य हैं?

(a) 1 और 2 (b) 2 और 3
(c) 2 और 4 (d) इनमें से कोई नहीं

उत्तर *(c)*

व्याख्या महिलाओं के सम्मान के विरुद्ध प्रचलित कुप्रथाओं का परित्याग, प्राकृतिक पर्यावरण का रक्षण और संवर्द्धन मौलिक कर्त्तव्य हैं, जबकि अस्पृश्यता का अंत (अनुच्छेद 17) तथा उपाधियों का अंत (अनुच्छेद 18) मौलिक अधिकार हैं।

6 निम्नलिखित में से भारतीय संविधान में मौलिक कर्त्तव्य कौन-सा है? *(Chap 4, Class-XI, Old NCERT) (BPSC Pre 2001)*

(a) न्यायपालिका से कार्यपालिका का पृथक्करण
(b) हमारी मिली-जुली संस्कृति की समृद्ध विरासत को संरक्षित करना
(c) बच्चों के लिए निःशुल्क एवं अनिवार्य शिक्षा
(d) छुआछूत की परंपरा को समाप्त करना

उत्तर *(b)*

व्याख्या प्रश्न में दिया गया कथन (b) भारतीय संविधान में मौलिक कर्त्तव्य है। मौलिक कर्त्तव्यों (मूल कर्त्तव्यों) की सूची में हमारी मिली-जुली संस्कृति की समृद्ध विरासत को संरक्षित करना शामिल है। जबकि न्यायपालिका का कार्यपालिका से पृथक्करण राज्य के नीति-निदेशक तत्त्व में उपबंधित है, तथा बच्चों के लिए निःशुल्क एवं अनिवार्य शिक्षा और छुआछूत की परंपरा को समाप्त करना मौलिक अधिकार का हिस्सा है।

7 दिए गए युग्मों पर विचार कीजिए *(Chap 5, Class-XI & X, NCERT)*
(Unit 1 Class-XII Tamil Nadu Board)

1. भारत की प्रभुता तथा एकता को अक्षुण्ण रखना-अनुच्छेद 51क (3)
2. देश की रक्षा तथा आह्वान किए जाने पर राष्ट्र सेवा-अनुच्छेद 51क (4)
3. सार्वजनिक सम्पत्ति की सुरक्षा-अनुच्छेद 51क (9)
4. झील, वन, नदी वन्य जीवों का संवर्द्धन-अनुच्छेद 51क (7)

उपर्युक्त में सें कितने युग्म सही सुमेलित हैं?

(a) केवल एक (b) केवल दो
(c) सभी चारों (d) इनमें से कोई नहीं

उत्तर *(c)*

व्याख्या दिए गए सभी युग्म सही सुमेलित हैं।

मूल कर्त्तव्य भाग-4 क में 42वें संविधान संशोधन 1976 के अन्तर्गत शामिल स्वर्ण सिंह समिति की सिफारिश पर सम्मिलित किए गए थे।

8 अधिकार व कर्त्तव्य के बीच संबंध के संदर्भ में निम्नलिखित कथनों पर विचार कीजिए *(Chap 7, Class-XII, Old NCERT)*

1. अधिकार एवं कर्त्तव्य दोनों में सह-संबंध व्याप्त है।
2. कोई भी समाज पास्परिकता के सिद्धांतों पर ही क्रियाशील हो सकता है।
3. अधिकारों व कर्त्तव्यों के तर्क का यह भी निहितार्थ है कि यदि राज्य के विरुद्ध हमारे कोई दावे हैं, तो उसकी समृद्धि की दिशा में हमारे कुछ उत्तरदायित्व भी हैं।

उपर्युक्त में से कितने कथन सही हैं?

(a) केवल एक (b) केवल दो
(c) सभी तीन (d) इनमें से कोई नहीं

उत्तर *(d)*

व्याख्या अधिकार व कर्त्तव्य के बीच संबंध के संदर्भ में सभी कथन अर्थात् (1, 2 और 3) सही हैं। अधिकार और कर्त्तव्य एक-दूसरे के साथ जुड़े हुए हैं और एक-दूसरे के पूरक भी हैं। इन दोनों में दो प्रकार के संबंध हैं।

प्रथम, कोई भी समाज पारस्परिकता के सिद्धांतों पर ही क्रियाशील हो सकता है। उदाहरणस्वरूप, अधिकार के संबंध में समाज का यह दायित्व है कि वह उन्हें उचित सम्मान दे और साथ ही हमारा भी कर्त्तव्य बन जाता है कि हम दूसरो के ऐसे अधिकारों को समान मान्यता प्रदान करें।

दूसरा, अधिकारों व कर्त्तव्यों के संबंध में यदि राज्य के विरुद्ध हमारे कोई दावे हैं, तो उसकी समृद्धि की दिशा में हमारे कुछ उत्तरदायित्व भी हैं। अत: हमें इन दायित्वों का निर्वाह ऐसे कार्यों द्वारा करना चाहिए, जो सामाजिक दृष्टि से उपयोगी हों।

9 निम्नलिखित कथनों पर विचार कीजिए
(Chap 2, Class-XI, New NCERT)
(Chap 7, Module- 2 NIOS)

1. संविधान मौलिक कर्त्तव्यों के अनुपालन के आधार पर मौलिक अधिकार प्रदान करता है।
2. मूल अधिकारों की भाँति मूल कर्त्तव्य भी न्याय योग्य है, जो इन्हें निदेशक तत्त्वों से अलग करते हैं।
3. संविधान में मौलिक कर्त्तव्यों के समावेश से लोगों के मौलिक अधिकारों पर कोई प्रतिकूल प्रभाव नहीं पड़ा है।

उपर्युक्त में से कितने कथन सही नहीं हैं?

(a) केवल एक (b) केवल दो
(c) सभी तीन (d) इनमें से कोई नहीं

उत्तर *(b)*

व्याख्या दिए गए कथनों में से केवल दो कथन अर्थात् (1 और 2) सही नहीं हैं, क्योंकि संविधान मौलिक कर्त्तव्यों के अनुपालन के आधार पर या उनकी शर्त पर मौलिक अधिकार प्रदान नहीं करता है तथा मूल कर्त्तव्य, नीति निदेशक तत्त्वों की भाँति न्याय योग्य (वाद योग्य) नहीं होते अर्थात् मूल कर्त्तव्य का अनुपालन न करने की स्थिति में वाद दायर नहीं किया जा सकता है, जबकि मूल अधिकार वाद योग्य होते हैं।

कथन (3) सही है। संविधान में मौलिक कर्त्तव्यों के समावेश से लोगों के मौलिक अधिकारों पर कोई प्रतिकूल प्रभाव नहीं पड़ता है, क्योंकि नागरिकों के अधिकार और कर्त्तव्य परस्पर संबंधित और अविभाज्य हैं।

10 निम्नलिखित कथनों पर विचार कीजिए
(Chap 2 & 4, Class-XI, Old NCERT)
(Chap 5, Class-IX & X, Old NCERT) (HPSC Pre 2023)

1. माता-पिता या संरक्षक 6 से 14 वर्ष की आयु वाले अपने यथास्थिति बालक या प्रतिपाल्य के लिए शिक्षा का अवसर प्रदान करें।
2. प्रारंभिक शैशवावस्था की देख-रेख और सभी बालकों को उस समय तक जब तक कि वे 6 वर्ष की आयु पूर्ण न कर लें, शिक्षा प्रदान करने के लिए प्रयास करें।
3. प्राकृतिक पर्यावरण की, जिसके अंतर्गत वन, झील, नदी और वन्यजीव हैं, रक्षा करें और उनका संवर्द्धन करें तथा जीवित प्राणियों के प्रति दया का भाव रखें।
4. सार्वजनिक संपत्ति को सुरक्षित रखें और हिंसा से दूर रहें।
5. गरीबी रेखा के नीचे रह रहे लोगों के लिए प्राथमिक स्वास्थ्य सुविधाएँ प्रदान करें।

उपर्युक्त में से कौन सा/से कथन मूल कर्त्तव्य से संबंधित है/हैं?

(a) 1, 2 और 3 (b) 1, 3 और 4 (c) 1, 4 और 5 (d) 1, 3 और 5

उत्तर *(b)*

व्याख्या दिए गए कथनों में से कथन (1), (3) और (4) मूल कर्त्तव्यों से संबंधित हैं। 86वें संविधान संशोधन अधिनियम, 2002 के अंतर्गत शिक्षा को मौलिक अधिकार के रूप में एवं 11वें मूल कर्त्तव्य के रूप में शामिल किया गया। 6 से 14 वर्ष तक की आयु वाले बालकों को शिक्षा हेतु समान अवसर प्रदान किए गए हैं। प्राकृतिक पर्यावरण की रक्षा करना एवं उनका संरक्षण/संवर्द्धन करना तथा प्राणिमात्र के प्रति दयाभाव रखना मूल कर्त्तव्य है। सार्वजनिक संपत्ति को सुरक्षित रखना व हिंसा से दूर रहना भी मूल कर्त्तव्यों के भाग हैं।

कथन (2) और (5) मूल कर्त्तव्यों से संबंधित नहीं हैं, क्योंकि प्रारंभिक शैशवावस्था की देख-रेख और सभी बालकों को उस समय तक जब तक कि वे 6 वर्ष की आयु पूर्ण न कर लें, शिक्षा प्रदान करने के लिए प्रयास का उल्लेख राज्य के नीति-निदेशक तत्त्व के अनुच्छेद 45 में किया है। गरीबी रेखा के नीचे रह रहे लोगों के लिए प्राथमिक स्वास्थ्य सुविधाएँ प्रदान करना मौलिक कर्त्तव्यों की सूची में शामिल नहीं है।

अध्याय 09

संघ की कार्यपालिका

संघ की कार्यपालिका

राष्ट्रपति एवं उपराष्ट्रपति

राष्ट्रपति
- कार्यकारी शक्ति राष्ट्रपति में निहित (अनुच्छेद 52)
- राष्ट्र का औपचारिक प्रमुख
- **राष्ट्रपति की योग्यताएँ**
  - अनुच्छेद 58
  - 35 वर्ष की आयु, भारतीय नागरिक तथा लोकसभा सदस्य बनने की आर्हता पूरी करता हो
  - संसद या राज्य विधानमंडल का सदस्य नहीं होना चाहिए
- **वेतन और परिलब्धियाँ**
  - राष्ट्रपति की परिलब्धियाँ और पेंशन अधिनियम 1951 द्वारा निर्धारित; 5 लाख रुपये प्रति माह
- **राष्ट्रपति की शक्तियाँ**
  - **कार्यकारी शक्तियाँ** अनुच्छेद 53, अनुच्छेद 75, अनुच्छेद 77
  - **वैधानिक शक्ति** अनुच्छेद 79; विधेयक संबंधी शक्ति; राष्ट्रपति की वीटो शक्ति; अध्यादेश बनाने की शक्ति
  - **वित्तीय शक्ति** अनुच्छेद 112, धन विधेयक
  - **न्यायिक शक्ति** अनुच्छेद 143; सर्वोच्च न्यायालय और उच्च न्यायालयों के न्यायाधीशों की नियुक्ति

उपराष्ट्रपति
- अनुच्छेद 63; दूसरी सबसे महत्त्वपूर्ण संवैधानिक संस्था
- **उपराष्ट्रपति का चुनाव**
  - संसद के दोनों सदनों के सदस्यों को निर्वाचक मंडल द्वारा चुना जाता है
- **उपराष्ट्रपति की योग्यताएँ** भारतीय नागरिकता, आयु 35 वर्ष, राज्यसभा के लिए पात्र; लाभ के पद पर न हो
- **उपराष्ट्रपति का कार्यकाल**
  - 5 वर्ष राष्ट्रपति को संबोधित करके किसी भी समय अपना त्याग-पत्र दे सकता है।
- **परिलब्धियाँ/वेतन** 4 लाख रुपये महीना
- **उपराष्ट्रपति की शक्ति एवं कार्य** राज्यसभा के पदेन सभापति के रूप में कार्यरत; राज्यसभा की अध्यक्षता करना, व्यवस्था सुनिश्चित करना

प्रधानमंत्री एवं महान्यायवादी

प्रधानमन्त्री
- वास्तविक कार्यकारी अधिकारी
- सरकार का मुखिया, कैबिनेट मंत्रियों का नेता

प्रधानमंत्री की योग्यताएँ
- भारतीय नागरिक
- लोकसभा या राज्यसभा का सदस्य
- **उम्र** लोकसभा के लिए 25 वर्ष, राज्यसभा के लिए 30 वर्ष
- प्रधानमंत्री की नियुक्ति में राष्ट्रपति की भूमिका
- **शपथ, कार्यकाल और वेतन**
  - लोकसभा में बहुमत के समर्थन के आधार पर राष्ट्रपति द्वारा नियुक्त
  - राष्ट्रपति के प्रसादपर्यंत पद पर बना रहता है। (लोकसभा 5 वर्ष)
- **प्रधानमंत्री की शक्ति एवं कार्य**
  - मंत्रिपरिषद् के संदर्भ में शक्ति
  - राष्ट्रपति के संबंध में शक्ति
  - संसद के संदर्भ में शक्ति
- **उप प्रधानमंत्री**
  - मूलरूप से संविधान में उल्लेख नहीं
  - राजनैतिक कारणों से नियुक्त किया जाता है
  - सरदार पटेल पहले उप प्रधानमंत्री थे

महान्यायवादी
- अनुच्छेद 76 के अंतर्गत राष्ट्रपति द्वारा नियुक्त
- राष्ट्रपति के प्रसादपर्यंत (इच्छा) पद पर बना रहता है।
- सर्वोच्च न्यायालय के न्यायाधीश की योग्यता के समान
- कोई निश्चित कार्यकाल नहीं
- राष्ट्रपति को त्याग-पत्र सौंप सकता है।

मंत्रिपरिषद

मंत्रिपरिषद्
- प्रधानमंत्री के नेतृत्व में मंत्रिपरिषद् वास्तविक कार्यकारी रूप में कार्यरत्
- 91वाँ संविधान संशोधन, 2003 कुल मंत्री संख्या को सीमित करता है।
- अनुच्छेद 74 में राष्ट्रपति के पास एक मंत्रिपरिषद् होगी, जो राष्ट्रपति को अपने कार्यों का पालन करने में मदद करती है।
- 42वाँ संविधान संशोधन, 1976 राष्ट्रपति के लिए मंत्री की सलाह के अनुसार कार्य करना अनिवार्य बनाता है।

मंत्रिपरिषद् का सामूहिक उत्तरदायित्व
- सामूहिक उत्तरदायित्व मंत्रिमंडल की एकजुटता के सिद्धांत पर आधारित है।
- संबंधित मंत्रालयों और विभागों के मंत्री विभागीय कार्यों के लिए व्यक्तिगत रूप से उत्तरदायी होते हैं।
- मंत्रिमंडलीय उत्तरदायित्व का कार्यान्वयन प्रधानमंत्री के माध्यम से किया जाता है।
- सभी मंत्री प्रधानमंत्री के ही नेतृत्व और निर्देशन में कार्य करते हैं।

मंत्रिपरिषद् के कार्य एवं शक्तियाँ
- मंत्रिपरिषद् प्रशासन से संबंधित सभी नीतिगत निर्णय लेती है
- सभी नीतिगत निर्णयों के कार्यान्वयन की देख-रेख भी करती है।
- यह बजट तैयार करती है तथा संघीय शासन की आय और व्यय का नियमन करती है।
- यह विदेश नीति का निर्माण करती है तथा अन्य देशों से संबंध संचालन करती है।

SOURCE Old NCERT Class VII कानून लागू कौन करता है, भाग-1, Old NCERT Class IX-X सरकार, New NCERT Class IX संस्थाओं का कामकाज, Old NCERT Class IX & X केंद्रीय सरकार, New NCERT Class XI कार्यपालिका, Old NCERT Class XI केंद्रीय सरकार, Old NCERT Class XI भारतीय प्रशासन : संगठन एवं कार्य, Old NCERT Class XI सरकार और उसके अंग : सैद्धांतिक चर्चा, Old NCERT Class XI भारत में कार्यपालिका, Old NCERT Class XI कार्यपालिका की विशिष्टताएँ, Tamil Nadu Board Class-XII Unit 2, NIOS Module-3 Chap 1

भारतीय प्रशासन एवं सरकार

1 निम्नलिखित कथनों पर विचार कीजिए।

(Chap 4, Class-XI, New NCERT)

1. प्रत्येक आधुनिक राज्य में सरकार के तीन अंग (विधायिका, कार्यपालिका तथा न्यायपालिका) होते हैं।
2. संसदीय व्यवस्था में कार्यपालिका और विधायिका एक-दूसरे पर आश्रित हैं।
3. संसदीय व्यवस्था में सरकार (कार्यपालिका) विधि निर्माण तथा नीतियों के लिए विधायिका के प्रति जवाबदेह होती है।

उपर्युक्त में कितने कथन असत्य हैं?

(a) केवल एक (b) केवल दो
(c) सभी तीन (d) इनमें से कोई नहीं

उत्तर *(d)*

व्याख्या दिए गए सभी कथन सत्य हैं।

प्रत्येक आधुनिक राज्य में सरकार के तीन अंग (विधायिका, कार्यपालिका और न्यायपालिका) होते हैं। सरकार के कानून बनाने वाले अंग को विधायिका कहते हैं तथा सरकार के दूसरे अंग को कार्यपालिका कहते हैं, जो कानूनों को कायान्वित करती है, जबकि न्यायपालिका समाज में न्याय की संरक्षक होती है, जो अलग-अलग मामलों में मौजूदा कानूनों के आधार पर निर्णय देती है।

संसदीय व्यवस्था में कार्यपालिका और विधायिका एक-दूसरे पर आश्रित हैं। विधायिका, कार्यपालिका को नियंत्रित करती है और स्वयं उससे नियंत्रित भी होती है।

संसदीय शासन व्यवस्था में सरकार (कार्यपालिका) विधि निर्माण तथा नीतियों के निर्माण में विधायिका के प्रति जिम्मेदार होती है, जबकि अध्यक्षीय शासन प्रणाली में कार्यपालिका स्वतंत्र होती है।

2 सरकार के स्वरूप के संदर्भ में असत्य कथन का चयन कीजिए

(Chap 6, Class-IX & X, Old NCERT)

(a) लोकतांत्रिक सरकारों के संचालन में सामान्य नागरिकों की भागीदारी होती है।
(b) तानाशाही सरकारें जनता के मतों पर निर्भर होती हैं, किंतु वह जनता के ऊपर बलपूर्वक शासन करती हैं।
(c) लोकतांत्रिक सरकारें जनता के प्रति उत्तरदायी होती हैं।
(d) तानाशाही सरकारें राजनीतिक समता अथवा स्वतंत्रता के सिद्धांतों को स्वीकार नहीं करतीं।

उत्तर *(b)*

व्याख्या सरकार के स्वरूप के संदर्भ में कथन (b) असत्य है, क्योंकि तानाशाही व्यवस्था में जनता अपनी सरकार का चुनाव स्वयं नहीं करती है। तानाशाही सरकार को अपनी नीतियाँ जनता के समक्ष रखने की आवश्यकता नहीं होती है। यह सरकार जनता के मतों पर निर्भर नहीं रहती है, बल्कि जनता के ऊपर बलपूर्वक शासन करती है। तानाशाही सरकारें राजनीतिक समता, स्वतंत्रता अथवा उत्तरदायी शासन के सिद्धांतों को स्वीकार नहीं करतीं, जनता भले ही यह महसूस करे कि सरकार अत्याचारी है, किंतु वह उसे बदल नहीं सकती।

3 शक्ति-पार्थक्य के सिद्धांत के संबंध में निम्नलिखित में से कौन-सा कथन सत्य नहीं है? *(Chap 1, Class-XI, Old NCERT)*

(a) इससे आशय है कि विधायी, कार्यपालक तथा न्यायिक कार्य पृथक् निकायों द्वारा किया जाना चाहिए।
(b) इस सिद्धांत को पूरी तरह से व्यवहार में लाया जा सकता है।
(c) भारत के संविधान निर्माताओं ने न्यायपालिका के संगठन में इस सिद्धांत को अपनाया है।
(d) भारत के संविधान निर्माताओं ने विधायिका अथवा कार्यपालिका के संबंध में इस सिद्धांत को अस्वीकार कर दिया।

उत्तर *(b)*

व्याख्या शक्ति-पार्थक्य के सिद्धांत के संबंध में कथन (b) सत्य नहीं है, क्योंकि शक्ति-पार्थक्य के सिद्धांत को पूरी तरह से व्यवहार में नहीं लाया जा सकता है। यदि विधायिका किसी कानून की रूपरेखा निर्धारित करती है, तो कार्यपालिका उस कानून को लागू करते समय इसके संबंध में विस्तृत ब्यौरा तैयार करती है, जबकि न्यायपालिका विधि निर्माण या कानून बनाने में हिस्सा लेती है। इस प्रकार कानून बनाने में सरकार के तीनों अंग (विधायिका, कार्यपालिका एवं न्यायपालिका) एक-दूसरे के सहभागी होते हैं, इसलिए शक्ति-पार्थक्य के सिद्धांत को पूरी तरह से लागू नहीं किया जा सकता है।

4 कार्यपालिका के संबंध में निम्नलिखित कथनों पर विचार कीजिए और नीचे दिए गए कूट की सहायता से सही उत्तर दीजिए

(Chap 4, Class-XI, New NCERT)
(Unit 2, Class-XII, Tamil Nadu Board)

1. यह विधायिका द्वारा स्वीकृत नीतियों और कानूनों को लागू करने के लिए उत्तरदायी होती है।
2. सरकार के प्रधान और उनके मंत्रियों को राजनीतिक कार्यपालिका कहा जाता है।
3. दैनिक प्रशासन के लिए उत्तरदायी व्यक्तियों को स्थायी कार्यपालिका कहा जाता है।
4. कार्यपालिका में केवल राष्ट्रपति, प्रधानमंत्री या मंत्री ही शामिल होते हैं।

उपर्युक्त में कितने कथन सही हैं?

(a) केवल एक (b) केवल तीन
(c) सभी चारों (d) इनमें से कोई नहीं

उत्तर *(b)*

व्याख्या कार्यपालिका के संबंध में केवल तीन कथन (1, 2 और 3) सही हैं। कार्यपालिका सरकार के तीन महत्त्वपूर्ण अंगों में से एक है। यह विधायिका द्वारा स्वीकृत नीतियों और कानूनों को लागू करने के लिए उत्तरदायी होती है। सरकार के प्रधान (प्रधानमंत्री) और उनके मंत्रियों को (जिन्हें जनता द्वारा एक विशेष अवधि के लिए निर्वाचित किया जाता है), राजनीतिक कार्यपालिका कहते हैं और वे सरकार की सभी नीतियों के लिए उत्तरदायी होते हैं। दूसरी ओर, जो लोग दैनिक प्रशासन के लिए उत्तरदायी होते हैं, उन्हें स्थायी कार्यपालिका कहा जाता है; इनमें सम्पूर्ण प्रशासनिक तंत्र शामिल होता है।

कथन (4) सही नहीं है, क्योंकि कार्यपालिका में केवल राष्ट्रपति, प्रधानमंत्री या मंत्री ही शामिल नहीं होते, बल्कि इसके अंदर संपूर्ण प्रशासनिक ढाँचा (सिविल सेवा के सदस्य) होता है।

5 निम्नलिखित में सही युग्म की पहचान कीजिए और नीचे दिए गए कूट की सहायता से उत्तर दीजिए *(Chap 4, Class-XI, New NCERT)*

1. अमेरिका — एकल कार्यपालिका
2. जर्मनी — बहुल कार्यपालिका
3. भारत — औपचारिक कार्यपालिका
4. ब्रिटेन — वंशानुगत कार्यपालिका

कूट

(a) 1 और 2 (b) 1 और 4
(c) 1, 3 और 4 (d) ये सभी

उत्तर *(c)*

व्याख्या दिए गए युग्मों में से युग्म (1), (3) और (4) सही सुमेलित हैं।

अमेरिका की कार्यपालिका एकल कार्यपालिका पर आधारित है। कार्यपालिका का प्राधिकार यदि एक व्यक्ति या सामूहिक रूप से कार्य करने वाले व्यक्तियों के निकाय में निहित होता है, तो वह एकल कार्यपालिका कहलाती है।

भारत का राष्ट्रपति औपचारिक रूप से कार्यपालिका का प्रमुख है, जबकि प्रधानमंत्री एवं उसका मंत्रिमंडल वास्तविक कार्यपालिका हैं।

ब्रिटेन से वंशानुगत कार्यपालिका का उदाहरण लिया जा सकता है। वंशानुगत कार्यपालिका को वर्तमान में लोकतंत्रीय सरकार की भावना के अनुकूल नहीं समझा जाता है, परंतु ब्रिटेन में वंशानुगत राजतंत्र को राजनीतिक प्रणाली के अभिन्न अंग के तौर पर रखा गया है। इसमें राजा कार्यपालिका का वास्तविक अध्यक्ष होने के बजाय नाममात्र का अध्यक्ष होता है।

युग्म (2) सही सुमेलित नहीं है, क्योंकि जर्मनी में अर्द्ध-अध्यक्षात्मक कार्यपालिका संचालित होती है। इस व्यवस्था में राष्ट्रपति या राजा की भूमिका मुख्यतः अलंकारिक होती है और प्रधानमंत्री तथा मंत्रिमंडल के पास वास्तविक शक्ति होती है। यह व्यवस्था जर्मनी, इटली, जापान, इंग्लैंड एवं पुर्तगाल इत्यादि देशों में स्थापित है।

6 निम्नलिखित कथनों पर विचार कीजिए

(Unit 2, Class-XII, Tamil Nadu Board)
(Chap 4, Class-XI, New NCERT)

कथन I प्रतिनिधि लोकतंत्र में विधायिका सबसे महत्त्वपूर्ण भूमिका का निर्वाह करती है, जो जनता द्वारा चुने प्रतिनिधि को कार्यपालिका के प्रति जवाबदेह बनाता है।

कथन II विधायिका सर्वोच्च कानून बनाने वाली संस्था है, जिसमें देश में कानून के शासन के लिए राज्य के सभी घटकों के निर्वाचित प्रतिनिधि शामिल होते हैं।

कूट

(a) कथन I और कथन II दोनों सही हैं तथा कथन II, कथन I की सही व्याख्या है
(b) कथन I और कथन II दोनों सही हैं, परंतु कथन II, कथन I की सही व्याख्या नहीं है
(c) कथन I सही है, किंतु कथन II गलत है
(d) कथन I गलत है, किंतु कथन II सही है

उत्तर *(d)*

व्याख्या कथन I गलत है, किंतु कथन II सही है।

प्रतिनिधि लोकतंत्र के कामकाज में विधायिका सबसे महत्त्वपूर्ण संस्था है। विधायिका का मूल उद्देश्य अपने प्रतिनिधियों को देश में लोगों के हित के लिए जवाबदेह बनाना है। यह प्रणाली कार्यपालिका विधायिका के प्रति उत्तरदायी होती है। विधायिका सर्वोच्च कानून बनाने वाली संस्था है, जिसमें देश के कानून निर्माण में राज्यों के सभी घटकों का निर्वाचित प्रतिनिधित्व होता है। भारत में केन्द्र में स्थापित विधायिका को संसद कहा जाता है, जबकि राज्य की विधायिका को विधानमंडल कहा जाता है।

7 अध्यक्षात्मक (राष्ट्रपति) शासन प्रणाली के संबंध में निम्नलिखित कथनों पर विचार कीजिए *(Chap 4, Class-XI, New NCERT)*

1. राष्ट्रपति राष्ट्राध्यक्ष होता है।
2. राष्ट्रपति सरकार का भी प्रमुख होता है।
3. राष्ट्रपति का निर्वाचन सामान्यतः जनता द्वारा प्रत्यक्ष मतदान के अंतर्गत होता है।
4. राष्ट्रपति विधायिका के प्रति उत्तरदायी नहीं होता है।

उपर्युक्त में से कौन-सा/से कथन सत्य है/हैं?

(a) केवल 1 (b) 1 और 3 (c) 1, 2 और 4 (d) ये सभी

उत्तर *(d)*

व्याख्या अध्यक्षात्मक (राष्ट्रपति) शासन प्रणाली के संबंध में सभी कथन सत्य हैं। अध्यक्षात्मक व्यवस्था में राष्ट्रपति राज्य एवं सरकार दोनों का ही प्रधान होता है। इस व्यवस्था में सिद्धांत एवं व्यवहार दोनों में राष्ट्रपति का पद बहुत शक्तिशाली होता है। ऐसी व्यवस्था अमेरिका, ब्राजील एवं लैटिन अमेरिका के अनेक देशों में पाई जाती है। अध्यक्षात्मक व्यवस्था के स्वरूप में राष्ट्रपति की भूमिका केंद्रित होती है, इसलिए इसे राष्ट्रपति प्रणाली भी कहा जाता है। इस प्रणाली में राष्ट्रपति प्रत्यक्षतः जनता द्वारा निर्वाचित होता है। अध्यक्षात्मक व्यवस्था में कार्यपालिका विधायिका के प्रति उत्तरदायी नहीं होती है।

8 निम्नलिखित कथनों पर विचार कीजिए।

(Chap 6, Class-IX & X, Old NCERT) (Chap 1, Module-3, NIOS)

1. भारत में शासन की संसदीय प्रणाली अपनाई गई है।
2. संसदीय व्यवस्था में राष्ट्रपति कार्यपालिका का औपचारिक प्रमुख होता है।
3. कार्यपालिका, विधायिका के प्रतिनिधियों के प्रति उत्तरदायी होगी और उनसे नियंत्रित भी होगी।

उपरोक्त में से कौन-सा/से कथन सही है/हैं?

(a) केवल 1 (b) केवल 2 (c) 2 और 3 (d) ये सभी

उत्तर *(d)*

व्याख्या दिए गए सभी कथन सही हैं।

संसदीय प्रणाली में विधायिका, कार्यपालिका एवं न्यायपालिका सरकार के तीन अंग हैं। ये तीनों मिलकर शासन का कार्य करते हैं तथा कानून व्यवस्था बनाए रखने एवं जनता का कल्याण करने में योगदान देते हैं। भारत में संसदीय शासन व्यवस्था अपनाई गई है। इस शासन व्यवस्था में कार्यपालिका एवं विधायिका एक-दूसरे के निरंतर संपर्क में रहती हैं। वास्तव में, संसद (विधायिका) जनता की प्रतिनिधित्व संस्था है, जो कार्यपालिका पर विभिन्न उपायों से नियंत्रण रखती है।

9 संसदीय व्यवस्था के संबंध में निम्नलिखित कथनों पर विचार कीजिए *(Chap 4, Class-XI, New NCERT)*

1. इसमें सामान्यतः प्रधानमंत्री सरकार का प्रमुख होता है।
2. प्रधानमंत्री विधायिका में बहुमत वाले दल का नेता तथा विधायिका के प्रति जवाबदेह होता है।
3. इसमें देश के प्रमुख के रूप में राष्ट्रपति या राजा कोई भी हो सकता है।

उपर्युक्त में से कौन-सा/से कथन सत्य है/हैं?

(a) केवल 1 (b) 2 और 3 (c) 1 और 2 (d) ये सभी

उत्तर *(d)*

व्याख्या संसदीय व्यवस्था के संबंध में सभी कथन सत्य हैं।

संसदीय शासन प्रणाली में प्रधानमंत्री की महत्त्वपूर्ण भूमिका होती है। वह सरकार का मुखिया/प्रमुख होता है।

प्रधानमंत्री विधायिका में प्रमुख दल का नेता होता है और वह बहुमत दल का भी नेता होता है तथा मंत्रिपरिषद् का प्रमुख होता है। वह विधायिका (संसद) के प्रति उत्तरदायी होता है अर्थात् प्रधानमंत्री की अध्यक्षता वाली मंत्रिपरिषद् संसद के प्रति निरंतर उत्तरदायी होती है।

संसदीय शासन प्रणाली के अंतर्गत किसी देश में राजा या राष्ट्रपति संवैधानिक रूप से देश का प्रमुख होता है।

राष्ट्रपति

10 भारत के राष्ट्रपति के निर्वाचन के बारे में निम्नलिखित कथनों पर विचार कीजिए। *(Chap 4, Class-XI, New NCERT)* *(Chap 5, Class-XI, Old NCERT)* *(IAS Pre 2023)*

1. संसद के दोनों में से किसी भी सदन या राज्यों की विधानसभाओं के नाम निर्दिष्ट किए गए सदस्य निर्वाचक मंडल में शामिल किए जाने के लिए भी अर्ह हैं।
2. निर्वाच्य विधानसभा सीटें जितनी अधिक होती हैं, उस राज्य के प्रत्येक एम. एल. ए. के वोट का मान भी उतना ही अधिक होता है।
3. मध्य प्रदेश के प्रत्येक एम. एल. ए. के वोट का मान, केरल के प्रत्येक एम. एल. ए. के वोट के मान से अधिक है।
4. पुदुचेरी के प्रत्येक एम. एल. ए. के वोट का मान, अरुणाचल प्रदेश के प्रत्येक एम. एल. ए. के वोट के मान से अधिक है, क्योंकि अरुणाचल प्रदेश की तुलना में पुदुचेरी में कुल जनसंख्या का निर्वाच्य सीटों की कुल संख्या से अनुपात अधिक है।

उपर्युक्त में से कितने कथन सही हैं?

(a) केवल एक
(b) केवल दो
(c) केवल तीन
(d) उपर्युक्त सभी

***उत्तर** (a)*

व्याख्या भारत के राष्ट्रपति के निर्वाचन के बारे में केवल कथन एक अर्थात् (4) सही है। भारत के केन्द्रशासित प्रदेश पुदुचेरी के प्रत्येक विधायक (एम. एल. ए.) के वोट का मान (16), अरुणाचल प्रदेश के प्रत्येक विधायक (एम. एल. ए.) के वोट के मान (8) से अधिक है, क्योंकि पुदुचेरी में कुल जनसंख्या के निर्वाचित सीटों की संख्या अरुणाचल प्रदेश के कुल जनसंख्या के निर्वाचित सीटों की संख्या से अधिक है।

कथन (1), (2) और (3) सही नहीं हैं, क्योंकि भारतीय संविधान के अनुच्छेद 54 के अंतर्गत भारत के राष्ट्रपति का चुनाव एक निर्वाचक मण्डल के सदस्यों के द्वारा किया जाता है।

राष्ट्रपति का चुनाव आनुपातिक प्रतिनिधित्व पद्धति के अनुसार एकल संक्रमणीय मत प्रणाली के माध्यम से होता है। इसमें संसद के दोनों सदनों (लोकसभा एवं राज्यसभा) तथा राज्य विधानसभाओं के निर्वाचित सदस्य तथा दिल्ली एवं पुदुचेरी संघ राज्य क्षेत्र विधानसभा के निर्वाचित सदस्य शामिल होते हैं, जो मतदान करते हैं। अत: इसमें संसद या राज्यों की विधानसभाओं में नामांकित या नाम निर्दिष्ट किए गए सदस्य निर्वाचक मंडल में शामिल नहीं होते हैं।

राष्ट्रपति के चुनाव में प्रत्येक सांसद एवं विधायकों के मतों का मूल्य होता है। निर्वाचक मंडल में समस्त राज्यों के मत देश की जनता के मत के बराबर होते हैं। इसके माध्यम से सभी राज्यों के बीच एकरूपता होती है।

एक विधायक सदस्य के वोट का मूल्य निर्वाचित सदस्यों की संख्या पर आधारित होता है। यदि विधानसभाओं की निर्वाचित सीटों की संख्या में वृद्धि होती है, तो राज्य के प्रत्येक विधायक के मत का मूल्य घटेगा। अत: विधानसभाओं की सीटों की संख्या बढ़ने पर राज्य के प्रत्येक एम. एल. ए. के वोट का मान कम होता है।

मध्य प्रदेश के प्रत्येक विधायक के वोट का मान 131 है, जो केरल के प्रत्येक विधायक के वोट के मान 152 से कम है। अत: मध्य प्रदेश के एक विधायक के वोट का मान केरल के एक विधायक के वोट के मान से कम है।

11 निम्न कथन (A) व कारण (R) को पढ़िए और नीचे दिए गए कूट की सहायता से सही उत्तर का चुनाव कीजिए *(Chap 6, Class-XI, Old NCERT) (UPPSC Mains 2010)*

कथन (A) सशस्त्र बलों का सर्वोच्च सेनापति राष्ट्रपति है।

कारण (R) सर्वोच्च सेनापति के रूप में राष्ट्रपति की शक्तियाँ विधायी नियंत्रण से स्वतंत्र हैं।

कूट

(a) A और R दोनों सही हैं तथा R, A की सही व्याख्या करता है
(b) A और R दोनों सही हैं, परंतु R, A की सही व्याख्या नहीं करता है
(c) A सही है, किंतु R गलत है
(d) A गलत है, किंतु R सही है

***उत्तर** (c)*

व्याख्या A सही है, किंतु R गलत है।

भारतीय गणतंत्र का कार्यपालक/प्रमुख राष्ट्रपति होता है। वह सशस्त्र बलों के सर्वोच्च सेनापति सहित केंद्र सरकार की समस्त शक्तियों का औपचारिक रूप से प्रमुख होता है। भारत का राष्ट्रपति सशस्त्र बलों का सर्वोच्च सेनापति होते हुए भी विधायिका के नियंत्रण में रहता है अर्थात् राष्ट्रपति मंत्रिपरिषद् की सलाह पर ही अपने कार्य करता है।

12 भारतीय राष्ट्रपति के विषय में निम्नलिखित कथनों पर विचार कीजिए *(Chap 6, Class-IX & X, Old NCERT) (UPPSC Pre 1998)*

1. उसे जन्म से भारत का नागरिक होना चाहिए।
2. उसे 35 वर्ष की आयु पूरी कर लेनी चाहिए।
3. उसे लोकसभा का सदस्य बनने की योग्यता रखनी चाहिए।

उपर्युक्त में से कौन-सा/से कथन असत्य है/हैं?

(a) 1 और 2 (b) केवल 1
(c) 1, 2 और 3 (d) केवल 3

***उत्तर** (b)*

व्याख्या भारतीय राष्ट्रपति के विषय में कथन (1) असत्य है। संविधान में राष्ट्रपति के पद के लिए कुछ विशिष्ट योग्यताएँ निर्धारित की गई हैं। अनुच्छेद 58 के अनुसार, यह आवश्यक है कि वह भारत का नागरिक हो (जन्म से भारतीय नागरिक होना जरूरी नहीं) तथा 35 वर्ष की आयु से कम न हो और वह लोकसभा के सदस्य निर्वाचित होने की अर्हता रखता हो तथा भारत अथवा राज्य सरकार के किसी लाभ के पद पर आसीन न हो। भारत का कोई भी नागरिक जो उपरोक्त योग्यताएँ रखता हो, तो वह राष्ट्रपति पद के लिए चुनाव लड़ सकता है।

13 भारत में राष्ट्रपति का निर्वाचन किया जाता है *(Chap 5, Class-XI, Old NCERT)*

(a) प्रत्यक्ष निर्वाचन द्वारा
(b) एकल संक्रमणीय मत प्रणाली द्वारा
(c) आनुपातिक मत प्रणाली द्वारा
(d) खुली बैलेट प्रणाली द्वारा

***उत्तर** (b)*

व्याख्या भारत में राष्ट्रपति का निर्वाचन आनुपातिक प्रतिनिधित्व की एकल संक्रमणीय मत प्रणाली (Single Transferable Vote System) द्वारा किया जाता है। भारतीय राष्ट्रपति का निर्वाचन एक निर्वाचक मंडल के द्वारा होता है, जिसके सदस्य राज्यों की विधानसभाओं के निर्वाचित सदस्य तथा संसद के दोनों सदनों के निर्वाचित सदस्य होते हैं।

प्रत्येक निर्वाचक के मत का मूल्य निर्धारित करने के लिए संविधान में एक विशिष्ट प्रक्रिया की व्यवस्था की गई है। प्रत्येक राज्य की विधानसभा के किसी निर्वाचित सदस्य के मत का मूल्य इस प्रकार निर्धारित किया जाता है कि उस

राज्य की कुल जनसंख्या को उस राज्य की विधानसभा के कुल निर्वाचित सदस्यों की संख्या से भाग देकर जो भागफल आए, उसे पुनः 1000 से भाग कर दिया जाता है, जो भागफल आता है वह उस विधानसभा के प्रत्येक निर्वाचित सदस्य के मत का मूल्य होता है।

14 भारत में राष्ट्रपति के निर्वाचन के लिए निर्वाचन मंडल के सदस्य होते हैं *(Chap 4, Class-XI, New NCERT) (UPPSC Mains 2015) (Unit 3, Class XII Tamil Nadu Board)*

1. लोकसभा के निर्वाचित सदस्य
2. राज्यसभा के निर्वाचित सदस्य
3. राज्य विधानसभा के निर्वाचित सदस्य
4. राज्य विधानपरिषद् के निर्वाचित सदस्य

उपर्युक्त में से कौन-सा/से कथन सही है/हैं?

(a) 1 और 2 (b) 1 और 3 (c) 1, 2 और 3 (d) 1, 3 और 4

उत्तर *(c)*

व्याख्या दिए गए कथनों में से कथन (1), (2) और (3) सही हैं। अनुच्छेद 54 के अंतर्गत राष्ट्रपति के निर्वाचक मंडल में संसद के दोनों सदनों (राज्यसभा व लोकसभा) के निर्वाचित सदस्य शामिल होते हैं।

कथन (4) सही नहीं है, क्योंकि राज्य की विधानसभाओं के निर्वाचित सदस्य तथा दिल्ली व पुदुचेरी संघ-राज्य क्षेत्रों के विधानमंडल के निर्वाचित सदस्य शामिल होते हैं।

15 राष्ट्रपति के निर्वाचन के संदर्भ में निम्नलिखित कथनों पर विचार कीजिए *(Chap 5, Class-XI, Old NCERT) (IAS Pre 2018)*

1. राज्यों की विधायिका के सदस्यों के मत का मूल्य विभिन्न राज्यों में अलग-अलग होता है।
2. लोकसभा के सदस्यों के वोट का मूल्य राज्यसभा के सदस्यों के वोट के मूल्य से अधिक होता है।

उपर्युक्त में से कौन-सा/से कथन सही है/हैं?

(a) केवल 1 (b) केवल 2
(c) 1 और 2 दोनों (d) न तो 1 और न ही 2

उत्तर *(a)*

व्याख्या राष्ट्रपति के निर्वाचन के संदर्भ में कथन (1) सही है।

राष्ट्रपति के निर्वाचन के संदर्भ में राज्य विधानसभा के निर्वाचित सदस्य के एक मत मूल्य

$$= \frac{\text{राज्य की कुल जनसंख्या}}{\text{राज्य विधानसभा के निर्वाचित सदस्य}} \times \frac{1}{1000}$$

कथन (2) सही नहीं है, क्योंकि संसद के दोनों सदनों के सदस्यों के मत मूल्य में कोई अंतर नहीं होता है।

अर्थात् एक सांसद का मत मूल्य

$$= \frac{\text{सभी राज्यों व संघीय क्षेत्रों के निर्वाचित विधायकों के मत मूल्यों का कुल योग}}{\text{संसद के दोनों सदनों के निर्वाचित सदस्य}}$$

16 राष्ट्रपति के कार्यकाल के संदर्भ में कौन-सा कथन असत्य है? *(Chap 6, Class-IX & X, Old NCERT)*

(a) राष्ट्रपति का निर्वाचन 5 वर्ष के कार्यकाल के लिए किया जाता है।
(b) राष्ट्रपति का कार्यकाल पद ग्रहण करने के दिन से 5 वर्षों का होता है।
(c) राष्ट्रपति को उसके 5 वर्षों के कार्यकाल के बीच पद से नहीं हटाया जा सकता।
(d) राष्ट्रपति अपना कार्यकाल पूरा करने से पूर्व उपराष्ट्रपति के नाम अपना त्याग-पत्र प्रेषित कर सकता है।

उत्तर *(c)*

व्याख्या राष्ट्रपति के कार्यकाल के संदर्भ में कथन (c) असत्य है, क्योंकि राष्ट्रपति को कार्यकाल से पूर्व महाभियोग की प्रक्रिया के माध्यम से पद से हटाया जा सकता है। कार्यकाल पूरा करने से पूर्व राष्ट्रपति अपना त्याग पत्र उपराष्ट्रपति को प्रेषित कर सकता है। राष्ट्रपति का निर्वाचन 5 वर्ष के लिए होता है अर्थात् राष्ट्रपति अपने पदग्रहण के दिन से अगले 5 वर्ष तक राष्ट्रपति पद पर आसीन रहता है। अनुच्छेद 60 के अनुसार राष्ट्रपति अपनी शपथ भारत में मुख्य न्यायाधीश या इसकी अनुपस्थिति में सर्वोच्च न्यायालय के वरिष्ठ न्यायाधीश के समक्ष लेता है।

17 राष्ट्रपति की चुनाव प्रक्रियाके संबंध में क्या सही नहीं है? *(Chap 5, Class-XI, Old NCERT) (CGPSC Pre 2023)*

(a) राष्ट्रपति के चुनाव की प्रक्रिया का प्रावधान भारतीय संविधान के अनुच्छेद 55 में निहित है।
(b) किसी उम्मीदवार को नामांकन दाखिल करने के लिए 50 प्रस्तावकों और 50 समर्थकों की हस्ताक्षरित सूची जमा करनी होती है
(c) विधायकों के वोटों का मूल्य अलग-अलग राज्यों की जनसंख्या के आधार पर किया जाता है, जोकि 1971 की जनगणना के आँकड़ों पर आधारित है
(d) उपर्युक्त में से कोई नहीं

उत्तर *(d)*

व्याख्या राष्ट्रपति की चुनाव प्रक्रिया के संबंध में सभी कथन सही हैं।

राष्ट्रपति के चुनाव की प्रक्रिया का प्रावधान भारतीय संविधान के अनुच्छेद 55 में निहित है।

राष्ट्रपति पद के लिए नामांकन दाखिल करने के लिए 50 प्रस्तावक एवं 50 समर्थकों की हस्ताक्षरित सूची जमा करनी होती है। विधायकों के वोटों का मूल्य अलग-अलग राज्यों की जनसंख्या के आधार पर किया जाता है, जोकि 1971 की जनगणना के आँकड़ों पर आधारित है।

18 निम्नलिखित कथनों पर विचार कीजिए *(Chap 4, Class-XI, New NCERT) (Chap 5, Class-XI, Old NCERT) (IAS Pre 2023)*

1. यदि भारत के राष्ट्रपति का निर्वाचन भारत के उच्चतम न्यायालय द्वारा शून्य घोषित कर दिया जाता है, तो ऐसे विनिश्चय की तिथि से पूर्व राष्ट्रपति के पद के कर्त्तव्यों के निष्पादन में राष्ट्रपति के द्वारा किए गए सभी कृत्य अविधिमान्य हो जाते हैं।
2. भारत के राष्ट्रपति के पद के लिए निर्वाचन इस आधार पर मुल्तवी किया जा सकता है कि कुछ विधानसभाएँ विघटित हो गई हैं और उनके निर्वाचन अभी होने शेष हैं।
3. कोई विधेयक भारत के राष्ट्रपति को प्रस्तुत किए जाने पर संविधान द्वारा विहित की गई समय-सीमा के अन्दर राष्ट्रपति को अपनी अनुमति देनी होती है।

उपर्युक्त में से कितने कथन सही हैं?

(a) केवल एक (b) केवल दो
(c) सभी तीनों (d) इनमें से कोई नहीं

उत्तर *(d)*

व्याख्या दिए गए कोई भी कथन सही नहीं हैं।

संविधान के अनुच्छेद 71 में कहा गया है कि यदि भारत के राष्ट्रपति का निर्वाचन भारत के उच्चतम न्यायालय द्वारा शून्य घोषित कर दिया जाता है, तो भी पूर्व में राष्ट्रपति द्वारा किए गए सभी कार्यों को अविधिमान्य या शून्य घोषित नहीं किया जाएगा।

इसके अतिरिक्त राष्ट्रपति के पद के लिए हुए निर्वाचन को इस आधार पर मुल्तवी (स्थगित) नहीं किया जा सकता है कि कुछ विधानसभाएँ विघटित हो गई हैं और उनके निर्वाचन अभी होने शेष हैं।

11वें संविधान संशोधन अधिनियम, 1961 के द्वारा अनुच्छेद 71 में यह प्रावधान किया गय कि राष्ट्रपति या उपराष्ट्रपति के निर्वाचन की वैधता को इस आधार पर चुनौती नहीं दी जा सकती कि निर्वाचक मंडल में कुछ स्थान रिक्त हैं।

कोई भी विधेयक भारत के राष्ट्रपति को प्रस्तुत किए जाने पर, संविधान द्वारा विहित की गई समय-सीमा के अन्दर राष्ट्रपति को अनुमति देनी होती है, ऐसा आवश्यक नहीं है, क्योंकि राष्ट्रपति अपने जेबी वीटो का प्रयोग करते हुए विधेयक को कितने भी दिनों तक अपने पास रोक सकता है। संविधान में इस संदर्भ में कोई समय-सीमा निर्धारित नहीं है।

19 राष्ट्रपति पर महाभियोग की प्रक्रिया के संबंध में निम्नलिखित कथनों पर विचार कीजिए *(Chap 5, Class-XI, Old NCERT)*

1. सदन में ऐसा प्रस्ताव लाने से 14 दिन पूर्व इसकी सूचना राष्ट्रपति को देनी होती है।
2. ऐसा प्रस्ताव लाने वाले सदन के कम-से-कम एक-चौथाई सदस्यों के हस्ताक्षर आवश्यक होते हैं।
3. इसमें राष्ट्रपति को अपना पक्ष स्वयं रखने अथवा अपने प्रतिनिधि द्वारा रखने का अवसर प्राप्त होता है।

उपर्युक्त में कौन-सा/से कथन सही है/हैं?

(a) केवल 1 (b) 1 और 2
(c) 1 और 3 (d) ये सभी

उत्तर (d)

व्याख्या राष्ट्रपति पर महाभियोग की प्रक्रिया के संबंध में सभी कथन सही हैं। भारतीय संविधान के अनुच्छेद 61 के अनुसार, राष्ट्रपति पर महाभियोग की प्रक्रिया संसद के किसी भी सदन में आरंभ की जा सकती है। राष्ट्रपति के विरुद्ध महाभियोग लाने के लिए उस सदन के कम-से-कम एक-चौथाई सदस्यों के हस्ताक्षर का एक नोटिस भेजना अनिवार्य होता है। नोटिस भेजने के बाद 14 दिन की अवधि व्यतीत हो जाने पर प्रस्ताव को पारित करने के लिए सदन के कुल सदस्यों के दो-तिहाई बहुमत की आवश्यकता होती है। इसके बाद दूसरा सदन राष्ट्रपति पर लगाए गए आरोपों की जाँच करता है।

दूसरे सदन के समक्ष राष्ट्रपति स्वयं या किसी अधिकृत प्रतिनिधि द्वारा अपना बचाव पक्ष प्रस्तुत कर सकता है। यदि दूसरा सदन भी अपनी कुल सदस्य संख्या के दो-तिहाई मत से इस प्रस्ताव को पारित कर देता है, तो महाभियोग के फलस्वरूप राष्ट्रपति को अपदस्थ कर दिया जाता है।

20 निम्नलिखित कथनों पर विचार कीजिए और असत्य कथन की पहचान कीजिए *(Chap 6, Class-IX & X, Old NCERT)*

(a) राष्ट्रपति अपना त्याग-पत्र कार्यकाल समाप्ति से पूर्व उपराष्ट्रपति को दे सकता है।
(b) मृत्यु, त्याग-पत्र या पद से हटाए जाने की स्थिति में उपराष्ट्रपति राष्ट्रपति के पद पर तब तक काम करता है, जब तक नए राष्ट्रपति का चुनाव न हो जाए।
(c) राष्ट्रपति के पद रिक्त होने के छः माह की अवधि के भीतर चुनाव कराना अनिवार्य है।
(d) राष्ट्रपति के पद रिक्त होने की स्थिति में चुनाव शेष अवधि के लिए होता है।

उत्तर (d)

व्याख्या दिए गए कथनों में से कथन (d) असत्य है, क्योंकि मृत्यु, त्याग-पत्र या पद से हटाए जाने की स्थिति में उपराष्ट्रपति राष्ट्रपति के पद पर तब तक काम करेगा, जब तक नए राष्ट्रपति का चुनाव न हो जाए।

पद रिक्त होने के छः माह की अवधि बीतने से पहले यह चुनाव हो जाना चाहिए, नव-निर्वाचित राष्ट्रपति को पाँच वर्ष की पूर्ण अवधि के लिए चुना जाता है।

21 निम्नलिखित में से किसकी नियुक्ति भारत के राष्ट्रपति द्वारा की जाती है? *(Chap 8, Class-VII, Old NCERT)*

1. राजदूत 2. नीति आयोग के उपाध्यक्ष
3. वित्त आयोग 4. भारत के महान्यायवादी
5. राज्य के राज्यपाल 6. संघ लोक सेवा आयोग

कूट

(a) 1, 2 और 3 (b) 2, 3, 4 और 5
(c) 1, 3, 4, 5 और 6 (d) ये सभी

उत्तर (c)

व्याख्या भारत के राष्ट्रपति द्वारा नियुक्ति के संदर्भ में विकल्प (1), (3), (4), (5) और (6) सही हैं।

अनुच्छेद 53 (1) में उपबंध है कि संघ की कार्यपालिका शक्ति राष्ट्रपति में निहित होगी, जिसका प्रयोग वह संविधान के अनुसार स्वयं या अपने अधीनस्थ अधिकारियों द्वारा करेगा। राष्ट्रपति द्वारा किसी देश में भारत के राजदूत के रूप में नियुक्ति, वित्त आयोग की नियुक्ति, भारत के महान्यायवादी, राज्य के राज्यपाल तथा संघ लोक सेवा आयोग के अध्यक्ष एवं सदस्यों की नियुक्ति की जाती है। जबकि नीति आयोग के उपाध्यक्ष की नियुक्ति प्रधानमंत्री द्वारा की जाती है।

22 निम्नलिखित में से कौन-से कथन सही हैं? *(Chap 6, Class-IX & X, Old NCERT)*

1. राष्ट्रपति की सहायता और उसे सलाह देने के लिए प्रधानमंत्री की अध्यक्षता में मंत्रिपरिषद् होती है।
2. राष्ट्रपति प्रधानमंत्री की नियुक्ति करता है।
3. राष्ट्रपति अपनी इच्छा से अन्य मंत्रियों की नियुक्ति करता है और उनके बीच विभागों का बँटवारा करता है।

कूट

(a) केवल 1 (b) 1 और 2 (c) 1 और 3 (d) ये सभी

उत्तर (b)

व्याख्या दिए गए कथनों में से कथन (1) और (2) सही हैं। राष्ट्रपति राज्य की कार्यपालिका का अध्यक्ष होता है। संविधान के अनुसार वह स्वयं प्रत्यक्षतः या अपने अधीनस्थ अधिकारियों के माध्यम से कार्यपालक अधिकार का प्रयोग करता है।

कथन (3) सही नहीं है, क्योंकि राष्ट्रपति प्रधानमंत्री की सलाह पर मंत्रियों का चयन करके उनके बीच विभागों का बँटवारा करता है।

23 निम्न कथन (A) व कारण (R) को पढ़िए और नीचे दिए गए कूट की सहायता से सही उत्तर का चुनाव कीजिए *(Chap 6, Class-XI, Old NCERT) (UPPSC Mains 2007)*

कथन (A) राष्ट्रपति संसद का एक अभिन्न अंग है।

कारण (R) संसद द्वारा पारित विधेयक राष्ट्रपति की स्वीकृति के पश्चात् ही कानून बन सकता है।

कूट

(a) A और R दोनों सही हैं तथा R, A की सही व्याख्या है
(b) A और R दोनों सही हैं, परंतु R, A की सही व्याख्या नहीं करता है
(c) A सही है, किंतु R गलत है
(d) A गलत है, किंतु R सही है

उत्तर (a)

व्याख्या A और R दोनों सही हैं तथा R, A की सही व्याख्या है। अनुच्छेद 79 के अनुसार संसद का गठन राज्यसभा, लोकसभा एवं राष्ट्रपति से मिलकर होता है, इसलिए राष्ट्रपति संसद का एक महत्त्वपूर्ण अंग है।

राष्ट्रपति की सहमति के बिना कोई विधेयक अधिनियम नहीं बन सकता, जब कोई विधेयक दोनों सदनों में पारित हो जाता है, तो वह राष्ट्रपति के हस्ताक्षर के बाद ही अधिनियम या कानून बन सकता है।

24 निम्नलिखित कथनों पर विचार कीजिए

(Chap 6, Class-XI, Old NCERT)

1. राष्ट्रपति संविधान के अंतर्गत भारत सरकार के कार्यों हेतु कार्य के आवंटन के लिए नियम बनाएगा।
2. कार्य आवंटन नियमावली के अंतर्गत मंत्रालयों, विभागों में कार्य किया जाता है।

उपर्युक्त में से कौन-सा/से कथन सही है/हैं?

(a) केवल 1 (b) केवल 2
(c) 1 और 2 (d) न तो 1 और न ही 2

उत्तर *(c)*

व्याख्या दिए गए दोनों कथन सही हैं।

राष्ट्रपति के निर्देश पर संविधान के प्रावधानों के अंतर्गत वर्ष 1961 में भारत सरकार के कार्य के आवंटन की नियमावली बनवाई गई। इस नियमावली में विनिर्दिष्ट व्यवस्था के अनुसार भारत सरकार के कार्य को; जैसे—मंत्रालय, विभाग, सचिवालय तथा अन्य कार्यालयों को उल्लेखित किया गया है। प्रधानमंत्री की सलाह पर राष्ट्रपति मंत्रियों के बीच कार्यों का आवंटन करता है एवं मंत्रियों को एक या एक से अधिक विभाग भी सौंप सकता है।

25 निम्नलिखित में कौन-सी शक्ति राष्ट्रपति को प्राप्त नहीं है?

(Chap 5, Class-XI, Old NCERT)

(a) संसद के दोनों सदनों के सत्रों का आह्वान
(b) संसद के सत्र का सत्रावसान
(c) संसद का स्थगन
(d) लोकसभा का विघटन

उत्तर *(c)*

व्याख्या संसद के स्थगन की शक्ति राष्ट्रपति को प्राप्त नहीं है। संसद के दोनों सदनों का आह्वान राष्ट्रपति द्वारा किया जाता है। संसद के दो सत्रों के बीच 6 माह से अधिक का अंतराल नहीं होना चाहिए।

संसद के सत्र का अवसान राष्ट्रपति द्वारा किया जाता है। सत्र के अवसान और पुनः इसके इकट्ठे होने को 'अवकाश' कहा जाता है। लोकसभा का विघटन राष्ट्रपति का अधिकार है, जिसे वह केंद्रीय मंत्रिपरिषद् के सुझाव पर करता है। संसद की बैठकों का स्थगन निर्णय लोकसभा के संदर्भ में लोकसभा अध्यक्ष तथा राज्यसभा के संदर्भ में राज्यसभा के सभापति द्वारा किया जाता है।

26 राष्ट्रपति की शक्तियों के संबंध में निम्नलिखित कथनों पर विचार कीजिए

(Chap 4, Class-IX, New NCERT)

1. राष्ट्रपति मंत्रिपरिषद् की किसी भी सलाह को लौटा सकता है और उसे अपने निर्णय पर पुनर्विचार के लिए कह सकता है।
2. संसद द्वारा पारित सभी विधेयक राष्ट्रपति के पास भेजे जाते हैं तथा राष्ट्रपति उन पर अपनी सहमति देने हेतु बाध्य होता है।

उपर्युक्त में से कौन-सा/से कथन सही है/हैं?

(a) केवल 1
(b) केवल 2
(c) 1 और 2
(d) न तो 1 और न ही 2

उत्तर *(a)*

व्याख्या राष्ट्रपति की शक्तियों के संबंध में कथन (1) सही है। जब कोई विधेयक दोनों सदनों से पारित हो जाता है, तो उसे राष्ट्रपति की स्वीकृति के लिए भेज दिया जाता है। वह अपनी स्वीकृति दे सकता है अथवा विधेयक को पुनर्विचार के लिए संसद को वापस कर सकता है, परंतु वह विधेयक यदि फिर से उसी रूप में अथवा संशोधित रूप से पारित हो जाता है, तो उसे स्वीकृति देनी पड़ती है।

कुछ विधेयकों को राष्ट्रपति अपने पास लंबित भी रखता है, जिस पर वह अपने 'पॉकेट वीटो' का प्रयोग कर सकता है।

27 राष्ट्रपति की विधायी शक्तियों पर विचार कीजिए

(Chap 5, Class-XI, Old NCERT)

1. अधिवेशन बुलाने तथा सत्रावसान करने की घोषणा।
2. राज्यसभा में 12 सदस्यों का मनोनयन।
3. कैबिनेट के निर्णयों के बारे में सूचना प्राप्त करना तथा किसी मुद्दे को कैबिनेट के पास भेजना।
4. अन्तराष्ट्रीय संबंधों को नियोजित करना।

उपर्युक्त में से कितने कथन सही हैं?

(a) केवल एक (b) केवल दो
(c) सभी चारों (d) इनमें से कोई नहीं

उत्तर *(b)*

व्याख्या राष्ट्रपति की विधायी शक्तियों के संदर्भ में केवल दो कथन अर्थात् (1 और 2) सही हैं। राष्ट्रपति को संसद के अधिवेशन बुलाने की शक्ति तथा सत्रावसान की शक्ति, राज्यसभा में 12 सदस्यों का मनोनयन, प्रत्येक आम चुनाव के पश्चात् प्रथम सत्र के प्रारम्भ में तथा प्रत्येक वर्ष प्रथम सत्र के आरंभ में, संसद के दोनों सदनों की संयुक्त बैठक का संबोधन, गैर-धन विधेयक पर वीटो पावर का प्रयोग, अध्यादेश जारी करने की शक्ति आदि विधायी शक्ति है। कथन (3) और (4) सही नहीं है, क्योंकि अंतरष्ट्रीय संबंधों का नियोजन (राजनयिक शक्ति), कैबिनेट के निर्णयों के बारे में सूचना प्राप्त करना (कार्यपालिका शक्ति) तथा सर्वोच्च सैन्य कमांडर का पद धारण करना (सैन्य शक्ति), स्वतंत्र के अंतर्गत सम्मिलित हैं।

28 निम्नलिखित किस संदर्भ में राष्ट्रपति अपने विशेषाधिकार का प्रयोग कर सकता है? *(Chap 4, Class-XI, New NCERT)*

(a) धन विधेयक
(b) केंद्रीय मंत्रियों की नियुक्ति
(c) किसी भी दल को लोकसभा में बहुमत प्राप्त न होने की स्थिति में प्रधानमंत्री की नियुक्ति
(d) संसद द्वारा दोबारा पारित कोई विधेयक

उत्तर *(c)*

व्याख्या राष्ट्रपति लोकसभा में बहुमत प्राप्त न होने की स्थिति में, अपने विवेकानुसार प्रधानमंत्री की नियुक्ति कर सकता है। सामान्यतः भारतीय संसदीय व्यवस्था में लोकसभा के बहुमत दल के नेता को राष्ट्रपति प्रधानमंत्री के रूप में नियुक्त करता है, परंतु यदि विशेष परिस्थिति में लोकसभा में किसी भी राजनीतिक पार्टी को बहुमत प्राप्त नहीं होता है या कई राजनीतिक पार्टियाँ लोकसभा में सरकार बनाने का दावा राष्ट्रपति के समक्ष प्रस्तुत करती हैं, तो राष्ट्रपति अपने स्वविवेक के आधार पर सबसे बड़े दल के नेता को प्रधानमंत्री नियुक्त कर सकता है।

29 राष्ट्रपति की निम्नलिखित शक्तियों पर विचार कीजिए

(Chap 8, Class-VII, Old NCERT)

1. वह वित्तमंत्री के द्वारा प्रत्येक वित्तीय वर्ष में संसद के समक्ष वार्षिक वित्तीय विवरण प्रस्तुत करवाता है।
2. वह संघ और राज्यों के बीच करों से होने वाली आय के बँटवारे के लिए वित्त आयोग नियुक्त करता है।
3. वह भारत की संचित निधि से आकस्मिक खर्चों के लिए धन स्वीकृत कर सकता है।

उपर्युक्त में से कौन-सा/से कथन सही है/हैं?

(a) केवल 1 (b) 1 और 2
(c) केवल 3 (d) ये सभी

उत्तर *(d)*

व्याख्या राष्ट्रपति की शक्तियों के संदर्भ में सभी कथन सही हैं।

अनुच्छेद 112 के अंतर्गत राष्ट्रपति को यह अधिकार है कि वित्तमंत्री द्वारा बजट को संसद के सम्मुख रखे, राष्ट्रपति की स्वीकृति के बिना कोई भी धन विधेयक संसद में प्रस्तुत नहीं किया जा सकता है।

राष्ट्रपति प्रत्येक पाँच वर्ष पश्चात् वित्त आयोग की नियुक्ति करता है, जो केंद्र एवं राज्य के मध्य करों से प्राप्त आय का बँटवारा करता है। राष्ट्रपति वित्त आयोग की रिपोर्ट संसद के समक्ष रखता है।

राष्ट्रपति देश के आकस्मिक खर्चों के लिए धन को भारत की संचित निधि से एकत्रित कर सकता है।

30 भारत के राष्ट्रपति को किस मामले में किसी व्यक्ति को दी गई सजा को क्षमा करने, फाँसी को रोकने, सजा में विलंब या छूट देने, सजा को रद्द या माफ करने या उसमें कमी करने की शक्ति प्राप्त है? *(Chap 5, Class-XI, Old NCERT)*

1. दंड या सजा सेना न्यायालय ने दी हो।
2. दंड या सजा ऐसे मामले संबंधी कानून को तोड़ने के लिए हो जिस पर संघ सरकार का अधिकार हो।
3. ऐसा प्रकरण जिसमें मृत्युदंड दिया गया हो।

कूट

(a) केवल 1 (b) केवल 2
(c) 1 और 3 (d) ये सभी

उत्तर *(d)*

व्याख्या अनुच्छेद 72 के अंतर्गत राष्ट्रपति किसी अपराधी के दंड को क्षमा, विलंबन, विराम, परिहार, लघुकरण कर सकता है। राष्ट्रपति को क्षमादान की शक्ति निम्न मामलों में प्राप्त है

- सेना न्यायालय के दंड के मामले में।
- यदि दंड एक ऐसे विषय से संबंधित है, जो विधि के विरुद्ध अपराध है, जिस विषय पर संघ की कार्यपालिका शक्ति का विस्तार है।
- उन सभी मामलों में जहाँ मृत्युदंड की सजा दी गई हो।

31 सूची I को सूची II से सही सुमेलित कीजिए *(Chap 5, Class-XI, Old NCERT)*

सूची I	सूची II
A. प्रविलंबन (Reprieve)	1. विधि द्वारा निर्धारित दंड को अस्थायी रूप से टालना
B. लघुकरण (Commute)	2. दंड के स्वरूप में परिवर्तन कर उसे घटाना
C. विराम (Respite)	3. दंड के क्रियान्वयन को भविष्य के लिए विलंबित करना
D. परिहार (Remission)	4. दंड के स्वरूप में परिवर्तन किए बिना उसकी मात्रा में परिवर्तन करना

कूट

	A	B	C	D		A	B	C	D
(a)	2	1	3	4	(b)	1	2	3	4
(c)	1	3	2	4	(d)	3	2	1	4

उत्तर *(b)*

व्याख्या सही सुमेलन A-1, B-2, C-3, D-4 है।

प्रविलंबन का तात्पर्य दंड की तिथि को आगे बढ़ाना है, जैसे—कारावास।

लघुकरण का तात्पर्य है कि एक दंड के बदले दूसरा दंड देना (प्रकृति बदलना) तथा बड़े दंड को कम करना या कठोर कारावास को साधारण कारावास में बदलना।

विराम का अर्थ है कि किन्हीं विशेष कारणों से दंड को कम करना या प्रकृति बदलना; जैसे—गर्भवती महिला को मृत्युदंड के स्थान पर आजीवन कारावास देना।

परिहार का तात्पर्य है कि दंड के स्वरूप में परिवर्तन न करते हुए एक दंड के बदले दूसरा दंड देना; जैसे-बड़े दंड को कम करना या दो वर्ष के कठोर कारावास को एक वर्ष के कठोर कारावास में बदलना।

32 राष्ट्रपति राष्ट्रीय आपातकाल की घोषणा कर सकता है

(a) बाह्य आक्रमण के आधार पर *(Chap 5, Class-XI, Old NCERT)*
(b) हथियारबंद विद्रोह के आधार पर
(c) युद्ध के आधार पर
(d) उपर्युक्त वर्णित सभी कारणों के आधार पर

उत्तर *(d)*

व्याख्या प्रश्न में वर्णित सभी आधारों पर राष्ट्रपति राष्ट्रीय आपातकाल की घोषणा कर सकता है। भारतीय संविधान में राष्ट्रपति को एकता एवं अखंडता के अनुरूप संकटकालीन शक्तियाँ प्रदान की गई हैं।

राष्ट्रपति अनुच्छेद 352 के आधार पर राष्ट्रीय आपातकाल की घोषणा करता है। यह तीन आधारों पर लागू किया जाता है। ये आधार निम्नलिखित हैं

- बाह्य आक्रमण के आधार पर
- सशस्त्र विद्रोह की स्थिति में
- युद्ध की स्थिति में

उपराष्ट्रपति

33 भारत के उपराष्ट्रपति के संदर्भ में निम्नलिखित कथनों पर विचार कीजिए *(Chap 4, Class-XI, New NCERT)*

1. भारत में उपराष्ट्रपति का चुनाव राष्ट्रपति की तरह ही अप्रत्यक्ष, समानुपातिक प्रतिनिधित्व प्रणाली के अंतर्गत एकल संक्रमणीय मत द्वारा होता है।
2. उपराष्ट्रपति के निर्वाचक मंडल में राज्य विधानसभा के सदस्य नहीं होते हैं।
3. उपराष्ट्रपति जब राज्यसभा की अध्यक्षता करता है तब वह लोकसभा अध्यक्ष के समान ही शक्ति तथा प्रक्रिया को धारण करता है।
4. उपराष्ट्रपति को हटाने के लिए राज्यसभा और लोकसभा में बहुमत से इस आशय का प्रस्ताव पारित करना होता है।

उपर्युक्त में से कितने कथन सही नहीं हैं?

(a) केवल एक
(b) केवल दो
(c) सभी तीन
(d) उपर्युक्त में से कोई नहीं

उत्तर *(a)*

व्याख्या भारत के उपराष्ट्रपति के संदर्भ में केवल एक कथन अर्थात् (4) सही नहीं है, क्योंकि उपराष्ट्रपति को केवल राज्यसभा द्वारा ही हटाया जा सकता है। उपराष्ट्रपति को हटाने के लिए राज्यसभा को अपने बहुमत से इस आशय का प्रस्ताव पारित करना पड़ता है एवं उस प्रस्ताव पर लोकसभा की सहमति लेनी पड़ती है। इसके बाद ही राष्ट्रपति द्वारा उपराष्ट्रपति को हटाया जा सकता है।

कथन (1), (2) और (3) सही हैं। भारत में उपराष्ट्रपति का चुनाव राष्ट्रपति की तरह ही अप्रत्यक्ष, समानुपातिक प्रतिनिधित्व प्रणाली के अंतर्गत एकल संक्रमणीय मत द्वारा होता है। उपराष्ट्रपति के निर्वाचक मण्डल में संसद के दोनों सदनों के सभी सदस्य (निर्वाचित मनोनीत) शामिल होते हैं, किंतु राज्य विधानसभा के सदस्य इसमें शामिल नहीं होते हैं।

अनुच्छेद 64 उल्लिखित करता है कि उपराष्ट्रपति राज्यसभा का पदेन सभापति हो, जो अपनी शक्ति का प्रयोग लोकसभा अध्यक्ष की भाँति करेगा

34 भारत के उपराष्ट्रपति का निर्वाचन जिसे सर्वोच्च न्यायालय द्वारा शून्य घोषित किया गया है, के सन्दर्भ में निम्न में से कौन-सा/से कथन सही है/हैं?

(Chap 4, Class-XI, New NCERT) (UPPSC Pre 2023)

1. उपराष्ट्रपति के रूप में इस प्रकार की घोषणा से पूर्व उसके द्वारा किए गए कार्यविधि मान्य होते हैं।
2. उपराष्ट्रपति के रूप में इस प्रकार की घोषणा होने के दिन उसके द्वारा किए गए कार्यविधि मान्य नहीं होते हैं।

कूट

(a) केवल 1
(b) केवल 2
(c) 1 और 2 दोनों
(d) न तो 1 और न ही 2

उत्तर *(a)*

व्याख्या भारत के उपराष्ट्रपति का निर्वाचन जिसे सर्वोच्च न्यायालय द्वारा शून्य घोषित किया गया है, के सन्दर्भ में कथन (1) सही है। संविधान के अनुच्छेद 71 के अनुसार, यदि उच्चतम न्यायालय किसी व्यक्ति के राष्ट्रपति अथवा उपराष्ट्रपति के रूप में निर्वाचन को अवैध/शून्य घोषित कर देता है, तो राष्ट्रपति या उपराष्ट्रपति के रूप में इस प्रकार की घोषणा से पूर्व उसके द्वारा किए गए कार्य या घोषणा अवैध नहीं होंगे अर्थात् वे कार्यविधि मान्य होंगे।

कथन (2) सही नहीं है, क्योंकि उपराष्ट्रपति के रूप में इस प्रकार की घोषणा होने के समय से (न कि उस दिन) उसके द्वारा किए गए कार्यविधि मान्य नहीं होते हैं।

35 भारत का उपराष्ट्रपति *(Chap 6, Class-XI, Old NCERT)*

1. राष्ट्रपति की अनुपस्थिति में अथवा बीमारी की दशा में राष्ट्रपति के कार्यों को संपन्न करता है।
2. राष्ट्रपति के पद-त्याग, मृत्यु अथवा महाभियोग द्वारा हटाए जाने पर, राष्ट्रपति के रूप में कार्य करता है।
3. राष्ट्रपति के रूप में कार्य करने पर वह अपने सभापतित्व के कार्यों का भी निर्वहन करता है।
4. राष्ट्रपति के रूप मे कार्य करने पर उसे राष्ट्रपति के समान वेतन व भत्ते प्राप्त होते हैं।

उपर्युक्त में से कितने कथन सही हैं?

(a) केवल एक (b) केवल दो
(c) केवल तीन (d) इनमें से कोई नहीं

उत्तर *(c)*

व्याख्या भारत के उपराष्ट्रपति के संबंध में केवल तीन कथन अर्थात् (1, 2 और 4) सही हैं।

भारतीय संविधान के अनुच्छेद 65 के अनुसार उपराष्ट्रपति, राष्ट्रपति की अनुपस्थिति में अथवा बीमारी की दशा में राष्ट्रपति के कार्यों को संपन्न करता है। राष्ट्रपति के पद-त्याग, मृत्यु एवं महाभियोग की दशा में भी उपराष्ट्रपति, राष्ट्रपति के रूप में कार्य करता है। राष्ट्रपति के रूप में कार्य करते समय उपराष्ट्रपति को राष्ट्रपति के समान वेतन व भत्ते प्राप्त होते हैं। इसके अतिरिक्त वह राष्ट्रपति को प्राप्त सभी शक्तियों, उपलब्धियों का वहनकर्ता होता है। उपराष्ट्रपति की राष्ट्रपति के रूप में कार्य करने की अवधि 6 माह होती है।

कथन (3) सही नहीं है, क्योंकि यदि उपराष्ट्रपति, राष्ट्रपति के रूप में कार्य करेगा, तो वह राज्यसभा के सभापति के पद के कार्यों को नहीं करेगा एवं अनुच्छेद 97 के अधीन वह राज्यसभा के सभापति के वेतन या भत्ते का अधिकारी नहीं होगा।

प्रधानमंत्री और मंत्रिपरिषद्

36 प्रधानमंत्री और मंत्रिपरिषद् के संदर्भ में निम्नलिखित कथनों पर विचार कीजिए *(Chap 4, Class-XI, New NCERT)*

(Chap 10, Module-3, NIOS)

1. संविधान में स्पष्ट रूप से प्रधानमंत्री की नियुक्ति संबंधी प्रक्रिया का उल्लेख है।
2. संविधान का अनुच्छेद 74 राष्ट्रपति को प्रधानमंत्री की नियुक्ति का अधिकार देता है, जिसका प्रयोग कर राष्ट्रपति इच्छानुसार प्रधानमंत्री का चयन करता है।
3. प्रधानमंत्री राष्ट्रपति की सलाह पर विभिन्न मंत्रियों में पद स्तर तथा मंत्रालयों का बँटवारा करता है।
4. राष्ट्रपति मंत्रिपरिषद् की सलाह पर अपनी शक्तियों का प्रयोग करता है।

उपर्युक्त में कितने कथन सही हैं?

(a) केवल एक (b) केवल तीन
(c) सभी चारों (d) इनमें से कोई नहीं

उत्तर *(a)*

व्याख्या प्रधानमंत्री और मंत्रिपरिषद् के संदर्भ में केवल एक कथन अर्थात् (4) सही है।

अनुच्छेद 74 में मंत्रिपरिषद् का उल्लेख है। राष्ट्रपति इसी मंत्रिपरिषद् की सलाह पर अपनी शक्तियों का प्रयोग करता है।

कथन (1), (2) और (3) सही नहीं हैं, क्योंकि संविधान में प्रधानमंत्री के चयन की प्रक्रिया का स्पष्ट उल्लेख नहीं है। राष्ट्रपति अनुच्छेद 75 द्वारा प्राप्त शक्ति से लोकसभा में बहुमत प्राप्त दल के नेता या गठबंधन दल के नेता को प्रधानमंत्री नियुक्त कर सकता है। प्रधानमंत्री अपने मंत्रिपरिषद् में विभिन्न मंत्रियों में पद स्तर तथा मंत्रालय का बँटवारा स्वविवेक से करता है।

37 मंत्रिमंडल के संदर्भ में निम्नलिखित कथनों पर विचार कीजिए *(Chap 4, Class-IX, New NCERT)*

1. मंत्रियों की राय और विचार अलग-अलग हो सकते हैं, किंतु कोई भी मंत्री सरकार के फैसले की सार्वजनिक रूप से आलोचना नहीं कर सकता।
2. प्रधानमंत्री किसी भी मंत्री को बर्खास्त कर सकता है तथा जब प्रधानमंत्री अपना पद छोड़ता है, तो पूरे मंत्रिमंडल को इस्तीफा देना पड़ता है।

उपर्युक्त में से कौन-सा/से कथन सही है/हैं?

(a) केवल 1 (b) केवल 2
(c) 1 और 2 (d) न तो 1 और न ही 2

उत्तर *(c)*

व्याख्या मंत्रिमंडल के संदर्भ में दोनों कथन सही हैं।

मंत्रिपरिषद् में सभी मंत्रियों के विचार एकमत नहीं होते हैं फिर भी मंत्री अपनी सरकार तथा मंत्रिपरिषद् का खुलकर विरोध या आलोचना नहीं कर सकते। सरकार का प्रमुख होने के नाते प्रधानमंत्री के व्यापक अधिकार होते हैं। वह कैबिनेट की बैठकों की अध्यक्षता करता है।

वह विभिन्न विभागों के कार्यों का समन्वय करता है, विभागों के विवाद के मामले में उसका निर्णय अंतिम माना जाता है। वह विभिन्न विभागों की सामान्य निगरानी करता है। उसे किसी मंत्री को बर्खास्त करने का भी अधिकार होता है, जब प्रधानमंत्री अपना पद छोड़ता है, तो पूरा मंत्रिमंडल इस्तीफा दे देता है।

38 कोई व्यक्ति जो संसद का सदस्य नहीं है, केंद्रीय मंत्री के रूप में रह सकता है *(Chap 6, Class-XI, Old NCERT) (UPPSC Mains 2015)*

(a) तीन माह (b) छः माह
(c) एक वर्ष (d) एक माह

उत्तर *(b)*

व्याख्या कोई व्यक्ति जो संसद का सदस्य नहीं है, केंद्रीय मंत्री के रूप में छः माह तक रह सकता है। प्रधानमंत्री तथा सभी मंत्रियों के लिए संसद का सदस्य होना अनिवार्य होता है। कभी-कभी ऐसे व्यक्ति को भी मंत्री बनाया जा सकता है, जो संसद का सदस्य नहीं हो, लेकिन उस व्यक्ति को मंत्री बनने के छः माह के भीतर संसद के दोनों सदनों में से किसी एक का सदस्य चुना जाना आवश्यक है।

39 निम्नलिखित कथनों पर विचार कीजिए *(Chap 4, Class-XI, New NCERT)*

कथन I मंत्रिपरिषद् लोकसभा के प्रति सामूहिक रूप से उत्तरदायी होती है।

कथन II जो सरकार लोकसभा में विश्वास खो देती है, उसे त्यागपत्र देना पड़ता है।

कूट

(a) कथन I और कथन II दोनों सही हैं तथा कथन II, I की सही व्याख्या है
(b) कथन I और कथन II दोनों सही हैं, परंतु कथन II कथन I की सही व्याख्या नहीं है
(c) कथन I सही है, किंतु कथन II गलत है
(d) कथन I गलत है, किंतु कथन II सही है

उत्तर *(a)*

व्याख्या कथन I और कथन II दोनों सही हैं तथा कथन II, कथन I की सही व्याख्या है।

संसदीय शासन प्रणाली में एक निर्धारित क्रियाविधि है, जिसके अनुसार कार्यपालिका अर्थात् मंत्रिपरिषद् तथा विधायिका अर्थात् संसद के संबंध नियमित होते हैं, इसलिए मंत्रिपरिषद् लोकसभा के प्रति सामूहिक रूप से उत्तरदायी होती है। सामूहिक रूप से उत्तरदायित्व के प्रावधान में जो सत्ताधारी सरकार लोकसभा में विश्वास खो देती है, तब सामूहिक रूप से मंत्रिपरिषद् को त्याग-पत्र देना पड़ता है। सामूहिक उत्तरदायित्व मंत्रिमंडल के एकजुटता सिद्धांत पर आधारित है।

40 भारत के प्रधानमंत्री की नियुक्ति के समय *(Chap 6, Class-XI, Old NCERT) (IAS Pre 2012)*

(a) जरूरी नहीं है कि वह संसद के दोनों सदनों में से एक का आवश्यक रूप से सदस्य हो, परंतु उसे छः माह के अंदर आवश्यक रूप से दोनों में से एक सदन का सदस्य हो जाना चाहिए।
(b) जरूरी नहीं कि वह संसद के दोनों सदनों में से एक का आवश्यक रूप से सदस्य हो, परंतु उसे छः माह के अंदर लोकसभा का सदस्य हो जाना चाहिए।
(c) संसद के दोनों सदनों में से एक का आवश्यक रूप से सदस्य होना चाहिए।
(d) आवश्यक रूप से लोकसभा का सदस्य होना चाहिए।

उत्तर *(a)*

व्याख्या भारत के प्रधानमंत्री की नियुक्ति के समय वह संसद के किसी सदन का सदस्य हो सकता है। यदि वह सदन का सदस्य नहीं है, तो उसे छः माह के भीतर निर्वाचित होना आवश्यक है।

41 मंत्रिपरिषद् का तात्पर्य है *(Chap 8, Class-VII, Old NCERT) (IAS Pre 2004)*

(a) कैबिनेट स्तर के मंत्री से
(b) राज्यमंत्री से
(c) उपमंत्री से
(d) कैबिनेट, राज्य एवं उपमंत्री से

उत्तर *(d)*

व्याख्या मंत्रिपरिषद् में मंत्रियों की तीन श्रेणियाँ (कैबिनेट मंत्री, राज्यमंत्री एवं उपमंत्री) होती हैं। इन मंत्रियों के बीच उनके पदक्रम, वेतन तथा राजनीतिक महत्त्व के आधार पर अंतर होता है।

कैबिनेट मंत्रियों के पास केंद्र सरकार का महत्त्वपूर्ण मंत्रालय; जैसे-गृह, रक्षा, वित्त आदि होते हैं, ये मंत्री अपने विभाग के प्रमुख होते हैं एवं विभाग संबंधी निर्णय स्वयं लेते हैं।

राज्यमंत्रियों को मंत्रालय/विभागों का स्वतंत्र प्रभार दिया जा सकता है या इन्हें कैबिनेट मंत्री के साथ सहयोगी बनाया जा सकता है।

उपमंत्रियों को कैबिनेट अथवा राज्यमंत्रियों को उनके प्रशासनिक, राजनीतिक एवं संसदीय कार्यों में सहायता के लिए नियुक्त किया जाता है।

42 कैबिनेट मंत्री के संदर्भ में निम्नलिखित कथनों पर विचार कीजिए *(Chap 4, Class-IX, New NCERT)*

1. ये प्रमुख मंत्रालयों के प्रभारी होते हैं।
2. संविधान में कैबिनेट का उल्लेख किया गया है।
3. इसमें सभी मंत्री सम्मिलित नहीं होते हैं।
4. ये सरकार की सामान्य कार्यपालक नीतियों का निर्माण करते हैं।

उपर्युक्त में से कौन-सा/से कथन सही नहीं है/हैं?

(a) केवल 1
(b) केवल 2
(c) केवल 3
(d) केवल 4

उत्तर *(b)*

व्याख्या कैबिनेट मंत्री के संदर्भ में कथन (2) सही नहीं है, क्योंकि मंत्रिपरिषद् में कैबिनेट मंत्री धुरी की स्थिति में रहता है। कैबिनेट मंत्री का नहीं, बल्कि मंत्रिपरिषद् का उल्लेख भारतीय संविधान में किया गया है।

कैबिनेट के सामने बड़े-बड़े प्रशासनिक, विधायी एवं वित्तीय मामले आते हैं। यह केंद्र सरकार की सामान्य कार्यपालक नीतियों का निर्माण करती है।

43 संघीय मंत्रिपरिषद् में मंत्रियों की संख्या अधिकतम कितनी हो सकती है? *(Chap 4, Class-XI, New NCERT)*

(a) संसद की कुल सदस्य संख्या का 15%
(b) लोकसभा की कुल सदस्य संख्या का 15%
(c) राज्यसभा की कुल सदस्य संख्या का 15%
(d) प्रधानमंत्री द्वारा निर्धारित संख्या

उत्तर *(b)*

व्याख्या 91वें संविधान संशोधन 2003 के अनुसार, यह व्यवस्था की गई है कि मंत्रिपरिषद् के सदस्यों की संख्या लोकसभा (या राज्यों में विधानसभा) की कुल सदस्य संख्या के 15% से अधिक नहीं होगी।

इस संविधान संशोधन से पूर्व मंत्रिपरिषद् का आकार समय तथा परिस्थितियों के अनुरूप तय किया जाता था। इस प्रक्रिया ने राजनीतिक भ्रष्टाचार को जन्म दिया था, जिसे अब नियंत्रित किया गया है।

44 निम्नलिखित में से कौन-सा/से कथन सही नहीं है/हैं?

(Chap 4, Class-XI, New NCERT)

(a) भारत में प्रधानमंत्री का सरकार में स्थान सर्वोपरि है।
(b) प्रधानमंत्री की मृत्यु से पूरी मंत्रिपरिषद् भंग नहीं होती है।
(c) प्रधानमंत्री मंत्रिपरिषद् तथा राष्ट्रपति एवं संसद के बीच सेतु का कार्य करता है।
(d) मंत्रिपरिषद् की बैठकों की अध्यक्षता प्रधानमंत्री करता है।

उत्तर *(b)*

व्याख्या दिए गए कथनों में से कथन (b) सही नहीं है, क्योंकि प्रधानमंत्री की मृत्यु या त्याग-पत्र से पूरी मंत्रिपरिषद् भंग हो जाती है, जबकि किसी मंत्री की मृत्यु, हटाए जाने या त्याग-पत्र से मंत्रिपरिषद् में केवल एक स्थान खाली होता है।क्योंकि भारतीय संसदीय शासन प्रणाली में प्रधानमंत्री शासन की धुरी होता है। वह मंत्रिपरिषद् में सर्वोच्च स्थान रखता है। वह राष्ट्रपति एवं मंत्रिमंडल के बीच कड़ी का कार्य करता है तथा राष्ट्रपति को प्रशासन व विधायन संबंधी जानकारी देता है।

45 निम्नलिखित में से कौन-सा वक्तव्य सही है? भारत का प्रधानमंत्री

(Chap 5, Class-XI, Old NCERT)

(a) राष्ट्रपति के साथ परामर्श करके अपने मंत्रिमंडल के सहयोगियों का चयन करता है।
(b) संसद के दोनों सदनों के सदस्यों में से अपने सहयोगी मंत्रियों का चयन करने के लिए स्वतंत्र है।
(c) अपने मंत्रिमंडल में कार्य करने के लिए व्यक्तियों के चयन हेतु पूर्णत: स्वतंत्र है।
(d) अपने मंत्रिमंडल में लोकसभा के सदस्यों को अपने सहयोगी मंत्री के रूप में चुनने के लिए स्वतंत्र है।

उत्तर *(c)*

व्याख्या भारत का प्रधानमंत्री अपने मंत्रिपरिषद् में कार्य करने के को व्यक्तियों के चयन हेतु पूर्णत: स्वतंत्र होता है। मंत्रिपरिषद् में प्रधानमंत्री का महत्त्वपूर्ण स्थान प्राप्त है। वह अन्य मंत्रियों का चयन करता है। प्रधानमंत्री मंत्रिपरिषद् के निर्णयों से राष्ट्रपति को अवगत कराता है।

प्रधानमंत्री किसी भी मंत्री से त्याग-पत्र माँग सकता है। यदि वह त्याग-पत्र नहीं देता है, तो प्रधानमंत्री के परामर्श पर राष्ट्रपति उसे मंत्रिमंडल से हटा सकता है।

46 केंद्रीय सरकार के संदर्भ में निम्नलिखित कथनों पर विचार कीजिए

(Chap 6, Class-XI, Old NCERT)

1. संविधान में यह प्रावधान है कि सभी कैबिनेट मंत्री केवल लोकसभा के ही सदस्य होंगे।
2. केंद्रीय कैबिनेट सचिवालय कैबिनेट मंत्री के निर्देशाधीन कार्य करता है।

उपर्युक्त में से कौन-सा/से कथन सही है/हैं?

(a) केवल 1 (b) केवल 2
(c) 1 और 2 (d) न तो 1 और न ही 2

उत्तर *(d)*

व्याख्या केंद्रीय सरकार के संदर्भ में कोई भी कथन सही नहीं है।

मंत्रिपरिषद् के प्रत्येक सदस्य को लोकसभा अथवा राज्यसभा का सदस्य होना चाहिए या मंत्री के तौर पर नियुक्ति होने के बाद छः माह के अंदर किसी भी एक सदन के सदस्य के रूप में निर्वाचित होना चाहिए। यदि वह ऐसा करने में सफल नहीं होता, तो उसे मंत्रिपरिषद् से त्याग-पत्र देना होता है।

सर्वोच्च स्तर पर निर्णय लेने की प्रक्रिया में कैबिनेट (मंत्रिमंडल) सचिवालय महत्त्वपूर्ण समन्वयन की भूमिका निभाता है। यह प्रधानमंत्री के निर्देश के अंतर्गत संचालित होता है।

47 केंद्रीय मंत्रिपरिषद् के संदर्भ में निम्नलिखित कथनों पर विचार कीजिए

(Chap 5, Class-XI, Old NCERT)

1. यह केंद्रीय प्रशासन से संबंधित सभी नीतिगत निर्णय लेती है।
2. यह सभी नीतिगत निर्णयों के कार्यान्वयन की देख-रेख करती है।
3. यह विधेयकों का निर्माण कर संसद के दोनों सदनों में उन्हें पारित करवाने में महत्त्वपूर्ण भूमिका निभाती है।

उपर्युक्त में से कौन-सा/से कथन सही है/हैं?

(a) केवल 1 (b) केवल 2 (c) 1 और 2 (d) 1, 2 और 3

उत्तर *(d)*

व्याख्या केंद्रीय मंत्रिपरिषद् के संदर्भ में सभी कथन सही हैं।

केंद्रीय मंत्रिपरिषद् संपूर्ण देश के शासन संचालन का कार्य करती है, राष्ट्रीय नीतियों का निर्धारण करती है तथा विधेयकों को तैयार करती है। इसके अतिरिक्त यह संसद के दोनों सदनों में प्रस्तुत कर पारित करवाने का कार्य भी करती है।

48 निम्नलिखित कथनों पर विचार कीजिए

(Chap 4, Class-IX, New NCERT) (IAS Pre 2022)

1. भारत का महान्यायवादी और भारत का सॉलिसिटर जनरल ही सरकार के एकमात्र अधिकारी हैं, जिन्हें भारत की संसद की बैठकों में भाग लेने की अनुमति है।
2. भारत के संविधान के अनुसार, भारत का महान्यायवादी अपना त्याग-पत्र दे देता है, जब वह सरकार जिसने उसको नियुक्त किया था, इस्तीफा देती है।

उपर्युक्त कथनों में से कौन-सा/से कथन सही है/हैं?

(a) केवल 1 (b) केवल 2
(c) 1 और 2 दोनों (d) न तो 1 और न ही 2

उत्तर *(d)*

व्याख्या दिए गए दोनों कथन सही नहीं हैं।

संविधान के अनुच्छेद 88 के अन्तर्गत केवल भारत के महान्यायवादी को यह अधिकार प्रदान किया गया है कि वह संसद के दोनों सदनों की कार्यवाही में भाग ले सकता है तथा विचार व्यक्त कर सकता है, किन्तु मतदान नहीं कर सकता। उल्लेखनीय है कि महान्यायवादी को सहायता देने के लिए एक सॉलिसिटर जनरल तथा दो अतिरिक्त सॉलिसिटर जनरल भी नियुक्त किए जाते हैं। सॉलिसिटर जनरल का पद भारत सरकार द्वारा सृजित है, न कि संविधान द्वारा।

भारत के संविधान में महान्यायवादी को हटाने सम्बन्धी प्रक्रिया नहीं बताई गई है। अनुच्छेद 76(1) के अनुसार, महान्यायवादी की नियुक्ति संघीय मन्त्रिपरिषद् की सलाह पर राष्ट्रपति द्वारा की जाती है तथा वह राष्ट्रपति के प्रसादपर्यन्त अपना पद धारण करता है अर्थात् राष्ट्रपति उसे किसी भी समय हटा सकता है। यद्यपि यह परम्परा है कि जब सरकार (मन्त्रिपरिषद्) त्याग-पत्र दे या उसे बदल दिया जाए, तो उसे अपना त्याग-पत्र देना होता है, क्योंकि उसकी नियुक्ति सरकार की सिफारिश से ही होती है।

49 भारत के महान्यायवादी के सन्दर्भ में निम्नलिखित कथनों में से कौन-सा/से कथन सही है/हैं?

(Chap 4, Class-IX, New NCERT) (UPPSC Pre 2023)

1. महान्यायवादी के पद पर ऐसे व्यक्ति की नियुक्ति होगी, जोकि उच्चतम न्यायालय का न्यायाधीश नियुक्त होने के लिए अर्हित हो।
2. महान्यायवादी को उनके पद से उसी प्रक्रिया से हटाया जा सकता है, जैसे कि उच्चतम न्यायालय के न्यायाधीशों को।

कूट

(a) केवल 1 (b) केवल 2
(c) 1 और 2 दोनों (d) न तो 1 न ही 2

उत्तर (a)

व्याख्या भारत के महान्यायवादी के सन्दर्भ में कथन (1) सही है। राष्ट्रपति, उच्चतम न्यायालय का न्यायाधीश नियुक्त होने के लिए अर्हित किसी व्यक्ति को भारत का महान्यायवादी (अनुच्छेद 76) नियुक्त करता है। यह भारत सरकार का प्रथम विधि अधिकारी होता है।

कथन (2) सही नहीं है, क्योंकि इसके लिए संविधान में स्पष्ट उल्लेख नहीं है। भारत में अभी तक इस प्रथा का अनुसरण होता रहा है कि जिस मन्त्रिमण्डल ने महान्यायवादी की नियुक्ति की थी, उसके पद त्याग करने या प्रतिस्थापित किए जाने पर महान्यायवादी अपना पद त्याग देता है।

50 निम्नलिखित कथनों पर विचार कीजिए

(Chap 4, Class-XI, New NCERT) (IAS Pre 2022)

1. भारत का संविधान मंत्रियों को चार श्रेणियों अर्थात् कैबिनेट मंत्री, स्वतंत्र प्रभार वाले राज्य मंत्री, राज्य मंत्री और उपमंत्री में वर्गीकृत करता है।
2. संघ सरकार में मंत्रियों की कुल संख्या प्रधानमंत्री को मिलाकर लोकसभा के कुल सदस्यों के 15% से अधिक नहीं होनी चाहिए।

उपर्युक्त कथनों में से कौन-सा/से कथन सही है/हैं?

(a) केवल 1 (b) केवल 2
(c) 1 और 2 दोनों (d) न तो 1 और न ही 2

उत्तर (b)

व्याख्या दिए गए कथनों में से कथन (2) सही है। 91वें संविधान संशोधन अधिनियम, 2003 के द्वारा अनुच्छेद 75 में उपखंड 1 (क) को जोड़कर यह प्रावधान किया गया है कि संघ सरकार में मंत्रियों की कुल संख्या प्रधानमंत्री सहित लोकसभा के कुल सदस्यों के 15% से अधिक नहीं होगी।

कथन (1) सही नहीं है, क्योंकि भारत का संविधान मंत्रियों की श्रेणियों का वर्गीकरण नहीं करता है। संविधान के अनुच्छेद 74 में कहा गया है कि राष्ट्रपति की सहायता और सलाह देने के लिए एक मंत्रिपरिषद् होगी, जिसका प्रधान, प्रधानमंत्री होगा। उल्लेखनीय है कि मंत्रिपरिषद् में मंत्रियों की तीन श्रेणियाँ होती हैं—कैबिनेट मंत्री, राज्य मंत्री (इसमें स्वतंत्र प्रभार वाले मंत्री भी शामिल होते हैं) और उपमंत्री।

51 निम्नलिखित कथनों पर विचार कीजिए

(Chap 4, Class-XI, New NCERT)

कथन I **भारत का संविधान मंत्रिपरिषद् को सामूहिक जिम्मेदारी प्रदान करता है, जिसका अर्थ है–सरकार की किसी भी नीति या कार्य के लिए संपूर्ण मंत्रिपरिषद् लोकसभा के प्रति जिम्मेदार होगी।**

कथन II **सरकार की नीतियों पर समर्थन लोकसभा की सामूहिक जिम्मेदारी का भाग है तथा मंत्रिपरिषद् का निर्माण लोकसभा से होता है।**

कूट

(a) कथन I और कथन II दोनों सही हैं तथा कथन II, कथन I की सही व्याख्या है
(b) कथन I और कथन II दोनों सही हैं, परन्तु कथन II, कथन I की सही व्याख्या नहीं है
(c) कथन I सही है, किंतु कथन II गलत है
(d) कथन I गलत है, किंतु कथन II सही है

उत्तर (c)

व्याख्या कथन I सही है, किंतु कथन II गलत है।

संविधान के अनुच्छेद 75(3) के अंतर्गत इस बात का उल्लेख किया गया है कि मंत्रिपरिषद् लोकसभा के प्रति सामूहिक रूप से उत्तरदायी होगी। इसका तात्पर्य यह है कि किसी मंत्री के कार्य के लिए केवल अकेला संबंधित मंत्री ही उत्तरदायी नहीं होता, अपितु उसके कार्य और नीतियों के लिए संपूर्ण मंत्रिपरिषद् उत्तरदायी होती है।

मंत्रिपरिषद् का निर्माण केवल लोकसभा से नहीं होता है। मंत्रिपरिषद् में लोकसभा तथा राज्यसभा दोनों के सदस्य शामिल होते हैं।

52 'प्रधानमंत्री कार्यालय' की भूमिका के संदर्भ में दिए गए कथन पर विचार कीजिए *(Unit 3, Class-XII, Tamil Nadu Board)*

1. प्रधानमंत्री तथा कैबिनेट के मध्य, विभिन्न विभागों के साथ संचार बढ़ाने तथा इस संदर्भ में प्रधानमंत्री की जिम्मेदारियों के संदर्भ में भूमिका का निर्वाह।
2. प्रधानमंत्री के थिंक टैंक के रूप में कार्य करता है।
3. केन्द्रीय मंत्रिमंडल के अध्यक्ष के रूप में प्रधानमंत्री की जिम्मेदारियों के निर्वाह में सहायक।

उपर्युक्त में कितने कथन सही हैं?

(a) केवल एक
(b) केवल दो
(c) सभी तीन
(d) उपर्युक्त में से कोई नहीं

उत्तर (b)

व्याख्या प्रधानमंत्री कार्यालय की भूमिका के संदर्भ में केवल दो कथन अर्थात् (1 और 2) सही हैं। 'प्रधानमंत्री कार्यालय', प्रधानमंत्री के विभिन्न विभागों, मंत्रालयों, नीति आयोग के अध्यक्ष के रूप में जिम्मेदारियों के निर्वाह तथा संचार को बनाए रखने में प्रधानमंत्री की सहायता करता है और यह प्रधानमंत्री के थिंक टैंक के रूप में कार्य करता है।

कथन (3) सही नहीं है, क्योंकि केन्द्रीय मंडल के अध्यक्ष के रूप में प्रधानमंत्री के उत्तरदायित्व निर्वाह के संबंध में कैबिनेट सचिवालय की भूमिका है, न कि प्रधानमंत्री कार्यालय की। कैबिनेट सचिवालय द्वारा कैबिनेट मामलों को निपटाया जाता है, जो प्रधानमंत्री की सलाह पर कार्य करता है।

मंत्रिमंडलीय सचिवालय/प्रशासनिक सेवाएँ

53 निम्नलिखित में से कौन-सा कथन कैबिनेट (मंत्रिमंडल) सचिवालय के कार्यों के संबंध में सही है?

(Chap 6, Class-XI, Old NCERT)

(a) यह विभिन्न मामलों को कैबिनेट और उसकी समितियों के सम्मुख प्रस्तुत करता है।
(b) वह निर्णयों के अभिलेख तैयार करता है।
(c) वह निर्णयों के कार्यान्वयन के बारे में अनुवर्ती कार्यवाही करता है।
(d) उपर्युक्त सभी

उत्तर (d)

व्याख्या कैबिनेट (मंत्रिमंडलीय) सचिवालय के कार्यों के संबंध में सभी कथन सही हैं। कैबिनेट सचिवों की समिति के लिए भी कार्य करता है, जो कैबिनेट सचिव की अध्यक्षता में समय-समय पर बैठकें करती है। यह समस्याओं पर विचार कर सलाह देती है। निर्णयों के अभिलेख तैयार करने का तथा उनके कार्यान्वयन का दायित्व भी कैबिनेट का होता है।

54 **केंद्रीय प्रशासनिक संरचना के पद-सोपान में निम्नलिखित पदों को उनके सही क्रम में व्यवस्थित कीजिए**

(Chap 8, Class-XI, Old NCERT)

1. सचिव
2. संयुक्त सचिव
3. अतिरिक्त सचिव
4. उपसचिव
5. अवर सचिव

कूट

(a) 1, 2, 3, 4, 5 (b) 1, 2, 4, 3, 5
(c) 1, 3, 2, 4, 5 (d) 5, 1, 3, 2, 4

उत्तर *(c)*

व्याख्या केंद्रीय प्रशासनिक संरचना के पद-सोपान में सही क्रम सचिव, अतिरिक्त सचिव, संयुक्त सचिव, उपसचिव तथा अवर सचिव है।

सचिव किसी मंत्रालय अथवा विभाग का प्रशासकीय अध्यक्ष होता है तथा नीति से संबंधित सभी विषयों पर मंत्री को सलाह देता है।

अतिरिक्त सचिव पर काम के दबाव को कम करने के लिए अतिरिक्त सचिव पद सृजित किया गया।

संयुक्त सचिव की नियुक्ति विशेष रूप से दोनों सदनों के विधायी कार्यों के सदस्यों की सहायता के लिए वरिष्ठ अधिकारी के रूप में की जाती है।

उपसचिव एक ऐसा अधिकारी होता है, जो सचिव की ओर से काम करता है तथा जो एक प्रभाग का प्रभारी होता है।

अवर सचिव एक शाखा का चार्ज संभालता है तथा वह कार्य को आगे बढ़ाने व अनुशासन बनाए रखने में सहायता करता है।

55 **कैबिनेट सचिवालय के संदर्भ में निम्नलिखित कथनों पर विचार कीजिए**

(Chap 8, Class-XI, Old NCERT)

1. कैबिनेट सचिवालय का अध्यक्ष कैबिनेट सचिव होता है।
2. कैबिनेट सचिवालय का उद्गम ब्रिटिश शासनकाल में हुआ।
3. कैबिनेट की कुशलता भी कैबिनेट सचिवालय के कार्य पर निर्भर करती है।

उपर्युक्त में से कौन-सा/से कथन सही है/हैं?

(a) केवल 1
(b) 1 और 3
(c) 1 और 2
(d) उपर्युक्त सभी

उत्तर *(d)*

व्याख्या कैबिनेट सचिवालय के संदर्भ में सभी कथन सही हैं।

कालांतर में जब भारत स्वतंत्र हुआ तो कार्यकारिणी परिषद् के सचिव के पद को कैबिनेट सचिव का नाम दिया गया तथा इससे संबद्ध कार्यालय को कैबिनेट सचिवालय के नाम से पुकारा जाने लगा।

कैबिनेट सचिवालय कैबिनेट की बैठकों का कार्यक्रम तैयार करता है। इसके विचार-विमर्श के लिए आवश्यक सूचना की व्यवस्था करता है तथा कैबिनेट एवं उसकी समितियों के विचार-विमर्श एवं निर्णयों का लेखा-जोखा रखता है।

यह राष्ट्रपति, उपराष्ट्रपति तथा समस्त मंत्रालयों को शासन की महत्त्वपूर्ण गतिविधियों के संबंध में सूचनाएँ देता है।

56 **कथन (A) व कारण (R) को पढ़िए और नीचे दिए गए कूट की सहायता से सही उत्तर चुनिए** *(Chap 4, Class-XI, New NCERT)*

कथन (A) नौकरशाही से यह अपेक्षा की जाती है कि वह राजनीतिक रूप से तटस्थ हो।

कारण (R) नौकरशाही नीतियों पर विचार करते समय राजनीतिक दृष्टिकोण का समर्थन करेगी।

कूट

(a) A और R दोनों सही हैं तथा R, A की सही व्याख्या है
(b) A और R दोनों सही हैं, परंतु R, A की सही व्याख्या नहीं है
(c) A सही है, किंतु R गलत है
(d) A गलत है, किंतु R सही है

उत्तर *(c)*

व्याख्या A सही है, किंतु R सही नहीं है।

नौकरशाही से यह अपेक्षा की जाती है कि वह सरकार की नीतियों के संपर्क में रहे, जबकि राजनीतिक रूप से वह तटस्थ रहे।

नौकरशाही नीतियों पर विचार करते समय किसी राजनीतिक दृष्टिकोण का समर्थन नहीं करती है। नौकरशाही वह माध्यम है, जिसके द्वारा सरकार की लोकहितकारी नीतियाँ जनता तक पहुँचती हैं, इसलिए नौकरशाही को राजनीतिक दृष्टिकोण का समर्थन नहीं करना चाहिए।

57 **निम्नलिखित युग्मों पर विचार कीजिए**

(Chap 4, Class-XI, New NCERT)

	सेवाएँ		कार्य पद्धति
1.	भारतीय विदेश सेवा	–	जहाँ बहाली हो उसी प्रदेश में काम करना।
2.	अखिल भारतीय सेवाएँ	–	केंद्र सरकार के दफ्तरों में काम करना, जो देश की राजधानी या अन्य जगहों पर हों।
3.	केंद्रीय सेवाएँ	–	जिस प्रदेश में भेजा जाए अथवा प्रतिनियुक्ति केंद्र में।
4.	प्रादेशिक लोक सेवा	–	भारत के लिए विदेशों में कार्य करना।

उपर्युक्त युग्मों में से कितने सही सुमेलित हैं?

(a) केवल एक (b) केवल दो
(c) सभी चारों (d) इनमें से कोई नहीं

उत्तर *(d)*

व्याख्या दिए गए सभी युग्म सही सुमेलित नहीं हैं।

भारतीय विदेश सेवा के अधिकारी भारत के लिए विदेशों में कार्य करते हैं।

अखिल भारतीय सेवाओं के अधिकारी जिस प्रदेश में भेजे जाते हैं, वहाँ अथवा प्रतिनियुक्ति पर केंद्र में सेवारत् होते हैं।

केंद्रीय सेवाओं के अधिकारी केंद्र सरकार के कार्यालयों में जो प्राय: देश की राजधानी में हैं, सेवारत् होते हैं।

प्रादेशिक लोक सेवा के अधिकारी उसी राज्य में काम करते हैं, जहाँ उनकी नियुक्ति होती है।

अध्याय 10

संघ की व्यवस्थापिका

संघ की व्यवस्थापिका

संसद की संरचना

संसद

- सामान्य अनुप्रयोग के लिए कानूनी नियम बनाता है।; संविधान निर्माताओं की ओर से निर्वाचित सदस्यों द्वारा बनाए गए नियम
- भारत में केंद्रीय विधायिका को संसद कहा जाता है।
- **भारतीय विधानमंडल के लिए संवैधानिक प्रावधान**
  - अनुच्छेद 79-122
  - भाग- V (पाँच)
  - वेस्ट मिंस्टर मॉडल
  - भारतीय परिषद्, अधिनियम, 1861
  - भारतीय परिषद् अधिनियम, 1892
  - भारतीय परिषद्, अधिनियम, 1909
  - भारत सरकार अधिनियम, 1919
  - भारत सरकार अधिनियम, 1935
  - भारतीय स्वतंत्रता अधिनियम, 1947

संसद की संरचना

- संसद में राष्ट्रपति और दो सदन समाहित होते हैं।; राष्ट्रपति अभिन्न अंग, लेकिन सदन का सदस्य नहीं

संसद की एकसदनीय और द्विसदनीय प्रणाली

- संसद के दो प्रकार- एकसदनीय और द्विसदनीय
- एकसदनीय व्यवस्था- चीन, नेपाल
- द्विसदनीय व्यवस्था- भारत, ब्रिटेन, अमेरिका

राज्यसभा का कार्यकाल

- छः वर्ष; प्रत्येक दो वर्षों में एक-तिहाई सदस्य सेवानिवृत्त, पुनःचुनाव के लिए पात्र होते हैं।
- **राज्यसभा के कार्य एवं शक्तियाँ**
  - विधायी शक्तियाँ
  - वित्तीय शक्तियाँ
  - चुनावी शक्तियाँ
  - संशोधन शक्तियाँ
  - कार्यकारी शक्तियाँ

राज्यसभा एवं लोकसभा

राज्यसभा

- भारतीय राज्यों का प्रतिनिधित्व
- सदस्य राज्य विधानमंडलों द्वारा निर्वाचित
- निर्वाचन- आनुपातिक प्रतिनिधित्व, एकल संक्रमणीय मत प्रणाली
- **निर्वाचन प्रक्रिया**
  - राज्य विधानसभा सदस्यों द्वारा निर्वाचित
- **सदस्यों की योग्यता**
  - भारत का नागरिक, आयु 30 वर्ष
- **सदस्यों का वेतन और परिलब्धियाँ**
  - अनुच्छेद 106
  - कानून द्वारा निर्धारित वेतन और परिलब्धियाँ

लोकसभा

- निचला सदन
- सार्वभौमिक वयस्क मताधिकार द्वारा निर्वाचित
- **लोकसभा की योग्यताएँ**
  - भारतीय नागरिक, न्यूनतम आयु 25 वर्ष
  - किसी भी भारतीय निर्वाचन क्षेत्र में मतदाता पंजीकरण
- **लोकसभा का कार्यकाल**
  - पाँच वर्ष
  - राष्ट्रीय आपातकाल के दौरान 1 वर्ष तक विस्तार
  - सीटों का आवंटन जनसंख्या के आधार पर (अनुच्छेद 81 (2) A)
- **लोकसभा के अधिकारी**
  - अध्यक्ष
  - उपाध्यक्ष
  - लोकसभा के सचिव
  - प्रोटेम (अस्थायी) अध्यक्ष

बजट एवं अन्य वित्तीय प्रक्रिया

संसद में बजट और वित्तीय प्रक्रिया

- अनुच्छेद 112
- धन विधेयक
- **बजट के अधिनियमन के चरण**
  - बजट की प्रस्तुति
  - सामान्य चर्चाएँ
  - विभागीय समितियों द्वारा जाँच
  - अनुदान की माँग पर मतदान
  - विधेयक को मंजूरी देना
  - एक वित्त विधेयक है।
- **बजटीय प्रस्ताव**
  - अर्थव्यवस्था में कटौती
  - नीति में कटौती
  - सांकेतिक कटौती
  - कटौती प्रस्ताव
- **भारत सरकार की निधि**
  - भारत की संचित निधि (अनुच्छेद 266 (1))
  - भारत की आकस्मिकता निधि (अनुच्छेद 267)
  - भारत के लोक-लेखा खाते (अनुच्छेद 266 (1))
- **सरकार का अनुदान**
  - मतदान व्यय
  - अनुपूरक अनुदान, अतिरिक्त अनुदान, अधिकता अनुदान, सांकेतिक अनुदान
- **संसदीय समिति**
  - तदर्थ समिति, संयुक्त संसदीय समिति, स्थायी समिति

SOURCE New NCERT Class VIII हमें संसद क्यों चाहिए, कानूनों की समझ, कानून और सामाजिक न्याय, New NCERT Class IX संस्थाओं का कामकाज, Old NCERT Class IX & X केंद्रीय सरकार, Old NCERT Class XI भारत की विधायिका, विधायिका की सामान्य विशेषताएँ, केंद्रीय तथा राज्य स्तरों पर विधायी तथा वित्तीय प्रक्रिया, केंद्रीय सरकार, Tamil Nadu board Class-XII, Unit 2, NIOS Module-3 Chap 11

1 नीचे दो कथन दिए गए हैं, जिसमें से एक को अभिकथन (A) और दूसरे को कारण (R) कहा गया है

(Chap 5, Class-XI, New NCERT) (IAS Pre 2023)

अभिकथन (A) राष्ट्रपति संसद का भाग है।
कारण (R) संसद के दोनों सदनों द्वारा पारित विधेयक राष्ट्रपति की सहमति के बिना कानून नहीं बन सकता है।

कूट

(a) A और R दोनों सही हैं तथा R, A की सही व्याख्या करता है
(b) A और R दोनों सही हैं, परंतु R, A की सही व्याख्या नहीं करता है
(c) A गलत है, किंतु R सही है
(d) A सही है, किंतु R गलत है

उत्तर *(a)*

व्याख्या A और R दोनों सही हैं तथा R, A की सही व्याख्या करता है। राष्ट्रपति संसद का भाग है, क्योंकि भारत की संसद राष्ट्रपति, राज्यसभा तथा लोकसभा से मिलकर बनती है, जिसका उल्लेख अनुच्छेद 79 में है। भारत में केंद्रीय व्यवस्थापिका को संसद कहा जाता है। भारतीय संविधान का अनुच्छेद 80 संसद के उच्च सदन राज्यसभा का उल्लेख करता है, वहीं अनुच्छेद 81 में लोकसभा के गठन का वर्णन किया गया है। संसद के दोनों सदनों द्वारा पारित विधेयक राष्ट्रपति की सहमति के बिना कानून नहीं बन सकता है अर्थात् संसद द्वारा पारित कोई विधेयक राष्ट्रपति के हस्ताक्षर के बाद ही वह कानून का रूप लेता है। ये राष्ट्रपति की विधायी शक्तियाँ हैं।

2 भारतीय संसद के संदर्भ में निम्नलिखित कथनों पर विचार कीजिए

(Chap 5, Class-XI, New NCERT)
(Unit 2, Class XII, Tamil Nadu Board)

1. भारतीय संसद के उच्च सदन को 'लोकसभा' तथा निम्न सदन को 'राज्यसभा' कहा जाता है। इसे संसद की द्विसदनात्मक व्यवस्था कहा जाता है।
2. भारत में द्विसदनात्मक व्यवस्था ब्रिटिश संसदीय व्यवस्था तथा अमेरिकी के द्विसदनीय व्यवस्था से प्रेरित है।
3. लोकसभा सदस्य प्रत्यक्ष रूप से जनता द्वारा चुने जाते हैं, जबकि राज्यसभा के सदस्य राज्य/केंद्रशासित प्रदेश के विधानसभा सदस्यों द्वारा चुने जाते हैं।

उपर्युक्त में से कितने कथन सही हैं?

(a) केवल एक
(b) केवल दो
(c) सभी तीन
(d) उपर्युक्त में से कोई नहीं

उत्तर *(b)*

व्याख्या भारतीय संसद के संदर्भ में केवल दो कथन अर्थात् (1 और 3) सही हैं। भारतीय संसद में दो सदन की व्यवस्था है अर्थात् यह द्विसदनात्मक संसद है। भारत में द्विसदनात्मक व्यवस्था ब्रिटिश संसदीय व्यवस्था तथा अमेरिका के द्विसदनीय व्यवस्था से ली गई है। लोकसभा में सदस्यों का चयन प्रत्यक्ष चुनावों द्वारा, जबकि राज्यसभा में अप्रत्यक्ष निर्वाचन विधि द्वारा सदस्यों का चयन होता है। जो राज्य/केंद्रशासित प्रदेशों के विधानसभा सदस्यों द्वारा चुने (निर्वाचित किए) जाते हैं।

कथन (1) सही नहीं है, क्योंकि राज्यसभा उच्च सदन कहलाती है, जिसमें राज्य एवं संघ राज्य क्षेत्रों के प्रतिनिधि होते हैं।

लोकसभा निम्न सदन कहलाती है और उसमें प्रत्यक्ष रूप से जनता द्वारा निर्वाचित लोगों का प्रतिनिधित्व होता है।

राज्यसभा

3 राज्यसभा में निर्वाचन के लिए दी गई योग्यता पर विचार कीजिए

(Unit 2, Class-XII, Tamil Nadu Board)
(Chap 11, Module-3, NIOS)

1. भारतीय नागरिक होना चाहिए, जिसकी न्यूनतम आयु 35 वर्ष होनी चाहिए।
2. लोक प्रतिनिधित्व अधिनियम, 1951 के अंतर्गत एक व्यक्ति को उस राज्य के संसदीय निर्वाचन क्षेत्र का निर्वाचक होना पड़ता है, जहाँ से वह राज्यसभा के लिए चुनाव लड़ रहा हो।
3. उसे भारत के किसी संसदीय क्षेत्र का मतदाता होना आवश्यक है।

उपर्युक्त में कितने कथन सही हैं?

(a) केवल एक (b) केवल दो
(c) सभी तीन (d) इनमें से कोई नहीं

उत्तर *(a)*

व्याख्या राज्यसभा में निर्वाचित होने के लिए दी गई योग्यता के संदर्भ में केवल एक कथन अर्थात् (3) सही है। राज्यसभा में निर्वाचित होने के लिए किसी व्यक्ति को भारत के किसी संसदीय क्षेत्र का मतदाता होना आवश्यक है।

कथन (1) और (2) सही नहीं है, क्योंकि निर्वाचित होने वाला सदस्य भारत का नागरिक होना चाहिए तथा उसकी न्यूनतम आयु 30 वर्ष होनी चाहिए। पूर्व में प्रावधान था कि एक व्यक्ति को राज्यसभा में निर्वाचित होने के लिए उसी क्षेत्र का निर्वाचक होना जरूरी था, किन्तु लोक प्रतिनिधित्व (संशोधन) अधिनियम 2003 द्वारा लोक प्रतिनिधित्व संशोधन की धारा 3 में संशोधन कर इस प्रावधान को समाप्त कर दिया गया।

4 राज्यसभा को स्थायी सदन कहते हैं, क्योंकि

(Chap 5, Class-XI, New NCERT) (BPSC Pre 2008)

(a) सभी सदस्य आजीवन सदस्य होते हैं।
(b) इसे विघटित/भंग नहीं किया जा सकता है।
(c) इसके एक-तिहाई सदस्य प्रत्येक दो वर्ष पर अवकाश ग्रहण करते हैं।
(d) 'b' और 'c' दोनों सही हैं।

उत्तर *(d)*

व्याख्या राज्यसभा को स्थायी सदन कहने के संदर्भ में कथन (b) और (c) सही हैं।

राज्यसभा एक स्थायी सदन है अत: इसे लोकसभा की भाँति भंग नहीं किया जा सकता और यह निरंतर कार्य करता रहता है। वस्तुत: विश्व के सभी देशों में द्वितीय सदन को स्थायी सदन बनाया गया है, ताकि देश में लोकतंत्र सदैव जीवित रहे।

भारत में राज्यसभा के सदस्यों का कार्यकाल अमेरिकी सीनेट की भाँति 6 वर्ष का होता है और प्रत्येक दो वर्ष पश्चात् $\frac{1}{3}$ सदस्य सेवा मुक्त हो जाते हैं। भारत में अमेरिकी सीनेट की भाँति राज्यसभा के सदस्य पुनर्निर्वाचित हो सकते हैं।

5 राज्यसभा के संदर्भ में निम्नलिखित कथनों पर विचार कीजिए

(Chap 5, Class-XI, Old NCERT)

1. इसके 238 सदस्य राज्यों तथा संघ राज्य क्षेत्रों के निर्वाचित प्रतिनिधि होते हैं।
2. इसके 12 सदस्य राष्ट्रपति द्वारा मनोनीत किए जाते हैं।
3. इसके सदस्यों का कार्यकाल पाँच वर्ष का होता है तथा वे पुन: निर्वाचन के पात्र होते हैं।
4. इसकी निर्धारित अधिकतम सदस्य संख्या 250 है।

उपर्युक्त में से कितने कथन सही हैं?

(a) केवल एक
(b) केवल दो
(c) केवल तीन
(d) उपर्युक्त में से कोई नहीं

उत्तर (c)

व्याख्या राज्यसभा के संदर्भ में केवल तीन कथन अर्थात् (1, 2 और 4) सही हैं।

राज्यसभा में सदस्यों की अधिकतम संख्या 250 है, जिनमें से 238 सदस्य राज्यों एवं केंद्रशासित प्रदेशों का प्रतिनिधित्व करते हैं तथा 12 सदस्य राष्ट्रपति द्वारा कला, विज्ञान, साहित्य एवं समाज सेवा के क्षेत्रों में ख्याति प्राप्त व्यक्तियों को प्रतिनिधित्व देने के लिए मनोनीत किए जाते हैं। इसकी निर्धारित अधिकतम सदस्य संख्या 250 है।

कथन (3) सही नहीं है, क्योंकि राज्यसभा के प्रत्येक सदस्य का कार्यकाल छः वर्ष के लिए होता है तथा वे पुनः निर्वाचित हो सकते हैं।

6 राज्यसभा के संदर्भ में निम्नलिखित में से कौन-सा कथन सत्य नहीं है? *(Chap 5, Class-XI, Old NCERT)*

(a) भारत का उपराष्ट्रपति राज्यसभा का पदेन सभापति होता है।
(b) राज्यसभा की किसी बैठक की गणपूर्ति (कोरम) के लिए $\frac{1}{10}$ सदस्यों की उपस्थिति अनिवार्य है।
(c) उपराष्ट्रपति की उपस्थिति में संसदीय कार्यमंत्री राज्यसभा की बैठकों की अध्यक्षता करता है।
(d) राज्यसभा के एक-तिहाई सदस्य प्रत्येक दो वर्ष पर अवकाश प्राप्त करते हैं तथा उन सीटों पर नए चुनाव संपन्न होते हैं।

उत्तर (c)

व्याख्या राज्यसभा के संदर्भ में कथन (c) सही नहीं है, क्योंकि उपराष्ट्रपति की अनुपस्थिति में राज्यसभा का उपसभापति बैठकों की अध्यक्षता करता है। कथन (a), (b) और (d) सही हैं। राज्यसभा को संसद का उच्च सदन कहते हैं। उपराष्ट्रपति राज्यसभा का पदेन सभापति होता है।

राज्यसभा में गणपूर्ति के लिए सदन की संख्या के $\frac{1}{10}$ सदस्यों का बैठक में उपस्थित होना अनिवार्य है। राज्यसभा के एक-तिहाई सदस्य प्रत्येक दो वर्ष पर अवकाश प्राप्त करते हैं।

7 निम्नलिखित कथनों पर विचार कीजिए *(Chap 5, Class-XI, New NCERT)*

1. राज्यसभा के सदस्यों का निर्वाचन उस राज्य की विधानसभा के निर्वाचित सदस्यों द्वारा आनुपातिक प्रतिनिधित्व की एकल संक्रमणीय मत पद्धति द्वारा होता है।
2. राज्यसभा में राज्यों को प्रतिनिधित्व उनकी जनसंख्या के अनुपात के आधार पर दिया जाता है।

उपर्युक्त में से कौन-सा/से कथन सही नहीं है/हैं?

(a) केवल 1
(b) केवल 2
(c) 1 और 2
(d) न तो 1 और न ही 2

उत्तर (d)

व्याख्या दिए गए दोनों कथन सही है।

राज्यसभा का चुनाव सीधे मतदाताओं द्वारा नहीं होता है, अपितु अनुच्छेद 80 (4) के अनुसार, राज्य विधानमंडल (विधानसभा) के सदस्यों द्वारा आनुपातिक प्रतिनिधित्व एकल संक्रमणीय मतदान प्रणाली द्वारा होता है।

राज्यसभा में प्रतिनिधित्व के लिए दो सिद्धांतों का प्रयोग किया जा सकता है। पहले तरीके में देश के सभी क्षेत्रों को असमान आकार एवं जनसंख्या के अतिरिक्त द्वितीय सदन में समान प्रतिनिधित्व दिया जाए।

दूसरा तरीका देश के विभिन्न क्षेत्रों को उनकी जनसंख्या के अनुपात में असमान प्रतिनिधित्व दिया जाए अर्थात् द्वितीय सदन में अधिक जनसंख्या वाले क्षेत्रों को अधिक एवं कम जनसंख्या वाले क्षेत्रों को कम प्रतिनिधित्व प्राप्त हो।

8 कथन (A) व कारण (R) को पढ़िए और नीचे दिए गए कूट की सहायता से सही उत्तर का चुनाव कीजिए *(Chap 5, Class-XI, New NCERT)*

कथन (A) राज्यसभा के सभी सदस्य अपना कार्यकाल एकसाथ पूरा नहीं करते।

कारण (R) प्रत्येक दो वर्ष पर राज्यसभा के एक-तिहाई सदस्य अपना कार्यकाल पूरा करते हैं।

कूट

(a) A और R दोनों सही हैं तथा R, A की सही व्याख्या है
(b) A और R दोनों सही हैं, परंतु R, A की सही व्याख्या नहीं है
(c) A सही है, किंतु R गलत है
(d) A गलत है, किंतु R सही है

उत्तर (a)

व्याख्या A तथा R सही हैं तथा R, A की सही व्याख्या करता है।

राज्यसभा के सभी सदस्य अपना कार्यकाल एकसाथ पूरा नहीं करते। (यद्यपि राज्यसभा सदस्यों का कार्यकाल 6 वर्ष निर्धारित है) प्रत्येक दो वर्ष पर राज्यसभा के एक-तिहाई सदस्य अपना कार्यकाल पूरा करते हैं और इन एक-तिहाई सीटों के लिए प्रत्येक दो वर्ष में चुनाव होता है। इस प्रकार राज्यसभा एक स्थायी सदन के रूप में अपनी गरिमा बनाए रखती है।

9 निम्न में से कौन राज्यसभा की शक्तियों में सम्मिलित है? *(Chap 5, Class-XI, New NCERT)*

(a) सामान्य विधेयकों पर विचार कर उन्हें पारित करती है तथा धन विधेयकों में संशोधन प्रस्तावित करती है।
(b) संवैधानिक संशोधनों को पारित करती है।
(c) राष्ट्रपति एवं उपराष्ट्रपति के चुनाव में भागीदारी करती है।
(d) उपर्युक्त सभी

उत्तर (d)

व्याख्या दिए गए सभी कथन राज्यसभा की शक्तियों में सम्मिलित हैं।

राज्यसभा व लोकसभा सहकर्मी कानून निर्मात्री सदन हैं। वित्त या धन विधेयक को छोड़कर अन्य विधेयकों के संबंध में दोनों सदनों को समान अधिकार प्राप्त हैं। राज्यसभा धन/वित्त विधेयक में संशोधन प्रस्तावित कर लोकसभा में भेजती है, परंतु इस प्रस्ताव को लोकसभा मानने को बाध्य नहीं है।

राज्यसभा को संविधान संशोधन, महाभियोग, आपात उपबंधों में लोकसभा के समान शक्ति प्राप्त है। इन शक्तियों का उपयोग कर राज्यसभा भारतीय संविधान एवं लोकतंत्र के रक्षण का कार्य करती है।

राष्ट्रपति एवं उपराष्ट्रपति चुनाव में राज्यसभा की भूमिका भी महत्त्वपूर्ण होती है। इसके सदस्य इस चुनाव में भाग लेते हैं।

10 निम्न में से एक कौन-सी शक्ति लोकसभा की तुलना में राज्यसभा को अधिक शक्तिशाली बनाती है? *(Chap 5, Class-XI, New NCERT)*

1. उपराष्ट्रपति को हटाने का प्रस्ताव केवल राज्यसभा में ही लाया जा सकता है।
2. केवल राज्यसभा ही संसद को राज्यसूची के विषयों पर कानून बनाने का अधिकार दे सकती है।

कूट

(a) केवल 1 (b) केवल 2
(c) 1 और 2 (d) न तो 1 और न ही 2

उत्तर *(c)*

व्याख्या प्रश्नानुसार, दोनों कथनों में दी गई शक्तियाँ लोकसभा की तुलना में राज्यसभा को अधिक शक्तिशाली बनाती हैं।

उपराष्ट्रपति को राज्यसभा के ऐसे संकल्प द्वारा अपने पद से हटाया जा सकता है, जिसे राज्यसभा के तत्कालीन समस्त सदस्यों के बहुमत ने पारित किया हो और जिससे लोकसभा सहमत है, परंतु हटाने का संकल्प प्रस्तावित करने के लिए 14 दिन पूर्व उपराष्ट्रपति को सूचित करना होता है।

राज्यसभा अनुच्छेद 249 के अंतर्गत राज्यसूची के किसी विषय को उपस्थित सदस्यों के $\frac{2}{3}$ बहुमत से राष्ट्रीय महत्त्व का घोषित कर सकती है। इसके पश्चात् संसद एक वर्ष तक उस राज्यसूची के विषय पर कानून बना सकती है। इस प्रकार राज्यसभा राज्यसूची से संबंधित उपबंधों पर कानून बनाने का अधिकार देती है।

11 राज्यसभा में प्रतिनिधित्व के संबंध में निम्नलिखित में से कौन-सा युग्म सही सुमेलित नहीं है? *(Chap 6, Class-XII, Old NCERT)*

(a) उत्तर प्रदेश-31 (b) कर्नाटक-12
(c) नागालैंड-1 (d) सिक्किम-2

उत्तर *(d)*

व्याख्या राज्यसभा में प्रतिनिधित्व के संबंध में युग्म (d) सही सुमेलित नहीं है, क्योंकि राज्यसभा में अधिक जनसंख्या वाले राज्य उत्तर प्रदेश को 31 तथा छोटे एवं कम जनसंख्या वाले राज्य नागालैंड एवं सिक्किम को एक-एक सीट दी गई हैं, वहीं कर्नाटक के लिए राज्यसभा की 12 सीटें आवंटित हैं।

12 निम्न में से किसके संबंध में राज्यसभा का अनन्य अधिकार है? *(Chap 3, Class-XI, Old NCERT)*

(a) उच्चतम न्यायालय के न्यायाधीशों को अपदस्थ करने हेतु कार्यवाही करना
(b) किसी नई अखिल भारतीय सेवा की स्थापना करना
(c) राष्ट्रपति पर महाभियोग हेतु कार्यवाही प्रारंभ करना
(d) उपर्युक्त में से कोई नहीं

उत्तर *(b)*

व्याख्या दिए गए कथन (b) के संबंध में राज्यसभा का अनन्य अधिकार है। राज्यसभा अनुच्छेद 312 के अंतर्गत अखिल भारतीय सेवाओं का सृजन कर सकती है अर्थात् यह अधिकार भारतीय संसदीय शासन प्रणाली में केवल राज्यसभा को प्राप्त है।

राज्यसभा निम्न सदन की निरंकुशता पर रोक लगाती है, अत: कानून निर्माण कार्य को अधिक लोकतांत्रिक बनाती है। राज्यसभा को संविधान संशोधन, महाभियोग, आपात उपबंधों में लोकसभा के समान शक्ति प्राप्त है। इन शक्तियों का उपयोग कर राज्यसभा भारतीय संविधान एवं लोकतंत्र के रक्षण का कार्य करती है।

लोकसभा

13 निम्नलिखित में से कौन-सा/से कथन सही नहीं है/हैं? *(Chap 6, Class-IX & X, Old NCERT)*

(a) लोकसभा के सदस्य जनता द्वारा प्रत्यक्ष रूप से निर्वाचित होते हैं।
(b) लोकसभा का सदस्य होने के लिए किसी व्यक्ति को 25 वर्ष या उससे अधिक आयु का होना चाहिए।
(c) लोकसभा का सदस्य बनने के लिए भारत का नागरिक होना आवश्यक है।
(d) लोकसभा के निर्वाचन में 21 वर्ष से ऊपर के सभी व्यक्ति हिस्सा लेते हैं।

उत्तर *(d)*

व्याख्या दिए गए कथनों में से कथन (d) सही नहीं है, क्योंकि सभी भारतीय नागरिक जिनकी आयु 18 वर्ष या उससे अधिक है, लोकसभा के सदस्यों के निर्वाचन में मतदान करने के अधिकारी हैं। लोकसभा के सदस्यों को जनता प्रत्यक्ष चुनती है, जिसे प्रत्यक्ष निर्वाचन कहा जाता है। लोकसभा चुनावों के लिए संपूर्ण देश को लगभग समान जनसंख्या वाले निर्वाचन क्षेत्रों में बाँट दिया जाता है। प्रत्येक निर्वाचन क्षेत्र से एक प्रतिनिधि चुना जाता है।

14 लोकसभा के संदर्भ में निम्नलिखित कथनों में से कौन-सा कथन सत्य है? *(Chap 3, Class-XI, Old NCERT)*

(a) इसका कार्यकाल उसकी पहली बैठक की तारीख से पाँच वर्ष का होता है।
(b) लोकसभा को उसकी कार्यकाल की अवधि से पूर्व भी भंग किया जा सकता है।
(c) लोकसभा सदस्यों का निर्वाचन 'सार्वभौमिक वयस्क मताधिकार' के आधार पर होता है।
(d) उपर्युक्त सभी

उत्तर *(d)*

व्याख्या लोकसभा के संदर्भ में सभी कथन सत्य हैं।

लोकसभा के लिए सदस्यों को पहली बैठक से 5 वर्ष के लिए चुना जाता है, लेकिन यदि कोई दल या दलों का गठबंधन सरकार न बना सके अथवा प्रधानमंत्री राष्ट्रपति को लोकसभा भंग कर नए चुनाव कराने की सलाह दे, तो लोकसभा को 5 वर्ष पूर्व भी भंग किया जा सकता है। लोकसभा को निर्वाचन क्षेत्रों में विभाजित किया गया है। प्रत्येक निर्वाचन क्षेत्र के लिए एक प्रतिनिधि चुना जाता है। यह चुनाव 'सार्वभौमिक वयस्क मताधिकार' के आधार पर होता है।

15 राष्ट्रीय आपातकाल के लागू होने की अवधि में लोकसभा का कार्यकाल एक समय में कितनी अवधि के लिए बढ़ाया जा सकता है? *(Chap 6, Class-IX & X, Old NCERT)*

(a) छ: माह
(b) एक वर्ष
(c) दो वर्ष
(d) जितनी अवधि के लिए आवश्यक हो

उत्तर *(b)*

व्याख्या लोकसभा का कार्यकाल उसकी पहली बैठक की तारीख से 5 वर्ष तक का होता है, किंतु लोकसभा का कार्यकाल आपात स्थिति की अवधि में एक वर्ष तक बढ़ाया जा सकता है, लेकिन आपात स्थिति की उद्घोषणा समाप्त होने के बाद इसे छ: माह की अवधि से आगे किसी भी दशा में नहीं बढ़ाया जा सकता।

16 निम्नलिखित कथनों पर विचार कीजिए *(Chap 5, Class-XI, New NCERT)*

1. लोकसभा में सीटें राज्यों को उनकी जनसंख्या के आधार पर आवंटित की गई हैं।
2. लोकसभा की सीटों का राज्यों के मध्य आवंटन वर्ष 1971 की जनगणना के आधार पर है।
3. लोकसभा में 543 सदस्यों का चुनाव देश के विभिन्न राज्यों से प्रत्यक्ष चुनाव द्वारा किया जाता है।

उपर्युक्त कथनों में से कितने कथन सही नहीं हैं?

(a) केवल एक
(b) केवल दो
(c) सभी तीन
(d) उपर्युक्त में से कोई नहीं

उत्तर *(d)*

व्याख्या दिए गए सभी कथन सही हैं।

लोकसभा में प्रत्येक राज्य के सदस्यों की संख्या प्रायः उसकी जनसंख्या के अनुपात में निर्धारित की जाती है। प्रत्येक राज्य को विभिन्न क्षेत्रीय निर्वाचन क्षेत्रों में इस प्रकार बाँटा जाता है कि प्रत्येक निर्वाचित क्षेत्र के लिए निर्धारित सदस्य संख्या एवं उसकी जनसंख्या का अनुपात पूरे राज्य में लगभग एक समान हो। वर्तमान लोकसभा में 543 निर्वाचन क्षेत्र हैं। यह संख्या वर्ष 1971 की जनगणना से चली आ रही है।

मूल संविधान में लोकसभा सदस्यों की अधिकतम संख्या 500 निर्धारित की गई थी। 31वें संविधान संशोधन 1974 द्वारा इसकी सदस्य संख्या 545 की गई, किंतु गोवा, दमन और दीव पुनर्गठन अधिनियम, 1987 द्वारा इसकी अधिकतम संख्या 550 निर्धारित की गई है।

17 लोकसभा में अनुसूचित जाति एवं अनुसूचित जनजातियों के लिए कितनी सीटें आरक्षित की गई हैं? *(Chap 3, Class-VIII, New NCERT)*

(a) 80 और 47
(b) 84 और 42
(c) 84 और 47
(d) 87 और 47

उत्तर *(c)*

व्याख्या लोकसभा में अनुसूचित जाति एवं अनुसूचित जनजातियों के लिए 84 और 47 सीटें आरक्षित की गई हैं। संसद में विभिन्न पृष्ठभूमि वाले लोगों की संख्या बढ़ती जा रही है। दलित एवं पिछड़े वर्गों की राजनीतिक हिस्सेदारी भी बढ़ रही है।

संसद में कुछ सीटें अनुसूचित जातियों (SC) एवं अनुसूचित जनजातियों (ST) के लिए आरक्षित की गई हैं। ऐसा इसलिए किया गया है, जिससे चुनाव क्षेत्रों में केवल दलित एवं आदिवासी उम्मीदवार ही जीतें एवं संसद में उनकी उचित हिस्सेदारी हो सके।

वर्तमान में कुल 543 निर्वाचित सीटों में से अनुसूचित जाति के लिए 84 व अनुसूचित जनजाति के लिए 47 हैं, जबकि सामान्य वर्ग के लिए 412 सीटों का आवंटन किया गया है।

18 किसी व्यक्ति को संसद के किसी सदन की सदस्यता के लिए अयोग्य ठहराया जा सकता है *(Chap 3, Class-XI, Old NCERT)*

1. यदि वह लाभ के पद पर काम करता हो।
2. उसने स्वेच्छा से विदेशी राज्य की नागरिकता प्राप्त कर ली हो।
3. सक्षम न्यायालय द्वारा उसे मानसिक रूप से अस्वस्थ घोषित किया गया हो।
4. वह दिवालिया हो गया हो।
5. संसद द्वारा बने किसी कानून द्वारा उसे अयोग्य ठहराया गया हो।

कूट

(a) 1 और 2
(b) 1, 3 और 4
(c) 1, 3, 4 और 5
(d) ये सभी

उत्तर *(d)*

व्याख्या संसद के किसी सदन की सदस्यता के लिए अयोग्य ठहराए जाने के संदर्भ में दिए गए सभी कथन सही हैं।

संसद के किसी भी सदन में चुने जाने के लिए व्यक्ति को भारत का नागरिक होना चाहिए। राज्यसभा में चुने जाने के लिए उसे कम-से 30 वर्ष एवं लोकसभा के लिए 25 वर्ष की आयु का होना चाहिए।

संसद के किसी सदन की सदस्यता के लिए आवश्यक है कि व्यक्ति मानसिक रूप से स्वस्थ हो तथा दिवालिया न हो। सदस्यों के लिए संसद अतिरिक्त योग्यताएँ भी निर्धारित कर सकती है।

19 लोकसभा की कार्यवाही के संचालन के लिए अध्यक्ष (स्पीकर) का चुनाव किया जाता है *(Chap 3, Class-XI, Old NCERT)*

(a) राष्ट्रपति द्वारा
(b) प्रधानमंत्री द्वारा
(c) लोकसभा के सदस्यों द्वारा
(d) लोकसभा एवं राज्यसभा के सदस्यों द्वारा

उत्तर *(c)*

व्याख्या लोकसभा अपने सदस्यों में से अध्यक्ष एवं उपाध्यक्ष का चुनाव करती है। दोनों लोकसभा के कार्यकाल तक जो सामान्यतः पाँच वर्ष का होता है, के लिए चुने जाते हैं। अध्यक्ष लोकसभा की अध्यक्षता व संचालन करता है। लोकसभा अध्यक्ष को पद सूची के वरीयता क्रम में राष्ट्रपति, उपराष्ट्रपति, प्रधानमंत्री के बाद चौथा स्थान प्राप्त है। हमारे यहाँ लोकसभा स्पीकर (अध्यक्ष) को लगभग वही शक्तियाँ प्राप्त हैं, जो ब्रिटेन के 'हाउस ऑफ कॉमन्स' के स्पीकर को होती हैं।

20 लोकसभा अध्यक्ष के संदर्भ में निम्नलिखित कथनों में से कौन-सा कथन सत्य है? *(Chap 5, Class-XI, Old NCERT)*
(Unit 2, Class-XI Tamil Nadu Board)

1. वह सदन के कार्यक्रम के क्रम का निर्धारण करता है। वह सदस्यों के विशेषाधिकारों के हनन से उनकी रक्षा करता है किंतु यदि कोई सदस्य उसके निर्णयों का उल्लंघन करता है, तो वह उसकी सदस्यता को भी समाप्त कर सकता है।
2. लोकसभा अध्यक्ष संसदीय सचिवालय का प्रशासनिक प्रमुख होता है तथा सचिवालय बजट समिति की अध्यक्षता राज्यसभा के उपसभापति के साथ संयुक्त रूप से करता है।
3. वह किसी विधेयक पर मतैक्य न होने की स्थिति में बुलाए गए संयुक्त अधिवेशन की अध्यक्षता करता है।

उपर्युक्त में कितने कथन सही हैं?

(a) केवल एक
(b) केवल दो
(c) सभी तीन
(d) उपर्युक्त में से कोई नहीं

उत्तर *(b)*

व्याख्या दिए गए कथनों में से केवल दो कथन अर्थात् (1 और 3) सही हैं। संसदीय कार्यवाही के नियम 333 के अंतर्गत लोकसभा अध्यक्ष (स्पीकर) संसदीय कार्यवाही के क्रम अर्थात् किसी अंश का प्रकाशन, प्रसारण इत्यादि को निर्धारित करता है। वह किसी भी सदस्य पर अनुशासनात्मक कार्यवाही करते हुए उसकी सदस्यता को निलंबित कर सकता है।

कोई भी सदस्य सदन में तब तक नहीं बोल सकता, जब तक स्पीकर अनुमति न दे। इस बात का निर्णय भी अध्यक्ष ही करता है कि सदस्य किस क्रम में व कितने समय में बोलेंगे। जब दोनों सदनों में गतिरोध की स्थिति होने के संबंध में राष्ट्रपति दोनों सदनों की संयुक्त बैठक बुलाता है, जबकि लोकसभा का अध्यक्ष इस संयुक्त अधिवेशन की अध्यक्षता करता है।

कथन (2) सही नहीं है, क्योंकि सचिवालय बजट समिति का अध्यक्ष लोकसभा अध्यक्ष होता है न कि वह राज्यसभा के उपसभापति के साथ संयुक्त अध्यक्षता करता है। साथ ही लोकसभा अध्यक्ष संसदीय सचिवालय का प्रशासनिक प्रमुख होता है।

21 लोकसभा अध्यक्ष (स्पीकर) अपने निर्णायक मत का प्रयोग करते हैं, केवल *(Chap 5, Class-XI, Old NCERT)*

(a) संविधान संशोधन के मामले में
(b) आपातकाल के मामले में
(c) किसी विषय पर पक्ष और विपक्ष के समान मत होने की स्थिति में
(d) सरकार के बचाव के मामले में

***उत्तर** (c)*

व्याख्या जब कभी किसी विषय पर सदन में पक्ष एवं विपक्ष को समान मत प्राप्त हों, तो भी लोकसभा अध्यक्ष निर्णायक मत देता है। जब कभी सदस्य कार्य-स्थगन प्रस्ताव रखता है, तो इसे स्वीकार किया जाए अथवा नहीं, इसका निर्णय भी लोकसभा अध्यक्ष ही करता है।

22 लोकसभा के उपाध्यक्ष के संदर्भ में, निम्नलिखित कथनों पर विचार कीजिए *(Chap 5, Class-IX, New NCERT) (IAS Pre 2022)*

1. लोकसभा के कार्य-पद्धति और कार्य-संचालन नियमों के अनुसार, उपाध्यक्ष का निर्वाचन उस तारीख को होगा, जो अध्यक्ष नियत करे।
2. यह आज्ञापक उपबन्ध है कि लोकसभा के उपाध्यक्ष के रूप में किसी प्रतियोगी का निर्वाचन या तो मुख्य विपक्षी दल से या शासक दल से होगा।
3. सदन की बैठक की अध्यक्षता करते समय उपाध्यक्ष की शक्ति वैसी ही होती है, जैसी कि अध्यक्ष की और उसके विनिर्णयों के विरुद्ध कोई अपील नहीं हो सकती।
4. उपाध्यक्ष की नियुक्ति के बारे में सुस्थापित संसदीय पद्धति यह है कि प्रस्ताव अध्यक्ष द्वारा रखा जाता है और प्रधानमन्त्री द्वारा विधिवत् समर्थित होता है।

उपर्युक्त कथनों में से कौन-सा/से कथन सही है/हैं?

(a) 1 और 3 (b) 1, 2 और 3 (c) 3 और 4 (d) 2 और 4

***उत्तर** (a)*

व्याख्या लोकसभा उपाध्यक्ष के संदर्भ में कथन (1) और (3) सही हैं। लोकसभा के कार्य-पद्धति और कार्य-संचालन नियमों के अनुसार, उपाध्यक्ष के निर्वाचन की तिथि लोकसभा अध्यक्ष के द्वारा निर्धारित की जाती है। अध्यक्ष के निर्वाचन की तिथि राष्ट्रपति द्वारा निर्धारित की जाती है।

संविधान के अनुच्छेद 95 के अंतर्गत यह उपबंध किया गया है कि जब अध्यक्ष का पद रिक्त अथवा अध्यक्ष अनुपस्थित हो, तब उपाध्यक्ष लोकसभा की अध्यक्षता करेगा। सदन की बैठक की अध्यक्षता करते समय उपाध्यक्ष की शक्ति वैसी ही होती है, जैसी कि अध्यक्ष की और उसके विनिर्णयों के विरुद्ध अपील नहीं हो सकती।

कथन (2) और (4) सही नहीं हैं, क्योंकि यह आज्ञापक उपबंध नहीं है, बल्कि एक सहमति है। दसवीं लोकसभा तक अध्यक्ष और उपाध्यक्ष दोनों सामान्यतः सत्ताधारी दल से चुने जाते थे, किंतु 11वीं लोकसभा के पश्चात् से यह आम सहमति बनी है कि अध्यक्ष का पद सत्ता पक्ष/गठबंधन को तथा उपाध्यक्ष का पद मुख्य विपक्षी दल को दिया जाता है।

संविधान के अनुच्छेद 93 के अनुसार, लोकसभा अपनी प्रथम बैठक में अपने सदस्यों में से एक अध्यक्ष और एक उपाध्यक्ष का चुनाव करती है।

23 लोकसभा की शक्तियों में निम्नलिखित में से कौन-सा शामिल है? *(Chap 5, Class-XI, New NCERT)*

1. धन विधेयकों और सामान्य विधेयकों को प्रस्तुत और पारित करती है।
2. संघ सूची और समवर्ती सूची के विषयों पर कानून बनाती है।
3. समिति और आयोगों का गठन करती है और उनके प्रतिवेदनों पर विचार करती है।
4. आपातकाल की घोषणा की स्वीकृति देती है।

कूट

(a) 1 और 2 (b) 2, 3 और 4
(c) 1, 2 और 3 (d) ये सभी

***उत्तर** (d)*

व्याख्या दिए गए सभी कथन लोकसभा की शक्तियों के संदर्भ में शामिल हैं।

लोकसभा द्वारा धन विधेयकों तथा साधारण विधेयकों को पारित किया जाता है और राज्यसभा में केवल साधारण विधेयक ही प्रस्तुत किया जा सकता है।

संघ सूची तथा समवर्ती सूची के विषयों पर विधि निर्माण की प्रक्रिया लोकसभा में आरंभ की जाती है।

संसदीय समितियों तथा आयोगों का गठन करना लोकसभा की शक्तियों में विशिष्ट है।

आपातकाल की घोषणा के प्रस्ताव को स्वीकृति देना लोकसभा के कार्यों में शामिल है।

24 निम्नलिखित में से कौन-सा प्रावधान राज्यसभा की तुलना में लोकसभा को विशेष शक्ति प्रदान करता है? *(Chap 5, Class-XI, New NCERT)*

1. धन विधेयक को केवल लोकसभा में प्रस्तुत किया जाना।
2. मंत्रिपरिषद् का लोकसभा के प्रति उत्तरदायी होना।
3. सरकार को हटाना।

कूट

(a) केवल 1 (b) 1 और 2
(c) 1 और 3 (d) ये सभी

***उत्तर** (b)*

व्याख्या प्रश्नानुसार, कथन (1) और (2) में दिए गए प्रावधान राज्यसभा की तुलना में लोकसभा को विशेष शक्ति प्रदान करते हैं।

धन विधेयक केवल लोकसभा में प्रस्तुत किए जाते हैं। लोकसभा द्वारा पारित होने के बाद इसे राज्यसभा की सहमति के लिए भेजा जाता है।

राज्यसभा को 14 दिन में धन विधेयक पर सहमति देना अनिवार्य है नहीं तो उसे पारित मान लिया जाता है। मंत्रिपरिषद् सामूहिक रूप से लोकसभा के प्रति उत्तरदायी होती है।

संसदीय विशेषाधिकार तथा उन्मुक्तियाँ

25 संसदीय विशेषाधिकार के संदर्भ में विचार कीजिए *(Chap 3, Class-XI, Old NCERT)*

1. संविधान के अनुच्छेद 105 के अंतर्गत संसद सदस्यों को कुछ विशेषाधिकार तथा उन्मुक्तियाँ प्रदान की गई हैं।
2. इस विशेषाधिकार के अंतर्गत संसद सदस्यों को संसद के अधिवेशन के दौरान या अधिवेशन के 60 दिन पूर्व या पश्चात् किसी सिविल मामले में गिरफ्तारी से उन्मुक्ति प्राप्त है।
3. इस विशेषाधिकार के अंतर्गत संसद के अधिवेशन के दौरान यथास्थिति अध्यक्ष या सभापति की अनुमति के बिना किसी न्यायालय के समक्ष साक्षी के रूप में उपस्थित होने के लिए विवश नहीं किया जा सकता है।

उपर्युक्त में से कितने कथन सही हैं?

(a) केवल एक
(b) केवल दो
(c) सभी तीन
(d) उपर्युक्त में से कोई नहीं

***उत्तर** (b)*

व्याख्या संसदीय विशेषाधिकार के संदर्भ में केवल दो कथन अर्थात् (1 और 3) सही हैं।

संविधान के अनुच्छेद 105 के द्वारा संसद के सदस्यों को कुछ अधिकार, विशेषाधिकार तथा उन्मुक्तियाँ प्रदान की गई हैं। इन विशेषाधिकारों को संसद कानून द्वारा एवं परिभाषित कर व्यापक बना सकती है। भारतीय संविधान में प्रकाशन के अधिकार तथा अभिव्यक्ति की स्वतंत्रता को विशेष रूप से वर्णित किया गया है। इस विशेषाधिकार के अंतर्गत ही संसद सदस्य को अध्यक्ष या सभापति की अनुमति के बिना न्यायालय में साक्षी के रूप में प्रस्तुत नहीं किया जा सकता है।

कथन (2) सही नहीं है, क्योंकि यद्यपि संसद सदस्यों को संसद अधिवेशन के दौरान सिविल मामलों में गिरफ्तारी से उन्मुक्ति प्राप्त है, किंतु यह उन्मुक्ति अधिवेशन के 40 दिन पूर्व या पश्चात् तक के लिए ही प्राप्त है।

26 निम्नलिखित में से कौन-से विशेषाधिकार संसद के सदस्यों को व्यक्तिगत रूप से प्राप्त हैं? *(Chap 3, Class-XI, Old NCERT)*

1. न्यायालयों में प्रमाण पुरुष तथा गवाहों के रूप में उपस्थिति से छूट
2. गिरफ्तारी से स्वतंत्रता
3. संसद अथवा किसी समिति में कही गई किसी बात तथा मतदान के संबंध में किसी न्यायालय में कार्यवाही से छूट।

कूट

(a) केवल 1 (b) केवल 2
(c) 1 और 3 (d) ये सभी

उत्तर *(d)*

व्याख्या संसद के सदस्यों को व्यक्तिगत रूप से प्राप्त विशेषाधिकार के संदर्भ में सभी कथन सही हैं।

संसद के सदस्यों को व्यक्तिगत रूप से प्राप्त प्रमुख विशेषाधिकारों में अभिव्यक्ति की स्वतंत्रता, गिरफ्तारी में स्वतंत्रता, न्यायालयों में प्रमाण पुरुष एवं गवाहों के रूप में उपस्थिति से छूट इत्यादि प्राप्त हैं।

इसके अतिरिक्त संसद के किसी सदस्य पर संसद अथवा उसकी किसी समिति में कही गई किसी बात तथा मतदान के संबंध में किसी न्यायालय में कोई कार्यवाही नहीं की जा सकती तथा न ही गिरफ्तारी की जा सकती हैं।

27 संसद के किसी सदस्य को सदन के बुलाए जाने से 40 दिन पहले और स्थगित होने के कितने दिनों तक दीवानी मामलों में गिरफ्तार नहीं किया जा सकता? *(Chap 3, Class-XI, Old NCERT)*

(a) 60 दिन (b) 40 दिन
(c) 90 दिन (d) 120 दिन

उत्तर *(b)*

व्याख्या सदन के बुलाए जाने से 40 दिन पूर्व एवं सदन स्थगित होने के 40 दिन पश्चात् तक और सदन के सत्र (कार्यवाही) के दौरान सदन (लोकसभा या राज्यसभा) के सदस्य को दीवानी मामलों में गिरफ्तार नहीं किया जा सकता, परंतु यह विशेषाधिकार फौजदारी मामलों में संसद सदस्यों को प्राप्त नहीं होता है।

28 निम्नलिखित में कौन-सा एक संसद का सामूहिक विशेषाधिकार है? *(Chap 3, Class-XI, Old NCERT)*

1. सदन के आंतरिक मामलों का विनियमन का अधिकार
2. सदन की बहसों तथा कार्यवाहियों को अन्य व्यक्तियों द्वारा प्रकाशन पर प्रतिबंध लगाने का अधिकार
3. संसदीय विशेषाधिकारों के उल्लंघन के लिए किसी व्यक्ति को दंड देने का अधिकार

कूट

(a) केवल 1 (b) 1 और 2
(c) 2 और 3 (d) ये सभी

उत्तर *(d)*

व्याख्या संसद के सामूहिक विशेषाधिकार के संदर्भ में सभी कथन सही हैं। लोकसभा अध्यक्ष तथा राज्यसभा सभापति के द्वारा सदन की कोई गोपनीय कार्यवाही भी आयोजित की जा सकती है, जिसका प्रकाशन आवश्यक नहीं है।

लोकसभा अध्यक्ष तथा राज्यसभा सभापति को सदन की किसी भी कार्यवाही को प्रकाशित करने से प्रतिबंधित करने का अधिकार है और यह सामग्री यदि कोई प्रकाशित करता है, तो इसे संसद के विशेषाधिकार का उल्लंघन माना जाता है।

संसद को विशेषाधिकारों के हनन के मामलों से संबंधित लोगों को दंडित करने का अधिकार है।

संसदीय कार्यवाही

29 संसद के सदन की किसी भी सामान्य बैठक के लिए गणपूर्ति माना जाता है *(Chap 5, Class-XI, Old NCERT)*

(a) कुल सदस्य संख्या का $\frac{1}{6}$ (b) कुल सदस्य संख्या का $\frac{1}{8}$
(c) कुल सदस्य संख्या का $\frac{1}{10}$ (d) कुल सदस्य संख्या का $\frac{1}{5}$

उत्तर *(c)*

व्याख्या संसद के दोनों सदन की किसी बैठक के लिए गणपूर्ति (कोरम) अध्यक्ष या अध्यक्ष के रूप में कार्यकारी व्यक्ति सहित कुल सदस्य संख्या का $\frac{1}{10}$वाँ भाग होता है अर्थात् लोकसभा की सदस्य संख्या 55 एवं राज्यसभा की 26 होगी।

30 संसद के सदस्य किसके माध्यम से कार्यपालिका के सदस्यों पर नियंत्रण रखते हैं? *(Chap 5, Class-XI, Old NCERT)* *(UPPSC Pre 2017)*

1. पूरक प्रश्न पूछकर
2. कार्य स्थगन प्रस्ताव लाकर
3. ध्यान आकर्षण की सूचना देकर
4. विभिन्न संसदीय समितियों के माध्यम से

कूट

(a) 1 और 2 (b) 2 और 4
(c) 1, 2 और 3 (d) ये सभी

उत्तर *(d)*

व्याख्या कानून निर्माण की प्रक्रिया में संसद के सदस्य दोनों सदन में पूरक प्रश्न पूछकर, अत्यावश्यक लोक महत्त्व के विषय पर चर्चा करके, ध्यान आकर्षण प्रस्ताव प्रस्तुत करके, कार्य-स्थगन पेश करके तथा विभिन्न संसदीय समितियों के माध्यम से कार्यपालिका को नियंत्रित करते हैं। इसके कारण कार्यपालिका सदैव सतर्क रहती है।

31 संसद की कार्यवाही के दौरान किस काल में पूछे गए प्रश्नों के उत्तर देने के लिए मंत्री बाध्य नहीं होता है? *(Chap 5, Class-XI, New NCERT)*

(a) प्रश्न काल (b) शून्य काल
(c) 'a' और 'b' दोनों (d) न तो 'a' और न ही 'b'

उत्तर *(b)*

व्याख्या शून्य काल के दौरान सदन के किसी सदस्य द्वारा किसी महत्त्वपूर्ण मुद्दे को उठाया जा सकता है, किंतु मंत्री उसका उत्तर देने के लिए बाध्य नहीं है। यदि मंत्री विशेष सदन में उपस्थित है, तो स्वेच्छा से उत्तर दे सकते हैं।

महत्त्वपूर्ण लोक महत्त्व के कारण इसे तत्काल सदन के समक्ष उठाने की अनुमति ली जाती है एवं लोकसभा में एक दिन में 20 मुद्दे, जबकि राज्यसभा में 7 मुद्दों को उठाया जा सकता है। शून्य काल दोपहर 12 बजे से 1 बजे तक होता है। शून्य काल का प्रचलन भारतीय संसदीय परंपरा की देन है।

32 निम्नलिखित कथनों पर विचार कीजिए

(Chap 4, Class-XI, Old NCERT)

1. प्रत्येक सदन में प्रश्न काल कार्यक्रम का प्रथम विषय होता है।
2. प्रश्न काल में सदस्य मंत्रियों से उनके विभाग से संबंधित जानकारी प्राप्त करने के लिए प्रश्न पूछते हैं।
3. तारांकित प्रश्न (Starred question) के उत्तर मौखिक और लिखित रूप में दिए जाते हैं।
4. अतारांकित प्रश्नों (Unstarred questions) के उत्तर लिखित रूप में दिए जाते हैं।

उपर्युक्त में से कौन-सा/से कथन सही नहीं है/हैं?

(a) केवल 1 (b) 2 और 4
(c) केवल 3 (d) केवल 4

उत्तर *(c)*

व्याख्या दिए गए कथनों में से कथन (3) सही नहीं है, क्योंकि प्रश्न काल सरकार की कार्यपालिका तथा प्रशासकीय एजेंसियों पर निगरानी का सबसे प्रभावी तरीका है। इसका आयोजन सदन की बैठक आयोजित होने के साथ होता है।

प्रश्न काल में पूछे गए तारांकित प्रश्नों पर तारांक लगा होता है और ये मौखिक प्रश्न होते हैं। इनमें पूरक प्रश्न भी सम्मिलित किए जा सकते हैं।

33 निम्नलिखित में से किसके आधार पर संसद धन के दुरुपयोग के मामलों की जाँच कर सकती है? *(Chap 5, Class-XI, New NCERT)*

1. भारत के नियंत्रक-महालेखा परीक्षक की रिपोर्ट
2. संसद की लोक-लेखा समिति की रिपोर्ट

कूट

(a) केवल 1 (b) केवल 2
(c) 1 और 2 (d) न तो 1 और न ही 2

उत्तर *(c)*

व्याख्या संसद द्वारा धन के दुरुपयोग के संदर्भ में कथन (1) और (2) सही हैं। धन स्वीकृत करने से पहले लोकसभा सरकार द्वारा धन माँगने के कारणों पर चर्चा कर सकती है। वह भारत के नियंत्रक-महालेखा परीक्षक एवं संसद की लोक-लेखा समिति की रिपोर्ट के आधार पर धन के दुरुपयोग के मामलों की जाँच कर सकती है, लेकिन संसदीय नियंत्रण का एकमात्र उद्देश्य सरकारी धन के सदुपयोग को सुनिश्चित करना नहीं होता है। वित्तीय नियंत्रण द्वारा विधायिका सरकार की नीतियों पर भी नियंत्रण करती है।

34 संसदीय कार्यवाही में 'स्थगन' लाने का उद्देश्य क्या है?

(Chap 4, Class-XI, Old NCERT) (UPSC Pre 2012)

(a) सार्वजनिक महत्त्व के निश्चित अत्यावश्यक मुद्दे पर बहस करने हेतु
(b) विपक्षी सदस्यों के मंत्री से सूचना प्राप्त करने हेतु
(c) किसी अनुदान की माँग में एक निश्चित मात्रा में कटौती
(d) कुछ सदस्यों के हिंसक व्यवहार पर रोक लगाने हेतु

उत्तर *(a)*

व्याख्या 'स्थगन' प्रस्ताव (Adjournment motion) के द्वारा सदन का सामान्य कामकाज स्थगित कर सार्वजनिक महत्त्व के विशेष मुद्दों पर विचार किया जाता है। यदि कोई विषय इतना आवश्यक है कि विलंब नहीं किया जा सकता है, तो सदन के सदस्यों द्वारा उस विषय पर चर्चा के लिए स्थगन प्रस्ताव स्वीकृत किया जाता है। यह इस बात का संकेत है कि यह प्रस्ताव सरकार की नीतियों के प्रति सशक्त विरोध के रूप में हो रहा है। यदि स्थगन प्रस्ताव पारित हो जाता है, तो लोकसभा में सरकार के विरुद्ध अविश्वास प्रस्ताव लाया जा सकता है। राज्यसभा में स्थगन प्रस्ताव नहीं लाया जाता है।

35 निम्नलिखित कौन-सी संसदीय युक्ति भारत की देन है?

(Chap 4, Class-XI, Old NCERT)

(a) प्रश्न काल (b) ध्यानाकर्षण प्रस्ताव
(c) काम रोको प्रस्ताव (d) अविश्वास प्रस्ताव

उत्तर *(b)*

व्याख्या ध्यानाकर्षण प्रस्ताव (Calling attention motion) संसदीय प्रक्रिया में भारतीय संसद की देन है, जिसमें किसी भी सार्वजनिक महत्त्व के मुद्दे एवं तात्कालिक मुद्दे पर किसी मंत्री का ध्यान आकर्षित किया जाता है। इस प्रस्ताव पर सामान्यत: मंत्री के बयान पर चर्चा नहीं होती, परंतु अंत में संबंधित मंत्री अपना संक्षिप्त बयान देते हैं। यह भारतीय संसदीय इतिहास में वर्ष 1954 से ही प्रचलन में है।

36 अविश्वास प्रस्ताव के संदर्भ में निम्नलिखित में से कौन-सा एक सही नहीं है? *(Chap 6, Class-IX & X, Old NCERT)*

(a) यह संसद द्वारा कार्यपालिका को उत्तरदायी बनाने का सबसे सशक्त हथियार है।
(b) इसे विपक्षी दल अथवा अनेक विपक्षी दलों द्वारा मिलकर प्रस्तावित किया जाता है।
(c) इस प्रस्ताव का पारित होना सरकार के लिए अपमानजनक होता है।
(d) इस प्रस्ताव के पारित होने पर मंत्रिपरिषद् को त्याग-पत्र देना होता है।

उत्तर *(c)*

व्याख्या अविश्वास प्रस्ताव (No-confidence motion) के संदर्भ में कथन (c) सही नहीं है, क्योंकि संविधान में अविश्वास प्रस्ताव का उल्लेख नहीं है, बल्कि लोकसभा के नियमों में इसका प्रावधान किया गया है। अविश्वास प्रस्ताव विपक्ष के द्वारा लाया जाता है और इसका वर्णन लोकसभा के नियम 198 में किया गया है।

इस प्रस्ताव को लाने के लिए कोई निश्चित कारण बताने की आवश्यकता नहीं होती है। यदि अविश्वास प्रस्ताव सदन में बहुमत से पारित नहीं होता है, तो मंत्रिपरिषद् सत्ता में बनी रहती है, किंतु यदि सदन का बहुमत अविश्वास प्रस्ताव के पक्ष में होता है, तो मंत्रिपरिषद् को त्याग-पत्र देना होता है।

संसद की कार्यप्रणाली

37 संसदीय पद्धति के अंतर्गत विधायिका को कौन-से कार्य सौंपे जाते हैं?

(Chap 4, Class-XI, Old NCERT)

1. विधि निर्माण
2. सरकार के वित्तीय प्रस्तावों की स्वीकृति
3. मंत्रिमंडल पर नियंत्रण
4. अन्य आनुषंगिक कार्य

कूट

(a) 1 और 2 (b) 1 और 3
(c) 1, 2 और 4 (d) ये सभी

उत्तर *(d)*

व्याख्या संसदीय शासन प्रणाली के अंतर्गत विधायिका को विधि निर्माण, सत्तासीन सरकार के वित्तीय प्रस्तावों की स्वीकृति, मंत्रिमंडल पर नियंत्रण तथा अन्य आनुषंगिक कार्यों का निष्पादन जैसे कार्यों को सौंपा जाता है। भारत में विधायिका इसी सिद्धांत का अनुसरण करती है।

38 संसद के संदर्भ में निम्नलिखित कथनों पर विचार कीजिए *(Chap 5, Class-XI, New NCERT)*

1. यह देश में कानून बनाने वाली सर्वोच्च संस्था है।
2. यह पूरे देश अथवा देश के किसी भाग के लिए कानून बना सकती है।
3. यह कार्यपालिका पर नियंत्रण तथा उसके उत्तरदायित्व को सुनिश्चित करती है।
4. लोकतंत्र में संसद कर तथा सरकार द्वारा धन के प्रयोग पर नियंत्रण रखती है।
5. संसद कार्यपालिका को उसके अधिकार क्षेत्र में सीमित करती है, जिसका उद्देश्य जनता के प्रति उसके उत्तरदायित्व को सुनिश्चित करना है।

उपर्युक्त कथनों में से कितने कथन सही हैं?

(a) केवल दो
(b) केवल तीन
(c) सभी पाँच
(d) उपर्युक्त में से कोई नहीं

उत्तर *(c)*

व्याख्या संसद के संदर्भ में सभी कथन सही हैं।

संसद पूरे देश या देश के किसी भाग के लिए कानून बनाती है। कानून बनाने वाली सर्वोच्च संस्था होने के अतिरिक्त संसद प्राय: कानूनों को केवल स्वीकृति प्रदान करती है।

संसद का सबसे महत्त्वपूर्ण कार्य कार्यपालिका को उसके अधिकार क्षेत्र में सीमित रखने तथा जनता के प्रति उसका उत्तरदायित्व सुनिश्चित करना है।

संसदीय लोकतंत्र में, संसद कराधान तथा सरकार द्वारा धन के प्रयोग पर नियंत्रण रखती है। संसद कार्यपालिका पर उत्तरदायित्व भी आरोपित करती है।

39 संसद के लोकसभा में विधि निर्माण के संदर्भ में कौन-सा कथन सही नहीं है? *(Chap 5, Class-XI, Old NCERT)*

(a) यह संघ सूची में वर्णित विषयों पर कानून बना सकती है।
(b) यह समवर्ती सूची में वर्णित विषयों पर कानून बना सकती है।
(c) यह अवशिष्ट विषयों पर (जिसका उल्लेख किसी भी सूची में न हो) कानून बना सकती है।
(d) यह राज्य सूची में वर्णित विषयों पर कानून बना सकती है।

उत्तर *(d)*

व्याख्या संसद के लोकसभा में विधि निर्माण के संदर्भ में कथन (d) सही नहीं है, क्योंकि राज्य सूची से संबंधित उपबंधों पर केवल राज्यसभा को कानून बनाने का अधिकार है। अनुच्छेद 249 के अंतर्गत राज्य सूची के किसी विषय को केवल राज्यसभा में उपस्थित $\frac{2}{3}$ बहुमत से लाया जाता है, जिस पर संसद एक वर्ष तक उस राज्य सूची के विषय पर कानून बना सकती है।

40 संसद के संदर्भ में निम्नलिखित कथनों पर विचार कीजिए *(Chap 5, Class-XI, New NCERT)*

1. निजी सदस्य विधेयक, ऐसा विधेयक है, जो मंत्री के अतिरिक्त किसी संसद सदस्य द्वारा प्रस्तुत किया जाता है।
2. सरकारी विधेयक, ऐसा विधेयक है, जो किसी मंत्री के द्वारा प्रस्तुत किया जाता है।

उपर्युक्त में से कौन-सा/से कथन सही नहीं है/हैं?

(a) केवल 1
(b) केवल 2
(c) 1 और 2
(d) न तो 1 और न ही 2

उत्तर *(d)*

व्याख्या संसद के संदर्भ में दोनों कथन सही हैं।

विधेयक भिन्न-भिन्न प्रकार के होते हैं। मंत्री के अतिरिक्त कोई अन्य संसद सदस्य विधेयक प्रस्तुत करता है, तो ऐसे विधेयक को निजी सदस्यों का विधेयक अर्थात् निजी सदस्य विधेयक कहा जाता है।

मंत्री द्वारा प्रस्तुत विधेयक को सरकारी विधेयक कहा जाता है। विधेयक जिस मंत्रालय से संबंधित होता है, वही मंत्रालय उसका प्रारूप बनाता है।

41 लोकसभा के किसी विधेयक पर आम बहस निम्नलिखित में से किस स्तर पर होती है? *(Chap 6, Class-IX & X, Old NCERT)*

(a) विधेयक प्रस्तुति के समय
(b) तृतीय वाचन में
(c) द्वितीय वाचन में
(d) प्रतिवेदन स्तर पर

उत्तर *(c)*

व्याख्या लोकसभा के किसी विधेयक पर आम बहस द्वितीय वाचन के स्तर पर होती है। वित्त विधेयक के अतिरिक्त अन्य कोई भी विधेयक किसी भी सदस्य या मंत्री द्वारा प्रस्तावित किया जा सकता है। प्रत्येक विधेयक तीन वाचनों से गुजरता है। प्रथम वाचन में विधेयक को पुन: स्थापित करने के लिए सदन की अनुमति माँगी जाती है।

द्वितीय वाचन में दो अवस्थाएँ होती हैं। प्रथम अवस्था में विधेयक को विस्तृत चर्चा के लिए प्रवेश समिति को सौंप दिया जाता है तथा दूसरी अवस्था में विधेयक की अलग-अलग धाराओं पर विचार (आम बहस) होता है, जिसमें संशोधन भी प्रस्तावित होता है। तृतीय वाचन में अंतिम स्वीकृति के लिए विधेयक पर चर्चा होती है।

42 निम्नलिखित में से किस परिस्थिति में राष्ट्रपति संसद का संयुक्त अधिवेशन बुला सकता है? *(Chap 6, Class-IX & X, Old NCERT)*

1. यदि विधेयक एक सदन से पारित हो जाए और दूसरे सदन ने अस्वीकृत कर दिया हो।
2. यदि एक सदन विधेयक पारित कर दे और दूसरा सदन उसमें परिवर्तन करे, जो पहले सदन को मान्य न हो।

कूट

(a) केवल 1
(b) केवल 2
(c) 1 और 2
(d) न तो 1 और न ही 2

उत्तर *(c)*

व्याख्या राष्ट्रपति दी गई दोनों परिस्थितियों में संसद का संयुक्त अधिवेशन बुला सकता है। इसलिए राष्ट्रपति के हस्ताक्षर होने पर विधेयक कानून अथवा अधिनियम बन जाता है, परंतु जब दोनों सदनों में किसी की भी विधेयक पर सहमति न हो, तो एक विशेष प्रक्रिया का सहारा लिया जा सकता है।

यदि विधेयक एक सदन से पारित हो जाए एवं दूसरे सदन में अस्वीकृत हो जाए अथवा एक सदन विधेयक पारित कर दे एवं दूसरा सदन उसमें कुछ परिवर्तन करे, जो पहले सदन को मान्य न हो। इसके अतिरिक्त दूसरा सदन छ: माह तक विधेयक को अपने पास रोके रखता है। तब ऐसी परिस्थिति में राष्ट्रपति दोनों सदनों की संयुक्त बैठक बुलाता (अनुच्छेद 108) है तथा इसकी अध्यक्षता लोकसभा अध्यक्ष करता है। इस संयुक्त बैठक में विधेयक पर विचार किया जाता है एवं बहुमत से निर्णय लिया जाता है।

43 निम्न कथनों में से कौन-सा एक धन विधेयक के संदर्भ में सत्य नहीं है? *(Chap 6, Class-IX & X, Old NCERT)*

(a) धन विधेयक संसद के दोनों सदनों में से किसी भी सदन में प्रस्तावित किया जा सकता है।
(b) लोकसभा अध्यक्ष यह प्रमाणित करता है कि कोई विधेयक धन विधेयक है या नहीं।
(c) धन विधेयक पर राष्ट्रपति को स्वीकृति देना अनिवार्य होता है।
(d) उपर्युक्त में से कोई नहीं

उत्तर *(a)*

व्याख्या धन/वित्त विधेयक के संदर्भ में कथन (a) सत्य नहीं है, क्योंकि वित्तीय विधेयकों को केवल लोकसभा में ही प्रस्तुत किया जा सकता है। लोकसभा में पास होने के पश्चात् वित्तीय विधेयकों को राज्यसभा में सहमति के लिए भेजा जाता है।

अनुच्छेद 109 के अनुसार, धन विधेयक को राज्यसभा में पेश नहीं किया जाता है। धन विधेयक को चिह्नित करने का अधिकार लोकसभा अध्यक्ष को है तथा इसे सदन में पेश करने से पूर्व राष्ट्रपति की स्वीकृति के लिए भेजा जाता है, स्वीकृति मिलने पर धन विधेयक लोकसभा में रखा जाता है।

44 लोकसभा द्वारा पारित धन विधेयक को राज्यसभा द्वारा भी पारित मान लिया जाता है, यदि राज्यसभा उसको लोकसभा को नहीं लौटाती है *(Chap 5, Class-XI, New NCERT)*

(a) 15 दिनों तक
(b) 10 दिनों तक
(c) 14 दिनों तक
(d) 16 दिनों तक

उत्तर *(c)*

व्याख्या धन विधेयक के मामले में राज्यसभा उसे या तो स्वीकार कर सकती है या संशोधन प्रस्तावित कर सकती है, लेकिन वह धन विधेयक को अस्वीकार नहीं कर सकती। यदि राज्यसभा 14 दिनों तक उस पर कोई निर्णय न ले, तो उसे राज्यसभा के द्वारा पारित मान लिया जाता है। धन विधेयक के बारे में राज्यसभा द्वारा प्रस्तावित संशोधनों को लोकसभा मान भी सकती है और नहीं भी।

45 संविधान के किस अनुच्छेद के अंतर्गत धन विधेयक को परिभाषित किया गया है? *(Chap 5, Class-XI, New NCERT) (UPPSC Pre 2019)*

(a) अनुच्छेद 109
(b) अनुच्छेद 110
(c) अनुच्छेद 111
(d) 'b' और 'c' दोनों

उत्तर *(b)*

व्याख्या संविधान के अनुच्छेद 110 में धन विधेयक को परिभाषित किया गया है, जब कोई विधेयक संसद के दोनों सदनों द्वारा पारित कर दिया जाता है, तब उसे राष्ट्रपति की स्वीकृति के लिए भेज दिया जाता है तथा राष्ट्रपति की स्वीकृति के बाद वह विधेयक कानून बन जाता है।

46 निम्नलिखित में से कौन-सा विषय धन विधेयक के अंतर्गत शामिल किया जाता है? *(Chap 5, Class-XI, Old NCERT)*

1. कर का अधिरोपण, उत्सादन, परिहार, परिवर्तन या विनियमन
2. उधार लेने या कोई प्रत्याभूति देने का विनियमन
3. संचित निधि या आकस्मिकता निधि की अभिरक्षा
4. संचित निधि में से धन का विनियोग
5. संचित निधि या भारत के लोक-लेखा की मद से धन प्राप्ति

कूट

(a) 1 और 2
(b) 1 और 3
(c) 2, 3, 4 और 5
(d) ये सभी

उत्तर *(d)*

व्याख्या धन विधेयक में दिए गए सभी कथनों को शामिल किया जाता है। कोई विधेयक धन विधेयक माना जाएगा, यदि वह

- किसी कर का अधिरोपण (Imposition), उत्सादन (Rescission), परिहार (Avoidance), परिवर्तन (Change) अथवा विनियमन (Regulation) करता हो।
- केंद्र सरकार द्वारा उधार लिए गए धन के विनियमन से संबंधित हो।
- भारत की संचित निधि या आकस्मिकता निधि की अभिरक्षा या ऐसी किसी निधि में धन जमा करने या उसमें से धन निकालने से संबंधित हो।
- भारत सरकार की संचित निधि से धन का विनियोग करता हो।
- भारत की संचित निधि पर भारित किसी व्यय की उद्घोषणा या इस प्रकार के किसी व्यय की राशि में वृद्धि करता हो।
- भारत की संचित निधि या लोक लेखा (Public Account) में किसी प्रकार के धन की प्राप्ति या अभिरक्षा अथवा इनसे व्यय या इनका केंद्र या राज्य की निधियों का लेखा परीक्षण करता हो।

47 संघीय बजट के संदर्भ में निम्नलिखित कथनों में से कौन-सा सत्य है? *(Chap 4, Class-XI, Old NCERT)*

1. वित्तमंत्री राष्ट्रपति की ओर से संसद में वित्तीय विवरण (बजट) प्रस्तुत करता है।
2. इस विवरण में केंद्र सरकार की आकलित प्राप्तियों तथा समस्त व्यय का उल्लेख होता है।
3. व्यय के आकलन को दो मदों में श्रेणीबद्ध किया जाता है।

कूट

(a) केवल 1
(b) 1 और 2
(c) 2 और 3
(d) उपर्युक्त सभी

उत्तर *(d)*

व्याख्या संघीय बजट के संदर्भ में सभी कथन सत्य हैं।

राज्य की आय एवं व्यय के आकलन मंत्रिमंडल द्वारा तैयार किए जाते हैं और मुख्यत: वित्तमंत्री को यह जिम्मेदारी सौंपी जाती है।

इन आकलनों को प्राप्त कर वित्तमंत्री आगामी वर्ष के लिए बजट तैयार करता है तथा राष्ट्रपति के अनुरोध पर उसे संसद में प्रस्तुत करने के लिए कहता है। तैयार किए बजट में केंद्र सरकार की आकलित प्राप्तियों तथा समस्त व्यय का उल्लेख होता है। व्यय के आकलन व्यय को श्रेणीबद्ध करते हैं एवं इन दो प्रकार की धनराशियों को अलग-अलग दिखाते हैं।

48 निम्नलिखित में से कौन-सा व्यय भारत की संचित निधि पर भारित नहीं है? *(Chap 4, Class-XI, Old NCERT) (UPPSC Mains 2011)*

(a) भारत के मुख्य न्यायाधीश के वेतन एवं भत्ते
(b) भारत के कैग के वेतन एवं भत्ते
(c) प्रधानमंत्री के वेतन एवं भत्ते
(d) संघ लोक सेवा आयोग के अध्यक्ष के वेतन एवं भत्ते

उत्तर *(c)*

व्याख्या भारत के प्रधानमंत्री के वेतन तथा भत्ते भारत की संचित निधि पर भारित नहीं है।

सरकार को प्राप्त सभी राजस्व, बाजार से लिए गए ऋण एवं स्वीकृत ऋणों पर प्राप्त ब्याज संचित निधि (Consolidated Fund) में जमा होते हैं।

संचित निधि में से व्यय निम्न कार्यों में उपयोग किए जाते हैं

- राष्ट्रपति का वेतन एवं भत्ता तथा अन्य व्यय
- राज्यसभा, सभापति एवं उपसभापति व लोकसभा अध्यक्ष, उपाध्यक्ष के वेतन एवं भत्ते

- भारत के नियंत्रक-महालेखा परीक्षक का वेतन, भत्ता एवं पेंशन
- संवैधानिक संस्थानों के प्रमुखों के वेतन एवं भत्ते
- भारत सरकार पर किसी न्यायालय द्वारा दी गई डिक्री या पंचाट पर व्यय इत्यादि।

49 बजट पारित होने की प्रक्रिया के चरणों का सही क्रम क्या है?

(Chap 4, Class-XI, Old NCERT)

1. बजट की प्रस्तुति 2. आम चर्चा
3. अनुदानों की माँग

कूट

(a) 2, 3, 1 (b) 2, 1, 3
(c) 1, 2, 3 (d) 1, 3, 2

उत्तर *(c)*

व्याख्या बजट पारित होने की प्रक्रिया के चरणों का सही क्रम 1, 2, 3 है। एक निश्चित दिन आगामी वित्तीय वर्ष के बजट को संसद के दोनों सदनों के सामने प्रस्तुत किया जाता है।

आम चर्चा बजट संबंधी दूसरा चरण है, जिसमें बजट की प्रस्तुति के बाद उसमें रखे प्रस्तावों पर आम चर्चा की जाती है।

आम चर्चा समाप्त होने पर आकलनों को लोकसभा के सामने विशेष शीर्षकों के अंतर्गत अनुदान माँगों के रूप में प्रस्तुत किया जाता है।

50 निम्नलिखित में से किसका संदर्भित संबंध केंद्रीय बजट से है?

(Chap 4, Class-XI, Old NCERT)

(a) कटौती प्रस्ताव
(b) काम रोको प्रस्ताव
(c) ध्यानाकर्षण प्रस्ताव
(d) निंदा प्रस्ताव

उत्तर *(a)*

व्याख्या कटौती प्रस्ताव केंद्रीय बजट से संबंधित है। जब किसी मंत्री द्वारा कोई माँग रखी जाती है, तो किसी भी सदस्य द्वारा उसमें कटौती का प्रस्ताव रखा जा सकता है।

कटौती का प्रस्ताव संशोधन के रूप में आता है और उसके माध्यम से खर्च में कटौती लाने का उद्देश्य दर्शाया जाता है।

अत: कटौती प्रस्ताव सरकार के विरोध का विपक्षी दलों का केवल संकेत मात्र होता है।

51 निम्नलिखित में से कौन-सा/से कथन असत्य है/हैं?

(Chap 4, Class-XI, Old NCERT)

(a) राज्यसभा को अनुदानों पर स्वीकृति देने का अधिकार नहीं होता है।
(b) राज्यसभा में कटौती प्रस्ताव नहीं रखे जा सकते हैं।
(c) राज्यसभा में वार्षिक वित्तीय विवरण पर चर्चा नहीं होती है।
(d) वित्तीय मामलों में राज्यसभा को लोकसभा से कम शक्तियाँ मिली हुई हैं।

उत्तर *(c)*

व्याख्या दिए गए कथनों में से कथन (c) असत्य है।

संसदीय शासन प्रणाली व्यवस्था में राज्यसभा को वित्तीय मामलों में लोकसभा से कम अधिकार प्राप्त हैं।

राज्यसभा में भी बजट (वार्षिक वित्तीय विवरण) को प्रस्तुत किया जाता है एवं समेकित निधि के नाम पर भारित खर्च सहित उसकी सब मदों पर इसमें आम चर्चा भी होती है।

राज्यसभा के सदस्य सरकार के विभिन्न विभागों के आम कामकाज पर अपनी राय देने के लिए इस अवसर का उपयोग करते हैं।

52 विनियोजन विधेयक के संदर्भ में निम्न कथनों पर विचार कीजिए।

(Chap 4, Class-XI, Old NCERT)

1. मंत्रियों द्वारा रखी सभी माँगें जब लोकसभा स्वीकृत कर देती है, तो सदन में यह विनियोग विधेयक के रूप में प्रस्तुत किया जाता है।
2. इसके द्वारा किए गए विनियोजन के अंतर्गत ही भारत की संचित निधि से धन निकाला जा सकता है।
3. इसके द्वारा ऐसा कोई संशोधन नहीं किया जा सकता, जो समेकित निधि के नाम पर भारित किसी खर्च की राशि या उसके प्रयोजन में परिवर्तन करता हो।

उपर्युक्त में कौन-सा/से कथन सही है/हैं?

(a) 2 और 3 (b) 1 और 3 (c) 1 और 2 (d) ये सभी

उत्तर *(d)*

व्याख्या विनियोजन विधेयक के संदर्भ में सभी कथन सही हैं।

मंत्रियों द्वारा रखी गई माँगों को जब लोकसभा अपनी स्वीकृति देती है, तो इसे 'विनियोग विधेयक' के रूप में पेश किया जाता है।

विनियोग विधेयक सरकार को किसी वित्तीय वर्ष के दौरान व्यय की पूर्ति के लिए भारत की संचित निधि से धनराशि निकालने की शक्ति देता है।

विनियोग विधेयक पर संसद के किसी सदन में ऐसा कोई संशोधन नहीं रखा जा सकता, जो समेकित निधि के रूप में किसी खर्च की या उसके प्रयोजन में परिवर्तन करे।

53 पूरक बजट के संदर्भ में निम्नलिखित कथनों में से कौन-सा सही है?

(Chap 4, Class-XI, Old NCERT)

(a) यह तब प्रस्तुत किया जाता है, जब चालू वित्तीय वर्ष के दौरान सेवा विशेष पर खर्च किए जाने के लिए विनियोजन अधिनियम द्वारा प्राधिकृत राशि अपर्याप्त हो जाए।
(b) वर्ष के दौरान पूरक या अतिरिक्त खर्च के लिए कोई ऐसी आवश्यकता उत्पन्न हो जाए, जिसके बारे में बजट प्रस्तुत करते समय विचार न किया गया हो।
(c) किसी सेवा पर वित्तीय वर्ष के दौरान उस धनराशि से अधिक धन खर्च हो गया हो।
(d) उपर्युक्त सभी

उत्तर *(d)*

व्याख्या पूरक बजट के संदर्भ में सभी कथन सही हैं।

जब कोई सरकार बजट बनाती है और उस बजट में कुछ कमी रहती है, तो उसके लिए फिर से नया बजट बनाया जाता है, तो उसे 'पूरक बजट' कहते हैं। अप्रत्याशित कारणों, जैसे-प्राकृतिक आपदा, राजस्व में गिरावट या अन्य आकस्मिकता के कारण पारित बजट पर पुन: विचार करने की आवश्यकता उत्पन्न होती है या नई माँगों गतिविधियों को पूरा करने के लिए या विद्यमान सेवाओं में वृद्धि के लिए अतिरिक्त धन की आवश्यकता होती है, तब उसके लिए पूरक बजट बनाया जाता है।

विधि निर्माण संबंधी शक्तियाँ

54 विधि के शासन के संदर्भ में निम्नलिखित कथनों पर विचार कीजिए

(Chap 4, Class-VIII, New NCERT)

1. इसका आशय है कि सभी कानून देश के सभी नागरिकों पर एक समान लागू होंगे।
2. इसके द्वारा किसी भी अपराध या कानून के उल्लंघन किए जाने पर एक निश्चित प्रक्रिया और सजा का प्रावधान किया गया है।
3. इसके द्वारा सरकारी अधिकारी और आम नागरिकों के लिए अलग व्यवहार किया जाता है।

उपर्युक्त कथनों में से कौन-सा/से कथन सही है/हैं?

(a) केवल 1 (b) 1 और 3
(c) 1 और 2 (d) ये सभी

उत्तर (c)

व्याख्या विधि के शासन के संदर्भ में कथन (1) और (2) सही हैं। विधि के शासन के अंतर्गत कानून से ऊपर कोई व्यक्ति नहीं है चाहे वह सरकारी अधिकारी हो या अत्यंत धनी व्यक्ति हो और यहाँ तक कि राष्ट्रपति ही क्यों न हो। किसी भी अपराध या कानून के उल्लंघन की एक निश्चित सजा होती है। सजा तक पहुँचने की भी एक प्रक्रिया तय की गई है, जिसमें व्यक्ति का अपराध साबित किया जाता है।

55 **घरेलू हिंसा के संदर्भ में निम्नलिखित में से कौन-सा कथन सही नहीं है?** *(Chap 4, Class-VIII, New NCERT)*

(a) जब परिवार का कोई पुरुष सदस्य घर की किसी औरत के साथ मारपीट करता है अथवा चोट पहुँचाता है, तो इसे घरेलू हिंसा कहा जाता है।
(b) औरत को हानि केवल शारीरिक मारपीट से पहुँचती है।
(c) इसमें औरतों का शोषण मौखिक, यौन या आर्थिक भी हो सकता है।
(d) घरेलू दायरे के अंतर्गत ऐसी महिलाएँ भी शामिल हैं, जो हिंसा करने वाले पुरुष के साथ एक ही मकान में रहती या रह चुकी हैं।

उत्तर (b)

व्याख्या घरेलू हिंसा के संदर्भ में कथन (b) सही नहीं है, क्योंकि घरेलू हिंसा अर्थात् कोई भी ऐसा कार्य जो किसी महिला एवं बच्चे (18 वर्ष से कम आयु के बालक एवं बालिका) के स्वास्थ्य, सुरक्षा जीवन पर संकट, आर्थिक क्षति एवं ऐसी क्षति जो असहनीय हो एवं जिससे महिला व बच्चे को दुःख एवं अपमान सहन करना पड़े, इन सभी को घरेलू हिंसा के दायरे में शामिल किया जाता है।

56 **निम्नलिखित कथनों पर विचार कीजिए** *(Chap 4, Class-VIII, New NCERT)*

कथन I घरेलू हिंसा पर महिला सुरक्षा कानून वर्ष 2006 में लागू किया गया था।

कथन II घरेलू हिंसा पर महिला सुरक्षा कानून के संदर्भ में संसद की स्थायी समिति ने वर्ष 2002 में अपनी सिफारिश प्रस्तुत की थी।

कूट

(a) कथन I और कथन II दोनों सही हैं तथा कथन II, कथन I की सही व्याख्या है।
(b) कथन I और कथन II दोनों सही हैं, परन्तु कथन II, कथन I की सही व्याख्या नहीं है।
(c) कथन I सही है, किंतु कथन II सही नहीं है।
(d) कथन I सही नहीं है, किंतु कथन II सही है।

उत्तर (b)

व्याख्या कथन I और कथन II दोनों सही हैं, परन्तु कथन II, कथन I की सही व्याख्या नहीं है।

घरेलू हिंसा से संबंधित संसदीय स्थाई समिति ने दिसंबर, 2002 में अपनी सिफारिश राज्यसभा को सौंपी, इन सिफारिशों को लोकसभा में भी पेश किया गया।

वर्ष 2005 में संसद के सामने एक नया विधेयक घरेलू हिंसा महिला संरक्षण 2005 पेश किया गया, दोनों सदनों से स्वीकृति मिल जाने के बाद उसे राष्ट्रपति के पास स्वीकृति के लिए भेज दिया गया, जो वर्ष 2006 से घरेलू हिंसा महिला सुरक्षा कानून के रूप में लागू हुआ।

57 **निम्नलिखित में से कौन-सी लोकसभा की अनन्य शक्तियाँ है/हैं?** *(Chap 5, Class-XI, New NCERT) (IAS Pre 2022)*

1. आपात की उद्घोषणा का अनुसमर्थन करना।
2. मंत्रिपरिषद् के विरुद्ध अविश्वास प्रस्ताव पारित करना।
3. भारत के राष्ट्रपति पर महाभियोग चलाना।

कूट

(a) 1 और 2
(b) केवल 2
(c) 1 और 3
(d) केवल 3

उत्तर (b)

व्याख्या मंत्रिपरिषद् के विरुद्ध अविश्वास प्रस्ताव पारित करना लोकसभा की अनन्य शक्ति है। संविधान के अनुच्छेद 75(3) में कहा गया है कि केंद्रीय मंत्रिपरिषद् सामूहिक रूप से लोकसभा के प्रति उत्तरदायी होगी। यदि लोकसभा मंत्रिपरिषद् के विरुद्ध अविश्वास प्रस्ताव पारित कर देती है, तो मंत्रिपरिषद् को तुरंत त्याग-पत्र देना पड़ता है।

इसके अतिरिक्त आपात की उद्घोषणा का अनुसमर्थन दोनों सदनों (लोकसभा तथा राज्यसभा) के द्वारा अनिवार्य है। साथ ही राष्ट्रपति पर महाभियोग संबंधी प्रस्ताव संसद के (14 दिन पूर्व सूचना के) किसी भी सदन लोकसभा अथवा राज्यसभा के द्वारा लाया जा सकता है।

संसदीय समितियाँ

58 **संसदीय समितियों के संदर्भ में निम्न में से कौन-सा कथन सही नहीं है?** *(Chap 5, Class-XI, Old NCERT)*

(a) अस्थायी समितियाँ प्रत्येक वर्ष अथवा समय-समय पर नियुक्त की जाती हैं।
(b) स्थायी समितियाँ किसी विशिष्ट विषय की जाँच-पड़ताल के लिए बनाई जाती हैं तथा कार्य होने के पश्चात् इनका विघटन हो जाता है।
(c) लोक-लेखा, प्राक्कलन तथा लोक उद्यम समिति स्थायी वित्तीय समितियाँ हैं।
(d) इन समितियों में केवल लोकसभा के सदस्य होते हैं।

उत्तर (d)

व्याख्या संसदीय समितियों के संदर्भ में कथन (d) सही नहीं है, क्योंकि भारत में अनेक स्थायी समितियाँ हैं। ये समितियाँ सदैव कार्य करती हैं। तदर्थ या अस्थायी समिति विशेष कार्यों को संपन्न कराने के लिए बनाई जाती है। सार्वजनिक उद्यम समिति एवं लोक-लेखा समिति में सदस्य दोनों सदनों से होते हैं, जबकि प्राक्कलन समिति में सदस्य लोकसभा के ही होते हैं। ये तीनों समितियाँ संसद में स्थायी वित्तीय समितियाँ हैं।

59 **लोक-लेखा समिति के संदर्भ में निम्न कथनों में से कौन-सा/से सही है/हैं?** *(Chap 5, Class-XI, Old NCERT) (IAS Pre 2013)*

1. लोकसभा के 25 सदस्यों से गठित होती है।
2. सरकार के विनियोग तथा वित्त लेखाओं की जाँच करती है।
3. भारत के नियंत्रक-महालेखा परीक्षक की रिपोर्ट की जाँच करती है।

कूट

(a) केवल 1
(b) 2 और 3
(c) केवल 3
(d) 1, 2 और 3

उत्तर (b)

व्याख्या लोक-लेखा समिति के संदर्भ में कथन (2) और (3) सही हैं।

यह समिति केंद्र सरकार के विभागों व मंत्रालयों के लेखाओं की जाँच कर, उन्हें संसद के प्रति उत्तरदायी बनाती है। यह समिति भारत सरकार के विभिन्न विभागों पर नियंत्रक-महालेखा परीक्षक की रिपोर्ट के आधार पर नियंत्रण रखती है।

समिति का एक महत्त्वपूर्ण कार्य यह सुनिश्चित करना है कि संसद द्वारा अनुदत्त राशि का विवेकपूर्ण उपयोग हुआ है। यह समिति अनियमितताओं से जुड़ी जाँच भी करती है।

लोक-लेखा समिति सबसे पुरानी समिति है, जिसमें लोकसभा के 15 तथा राज्यसभा के 7 सदस्य आनुपातिक प्रतिनिधित्व प्रणाली से चुने जाते हैं। इस समिति का अध्यक्ष विपक्ष का नेता होता है।

60 संसद के सचिवालय में पदों के संदर्भ में निम्न में से कौन-सा/से कथन सही है/हैं? *(Chap 5, Class-XI, New NCERT), (UPPSC Pre 2023)*

1. संसद के प्रत्येक सदन के सचिवालय के लिए सम्मिलित पदों को सृजित किया जा सकता है।
2. संसद को अपने किसी भी सदन के सचिवालय स्टाफ की सेवा शर्तों को विनियमित करने का अधिकार होता है।

कूट

(a) केवल 1
(b) केवल 2
(c) 1 और 2 दोनों
(d) न तो 1 और न ही 2

उत्तर *(c)*

व्याख्या संसद के सचिवालय के पदों के संदर्भ में दोनों कथन सही हैं। संविधान के अनुच्छेद 98 (1) के अंतर्गत संसद के प्रत्येक सदन के लिए पृथक् सचिवालय की व्यवस्था है तथा संसद के दोनों सदनों के सचिवालय के लिए सम्मिलित पदों को सृजित किया जा सकता है। अनुच्छेद 98 (2) के अंतर्गत संसद विधि द्वारा अपने किसी भी सदन के सचिवालय स्टाफ की भर्ती एवं उनकी सेवा की शर्तों को विनियमन कर सकता है।

61 लोक उद्यम समिति के संदर्भ में निम्न कथनों में से कौन-सा कथन सही है? *(Chap 5, Class-XI, Old NCERT)*

1. इसके सभापति की नियुक्ति लोकसभा अध्यक्ष के द्वारा की जाती है।
2. यह उद्यमों के लेखों की जाँच तथा उनके कार्यों एवं वित्तीय विषयों का परीक्षण करती है।

कूट

(a) केवल 1
(b) केवल 2
(c) 1 और 2
(d) न तो 1 और न ही 2

उत्तर *(c)*

व्याख्या लोक उद्यम या सार्वजनिक उपक्रम समिति के संदर्भ में दोनों कथन सही हैं। इस समिति में 22 सदस्य (15 लोकसभा एवं 7 राज्यसभा) होते हैं, जो आनुपातिक प्रतिनिधित्व की एकल संक्रमणीय पद्धति द्वारा निर्वाचित होते हैं। प्रत्येक वर्ष समिति के $\frac{1}{5}$ सदस्य अवकाश ग्रहण कर लेते हैं एवं उनके स्थान पर नए सदस्य निर्वाचित हो जाते हैं। इस समिति का सभापति लोकसभा अध्यक्ष द्वारा नियुक्त सदस्यों में से मनोनीत किया जाता है अर्थात् इस समिति के सभापति का चयन लोकसभा अध्यक्ष करता है।

यह समिति सरकारी उपक्रमों के लेखों की जाँच तथा उनके कार्यों एवं वित्तीय विषयों का परीक्षण करती है।

अध्याय 11

राज्य की कार्यपालिका

राज्य की कार्यपालिका

संवैधानिक प्रावधान

संविधान में उपबंध
- अनुच्छेद 153 से 167 - भाग VI

राज्य की कार्यपालिका के अंग
- राज्यपाल
- मुख्यमंत्री
- मंत्रिपरिषद्
- महाधिवक्ता

राज्यपाल
- **नियुक्ति**
  - अनुच्छेद 155, राष्ट्रपति द्वारा, अवधि पाँच वर्ष
  - एक से अधिक राज्यों के लिए नियुक्त
- **योग्यता**
  - अनुच्छेद 157, भारत के नागरिक, आयु 35 वर्ष
  - किसी भी सदन का सदस्य नहीं होना चाहिए
- **शपथ**
  - उच्च न्यायालय के मुख्य न्यायाधीश या वरिष्ठतम न्यायाधीश
- **शक्ति एवं कार्य**
  - कार्यकारी शक्ति, अनुच्छेद 154
  - मुख्यमंत्री और अन्य मंत्रियों की नियुक्ति
  - नियुक्तियाँ : महाधिवक्ता, लोक सेवा आयोग के अध्यक्ष और सदस्य
- **वैधानिक शक्ति**
  - अनुच्छेद 174, समन और सत्रावसान, विधानसभा भंग करने, संबोधन सत्र
  - अनुच्छेद 171 (3) विधानपरिषद् के 1/6 सदस्यों को मनोनीत
- **वित्तीय शक्ति**
  - अनुच्छेद 202
  - राज्यपाल की सिफारिश पर धन विधेयक
  - राज्यपाल की अनुशंसा पर अनुदान की माँग
- **न्यायिक शक्ति**
  - क्षमा, सजा, सजा में छूट देने की शक्ति
  - राज्य से संबंधित न्यायाधीशों की नियुक्ति

मुख्यमंत्री

मुख्यमंत्री
- राज्य की मंत्रिपरिषद् का प्रधान
- जनता के प्रति उत्तरदायित्व
- **नियुक्ति**
  - अनुच्छेद 164 (1), राज्यपाल द्वारा नियुक्त
- **योग्यता**
  - भारत का नागरिक होना चाहिए
  - उम्र 25 वर्ष या उससे अधिक
  - राज्य विधान सभा या राज्य परिषद् (मौजूदा) का सदस्य होना चाहिए

मुख्यमंत्री
- किसी भी सदन का सदस्य न होने की स्थिति में उसे छः महीने के भीतर सदस्य बनना अनिवार्य
- **चुनाव एवं कार्यकाल**
  - अवधि 5 वर्ष
  - राज्यपाल के प्रसादपर्यंत पद पर बने रहे
- **शपथ**
  - राज्यपाल की मौजूदगी में
- **मुख्यमंत्री के कार्य एवं शक्ति**
  - अनुच्छेद 163
  - सरकार के प्रमुख प्रवक्ता
  - मंत्री को पद से हटाने की शक्ति
  - मंत्रिपरिषदों की बैठक की अध्यक्षता
  - मंत्रिपरिषद् में परिवर्तन करने की शक्ति
  - बहुमत दल का नेता होने के कारण विधानसभा का नेता

मंत्रिपरिषद् एवं महाधिवक्ता

मंत्रिपरिषद्
- **गठन**
  - अनुच्छेद 163 संरचना
  - कैबिनेट मंत्री, राज्य मंत्री, उपमंत्री
- **नियुक्ति**
  - राज्यपाल के प्रसादपर्यंत
  - राज्यपाल के द्वारा नियुक्ति
- **आकार**
  - सदन के कुल सदस्य 15 से अधिक नहीं होनी चाहिए
- **योग्यता**
  - भारत का नागरिक
  - उम्र 25 वर्ष या उससे अधिक
  - विधानसभा या परिषद् का सदस्य होना चाहिए (यदि मौजूद है)
- **शपथ**
  - राज्यपाल की उपस्थिति में

महाधिवक्ता
- राज्य सरकार के कानूनी सलाहकार
- संवैधानिक निकाय, राज्यपाल द्वारा नियुक्त
- योग्यता उच्च न्यायालय के न्यायाधीशों के समान; कोई निश्चित कार्यकाल नहीं

केंद्रशासित प्रदेश का प्रशासन
- अनुच्छेद 239 से 241, भाग आठ
- अनुच्छेद 239 केंद्रशासित प्रदेश का प्रशासन
- राष्ट्रपति द्वारा प्रशासित (उप-राज्यपाल या मुख्य आयुक्त)
- वर्तमान में 8 केंद्रशासित प्रदेश

मुख्य सचिव
- राज्य का मुख्य प्रशासकीय अधिकारी
- कोई निश्चित कार्यकाल नहीं

SOURCE Old NCERT Class VII कानून लागू कौन करता है, Old NCERT Class IX & X राज्यों में हमारी सरकार, Old NCERT Class XI राज्य सरकार, भारतीय प्रशासन : संगठन एवं कार्य, भारत में कार्यपालिका Tamil Nadu Board Class-XII, Unit 3, NIOS Module-3 Chap 13

राज्यपाल

1 राज्य की कार्यपालिका के संदर्भ में निम्न कथनों पर विचार कीजिए *(Chap 9, Class-VII, Old NCERT)*

1. संविधान के भाग-VI भारत के फेडरल संरचना के महत्त्वपूर्ण घटक के रूप में राज्य की शक्तियों की व्याख्या करता है।
2. राज्य की कार्यपालिका में केवल राज्यपाल तथा मुख्यमंत्री शामिल हैं।
3. राज्यपाल, राज्य की कार्यपालिका का औपचारिक प्रमुख होता है।

उपर्युक्त में से कितने कथन असत्य हैं?

(a) केवल एक (b) केवल दो
(c) सभी तीन (d) इनमें से कोई नहीं

उत्तर *(a)*

व्याख्या राज्य की कार्यपालिका के संदर्भ में केवल एक कथन अर्थात् (2) असत्य है, क्योंकि राज्य की कार्यपालिका में राज्यपाल, मुख्यमंत्री तथा राज्य की मंत्रिपरिषद् व महाधिवक्ता शामिल होते हैं।

कथन (1) और (3) सत्य हैं। संविधान के भाग-IV में अनुच्छेद 152-237 राज्य को संघ के महत्त्वपूर्ण घटक के रूप में स्थापित करता है। भारतीय संघवादी व्यवस्था में संविधान द्वारा केन्द्र तथा राज्य की शक्तियों का स्पष्ट विभाजन किया गया है।

राज्यपाल राज्य की कार्यपालिका का औपचारिक प्रमुख होता है, जबकि मुख्यमंत्री वास्तविक प्रमुख होता है।

2 राज्य के राज्यपाल से संबंधित निम्न कथनों में कौन-सा कथन असत्य है? *(Chap 6, Class-XI, Old NCERT)*

(a) वह भारत के राष्ट्रपति के द्वारा नियुक्त होता है।
(b) वह राष्ट्रपति की इच्छानुसार पद पर रहता है।
(c) सामान्यत: उसका कार्यकाल पाँच वर्ष का होता है।
(d) उपर्युक्त में से कोई नहीं

उत्तर *(d)*

व्याख्या राज्य के राज्यपाल के संदर्भ में सभी कथन सत्य हैं।

किसी राज्य का राज्यपाल न तो जनता द्वारा सीधे चुना जाता है और न ही अप्रत्यक्ष रूप से राष्ट्रपति की तरह संवैधानिक प्रक्रिया के द्वारा उसका चुनाव होता है। उसकी नियुक्ति राष्ट्रपति की मुहर लगे आज्ञा-पत्र के माध्यम से होती है।

राज्यपाल राष्ट्रपति के प्रसादपर्यंत पद धारण करता है। इसके अतिरिक्त वह कभी भी राष्ट्रपति को संबोधित कर अपना त्याग-पत्र दे सकता है।

सामान्यत: राज्यपाल का कार्यकाल पदग्रहण से पाँच वर्ष की अवधि के लिए होता है।

3 किसी राज्य के राज्यपाल के संदर्भ में निम्न कथनों पर विचार कीजिए *(Chap 6, Class-XI, Old NCERT)*

1. उसकी आयु कम-से-कम 35 वर्ष या उससे अधिक होनी चाहिए।
2. उसे जन्म से भारत का नागरिक होना चाहिए।
3. उसे एक से अधिक राज्यों का राज्यपाल बनाया जा सकता है।
4. वह उच्च न्यायालय के न्यायाधीश के सम्मुख अपने पद की शपथ ग्रहण करता है।

उपर्युक्त में से कौन-सा/से कथन सत्य है/हैं?

(a) 1 और 2 (b) 1 और 3
(c) 1, 2 और 4 (d) 1, 3 और 4

उत्तर *(b)*

व्याख्या किसी राज्यपाल के संदर्भ में कथन (1) और (3) सत्य हैं। संविधान ने राज्यपाल के रूप में नियुक्त किए जाने वाले व्यक्ति के लिए कम-से-कम 35 वर्ष की आयु के मानक को तय किया है। सामान्यत: प्रत्येक राज्य के लिए एक राज्यपाल होता है, लेकिन सातवें संविधान संशोधन अधिनियम, 1956 की धारा के अनुसार एक ही व्यक्ति को दो-या-दो से अधिक राज्यों का राज्यपाल भी नियुक्त किया जा सकता है।

कथन (2) और (4) असत्य हैं, क्योंकि राज्यपाल के रूप में नियुक्त किया जाने वाला व्यक्ति भारत का नागरिक होना चाहिए। राज्यपाल को शपथ, संबंधित राज्य के उच्च न्यायालय के मुख्य न्यायाधीश द्वारा दिलाई जाती है। इनकी अनुपस्थिति में वरिष्ठतम न्यायाधीश शपथ दिलाते हैं।

4 निम्नलिखित कथनों पर विचार कीजिए *(Chap 6, Class-XI, Old NCERT)*

1. मुख्यमंत्री की नियुक्ति में राज्यपाल, राज्य में अवस्थित उच्च न्यायालय के मुख्य न्यायाधीश की सलाह लेता है।
2. राज्यपाल उसी व्यक्ति को मुख्यमंत्री नियुक्त करता है, जिसके बारे में उसको विश्वास हो कि वह विधानसभा के सदस्यों के बहुमत का विश्वास प्राप्त करने में समर्थ होगा।
3. राज्यपाल, राज्य की मंत्रिपरिषद् की सलाह पर कार्य करता है, जो सामूहिक रूप से राज्य कार्यपालिका के प्रति जवाबदेह होते हैं।

उपर्युक्त में से कितने कथन सत्य हैं?

(a) केवल एक
(b) केवल दो
(c) सभी तीन
(d) उपर्युक्त में से कोई नहीं

उत्तर *(a)*

व्याख्या दिए गए कथनों में से केवल एक कथन अर्थात् (2) सत्य है।

अनुच्छेद 164 के अनुसार मुख्यमंत्री की नियुक्ति राज्यपाल द्वारा की जाएगी। संसदीय व्यवस्था में राज्यपाल, राज्य विधानसभा में बहुमत प्राप्त दल के नेता को ही मुख्यमंत्री नियुक्त करता है। लेकिन यदि किसी दल को स्पष्ट बहुमत प्राप्त न हो, तो राज्यपाल, मुख्यमंत्री की नियुक्ति अपने विवेकाधिकार का प्रयोग करके कर सकता है।

कथन (1) और (3) असत्य हैं, क्योंकि मुख्यमंत्री की नियुक्ति में राज्यपाल किसी की सलाह नहीं लेता है। संविधान के अनुसार राज्य की कार्यपालिका शक्ति राज्यपाल में निहित होती है, किंतु कार्यपालिका का वास्तविक प्रधान मुख्यमंत्री होता है, जो मंत्रिपरिषद् का प्रमुख होता है। यद्यपि राज्य के सभी कार्यपालिका निर्णय राज्यपाल के नाम ही होते हैं, किंतु राज्यपाल मंत्रिपरिषद् की सलाह पर ही कार्य करता है तथा मंत्रिपरिषद् विधायिका के प्रति जवाबदेह होती है।

5 निम्नलिखित में से किसकी नियुक्ति राज्यपाल के द्वारा की जाती है? *(Chap 6, Class-XI, Old NCERT)*

1. राज्य लोक सेवा आयोग के अध्यक्ष
2. राज्य के महाधिवक्ता
3. उच्च न्यायालय के न्यायाधीश
4. अधीनस्थ न्यायालयों के न्यायाधीश

कूट

(a) 1 और 2 (b) 2 और 3
(c) 1, 2 और 3 (d) 1, 2 और 4

उत्तर *(d)*

व्याख्या राज्य लोक सेवा आयोग के अध्यक्ष तथा अन्य सदस्यों, राज्य के महाधिवक्ता तथा अधीनस्थ न्यायालयों के न्यायाधीश की नियुक्ति संबंधित राज्य के राज्यपाल द्वारा की जाती है। इसके संबंध में राज्यपाल की न्यायिक शक्तियों में इसका उल्लेख किया गया है। उच्च न्यायालय के न्यायाधीशों की नियुक्ति राष्ट्रपति द्वारा की जाती है। मुख्य न्यायाधीश की नियुक्ति राष्ट्रपति द्वारा, भारत के मुख्य न्यायाधीश और संबंधित राज्य के राज्यपाल से परामर्श के बाद की जाती है।

6 निम्नलिखित कथनों पर विचार कीजिए।

(Chap 7, Class-IX & X, Old NCERT)

1. राज्यपाल निर्वाचन के पश्चात् विधानसभा के प्रथम सत्र में तथा प्रत्येक वर्ष के प्रथम सत्र में सदन को संबोधित करता है।
2. राज्यपाल विधानमंडल का सत्र आहूत करता है तथा सत्रावसान करता है।
3. राज्यपाल कार्यकाल की समाप्ति के पूर्व विधानसभा को भंग नहीं कर सकता।

उपर्युक्त कथनों में से कौन-सा/से कथन सत्य है/हैं?

(a) केवल 1
(b) केवल 2
(c) 1 और 2
(d) उपर्युक्त सभी

उत्तर *(c)*

व्याख्या दिए गए कथनों में से कथन (1) और (2) सत्य हैं। राज्यपाल, राज्य विधानमंडल का अभिन्न अंग होता है। इस कारण उसे कुछ विधायी शक्तियाँ भी प्राप्त हैं। वह विधानसभा के प्रत्येक चुनाव के पश्चात्, प्रथम सत्र में और प्रतिवर्ष के प्रथम सत्र में सदन को संबोधित कर सकता है। वह राज्य विधानसभा (विधानमंडल) के सत्र को आहूत तथा सत्रावसान कर सकता है। कथन (3) असत्य है, क्योंकि राज्यपाल विधानसभा के कार्यकाल की समाप्ति के पूर्व इसे विघटित कर सकता है।

7 राज्यपाल द्वारा जारी किए जाने वाले अध्यादेश के संबंध में निम्नलिखित में कौन-सा कथन सही है?

(Chap 9, Class-VII, Old NCERT)

(a) यह तभी जारी किया जा सकता है, जब विधानमंडल का सत्र न चल रहा हो।
(b) ये अध्यादेश विधानमंडल का अधिवेशन शुरू होने के केवल 6 सप्ताह बाद तक लागू रह सकते हैं।
(c) 6 सप्ताह की अवधि से पूर्व भी अध्यादेश को समाप्त किया जा सकता है।
(d) 12 सप्ताह की अवधि से पूर्व ऐसे अध्यादेश को समाप्त नहीं किया जा सकता।

उत्तर *(d)*

व्याख्या राज्यपाल द्वारा जारी किए जाने वाले अध्यादेश के संबंध में कथन (d) सही नहीं है, क्योंकि 12 सप्ताह की अवधि से पूर्व इसे समाप्त किया जा सकता है।

कथन (a), (b) और (c) सही हैं। राज्यपाल किसी अध्यादेश को तभी प्रख्यापित कर सकता है, जब विधानसभा का सत्र न चल रहा हो।

राज्यपाल द्वारा जारी अध्यादेश राज्य विधानमंडल का सत्र प्रारंभ होने के छः सप्ताह उपरांत समाप्त हो जाता है।

यह अध्यादेश, छः सप्ताह पूर्व भी समाप्त हो सकता है, यदि राज्य विधानसभा इसे अस्वीकृत करे और विधानपरिषद् इस अस्वीकृति को सहमति प्रदान करे।

8 राज्यपाल की शक्तियों के संदर्भ में निम्न युग्मों पर विचार कीजिए

(Unit 3, Class-XII, Tamil Nadu Board)

1. विधानसभा में संबोधन – कार्यपालिका शक्ति
2. राज्य में बहुमत प्राप्त दल के नेता को मुख्यमंत्री चुनना – कार्यपालिका शक्ति
3. राज्य बजट पर पूर्व अनुमति देना– वित्तीय शक्ति
4. विधेयक पर हस्ताक्षर – विवेकाधीन शक्ति
5. राज्य उच्च न्यायालय के न्यायाधीशों की नियुक्ति में राष्ट्रपति को सलाह – विधायी शक्ति

उपर्युक्त में से कितने युग्म सही सुमेलित हैं?

(a) केवल एक (b) केवल दो (c) केवल तीन (d) ये सभी

उत्तर *(c)*

व्याख्या दिए गए युग्मों में से केवल तीन युग्म अर्थात् (2, 3 और 4) सही सुमेलित हैं। राज्य में बहुमत प्राप्त दल के नेता को मुख्यमंत्री नियुक्त करना राज्यपाल के कार्यपालिका की शक्ति के राज्य बजट पर पूर्व अनुमति देना वित्तीय शक्ति के अंतर्गत तथा विधेयक पर हस्ताक्षर विवेकाधीन शक्ति के अंतर्गत आता है। युग्म (1) और (5) सही सुमेलित नहीं हैं, क्योंकि विधानसभा में संबोधन राज्यपाल की विधायी शक्ति के और राज्य उच्च न्यायालय के न्यायाधीशों की नियुक्ति के संबंध में राष्ट्रपति को सलाह देना न्यायिक शक्ति के अंतर्गत आता है।

9 जनजातीय क्षेत्रों के संरक्षण और ऐसे क्षेत्रों के निवासियों की आदिम जीवन पद्धति की रक्षा करने हेतु किन राज्यों से संबद्ध राज्यपालों को स्वविवेकाधिकार प्रदान किए गए हैं?

(Chap 6, Class-XI, Old NCERT)

1. सिक्किम 2. नागाल 3. असम
4. मेघालय 5. त्रिपुरा

कूट

(a) 1 और 2 (b) 1, 3 और 4
(c) 1, 2, 4 और 5 (d) ये सभी

उत्तर *(d)*

व्याख्या जनजातीय क्षेत्रों के संरक्षण और ऐसे क्षेत्रों के निवासियों की आदिम जीवन पद्धति की रक्षा करने हेतु सिक्किम, नागालैंड, असम, मेघालय तथा त्रिपुरा से संबद्ध राज्यपालों को स्वविवेकाधिकार प्रदान किए गए हैं। संविधान में यह स्पष्ट किया गया है कि यदि राज्यपाल के विवेकाधिकार पर कोई प्रश्न उठे, तो राज्यपाल का निर्णय अंतिम एवं वैध होगा।

10 निम्नलिखित में से कौन-सी किसी राज्य के राज्यपाल को दी गई विवेकाधीन शक्तियाँ हैं?

(Chap 6, Class-XI, Old NCERT), (IAS Pre 2014)

1. भारत के राष्ट्रपति को, राष्ट्रपति शासन अधिरोपित करने के लिए रिपोर्ट भेजना।
2. मंत्रियों की नियुक्ति करना।
3. राज्य विधानमंडल द्वारा पारित कतिपय विधेयकों को भारत के राष्ट्रपति के विचार के लिए आरक्षित करना।
4. राज्य सरकार के कार्य संचालन के लिए नियम बनाना।

कूट

(a) 1 और 2 (b) 1 और 3
(c) 2, 3 और 4 (d) 1, 2, 3 और 4

उत्तर *(b)*

व्याख्या राज्यपाल को दी गई कुछ विवेकाधीन शक्तियों के संबंध में कथन (1) और (3) सही हैं।

राज्य में राष्ट्रपति शासन की सिफारिश करना और राष्ट्रपति के विचारार्थ किसी विधेयक को आरक्षित करना राज्यपाल की विवेकाधीन शक्तियाँ हैं।

जबकि मंत्रियों की नियुक्ति करना, कार्य संचालन के लिए नियम बनाना, राज्यपाल के स्वविवेक पर आधारित शक्ति नहीं है।

मुख्यमंत्री एवं मंत्रिपरिषद्

11 किसी राज्य के मुख्यमंत्री के संबंध में निम्नलिखित में से कौन-सा कथन सही नहीं है? *(Chap 9, Class-VII, Old NCERT)*

(a) मुख्यमंत्री राज्य की सरकार का वास्तविक प्रधान होता है।
(b) मंत्रियों की नियुक्ति राज्यपाल द्वारा मुख्यमंत्री के परामर्श पर की जाती है।
(c) मुख्यमंत्री मंत्रिपरिषद् की बैठकों की अध्यक्षता करता है।
(d) मुख्यमंत्री राज्य की कार्यपालिका का प्रमुख होता है।

उत्तर *(d)*

व्याख्या किसी राज्य के मुख्यमंत्री के संबंध में कथन (d) सही नहीं है, क्योंकि मुख्यमंत्री राज्य की कार्यपालिका का प्रमुख नहीं होता, बल्कि राज्यपाल राज्य की कार्यपालिका का औपचारिक प्रमुख है।

मुख्यमंत्री मंत्रिपरिषद् की बैठकों की अध्यक्षता करता है। वह राज्य की सरकार का वास्तविक प्रधान है।

मुख्यमंत्री की नियुक्ति राज्यपाल द्वारा की जाती है तथा अन्य मंत्री राज्यपाल के द्वारा मुख्यमंत्री के परामर्श पर नियुक्त किए जाते हैं।

12 निम्नलिखित कथनों पर विचार कीजिए *(Chap 6, Class-XI, Old NCERT)*

कथन I राज्य मंत्रिपरिषद् सामूहिक रूप से विधानसभा के प्रति उत्तरदायी होती है।

कथन II यदि किसी राज्य के एक मंत्री के विरुद्ध अविश्वास व्यक्त किया जाता है, तो वह राज्य की संपूर्ण मंत्रिपरिषद् के विरुद्ध अविश्वास माना जाएगा।

कूट

(a) कथन I और कथन II दोनों सही हैं तथा कथन II, कथन I की सही व्याख्या है
(b) कथन I और कथन II दोनों सही हैं, परंतु तथा कथन II, कथन I की सही व्याख्या नहीं है
(c) कथन I सही है, किंतु कथन II गलत है
(d) कथन I गलत है, किंतु कथन II सही है

उत्तर *(a)*

व्याख्या कथन I और कथन II दोनों सही हैं तथा कथन II, कथन I की सही व्याख्या है।

अनुच्छेद 164 स्पष्ट करता है कि राज्य विधानसभा के प्रति मंत्रिपरिषद् का सामूहिक उत्तरदायित्व होगा, इसका तात्पर्य यह है कि अपने सभी क्रियाकलापों, कृत्यों के लिए विधानसभा के प्रति उनका संयुक्त उत्तरदायित्व होगा। वे एक समूह (टीम) की तरह कार्य करेंगे।

यदि विधानसभा मंत्रिपरिषद् के किसी मंत्री के विरुद्ध अविश्वास प्रस्ताव पारित कर देती है, तो सभी मंत्रियों सहित विधान परिषद् से आए मंत्रियों को भी त्यागपत्र देना पड़ता है।

13 मुख्यमंत्री के कार्यों के संदर्भ में विचार कीजिए
(Unit 3, Class-XI, Tamil Nadu Board),
(Chap 13, Module-3, NIOS)

1. कैबिनेट मीटिंग की अध्यक्षता करता है तथा राज्य हित में महत्त्वपूर्ण नीतियों का निर्माण, नीति निर्णय के संदर्भ में राज्यपाल को सूचित करता है।
2. विधायिका के समक्ष रखे जाने वाले सभी कागजात, बिल, संकल्प आदि की जाँच करता है।
3. राज्य की महत्त्वपूर्ण नियुक्तियों में वास्तविक सलाहकार होता है।
4. मंत्रिपरिषद् के सभी निर्णयों को राज्यपाल को सूचित करता है, जिसमें यह राज्यपाल तथा मंत्रिपरिषद् के मध्य संचार की भूमिका का आधार होता है।

उपर्युक्त में से कितने कथन सही हैं?

(a) केवल एक
(b) केवल तीन
(c) सभी चारों
(d) इनमें से कोई नहीं

उत्तर *(c)*

व्याख्या मुख्यमंत्रियों के कार्यों तथा शक्तियों के संदर्भ में सभी कथन सही हैं। राज्य के वास्तविक कार्यकारी प्रमुख के रूप में मुख्यमंत्री को व्यापक शक्तियाँ प्राप्त हैं। वह मंत्रिपरिषद् के अध्यक्ष के रूप में राज्य के विषयों पर व्यापक शक्तियों को धारण करता है। यद्यपि सैद्धान्तिक रूप से राज्य में महत्त्वपूर्ण नियुक्तियाँ राज्यपाल द्वारा की जाती है, किंतु इन नियुक्तियों की सलाह व्यावहारिक रूप से मुख्यमंत्री द्वारा ही दी जाती है। इसके अतिरिक्त नीति निर्णय, विधानसभा के सम्मुख रखे जाने वाले दस्तावेजों की जाँच मुख्यमंत्री द्वारा ही की जाती है। वह मंत्रिपरिषद् द्वारा लिए गए सभी निर्णयों के बारे में राज्यपाल को सूचित करता है और राज्यपाल और मंत्रिपरिषद् के बीच एक कड़ी के रूप में कार्य करता है।

14 राज्य के मुख्य सचिव के संदर्भ में निम्नलिखित कथनों में से कौन-सा/से कथन सत्य है/हैं? *(Chap 8, Class-XI, Old NCERT)*

1. वह कैबिनेट के निर्णयों का रिकॉर्ड रखता है और उसकी एक प्रतिलिपि राज्यपाल, मुख्यमंत्री व मंत्रिपरिषद् के सदस्यों को भेजता है।
2. वह कुछ विभागों का अध्यक्ष होता है।
3. वह अंतर्राज्यीय विवादों की देख-रेख करता है।
4. वह केंद्र और राज्यों के बीच संचरण में मुख्य भूमिका निभाता है।

कूट

(a) केवल 1
(b) 1, 2 और 3
(c) 1, 3 और 4
(d) ये सभी

उत्तर *(d)*

व्याख्या राज्य के मुख्य सचिव के संदर्भ में सभी कथन सत्य हैं।

राज्य का मुख्य सचिव पदेन कैबिनेट का सचिव होता है और कैबिनेट तथा उसकी उप-समितियों की सभी बैठकों में उपस्थित रहता है। वह कैबिनेट के निर्णयों का रिकॉर्ड रखता है और उसकी एक प्रतिलिपि राज्यपाल, मुख्यमंत्री तथा मंत्रिपरिषद् के समस्त सदस्यों को भेजता है।

राज्य का मुख्य सचिव कुछ विभागों का अध्यक्ष भी होता है। साधारणतया वह सामान्य प्रशासन, कार्मिक प्रशासन, प्रशासकीय सुधार तथा योजना विभागों की अध्यक्षता करता है। इसके अतिरिक्त वह अंतर्राज्यीय विवादों की देख-रेख भी करता है और साथ ही केंद्र तथा राज्यों के बीच संचरण का मुख्य कार्य भी करता है।

अध्याय 12

राज्य की व्यवस्थापिका

राज्य की व्यवस्थापिका

संवैधानिक प्रावधान

विधानमंडल
- भाग VI
- अनुच्छेद 168 से 212
- राज्य विधानमंडल कानून बनाने वाली एक संस्था
- एकसदनीय या द्विसदनीय

राज्य विधानमंडल की संरचना
- निम्न सदन (विधान सभा), उच्च सदन (विधान परिषद्)
- राज्य के लोगों का प्रतिनिधित्व
- सदस्यों का चुनाव प्रत्यक्ष रूप से
- वयस्क मताधिकार के आधार पर चुनाव
- मतदान के लिए पात्रता 18 वर्ष या उससे अधिक आयु के नागरिक

योग्यताएँ व कार्यकाल
- भारत का नागरिक हो
- उम्र 25 वर्ष
- लाभ के पद पर न हो

विधानपरिषद्
- ऊपरी सदन
- सभी राज्यों में नहीं
- अनुच्छेद 169 विधानपरिषद् का निर्माण या उन्मूलन
- संसद निर्माण या समाप्त कर सकती है
- वर्तमान में 6 राज्यों (आंध्र प्रदेश, कर्नाटक, महाराष्ट्र, तेलंगाना, बिहार और उत्तर प्रदेश) में विधानपरिषद् है।

विधानसभा

विधानसभा
- निम्न सदन
- जनता का सदन

विधानसभा के अध्यक्ष
- सदस्यों के बीच से निर्वाचित
- कार्यकाल सदन के कार्यकाल तक
- डिप्टी स्पीकर को इस्तीफा

राज्य विधानमंडल के कार्य एवं शक्तियाँ

- कानून बनाने के कार्य
  - राज्य एवं समवर्ती सूची पर कानून बनाने का अधिकार
  - विधेयक दोनों सदन में पेश किए जाते हैं
  - वित्तीय विवरण विधानसभा में
  - राज्यपाल अध्यादेश जारी करना (अनुच्छेद 213)
- वित्तीय शक्ति
  - राज्य वित्त पर नियंत्रण रखना
  - धन विधेयक अध्यक्ष के द्वारा प्रमाणित
  - राज्यपाल वित्त विधेयक को रोक नहीं सकता
- कार्यपालिका पर नियंत्रण
  - मंत्रिपरिषद् सामूहिक रूप से विधानसभा के प्रति उत्तरदायी
  - अविश्वास प्रस्ताव पारित होने के बाद संसद भंग
- चुनावी कार्य
  - राष्ट्रपति के चुनाव में शामिल
  - राज्यसभा सदस्यों का चुनाव
- संवैधानिक कार्य
  - राज्य विधानमंडल के अधिकारी (अनुच्छेद 178 से 187)

राज्य विधानमंडल में विधायी प्रक्रिया

विधेयक के प्रकार
- प्रथम वाचन
- द्वितीय वाचन
- तृतीय वाचन

साधारण विधेयक (अनुच्छेद 196)
- भारत की संचित निधि से व्यय
- राज्य के किसी भी सदन में पेश किया जा सकता है
- अनुच्छेद 197, राज्य विधानमंडल के दोनों सदनों में संघर्ष (विवाद)
- संयुक्त बैठक का कोई प्रावधान नहीं

धन विधेयक की परिभाषा (अनुच्छेद 199)
- केवल विधानसभा में पेश किया जा सकता है
- राज्यपाल की पूर्ण अनुशंसा से अध्यक्ष (स्पीकर) की भूमिका अहम (महत्त्वपूर्ण)
- राज्यपाल की सहमति (अनुच्छेद 200)
- राष्ट्रपति की सहमति (अनुच्छेद 201)

राज्य विधायिका के विशेषाधिकार
- अपनी प्रक्रिया को नियमित करने के लिए नियम बना सकता है
- न्यायालय को सदन की कार्यवाही की जाँच करने से प्रतिबंधित किया गया

सामूहिक विशेषाधिकार
- अपनी रिपोर्ट, बहस और कार्यवाही प्रकाशित करने का अधिकार

व्यक्तिगत विशेषाधिकार
- सत्र के दौरान और सत्र शुरू होने से 40 दिन पहले तथा समाप्त होने के 40 दिन बाद तक गिरफ्तार नहीं किया जा सकता

SOURCE Old NCERT Class IX & X राज्यों में हमारी सरकार, New NCERT Class XI विधायिका, Old NCERT Class XI राज्य सरकार, भारत की विधायिका, केंद्रीय तथा राज्य स्तरों पर विधायी तथा वित्तीय प्रक्रिया, Tamil Nadu Board Class-XII Unit 2, NIOS Module-3 Chap 14

विधानसभा

1 किसी राज्य की विधायिका के संदर्भ में निम्न कथनों पर विचार कीजिए *(Chap 3, Class-XI, Old NCERT)* *(Unit 2, Class XII, Tamil Nadu Board)*

1. राज्यपाल, विधानसभा तथा विधानपरिषद् (जहाँ इनका अस्तित्व है) मिलकर राज्य की विधायिका का सृजन करते हैं।
2. राज्यपाल, राज्य विधायिका का अभिन्न अंग होता है।
3. राज्यपाल, विधानसभा/विधानपरिषद् के सत्र का केवल आह्वान करता है।

उपर्युक्त में से कौन-सा/से कथन सही है/हैं?

(a) केवल 1 (b) 1 और 2 (c) 1, 2 और 3 (d) 2 और 3

उत्तर *(b)*

व्याख्या किसी राज्य की विधायिका के संदर्भ में कथन (1) और (2) सही हैं। राज्यपाल, राज्य विधायिका का अभिन्न अंग है। राज्यपाल, विधानसभा तथा विधानपरिषद् मिलकर राज्य की विधायिका का सृजन करते हैं।

कथन (3) सही नहीं है, क्योंकि राज्यपाल विधानमंडल के सत्र का आह्वान व सत्रावसान दोनों करता है। राज्यपाल विधानसभा की पहली बैठक तथा प्रत्येक वर्ष के पहले सत्र को संबोधित करता है।

2 निम्नलिखित कथनों पर विचार कीजिए *(Chap 6, Class-XI, Old NCERT)*

1. संविधान की व्यवस्था के अनुसार प्रत्येक राज्य की विधानसभा में अधिकतम 600 सदस्य होंगे, जो जनता द्वारा प्रत्यक्ष रूप से वयस्क मताधिकार के आधार पर चुने जाएँगे।
2. राज्य की विधानसभा का सदस्य होने के लिए किसी व्यक्ति की आयु कम-से-कम 25 वर्ष होनी चाहिए।

उपर्युक्त में से कौन-सा/से कथन सही है/हैं?

(a) केवल 1 (b) केवल 2
(c) 1 और 2 (d) न तो 1 और न ही 2

उत्तर *(b)*

व्याख्या दिए गए कथनों में से कथन (2) सही है।
राज्य की विधानसभा का सदस्य होने के लिए किसी व्यक्ति की आयु कम-से-कम 25 वर्ष होनी चाहिए। इसके अतिरिक्त उसे भारत की नागरिकता तथा संसद द्वारा निर्धारित अन्य अर्हताओं को प्राप्त करना भी आवश्यक होता है।

कथन (1) सही नहीं है, क्योंकि संविधान की व्यवस्था के अनुसार प्रत्येक राज्य की विधानसभा में अधिकतम 500 तथा न्यूनतम 60 सदस्य होंगे, जो जनता द्वारा प्रत्यक्ष रूप से वयस्क मताधिकार के आधार पर चुने जाएँगे, परंतु सिक्किम, मिजोरम, गोवा तथा पुदुचेरी इसके अपवाद हैं, जिनकी विधानसभाओं की सदस्य संख्या क्रमशः 32, 40, 40 तथा 30 है।

3 विधानसभा के संदर्भ में निम्नलिखित में से कौन-सा कथन सही है? *(Chap 6, Class-XI, Old NCERT)*

(a) इसका कार्यकाल सामान्यतः पाँच वर्ष का होता है
(b) आपातकाल की स्थिति में इसकी अवधि एक वर्ष तक बढ़ाई जा सकती है
(c) राज्यपाल इसके कार्यकाल के समाप्त होने से पूर्व भी इसे विघटित कर सकता है
(d) उपर्युक्त सभी

उत्तर *(d)*

व्याख्या विधानसभा के संदर्भ में सभी कथन सही हैं।
विधानसभा का कार्यकाल आम चुनाव के पश्चात् पहली बैठक से लेकर सामान्यतः पाँच वर्ष तक होता है। इसके पश्चात् विधानसभा स्वतः विघटित हो जाती है। हालाँकि राज्यपाल इसका कार्यकाल समाप्त होने से पूर्व भी इसे विघटित कर सकता है। राष्ट्रीय आपातकाल की स्थिति में विधानसभा की अवधि एक वर्ष तक बढ़ाई जा सकती है। परंतु यह विस्तार आपातकाल समाप्त होने के बाद छः महीने से अधिक का नहीं हो सकता।

4 विधानसभा अध्यक्ष के संदर्भ में निम्नलिखित कथनों पर विचार कीजिए *(Unit 6, Class-XI, Old NCERT)*

1. इसका चुनाव विधानसभा के सदस्यों द्वारा किया जाता है।
2. जब अध्यक्ष को उसके पद से हटाने का प्रस्ताव विचाराधीन हो, तो वह सदन की अध्यक्षता नहीं करता है।
3. कोई विधेयक धन विधेयक है या नहीं, इसका निर्णय अध्यक्ष ही करता है।
4. विधानसभा के नियमों, प्रक्रियाओं तथा प्रावधानों का उल्लंघन होने पर अध्यक्ष, राज्यपाल को सदन स्थगित करने का प्रस्ताव भेजता है।

उपर्युक्त में से कितने कथन सही हैं?

(a) केवल एक (b) केवल दो
(c) केवल तीन (d) ये सभी

उत्तर *(c)*

व्याख्या विधानसभा अध्यक्ष के संदर्भ में केवल तीन कथन (1, 2 और 3) सही हैं।

विधानसभा के अध्यक्ष का चुनाव विधानसभा के सदस्यों द्वारा ही किया जाता है। इसका कार्यकाल विधानसभा के कार्यकाल तक होता है।

जब अध्यक्ष को उसके पद से हटाने का प्रस्ताव विचाराधीन होता है, तो वह सदन की अध्यक्षता नहीं करता, हालाँकि वह विधानसभा का सदस्य रहता है। कोई विधेयक धन विधेयक है या नहीं, इसका अंतिम निर्णय विधानसभा अध्यक्ष ही करता है। इसके अतिरिक्त विधानसभा अध्यक्ष किसी बिल पर प्रथम बार में मत नहीं देता है, लेकिन बराबर मत होने की स्थिति में वह निर्णायक मत दे सकता है।

कथन (4) सही नहीं है, क्योंकि विधानसभा के नियमों, प्रक्रियाओं और विनियमों का उल्लंघन होने पर अध्यक्ष को सत्र स्थगित करने, निलंबित करने के साथ ही सदस्यों को भी निलंबित करने का अधिकार प्राप्त है।

5 निम्नलिखित कथनों पर विचार कीजिए *(Unit 2, Class-XII, Tamil Nadu Board)*

कथन I विधानसभा उपाध्यक्ष, अध्यक्ष की अनुपस्थिति में विधानसभा की अध्यक्षता करता है तथा अध्यक्ष के समान शक्तियों का उपयोग करता है।

कथन II उपाध्यक्ष का चयन विधानसभा अध्यक्ष द्वारा नामित सदस्यों में से किया जाता है।

कूट

(a) कथन I और कथन II दोनों सही हैं तथा कथन II, कथन I की सही व्याख्या है
(b) कथन I और कथन II दोनों सही हैं, परंतु कथन II, कथन I की सही व्याख्या नहीं है
(c) कथन I सही है, किंतु कथन II गलत है
(d) कथन I गलत है, किंतु कथन II सही है

उत्तर *(c)*

व्याख्या कथन I सही है, किंतु कथन II गलत है।

विधानसभा उपाध्यक्ष, अध्यक्ष की अनुपस्थिति में विधानसभा की अध्यक्षता करता है तथा अध्यक्ष, उपाध्यक्ष दोनों की अनुपस्थिति में अध्यक्षता के लिए बनाए गए पैनल में से कोई एक सदस्य इसकी अध्यक्षता करता है।
उपाध्यक्ष का चुनाव विधानसभा सदस्यों द्वारा अपने सदस्यों में से किया जाता है।

विधानपरिषद्

6 द्विसदनीय विधायिका वाले राज्यों की पहचान कीजिए और नीचे दिए गए कूट की सहायता से सही उत्तर चुनिए

(Chap 5, Class-XI, New NCERT)

1. महाराष्ट्र
2. कर्नाटक
3. पश्चिम बंगाल
4. तेलंगाना
5. उत्तर प्रदेश
6. बिहार

कूट

(a) 1, 5 और 6
(b) 1, 3, 5 और 6
(c) 1, 2, 4, 5 और 6
(d) उपरोक्त सभी

उत्तर *(c)*

व्याख्या सितंबर, 2021 के अनुसार, भारत के छ: राज्यों (उत्तर प्रदेश, कर्नाटक, महाराष्ट्र, बिहार, आंध्र प्रदेश तथा तेलंगाना) में द्विसदनीय विधायिका उपस्थित है।

7 निम्न कथन (A) व कारण (R) को पढ़िए और नीचे दिए गए कूट की सहायता से सही उत्तर चुनिए *(Chap 6, Class-XI, Old NCERT)*

कथन (A) विधानपरिषद् एक स्थायी निकाय है, जिसे भंग नहीं किया जा सकता।

कारण (R) विधानसभा में पारित प्रस्ताव द्वारा विधान परिषद् को समाप्त किया जा सकता है।

कूट

(a) A और R दोनों सही हैं तथा R, A की सही व्याख्या है
(b) A और R दोनों सही हैं, परंतु R, A की सही व्याख्या नहीं है
(c) A सही है, किंतु R गलत है
(d) A गलत है, किंतु R सही है

उत्तर *(b)*

व्याख्या A और R सही हैं, परंतु R, A की सही व्याख्या नहीं है।

विधानपरिषद् एक ऐसा सदन है, जिसे विधानसभा में पारित प्रस्ताव द्वारा समाप्त तो किया जा सकता है, किंतु भंग नहीं किया जा सकता। विधानपरिषद् राज्यसभा के समान ही एक स्थायी सदन है। राज्यसभा के समान ही प्रत्येक दो वर्ष में इसके एक-तिहाई सदस्य सेवानिवृत्त होते हैं।

8 भारत के किसी राज्य में विधानपरिषद् की स्थापना अथवा उसकी समाप्ति की जा सकती है

(Chap 6, Class-XI, Old NCERT) (UP Lower Sub Pre 2008)

(a) संसद द्वारा
(b) राज्यपाल की सिफारिश पर राष्ट्रपति द्वारा
(c) मंत्रिपरिषद् की सिफारिश पर राज्यपाल द्वारा
(d) राज्य विधानसभा के द्वारा एक संकल्प पारित किए जाने पर संसद द्वारा

उत्तर *(d)*

व्याख्या भारत के किसी राज्य में विधानपरिषद् की स्थापना अथवा उसकी समाप्ति राज्य विधानसभा के द्वारा संकल्प पारित किए जाने पर संसद द्वारा की जा सकती है।

इस तरह का कोई विशेष प्रस्ताव राज्य विधानसभा द्वारा पूर्ण बहुमत से पारित होना आवश्यक है। यह बहुमत कुल मतों एवं उपस्थित सदस्यों के दो-तिहाई से कम नहीं होना चाहिए।

9 निम्नलिखित कथनों पर विचार कीजिए

(Chap 7, Class-IX & X, Old NCERT) (UPPSC Pre 2023)

1. विधानपरिषद् के कुल सदस्यों की संख्या, उस राज्य की विधानसभा के कुल सदस्यों की संख्या का एक-तिहाई से अधिक तथा किसी भी अवस्था में चालीस से कम नहीं हो सकती।
2. राज्य की विधानपरिषद् का सदस्य होने के लिए न्यूनतम आयु 30 वर्ष निर्धारित है।

उपर्युक्त में से कौन-सा/से कथन सही है/हैं?

(a) केवल 1
(b) केवल 2
(c) 1 और 2
(d) न तो 1 और न ही 2

उत्तर *(c)*

व्याख्या प्रश्न में दिए गए दोनों कथन सही हैं।

विधानपरिषद् के कुल सदस्यों की संख्या विधानसभा के एक-तिहाई से अधिक अथवा 40 से कम नहीं हो सकती अर्थात् राज्य में विधानपरिषद् के सदस्यों की संख्या विधानसभा के आकार पर निर्भर होती है। उत्तर प्रदेश की विधानपरिषद् में सर्वाधिक सदस्य हैं।

राज्य की विधानपरिषद् का सदस्य होने के लिए न्यूनतम आयु 30 वर्ष निर्धारित है। इसके अतिरिक्त विधानपरिषद् के निर्वाचित सदस्य को उस राज्य की किसी विधानसभा के निर्वाचन क्षेत्र से निर्वाचित होना चाहिए तथा मनोनीत किए जाने वाले सदस्य को उस राज्य का निवासी होना चाहिए, जिसकी विधानपरिषद् का वह सदस्य बनना चाहता है।

10 किसी राज्य की विधानपरिषद् में (साहित्य, कला, विज्ञान या सामाजिक सेवा के संबंध में विशेष ज्ञान अथवा व्यावहारिक अनुभव वाले) कितने सदस्य राज्यपाल द्वारा मनोनीत किए जाते हैं?

(Chap 6, Class-XI, Old NCERT), (UPPSC Mains 2017)

(a) कुल सदस्यों के $\frac{1}{3}$ सदस्य
(b) कुल सदस्यों के $\frac{1}{6}$ सदस्य
(c) कुल सदस्यों के $\frac{1}{12}$ सदस्य
(d) कुल सदस्यों के $\frac{1}{10}$ सदस्य

उत्तर *(b)*

व्याख्या विधानपरिषद् के $\frac{1}{6}$ सदस्यों को राज्यपाल द्वारा मनोनीत किया जाता है जिन्हें साहित्य, कला, सहकारिता, आंदोलन और समाज सेवा का विशेष ज्ञान व व्यावहारिक अनुभव हो। विधानसभा में राज्यपाल द्वारा नामित सदस्यों को किसी भी स्थिति में अदालत में चुनौती नहीं दी जा सकती।

विधानपरिषद् के $\frac{1}{3}$ सदस्य स्थानीय निकायों द्वारा, $\frac{1}{12}$ सदस्य राज्य में रह रहे 3 वर्ष के स्नातकों द्वारा, $\frac{1}{12}$ सदस्यों का निर्वाचन 3 वर्ष से कार्यरत अध्यापकों द्वारा तथा $\frac{1}{3}$ सदस्यों का निर्वाचन विधानसभा के सदस्यों के द्वारा किया जाता है।

11 राज्य विधानपरिषद् के संदर्भ में निम्नलिखित कथनों पर विचार कीजिए *(Chap 7, Class-IX & X, Old NCERT)*

(Chap 14, Module-3 NIOS)

1. इसके सदस्यों का निर्वाचन आनुपातिक प्रतिनिधित्व की एकल संक्रमणीय मत पद्धति द्वारा किया जाता है।
2. इसके सदस्यों का कार्यकाल 6 वर्ष का होता है तथा एक-तिहाई सदस्य प्रति दूसरे वर्ष अवकाश ग्रहण करते हैं।
3. कोई विधानसभा जहाँ विधानपरिषद् नहीं है। अपनी कुल सदस्य संख्या के दो-तिहाई बहुमत से प्रस्ताव पारित कर विधानपरिषद् का सृजन कर सकती है।

उपर्युक्त में से कितने कथन सही हैं?

(a) केवल एक (b) केवल दो
(c) सभी तीन (d) इनमें से कोई नहीं

उत्तर *(b)*

व्याख्या राज्य विधानपरिषद् के संदर्भ में केवल दो कथन अर्थात् (कथन 1 और 2) सही हैं। विधानपरिषद् के सदस्यों का निर्वाचन आनुपातिक प्रतिनिधित्व की एकल संक्रमणीय मत पद्धति द्वारा किया जाता है। इसके सदस्यों का कार्यकाल 6 वर्ष का होता है।

विधानपरिषद् में एक तिहाई सदस्य, प्रत्येक दूसरे वर्ष में सेवानिवृत्त होते रहते हैं। इसमें खाली पदों को नए चुनाव और नामांकन द्वारा प्रत्येक तीसरे वर्ष के प्रारंभ में भरा जाता है। सेवानिवृत्त सदस्य भी पुनः चुनाव और नामांकन हेतु योग्य होते हैं।

कथन (3) सही नहीं है, क्योंकि उन राज्यों में जहाँ विधानपरिषद् नहीं है, का सृजन उस विधानसभा के कुल सदस्यों के द्वारा बहुमत (दो-तिहाई बहुमत) से पारित प्रस्ताव संसद में भेजा जाता है, तो संसद उस राज्य में विधानपरिषद् का सृजन कर सकती है।

अनुच्छेद 169 के तहत किसी राज्य में विधानपरिषद् को स्थापित करने या समाप्त करने का अधिकार संसद को प्राप्त है।

12 राज्य विधानपरिषद् के संदर्भ में निम्नलिखित कथनों पर विचार कीजिए *(Chap 6, Class-XI, Old NCERT)*

1. इसके सभापति एवं उपसभापति को राज्यपाल के द्वारा नियुक्त किया जाता है।
2. इसके सभापति को राज्यपाल तथा उपसभापति को इसके सदस्यों द्वारा चुना जाता है।
3. इसके सदस्य अपने सदस्यों में से दो को क्रमशः सभापति एवं उपसभापति चुनते हैं।
4. इसके सभापति को राज्यपाल तथा उपसभापति को मुख्यमंत्री द्वारा चुना जाता है।

उपर्युक्त में से कितने कथन सही हैं?

(a) केवल एक (b) केवल दो (c) केवल तीन (d) ये सभी

उत्तर *(b)*

व्याख्या राज्य विधानपरिषद् के संदर्भ में केवल एक कथन अर्थात् (3) सही है। विधानपरिषद् के सदस्य अपने सदस्यों में से दो को क्रमशः सभापति एवं उपसभापति चुनते हैं, जिसका वर्णन संविधान के अनुच्छेद 182 में मिलता है। विधानपरिषद् के सभापति या उपसभापति को परिषद् के तत्कालीन समस्त सदस्यों के बहुमत से पारित संकल्प द्वारा पद से हटाया भी जा सकता है, परंतु ऐसा संकल्प पारित करने से पहले 14 दिन पूर्व सभापति या उपसभापति को सूचित करना पड़ता है।

13 राज्य विधानमंडल के किसी सदन की बैठकों के लिए गणपूर्ति का होना आवश्यक होता है

(Chap 6, Class-XI, Old NCERT) (Chap 14, Module-3 NIOS)

(a) सदन के कुल सदस्यों का $\frac{1}{10}$ (b) सदन के कुल सदस्यों का $\frac{1}{5}$
(c) सदन के कुल सदस्यों का $\frac{1}{9}$ (d) सदन के कुल सदस्यों का $\frac{1}{6}$

उत्तर *(a)*

व्याख्या राज्य विधानमंडल के किसी सदन की बैठकों के लिए गणपूर्ति का सदन के कुल सदस्यों का $\frac{1}{10}$ होना आवश्यक होता है। यदि सदन की बैठक के दौरान कोरम न हो, तो यह पीठासीन अधिकारी का कर्त्तव्य है कि सदन को स्थगित करे या कोरम पूरा होने तक सदन को स्थगित रखे।

14 राज्य विधानमंडल सत्र के संदर्भ में विचार कीजिए *(Chap 6, Class-XI, Old NCERT)*

1. राज्य विधानमंडल का सत्र वर्ष में कम-से-कम दो बार अवश्य होता है तथा एक सत्र से दूसरे सत्र के बीच 6 माह से अधिक अंतर नहीं होना चाहिए।
2. प्रत्येक वर्ष के पहले सत्र के पहले दिन मुख्यमंत्री द्वारा संबोधन किया जाता है, जिसमें मुख्यमंत्री उन नीतियों की चर्चा करते हैं, जिन्हें बहस के लिए रखना है।
3. राज्यपाल आम चुनाव के पश्चात् पहले सत्र की प्रारंभिक बैठक को संबोधित करता है।

उपर्युक्त में से कितने कथन गलत हैं?

(a) केवल एक (b) केवल दो
(c) सभी तीनों (d) इनमें से कोई नहीं

उत्तर *(a)*

व्याख्या राज्य विधानमंडल सत्र के संदर्भ में केवल एक कथन अर्थात् (कथन 2) गलत है, क्योंकि प्रत्येक वर्ष के पहले सत्र के पहले दिन राज्यपाल द्वारा सत्र का संबोधन किया जाता है, न कि मुख्यमंत्री द्वारा। इस संबोधन में राज्यपाल द्वारा उन नीतियों की चर्चा की जाती है, जिन्हें उस वर्ष बहस के लिए विधानसभा में रखा जाएगा।

विधानमंडल की शक्तियाँ एवं कार्य

15 निम्नलिखित कथनों पर विचार कीजिए। *(Chap 6, Class-XI, Old NCERT)*

1. राज्य विधानमंडल को राज्य सूची और समवर्ती सूची में दिए गए विषयों पर कानून बनाने का अधिकार प्राप्त है।
2. समवर्ती सूची के विषयों पर राज्य विधानमंडल तथा संसद द्वारा निर्मित विधियों में परस्पर विरोध होने पर विरोध की सीमा तक संसदीय विधि वरणीय है

उपर्युक्त में से कौन-सा/से कथन सही नहीं है/हैं?

(a) केवल 1 (b) केवल 2
(c) 1 और 2 (d) न तो 1 और न ही 2

उत्तर *(d)*

व्याख्या दिए गए दोनों कथन सही हैं।

राज्य विधानमंडल को सामान्यतया उन सभी विषयों पर कानून बनाने की शक्ति प्राप्त है, जो राज्य सूची और समवर्ती सूची में दिए गए हैं।

समवर्ती सूची के विषयों पर राज्य विधानमंडल तथा संसद द्वारा निर्मित विधियों में परस्पर विरोध होने पर विरोध की सीमा तक संसदीय विधि वरणीय है। भारतीय संविधान में अनुच्छेद 254 में इसकी चर्चा मिलती है। समवर्ती सूची में बनाए गए विषयों पर विरोध होने पर राष्ट्रपति की अनुमति से राज्य विधानमंडल की विधि उस राज्य में लागू होती है, अन्यथा शून्य हो जाती है।

16 किन विषयों पर मात्र राज्य विधायिका द्वारा विधि (कानून) बनाई जा सकती है? *(Unit 2, Class-XII, Tamil Nadu Board) (Chap 14, Module-3 NIOS)*

(a) कृषि, पुलिस, शिक्षा, वन, शराब
(b) कृषि, राज्य सिविल सेवा, व्यापार संघ, कृषि भूमि
(c) शिक्षा, पुलिस, कृषि भूमि के अतिरिक्त अन्य भूमि हस्तांतरण, कैदी, बंदरगाह
(d) शराब, व्यापार एवं वाणिज्य, जनस्वास्थ्य, पशुपालन

उत्तर *(d)*

व्याख्या शराब, व्यापार एवं वाणिज्य, जनस्वास्थ्य, पशुपालन आदि विषयों पर मात्र राज्य विधायिका द्वारा विधि बनाई जा सकती है। उपर्युक्त विषयों के अतिरिक्त राज्य सरकार पुलिस, जेल, स्थानीय शासन, कृषि, जनस्वास्थ्य आदि विषयों पर भी कानून बना सकती है। शिक्षा, वन, कृषि भूमि के अतिरिक्त अन्य भूमि आदि विषय समवर्ती सूची में शामिल हैं, जिस पर केंद्र एवं राज्य सरकार दोनों को कानून निर्माण का अधिकार है। बंदरगाह केंद्र सूची का विषय है जिस पर केवल केंद्र सरकार कानून बना सकती है। ज्ञातव्य है कि भारतीय संविधान की सातवीं अनुसूची के अंतर्गत केंद्र एवं राज्यों के बीच शक्तियों का बँटवारा किया गया है। सातवीं अनुसूची में संघ सूची, राज्य सूची एवं समवर्ती सूची का विवरण मिलता है। संघ सूची के विषयों पर केंद्र सरकार तथा राज्य सूची के विषयों पर राज्य सरकार कानून बना सकती है, जबकि समवर्ती सूची के विषयों पर केंद्र एवं राज्य सरकारें दोनो कानून का निर्माण कर सकती हैं।

17 धन विधेयक के अतिरिक्त कोई विधेयक जिसे राज्य विधानसभा द्वारा पारित कर दिया गया हो, उसे विधानपरिषद् अपने पास कितने समय तक रोककर रख सकती है?

(Chap 7, Class-IX & X, Old NCERT) (UPPSC Mains 2005)

(a) 14 दिनों तक
(b) दो माह तक
(c) तीन माह तक
(d) छः माह तक

उत्तर (c)

व्याख्या धन विधेयक के अतिरिक्त किसी साधारण विधेयक जिसे राज्य विधानसभा द्वारा पारित कर दिया गया हो, उसे विधान परिषद् प्रथम बार में तीन महीने तथा द्वितीय बार में अधिकतम एक महीने तक रोक सकती है। अत: विधानपरिषद् किसी साधारण विधेयक को अधिकतम चार माह तक रोक सकती है।

18 निम्नलिखित कथनों पर विचार कीजिए

(Chap 4, Class-XI, Old NCERT)

1. धन विधेयक को विधानपरिषद् को 14 दिनों के अंदर विधानसभा को लौटाना होता है।
2. राज्यपाल धन विधेयक को पुनर्विचार के लिए लौटा सकता है।

उपर्युक्त में से कौन-सा/से कथन सही नहीं है/हैं?

(a) केवल 1
(b) केवल 2
(c) 1 और 2
(d) न तो 1 और न ही 2

उत्तर (b)

व्याख्या दिए गए कथनों में से कथन (2) सही नहीं है, क्योंकि धन विधेयक जब राज्य विधानमंडल द्वारा पारित कर राज्यपाल के पास भेजा जाता है, तो राज्यपाल के पास निम्न तीन विकल्प उपस्थित होते हैं

1. वह विधेयक को अपनी स्वीकृति प्रदान कर सकता है।
2. वह विधेयक पर अपनी स्वीकृति रोक सकता है, जिससे विधेयक स्वत: (स्वयं) समाप्त हो जाता है।
3. वह विधेयक को राष्ट्रपति के विचारार्थ (विचार) के लिए सुरक्षित रख सकता है। अत: इस प्रकार राज्यपाल धन विधेयक को पुनर्विचार के लिए राज्य विधानसभा को वापस नहीं करता है।

19 निम्नलिखित में से किस पर होने वाला व्यय (खर्च) राज्य की संचित निधि पर भारित होता है? *(Chap 4, Class-XI, Old NCERT)*

1. विधानसभा के अध्यक्ष का वेतन व भत्ता
2. ऋण परिव्यय
3. राज्यपाल के वेतन एवं भत्ते

कूट

(a) केवल 2
(b) 2 और 3
(c) 1 और 3
(d) ये सभी

उत्तर (d)

व्याख्या दिए गए सभी विकल्प राज्य की संचित निधि पर भारित होते हैं। राज्य की संचित निधि पर भारित व्यय (खर्च) निम्न हैं

- उच्च न्यायालय के न्यायाधीशों के वेतन और भत्ते के संबंध में खर्च
- विधानसभा के अध्यक्ष तथा उपाध्यक्ष के वेतन और भत्ते
- ऋण परिव्यय
- राज्यपाल का वेतन एवं भत्ते
- संविधान या राज्य के विधानमंडल द्वारा घोषित कोई अन्य खर्च जो कानून के अंतर्गत किया जाता हो।
- किसी न्यायालय या न्यायाधिकरण के किसी निर्णय, डिक्री (Decree) या पंचाट को पूरित करने के लिए कोई अपेक्षित धनराशि।

20 किसी राज्य के राज्यपाल द्वारा राष्ट्रपति के विचार के लिए आरक्षित किसी विधेयक के संदर्भ में निम्नलिखित में से कौन-सा कथन सही है?

(Chap 6, Class-XI, Old NCERT)

(a) राष्ट्रपति उस पर अपनी स्वीकृति दे सकता है।
(b) राष्ट्रपति उसे अस्वीकृत कर सकता है।
(c) राष्ट्रपति राज्यपाल को सिफारिशों सहित उसे विधानसभा को लौटाने का निर्देश दे सकता है।
(d) उपर्युक्त सभी

उत्तर (d)

व्याख्या किसी राज्य के राज्यपाल द्वारा राष्ट्रपति के विचार के लिए आरक्षित किसी विधेयक के संदर्भ में सभी कथन सही हैं। जब कोई विधेयक राज्यपाल द्वारा राष्ट्रपति के विचारार्थ सुरक्षित रखा जाता है, तो इस स्थिति में राष्ट्रपति के पास तीन विकल्प होते हैं

1. राष्ट्रपति उस पर अपनी स्वीकृति प्रदान कर सकता है, जिसके पश्चात् वह अधिनियम बन जाता है।
2. राष्ट्रपति उसे अस्वीकृत कर सकता है। इस स्थिति में विधेयक स्वत: निरस्त हो जाता है।
3. राष्ट्रपति राज्यपाल को सिफारिशों सहित उसे विधानमंडल को लौटाने का निर्देश दे सकता है। यदि विधेयक कुछ सुधार या बिना सुधार के राष्ट्रपति की स्वीकृति के लिए दोबारा भेजा जाए, तो राष्ट्रपति इस पर स्वीकृति देने के लिए बाध्य नहीं है। वह स्वीकृत भी कर सकता है और नहीं भी।

अध्याय 13

न्यायपालिका

न्यायपालिका

उच्चतम न्यायालय

परिचय
- 28 जनवरी, 1950 को स्थापित
- भाग V में अनुच्छेद 127 से 147

सर्वोच्च न्यायालय की संरचना
- मुख्य न्यायाधीश और अन्य न्यायाधीश
- वर्तमान में 34 न्यायाधीश हैं, जिनमें मुख्य न्यायाधीश (CJI) सामिल भी शामिल

न्यायाधीशों की नियुक्ति
- अनुच्छेद 124 (2); राष्ट्रपति द्वारा
- सबसे वरिष्ठ न्यायाधीश को CJI नियुक्त

न्यायाधीशों की पात्रता
- अनुच्छेद 124 (3)
- भारत का नागरिक, कम से कम 5 वर्ष तक उच्च न्यायालय का न्यायाधीश, कम से कम 10 वर्ष तक उच्च न्यायालय का वकील

न्यायाधीशों का वेतन
- संसद द्वारा निर्धारित
- सीजेआई (CJI) ₹ 2.80 लाख प्रतिमाह
- अन्य न्यायाधीश ₹ 2.50 लाख प्रतिमाह
- संसद न्यायाधीश के वेतन पर कोई भी शुल्क नहीं लगा सकती

न्यायाधीशों की शपथ एवं कार्यकाल
- राष्ट्रपति की उपस्थिति में कार्यकाल 65 वर्ष की आयु प्राप्त करने तक
- राष्ट्रपति को कभी भी इस्तीफा देकर अपना पद त्याग सकता है

उच्चतम न्यायालय का क्षेत्राधिकार

प्रारंभिक क्षेत्राधिकार
- अनुच्छेद 131; भारत सरकार और एक या अधिक राज्यों के बीच विवादों में
- दो या दो से अधिक राज्यों के मध्य विवाद
- भारत और किसी भी राज्य या राज्य के बीच

अपीलीय क्षेत्राधिकार
- भारत के सभी उच्च न्यायालय के निर्णयों के विरुद्ध अपील
- अनुच्छेद 132 (1), 133 (1) या 134
- अनुच्छेद 132 संवैधानिक मामले
- अनुच्छेद 134 अपराधिक मामले
- अनुच्छेद 133 सिविल मामले

परामर्शदात्री क्षेत्राधिकार
- अनुच्छेद 143
- राष्ट्रपति सार्वजनिक मामलों के किसी भी मुद्दे पर सर्वोच्च न्यायालय की सलाह ले सकता है
- पुनर्विचार संबंधी क्षेत्राधिकार (रिट क्षेत्राधिकार)
- अनुच्छेद 32 (उच्चतम न्यायालय)
- अनुच्छेद 226 (उच्च न्यायालय)
- लिखित आदेश न्यायिक शक्ति वाले एक निकाय द्वारा जारी किया गया
- सर्वोच्च न्यायालय की अन्य शक्तियाँ
- फैसले (निर्णय) की समीक्षा
- सर्वोच्च न्यायालय के आदेश का प्रवर्तन और कमी

उच्च न्यायालय

उच्च न्यायालय
- अनुच्छेद 214 से 231; भाग VI
- भारत में प्रथम तीन उच्च न्यायालय - कलकत्ता, बंबई, मद्रास (1862)
- वर्तमान में 25 उच्च न्यायालय

उच्च न्यायालय की संरचना
- मुख्य और अन्य न्यायाधीश - राष्ट्रपति द्वारा नियुक्ति
- **उच्च न्यायालय के न्यायाधीशों की योग्यताएँ**
  - भारत का नागरिक
  - एक से अधिक न्यायालयों में लगातार 10 वर्षों तक अधिवक्ता रहा हो
- **कार्यकाल**
  - अवकाश ग्रहण करने की अधिकतम उम्र सीमा 62 वर्ष

उच्च न्यायालय का क्षेत्राधिकार
- **मूल क्षेत्राधिकार**
  - प्रत्येक उच्च न्यायालय को बंदी प्रत्यक्षीकरण, परमादेश, प्रतिषेध, उत्प्रेषण अधिकार पृच्छा जेसे रिट जारी करने का अधिकार है
- **अपीलीय क्षेत्राधिकार**
  - यह अपने अधीनस्थ न्यायालयों के न्यायाधीश के विरोध अपील सुनता है
- **पर्यवेक्षी क्षेत्राधिकार**
  - यह अधीनस्थ न्यायालय के निर्णय को अन्य न्यायालयों में हस्तांतरित कर सकता है

सेवानिवृत्त न्यायाधीश की नियुक्ति
- उच्च न्यायालय के मुख्य न्यायाधीश राष्ट्रपति की सहमति से उच्च न्यायालय के क्षेत्राधिकार वाले किसी भी सेवानिवृत्त न्यायाधीश को पुनः नियुक्त कर सकते हैं
- उच्च न्यायालय का मुख्यः न्यायाधीश राष्ट्रपति की सहमति से किसी भी सेवानिवृत्त न्यायाधीश को पुनः नियुक्त कर सकता है

SOURCE **New NCERT Class VIII न्यायपालिका, New NCERT Class VIII हमारी आपराधिक न्यायप्रणाली, New NCERT Class IX संस्थाओं का कामकाज, Old NCERT Class IX & X हमारे न्यायालय, New NCERT Class XI न्यायपालिका, Old NCERT Class XI न्यायपालिका की सामान्य विशेषताएँ, Old NCERT Class XI भारत की न्यायपालिका, Old NCERT Class XI केंद्रीय सरकार, Old NCERT Class XI राज्य सरकार, Tamil Nadu Board Class-XII Unit 4, NIOS Module-3 Chap 12 & 15**

सर्वोच्च न्यायालय

1 **भारत के सर्वोच्च न्यायालय के संदर्भ में निम्नलिखित कथनों पर विचार कीजिए।** *(Chap 5, Class-VIII, New NCERT)* *(Chap 12, Class-XI, New NCERT)*

1. सर्वोच्च न्यायालय की स्थापना 26 जनवरी, 1949 को हुई।
2. वर्तमान इमारत में सर्वोच्च न्यायालय वर्ष 1958 में स्थानांतरित किया गया।
3. अनुच्छेद 124 के अंतर्गत सर्वोच्च न्यायालय का उल्लेख है।

उपर्युक्त में से कौन-सा/से कथन सही नहीं हैं?

(a) केवल 1 (b) केवल 2
(c) 1 और 3 (d) इनमें से कोई नहीं

उत्तर *(a)*

व्याख्या भारत के सर्वोच्च न्यायालय के संदर्भ में कथन (1) सही नहीं है, क्योंकि भारत के सर्वोच्च न्यायालय की स्थापना 26 जनवरी, 1950 को की गई थी, जबकि इसका उद्घाटन 28 जनवरी, 1950 को किया गया था। अपने पूर्ववर्ती फेडरल कोर्ट ऑफ इंडिया (1937-49) की भाँति यह न्यायालय भी पहले संसद भवन के भीतर चेंबर ऑफ प्रिंसेज में हुआ करता था। इसे वर्ष 1958 में अलग इमारत के रूप में स्थानांतरित कर दिया गया।

संविधान के अनुच्छेद 124 के अंतर्गत सर्वोच्च न्यायालय के संबंध में उल्लेख किया गया है।

2 **भारत के उच्चतम न्यायालय के न्यायाधीशों के संदर्भ में निम्नलिखित में से कौन-सा कथन सही है?** *(Chap 5, Class-XI, Old NCERT)*

(a) उच्चतम न्यायालय के प्रत्येक न्यायाधीश की नियुक्ति राष्ट्रपति द्वारा की जाती है
(b) राष्ट्रपति के लिए अन्य न्यायाधीशों की नियुक्ति में मुख्य न्यायाधीश से परामर्श लेना आवश्यक होता है
(c) संसद कानून बनाकर न्यायाधीशों की संख्या में परिवर्तन कर सकती है
(d) उपर्युक्त सभी

उत्तर *(d)*

व्याख्या भारत के उच्चतम न्यायालय के न्यायाधीश के संदर्भ में सभी कथन सही हैं।

भारत के संविधान में यह वर्णित है कि उच्चतम न्यायालय के न्यायाधीशों की नियुक्ति राष्ट्रपति करेगा। जबकि अन्य न्यायाधीशों की नियुक्ति में राष्ट्रपति मुख्य न्यायाधीश से परामर्श करता है।

न्यायाधीशों की संख्या में परिवर्तन का उत्तरदायित्व संसद को है, संसद विधि द्वारा ऐसा कर सकती है। संसद न्यायाधीशों की संख्या में केवल वृद्धि कर सकती है, जबकि न्यायाधीशों की संख्या को कम करने का अधिकार संसद के पास नहीं है।

3 **उच्चतम न्यायालय के न्यायाधीशों के संदर्भ में निम्नलिखित कथनों पर विचार कीजिए** *Chap 6, Class-XI, New NCERT)*

1. भारत के मुख्य न्यायाधीश के पद पर परंपरा के अनुसार सर्वोच्च न्यायालय के सबसे वरिष्ठ न्यायाधीश को नियुक्त किया जाता है।
2. वर्ष 1973 में इस परंपरा का उल्लंघन कर न्यायमूर्ति ए.एन. रे को भारत का मुख्य न्यायाधीश नियुक्त किया गया।
3. इसमें कुल स्वीकृत न्यायाधीशों के पदों की संख्या 33 है।

उपर्युक्त में से कौन-सा/से कथन सही नहीं है/हैं?

(a) केवल 1 (b) 1 और 2
(c) केवल 3 (d) इनमें से कोई नहीं

उत्तर *(c)*

व्याख्या उच्चतम न्यायालय के न्यायाधीशों के संदर्भ में कथन (3) सही नहीं है, क्योंकि उच्चतम न्यायालय में वर्तमान स्वीकृत कुल न्यायाधीशों की संख्या 34 (1 मुख्य न्यायाधीश और 33 अन्य न्यायाधीश) है।

वर्ष 1950 से 1973 तक व्यवहार में यह था कि उच्चतम न्यायालय में वरिष्ठतम न्यायाधीश को मुख्य न्यायाधीश नियुक्त किया जाता था।

इस व्यवस्था का वर्ष 1973 में हनन तब हुआ जब ए.एन. रे को तीन वरिष्ठतम न्यायाधीशों से ऊपर भारत का मुख्य न्यायाधीश बना दिया गया तथा वर्ष 1975 में न्यायमूर्ति एच. आर. खन्ना को पीछे छोड़ते हुए न्यायमूर्ति एम. एच. बेग की नियुक्ति की गई।

4 **किसी व्यक्ति की उच्चतम न्यायालय का न्यायाधीश नियुक्त होने के लिए आवश्यक अर्हता के संबंध में निम्न में से कौन-सा कथन सही नहीं है?** *(Chap 8, Class-IX & X, Old NCERT)*

(a) वह राष्ट्रपति की दृष्टि में एक कानूनी विद्वान् हो
(b) वह किसी उच्च न्यायालय में 15 वर्ष तक वकालत कर चुका हो
(c) वह किसी उच्च न्यायालय में 5 वर्ष तक न्यायाधीश के पद पर रहा हो
(d) उपरोक्त में से कोई नहीं

उत्तर *(b)*

व्याख्या किसी व्यक्ति की उच्चतम न्यायालय का न्यायाधीश नियुक्त होने के लिए आवश्यक अर्हता के संदर्भ में कथन (b) सही नहीं है, क्योंकि किसी व्यक्ति के उच्चतम न्यायालय में न्यायाधीश के रूप में नियुक्त होने के लिए यह आवश्यक है कि वह किसी उच्च न्यायालय में 10 वर्ष तक वकालत कर चुका हो। उच्चतम न्यायालय का न्यायाधीश बनने के लिए किसी व्यक्ति में निम्नलिखित अर्हताएँ होनी चाहिए

- वह भारत का नागरिक हो,
- वह किसी उच्च न्यायालय में कम-से-कम 5 वर्ष तक न्यायाधीश के पद रहा हो,
- राष्ट्रपति के मतानुसार उसे सम्मानित न्यायविद् होना चाहिए।

5 **सर्वोच्च न्यायालय तथा उच्च न्यायालय को मौलिक अधिकारों का प्रभावी संरक्षक माना जाता है। इस संदर्भ में विचार कीजिए** *(Chap 5, Class-VII, New NCERT)*

1. अनुच्छेद 32 के तहत सर्वोच्च न्यायालय मूल अधिकारों तथा अन्य अधिकारों के हनन पर प्रभावी निगरानी रखता है।
2. जबकि अनुच्छेद 226 के तहत उच्च न्यायालय का अधिकार क्षेत्र सर्वोच्च न्यायालय से सीमित है।
3. मूल अधिकारों पर प्रारंभिक अपील उच्च न्यायालय में ही की जा सकती है।

उपर्युक्त में कितने कथन सही नहीं हैं?

(a) केवल एक (b) केवल दो
(c) सभी तीन (d) इनमें से कोई नहीं

उत्तर *(c)*

व्याख्या दिए गए सभी कथन अर्थात् (1, 2 और 3) सही नहीं हैं।

मौलिक अधिकार के उल्लंघन मामलों में संविधान सर्वोच्च न्यायालय के अनुच्छेद 32 के द्वारा, जबकि उच्च न्यायालय को अनुच्छेद 226 के द्वारा यह अधिकार प्राप्त है, किंतु उच्च न्यायालय अनुच्छेद 226 के अंतर्गत मूल अधिकारों के साथ-साथ अन्य अधिकारों (नैसर्गिक, विधिक) के उल्लंघन पर भी रिट जारी कर सकता है, इसलिए इस संदर्भ में उच्च न्यायालय की शक्ति सर्वोच्च न्यायालय से अधिक विस्तृत है। मूल अधिकारों के उल्लंघन के संदर्भ में प्रारंभिक अपील सर्वोच्च न्यायालय या उच्च न्यायालय दोनों में से किसी भी न्यायालय में की जा सकती है, किंतु उच्च न्यायालय द्वारा इस संदर्भ में दिए गए निर्णय के विरुद्ध अपील सर्वोच्च न्यायालय में नहीं की जा सकती है।

6 **भारत के उच्चतम न्यायालय में तदर्थ न्यायाधीश की नियुक्ति का प्रावधान है, जब** *(Chap 8, Class-XI, Old NCERT) (IAS Pre 2000)*

(a) न्यायालय में वादों की संख्या में अधिकतम वृद्धि हो जाए
(b) न्यायालय में जब कभी गणपूर्ति का अभाव हो
(c) स्थायी नियुक्ति के लिए कोई उपलब्ध नहीं हो
(d) कतिपय न्यायाधीश दीर्घकालीन छुट्‌टी पर जाते हैं

उत्तर (b)

व्याख्या भारत के उच्चतम न्यायालय में तदर्थ न्यायाधीश की नियुक्ति का प्रावधान है, जब न्यायालय में कभी गणपूर्ति का अभाव हो अर्थात् जब कभी कोरम (गणपूर्ति) पूरा करने में स्थायी न्यायाधीश की संख्या कम हो रही हो, तो भारत का मुख्य न्यायाधीश किसी उच्च न्यायालय के न्यायाधीश को अस्थायी काल के लिए उच्चतम न्यायालय में तदर्थ न्यायाधीश नियुक्त कर सकता है। ऐसा वह संबंधित उच्चतम न्यायालय के मुख्य न्यायाधीश के परामर्श एवं राष्ट्रपति की पूर्ण स्वीकृति के बाद ही कर सकता है।

7 **निम्नलिखित कथनों पर विचार कीजिए** *(Chap 15, Module-3, NIOS) (HPPSC Pre 2023)*

1. न्यायाधीश दीपक मिश्रा जनहित याचिका की उत्पत्ति में सहायक थे।
2. न्यायाधीश रंजन गोगोई सर्वोच्च न्यायालय से रिटायरमेंट के बाद राज्यसभा में शामिल हो गए।
3. न्यायाधीश पी. एन. भगवती ने जनहित याचिका को प्रारम्भ किया।
4. न्यायाधीश वी. आर. कृष्णा अय्यर ने समय से पूर्व पद त्याग दिया।

उपर्युक्त कथनों में से कौन-सा/से कथन सही है/हैं?

(a) 1 और 3 (b) 3 और 4
(c) 2 और 3 (d) 1 और 4

उत्तर (c)

व्याख्या दिए गए कथनों में से कथन (2) और (3) सही हैं।
सर्वोच्च न्यायालय के मुख्य न्यायाधीश रंजन गोगोई ने अवकाश प्राप्त करने के पश्चात् राज्यसभा की सदस्यता प्राप्त की। ये 3 अक्टूबर, 2018 से 17 नवंबर, 2019 तक सर्वोच्च न्यायालय के मुख्य न्यायाधीश रहे। 19 मार्च, 2020 को इन्होंने राज्यसभा के सदस्य के रूप में शपथ ग्रहण की। जबकि पी. एन. भगवती का संबंध जनहित याचिका से है, जिन्होंने जनहित याचिका को प्रारम्भ किया था।
कथन (1) और (3) सही नहीं हैं, क्योंकि जनहित याचिका की उत्पत्ति में दीपक मिश्रा सहायक नहीं थे, बल्कि न्यायाधीश वी. आर. कृष्णा अय्यर का योगदान था तथा इन्होंने समय से पूर्व पद नहीं त्यागा था।

8 **उच्चतम न्यायालय के न्यायाधीश के संदर्भ में निम्नलिखित कथनों पर विचार कीजिए** *(Chap 5, Class-XI, Old NCERT)*

1. प्रत्येक न्यायाधीश को राष्ट्रपति अथवा उसके द्वारा नियुक्त किसी व्यक्ति के समक्ष अपने पद की शपथ लेनी पड़ती है।
2. न्यायाधीशों को मिलने वाले वेतन एवं भत्ते संसद द्वारा निर्धारित किए जाते हैं।
3. इसके न्यायाधीशों को केवल सिद्ध कदाचार अथवा असमर्थता के आधार पर ही संसद द्वारा पारित प्रस्ताव के माध्यम से हटाया जा सकता है।
4. संविधान उच्चतम न्यायालय के सेवानिवृत्त न्यायाधीश को किसी भी न्यायालय में वकालत करने की अनुमति देता है।

उपर्युक्त में से कितने कथन सही नहीं हैं?

(a) केवल दो (b) केवल एक
(c) केवल तीन (d) ये सभी

उत्तर (b)

व्याख्या उच्चतम न्यायालय के न्यायधीश के संदर्भ में केवल एक कथन अर्थात् (4) सही नहीं है, क्योंकि 'न्यायिक स्वतंत्रता की सुरक्षा' के लिए तथा शक्ति के संभावित दुरुपयोग को समाप्त करने के लिए सर्वोच्च न्यायालय के सेवानिवृत्त न्यायाधीशों को किसी न्यायालय में वकालत करने की अनुमति नहीं दी गई है।

9 **निम्न कथन (A) व कारण (R) को पढ़िए और नीचे दिए गए कूट की सहायता से सही उत्तर का चुनाव कीजिए।** *(Chap 6, Class-XI, New NCERT) (Unit 4, Class-XII, Tamil Nadu Board)*

कथन (A) न्यायाधीशों के कार्यों और निर्णयों की व्यक्तिगत आलोचना नहीं की जा सकती।

कारण (R) यदि कोई न्यायालय की अवमानना का दोषी पाया जाता है, तो न्यायपालिका को उसे दंडित करने का अधिकार प्राप्त है।

कूट

(a) A और R दोनों सही हैं तथा R, A की सही व्याख्या है
(b) A और R दोनों सही हैं, परंतु R, A की सही व्याख्या नहीं है
(c) A सही है, किंतु R गलत है
(d) A गलत है, किंतु R सही है

उत्तर (b)

व्याख्या A और R दोनों सही हैं, परंतु R, A की सही व्याख्या नहीं है।
न्यायपालिका की स्वतंत्रता के लिए भारतीय संविधान ने यह सुनिश्चित किया है कि शासकीय अधिकार से न्यायाधीशों के सभी क्रियाकलाप तथा निर्णय व्यक्तिगत आलोचना से परे होंगे।
इसके अतिरिक्त यदि कोई न्यायालय की अवमानना का दोषी पाया जाता है, तो न्यायपालिका को उसे दंडित करने का अधिकार है। माना जाता है कि इस अधिकार से न्यायाधीशों को सुरक्षा मिलेगी और कोई उनकी व्यर्थ आलोचना नहीं कर सकेगा

10 **भारतीय संविधान के किस अनुच्छेद के अनुसार, भारत का राष्ट्रपति मुख्य न्यायाधीश के परामर्श से किसी उच्च न्यायालय के न्यायाधीश को एक न्यायालय से दूसरे न्यायालय में स्थानान्तरित करता है?** *(Chap 15, Module-3, NIOS) (MPPSC Pre 2023)*

(a) अनुच्छेद 222 (b) अनुच्छेद 227
(c) अनुच्छेद 230 (d) अनुच्छेद 237

उत्तर (a)

व्याख्या भारतीय संविधान के अनुच्छेद 222 के अनुसार, भारत का राष्ट्रपति मुख्य न्यायाधीश के परामर्श पर किसी उच्च न्यायालय के न्यायाधीश को एक न्यायालय से दूसरे न्यायालय में स्थानांतरित करता है।

11 **निम्नलिखित में से कौन-सा उच्चतम न्यायालय के प्रारंभिक क्षेत्राधिकार के अंतर्गत आता है?** *(Chap 5, Class-XI, Old NCERT)*

1. भारत सरकार तथा एक या एक से अधिक राज्यों के बीच कोई विवाद
2. परस्पर दो या अधिक राज्यों के बीच विवाद
3. संसद के किसी सदन अथवा राज्य विधानमंडल में हुए चुनाव पर विवाद

कूट

(a) केवल 1 (b) 1 और 2
(c) 1 और 3 (d) 1, 2 और 3

उत्तर (b)

व्याख्या भारत सरकार तथा एक या एक से अधिक राज्यों के बीच कोई विवाद और परस्पर दो या दो से अधिक राज्यों के बीच विवाद आदि उच्चतम न्यायालय के प्रारंभिक क्षेत्राधिकार के अंतर्गत शामिल हैं।

कथन (3) शामिल नहीं है, क्योंकि संसद के किसी सदन अथवा राज्य विधानमंडल सदस्यों के निर्वाचन संबंधी विवाद उच्च न्यायालय के प्रारंभिक क्षेत्राधिकार के अंतर्गत सम्मिलित किए जाते हैं। जबकि सर्वोच्च न्यायालय के प्रारंभिक क्षेत्राधिकार में भारत सरकार तथा एक या एक से अधिक राज्यों के बीच विवाद और परस्पर दो राज्यों के बीच विवाद शामिल हैं।

12 संविधान की व्याख्या से संबंधित विवाद सर्वोच्च न्यायालय के पास लाए जा सकते हैं *(Chap 8, Class-XI, Old NCERT)*
(Unit 4, Class-XII, Tamil Nadu Board)

(a) इसके मौलिक क्षेत्राधिकार के अंतर्गत
(b) इसके अपीलीय क्षेत्राधिकार के अंतर्गत
(c) इसके परामर्शी क्षेत्राधिकार के अंतर्गत
(d) उपर्युक्त में से कोई नहीं

उत्तर *(b)*

व्याख्या संविधान की व्याख्या से संबंधित विवाद सर्वोच्च न्यायालय के अपीलीय क्षेत्राधिकार के अंतर्गत शामिल किए जाते हैं। उच्चतम न्यायालय में संवैधानिक मामलों के संबंध में उच्च न्यायालय के निर्णय के विरुद्ध अपील की जा सकती है।

संवैधानिक मामलों में उच्च न्यायालय के किसी निर्णय पर चाहे वह किसी अन्य कार्यवाही से संबंधित हो, उच्चतम न्यायालय में अपील दायर की जा सकती है।

13 सर्वोच्च न्यायालय के संदर्भ में निम्नलिखित कथनों में से एक कौन-सा/से कथन सही है/हैं?
(Chap 6, Class-XI, New NCERT) (Chap 12, Module-3, NIOS)

(a) यह फौजदारी और दीवानी मामले में अपील के लिए सर्वोच्च संस्था है।
(b) यदि फौजदारी के मामले में निचली अदालत किसी को फाँसी की सजा दे दे, तो उसकी अपील सर्वोच्च या उच्च न्यायालय में की जा सकती है।
(c) दीवानी मामलों में उच्च न्यायालयों के निर्णयों के विरुद्ध उच्चतम न्यायालय में अपील हो सकती है। जब उच्च न्यायालय यह प्रमाणित कर दे कि उस मामले का संबंध सार्वजनिक महत्त्व के किसी सारगर्भित प्रश्न से है।
(d) उपर्युक्त सभी

उत्तर *(d)*

व्याख्या सर्वोच्च न्यायालय के संदर्भ में दिए गए सभी कथन सही हैं। सर्वोच्च न्यायालय के अपीलीय क्षेत्राधिकार के अंतर्गत दीवानी और फौजदारी मामलों से संबंधित अपील शामिल है। यह दोनों मामलों में अपील की सर्वोच्च न्यायिक संस्था है।

फौजदारी मामले के संबंध में उच्चतम न्यायालय, उच्च न्यायालय के फैसलों के विरुद्ध सुनवाई करता है, जिसमें निचली अदालतों में दी गई मृत्युदंड (सजा-ए-मौत) की सजा के विरुद्ध अपील की जा सकती है।

दीवानी मामलों के अंतर्गत उच्चतम न्यायालय में किसी भी मामले को लाया जा सकता है। यदि उच्च न्यायालय यह प्रमाणित कर दे कि मामला सार्वजनिक महत्व के किसी सारगर्भित प्रश्न पर आधारित है।

14 केन्द्र और राज्यों के बीच विवादों को तय करने के लिए भारत के सर्वोच्च न्यायालय की शक्ति किस अधिकार क्षेत्र के अन्तर्गत आती है? *(Chap 34, Optional Module-2, NIOS) (MPPSC Pre 2022)*

(a) अपीलीय क्षेत्राधिकार
(b) सलाहकारी क्षेत्राधिकार
(c) संवैधानिक क्षेत्राधिकार
(d) मूल क्षेत्राधिकार

उत्तर *(d)*

व्याख्या केन्द्र एवं राज्यों के बीच विवादों को तय करने के लिए भारत के सर्वोच्च न्यायालय की शक्ति 'मूल क्षेत्राधिकार' के अंतर्गत आती है। संविधान के अनुच्छेद 131(A) के अंतर्गत केंद्र और राज्यों के मध्य विवाद अथवा दो या दो से अधिक राज्यों के मध्य विवादों का निपटारा सर्वोच्च न्यायालय करता है।

15 निम्नलिखित कथनों पर विचार कीजिए *(Chap 8, Class-XI, Old NCERT)*

1. उच्चतम न्यायालय भारत के भू-भाग में स्थित किसी न्यायालय या प्राधिकरण के निर्णय पर अपील करने की अनुमति प्रदान कर सकता है।
2. संसद विधि द्वारा उच्चतम न्यायालय के अपीलीय क्षेत्राधिकार को बढ़ा सकती है।

उपरोक्त में से कौन-सा/से कथन सही है/हैं?

(a) केवल 1
(b) केवल 2
(c) 1 और 2
(d) न तो 1 और न ही 2

उत्तर *(c)*

व्याख्या दिए गए दोनों कथन सही हैं।

उच्चतम न्यायालय अपने प्राधिकार क्षेत्र के अधीनस्थ किसी न्यायालय से किसी मामले को अपने सामने सुनवाई के लिए मँगवा सकता है। उच्चतम न्यायालय भारत के किसी न्यायालय या प्राधिकरण के निर्णय पर व्यक्ति को सीधे शीर्ष न्यायालय में अपील करने की स्वीकृति देता है। संसद विधि द्वारा उच्चतम न्यायालय के अपीलीय क्षेत्राधिकार को बढ़ा सकती है।

16 निम्नलिखित में सर्वोच्च न्यायालय के परामर्शदात्री क्षेत्राधिकार के संदर्भ में एक कौन-सा सही है? *(Chap 6, Class-XI, New NCERT)*
(UPPSC Mains 2016)

(a) भारत का राष्ट्रपति लोकहित या संविधान की व्याख्या से संबंधित किसी विषय को सर्वोच्च न्यायालय के पास परामर्श के लिए भेज सकता है।
(b) सभी संवैधानिक मामलों में भारत सरकार को परामर्श दे सकता है।
(c) विधिक मामलों में प्रधानमंत्री को परामर्श दे सकता है।
(d) उपर्युक्त सभी व्यक्तियों को परामर्श दे सकता है।

उत्तर *(b)*

व्याख्या सर्वोच्च न्यायालय के परामर्शदात्री क्षेत्राधिकार के संदर्भ में कथन (b) सही है। संविधान का अनुच्छेद 143 राष्ट्रपति को निम्न दो श्रेणियों के मामलों में उच्चतम न्यायालय से परामर्श लेने का अधिकार देता है

- सार्वजनिक महत्त्व के किसी मामले में विधिक प्रश्न उठाने पर,
- किसी पूर्व संवैधानिक संधि, समझौते, प्रसंविदा आदि सनद मामलों पर किसी विवाद के उत्पन्न होने पर।

राष्ट्रपति कोई ऐसा कानूनी प्रश्न या तथ्य सर्वोच्च न्यायालय के सामने प्रस्तुत कर सकता है तथा उसकी राय प्राप्त कर सकता है, जिसका जानना सर्वाधिक महत्त्वपूर्ण है।

17 निम्नलिखित कथनों में से कौन-सा कथन सही है? *(Chap 8, Class-XI, Old NCERT)*

(a) उच्चतम न्यायालय भारत के नागरिकों की स्वतंत्रता और मौलिक अधिकारों का रक्षक है।
(b) मौलिक अधिकारों का उल्लंघन होने पर कोई भी सीधे सर्वोच्च न्यायालय जा सकता है।
(c) यदि किसी विधायिका द्वारा पारित कोई कानून मौलिक अधिकारों का अतिक्रमण करता है, तो सर्वोच्च न्यायालय उसे अवैध घोषित कर सकता है
(d) उपर्युक्त सभी

उत्तर *(d)*

व्याख्या दिए गए सभी कथन सही हैं।

उच्चतम न्यायालय के न्यायादेश (रिट संबंधी) क्षेत्राधिकार के अंतर्गत संविधान में नागरिकों के मूल अधिकारों के रक्षक एवं गारंटर के रूप में स्थापित है। वह रिट संबंधी न्यायादेश जारी कर नागरिकों के मूल अधिकारों की रक्षा करता है।

इसके अतिरिक्त उच्चतम न्यायालय के द्वारा नागरिकों के मौलिक अधिकारों के उल्लंघन की दशा में प्रावधानों का भी उल्लेख किया गया है। संसद द्वारा पारित कोई कानून यदि मौलिक अधिकारों का अतिक्रमण करता है, तो सर्वोच्च न्यायालय को यह अधिकार है कि वह उसे अवैध घोषित कर सकता है।

18 न्यायिक पुनरावलोकन के संदर्भ में निम्नलिखित कथनों पर विचार कीजिए *(Chap 6, Class-XI, New NCERT)*

1. सर्वोच्च न्यायालय किसी भी कानून की संवैधानिकता की जाँच कर सकता है और यदि वह संविधान के प्रावधानों के विपरीत हो, तो न्यायालय उसे गैर-संवैधानिक घोषित कर सकता है।
2. संविधान में कहीं भी 'न्यायिक पुनरावलोकन' शब्द का प्रयोग नहीं किया गया।
3. न्यायिक पुनरावलोकन की शक्ति राज्यों की विधायिका द्वारा बनाए गए कानूनों पर भी लागू होती है।
4. इसके अंतर्गत न्यायपालिका, विधायिका द्वारा पारित कानूनों और संविधान की व्याख्या कर सकती है।

उपर्युक्त में कौन-सा/से कथन सही है/हैं?

(a) 1 और 3 (b) 1, 3 और 4
(c) 1, 2 और 3 (d) ये सभी

उत्तर (d)

व्याख्या न्यायिक पुनरावलोकन (Judicial review) के संदर्भ में दिए गए सभी कथन सही हैं। सर्वोच्च न्यायालय की सबसे महत्त्वपूर्ण शक्ति संभवत: न्यायिक पुनरावलोकन की शक्ति है। इसके अंतर्गत वह विधायी विधि और उसकी संवैधानिकता की जाँच करता है।

संविधान में कहीं भी 'न्यायिक पुनरावलोकन' शब्द का प्रयोग नहीं किया गया है। लेकिन भारत में संविधान लिखित है और इसमें वर्णित है कि मूल अधिकारों के विपरीत होने पर सर्वोच्च न्यायालय किसी भी कानून को निरस्त कर सकता है। राज्य विधायिका द्वारा बनाए गए कानूनों पर भी न्यायिक पुनरावलोकन की शक्ति लागू होगी। इसके अंतर्गत न्यायपालिका, विधायिका द्वारा पारित कानूनों तथा संविधान की व्याख्या कर सकती है।

19 निम्नलिखित कथनों पर विचार कीजिए *(Chap 5, Class-VIII, New NCERT)*

1. न्यायिक व्यवस्था नागरिकों, नागरिकों व सरकारों, दो राज्य सरकारों के मध्य तथा केंद्र व राज्य सरकारों के मध्य उत्पन्न हुए विवादों के निपटारे का तंत्र उपलब्ध कराती है।
2. संविधान की व्याख्या करने का अधिकार सर्वोच्च न्यायालय के पास है।
3. शक्तियों के पृथक्करण के कारण विधायिका और कार्यपालिका जैसी सरकार की अन्य शाखाएँ न्यायपालिका के कार्य में हस्तक्षेप नहीं कर पाती हैं।

उपर्युक्त कथनों में से कौन-सा कथन सही नहीं है?

(a) केवल 1
(b) 2 और 3
(c) 1, 2 और 3
(d) उपर्युक्त में से कोई नहीं

उत्तर (d)

व्याख्या दिए गए सभी कथन सही हैं।

भारत में न्यायिक व्यवस्था के अंतर्गत सर्वोच्च न्यायालय, उच्च न्यायालय और जिला न्यायालय आते हैं। इस व्यवस्था में नागरिकों, नागरिकों व सरकारों, दो राज्यों के मध्य तथा केंद्र व राज्य सरकारों के मध्य उत्पन्न विवादों के निपटान का प्रावधान किया गया है। संविधान की व्याख्या का अंतिम अधिकार सर्वोच्च न्यायालय के पास अनुच्छेद 131, 132 तथा 133 के अंतर्गत आता है। संविधान की व्याख्या करने और न्यायिक समीक्षा याचिकाओं पर विचार करने की शक्ति उच्चतम न्यायालय तथा उच्च न्यायालय को है।

संविधान के अनुच्छेद 50 के तहत शक्तियों के पृथक्करण के कारण विधायिका और कार्यपालिका जैसे सरकार के अन्य अंग न्यायपालिका के कार्यों में दखल नहीं कर सकते हैं।

20 उच्चतम न्यायालय एक अभिलेख न्यायालय है। इससे तात्पर्य है *(Chap 8, Class-XI, Old NCERT)* *(UPPSC Pre 2008)*

(a) इसे अपने निर्णयों का रिकॉर्ड रखना होता है।
(b) इसके निर्णयों तथा न्यायिक कार्यवाहियों को साक्ष्य के प्रयोजन से किसी न्यायालय के समक्ष प्रस्तुत किया जा सकता है।
(c) इसे अपनी मानहानि के लिए दंडित करने का अधिकार है।
(d) इसके निर्णयों के विरुद्ध कोई अपील नहीं की जा सकती है।

उत्तर (b)

व्याख्या उच्चतम न्यायालय अभिलेख न्यायालय है। इससे तात्पर्य है कि इसके निर्णयों तथा न्यायिक कार्यवाहियों को साक्ष्य के प्रयोजन से किसी न्यायालय के सामने प्रस्तुत किया जाता है। इसे 'नजीर' भी कहा जाता है। किसी न्यायालय में इसे चुनौती नहीं दी जा सकती। उच्चतम न्यायालय को अपनी मानहानि के लिए दंडित करने का अधिकार भी है।

21 निम्नलिखित युग्मों पर विचार कीजिए *(Chap 6, Class-XI, New NCERT)*

	संविधान के अनुच्छेद		न्यायिक प्रवृत्तियाँ तथा तथ्य
1.	अनुच्छेद 137	–	उच्चतम न्यायालय को अपने द्वारा सुनाए गए निर्णय या दिए गए आदेश का पुनरावलोकन करने की शक्ति प्राप्त है।
2.	अनुच्छेद 144	–	भारत के राज्य-क्षेत्र के सभी सिविल और न्यायिक प्राधिकारी उच्चतम न्यायालय की सहायता से कार्य करेंगे।
3.	अनुच्छेद 13	–	सर्वोच्च न्यायालय किसी कानून को गैर-संवैधानिक घोषित कर उसे लागू करने से रोक सकता है।
4.	अनुच्छेद 32	–	सर्वोच्च न्यायालय बंदी प्रत्यक्षीकरण, परमादेश आदि रिट जारी करके मौलिक अधिकारों को पुन: स्थापित कर सकता है।

उपर्युक्त में से कितने युग्म सही सुमेलित नहीं है?

(a) केवल एक
(b) केवल दो
(c) केवल तीन
(d) सभी चारों

उत्तर (b)

व्याख्या दिए गए युग्मों में से केवल दो युग्म अर्थात् (3 और 4) सही सुमेलित नहीं हैं, क्योंकि अनुच्छेद 13 के अनुसार, सर्वोच्च न्यायालय किसी कानून को गैर-संवैधानिक घोषित कर उसे लागू होने से रोक सकता है।

अनुच्छेद 32 के अनुसार, सर्वोच्च न्यायालय रिट (बंदी प्रत्यक्षीकरण, परमादेश, उत्प्रेषण आदि) जारी करके मौलिक अधिकारों को पुन: स्थापित कर सकता है।

22 **भारत के सर्वोच्च न्यायालय के संदर्भ में निम्नलिखित में कौन-सा/से कथन सत्य है?** *(Chap 6, Class-XI, New NCERT)*

(a) यह किसी भी अदालत का मुकदमा अपने पास मँगवा सकता है।
(b) यह किसी एक उच्च न्यायालय में चल रहे मुकदमे को दूसरे उच्च न्यायालय में भिजवा सकता है।
(c) यह उच्च न्यायालय के न्यायाधीशों के स्थानांतरण में परामर्श दे सकता है।
(d) उपरोक्त सभी

उत्तर (d)

व्याख्या भारत के सर्वोच्च न्यायालय के संदर्भ में सभी कथन सत्य हैं। सर्वोच्च न्यायालय अपील का उच्चतम न्यायालय है। कोई भी व्यक्ति उच्च न्यायालय के निर्णय के विरुद्ध सर्वोच्च न्यायालय में अपील कर सकता है। सर्वोच्च न्यायालय, उच्च न्यायालय के मामलों को दूसरे उच्च न्यायालय को हस्तांतरित करने की शक्ति रखता है। उच्च न्यायालय के न्यायाधीशों के स्थानांतरण में भी सर्वोच्च न्यायालय के मुख्य न्यायाधीश की भूमिका होती है।

23 **सर्वोच्च न्यायालय के परामर्श संबंधी अधिकार के संबंधों में विचार कीजिए** *(Chap 15, Module-3, NIOS)*

1. राष्ट्रपति किसी भी कानून संबंधी अथवा लोक महत्त्व के प्रश्न पर सर्वोच्च न्यायालय से परामर्श माँग सकता है।
2. सर्वोच्च न्यायालय परामर्श देने के लिए बाध्य है।
3. परामर्श संबंधी अधिकार मात्र सर्वोच्च न्यायालय को प्राप्त हैं।

उपर्युक्त में से कौन-सा/से कथन सही है/हैं?

(a) केवल 1 (b) केवल 2 (c) 1 और 3 (d) ये सभी

उत्तर (c)

व्याख्या सर्वोच्च न्यायालय के परामर्श संबंधी अधिकारों के संदर्भ में कथन (1) और (3) सही हैं। राष्ट्रपति, भारतीय संविधान के अनुच्छेद 143 के अंतर्गत भारत के सर्वोच्च न्यायालय से परामर्श ले सकता है। यह राष्ट्रपति को कानून के किसी भी प्रश्न या सार्वजनिक महत्त्व के तथ्य पर सर्वोच्च न्यायालय से परामर्श लेने की अनुमति देता है। परामर्श संबंधी यह अधिकार मात्र सर्वोच्च न्यायालय को प्राप्त है।

कथन (2) सही नहीं है, क्योंकि सर्वोच्च न्यायालय कुछ मामलों पर परामर्श देने के लिए बाध्य नहीं है; जैसे-वह सार्वजनिक महत्त्व के किसी मामले पर विधिक प्रश्न उठने पर परामर्श दे भी सकता है और इंकार भी कर सकता है। किंतु किसी पूर्ण संवैधानिक संधि, समझौते, प्रसंविदा आदि मामलों पर उत्पन्न विवाद पर परामर्श देने के लिए वह बाध्य है।

24 **निम्न कथन (A) व कारण (R) को पढ़िए और नीचे दिए गए कूट की सहायता से सही उत्तर का चुनाव कीजिए** *(Chap 5, Class-VIII, New NCERT)*

कथन (A) जनहित याचिका न्याय तक अधिक-से-अधिक लोगों की पहुँच स्थापित करने का प्रयास है।

कारण (R) न्यायालय ने किसी भी व्यक्ति या संस्था को ऐसे लोगों की ओर से जनहित याचिका दायर करने का अधिकार दिया है, जिनके अधिकारों का उल्लंघन हो रहा है।

कूट

(a) A और R दोनों सही हैं तथा R, A की सही व्याख्या है
(b) A और R दोनों सही हैं, परंतु R, A की सही व्याख्या नहीं है
(c) A सही है, किंतु R गलत है
(d) A गलत है, किंतु R सही है

उत्तर (a)

व्याख्या A तथा R दोनों सही हैं तथा R, A का सही व्याख्या है।

जनहित याचिका को प्रारंभ करने का उद्देश्य बहुसंख्यक आबादी की पहुँच को न्यायालय तक सुनिश्चित करना है।

जनहित याचिका के अंतर्गत कोई भी जनभावना वाला व्यक्ति या सामाजिक संगठन किसी भी व्यक्ति या व्यक्तियों के समूहों को अधिकार दिलाने हेतु न्यायालय जा सकता है, यदि वह व्यक्ति/समूह निर्धनता, अज्ञानता अथवा अपनी सामाजिक-आर्थिक रूप से प्रतिकूल दशाओं के कारण न्यायालय तक अपनी पहुँच को नहीं दर्शा पा रहे हो।

25 **जनहित याचिका के संदर्भ में निम्नलिखित कथनों पर विचार कीजिए** *(Chap 5, Class-VIII, New NCERT)* *(Unit 4, Class-XII, Tamil Nadu Board)*

1. यह 1980 के दशक से विकसित हुई।
2. यह याचिका सर्वोच्च न्यायालय या उच्च न्यायालय में दायर की जा सकती है।
3. पत्र के माध्यम से भी जनहित याचिका दायर की जा सकती है।
4. स्कूलों में बच्चों के लिए दोपहर के भोजन की व्यवस्था (मिड-डे-मील) जनहित याचिका के फलस्वरूप ही हुई थी।

उपर्युक्त में से कितने कथन सही हैं?

(a) केवल एक (b) केवल दो (c) केवल तीन (d) ये सभी

उत्तर (d)

व्याख्या जनहित याचिका के संदर्भ में सभी कथन सही हैं।

जनहित याचिका का प्रारंभ 1960 के दशक में अमेरिका में हुआ था। भारत में 1980 के दशक में जनहित याचिका की व्यवस्था को सर्वोच्च न्यायालय के न्यायमूर्ति वी. आर. कृष्ण अय्यर तथा न्यायमूर्ति पी.एन. भगवती द्वारा विकसित किया गया था। कालांतर में डाक द्वारा उच्चतम या उच्च न्यायालय में भेजी गई याचिका को भी जनहित याचिका में सम्मिलित किया जाता है। संविधान के अनुच्छेद 21 में वर्णित जीवन के अधिकार में भोजन के अधिकार को शामिल करते हुए न्यायालय ने एक जनहित याचिका को ध्यान में रखते हुए दोपहर के भोजन की योजना (मिड-डे मील) सहित सभी लोगों को भोजन उपलब्ध कराने के लिए आवश्यक कदम उठाने की बात कही थी।

26 **निम्नलिखित कथनों पर विचार कीजिए** *(Chap 6, Class-XI, New NCERT)*

1. न्यायिक सक्रियता ने न्याय व्यवस्था को लोकतांत्रिक बनाया है।
2. न्यायिक सक्रियता से विधायिका, कार्यपालिका और न्यायपालिका के कार्यों के बीच का अंतर धुँधला हुआ है।

उपर्युक्त में से कौन-सा/से कथन सही नहीं है/हैं?

(a) केवल 1 (b) केवल 2
(c) 1 और 2 (d) न तो 1 और न ही 2

उत्तर (d)

व्याख्या दिए गए दोनों कथन सही हैं।

न्यायिक सक्रियता ने राजनीतिक व्यवस्था पर गहरा प्रभाव डाला है। इससे न केवल व्यक्तियों, बल्कि विभिन्न समूहों की न्यायालय तक पहुँच सुनिश्चित हुई है। इसके फलस्वरूप न्याय व्यवस्था लोकतांत्रिक बनी और कार्यपालिका उत्तरदायी बनने पर बाध्य हुई। इसके अतिरिक्त इसने चुनाव प्रणाली को भी अधिक मुक्त और निष्पक्ष बनाने का प्रयास किया।

जनहित याचिकाओं की संख्या में निरंतर वृद्धि के फलस्वरूप विधायिका, कार्यपालिका और न्यायपालिका के कार्यों के बीच का अंतर धुँधला-सा प्रतीत होता है।

27 **निम्नलिखित कथनों पर विचार कीजिए**

(Chap 6, Class-XI, New NCERT)

1. केशवानंद भारती मामले (1973) में सर्वोच्च न्यायालय ने मूल ढाँचे का सिद्धांत दिया था।
2. न्यायालय के पास यह निर्णय करने का अधिकार है कि कोई मुद्दा मूल ढाँचे का हिस्सा है या नहीं।
3. संपत्ति का अधिकार मूल ढाँचे का हिस्सा नहीं है।

उपर्युक्त में से कितने कथन सही हैं?

(a) केवल एक (b) केवल दो
(c) सभी तीन (d) इनमें से कोई नहीं

उत्तर *(c)*

व्याख्या दिए गए सभी कथन अर्थात् (1, 2 और 3) सही हैं।

वर्ष 1973 में सर्वोच्च न्यायालय ने केशवानंद भारती मामले में एक निर्णय दिया, जो संसद और न्यायपालिका के संबंधों के विनियमन में महत्त्वपूर्ण है। इस मामले में न्यायालय ने यह निर्णय दिया कि संविधान का एक मूल ढाँचा है और संसद सहित कोई भी इस मूल ढाँचे से छेड़छाड़ नहीं कर सकता। संविधान संशोधन द्वारा भी इस मूल ढाँचे को नहीं बदला जा सकता।

सर्वोच्च न्यायालय ने यह निर्णय करने का अधिकार अपने पास रखा है कि कोई मुद्दा मूल ढाँचे का हिस्सा है या नहीं। यह निर्णय न्यायपालिका द्वारा संविधान की व्याख्या करने की शक्ति का सर्वोत्तम उदाहरण है।

संपत्ति के अधिकार के विवादास्पद मुद्दे के बारे में न्यायालय ने कहा है कि यह मूल ढाँचे का हिस्सा नहीं है और इसलिए उस पर समुचित प्रतिबंध लगाया जा सकता है।

28 **निम्नलिखित में से किसका सम्बन्ध भारत के सर्वोच्च न्यायालय से है?**

(Chap 15, Module-3, NIOS) (BPSC Pre 2023)

(a) कॉलेजियम प्रणाली (b) अपीलीय अधिकार क्षेत्र
(c) मूल अधिकार क्षेत्र (d) इम्में से एक से अधिक

उत्तर *(d)*

व्याख्या कॉलेजियम प्रणाली, अपीलीय अधिकार क्षेत्र एवं मूल अधिकार क्षेत्र का संबंध भारत के सर्वोच्च न्यायालय से है। कॉलेजियम प्रणाली न्यायाधीशों की नियुक्ति और स्थानांतरण की प्रणाली है, जो संसद के किसी अधिनियम या संविधान के प्रावधान द्वारा स्थापित न होकर सर्वोच्च न्यायालय के निर्णयों के माध्यम से विकसित हुई है।

अपीलीय अधिकार क्षेत्र सर्वोच्च न्यायालय को उच्च न्यायालयों के निर्णयों के विरुद्ध सुनवाई का अधिकार देता है। अनुच्छेद 132, 133, 134 तथा 136 में सर्वोच्च न्यायालय की अपीलीय अधिकारिता स्पष्ट की गई है। अनुच्छेद 131 के अन्तर्गत सर्वोच्च न्यायालय के मौलिक क्षेत्राधिकार का वर्णन किया गया है। ये मौलिक/मूल क्षेत्राधिकार ऐसे विवाद से संबंधित हैं, जिनमें विधि या तथ्य का कोई प्रश्न अंतर्निहित होता है और जिन पर कोई विधिक अधिकार का अस्तित्व अथवा विस्तार निर्भर करता है।

29 **निम्नलिखित कथनों पर विचार कीजिए**

(Chap 6, Class-XI, New NCERT)

1. निःशुल्क कानूनी सेवा सभी दीवानी, फौजदारी मामलों के लिए दी जाती है।
2. वे व्यक्ति जिनकी वार्षिक आय ₹ 1 लाख से कम है या जो आय-सीमा केंद्र/राज्य सरकार अधिसूचित करती है।

उपर्युक्त में से कौन-सा/से कथन सही है/हैं?

(a) केवल 1 (b) केवल 2
(c) 1 और 2 (d) न तो 1 और न ही 2

उत्तर *(c)*

व्याख्या दिए गए दोनों कथन सही हैं।

निःशुल्क कानूनी सेवा सभी दीवानी, फौजदारी, राजस्व व प्रशासनिक मुकदमों के लिए दी जाती है, जिनमें सर्वोच्च न्यायालय विधिक सेवा समिति, उच्च न्यायालय तथा उपमंडल या तालुका विधिक सेवा समिति तथा राष्ट्रीय/राज्य/जिला विधिक सेवा प्राधिकरण आदि विभिन्न स्तरों पर निःशुल्क कानूनी सेवाएँ प्रदान करते हैं।

निःशुल्क कानूनी सेवाएँ प्राप्त करने के लिए महिला एवं बच्चे, अनुसूचित जाति/जनजाति के सदस्य, औद्योगिक कामगार, विकलांग व्यक्ति, हिरासत में व्यक्ति, मानव तस्करी या बेगार से पीड़ित, बड़े पैमाने पर प्राकृतिक/औद्योगिक आपदा, जातीय हिंसा, बाढ़, सूखा, भूकंप से पीड़ित तथा वे व्यक्ति जिनकी वार्षिक आय ₹ 1 लाख से कम है या जो आय-सीमा केंद्र/राज्य सरकार अधिसूचित करती है, आदि व्यक्ति पात्र हैं।

30 **किसी अपराध की जाँच करने में पुलिस की भूमिका के संदर्भ में निम्नलिखित कथनों में से कौन-से कथन सही हैं?**

(Chap 6, Class-VIII, New NCERT)

1. किसी अपराध के बारे में मिली शिकायत की जाँच करना
2. गवाहों के बयान दर्ज करना और सबूत इकट्ठा करना
3. चार्जशीट दाखिल करना
4. दोष निर्धारित करना

कूट

(a) 1 और 3
(b) 1 और 2
(c) 1, 2 और 3
(d) 1, 2, 3 और 4

उत्तर *(c)*

व्याख्या किसी अपराध की जाँच करने में पुलिस की भूमिका के संदर्भ में कथन (1), (2) और (3) सही हैं। किसी अपराध की जाँच करते समय पुलिस अपराधी की भूमिकाए, शिकायत की जाँच, गवाहों के बयान दर्ज करना तथा सबूत इकट्ठा करने के बाद चार्जशीट न्यायालय में दाखिल करने तक सीमित है।

कथन (4) सही नहीं है, क्योंकि उक्त चार्जशीट के आधार पर दोष का निर्धारण न्यायालय में नियुक्त न्यायाधीश करते हैं।

31 **संविधान और फौजदारी कानूनों के अनुसार गिरफ्तार व्यक्ति को प्राप्त अधिकारों के संदर्भ में कितने कथन सही नहीं है?**

(Chap 6, Class-VIII, New NCERT)

1. गिरफ्तारी के समय गिरफ्तारी के कारण जानने का अधिकार।
2. गिरफ्तारी के 24 घंटों के अंदर मजिस्ट्रेट के सामने पेश होने का अधिकार।
3. गिरफ्तारी के दौरान अथवा हिरासत में दुर्व्यवहार या यातना से बचने का अधिकार।
4. 18 वर्ष से कम आयु के बालक और किसी भी महिला को केवल प्रश्न पूछने के लिए थाने में नहीं बुलाया जा सकता।
5. हिरासत में आरोपी द्वारा दिए गए इकबालिया बयान को उसके विरुद्ध साक्ष्य के रूप में प्रयोग किया जा सकता है।

कूट

(a) केवल दो
(b) केवल तीन
(c) केवल चार
(d) उपर्युक्त सभी

उत्तर *(a)*

व्याख्या संविधान और फौजदारी कानून के अनुसार गिरफ्तार व्यक्ति को प्राप्त अधिकारों के संदर्भ में केवल दो कथन अर्थात् (4 और 5) सही नहीं हैं, क्योंकि संविधान के अनुच्छेद 22 और फौजदारी कानून में प्रत्येक गिरफ्तार व्यक्ति को कुछ मौलिक अधिकार दिए गए हैं, जिसमें 15 वर्ष से कम आयु के बालक और किसी भी महिला को केवल प्रश्न पूछने के लिए थाने में नहीं बुलाया जा सकता। पुलिस हिरासत में दिए गए इकबालिया बयान को आरोपी के विरुद्ध सबूत के तौर पर प्रयोग नहीं किया जा सकता।

32 किसी भी व्यक्ति की गिरफ्तारी, हिरासत और पूछताछ के बारे में पुलिस एवं अन्य संस्थाओं के लिए सर्वोच्च न्यायालय द्वारा दिशा-निर्देशों के संदर्भ में निम्न कथनों पर विचार कीजिए

(Chap 6, Class-VIII, New NCERT)

1. इन निर्देशों को डी. के. बसु दिशा-निर्देश कहा जाता है।
2. गिरफ्तारी या जाँच करने वाले पुलिस अधिकारी की पोशाक पर उसकी पहचान, नामपट्‌टी तथा पद स्पष्ट रूप से अंकित होना चाहिए।
3. गिरफ्तार किए गए व्यक्ति को अपने किसी संबंधी या दोस्त को जानकारी देने का अधिकार होता है।

उपर्युक्त में से कौन-सा/से कथन सही है/हैं?

(a) 1 और 2 (b) 1 और 3 (c) 2 ओर 3 (d) 1, 2 और 3

उत्तर *(d)*

व्याख्या प्रश्नानुसार दिए गए सभी कथन सही हैं।

सर्वोच्च न्यायालय ने किसी भी व्यक्ति की गिरफ्तारी, हिरासत और पूछताछ के बारे में पुलिस एवं अन्य संस्थाओं के लिए कुछ विशेष शर्त और प्रक्रियाएँ तय की हैं। इन नियमों को डी. के. बसु दिशा-निर्देश कहा जाता है।

गिरफ्तारी या जाँच करने वाले पुलिस अधिकारी की पोशाक पर उसकी पहचान, नामपट्‌टी तथा पद स्पष्ट व सटीक रूप से अंकित होना चाहिए।

गिरफ्तार किए गए, हिरासत में रखे गए या जिससे पूछताछ की जा रही है, ऐसे व्यक्ति को अपने किसी संबंधी या दोस्त या शुभचिंतक को जानकारी देने का अधिकार होता है।

33 निम्न कथन (A) व कारण (R) को पढ़िए और नीचे दिए गए कूट की सहायता से सही उत्तर का चुनाव कीजिए

(Chap 6, Class-VIII, New NCERT)

कथन (A) **किसी भी व्यक्ति द्वारा किए गए आपराधिक उल्लंघन को जनता के विरुद्ध माना जाता है।**

कारण (R) **ऐसा अपराध केवल पीड़ित व्यक्ति को ही हानि नहीं पहुँचाता, बल्कि पूरे समाज के प्रति अपराध होता है।**

कूट

(a) A और R दोनों सही हैं तथा R, A की सही व्याख्या है
(b) A और R दोनों सही हैं, परंतु R, A की सही व्याख्या नहीं है
(c) A सही है, किंतु R गलत है
(d) A गलत है, किंतु R सही है

उत्तर *(a)*

व्याख्या A और R दोनों सही हैं तथा R, A की सही व्याख्या है।

किसी भी व्यक्ति द्वारा किए गए आपराधिक उल्लंघन को जनता के विरुद्ध माना जाता है। आपराधिक उल्लंघन का दुष्प्रभाव संपूर्ण समाज पर पड़ता है और वह अपराध पीड़ित व्यक्ति के साथ-साथ अन्य समूहों पर भी प्रभाव डालता है।

34 न्यायपालिका के बारे में निम्नलिखित में से कौन-सा कथन सही नहीं है?

(Chap 4, Class-IX, New NCERT)

(a) संसद द्वारा पारित प्रत्येक कानून को सर्वोच्च न्यायालय की मंजूरी की आवश्यकता होती है।
(b) यदि कोई कानून संविधान की भावना के विरुद्ध है, तो न्यायपालिका उसे अमान्य घोषित कर सकती है।
(c) न्यायपालिका कार्यपालिका से स्वतंत्र है।
(d) यदि किसी नागरिक के अधिकारों का हनन होता है, तो वह अदालत में जा सकता है।

उत्तर *(a)*

व्याख्या न्यायपालिका के संदर्भ में कथन (a) सही नहीं है, क्योंकि संसद को कानून बनाने की शक्ति प्राप्त है। इसके लिए संसद को सर्वोच्च न्यायालय की स्वीकृति की आवश्यकता नहीं होती है। सर्वोच्च न्यायालय संविधान का संरक्षक है और ऐसे कानूनों को न्यूनीकृत करने की शक्ति रखता है, जो संविधान के मूल ढाँचे को प्रभावित करते हैं।

न्यायपालिका कार्यपालिका से स्वतंत्र है। मौलिक अधिकारों का हनन होने पर संविधान के अनुच्छेद 32 के अंतर्गत व्यक्ति सर्वोच्च न्यायालय तथा अनुच्छेद 226 के अंतर्गत उच्च न्यायालय जा सकता है।

35 सर्वोच्च न्यायालय से संबंधित कथनों पर विचार कीजिए

(Chap 6, Class-XI, New NCERT)

1. भारतीय संविधान में सर्वोच्च न्यायालय से संबंधित उपबंध संविधान के भाग-V में अनुच्छेद 124 से 147 तक में किए गए हैं।
2. उच्चतम न्यायालय के जजों की नियुक्ति कॉलेजियम पद्धति से की जाती है।
3. उच्चतम न्यायालय में वर्तमान न्यायाधीशों की संख्या 33 है।

उपर्युक्त में से कौन-सा/से कथन सही नहीं है/हैं?

(a) केवल 1 (b) केवल 2 (c) केवल 3 (d) 1 और 3

उत्तर *(c)*

व्याख्या सर्वोच्च न्यायालय के सन्दर्भ में कथन (3) सही नहीं है, क्योंकि वर्तमान में उच्चतम न्यायालय के न्यायाधीशों की संख्या 34 (1 मुख्य न्यायाधीश + 33 अन्य न्यायाधीश) है।

कथन (1) और (2) सही हैं। भारतीय संविधान में सर्वोच्च न्यायालय से संबंधित उपबंध संविधान के भाग-V में अनुच्छेद 124 से 147 तक में किए गए हैं तथा उच्चतम न्यायालय के जजों की नियुक्ति कॉलेजियम पद्धति से की जाती है। कॉलेजियम पद्धति में मुख्य न्यायाधीश सहित 4 अन्य वरिष्ठतम न्यायाधीश शामिल होते हैं, जो न्यायाधीशों की नियुक्ति संबंधी नामों की सिफारिश राष्ट्रपति को भेजते हैं। भारत में कॉलेजियम व्यवस्था का विकास वर्ष 1993 में किया गया।

उच्च न्यायालय

36 उच्च न्यायालयों के संदर्भ में निम्नलिखित कथनों पर विचार कीजिए

(Chap 6, Class-XI, Old NCERT)

1. वर्तमान में भारत में उच्च न्यायालयों की संख्या 25 है।
2. सबसे नवीनतम (25वाँ) उच्च न्यायालय 1 जनवरी, 2019 को अमरावती में आंध्र प्रदेश उच्च न्यायालय के रूप में स्थापित किया गया है।
3. दिल्ली उच्च न्यायालय का गठन वर्ष 1966 में हुआ।

उपर्युक्त में से कौन-सा/से कथन सही है/हैं?

(a) केवल 1 (b) 1 और 2 (c) 1, 2 ओर 3 (d) 2 और 3

उत्तर *(c)*

व्याख्या उच्च न्यायालयों के संदर्भ में सभी कथन सही हैं।

वर्तमान में भारत में उच्च न्यायालयों की संख्या 25 है। सबसे नवीनतम उच्च न्यायालय, अमरावती में आंध्र प्रदेश उच्च न्यायालय के रूप में स्थापित किया गया। 1 जनवरी, 2019 को स्थापित यह उच्च न्यायालय देश का 25वाँ उच्च न्यायालय है। दिल्ली उच्च न्यायालय का गठन वर्ष 1966 में किया गया।

37 उच्च न्यायालय के संदर्भ में निम्नलिखित में एक कौन-सा कथन सत्य नहीं है? *(Chap 6, Class-XI, Old NCERT)*

(a) संविधान में प्रत्येक राज्य के लिए एक उच्च न्यायालय का प्रावधान है।
(b) दो या दो से अधिक राज्यों अथवा संघीय क्षेत्रों के लिए एक संयुक्त न्यायालय भी हो सकता है।
(c) उच्च न्यायालय में न्यायाधीशों की संख्या का निर्धारण उच्चतम न्यायालय करता है।
(d) उपर्युक्त में से कोई नहीं

उत्तर *(c)*

व्याख्या उच्च न्यायालय के संदर्भ में कथन (c) सत्य नहीं है, क्योंकि संविधान में उच्च न्यायालय के न्यायाधीशों की संख्या के बारे में विशेष रूप से कुछ नहीं बताया गया है। इसे राष्ट्रपति के विवेक पर छोड़ दिया गया है। तद्नुसार, राष्ट्रपति कार्य की आवश्यकतानुसार समय-समय पर इसकी संख्या को निर्धारित करते हैं।

38. उच्च न्यायालय के संदर्भ में निम्न में से एक कौन-सा कथन सत्य है? *(Chap 6, Class-XI, Old NCERT)*

(a) इसके मुख्य न्यायाधीश की नियुक्ति राष्ट्रपति भारत के मुख्य न्यायाधीश से परामर्श करने के पश्चात् करता है।
(b) इसके मुख्य न्यायाधीशों की नियुक्ति राष्ट्रपति भारत के मुख्य न्यायाधीश और संबंधित राज्य के राज्यपाल से परामर्श करने के पश्चात् करता है।
(c) इसके मुख्य न्यायाधीश की नियुक्ति राष्ट्रपति संबंधित राज्य के राज्यपाल से परामर्श के पश्चात् करता है।
(d) उच्च न्यायालय के न्यायाधीशों की नियुक्ति, राष्ट्रपति सर्वोच्च न्यायालय के मुख्य न्यायाधीश, राज्य के राज्यपाल व मुख्य न्यायाधीश से परामर्श के पश्चात् करता है।

उत्तर *(d)*

व्याख्या उच्च न्यायालय के संदर्भ में कथन (d) सत्य है।

उच्च न्यायालय के न्यायाधीशों की नियुक्ति राष्ट्रपति द्वारा की जाती है। उच्च न्यायालय के मुख्य न्यायाधीश की नियुक्ति राष्ट्रपति द्वारा, सर्वोच्च न्यायालय के मुख्य न्यायाधीश और संबंधित राज्य के राज्यपाल से परामर्श के बाद की जाती है। दो या अधिक राज्यों के साझा उच्च न्यायालय के न्यायाधीशों की नियुक्ति में राष्ट्रपति सभी संबंधित राज्यों के राज्यपालों से भी परामर्श करता है।

39 निम्नलिखित कथनों पर विचार कीजिए *(Chap 15, Module-3, NIOS) (IAS Pre 2022)*

1. एच. एन. सान्याल समिति की रिपोर्ट के अनुसरण में न्यायालय की अवमानना अधिनियम, 1971 पारित किया गया था।
2. भारत का संविधान उच्चतम न्यायालय और उच्च न्यायालयों को अपनी अवमानना के लिए दण्ड देने हेतु शक्ति प्रदान करता है।
3. भारत का संविधान सिविल अवमानना और आपराधिक अवमानना को परिभाषित करता है।
4. भारत में न्यायालय की अवमानना के विषय में कानून बनाने के लिए संसद में शक्ति निहित है।

उपर्युक्त कथनों में से कौन-सा/से कथन सही है/हैं?

(a) 1 और 2 (b) 1, 2 और 4
(c) 3 और 4 (d) केवल 3

उत्तर *(b)*

व्याख्या दिए गए कथनों में से कथन (1), (2) और (4) सही हैं।

एच. एन. सान्याल समिति (1963) की रिपोर्ट के अनुसरण में (संसद की संयुक्त समिति/भार्गव समिति, 1969-70 द्वारा पुनर्विलोकन किया गया था) न्यायालय की अवमानना अधिनियम, 1971 पारित किया गया था।

भारतीय संविधान का अनुच्छेद 129 उच्चतम न्यायालय को तथा अनुच्छेद 215 उच्च न्यायालयों को अभिलेख न्यायालय की प्रस्थिति प्रदान करता है तथा अभिलेख न्यायालय की प्रकृति में यह निहित होता है कि वह अपनी अवमानना के लिए किसी व्यक्ति को दण्डित कर सकता है।

भारत में न्यायालय की अवमानना के विषय में कानून बनाने के लिए संसद में शक्ति निहित है। संविधान के अनुच्छेद 142(2) के अन्तर्गत यह उपबन्ध किया गया है कि संसद द्वारा इस सम्बन्ध में बनाए गए किसी कानून के प्रावधानों के अधीन सर्वोच्च न्यायालय के पास अपनी अवमानना की सजा पर कोई भी आदेश देने की पूरी शक्ति होगी।

कथन (3) सही नहीं है, क्योंकि भारत का संविधान सिविल अवमानना और आपराधिक अवमानना को परिभाषित नहीं करता है, बल्कि इसे न्यायालय अवमानना अधिनियम, 1971 के अन्तर्गत परिभाषित किया गया है।

40 उच्च न्यायालय के संदर्भ में निम्नलिखित में एक कौन-सा कथन सही है? *(Chap 1, Class-XI, Old NCERT)*

(a) उच्च न्यायालय का प्रत्येक न्यायाधीश 62 वर्ष की आयु तक पद धारण करता है।
(b) उच्च न्यायालय का न्यायाधीश भारत के राष्ट्रपति को त्यागपत्र दे सकता है।
(c) उच्च न्यायालय के न्यायाधीश को उसी प्रकार अपदस्थ किया जा सकता है, जिस प्रकार उच्चतम न्यायालय के न्यायाधीश को पद मुक्त किया जाता है।
(d) उपर्युक्त सभी

उत्तर *(d)*

व्याख्या उच्च न्यायालय के संदर्भ में सभी कथन सही हैं।

भारतीय संविधान में उच्च न्यायालय के न्यायाधीश का कार्यकाल निर्धारित नहीं किया गया है। हालाँकि वह 62 वर्ष की आयु तक पद पर बना रहता है।

उच्च न्यायालय का न्यायाधीश भारत के राष्ट्रपति को अपना त्यागपत्र देता है। राष्ट्रपति न्यायाधीश को हटाने हेतु संसद द्वारा उसी सत्र में पारित प्रस्ताव के आधार पर आदेश जारी कर सकता है। न्यायाधीश को सिद्ध कदाचार और अक्षमता के आधार पर हटाया जा सकता है। उच्च न्यायालय के न्यायाधीश को उसी प्रक्रिया और आधारों पर हटाया जा सकता है, जिस प्रकार उच्चतम न्यायालय के न्यायाधीश को पदमुक्त किया जाता है।

41 किसी उच्च न्यायालय के स्थायी न्यायाधीश के संदर्भ में निम्न में से कौन-सा कथन सही नहीं है? *(Chap 6, Class-XI, Old NCERT)*

(a) वह उस न्यायालय में वकालत कर सकता है।
(b) वह किसी दूसरे उच्च न्यायालय में वकालत कर सकता है।
(c) वह उच्चतम न्यायालय में वकालत कर सकता है।
(d) उपर्युक्त में से कोई नहीं

उत्तर *(a)*

व्याख्या किसी उच्च न्यायालय के स्थायी न्यायाधीश के संदर्भ में कथन (a) सही नहीं है, क्योंकि जिस व्यक्ति ने उच्च न्यायालय में स्थायी न्यायाधीश के रूप में कार्य किया है, वह उस न्यायालय में वकालत नहीं कर सकता, किंतु वह किसी दूसरे उच्च न्यायालय में अथवा उच्चतम न्यायालय में वकालत कर सकता है।

42 उच्च न्यायालय के संदर्भ में निम्नलिखित कथनों पर विचार कीजिए *(Chap 8, Class-IX & X, Old NCERT)*

1. मुख्य न्यायाधीश की अनुपस्थिति में राष्ट्रपति उच्च न्यायालय के किसी अन्य न्यायाधीश को कार्यवाहक मुख्य न्यायाधीश के रूप में कार्य करने का आदेश दे सकता है।
2. कार्य की अधिकता की स्थिति में राष्ट्रपति तीन वर्ष के लिए एक या अधिक अतिरिक्त न्यायाधीशों की नियुक्ति कर सकता है।

उपर्युक्त में से कौन-सा/से कथन सही नहीं है/हैं?

(a) केवल 1 (b) केवल 2
(c) 1 और 2 (d) न तो 1 और न ही 2

उत्तर (b)

व्याख्या दिए गए कथनों में से कथन (2) सही नहीं है, क्योंकि भारत का राष्ट्रपति निम्नलिखित परिस्थितियों में योग्य व्यक्तियों को उच्च न्यायालयों के अतिरिक्त न्यायाधीशों के रूप में अस्थायी रूप से नियुक्त कर सकता है

- जिसकी अवधि दो वर्ष से अधिक नहीं होगी।
- यदि अस्थायी रूप से उच्च न्यायालय का कामकाज बढ़ गया हो।
- उच्च न्यायालय में बकाया कार्य अधिक हो।

43 निम्नलिखित में से कौन उच्च न्यायालय के प्रारंभिक क्षेत्राधिकार के अंतर्गत आता है? *(Chap 6, Class-XI, Old NCERT)*

1. नौकाधिकरण
2. इच्छा-पत्र
3. तलाक
4. मौलिक अधिकारों के क्रियान्वयन के लिए आवश्यक निर्देश/आदेश

कूट

(a) 1 और 4 (b) 1, 3 और 4
(c) 1, 2 और 3 (d) ये सभी

उत्तर (d)

व्याख्या प्रत्येक उच्च न्यायालय को इच्छा-पत्र, तलाक, विवाह, कंपनी, न्यायालय की अवमानना तथा कुछ राजस्व संबंधी प्रकरणों में प्रारंभिक क्षेत्राधिकार प्राप्त हैं। इसके अतिरिक्त प्रत्येक उच्च न्यायालय को नागरिकों के मौलिक अधिकारों के क्रियान्वयन के लिए आवश्यक निर्देश, आदेश अथवा लेख, विशेषकर बंदी प्रत्यक्षीकरण, परमादेश, निषेध, उत्प्रेषण तथा अधिकार पृच्छा के लेख जारी करने के अधिकार प्राप्त हैं।

44 उच्च न्यायालय के अपीलीय क्षेत्राधिकार के संबंध में निम्न में से कौन-सा एक सही है? *(Chap 6, Class-XI, Old NCERT)*

(a) यह अधीनस्थ न्यायालयों के निर्णय के विरुद्ध अपील सुन सकता है।
(b) यह केवल फौजदारी मामलों में ही अपील सुन सकता है।
(c) यह पेटेंट और डिजाइन, उत्तराधिकार भूमि प्राप्ति के मामलों में भी अपील सुन सकता है।
(d) 'a' और 'c'

उत्तर (d)

व्याख्या उच्च न्यायालय के अपीलीय क्षेत्राधिकार के संबंध में कथन (a) और (c) सही हैं। उच्च न्यायालय मूलत: एक अपीलीय न्यायालय है। यहाँ इसके राज्य क्षेत्र के अंतर्गत आने वाले अधीनस्थ न्यायालयों के आदेशों के विरुद्ध अपील की सुनवाई होती है। यहाँ दोनों तरह के सिविल एवं आपराधिक मामलों के बारे में अपील होती है। यह पेटेंट और डिजाइन, उत्तराधिकार, भूमि-प्राप्ति, दिवालियापन और संरक्षकता आदि मामलों में भी अपील सुनता है।

45 उच्च न्यायालय के क्षेत्राधिकार के संबंध में निम्नलिखित कथनों पर विचार कीजिए *(Chap 6, Class-XI, Old NCERT)*

1. इसे अपने अधीनस्थ न्यायालयों के अधीक्षण का न्यायिक तथा प्रशासकीय दोनों क्षेत्रों में अधिकार है।
2. इसे सैनिक कानून के अंतर्गत किसी न्यायालय या अधिकरण पर अधीक्षण करने का कोई अधिकार नहीं है।
3. यह राज्य में अपील का सर्वोच्च न्यायालय है।
4. राज्य सूची से संबद्ध विषयों में भी इसके निर्णयों के विरुद्ध उच्चतम न्यायालय में अपील की जा सकती है।

उपर्युक्त में से कितने कथन सही नहीं है/हैं?

(a) केवल एक
(b) केवल दो
(c) केवल तीन
(d) ये सभी

उत्तर (a)

व्याख्या उच्च न्यायालय के क्षेत्राधिकार के संबंध में केवल एक कथन अर्थात् (3) सही नहीं है, क्योंकि उच्च न्यायालय के प्रशासकीय क्षेत्राधिकार के अंतर्गत यह राज्य में अपील का सर्वोच्च न्यायालय नहीं है। अत: राज्य सूची से संबंधित विषयों पर उच्च न्यायालय के निर्णयों के विरुद्ध उच्चतम न्यायालय में अपील की जा सकती है।

46 निम्नलिखित न्यायालयों में से किसे/किन्हें अभिलेख न्यायालय माना जाता है? *(Chap 6, Class-XI, Old NCERT)*

(a) उच्चतम न्यायालय को
(b) उच्च न्यायालय को
(c) उच्चतम न्यायालय व उच्च न्यायालयों दोनों को
(d) जिला न्यायालयों को

उत्तर (c)

व्याख्या उच्चतम न्यायालय व उच्च न्यायालय दोनों को अभिलेख न्यायालय माना जाता है। इसके अंतर्गत दोनों न्यायालयों के फैसले व कार्यवाही को सार्वकालिक/स्मृति परिसाक्ष्य के रूप में रखा जाता है।

उच्चतम न्यायालय के अभिलेखों पर किसी अन्य अदालत में चल रहे मामले के दौरान प्रश्न नहीं उठाया जा सकता, जबकि उच्च न्यायालय के अभिलेखों पर अधीनस्थ न्यायालयों में कार्यवाही के समय प्रश्न नहीं उठाए जा सकते।

दोनों न्यायालयों को यह अधिकार है कि वह न्यायालय की अवमानना की स्थिति में कारावास और आर्थिक दंड या दोनों दे सकता है।

47 निम्नलिखित कथनों पर विचार कीजिए *(Chap 5, Class-VIII, New NCERT)*

1. उच्च न्यायालयों की स्थापना सबसे पहले 1862 ई. में कलकत्ता, बंबई और मद्रास में की गई थी।
2. पंजाब और हरियाणा का एक साझा उच्च न्यायालय चंडीगढ़ में है।
3. तेलंगाना के उच्च न्यायालय हैदराबाद में स्थित है।

उपर्युक्त में से कौन-सा/से कथन सही है/हैं?

(a) 1 और 2
(b) 2 और 3
(c) 1 और 3
(d) 1, 2 और 3

उत्तर (d)

व्याख्या दिए गए सभी कथन सही हैं।

भारत में उच्च न्यायालय संस्था का सर्वप्रथम गठन 1862 ई. में तब हुआ, जब कलकत्ता, बंबई और मद्रास उच्च न्यायालयों की स्थापना हुई।

1866 ई. में चौथे उच्च न्यायालय की स्थापना इलाहाबाद (प्रयागराज) में हुई।

पंजाब और हरियाणा का साझा उच्च न्यायालय चंडीगढ़ में है, जिसकी स्थापना 1875 ई. में हुई थी। इस न्यायालय के न्यायिक क्षेत्र के अंतर्गत पंजाब, हरियाणा और चंडीगढ़ तीनों सम्मिलित हैं।

1 जनवरी, 2019 को तेलंगाना के उच्च न्यायालय की स्थापना हैदराबाद में हुई तथा आंध्र प्रदेश के लिए पृथक् उच्च न्यायालय अमरावती में स्थापित हुआ।

48 भारत के न्यायालयों द्वारा जारी रिटों के संदर्भ में निम्नलिखित कथनों पर विचार कीजिए

(Chap 15, Module-3, NIOS) (IAS Pre 2022)

1. किसी प्राइवेट संगठन के विरुद्ध, जब तक कि उसको कोई सार्वजनिक कार्य नहीं सौंपा गया हो, परमादेश (मेंडेमस) नहीं होगा।
2. कोई कम्पनी के विरुद्ध, भले ही वह कोई सरकारी कम्पनी हो, परमादेश (मेंडेमस) नहीं है।
3. कोई भी लोक-प्रवण व्यक्ति (पब्लिक माइंडेड परसन) अधिकार पृच्छा (क्वो. वारंटो) रिट प्राप्त करने हेतु न्यायालय में समावेदन करने के लिए याची हो सकता है।

उपर्युक्त में से कौन-सा/से कथन सही है/हैं?

(a) 1 और 2 (b) 2 और 3 (c) 1 और 3 (d) 1, 2 और 3

उत्तर *(c)*

व्याख्या भारत के न्यायालयों द्वारा जारी रिटों के सन्दर्भ में कथन (1) और (3) सही हैं। परमादेश (मेंडेमस) का शाब्दिक अर्थ होता है-हम आदेश देते हैं। इसके अंतर्गत न्यायालय द्वारा किसी व्यक्ति, लोक प्राधिकारी, अधीनस्थ न्यायालय, सरकार या निगम को उनके विधिक, सांविधिक अथवा लोक कर्त्तव्यों को करने का या अवैध रूप से न करने का आदेश दिया जाता है। इस रिट का प्रयोग ऐसे अधिकारी को आदेश देने के लिए किया जाता है, जो सार्वजनिक कर्त्तव्यों को करने से इनकार/उपेक्षा करता है। अत: किसी प्राइवेट संगठन के विरुद्ध, जब तक कि उसको कोई सार्वजनिक कार्य नहीं सौंपा गया हो, परमादेश नहीं होगा।

अधिकार-पृच्छा (क्वो-वारण्टो) का शाब्दिक अर्थ है-आपका प्राधिकार क्या है? यह रिट ऐसे व्यक्ति के विरुद्ध जारी की जाती है, जो किसी लोकपद को अवैध रूप से धारण किए हुए है। इस रिट के लिए कोई भी व्यक्ति आवेदन कर सकता है, उसका उस पद में हित बद्ध होना या उस पद का दावेदार होना आवश्यक नहीं है।

कथन (2) सही नहीं है, क्योकि परमादेश किसी सरकारी कंपनी या निगम, अधीनस्थ न्यायालय, लोक प्राधिकारी आदि को जारी किया जा सकता है।

अधीनस्थ न्यायालय

49 जिला न्यायालयों के न्यायाधीशों की नियुक्ति किसके द्वारा की जाती है? *(Chap 8, Class-IX & X, Old NCERT)*

(a) राज्यपाल के द्वारा
(b) उच्च न्यायालय के परामर्श से राज्यपाल के द्वारा
(c) जिला कलेक्टर के परामर्श से राज्यपाल द्वारा
(d) महाधिवक्ता के परामर्श से राज्यपाल द्वारा

उत्तर *(b)*

व्याख्या जिला तथा सत्र न्यायालय के न्यायाधीशों की नियुक्ति, पदस्थापना एवं पदोन्नति राज्यपाल द्वारा राज्य के उच्च न्यायालय के परामर्श से की जाती है।

इसके अतिरिक्त राज्यपाल, जिला न्यायाधीश से भिन्न व्यक्ति को भी न्यायिक सेवा में नियुक्त कर सकता है, किंतु ऐसे व्यक्ति को, राज्य लोक सेवा आयोग और उच्च न्यायालय के परामर्श के बाद ही नियुक्त किया जा सकता है।

50 जिला न्यायाधीश के पद पर किसी व्यक्ति को नियुक्त किया जा सकता है *(Chap 8, Class-IX & X, Old NCERT)*

(a) जो कम-से-कम 7 वर्ष तक अधिवक्ता के रूप में कार्य कर चुका हो
(b) जो केंद्रीय सरकार की न्यायिक सेवा में अधिकारी के रूप में कार्य कर चुका हो
(c) जो राज्य सरकार की न्यायिक सेवा में अधिकारी के रूप में कार्य कर चुका हो
(d) उपर्युक्त सभी

उत्तर *(d)*

व्याख्या जिला न्यायाधीश के पद पर उन व्यक्तियों की नियुक्ति की जा सकती है, जिसे कम-से-कम 7 वर्ष का अधिवक्ता के कार्य का अनुभव हो तथा जो केंद्रीय सरकार या राज्य सरकार की न्यायिक सेवा में अधिकारी के रूप में कार्य कर चुके हो।

51 लोक अदालतों के संदर्भ में निम्न कथनों में से कौन-सा/से एक सही नहीं है/हैं? *(Chap8, Class-IX & X, Old NCERT)*

(a) लोक अदालतों की योजना के पीछे आधारभूत विचार न्याय दिलाने के विलंब को दूर करना है
(b) इनमें ऐसे मामले शामिल होते हैं, जो या तो न्यायालयों में लंबित हों या जिन्हें न्यायालय में पेश नहीं किया गया हो
(c) पहली लोक अदालत वर्ष 1982 में गुजरात में लगाई गई थी
(d) उपर्युक्त सभी

उत्तर *(c)*

व्याख्या लोक अदालतों के संदर्भ में कथन (c) सही नहीं है, क्योकि भारत में पहली लोक अदालत वर्ष 1985 में दिल्ली में लगाई गई। वर्ष 1989 में दिल्ली में लगी लोक अदालत में एक ही दिन में लंबित पड़े 531 मुकदमों पर निर्णय दिया गया था।

लोक अदालत एक मंच (फोरम) है, जहाँ वे मामले, जो न्यायालय में लंबित हैं अथवा अभी मुकदमे के रूप में दाखिल नहीं हुए हैं अर्थात् न्यायालय के समक्ष अभी नहीं लाए गए हैं, सौहार्द्रपूर्ण ढंग से निपटाए जाते हैं।

अध्याय 14

संघवाद एवं केंद्र-राज्य संबंध

संघवाद एवं केंद्र-राज्य संबंध

संघवाद

परिचय
- एक ऐसी प्रणाली, जिसमें शक्तियों को केंद्र और राज्यों के बीच विभाजित किया जाता है

भारत में संघवाद
- भाग XI और XIII
- संघवाद का पहला उपबंध-भारत सरकार अधिनियम 1935 में
- अनुच्छेद 1 भारत राज्यों का संघ।
- अनुच्छेद 2 नए राज्यों का प्रवेश या स्थापना

भारतीय संविधान की संघीय विशेषताएँ
- शक्ति का विभाजन
  - राज्य सूची (61)
  - संघ सूची (100)
  - समवर्ती सूची (52)
- **सरकार का स्वायत्त अधिकार क्षेत्र** सरकार दो या दो से अधिक स्तरों वाली होती है। अलग-अलग स्तर की सरकारें एक ही नागरिक समूह पर शासन करती हैं।
- **सर्वोच्च न्यायालय की निर्णायक भूमिका** न्यायालयों को संविधान और विभिन्न स्तर की सरकारों के अधिकारों की व्याख्या करने का अधिकार प्राप्त है।
- **मौलिक प्रावधानों पर सम्मिलित निर्णय** संविधान के मौलिक प्रावधानों को किसी एक स्तर की सरकार अकेले नहीं बदल सकती, ऐसे बदलाव दोनों स्तरों की सरकारों की सहमति से ही संभव हैं।
- **वित्तीय स्वायत्तता को सुनिश्चित करना** वित्तीय स्वायत्तता सुनिश्चित करने के लिए विभिन्न स्तर की सरकारों के लिए राजस्व के अलग-अलग स्रोत निर्धारित होते हैं।

विधायी संबंध
- नए राज्य बनाने की शक्ति
- किसी भी राज्य की सीमा या उसका नाम परिवर्तित करने की शक्ति

शक्तियों का वितरण
- शक्ति का वितरण सातवीं अनुसूची
- संघ सूची, राज्य सूची, समवर्ती सूची
- शक्तियों का वितरण अधिकतम संघ के पक्ष में
- समवर्ती सूची, केंद्र के पास अधिक शक्ति
- केंद्र राज्य सूची पर कानून बना सकता है (अपवाद)
- केंद्र की कार्यकारी शक्तियाँ, राज्यों की कार्यकारी शक्ति से श्रेष्ठ
- राज्यपाल किसी विधेयक को राष्ट्रपति के विचार हेतु आरक्षित कर सकता है

वित्तीय संबंध
- केंद्र सरकार के पास महत्त्वपूर्ण वित्तीय शक्तियाँ और जिम्मेदारियाँ हैं।
- राजस्व उत्पन्न करने वाली मदें केंद्र सरकार के अधीन हैं।
- राज्य केंद्र अनुदान और वित्तीय सहायता पर निर्भर हैं
- राष्ट्रपति द्वारा अनुदान आवंटन करने के लिए वित्त आयोग की नियुक्ति करता है

केंद्र-राज्य संबंध

प्रशासनिक संबंध
- राज्यपाल राष्ट्रपति द्वारा नियुक्त होते हैं और विवेकाधीन शक्तियों के लिए उत्तरदीय होते हैं; सरकारिया आयोग (1983) केंद्र राज्य मुद्दे को संबोधित करने के लिए गैर-पक्षपातपूर्ण राज्यपाल नियुक्ति की सिफारिश की
- 356 राज्य शासन में राष्ट्रपति शासन लगाने की अनुमति देता है, जिससे राज्य शासन बाधित होता है

आपातकालीन संबंध
- राष्ट्रीय आपातकाल (अनुच्छेद 352) के दौरान संसद राज्य सूची के मामलों पर कानून बना सकती है
- अनुच्छेद 356 राष्ट्रपति को संवैधानिक रूप से राज्य के कार्यों और उच्च न्यायालय की शक्तियों को नियंत्रित करने की अनुमति देता है
- अनुच्छेद 360, वित्तीय अपातकाल राष्ट्रपति को संघ और राज्य लोक सेवकों के लिए वेतन कटौती का निर्देश जारी करने की अनुमति देता है

वित्त आयोग
- केंद्र तथा राज्य संबंधों में वित्त आयोग की महत्त्वपूर्ण भूमिका; संविधान के अनुच्छेद 280 में एक वित्त आयोग का प्रावधान है।
- यह अर्द्ध-न्यायिक निकाय है; प्रत्येक 5 वर्षों पर राष्ट्रपति द्वारा वित्त आयोग का गठन किया जाता है।

वस्तु एवं सेवा कर (101वाँ संविधान संशोधन अधिनियम, 2016)
- वस्तु एवं सेवा कर का प्रावधान **101वें संविधान संशोधन अधिनियम** 2016 द्वारा किया गया।
- **अनुच्छेद 246** के अनुसार संसद को GST तथा IGST लगाने का अधिकार होगा तथा राज्य विधानसभाओं को SGST लगाने का अधिकार होगा।
- **अनुच्छेद 268 A** द्वारा सेवाकर का प्रावधान किया गया था, जो अब समाप्त हो गया है।
- **अनुच्छेद 270** के अंतर्गत केंद्र तथा राज्यों के पृथक् करों को लगाने तथा वसूलने की चर्चा की गई है।

SOURCE New NCERT Class X संघवाद, सत्ता की साझेदारी, New NCERT Class XI संघवाद, Old NCERT Class XI भारतीय संविधान : प्रस्तावना, मुख्य विशेषताएँ तथा भारतीय संघ, NIOS Module-2 Chap 5, Tamil Nadu Board Class-XII Unit 5

संघवाद

1 सूची I तथा सूची II को सुमेलित कीजिए तथा कूट का उपयोग करते हुए सही उत्तर दीजिए

(Chap-1, Class-X, New NCERT Exercise)

सूची I (सत्ता के बँटवारे का स्वरूप)		सूची II (शासन के स्वरूप)	
A.	सत्ता के विभिन्न अंगों के बीच सत्ता का बँटवारा	1.	सामुदायिक सरकार
B.	विभिन्न स्तर की सरकारों के बीच अधिकारों का बँटवारा	2.	अधिकारों का वितरण
C.	विभिन्न सामाजिक समूहों के बीच सत्ता की साझेदारी	3.	गठबंधन सरकार
D.	दो या दो से अधिक दलों के बीच सत्ता की साझेदारी	4.	संघीय सरकार

कूट

	A	B	C	D
(a)	4	1	2	3
(b)	2	3	4	1
(c)	2	4	1	3
(d)	3	4	1	2

उत्तर *(c)*

व्याख्या सही सुमेलन A-2, B-4, C-1, D-3 है।

अधिकारों का वितरण के अंतर्गत शासन के विभिन्न अंगों के बीच सत्ता की साझेदारी के माध्यम से अधिकारों का वितरण किया जाता है। इस व्यवस्था को 'नियंत्रण और संतुलन की व्यवस्था' कहते हैं।

पूरे देश के लिए एक सामान्य सरकार को संघीय सरकार कहते हैं तथा प्रांतीय आधार पर बनने वाली सरकारों को प्रांतीय सरकार कहा जाता है। इसमें विभिन्न स्तर की सरकारों के बीच अधिकारों का बटँवारा किया जाता है।

समूहों के बीच किया जाता है। सामाजिक रूप से कमजोर समुदाय तथा महिलाओं को विधायिका प्रशासन में हिस्सेदारी दी जाती है।

गठबंधन सरकार विभिन्न दलों द्वारा लोकसभा अथवा विधानसभा में किसी दल का बहुमत नहीं होने की स्थिति में 'इस सरकार' का गठन किया जाता है, जिसके लिए 'कॉमन मिनिमम प्रोग्राम' भी तय किए जाते हैं।

2 संघीय सरकार की एक विशिष्टता है

(Chap-2, Class-X, New NCERT) (Chap-5, Module-2 NIOS)

(a) राष्ट्रीय सरकार अपने कुछ अधिकार प्रांतीय सरकारों को देती है।
(b) विधायिका, कार्यपालिका और न्यायपालिका के बीच अधिकार बँट जाते हैं।
(c) निर्वाचित पदाधिकारी ही सरकार में सर्वोच्च शक्ति का उपयोग करते हैं।
(d) सरकार की शक्ति शासन के विभिन्न स्तरों के बीच बँट जाती है।

उत्तर *(b)*

व्याख्या संघीय सरकार की यह विशिष्टता है कि विधायिका, कार्यपालिका और न्यायपालिका के बीच अधिकार बँटे हुए हैं। संघीय शासन व्यवस्था में सर्वोच्च सत्ता केंद्रीय प्राधिकार तथा उनकी विभिन्न इकाइयों में विभाजित हो जाती है। इसमें एक सरकार पूरे देश का शासन चलाती है।

संघीय व्यवस्था में केंद्र तथा राज्यों के पास अलग शक्तियाँ होती हैं। केंद्र और राज्य सरकारों के बीच विधायी अधिकारों को भारतीय संविधान ने तीन सूचियों (संघ सूची, राज्य सूची और समवर्ती सूची) में विभाजित किया है।

3 आधुनिक लोकतांत्रिक व्यवस्थाओं में निम्नलिखित में से कौन-सा सत्ता के ऊर्ध्वाधर वितरण को निरूपित करता है?

(Chap-1, Class-X, New NCERT)

1. केंद्र सरकार, राज्य सरकार व स्थानीय सरकार
2. विधायिका, कार्यपालिका एवं न्यायपालिका

कूट

(a) केवल 1
(b) केवल 2
(c) 1 और 2
(d) न तो 1 और न ही 2

उत्तर *(a)*

व्याख्या आधुनिक लोकतांत्रिक व्यवस्थाओं में कथन (1) सही है, क्योंकि आधुनिक लोकतांत्रिक व्यवस्थाओं में केंद्र सरकार, राज्य सरकार व स्थानीय सरकार सत्ता के ऊर्ध्वाधर वितरण को निरूपित करती है।

कथन (2) सत्ता के ऊर्ध्वाधर वितरण को निरूपित नहीं करता है, बल्कि शासन के विभिन्न अंगों-विधायिका, कार्यपालिका तथा न्यायपालिका के बीच सत्ता के विभाजन को 'क्षैतिज वितरण' कहा जाता है। ध्यातव्य है कि उच्चतर और निम्नतर स्तर की सरकारों के बीच सत्ता के विभाजन को ऊर्ध्वाधर वितरण कहा जाता है।

4 संघीय व्यवस्था की महत्त्वपूर्ण विशेषताओं के संदर्भ में निम्नलिखित में से कौन-से कथन सही हैं?

Chap-2, Class-X, New NCERT)

1. सरकार दो या अधिक स्तरों वाली होती है।
2. संविधान सरकार के प्रत्येक स्तर के अस्तित्व और प्राधिकार की गारंटी व सुरक्षा देता है।
3. संविधान के मौलिक प्रावधानों को किसी एक स्तर की सरकार अकेले नहीं बदल सकती।
4. प्रत्येक स्तर की सरकार का कानून बनाने, कर वसूलने और प्रशासन का अपना-अपना अधिकार क्षेत्र होता है।

कूट

(a) 1 और 3
(b) 1, 2 और 4
(c) 1 और 2
(d) 1, 2, 3 और 4

उत्तर *(d)*

व्याख्या संघीय व्यवस्था की महत्त्वपूर्ण विशेषताओं के संदर्भ में सभी कथन सही हैं। संघीय सरकार व्यवस्था की विशेषताएँ निम्नलिखित हैं

- सरकार दो या अधिक स्तरों वाली होती है।
- विभिन्न स्तरों की सरकारों के अधिकार क्षेत्र संविधान में स्पष्ट रूप से वर्णित होते हैं। अत: संविधान सरकार के प्रत्येक स्तर के अस्तित्व और प्राधिकारों की गारंटी और सुरक्षा देती है।
- संविधान के मौलिक प्रावधानों में बदलाव दोनों (केंद्र सरकार, राज्य सरकार) स्तर की सरकारों की सहमति से ही हो सकता है।
- वित्तीय स्वायत्तता निश्चित करने के लिए विभिन्न स्तर की सरकारों के लिए राजस्व के अलग-अलग स्रोत निर्धारित हैं।
- अदालतों को संविधान और विभिन्न स्तर की सरकारों के अधिकारों की व्याख्या का अधिकार है।
- प्रत्येक सरकार का कानून बनाने, कर वसूलने और प्रशासन का पृथक् अधिकार क्षेत्र होता है।

5 निम्नलिखित में से किस विद्वान ने भारत को एक अर्द्धसंघीय राज्यव्यवस्था के नाम से संबोधित किया है?

(Chap-3, Class-XI, Old NCERT)

(a) लॉर्ड ब्राइस
(b) आइवर जेनिंग्स
(c) के.सी. व्हीयर
(d) ए. के अय्यर

उत्तर (c)

व्याख्या प्रो. के. सी. व्हीयर ने भारत को एक अर्द्धसंघीय राज्यव्यवस्था के नाम से संबोधित किया हैं। अर्द्धसंघीय राज्य से तात्पर्य एक ऐसे राज्य से है, जहाँ संविधान अधिक कठोर तथा अधिक लचीले कानून के मध्य एक अच्छा संतुलन स्थापित करता है।

6 संघवाद के संदर्भ में निम्नलिखित कथनों पर विचार कीजिए

(Chap 7, Class-XI, New NCERT) (Chap-8, Module-2, NIOS)

1. संघवाद एक संस्थागत प्रणाली है, जो दो प्रकार की राजनीतिक व्यवस्थाओं (केंद्रीय एवं प्रांतीय) को समाहित करती है।
2. इसमें लोगों की दोहरी पहचान और निष्ठाएँ होती हैं।
3. इसमें केंद्र और राज्यों के मध्य किसी टकराव के समाधान के लिए एक स्वतंत्र न्यायपालिका होती है।

उपर्युक्त में से कितने कथन सही हैं?

(a) केवल एक
(b) केवल दो
(c) सभी तीन
(d) उपर्युक्त में से कोई नहीं

उत्तर (d)

व्याख्या संघवाद के संदर्भ में सभी कथन सही हैं। संघवाद की मूल अवधारणाएँ और विचार निम्नलिखित हैं

- संघवाद एक संस्थागत प्रणाली है, जो दो प्रकार की राजनीतिक व्यवस्थाओं (केंद्रीय एवं प्रांतीय) को समाहित करती है। प्रत्येक सरकार अपने क्षेत्र में स्वायत्त होती है।
- इसमें लोगों की दोहरी पहचान और निष्ठाएँ होती हैं, किंतु भारत में एकल नागरिकता के साथ कुछ शक्तियाँ और उत्तरदायित्व दिए गए हैं।
- केंद्र और राज्यों के मध्य किसी टकराव को रोकने के लिए एक स्वतंत्र न्यायपालिका की व्यवस्था होती है।

7 निम्न कथन (A) व कारण (R) को पढ़िए और नीचे दिए गए कूट की सहायता से सही उत्तर का चुनाव कीजिए

(Chap-7, Class-XI, New NCERT)

कथन (A) भारतीय संविधान द्वारा अंगीकृत संघीय व्यवस्था का सर्वाधिक महत्त्वपूर्ण सिद्धांत यह है कि केंद्र और राज्यों के बीच संबंध सहयोग पर आधारित है।

कारण (R) संविधान विविधता को मान्यता देने के साथ ही एकता पर बल देता है।

कूट

(a) A और R दोनों सही हैं तथा R, A का सही स्पष्टीकरण है।
(b) A और R दोनों सही हैं, परंतु R, A का सही स्पष्टीकरण नहीं है।
(c) A सही है, किंतु R गलत है।
(d) A गलत है, किंतु R सही है।

उत्तर (b)

व्याख्या A और R दोनों सही हैं, परंतु R, A का सही स्पष्टीकरण नहीं है। भारतीय संविधान के अनुच्छेद 1 में भारत को राज्यों का संघ कहा गया है।

यह संघ केंद्र तथा राज्यों के सहयोग पर आधारित है।

इसके अतिरिक्त संघीय व्यवस्था में प्रांतों को अधिक अधिकार देना विविधता को मान्यता प्रदान करते हुए एकता स्थापित करने पर बल देना है।

केंद्र-राज्य का संबंध

8 निम्नलिखित कथनों पर विचार कीजिए

(Chap 7, Class-XI, New NCERT)

1. भारतीय संघवाद पर राजनीतिक प्रक्रिया की परिवर्तनशील प्रकृति का काफी प्रभाव पड़ा है।
2. स्वतंत्रता के उपरांत शुरुआती दशकों में ही प्रथम प्रधानमंत्री जवाहर लाल नेहरू ने भारतीय संघीय व्यवस्था की नींव रखी थी।
3. यह एक संस्थागत प्रणाली है, जो केंद्रीय तथा प्रांतीय स्तर की व्यवस्थाओं में समाहित होती है।
4. केंद्र का राज्यों के मध्य किसी टकराव को रोकने या सुलझाने में न्यायपालिका हस्तक्षेप नहीं करती है।

उपर्युक्त कथनों में से कितने कथन सही है?

(a) केवल एक (b) केवल दो
(c) केवल तीन (d) इनमें से कोई नहीं

उत्तर (c)

व्याख्या दिए गए कथनों में से केवल तीन कथन अर्थात् (1, 2 और 3) सही हैं।

भारतीय संविधान भारतीय राजव्यवस्था के लोक कल्याणकारी स्वरूप को बनाए रखने वाली प्रक्रियाओं को संदर्भित करता है, किंतु राजनीतिक प्रक्रियाओं द्वारा इसमें परिवर्तन कर इसके इस स्वरूप में विस्तार किया गया तथा संघवादी स्वरूप को परिवर्तित करने में इसकी प्रभावी भूमिका रही है।

स्वतंत्रता के पश्चात् शुरुआती दशकों के प्रारंभिक वर्षों में जवाहर लाल नेहरू ने संघीय व्यवस्था की नींव रखी थी। इस दौरान केंद्र और राज्यों में कांग्रेस का वर्चस्व था। नए राज्यों के गठन की माँग के अतिरिक्त केंद्र-राज्यों के बीच संबंध शांतिपूर्ण और सामान्य थे, परंतु 1990 के दशक से कांग्रेस का वर्चस्व कम होने से गठबंधन के राजनीतिक युग का प्रारंभ हुआ।

संघीय राज्य की शुरुआत अमेरिका से हुई, परंतु वह भारतीय संघवाद से भिन्न है। भारत में संस्थागत प्रणाली को केंद्रीय तथा प्रांतीय स्तर की व्यवस्थाओं में समाहित किया गया है। तथा केंद्र को राज्यों की अपेक्षा अधिक शक्ति प्रदान की गई थी।

कथन (4) सही नहीं है, क्योंकि केंद्र-राज्यों के मध्य विवाद होने की स्थिति में सर्वोच्च न्यायालय की प्रभावी भूमिका होती है। वह इन विवादों का निपटारा करता है।

9 एक संघीय राज्य व्यवस्था में सम्मिलित हैं

(Chap-7, Class-XI, New NCERT)

1. संघ और राज्यों के बीच संबंध
2. राज्यों के मध्य संबंध
3. समन्वय के लिए तंत्र
4. विवादों को सुलझाने के लिए तंत्र

कूट

(a) 1, 2, 3 और 4 (b) 1, 2 और 3
(c) 1, 2 और 4 (d) 2, 3 और 4

उत्तर (a)

व्याख्या प्रश्न में दिए गए सभी विकल्प एक संघीय राज्यव्यवस्था में सम्मिलित होते हैं। इनमें सबसे महत्त्वपूर्ण संघ तथा राज्यों के बीच संबंध है। यह संबंध समन्वय पर आधारित है। राज्यों के बीच भी सहयोगी संबंध बनाने की वकालत की जाती रही है। संघीय राज्यव्यवस्था में विवादों को सुलझाने के लिए न्यायपालिका मौजूद है, जो प्राधिकरणों का गठन कर विवादों को सुलझा सकती है।

10 **निम्नलिखित में से किस वर्ष सरकारिया आयोग, जिसे केंद्र-राज्य संबंधों में परिवर्तन की संस्तुति का अधिकार दिया गया था, ने अपना प्रतिवेदन जमा किया था?** *(Chap-7, Class-XI, New NCERT)*

(a) वर्ष 1983
(b) वर्ष 1984
(c) वर्ष 1985
(d) उपरोक में से कोई नहीं

उत्तर (d)

व्याख्या ज्ञातव्य है कि वर्ष 1987 में सरकारिया आयोग, जिसे केन्द्र-राज्य संबंधों में परिवर्तन की संस्तुतिका का अधिकार दिया गया था, में अपना प्रतिवेदन जमा किया था। आयोग की अंतिम रिपोर्ट अक्टूबर, 1987 में पेश की गई और इसका सार अधिकारिक तौर पर जनवरी; 1988 में जारी किया गया। इस आयोग ने वर्ष 1988 में अपनी रिपोर्ट पेश की। रिपोर्ट में यह सिफारिश की गई कि राज्यपालों की नियुक्ति अनिवार्य रूप से निष्पक्ष होनी चाहिए। इसके अतिरिक्त अनुच्छेद-263 के अंतर्गत एक अंतर्राज्यीय परिषद् का गठन किया जाना चाहिए एवं क्षेत्रीय परिषदों का निर्माण किया जाना चाहिए तथा इन्हें संघीयता के मामले में प्रोत्साहित किया जाना चाहिए। केंद्र तथा राज्य संबंधों की पड़ताल के लिए केंद्र सरकार द्वारा वर्ष 1983 में एक आयोग बनाया गया। इस आयोग को 'सरकारिया आयोग' के नाम से जाना जाता है।

11 **निम्नलिखित में से किन विषयों पर कानून बनाने का अधिकार केंद्र सरकार और राज्य सरकारों दोनों को ही है?**

(Chap-7, Class-XI, New NCERT)

1. शिक्षा
2. शराब
3. गोद लेना
4. उत्तराधिकार

कूट

(a) 1 और 2 (b) 1 और 3
(c) 1, 2 और 3 (d) 1, 3 और 4

उत्तर (d)

व्याख्या शिक्षा, उत्तराधिकार तथा गोद लेने से संबंधित कानून बनाने का अधिकार केंद्र और राज्य सरकार दोनों को होता है।

शिक्षा, गोद लेना तथा उत्तराधिकार आदि विषय समवर्ती सूची में आते हैं और समवर्ती सूची के विषयों पर कानून बनाने का अधिकार राज्य सरकार और केंद्र सरकार दोनों को होता है, किंतु विवाद की स्थिति में केंद्र द्वारा बनाया गया कानून प्रभावी होगा। 'शराब', राज्य सूची का विषय है जिस पर कानून बनाने का अधिकार राज्य को है।

12 **भारतीय संविधान में अवशिष्ट शक्तियाँ प्रदान की हैं**

(Chap-2, Class-X, New NCERT) (UPPSC Pre 1995)

(a) राज्यों सरकारों को
(b) संघीय सरकार को
(c) संघीय व राज्य सरकार दोनों को
(d) न ही संघीय और न ही राज्य सरकारों को

उत्तर (b)

व्याख्या भारतीय (केंद्रीय सरकार) संविधान में अवशिष्ट शक्तियों पर विधि (कानून) बनाने का अधिकार संघीय सरकार को दिया गया है। अवशिष्ट विधायी शक्ति से तात्पर्य ऐसे विषयों पर विधि बनाने की शक्ति से है, जिसका उल्लेख 7वीं अनुसूची की तीनों सूची के अंतर्गत नहीं किया गया है। संविधान में इसका उल्लेख अनुच्छेद-248 के अंतर्गत किया गया है। संविधान के अनुच्छेद-248(I) में यह कहा गया है कि संसद को उन सभी विषयों पर विधि बनाने का अनन्य अधिकार है, जिसका उल्लेख राज्य व समवर्ती सूची में नहीं है।

13 **निम्नलिखित युग्मों पर विचार कीजिए**

(Chap-7, Class-XI, New NCERT)

1. समवर्ती सूची — सामानों में मिलावट
2. केंद्रीय सूची — बंदरगाह
3. राज्य सूची — जेलखाना
4. अवशिष्ट विषय — साइबर कानून

उपर्युक्त में से कितने युग्म सही सुमेलित हैं?

(a) केवल एक (b) केवल दो
(c) केवल तीन (d) ये सभी

उत्तर (d)

व्याख्या दिए गए सभी युग्म सही सुमेलित हैं।

बंदरगाह केंद्रीय सूची के अंतर्गत, जेलखाना राज्य सूची के अंतर्गत, सामानों में मिलावट समवर्ती सूची के अंतर्गत तथा साइबर कानून अवशिष्ट विषय के अंतर्गत आते हैं।

14 **निम्नलिखित में से एक कौन अवशिष्ट विषय है?**

(Chap-7, Class-XI, New NCERT)

(a) डाक और तार
(b) कंप्यूटर सॉफ्टवेयर
(c) वाणिज्य व्यापार
(d) कृषि भूमि के अतिरिक्त किसी अन्य संपदा का हस्तांतरण

उत्तर (b)

व्याख्या साइबर कानून (सॉफ्टवेयर, हार्डवेयर), अंतरिक्ष अनुसंधान, सैरोगेसी कानून आदि अवशिष्ट विषय हैं। भारतीय संविधान का अनुच्छेद 248 अवशिष्ट विधायी शक्तियों के संदर्भ में है। संघ सूची की प्रविष्टि 97, अनुच्छेद 248 को प्रभावी करती है। प्रविष्टि 97 के अनुसार कोई अन्य विषय जो सूची 2 या सूची 3 में प्रगणित नहीं हैं, संघ सूची के अंतर्गत आते हैं।

15 **विधि (कानून) निर्माण से संबंधित सातवीं अनुसूची पर विचार कीजिए** *(Chap-7, Class-XI, New NCERT)*

1. समवर्ती सूची तथा अवशिष्ट विषयों पर विधि बनाने के अधिकार केंद्र और राज्य दोनों को हैं।
2. सामानों में मिलावट समवर्ती सूची में शामिल है, जबकि साइबर कानून अवशिष्ट विषय के अंतर्गत आते हैं।
3. सातवीं अनुसूची शक्ति के पृथक्करण सिद्धांत के विपरीत है।

उपर्युक्त में से कौन-सा/से कथन सही है/हैं?

(a) केवल 1
(b) केवल 2
(c) 1 और 2
(d) 1, 2 और 3

उत्तर (b)

व्याख्या विधि निर्माण से संबंधित अनुसूची के संबंध में कथन (2) सही है। सामानों (खाद्य पदार्थों और अन्य पदार्थों में अपमिश्रण) में मिलावट समवर्ती सूची के अंतर्गत, जबकि साइबर कानून अवशिष्ट विषय के अंतर्गत आते हैं।

कथन (1) और (3) सही नहीं हैं, क्योंकि जो विषय संघ सूची राज्य सूची व समवर्ती सूची में शामिल नहीं हैं वे अवशिष्ट विषय के अंतर्गत आते हैं। तथा इस पर कानून बनाने का अधिकार केवल केंद्र सरकार को प्राप्त है।

भारत की राजव्यवस्था 'शक्ति पृथक्करण सिद्धांत' पर कार्य करती है। सातवीं अनुसूची केंद्र तथा राज्य को विधि निर्माण में विषयों का स्पष्ट विभाजन करता है। यद्यपि शक्ति पृथक्करण का मूलभूत आधार विधायिका, कार्य पालिका तथा न्यायपालिका के मध्य अधिकार विभाजन पर आधारित है।

16 निम्नलिखित में से एक कौन-सा कारक एक सशक्त केंद्रीय सरकार के निर्माण में सहायक है? *(Chap 7, Class-XI, New NCERT)*

1. आपातकालीन प्रावधान
2. राज्यों का अनुदानों एवं वित्तीय सहायता के लिए निर्भर होना
3. भारतीय प्रशासनिक सेवा के अधिकारियों पर केंद्र का नियंत्रण
4. समवर्ती सूची के विषय पर विवाद की स्थिति में केंद्र द्वारा निर्मित कानून को वरीयता

कूट

(a) 1 और 4
(b) 1, 2 और 3
(c) 1, 2 और 4
(d) ये सभी

उत्तर *(d)*

व्याख्या दिए गए सभी कारक एक सशक्त केंद्रीय सरकार के निर्माण में सहायक हैं। एक सशक्त केंद्रीय सरकार के निर्माण में सहायक तत्त्व निम्न हैं

- आपातकालीन प्रावधान जो लागू होने पर हमारी संघीय व्यवस्था को एक अत्यधिक केंद्रीकृत व्यवस्था में बदल देते हैं। आपातकाल के समय में संसद को यह शक्ति भी प्राप्त हो जाती है कि वह उन विषयों पर कानून बना सके, जो राज्यों के अधिकार क्षेत्र में आते हैं।
- राज्यों का अनुदानों एवं वित्तीय सहायता के लिए निर्भर होना, क्योंकि आय के प्रमुख संसाधनों पर केंद्र सरकार का नियंत्रण होता है।
- भारतीय प्रशासनिक सेवा के अधिकारियों पर केंद्र सरकार का नियंत्रण होना। राज्य न तो उनके विरुद्ध कोई अनुशासनात्मक कार्रवाई कर सकता है, न ही उन्हें सेवा से हटा सकता है।
- समवर्ती सूची के विषय पर विवाद की स्थिति में केंद्र द्वारा निर्मित कानून को मान्यता दी जाती है।

17 निम्न कथन (A) व कारण (R) को पढ़िए और नीचे दिए गए कूट की सहायता से सही उत्तर का चुनाव कीजिए *(Chap-3, Class-XI, Old NCERT)*

कथन (A) संघीय सरकार को कुछ विषयों में राज्य सरकारों को निर्देश देने का अधिकार प्राप्त है।

कारण (R) संघीय सरकार के निर्देशों का पालन न करने की स्थिति को संवैधानिक तंत्र की विफलता माना जा सकता है तथा उस राज्य में राष्ट्रपति शासन लागू किया जा सकता है।

कूट

(a) A और R दोनों सही हैं तथा R, A का सही स्पष्टीकरण है।
(b) A और R दोनों सही हैं, परंतु R, A का सही स्पष्टीकरण नहीं है।
(c) A सही है, किंतु R गलत है।
(d) A गलत है, किंतु R सही है।

उत्तर *(a)*

व्याख्या A और R दोनों सही हैं तथा R, A का सही स्पष्टीकरण है।
संघ की कार्यपालिका की शक्ति का विस्तार किसी राज्य को ऐसे निर्देश देने तक होता है, जो भारत सरकार को इस प्रयोजन के लिए आवश्यक प्रतीत होता है।

संघीय सरकार के निर्देशों का पालन न करने की स्थिति को वैधानिक तंत्र की विफलता माना जाता है तथा उस राज्य में राष्ट्रपति शासन लागू किया जा सकता है। इसके अतिरिक्त सामान्य परिस्थितियों में भी राज्यपाल को यह शक्ति प्राप्त है कि वह विधानमंडल द्वारा पारित किसी विधेयक को राष्ट्रपति की स्वीकृति के लिए सुरक्षित कर सके।

18 भारत में केंद्र-राज्य संबंध निम्न में से किस पर निर्भर करते हैं? *(Chap 7, Class-XI, New NCERT) (UPPSC Pre 2009)*

1. संवैधानिक प्रावधानों पर
2. परंपरा और व्यवहारों पर
3. न्यायिक व्याख्याओं पर
4. बातचीत के लिए यंत्र विन्यास पर

कूट

(a) केवल 1
(b) 1 और 3
(c) 2 और 3
(d) 1, 2, 3 और 4

उत्तर *(d)*

व्याख्या भारत में केंद्र-राज्य संबंध दिए गए सभी विकल्पों पर निर्भर करते हैं। केंद्र राज्य संबंध को प्रभावित करने वाले कारण निम्नलिखित हैं

- संवैधानिक प्रावधान के दुरुपयोग से
- राजनीतिक प्रक्रिया की परंपरा और व्यवहारों में परिवर्तनशील प्रकृति से संघवाद पर प्रभाव पड़ता है।
- किसी विवाद पर संवैधानिक तथा न्यायिक व्याख्याएँ काम आती हैं।
- केंद्र एवं राज्यों में अलग-अलग दल की सरकार होने पर बातचीत के यंत्र विन्यास पर निर्भरता बढ़ जाती है।

19 केंद्र-राज्य संबंधों के संदर्भ में निम्नलिखित में से एक कौन-सा सही है? *(Chap 7, Class-XI, New NCERT)*

(a) राज्यपाल की भूमिका केंद्र और राज्यों के बीच सदैव ही विवाद का विषय रही है।
(b) केंद्र-राज्य संबंधों से जुड़े विषयों की पड़ताल के लिए केंद्र सरकार द्वारा सरकारिया आयोग का गठन किया गया।
(c) सरकारिया आयोग ने यह सिफारिश की थी कि राज्यपालों की नियुक्ति अनिवार्य तथा निष्पक्ष होकर की जानी चाहिए।
(d) उपर्युक्त सभी

उत्तर *(d)*

व्याख्या केंद्र-राज्य संबंधों के संदर्भ में कथन (d) सही है। केंद्र-राज्य संबंधों में राज्यपाल के फैसलों को अकसर राज्य सरकार के कार्यों में केंद्र सरकार के हस्तक्षेप के रूप में देखा जाता है। जब केंद्र और राज्यों में अलग दल सत्तारूढ़ होते हैं, तब राज्यपाल की भूमिका और विवादास्पद हो जाती है।
कथन (b) और (c) सही हैं। केंद्र-राज्य संबंधों से जुड़े विषयों की पड़ताल के लिए केंद्र सरकार द्वारा वर्ष 1983 में एक आयोग बनाया गया। इस आयोग को सरकारिया आयोग के नाम से जाना जाता है। सरकारिया आयोग ने वर्ष 1988 में अपनी रिपोर्ट में यह सिफारिश की थी कि राज्यपालों की नियुक्ति अनिवार्य तथा निष्पक्ष होकर की जानी चाहिए।

20 निम्न कथन (A) व कारण (R) को पढ़िए और नीचे दिए गए कूट की सहायता से सही उत्तर का चुनाव कीजिए *(Chap-2, Class-X, New NCERT)*

कथन (A) भारत में संघीय व्यवस्था की सफलता का मुख्य श्रेय यहाँ की लोकतांत्रिक राजनीति के चरित्र का होना है।

कारण (R) इसमें संघवाद की भावना, विविधता का आदर और साथ रहने की इच्छा का हमारे देश के साझा आदर्श के रूप में स्थापित होना सुनिश्चित हुआ है।

कूट
(a) A और R दोनों सही है तथा R, A का सही स्पष्टीकरण है
(b) A और R दोनों सही है, परंतु R, A का सही स्पष्टीकरण नहीं है
(c) A सही है, किंतु R गलत है
(d) A गलत है, किंतु R सही है

उत्तर (a)

व्याख्या A और R दोनों सही है तथा R, A का सही स्पष्टीकरण है।

भारत में संघीय व्यवस्था की सफलता का मुख्य श्रेय यहाँ की लोकतांत्रिक राजनीति के चरित्र का होना है, जिसमें सर्वोच्च शक्ति जनता में निहित होती हैं। भारत के लोकतांत्रिक अभिव्यक्ति को सार्वभौमिक मताधिकार, विधि के शासन, न्यायपालिका की स्वतंत्रता, भेदभाव रहित राजनीतिक भागीदारी में स्पष्टतया देखा जा सकता है।

भारतीय संविधान की प्रस्तावना, भारतीय संघवाद को संस्कृति की विविधता में एकता की भावना और साझे आदर्श को विकसित करने में मार्गदर्शक की भूमिका का निर्वाह करती है।

21 नीचे दो कथन दिए गए हैं, एक को अभिकथन (A) के रूप में और दूसरे को कारण (R) के रूप में रखा गया है।

(Chap 2, Class-X, New NCERT)
(Chap 7, Class-XI, New NCERT) (HPSC Pre 2022)

अभिकथन (A) **हाल के वर्षों में भारतीय संघवाद सहयोगी संघवाद से सौदेबाजी के संघवाद की ओर प्रवृत्त है।**

कारण (R) **विधान की अवशिष्ट शक्तियाँ केन्द्र में निहित हैं।**

कूट
(a) A और R दोनों सही हैं तथा R, A की सही व्याख्या करता है
(b) A और R दोनों सही हैं, परन्तु R, A की सही व्याख्या नहीं है
(c) A सही है, किन्तु R गलत है
(d) A गलत है, किन्तु R सही है

उत्तर (b)

व्याख्या A और R दोनों सही हैं और R, A की सही व्याख्या नही है।

संघीय सरकार, सरकार का वह रूप होता है, जिसमें देश के अन्दर सरकार के दो स्तर विद्यमान होते हैं पहला, केन्द्रीय स्तर पर और दूसरा, स्थानीय या राज्यस्तरीय स्तर पर। भारत की स्थिति में संघवाद को केन्द्रीय, राज्य व स्थानीय सरकारों के मध्य शक्तियों एवं अधिकारों के वितरण के रूप में परिभाषित किया जा सकता है। इसमें विधान की अवशिष्ट शक्तियाँ केन्द्र में निहित हैं।

हाल के वर्षों में भारतीय संघवाद सहयोगी संघवाद से सौदेबाजी संघवाद की ओर प्रवृत्त हुआ है। सहकारी संघवाद में केन्द्र व प्रान्तीय सरकारों में शक्तियों का विभाजन करने के पश्चात् सरकार के दोनों स्तरों पर सहयोग बढ़ाने वाली व्यवस्थाएँ भी की जाती हैं, ताकि संघ के वांछित लक्ष्यों को आसानी से प्राप्त किया जा सके।

यद्यपि विगत वर्षों में राज्यों में द्विस्तरीय व इससे अधिक प्रकृति वाले राजनीतिक दलों के उदय होने से संघात्मक व्यवस्था में सौदेबाजी का प्रचलन बढ़ा है। ये संघीय हितों के बजाए अपने हितों के साधन के लिए केन्द्र से सौदेबाजी करते है।

22 कावेरी जल विवाद के अंतर्गत राज्य/केंद्रशासित राज्य हैं

(Chap 7, Class-XI, New NCERT) (UPPSC Pre 2003)

(a) कर्नाटक-महाराष्ट्र-गोवा-आंध्र प्रदेश
(b) कर्नाटक-तमिलनाडु-महाराष्ट्र-केरल
(c) कर्नाटक-तमिलनाडु-केरल-आंध्र प्रदेश
(d) कर्नाटक-तमिलनाडु-पुदुचेरी-केरल

उत्तर (d)

व्याख्या कावेरी जल विवाद के अंतर्गत कर्नाटक-तमिलनाडु-पुदुचेरी तथा केरल शामिल हैं। इन राज्यों/संघ शासित प्रदेशों के किसानों की निर्भरता कावेरी नदी के जल पर अधिक है। इसे सुलझाने के लिए जल विवाद न्यायाधिकरण बनाया गया है तथा सर्वोच्च न्यायालय में इससे जुड़ा मामला अब भी चल रहा है।

23. सूची I तथा सूची II को सुमेलित कीजिए

(Unit 5, Class-XII, Tamil Nadu Board)

सूची I		सूची II	
A.	सरकारिया आयोग	1.	तमिलनाडु सरकार
B.	राजमन्नार आयोग	2.	अकाली दल
C.	आनंदपुर साहिब संकल्प	3.	सर्वोच्च न्यायालय
D.	बोम्मई मामला	4.	संघीय सरकार

कूट

	A	B	C	D		A	B	C	D
(a)	1	2	3	4	(b)	4	1	2	3
(c)	1	4	3	2	(d)	3	2	4	1

उत्तर (d)

व्याख्या (b) सही सुमेलन A-4, B-1, C-2, D-3 है।

सरकारिया आयोग का गठन वर्ष 1983 में संघीय सरकार द्वारा केंद्र-राज्य संबंधों पर विचार करने के लिए किया गया था। इसके अध्यक्ष न्यायमूर्ति रणजीत सिंह थे।

राजमन्नार आयोग वर्ष 1969 के तमिलनाडु सरकार द्वारा केंद्र व राज्य के बीच विवादों को सुलझाने के लिए गठित किया गया था। इसके अध्यक्ष पी.वी राजमन्नार थे।

आनंदपुर साहिब संकल्प वर्ष 1973 में अकाली दल द्वारा लाया गया, जो पंजाब को एक स्वतंत्र राज्य के रूप में तथा केंद्र की भूमिका को विदेशी मामलों, मुद्रा, रक्षा सहित पाँच मामलों तक सीमित करना था।

एस. आर. बोम्मई वाद सर्वोच्च न्यायालय से संबंधित है। इसे एस. आर. बोम्मई बनाम भारत संघ (1944) केस/वाद के नाम से जाना जाता है। यह मामला अनुच्छेद 356 (राष्ट्रपति शासन) से संबंधित था। इसमें सर्वोच्च न्यायालय ने निर्णय दिया कि राष्ट्रपति द्वारा जारी उद्घोषणा की वैद्यता न्यायिक समीक्षा के अधीन है।

अध्याय 15

आपातकालीन उपबंध

आपातकालीन प्रावधान

संवैधानिक प्रावधान

परिचय

- जर्मनी के संविधान से लिया गया
- **अनुच्छेद 352 से 360**
- भाग XVIII
- आपातकाल के समय संघवाद एकात्मकता राज्य में परिवर्तित हो सकता है

राष्ट्रीय आपातकाल (अनुच्छेद 352)

- यदि सुरक्षा को युद्ध, बाहरी आक्रमण या सशस्त्र विद्रोह से खतरा हो, तो राष्ट्रपति राष्ट्रीय आपातकाल की घोषणा कर सकता है

प्रक्रिया एवं अवधि

- उद्घोषणा को दोनों सदनों द्वारा 30 दिन के अंदर अनुमोदित किया जाना चाहिए

राष्ट्रीय आपात की उद्घोषणा के प्रभाव

- **केंद्र-राज्य संबंधों पर प्रभाव** आपात स्थिति के अंतर्गत संसद राज्य सूची के विषयों पर कानून निर्माण का अधिकार प्राप्त कर लेती है।
- **मौलिक अधिकारों पर प्रभाव** राष्ट्रीय आपातकाल की घोषणा राष्ट्रपति को अपराधों के लिए दोषसिद्धि के संबंध में संरक्षण (अनुच्छेद 20)।

मौलिक अधिकारों का निलंबन

- अनुच्छेद 358 अनुच्छेद 19 के तहत छः मौलिक अधिकारों को निलंबित करता है
- अनुच्छेद 359 राष्ट्रपति को अन्य मौलिक अधिकार को निलंबित करने की अनुमति देता है (अनुच्छेद 20 और 21 को छोड़कर)
- अब तक तीन बार राष्ट्रीय आपातकाल घोषित किया जा चुका है

राष्ट्रपति शासन/राज्य आपातकाल

राष्ट्रपति शासन/राज्य आपातकाल

- **अनुच्छेद 355** राज्यों का बाहरी आक्रमण और आंतरिक अशांति से बचाना संघ का कर्त्तव्य होगा
- **अनुच्छेद 356** राष्ट्रपति राज्यपाल की रिपोर्ट या अन्य कारण के आधार पर आपातकाल का दावा कर सकते हैं
- **अनुच्छेद 356** यदि कोई राज्य केंद्र के निर्देशों का पालन करने में विफल रहता है, तो राष्ट्रपति आपातकाल की घोषणा कर सकता है

वित्तीय आपात

- अनुच्छेद 360
- राष्ट्रपति उद्घोषणा करते हैं, यदि भारत की वित्तीय स्थिरता या ऋण प्रक्रिया और अवधि को खतरे में डालने वाली स्थिति से संतुष्ट है।
- प्रत्येक सदन के समक्ष रखा जाना चाहिए। दो महीने के भीतर दोनों सदनों के सम्मुख रखना तथा उनकी स्वीकृति प्राप्त करना आवश्यक है।
- वित्तीय आपात की घोषणा उस समय की जाती है, जब लोकसभा विघटित हो, तो दो महीने के भीतर राज्यसभा की स्वीकृति मिलने के उपरांत वह आगे लागू रहेगी।
- नव निर्वाचित लोकसभा द्वारा उसकी प्रथम बैठक के आरंभ से 30 दिनों के भीतर ऐसी घोषणा की स्वीकृति आवश्यक है।

आपात प्रावधान संबंधी अनुच्छेद

आपातकालीन प्रावधानों पर पेंची आयोग

लेख	विवरण
352	राष्ट्रीय आपातकाल की उद्घोषणा
353	आपातकाल की उद्घोषणा के प्रभाव
354	संघ और राज्य के बीच राजस्व के वितरण में कमी
355	बाहरी आक्रमण और आंतरिक अशांति से राज्यों की रक्षा करना संघ का कर्त्तव्य
356	राज्यों में संवैधानिक मशीनरी की विफलता के मामले में प्रावधान
359	भाग III द्वारा प्रदत्त अधिकार के प्रवर्तन का निलंबन
391 (ए)	राज्य को कानून बनाने या कार्यपालिका को संकट से निपटने के लिए कदम उठाने तक सीमित करने के लिए खण्ड 1 (ए) डाला गया
360	वित्तीय आपातकाल के संबंध में प्रावधान

राष्ट्रीय आपातकाल की घोषणाएँ

- भारत में अब तक तीन बार राष्ट्रीय आपात लागू करने की उद्घोषणाएँ की जा चुकी हैं।
- **भारत तथा पाकिस्तान** के बीच युद्ध के कारण 3 से 17 दिसंबर, 1971 के बीच राष्ट्रीय आपातकाल की घोषणा अस्तित्व में थी।
- **आंतरिक अशांति** के मुद्दे पर तत्कालीन सरकार ने जून, 1975 से मार्च, 1977 तक राष्ट्रीय आपात लागू किया, जो लगभग दो वर्षों तक अस्तित्व में रहा।

SOURCE Old NCERT Class IX & X केंद्रीय सरकार, Old NCERT Class XI भारतीय संविधान : प्रस्तावना, मुख्य विशेषताएँ तथा संघवाद, New NCERT Class XI संघवाद, Old NCERT Class XI केंद्रीय सरकार, भारत में कार्यपालिका, New NCERT Class XII लोकतांत्रिक व्यवस्था का संकट (स्वतंत्र भारत में राजनीति) NIOS Module-2 Chap-9

1 **संविधान में वर्णित आपात उपबंध के संदर्भ में विचार कीजिए**

(Chap 9, Module-2, NIOS)

1. संविधान तीन प्रकार के आपात उपबंधों की चर्चा करता है।
2. भारत का राष्ट्रपति विवेकाधीन शक्तियों का प्रयोग करते हुए सम्पूर्ण भारत अथवा उसके किसी भाग में युद्ध तथा बाहरी आक्रमण और सशक्त विद्रोह के आधार पर आपातकाल घोषित कर सकता है।
3. संसद द्वारा अनुमोदित हो जाने के पश्चात् आपातकाल का प्रभाव घोषित तिथि से 3 महीने तक रहता है।

उपर्युक्त में से कितने कथन सही हैं?

(a) केवल एक (b) केवल दो
(c) सभी तीन (d) इनमें से कोई नहीं

उत्तर *(a)*

व्याख्या संविधान में वर्णित आपात उपबंध के संदर्भ में केवल एक कथन अर्थात (1) सही है। भारत के संविधान में तीन प्रकार की आपात स्थितियों का वर्णन किया गया है; जैसे-युद्ध, बाह्य आक्रमण या सशस्त्र विद्रोह से उत्पन्न आपात अथवा राष्ट्रीय आपात भारतीय संविधान का अनुच्छेद 352 राष्ट्रीय आपात से संबंधित है।

भारतीय संविधान का अनुच्छेद 356 राष्ट्रपति शासन से संबंधित है। इस आपातकाल को राज्य आपातकाल अथवा संवैधानिक आपातकाल के नाम से भी जाना जाता है। भारत के वित्तीय स्थायित्व के खतरे के कारण अधिरोपित आपातकाल अथवा वित्तीय आपातकाल भारतीय संविधान का अनुच्छेद 360 वित्तीय, आपातकाल से संबंधित है।

कथन (2) और (3) सही नहीं हैं, क्योंकि राष्ट्रपति, मंत्रिपरिषद् की लिखित सिफारिश पर आपातकाल की उद्घोषणा करता है। यह राष्ट्रपति के विवेकाधीन शक्ति के अंतर्गत शामिल नहीं है।

संसद द्वारा एक बार अनुमोदित हो जाने के पश्चात् आपातकाल घोषणा की तिथि से छ: माह तक प्रभावी रहता है। यदि इसे छ: माह से आगे बढ़ाना है, तो संसद द्वारा पुन: प्रस्ताव पारित करना होगा, जिसे अनिश्चित काल तक इसी प्रक्रिया द्वारा जारी रखा जा सकता है, किंतु राज्यों के राष्ट्रपति शासन संसद के पुन: अनुमोदन से उद्घोषणा की अवधि 6-6 माह बढ़ाई जा सकती है, परंतु उसे किसी भी स्थिति में 3 वर्ष से अधिक तक नहीं बढ़ाया जा सकता है।

2 **भारत का राष्ट्रपति अनुच्छेद 352 के अनुसार राष्ट्रीय आपात की घोषणा किस प्रकार के संकट/खतरे में कर सकता है?**

(Chap 6, Class-XI, Old NCERT) (UPPSC Mains 2014)

1. युद्ध के कारण
2. विदेशी आक्रमण
3. सशस्त्र विद्रोह के कारण
4. आंतरिक उपद्रव के कारण

कूट

(a) 1 और 2 (b) 2, 3 और 4
(c) 1, 2 और 3 (d) 1, 3 और 4

उत्तर *(c)*

व्याख्या भारत का राष्ट्रपति भारत को अथवा इसके किसी भाग की सुरक्षा को युद्ध अथवा विदेशी आक्रमण या सशस्त्र विद्रोह के कारण खतरा उत्पन्न होने पर राष्ट्रीय आपातकाल की घोषणा अनुच्छेद 352 के अंतर्गत कर सकता है। मूल संविधान में सशस्त्र विद्रोह शब्द के स्थान पर आंतरिक अशांति शब्द था, जिसे 44वें संविधान संशोधन अधिनियम, 1978 द्वारा प्रतिस्थापित किया गया है।

3 **संविधान के अनुच्छेद 352 में वर्णित आपात के संदर्भ में निम्नलिखित में से कौन-सा एक कथन सही नहीं है?**

(Chap 5, Class-XI, Old NCERT)
(Chap 9, Module-2 NIOS)

(a) इसकी घोषणा राष्ट्रपति संपूर्ण भारत में या उसके किसी भू-भाग में कर सकता है।
(b) इसकी घोषणा राष्ट्रपति संघीय मंत्रिपरिषद् की लिखित संस्तुति पर करता है।
(c) यह संसद द्वारा अनुमोदित किए जाने के पश्चात् छ: माह तक प्रभाव में रहती है।
(d) इसकी अवधि के संबंध में संविधान में एक निश्चित समय-सीमा निर्धारित है।

उत्तर *(d)*

व्याख्या संविधान के अनुच्छेद 352 में वर्णित आपात के संदर्भ में कथन (d) सही नहीं है, क्योंकि यदि राष्ट्रीय आपातकाल का अनुमोदन संसद के दोनों सदनों से हो जाता है, तो आपातकाल छ: महीने तक जारी रहेगा, इसके पश्चात् इसे प्रत्येक छ: महीने में संसद के अनुमोदन से अनंतकाल तक बढ़ाया जा सकता है।

4 **आपातकाल के संदर्भ में निम्नलिखित कथनों पर विचार कीजिए**

(Chap 6, Class-XI, Old NCERT)

1. संसद द्वारा आपातकाल की अवधि को एक बार में छ: माह तक बढ़ाया जा सकता है।
2. आपात स्थिति तब तक लागू रहती है, जब तक अनुवर्ती उद्घोषणा द्वारा उसे रद्द न कर दिया जाए।

उपर्युक्त में से कौन-सा/से कथन सही है/हैं?

(a) केवल 1 (b) केवल 2
(c) 1 और 2 (d) न तो 1 और न ही 2

उत्तर *(c)*

व्याख्या आपातकाल के संदर्भ में दोनों कथन सही हैं।

संसद द्वारा आपातकाल की अवधि को एक बार में छ: माह तक बढ़ाया जा सकता है। छ: माह की अवधि की गणना दूसरे सदन द्वारा संकल्प के पारित किए जाने की तिथि से की जाती है।

आपात स्थिति तब तक लागू रहती है, जब तक अनुवर्ती उद्घोषणा द्वारा उसे रद्द न कर दिया जाए। ऐसी उद्घोषणा को संसदीय अनुमोदन की आवश्यकता नहीं होती। लोकसभा को आपात उद्घोषणा को वापस कराने का अधिकार दिया गया है।

5 **वर्ष 1975 में घोषित आपातकाल के संदर्भ में निम्नलिखित कथनों पर विचार कीजिए** *(Chap 6, Class-XII, New NCERT)*

1. इसकी घोषणा 25 जून को राष्ट्रपति फखरुद्दीन अली अहमद ने की थी।
2. इसकी घोषणा के कारण अंदरूनी गड़बड़ी शब्द का प्रयोग किया गया।
3. वर्ष 1975 से पूर्व कभी भी अंदरूनी गड़बड़ी को आधार बनाकर आपातकाल की घोषणा नहीं की गई थी।

उपर्युक्त में से कौन-सा/से कथन सही नहीं है/हैं?

(a) केवल 1 (b) केवल 2
(c) केवल 3 (d) इनमें से कोई नहीं

उत्तर *(d)*

व्याख्या वर्ष 1975 में घोषित आपातकाल के संदर्भ में सभी कथन सही हैं। वर्ष 1975 में आपातकाल की घोषणा 25 जून को राष्ट्रपति फखरुद्दीन अली अहमद ने की थी। इसके पश्चात् बड़े पैमाने पर विपक्षी दलों, नेताओं और कार्यकर्ताओं की गिरफ्तारी हुई।

वर्ष 1975 में आपातकाल की घोषणा के कारण का उल्लेख करते हुए संविधान में उचित ढंग से अंदरूनी गड़बड़ी जैसे शब्द का प्रयोग किया गया।

वर्ष 1975 से पहले कभी भी अंदरूनी गड़बड़ी को आधार बनाकर आपातकाल की घोषणा नहीं की गई थी।

6 संविधान के किन अनुच्छेदों को आपातकाल के दौरान स्थगित नहीं किया जा सकता है?

(Chap 5, Class-XI, Old NCERT) (UPPSC Pre 2015)

(a) अनुच्छेद 14 तथा 15 (b) अनुच्छेद 19 तथा 20
(c) अनुच्छेद 21 तथा 22 (d) अनुच्छेद 20 तथा 21

उत्तर *(d)*

व्याख्या संविधान के अनुच्छेद 352 के अंतर्गत घोषित आपातकाल के दौरान अनुच्छेद 20 (अपराधों के लिए दोषसिद्धि के विरुद्ध संरक्षण) और अनुच्छेद 21 (जीवन और व्यक्तिगत स्वतन्त्रता की सुरक्षा) निलंबित नहीं किया जा सकता है।

7 अनुच्छेद 352 के अंतर्गत उद्घोषित आपातकाल के प्रभाव के संदर्भ में निम्नलिखित में से सत्य कथन का चयन कीजिए और नीचे दिए गए कूट की सहायता से उत्तर दीजिए

(Chap 5, Class-XI, Old NCERT)

1. संसद की विधायी शक्ति राज्य सूची से संबद्ध विषयों तक विस्तृत हो जाती है।
2. राज्य की कार्यपालिका शक्ति संघीय कार्यपालिका के अधीन हो जाती है।
3. अनुच्छेद 19 में दी गई स्वतंत्रताएँ स्थगित हो जाती हैं।
4. राष्ट्रपति संघ और राज्यों के बीच राजस्व के वितरण में कोई परिवर्तन नहीं कर पाता है।

कूट

(a) 1 और 2 (b) 1 और 3
(c) 1, 2 और 3 (d) 1, 2, 3 और 4

उत्तर *(c)*

व्याख्या अनुच्छेद 352 के अंतर्गत उद्घोषित आपातकाल के प्रभाव के संदर्भ में कथन (1), (2) और (3) सत्य हैं। संसद की विधायी शक्ति राज्य सूची से संबद्ध विषयों तक विस्तृत हो जाती है। राष्ट्रीय आपातकाल के दौरान राज्य विधानमंडल की विधि बनाने की शक्ति समाप्त नहीं होती, केवल निलंबित हो जाती है।

राज्य की कार्यपालिका शक्ति संघीय कार्यपालिका के अधीन हो जाती है।

राष्ट्रीय आपातकाल के दौरान अनुच्छेद 19 में दी गई स्वतंत्रताएँ स्थगित हो जाती हैं। यदि आपातकाल की उद्घोषणा सशस्त्र विद्रोह के आधार पर की गई हो, तो अनुच्छेद 19 द्वारा प्रदत्त मूल अधिकार निलंबित नहीं होते हैं।

कथन (4) असत्य है, क्योंकि आपातकाल के दौरान राष्ट्रपति संघ और राज्यों के बीच राजस्व के वितरण में परिवर्तन करने के आदेश दे सकता है।

8 निम्नलिखित कथनों पर विचार कीजिए *(Chap 9, Module-2, NIOS)*

1. भारतीय संविधान में राष्ट्रपति को असामान्य परिस्थितियों में देश की सुरक्षा अखंडता व स्थायित्व की रक्षा के लिए असाधारण शक्तियाँ प्रदान की गई हैं।
2. आपातकाल लागू होने के बाद नागरिकों के मौलिक अधिकारों के साथ-साथ राज्य सरकारों की स्वायत्तता भी प्रभावित होती है।
3. आपातकाल में भारत का राष्ट्रपति न्यायालय के न्यायाधीशों सहित केंद्र व राज्य सरकार के कर्मचारियों के वेतन व भत्तों में कटौती के आदेश कर सकता है।

उपर्युक्त में से कौन-सा/से कथन सही है/हैं?

(a) 1 और 2 (b) 2 और 3 (c) केवल 3 (d) 1, 2 और 3

उत्तर *(a)*

व्याख्या (a) दिए गए कथनों में से कथन (1) और (2) सही हैं।

भारतीय संविधान राष्ट्रपति को असामान्य परिस्थितियों में (युद्ध, बाह्य आक्रमण तथा आंतरिक अशांति) देश की सुरक्षा अखंडता व स्थायित्व की रक्षा के लिए आपात की उद्घोषणा की शक्ति देता है। यद्यपि यह उद्घोषणा मंत्रिपरिषद् की लिखित सिफारिश पर की जाती है। आपातकाल की उद्घोषण के बाद राष्ट्रपति नागरिकों के मौलिक अधिकारों (अनुच्छेद 20 तथा 21 को छोड़कर) का निलंबन कर सकता है। इस दौरान राज्यों की स्वायत्तता भी प्रभावित होती है। आपात की स्थिति में राज्यों की कार्यपालिका शक्ति केंद्रीय कार्यपालिका के अधीन कार्य करती है। इसके अतिरिक्त संसद राज्य सूची के किसी भी विषय पर कानून बना सकती है।

कथन (3) सही नहीं है, क्योंकि केवल वित्तीय आपातकाल में भारत का राष्ट्रपति केन्द्र व राज्य सरकारों के न्यायाधीशों सहित कर्मचारियों के वेतन व भत्तों में कटौती का आदेश कर सकता है।

9 भारत का राष्ट्रपति संविधान के अनुच्छेद 356 के अंतर्गत यथा उपबंधित अपनी शक्तियों का विशेष राज्य के संबंध में प्रयोग करता है, तो *(Chap 5, Class-XI, Old NCERT) (IAS Pre 2018)*

(a) उस राज्य की विधानसभा स्वत: भंग हो जाती है।
(b) उस राज्य के विधानमंडल की शक्तियाँ संसद द्वारा या उसके प्राधिकार के अधीन प्रयोज्य होंगी।
(c) उस राज्य में अनुच्छेद 19 निलंबित हो जाता है।
(d) राष्ट्रपति उस राज्य से संबंधित विधियाँ बना सकता है।

उत्तर *(b)*

व्याख्या भारत का राष्ट्रपति संविधान के अनुच्छेद 356 के अन्तर्गत यथा उपबंधित अपनी शक्तियों का विशेष राज्य के संबंध में प्रयोग करता है, तो उस राज्य के विधानमंडल की शक्तियाँ संसद या उसके प्राधिकार के अधीन प्रयोज्य होंगी। किसी राज्य में राष्ट्रपति शासन लागू करने पर राज्य के विधानमंडल की शक्तियाँ संसद द्वारा या उसके प्राधिकार के अधीन किसी संस्था द्वारा संचालित की जाती हैं।

विधानसभा भंग नहीं होती है तथा उसे निलंबित रखा जाता है। संविधान के अनुच्छेद 356 के अंतर्गत उद्घोषित आपात को दो महीने के अंदर संसद के दोनों सदनों से पारित कराना आवश्यक होता है।

राष्ट्रपति शासन संसद द्वारा स्वीकृत हो जाने पर उक्त घोषणा के 6 महीने तक लागू रहता है। इसे अधिकतम तीन वर्ष की अवधि के लिए संसद की प्रत्येक छ: माह की स्वीकृति के लिए बढ़ाया जा सकता है।

10 किसी राज्य में राष्ट्रपति शासन की उद्घोषणा के समय निम्नलिखित में से कौन-से परिणामों का होना आवश्यक नहीं है?

(Chap 5, Class-XI, Old NCERT) (IAS Pre 2017)

1. राज्य विधानसभा का विघटन
2. राज्य के मंत्रिपरिषद् का हटाया जाना
3. स्थानीय निकायों का विघटन

कूट

(a) 1 और 2 (b) 1 और 3
(c) 2 और 3 (d) 1, 2 और 3

उत्तर *(b)*

व्याख्या भारतीय संविधान के अंतर्गत किसी राज्य में 'राष्ट्रपति शासन' की उद्घोषणा के समय राज्य विधानसभा के विघटन की जगह उसके निलंबन को महत्त्व दिया जाता है। राष्ट्रपति शासन के लागू होने के दौरान स्थानीय निकायों के प्रशासन पर कोई प्रभाव नहीं पड़ता है। राष्ट्रपति शासन के लागू होने पर राज्य की समस्त कार्यपालिका शक्तियाँ संसद के अंतर्गत कर दी जाती हैं।

11 राष्ट्रपति शासन के दौरान राष्ट्रपति के अधिकारों के संदर्भ में निम्नलिखित कथनों पर विचार कीजिए

(Chap 6, Class-XI, Old NCERT)

1. वह राज्य के किसी प्राधिकरण से संबंधित किसी उपबंध को निलंबित कर सकता है।
2. वह राज्य की विधायिका को भंग कर सकता है।
3. वह उच्च न्यायालय के किसी भी अधिकार को अपने हाथ में ले सकता है।
4. वह राज्य की मंत्रिपरिषद् को हटा सकता है।

उपर्युक्त में से कौन-सा/से कथन सही है/हैं?

(a) 1 और 2 (b) 2 और 4 (c) 1, 2 और 4 (d) 1, 2, 3 और 4

उत्तर *(c)*

व्याख्या राष्ट्रपति शासन के दौरान राष्ट्रपति के अधिकारों के संदर्भ में कथन (1), (2) और (4) सही हैं। राष्ट्रपति शासन के दौरान राष्ट्रपति निम्नलिखित कार्य कर सकता है

- वह राज्य के किसी निकाय या प्राधिकरण से संबंधित संवैधानिक प्रावधानों को निलंबित कर सकता है।
- वह राज्य की विधायिका तथा कार्यपालिका (मंत्रिपरिषद्) को हटा या भंग कर सकता है, किंतु राज्य विधानमंडल में निहित किसी शक्ति को अपने हाथ में नहीं ले सकता।
- वह घोषणा कर सकता है कि संसद राज्य विधायिका की शक्तियों का प्रयोग करेगी।

कथन (3) सही नहीं है, क्योंकि राष्ट्रपति शासन के दौरान राष्ट्रपति उच्च न्यायालय में निहित किसी भी शक्ति को अपने हाथ में नहीं ले सकता और न ही उच्च न्यायालय से संबंधित प्रावधानों के प्रवर्तन को निलंबित कर सकता है।

12 भारत के संविधान के अनुच्छेद 360 के अधीन वित्तीय आपात से संबंधित निम्नलिखित कथनों पर विचार कीजिए

(Chap 3, Class-XI, Old NCERT) (IAS Pre 2007)

1. वित्तीय आपात की उद्घोषणा दो माह की समाप्ति पर प्रवर्तन में नहीं रहेगी, यदि उस अवधि की समाप्ति से पहले संसद के दोनों सदनों के संकल्पों द्वारा उसका अनुमोदन नहीं कर दिया जाता है।
2. यदि वित्तीय आपात प्रवर्तन में हो, तो भारत का राष्ट्रपति, संघ के कार्यकलाप से संबंध रखने वाले सभी या किसी वर्ग के व्यक्तियों के, परंतु जिनके अंतर्गत उच्चतम न्यायालय और उच्च न्यायालयों के न्यायाधीश नहीं आते, वेतन और भत्तों में कमी करने हेतु निर्देश देने में सक्षम है।

उपर्युक्त में से कौन-सा/से कथन सही नहीं है/हैं?

(a) केवल 1 (b) केवल 2
(c) 1 और 2 (d) न तो 1 और न ही 2

उत्तर *(b)*

व्याख्या भारत के संविधान के अनुच्छेद 360 के अधीन वित्तीय आपात से संबंधित कथन (2) सही नहीं है, क्योंकि अनुच्छेद 360 के अंतर्गत वित्तीय आपात के दौरान राष्ट्रपति संघ की कार्यपालिका से संबंध रखने वाले सभी या किसी वर्ग के व्यक्तियों के, जिसके अंतर्गत उच्चतम न्यायालय तथा उच्च न्यायालयों के न्यायाधीश भी आते हैं, के वेतन तथा भत्तों में कटौती करने हेतु निर्देश देने के लिए सक्षम होगा।

अनुच्छेद 360 के अंतर्गत राष्ट्रपति को वित्तीय आपातकाल की घोषणा करने की शक्ति प्राप्त है। राष्ट्रपति वित्तीय आपातकाल तभी लगाता है, जब उसको यह संतुष्टि हो जाए कि ऐसी स्थिति उत्पन्न हो गई है, जिससे कि भारत या उसके किसी भाग का वित्तीय स्थायित्व अथवा साख संकट में पड़ सकती है।

13 निम्नलिखित कथनों पर विचार कीजिए *(Chap XI, Old NCERT)*

1. आपातकाल की उद्घोषणा के पश्चात् अभिव्यक्ति की स्वतंत्रता स्वतः समाप्त हो जाती है।
2. संविधान के 42वें संशोधन में प्रावधान किया गया है कि लोकसभा के 10% या अधिक सदस्य लोकसभा के अधिवेशन की माँग कर सकते हैं तथा उस अधिवेशन में साधारण बहुमत द्वारा आपातकाल रद्द या समाप्त किया जा सकता है।
3. संसदीय अनुमोदन के बिना राष्ट्रपति द्वारा आपातकाल उद्घोषणा को किसी भी समय एक अन्य उद्घोषणा द्वारा समाप्त किया जा सकता है।

उपर्युक्त में से कौन-सा/से कथन सही है/हैं?

(a) केवल 1 (b) केवल 2 (c) केवल 3 (d) 1, 2 और 3

उत्तर *(c)*

व्याख्या दिए गए कथनों में से कथन (3) सही है। राष्ट्रपति द्वारा किसी भी समय संसदीय अनुमोदन के बिना एक अन्य उद्घोषणा द्वारा आपातकाल को समाप्त किया जा सकता है। इसके लिए संसदीय अनुमोदन की आवश्यकता नहीं होती है।

कथन (1) और (2) सही नहीं हैं, क्योंकि 44वें संविधान संशोधन द्वारा यह प्रावधान किया गया है कि आपात की उद्घोषणा के पश्चात् मात्र युद्ध या बाह्य आक्रमण के आधार पर ही अभिव्यक्ति की स्वतन्त्रता अनुच्छेद-19 को स्थगित किया जा सकता है।

लोकसभा के 10% या अधिक सदस्य लोकसभा के अधिवेशन की माँग कर सकते हैं तथा आपात उद्घोषणा को समाप्त करने संबंधी प्रस्ताव पास कर सकते हैं।

14 निम्नलिखित कथनों पर विचार कीजिए

(Chap-6, Class-XII, New NCERT) (HPSC Pre 2023)

1. अनुच्छेद 356 के अनुसार, केवल बाहरी थ्रेट के आधार पर सरकार आपातकाल की उद्घोषणा कर सकती है।
2. आपात स्थिति की उद्घोषणा के साथ ही शक्तियों के बँटवारे का संघीय ढाँचा व्यावहारिक तौर पर निष्प्रभावी हो जाता है और सारी शक्तियाँ केन्द्र सरकार के हाथ में चली जाती हैं।
3. आपातकाल के दौरान ही संविधान का 42वाँ संशोधन पारित हुआ था।
4. 42वें संशोधन के जरिए हुए अनेक बदलावों में एक था, देश की लैजिस्लेचर के कार्यकाल को 5 वर्ष से बढ़ाकर 7 वर्ष करना।

उपर्युक्त कथनों में से कितने कथन सही हैं?

(a) केवल एक (b) केवल दो (c) केवल तीन (d) ये सभी

उत्तर *(a)*

व्याख्या (d) दिए गए कथनों में से केवल एक कथन अर्थात् (3) सही है। संविधान का 42वाँ संशोधन, 1976 में आपातकाल के दौरान ही पारित हुआ था। भारत में जून, 1975 से जनवरी, 1977 तक आपातकाल लागू था। 42वें संविधान संशोधन द्वारा संविधान में व्यापक परिवर्तन किया गया था। अतः 42वें संविधान संशोधन को लघु संविधान की संज्ञा भी दी जाती है।

कथन (1), (2) और (4) सही नहीं हैं, क्योंकि अनुच्छेद 352 में राष्ट्रीय आपात का वर्णन है। युद्ध, बाह्य आक्रमण तथा सशस्त्र विद्रोह के आधार पर राष्ट्रपति द्वारा राष्ट्रीय आपातकाल की घोषणा की जा सकती है। आपातस्थिति की उद्घोषणा के बाद न्यायिक शक्तियों को छोड़कर शेष शक्तियाँ केंद्र सरकार के पास चली जाती हैं।

42वें संविधान संशोधन के अंतर्गत अनेक बदलावों में से एक था देश की लेजिस्लेचर के कार्यकाल को 5 वर्ष से बढ़ाकर 6 वर्ष कर दिया गया था न कि 7 वर्ष।

44वें संविधान संशोधन के द्वारा लोकसभा तथा राज्य विधानसभाओं की अवधि को 6 वर्ष से घटाकर 5 वर्ष कर दिया गया था।

अध्याय 16

लोक सेवाएँ

लोक सेवाएँ

सार्वजनिक नागरिक सेवाएँ एवं उनका वर्गीकरण

परिचय
- लॉर्ड वॉरेन हेस्टिंग्स और लॉर्ड कॉर्नवालिस के प्रयास से प्रारंभ किया गया
- चार्ल्स कॉर्नवालिस को उनके असाधारण प्रयासों के लिए भारतीय नागरिक सेवा का जनक कहा जाता है।
- भारतीय सिविल सेवा के लिए पहली परीक्षा लंदन में 1855 ई. में आयोजित की गई थी।

भारतीय सिविल सेवाओं का वर्गीकरण
- अखिल भारतीय सेवाएँ
- संयुक्त रूप से केंद्र और राज्यों के लिए गठित किया जाता है।
- इनकी भर्ती एवं प्रशिक्षण केंद्र सरकार द्वारा किया जाता है।
- इनकी सेवा राज्य सरकार को प्रदान की जाती है।
- इनकी सेवा शर्तें राज्यों द्वारा शासित की जाती हैं।
- इनकी प्रतिनियुक्ति पर सेवा केंद्र सरकार को प्रदान की जाती है।

केंद्रीय स्तरीय नागरिक सेवाएँ
- प्रथम श्रेणी (समूह ए) - भारतीय वन सेवा, भारतीय लेखा परीक्षा और लेखा सेवा, सांख्यिकीय सेवा,भारतीय राजस्व सेवा आदि।
- द्वितीय श्रेणी (समूह बी) - केंद्रीय सचिवालय सेवा, भारतीय भूविज्ञानी सेवा, जेडएसडी आदि।
- तृतीय श्रेणी (समूह-सी) - डाक एवं तार सेवा, केंद्रीय सचिवालय, लिपिकीय सेवा आदि।
- चतुर्थ श्रेणी (समूह डी) - चपरासी, सफाई कर्मचारी आदि।

राज्य स्तरीय नागरिक सेवाएँ
- प्रशासक राज्य का विषय वस्तु होता है।
- इनकी भर्ती भी संघ लोक सेवा आयोग (UPSC) जैसी प्रतियोगी परीक्षाओं के माध्यम से की जाती है।

केंद्रीय प्रशासन
- **अनुच्छेद 77** के खंड (1) के अंतर्गत भारत सरकार की सभी कार्यकारी कार्रवाई राष्ट्रपति के नाम पर की जाती हैं।
- **अनुच्छेद 77** के खंड (3) के अंतर्गत राष्ट्रपति भारत सरकार के कार्यों को अधिक सुविधाजनक और उक्त कार्यों को मंत्रियों के बीच आवंटन के लिए नियम बनाएँगे।
- केंद्रीय प्रशासन में अधिकारी तंत्र (नौकरशाह)
- सचिव, मंत्रालय का प्रशासनिक प्रमुख
- नीति एवं प्रशासन पर मंत्री के प्रमुख सलाहकार

कैबिनेट सचिव
- यह कैबिनेट सचिवालय का नेतृत्व करता है।
- इसे नागरिक सेवकों में सर्वोच्च प्राथमिकता प्राप्त है।

केंद्रीय सचिवालय के कार्य
- नीति निर्माण, कानून निर्माण और कार्यकारी विभागों की निगरानी में सहायता प्रदान करना।
- बजट तैयार करना तथा विभागीय व्ययों पर नियंत्रण रखना।

नागरिक सेवाओं के अंतर्गत संवैधानिक वैधानिक प्राधिकारी
- संघ लोक सेवा आयोग (UPSC) केंद्रीय एवं अखिल भारतीय सेवाओं में भर्ती, पदोन्नति एवं अनुशासन में सहायता प्रदान करता है।

नियुक्ति एवं पदावधि
- मंत्रालय की सिफारिश पर राष्ट्रपति अध्यक्ष और सदस्यों की नियुक्ति करता है।
- 6 वर्ष अथवा 65 वर्ष की आयु तक, जो भी पहले हो, सेवा प्रदान करते हैं।

प्रशासन का चरण

राज्य प्रशासन
- सचिवालय विभाग का नेतृत्व सचिव द्वारा किया जाता है।
- कार्यकारी विभाग का नेतृत्व निदेशक (विशेषज्ञ) करते हैं।
- राज्य प्रशासन का प्रशासनिक प्रमुख मुख्य सचिव की नियुक्ति वरिष्ठ सचिवों में से मुख्यमंत्री द्वारा की जाती है।
- यह कैबिनेट सचिवालय की देख-रेख करता है।
- इसका कार्यकाल अनुभव, कौशल पर आधारित होता है।

राज्य लोक सेवा आयोग
- संविधान राज्य सरकार को राज्य सेवाओं में भर्ती, पदोन्नति और अनुशासन के लिए लोक सेवा आयोग गठित करने का आदेश देता है।
- शक्तियाँ और कार्य- राज्य सरकार स्तरीय सेवा परीक्षा आयोजित करना एवं आयोग के कार्य की वार्षिक रिपोर्ट राज्यपाल को देना।
- कार्यावधि-सदस्य 6 वर्ष अथवा 62 वर्ष की आयु तक, जो भी पहले हो, सेवा प्रदान करते हैं।

जिला प्रशासन
- सरकारी नीतियों को निष्पादित करता है, स्थानीय मुद्दों पर सरकार द्वारा बनाए गए नियमों और विनियमों का प्रबंधन करता है। यह अपनी रिपोर्ट राज्य सरकार को प्रस्तुत करता है।
- भूमिका एवं कार्य -जिला स्तर पर शासन नियामक कार्य, विकासात्मक कार्य जिला प्रशासन द्वारा किए जाते हैं।

जिला कलेक्टर (आयुक्त)
- भूमिका एवं कार्य -जिला कलेक्टर जिले में राजस्व प्रशासन का सर्वोच्च अधिकारी होता है। यह राजस्व विभाग का नेतृत्व करता है।
- जिला अधिकारी के रूप में अपराधिक प्रशासन की निगरानी एवं अपराधिक कानून के प्रवर्तन को सुनिश्चित करते हैं।

SOURCE

New NCERT Class X संघवाद, New NCERT Class XI कार्यपालिका, Old NCERT Class XI भारत में लोक सेवा, भारतीय प्रशासन संगठन एवं कार्य, Old NCERT Class XII क्षेत्रीय असंतुलन : क्षेत्रवाद, भाषावाद और पृथकतावाद NIOS Module-2 Chap-33 Optional

भारत में लोक सेवाएँ

1 भारत में लोक सेवा आयोग के संदर्भ में निम्न कथनों पर विचार करें *(Chap 33, Optional Module-2, NIOS)*

1. भारत में लोक सेवा आयोग की स्थापना वर्ष, 1926 में भारत सरकार अधिनियम, 1919 के अंतर्गत की गई थी।
2. यह आयोग सिर्फ एक भर्ती एजेंसी है, न कि नियुक्ति प्राधिकरण।
3. यह आयोग एक सलाहकारी और अनुशंसा करने वाली इकाई है तथा इसके सुझाव सरकार के लिए बाध्यकारी हैं।

उपर्युक्त में से कितने कथन सही है/हैं?

(a) केवल एक (b) केवल दो
(c) केवल तीन (d) इनमें से कोई नहीं

उत्तर *(b)*

व्याख्या भारत में लोक सेवा आयोग के संदर्भ में केवल दो कथन अर्थात् (1 और 2) सही हैं। भारत में लोक सेवा आयोग की स्थापना वर्ष, 1926 में भारत सरकार अधिनियम, 1919 के तहत की गई थी। भारत सरकार अधिनियम, 1935 के तहत इस आयोग का नाम परिवर्तित करके संघ लोक सेवा आयोग कर दिया गया था। लोक सेवा आयोग सिर्फ एक भर्ती संस्था/एजेंसी है, इसके तहत नियुक्ति की प्रक्रिया नहीं की जाती है। नियुक्ति से संबंधित कार्य राष्ट्रपति के द्वारा किए जाते हैं।

कथन (3) सही नहीं है, क्योंकि लोक सेवा आयोग एक सलाहकारी और अनुंशसा करने वाली इकाई तो है, लेकिन इसके सुझाव सरकार के लिए बाध्यकारी नहीं होते हैं।

2 लोक सेवा आयोग के संदर्भ में कौन-सा कथन सही नहीं है? *(Chap 10, Class-XI, Old NCERT)*

(a) एक संघ लोक सेवा आयोग तथा प्रत्येक राज्य के लिए एक लोक सेवा आयोग का प्रावधान है
(b) दो या अधिक राज्यों की सहमति से संसद संयुक्त लोक सेवा आयोग का प्रावधान कर सकती है
(c) संयुक्त राज्य लोक सेवा आयोग के सदस्यों की नियुक्ति राज्यपाल द्वारा की जाती है
(d) संघ लोक सेवा आयोग के सदस्यों की संख्या तथा अन्य सेवा शर्तों को निर्धारित करने का अधिकार राष्ट्रपति को है

उत्तर *(c)*

व्याख्या लोक सेवा आयोग के संदर्भ में कथन (c) सही नहीं है, क्योंकि संयुक्त राज्य लोक सेवा आयोग के अध्यक्ष व सदस्यों की नियुक्ति तथा सदस्यों की संख्या तथा सेवा शर्तों का निर्धारण राष्ट्रपति द्वारा किया जाता है।

संयुक्त राज्य लोक सेवा आयोग का गठन राज्य विधानमंडल के आग्रह से संसद द्वारा किया जाता है। इस प्रकार संयुक्त राज्य लोक सेवा आयोग एक संवैधानिक संस्था है।

3 संघ लोक सेवा आयोग अपना वार्षिक प्रतिवेदन किसे सौंपता है? *(Chap 8, Class-XI, Old NCERT) (UPPSC Pre 2010)*

(a) प्रधानमंत्री को
(b) राष्ट्रपति को
(c) लोकसभा अध्यक्ष को
(d) गृहमंत्री को

उत्तर *(b)*

व्याख्या संघ लोक सेवा आयोग का यह कर्त्तव्य है कि वह अपने कार्यो के संबंध में राष्ट्रपति के सम्मुख वार्षिक प्रतिवेदन रखे तथा राष्ट्रपति इस प्रतिवेदन को संसद के दोनों सदनों के सम्मुख रखे।

4 संघ लोक सेवा आयोग के संदर्भ में निम्नलिखित कथनों में से सही कथन चुनिए *(Chap 8, Class-XI, Old NCERT)*

(a) राष्ट्रपति, आयोग के अध्यक्ष एवं सदस्यों की नियुक्ति करता है।
(b) आयोग का प्रत्येक सदस्य पद ग्रहण करने की तिथि से 6 वर्षों तक अथवा 65 वर्ष की आयु तक (इनमें जो भी पहले हो) अपना पद धारण करता है।
(c) आयोग का कोई भी सदस्य राष्ट्रपति को संबोधित कर अपने पद से त्यागपत्र दे सकता है।
(d) उपर्युक्त सभी

उत्तर *(d)*

व्याख्या संघ लोक सेवा आयोग के संदर्भ में सभी कथन सही हैं।

संघ लोक सेवा आयोग के अध्यक्ष तथा सदस्यों की नियुक्ति राष्ट्रपति के द्वारा की जाती है। संविधान में संघ लोक सेवा आयोग के सदस्यों की संख्या का निर्धारण नहीं किया गया है।

आयोग का प्रत्येक सदस्य पद ग्रहण करने की तिथि से 6 वर्ष तक अथवा 65 वर्ष की आयु तक (इनमें जो भी पहले हो) अपना पद धारण करता है।

उन्हें कार्यकाल से पहले भी राष्ट्रपति द्वारा संविधान में वर्णित प्रक्रिया के माध्यम से हटाया जा सकता है। आयोग का कोई भी सदस्य राष्ट्रपति को संबोधित कर त्यागपत्र दे सकता है।

5 संघ लोक सेवा आयोग के लिए निम्न में से कौन-सा कथन सही नहीं है? *(Chap 10, Class-XI, Old NCERT)*

(a) संविधान इसके अध्यक्ष को सेवानिवृत्ति के पश्चात् भारत सरकार या राज्य सरकार के अधीन किसी पद पर नियुक्त होने पर रोक लगाता है।
(b) आयोग के अध्यक्ष के अतिरिक्त कोई सदस्य इस आयोग या किसी राज्य लोक सेवा आयोग के अध्यक्ष के पद पर नियुक्ति के लिए पात्र होता है।
(c) इसके सदस्यों के वेतन एवं भत्ते भारत की समेकित निधि पर भारित होते हैं।
(d) इस आयोग के सरकार से संबंधों को प्रधानमंत्री समन्वित करता है।

उत्तर *(d)*

व्याख्या संघ लोक सेवा आयोग के संदर्भ में कथन (d) सही नहीं है, क्योंकि संघ लोक सेवा आयोग के सरकार से संबंधों को केंद्रीय गृह मंत्रालय समन्वित करता है। यह अपने प्रतिदिन के कार्य और अपने सांविधिक उत्तरदायित्वों के निष्पादन के संबंध में भारत सरकार के विभिन्न मंत्रालयों तथा विभागों से सीधे संपर्क करता है। आयोग से जुड़ा और उसके अधीन कोई अन्य कार्यालय नहीं है।

6 संघ लोक सेवा आयोग के संदर्भ में निम्नलिखित कथनों पर विचार कीजिए *(Chap 8, Class-XI, Old NCERT)*

1. यह भारत सरकार की सेवाओं में नियुक्ति के लिए परीक्षाओं का संचालन करता है।
2. यह सिविल सेवा में पदोन्नति तथा एक सेवा से दूसरी सेवा में स्थानांतरण के संबंध में परामर्श देता है।
3. यह भारत सरकार के अधीन कार्यरत् व्यक्तियों के अनुशासन से संबंधित विषयों पर परामर्श देता है।

उपर्युक्त में से कौन-सा/से कथन सही है/हैं?

(a) केवल 2
(b) 1 और 2
(c) 1, 2 और 3
(d) 1 और 3

उत्तर *(c)*

व्याख्या संघ लोक सेवा आयोग के संदर्भ में सभी कथन सही हैं।
संघ लोक सेवा आयोग के निम्नलिखित कार्य हैं

- यह अखिल भारतीय सेवाओं, केंद्रीय सेवाओं व केंद्र प्रशासित क्षेत्रों की लोक सेवाओं में नियुक्ति के लिए परीक्षाओं का आयोजन करता है।
- यह किसी राज्यपाल के अनुरोध पर राष्ट्रपति की स्वीकृति के उपरांत सभी या किन्हीं मामलों पर राज्यों को परामर्श प्रदान करता है।
- संघ लोक सेवा आयोग विभिन्न विषयों पर परामर्श भी देता है, जैसे—

  सिविल सेवा में पदोन्नति तथा एक सेवा से दूसरी सेवा में स्थानांतरण के संबंध में।

  भारत सरकार के अधीन कार्यरत् व्यक्तियों के अनुशासन से संबंधित विषयों पर।

  कार्मिक प्रबंधन से संबंधित विषयों पर

  अल्पकालीन नियुक्ति व नियुक्तियों के नियमितीकरण से संबंधित विषयों पर।

7 दो या से अधिक राज्यों के लिए एक संयुक्त राज्य लोक सेवा आयोग की स्थापना की जा सकती है, यदि

(Chap 10, Class-XI, Old NCERT) (MPPSC Pre 2021) (UPPSC Pre 2022)

(a) संबंधित राज्य इस संबंध में करार करते हैं।
(b) संसद विधि द्वारा संयुक्त राज्य लोक सेवा आयोग का गठन करती है।
(c) 'a' और 'b' दोनों
(d) उपर्युक्त में से कोई नहीं

उत्तर (c)

व्याख्या दो या दो से अधिक राज्यों के लिए एक संयुक्त राज्य लोक सेवा आयोग की स्थापना की जा सकती है; यदि ऐसा ही कानून संसद द्वारा पारित किया जाए। इस प्रकार दो राज्यों के विधानमंडल जब इस संबंध में करार करते हैं, तब संसद के माध्यम से संयुक्त राज्य लोक सेवा आयोग का गठन हो सकता है।

8 राज्य लोक सेवा आयोग का अध्यक्ष किसके द्वारा नियुक्त किया जाता है? *(Chap 10, Class-XI, Old NCERT) (BPSC Pre 2018)*

(a) संघ लोक सेवा आयोग के अध्यक्ष
(b) भारत के राष्ट्रपति
(c) राज्य के राज्यपाल
(d) मुख्यमंत्री

उत्तर (c)

व्याख्या राज्य लोक सेवा आयोग के अध्यक्ष की नियुक्ति राज्य के राज्यपाल द्वारा की जाती है। राज्यपाल को राज्य लोक सेवा आयोग के सदस्यों की संख्या तथा अन्य सेवा शर्तों के निर्धारण का अधिकार भी है।

राज्यपाल को राज्य लोक सेवा आयोग के अध्यक्ष/सदस्य को हटाने का अधिकार नहीं है।

9 दो या दो से अधिक राज्यों के लिए संयुक्त लोक सेवा आयोग के अध्यक्ष की नियुक्ति कौन करता है?

(Chap 10, Class-XI, Old NCERT) (RAS/RTS Pre 2016)

(a) भारत का राष्ट्रपति
(b) संबंधित राज्य के राज्यपालों की सिफारिश पर भारत के राष्ट्रपति द्वारा
(c) सबसे बड़े राज्य के राज्यपाल द्वारा
(d) सभी संबंधित राज्यों के राज्यपालों की समिति द्वारा

उत्तर (a)

व्याख्या दो या दो से अधिक राज्यों के लिए संयुक्त लोक सेवा आयोग के अध्यक्ष की नियुक्ति राष्ट्रपति द्वारा की जाती है। राष्ट्रपति ही संयुक्त लोक सेवा आयोग के अन्य सदस्यों की नियुक्ति करता है। आयोग के सदस्य 6 वर्ष के कार्यकाल अथवा 62 वर्ष, जो भी पहले हो, की अवधि के लिए नियुक्त होते हैं।

10 राज्य लोक सेवा आयोग के संदर्भ में निम्न में कौन-सा कथन सही नहीं है?

(Chap 8, Class-XI, Old NCERT)

(a) इसके अध्यक्ष एवं सदस्यों की नियुक्ति राज्यपाल करता है।
(b) इसके अध्यक्ष अथवा सदस्य को राज्यपाल कदाचार के आधार पर पदमुक्त कर सकता है।
(c) इसका प्रत्येक सदस्य 6 वर्ष तक अथवा 62 वर्ष की आयु तक अपने पद पर बना रहता है।
(d) इसके अध्यक्ष अपने पद से मुक्त होने के पश्चात् संघीय लोक सेवा आयोग के अध्यक्ष के रूप में नियुक्त होने के पात्र होते हैं।

उत्तर (b)

व्याख्या राज्य लोक सेवा आयोग के संदर्भ में कथन (b) सही नहीं है, क्योंकि राज्य लोक सेवा आयोग के अध्यक्ष अथवा सदस्यों को राष्ट्रपति कदाचार के आधार पर पदमुक्त कर सकता है। राष्ट्रपति आयोग के अध्यक्ष अथवा अन्य सदस्य को निम्न आधार पर भी अपदस्थ कर सकता है

- यदि वह दिवालिया हो गया हो।
- यदि वह पदावधि के दौरान अपने पद के कर्त्तव्यों से बाहर किसी कार्य में संलग्न हो।
- यदि वह मानसिक या शारीरिक शैथिल्य के कारण पद पर बने रहने के योग्य नहीं है।

11 निम्नलिखित में से किस संबंध में राज्य लोक सेवा आयोग से परामर्श नहीं किया जाता है?

(Chap 8, Class-XI, Old NCERT) (RAS/RTS Pre 2013)

(a) सिविल सेवाओं में नियुक्ति की प्रक्रिया के संबंध में
(b) भारत सरकार अथवा किसी राज्य सरकार के अधीन कार्य करते समय जब किसी व्यक्ति को चोट लगी हो तथा वह क्षतिपूर्ति का दावा करे।
(c) सिविल सेवाओं में स्थानांतरणों के लिए अभ्यर्थियों की योग्यता के संबंध में
(d) सिविल सेवाओं में वेतन एवं भत्ते के निर्धारण में

उत्तर (d)

व्याख्या कथन (d) के संदर्भ में राज्य लोक सेवा आयोग से परामर्श नहीं किया जाता है, क्योंकि सिविल सेवाओं में वेतन एवं भत्ते के निर्धारण से संबंधित राज्य सरकार से परामर्श किया जाता है। राज्य लोक सेवा आयोग से निम्नलिखित विषयों पर परामर्श लिया जाता है

- सिविल सेवाओं और पदों पर प्रोन्नति पर।
- एक सेवा से दूसरी सेवा में स्थानांतरण या प्रतिनियुक्ति के लिए अभ्यर्थियों की उपयुक्तता पर।
- कार्मिक प्रबंधन से संबंधित कार्यों पर।

12 संघ लोक सेवा आयोग और राज्य लोक सेवा आयोग से संबंधित संवैधानिक प्रावधानों में से निम्न कथनों पर विचार करें

(Chap 33, Optional Module-2, NIOS)

1. दोनों आयोग पर होने वाले खर्च भारत के संचित निधि पर भारित होते हैं।
2. इन आयोगों के किसी सदस्य की सेवा शर्तों में उनके कार्यकाल के दौरान अलाभकारी परिवर्तन नहीं किए जा सकते हैं।
3. सदस्यों की नियुक्ति 6 वर्ष के लिए होती है, संघ लोक सेवा आयोग तथा राज्य लोक सेवा आयोग के सदस्यों के मामले में यह सीमा 65 वर्ष के लिए होती है।
4. किसी सदस्य को सर्वोच्च न्यायालय से सलाह मशवरा करने के बाद कुछ विशेष आधारों पर ही राष्ट्रपति द्वारा हटाया जा सकता है।

उपर्युक्त में से कौन-से कथन सही नहीं हैं?
(a) 1 और 4 (b) 1, 2 और 3 (c) 1, 2, 3 और 4 (d) 1 और 3

उत्तर (d)

व्याख्या संघ लोक सेवा आयोग और राज्य लोक सेवा आयोग से संबंधित संवैधानिक प्रावधानों के संदर्भ कथन (1) और (3) सही नहीं हैं, क्योंकि दोनों आयोग पर होने वाले खर्च भारत के संचित निधि पर भारित नहीं, बल्कि संघ लोक सेवा आयोग के सदस्यों का वेतन भत्ते और पेंशन का भारित व्यय भारत संचित निधि पर भारित होता है तथा राज्य लोक सेवा आयोग के सदस्यों के वेतन, भत्ते एवं पेंशन का भारित व्यय राज्य संचित निधि पर भारित होगा।

इसके अतिरिक्त सदस्यों की नियुक्ति 6 वर्ष के लिए होती है, जैसे संघ लोक सेवा आयोग के सदस्यों के मामले में 65 वर्ष तथा राज्य लोक सेवा आयोग के सदस्यों के मामलें में 62 वर्ष की उम्र के लिए होती है।

13 निम्न में से कौन-से पदाधिकारियों को हटाने में संसद की भूमिका नहीं होती है? *(Class-XI, Old NCERT) (UPPSC Pre 2020)*

1. उच्च न्यायालय के न्यायाधीशों
2. उच्चतम न्यायालय के न्यायाधीशों
3. अध्यक्ष, संघ लोक सेवा आयोग
4. भारत के नियंत्रक और महालेखा परीक्षक

कूट
(a) 1 और 2 (b) 3 और 4 (c) 1, 2 और 3 (d) केवल 3

उत्तर (d)

व्याख्या अध्यक्ष, संघ लोक सेवा आयोग को हटाने में संसद की कोई भूमिका नहीं होती है।

संघ लोक सेवा आयोग के अध्यक्ष या किसी सदस्य को केवल कदाचार के आधार पर राष्ट्रपति के आदेश द्वारा पद से हटाया जा सकता है। कदाचार से संबंधित कोई मामला राष्ट्रपति द्वारा सर्वोच्च न्यायालय के पास भेजा जाता है। अनुच्छेद 145 के प्रावधानों के अनुरूप न्यायालय कदाचार की जाँच करता है और जाँच के पश्चात् राष्ट्रपति को अपनी रिपोर्ट भेजता है, इस रिपोर्ट के आधार पर ही राष्ट्रपति अध्यक्ष या सदस्यों को पद मुक्त कर सकता है, जबकि उच्च न्यायालय, सर्वोच्च न्यायालय के न्यायाधीशों तथा भारत के नियंत्रक एवं महालेखा परीक्षक को पदच्युत करने के लिए दोनों सदनों के 2/3 बहुमत की आवश्यकता होती है। नियंत्रक एवं महालेखा परीक्षक राष्ट्रपति के प्रसादपर्यंत पद धारण नहीं करता है।

14 भारत में संघ लोक सेवा आयोग के लिए निम्नलिखित में से कौन-सा कथन सही है? *(Class-XI, Old NCERT)* *(UKPSC Pre 2005)*

(a) यह राज्य लोक सेवा आयोग का निरीक्षण करता है।
(b) इसका राज्य लोक सेवा आयोग से कोई लेना-देना नहीं है।
(c) इसके सभी सदस्य राज्य लोक सेवा आयोग से लिए जाते हैं।
(d) यह राज्य लोक सेवा आयोगों को वार्षिक दिशा-निर्देश भेजता है।

उत्तर (b)

व्याख्या भारत में संघ लोक सेवा आयोग संदर्भ में कथन (b) सही है। संघ लोक सेवा आयोग का राज्य लोक सेवा आयोग से कोई संबंध नहीं होता है, परंतु राज्य लोक सेवा आयोग द्वारा सुझाव या सलाह माँगे जाने पर संघ लोक सेवा आयोग उन्हें दिशा-निर्देश दे सकता है या देता है।

संघ लोक सेवा आयोग तथा राज्य लोक सेवा आयोग अपने-अपने कार्यों के संबंध में स्वतंत्र होते हैं। संघ लोक सेवा आयोग भारत के संविधान द्वारा स्थापित एक संवैधानिक संस्था या निकाय है। यह निकाय भारत सरकार के लोक सेवा के पदाधिकारियों की नियुक्ति हेतु प्रतियोगी परीक्षाओं का संचालन करता है। इसमें अध्यक्ष सहित 9 से 11 सदस्य होते हैं, जिनकी नियुक्ति राष्ट्रपति द्वारा की जाती है।

15 भारत के संदर्भ में नौकरशाही का निम्नलिखित में से कौन-सा उपयुक्त चरित्र-चित्रण है? *(Chap 33, Optional Module-2, NIOS)* *(IAS Pre 2020)*

(a) संसदीय लोकतंत्र की व्याप्ति को विस्तार देने वाला अभिकरण
(b) संघीय ढाँचे को सुदृढ़ करने वाला अभिकरण
(c) राजनीतिक स्थायित्व और आर्थिक वृद्धि को सुलभ बनाने वाला अभिकरण
(d) लोक नीति को कार्यान्वित करने वाला अभिकरण

उत्तर (d)

व्याख्या भारत के संदर्भ में नौकरशाही का उपयुक्त चरित्र-चित्रण लोक नीति को कार्यान्वित करने वाला अभिकरण है। नौकरशाही का मुख्य कार्य सरकार द्वारा चलाए जा रहे, कल्याणकारी कार्यक्रमों/नीतियों को जनता तक सुलभ रूप से पहुँचाना है। नौकरशाही से यह अपेक्षा की जाती है कि वह राजनीतिक रूप से तटस्थ रहे।

अध्याय 17

राजभाषा

राजभाषा

राजभाषा का इतिहास

परिचय

- राजभाषा को किसी देश, राज्य या अधिकार क्षेत्र में उसकी सरकार द्वारा निर्दिष्ट विशेष दर्जा प्राप्त होता है
- **राजभाषा अधिनियम, 1963**
- संविधान लागू होने के पंद्रह वर्षों (वर्ष 1950 से 1965 के बीच की अवधि) के बाद भी हिंदी के अतिरिक्त अंग्रेजी भाषा का आधिकारिक प्रयोजनों के लिए अनिश्चितकालीन प्रयोग की अनुमति देता है।
- वर्ष 1975 में हिंदी को राजभाषा के रूप में स्वीकार किए जाने की समीक्षा की गई।
- **त्रिभाषा फार्मूला**
- राष्ट्रीय एकता के लिए विद्यालयों में क्षेत्रीय भाषा, अंग्रेजी और या तो हिंदी (गैर-हिंदी क्षेत्रों में) या हिंदी, अंग्रेजी और एक अन्य क्षेत्रीय भाषा (हिंदी क्षेत्रों में) की शिक्षा दी जाएगी।

राजभाषा आयोग

- **अनुच्छेद 343** के अनुसार, संघ की राजभाषा हिंदी और लिपि देवनागरी होगी।
- **अनुच्छेद 344(1)** संविधान के प्रारंभ से पाँच वर्ष की समाप्ति पर राष्ट्रपति द्वारा एक संसदीय आयोग और राजभाषा समिति के गठन का प्रावधान करता है।
- **आयोग का कर्त्तव्य** राष्ट्रपति को सिफारिश करना।

भारत में अधिकृत राज्यों की भाषाएँ

- संविधान का भाग 17 (धारा 343) (1) आधिकारिक भाषा देवनागरी लिपि में हिंदी होगी।
- भारतीय संसद का काम केवल हिंदी या अंग्रेजी में होगा।
- राज्य/क्षेत्र स्तर पर अपनी आधिकारिक भाषा पर विधान बना सकते हैं।
- संविधान 22 क्षेत्रीय भाषाओं को मान्यता देता है।

संघ की राजभाषा एवं महत्त्वपूर्ण अनुच्छेद

संघ की आधिकारिक भाषाएँ

- संघ की राजभाषा के रूप में देवनागरी लिपि में हिंदी का उपयोग किया जाएगा।
- संसद ने वर्ष 1963 का राजभाषा अधिनियम पारित किया, जो वर्ष 1965 के बाद भी आधिकारिक उद्देश्यों के लिए अंग्रेजी और हिंदी के उपयोग करने की अनुमति देता है।

भाषाओं से संबंधित महत्त्वपूर्ण अनुच्छेद

- **अनुच्छेद 29** राज्य द्वारा संचालित या सहायता प्राप्त शैक्षणिक संस्थानों में प्रवेश के संबंध में धर्म, नस्ल, जाति, भाषा या इनमें से किसी के आधार पर किसी भी नागरिक के खिलाफ भेदभाव पर रोक लगाता है।
- **अनुच्छेद 30** अल्पसंख्यकों को शैक्षणिक संस्थानों की स्थापना और प्रशासन करने का अधिकार देता है।
- **अनुच्छेद 120** राज्य सभा के सभापति या लोक सभा के अध्यक्ष को, जो हिंदी या अंग्रेजी में खुद को पर्याप्त रूप से अभिव्यक्त नहीं कर सकता, मातृभाषा में सदन को संबोधित करने की अनुमति दे सकता है।
- **अनुच्छेद 210** राज्य विधानमंडल को आधिकारिक भाषा, हिंदी या अंग्रेजी में कामकाज करने की अनुमति देता है।
- **अनुच्छेद 344** के अंतर्गत राष्ट्रपति, संविधान के प्रारंभ से पाँच वर्ष की समाप्ति पर और उसके बाद ऐसे प्रारंभ से दस वर्ष की समाप्ति पर, आदेश द्वारा एक आयोग एवं समिति का गठन करेंगे।
- **अनुच्छेद 345** प्रत्येक राज्य को हिंदी के साथ-साथ अपने राज्य में बोली जाने वाली एक या अधिक भाषाओं को कानूनी रूप से अपनी आधिकारिक भाषाओं के रूप में अपनाने की अनुमति देता है।
- **अनुच्छेद 346** राज्यों और संघ एवं राज्य के बीच संचार हेतु आधिकारिक भाषा के विषय में प्रबंध करता है।

भाषाओं से संबंधित आठवीं अनुसूची

- आठवीं अनुसूची के अन्तर्गत अनुच्छेद 344(1) और 351, हिंदी और 22 भाषाओं को प्रोत्साहित करती है।
- प्रारंभ में 14 भाषाओं को शामिल किया गया था। वर्ष 1967 में सिंधी भाषा को 21वें संविधान संशोधन अधिनियम द्वारा शामिल किया गया था। वर्ष 1992 में 71वें संशोधन अधिनियम द्वारा कोंकणी, मणिपुरी और नेपाली को शामिल किया गया। वर्ष 2003 में 92वें संविधान संशोधन अधिनियम, जोकि वर्ष 2004 से प्रभावी हुआ, द्वारा बोडो, डोगरी, मैथिली और संथाली को शामिल किया गया।
- आठवीं अनुसूची में भाषाओं की सूची

भाषा	बोलने वालों का प्रतिशत
असमिया	12.6%
बंगाली	8.03%
गुजराती	4.58%
हिंदी	43.63%
कन्नड़	3.61%
कश्मीरी	0.56%
कोंकणी	0.19%
मलयालम	2.88%
मणिपुरी	0.15%
मराठी	6.86%
नेपाली	0.24%
ओडिया	3.10%
पंजाबी	2.74%
संस्कृत	0.03%
सिंधी	0.61%
तमिल	5.70%
तेलुगू	6.70%
उर्दू	4.19%
बोडो	0.12%
संथाली	0.61%
मैथिली	1.12%
डोगरी	0.21%

SOURCE New NCERT Class X संघवाद, New NCERT Class XI कार्यपालिका, Old NCERT Class XI भारत में लोक सेवा, भारतीय प्रशासन संगठन एवं कार्य, Old NCERT Class XII क्षेत्रीय असंतुलन : क्षेत्रवाद, भाषावाद और पृथकतावाद

राजभाषा

1 भारतीय संविधान की आठवीं अनुसूची में कितनी भाषाओं को शामिल किया गया है?

(Chap 2, Class-X, New NCERT), (UPPSC Pre 2010)

(a) 22 (b) 20 (c) 18 (d) 17

उत्तर *(a)*

व्याख्या भारतीय संविधान की आठवीं अनुसूची में 22 भाषाओं को शामिल किया गया है। इस अनुसूची में प्रारंभ में केवल 14 भाषाएँ थी, लेकिन 21वें संविधान संशोधन अधिनियम 1967 द्वारा सिंधी को, 71वें संविधान संशोधन अधिनियम 1992 द्वारा नेपाली, कोंकणी तथा मणिपुरी को तथा 92वें संविधान संशोधन अधिनियम 2003 के द्वारा बोडो, डोगरी, मैथिली तथा संथाली भाषा को इस अनुसूची में जोड़ा गया।

2 निम्नलिखित कथनों पर विचार कीजिए

(Chap 14, Class-XII, Old NCERT)

1. संविधान के अनुच्छेद 343 के अंतर्गत हिंदी को राजभाषा घोषित किया गया है।
2. संविधान के अनुच्छेद 345 के अंतर्गत कोई राज्य किसी एक या अधिक भाषाओं या हिंदी को राज्य के सभी राजकीय कार्यों के लिए अपना सकता है।

उपर्युक्त में से कौन-सा/से कथन सही है/हैं?

(a) केवल 1 (b) केवल 2
(c) 1 और 2 (d) न तो 1 और न ही 2

उत्तर *(c)*

व्याख्या दिए गए दोनों कथन सही हैं।
संविधान के अनुच्छेद 343 के अंतर्गत हिंदी को राजभाषा घोषित किया गया है, जबकि अनुच्छेद 344 में राजभाषा पर संसदीय आयोग एवं समिति के गठन की बात कही गई है।

संविधान के अनुच्छेद 345 के अंतर्गत कोई राज्य किसी एक या अधिक भाषाओं या हिंदी को राज्य के सभी राजकीय कार्यों के लिए अपना सकता है, परंतु जब तक राज्य विधानमंडल किसी भाषा को राजभाषा के रूप में अंगीकृत नहीं करता है, तब तक शासकीय प्रयोजनों के लिए अंग्रेजी का प्रयोग जारी रहेगा।

3 निम्नलिखित में से कौन भारत की अनुसूचित भाषाओं में शामिल नहीं है?

(Chap 2, Class-X, New NCERT)

(a) संस्कृत (b) अंग्रेजी (c) नेपाली (d) सिंधी

उत्तर *(b)*

व्याख्या अंग्रेजी भारत की अनुसूचित भाषाओं में शामिल नहीं है। भारतीय संविधान में हिंदी के अतिरिक्त 21 भाषाओं (असमिया, बंगाली, गुजराती, कन्नड़, कश्मीरी, कोंकणी, मलयालम, मणिपुरी, मराठी, नेपाली, मैथिली, ओडिशी, पंजाबी, संस्कृत, सिंधी, तमिल, तेलुगू, उर्दू, डोगरी, बोडो, संथाली) को अनुसूचित भाषाओं का दर्जा मिला हुआ है।

4 भारत की निम्नलिखित अनुसूचित भाषाओं को मातृभाषा के रूप में प्रयोग करने वालों का कौन-सी सही घटता क्रम है?

(Chap 2, Class-X, New NCERT)

1. मराठी 2. बांग्ला 3. तमिल 4. तेलुगू

कूट

(a) 1 2 3 4 (b) 2 1 3 4
(c) 2 1 4 3 (d) 2 4 3 1

उत्तर *(c)*

व्याख्या भारत की अनुसूचित भाषाओं को मातृभाषा के रूप में प्रयोग करने वालों का सही घटता क्रम-बांग्ला (8.03%), मराठी (6.86%), तेलुगू (6.70%), तमिल (5.70%) है।

5 निम्नलिखित में से एक कौन-सा/से कथन सही है/हैं?

(Chap 14, Class-XII, Old NCERT)

(a) संविधान में केंद्र सरकार के लिए अंग्रेजी को राजभाषा के रूप में स्वीकार किए जाने के पंद्रह वर्ष तक प्रयोग करने का प्रावधान किया गया था
(b) वर्ष 1955 में नियुक्त राजभाषा आयोग ने अंग्रेजी के स्थान पर हिंदी लाने के पक्ष में राय दी
(c) भारत में हिंदी सर्वाधिक लोगों के द्वारा बोली जाने वाली भाषा है
(d) उपर्युक्त सभी

उत्तर *(d)*

व्याख्या दिए गए सभी कथन सही हैं।
संविधान में केंद्र सरकार के लिए अंग्रेजी को राजभाषा के रूप में स्वीकार किए जाने के पंद्रह वर्ष तक प्रयोग करने का प्रावधान किया गया था।
प्रथम राजभाषा आयोग की रिपोर्ट के आधार पर अनुच्छेद 343 के तहत संसद द्वारा राजभाषा अधिनियम 1963 बनाया गया। इस अधिनियम के अंतर्गत 15 वर्षों की अवधि के उपरांत भी अंग्रेजी का प्रयोग हिंदी के साथ-साथ संघ के सभी प्रयोजनों एवं संसद के कार्य-निष्पादन हेतु किया जा सकता है।

वर्ष 1955 में राष्ट्रपति ने बी.जी. खरे की अध्यक्षता में एक राजभाषा आयोग का गठन किया, जिसने अंग्रेजी के स्थान पर हिंदी लाने के पक्ष में अपनी राय दी। भारत में 43.63% लोगों के द्वारा हिंदी बोली जाती है, जो भारत में सर्वाधिक बोली जाने वाली भाषा भी है।

6 निम्नलिखित कथनों पर विचार कीजिए

(Chap 2, Class-X, New NCERT)

1. भाषा के स्तर पर भारत दुनिया का संभवत: सबसे अधिक विविधता वाला देश है।
2. कोई एक भाषा बहुसंख्यक भारतीयों की मातृभाषा नहीं है

उपर्युक्त में से कौन-सा/से कथन सही है?

(a) केवल 1 (b) केवल 2
(c) 1 और 2 दोनों (d) न तो 1 और न ही 2

उत्तर *(d)*

व्याख्या दिए गए दोनों कथन सही हैं।
भाषा के स्तर पर भारत दुनिया का संभवत: सबसे अधिक विविधता वाला देश है, यहाँ विभिन्न राज्यों/क्षेत्रों में अलग-अलग भाषा; जैसे—हिंदी, बांग्ला, असमिया, कन्नड़, मैथिली, तमिल आदि भाषाएँ बोली जाती हैं। कोई एक भाषा बहुसंख्यक भारतीयों की मातृभाषा नहीं है। 2011 की जनगणना में लोगों ने 1300 से अधिक अलग-अलग भाषाओं को अपनी मातृभाषा के रूप में दर्ज कराया था।

7 निम्नलिखित कथनों पर विचार कीजिए

(Chap 2, Class-X, New NCERT)

1. संविधान के अनुच्छेद-344 में यह उपबंध है कि संसद के दोनों सदनों की 30 सदस्यों वाली राजभाषा समिति का गठन किया जाएगा।
2. यह संसदीय समिति राजभाषा आयोग की रिपोर्ट पर विचार करेगी और अपना प्रतिवेदन राष्ट्रपति को देगी।

उपर्युक्त में से कौन-सा/से कथन सही है/हैं?

(a) केवल 1 (b) केवल 2
(c) 1 और 2 दोनों (d) इनमें से कोई नहीं

उत्तर *(c)*

व्याख्या दिए गए दोनों कथन सही हैं।
राजभाषा संबंधी संवैधानिक उपबंध संविधान के अनुच्छेद-344 में दिया गया है, जिसके अंतर्गत संसद के दोनों सदनों की 30 सदस्यों वाली राजभाषा समिति का गठन किया जाएगा। इसमें लोकसभा के 20 और राज्यसभा के 10 सदस्य होंगे। ये संसदीय समिति राजभाषा आयोग की रिपोर्ट पर विचार करेगी और अपना प्रतिवेदन राष्ट्रपति को देगी। राष्ट्रपति इस प्रतिवेदन के संदर्भ में निर्देश जारी कर सकता है।

8 राजभाषा के संवैधानिक विकास की प्रकिया को कालक्रम अनुसार व्यवस्थित करें *(Chap 2, Class-X, New NCERT)*

1. राजभाषा आयोग
2. राजभाषा संशोधन विधेयक
3. राजभाषा अधिनियम
4. त्रिभाषी फॉर्मूला

कूट

(a) 1, 3, 4, 2 (b) 2, 1, 4, 3
(c) 4, 3, 2, 1 (d) 1, 4, 3, 2

उत्तर (a)

व्याख्या राजभाषा के संवैधानिक विकास की प्रक्रिया के संबंध में सही कालक्रम 1, 3, 4, 2 है।
वर्ष 1955 में राजभाषा आयोग का गठन किया गया था, जिसके अंतर्गत हिंदी भाषा को प्राथमिकता दी गई थी।
राजभाषा के अधिनियम को वर्ष 1963 में संसद के समक्ष प्रस्तुत किया गया और दक्षिण भारत और बंगाल के सदस्यों ने इसका विरोध किया था।
त्रिभाषी फॉर्मूला वर्ष 1964 में अस्तित्व में आया, जिसके अनुसार देश के सभी विश्वविद्यालय अपनी क्षेत्रीय भाषा तथा अंग्रेजी को पढ़ाएँगे।
वर्ष 1967 में संसद के राजभाषा विधेयक को संशोधित किया और इसमें यह प्रावधान किया गया कि अंग्रेजी का प्रयोग राजकीय कार्यों में तब तक प्रयोग किया जाएगा, जब तक सभी अहिंदी भाषी राज्य अपने विधानमंडल में प्रस्ताव द्वारा हिंदी को अपनाने के लिए तैयार नहीं हो जाते।

9 सूची I को सूची II से सुमेलित कीजिए *(Chap 2, Class-X, New NCERT)*

	सूची I		सूची II
A.	भाषा/लिपि का संरक्षण	1.	अनुच्छेद-344
B.	धर्म/भाषा आधारित संस्थानों की स्थापना	2.	अनुच्छेद-29
C.	संसद में प्रयोग की जाने वाली भाषा	3.	अनुच्छेद-30
D.	राजभाषा संबंधी संवैधानिक उपबंध	4.	अनुच्छेद-120

कूट

	A	B	C	D		A	B	C	D
(a)	2	3	4	1	(b)	3	2	1	4
(c)	1	2	3	4	(d)	4	3	3	1

उत्तर (a)

व्याख्या सही सुमेलन A-2, B-3, C-4, D-1 है।
संविधान में भाषा और लिपि के संरक्षण से संबंधित प्रावधान अनुच्छेद-29 में दिया गया है। वही धर्म/भाषा से आधारित संस्थानों की स्थापना का प्रावधान अनुच्छेद-30 में दिया गया है।
संसद में प्रयोग कि जाने वाली भाषा के संदर्भ में संविधान के अनुच्छेद-120 में प्रावधान किया गया है और राजभाषा संबंधी संवैधानिक उपबंध संविधान के अनुच्छेद-344 में निहित हैं।

10 निम्नलिखित कथनों पर विचार कीजिए *(Chap 2, Class-X, New NCERT)*

1. वर्ष 1955 में नियुक्त राजभाषा आयोग ने अंग्रेजी के स्थान पर हिंदी भाषा को प्राथमिकता दी थी।
2. वर्ष 1963 में राजभाषा अधिनियम को संसद के समक्ष प्रस्तुत किया गया।
3. वर्ष 1964 में संसद में त्रिभाषी फॉर्मूला को लाया गया, जिसके अनुसार, देश के सभी विश्वविद्यालय अपनी क्षेत्रीय भाषा तथा अंग्रेजी में पढाएँगे।
4. वर्ष 1977 में जनता पार्टी की सरकार ने देश की सांस्कृतिक एकता को सुदृढ़ करने हेतु संपर्क भाषा और समान लिपि विकसित करने की आवश्यकता पर बल दिया।

उपर्युक्त कथनों में से कौन-सा/से कथन सही है/हैं?

(a) केवल 1
(b) 1, 3 और 4
(c) 1 और 4
(d) 1, 2, 3 और 4

उत्तर (d)

व्याख्या दिए गए सभी कथन सही हैं।
राजभाषा के संवैधानिक विकास की प्रक्रिया में वर्ष 1955 में राजभाषा आयोग ने अंग्रेजी के स्थान पर हिंदी भाषा को प्राथमिकता दी, परंतु दक्षिण भारतीयों ने इसकी आलोचना की। वहीं वर्ष 1963 में ही राजभाषा अधिनियम संसद के समक्ष प्रस्तुत किया और दक्षिण भारत और पश्चिम बंगाल के सांसदो ने अंग्रेजी को भाषा के रूप में बनाए रखने के पक्ष में बहस की। इसी दौरान वर्ष 1964 में त्रिभाषी फॉर्मूला लाया गया, जिसमें क्षेत्रीय भाषा पर बल दिया गया।
वर्ष 1977 में जनता पार्टी की सरकार ने देश की संस्कृतिक एकता को सुदृढ़ करने के लिए एक संपर्क भाषा और समान लिपि विकसित करने पर बल दिया और उन्होंने स्पष्ट किया कि अहिंदी भाषा पर हिंदी नहीं थोपी जाएगी।

11 निम्नलिखित कथनों पर विचार कीजिए *(Chap 2, Class-X, New NCERT)*

1. अनुच्छेद 344 राजभाषा के लिए आयोग गठित करने का उपबंध करता है।
2. यह आयोग एक सभापति और भिन्न-भिन्न भाषाओं का प्रतिनिधित्व करने वाले अन्य सदस्यों से मिलकर बनता है।
3. राष्ट्रपति संविधान के प्रारंभ से 5 वर्ष की समाप्ति पर तथा तत्पश्चात् ऐसे प्रारंभ से 10 वर्ष की समाप्ति पर आदेश द्वारा एक आयोग गठित करेगा।

उपर्युक्त में से कितने कथन सही हैं?

(a) केवल एक (b) केवल दो
(c) सभी तीन (d) इनमें से कोई नहीं

उत्तर (c)

व्याख्या दिए गए सभी कथन सही हैं।
संविधान के अनुच्छेद-344 में राजभाषा के लिए एक आयोग गठित करने का प्रावधान है। यह आयोग एक समिति और भिन्न भाषाओं का प्रतिनिधित्व करने वाले अन्य सदस्यों से मिलकर बनता है। राष्ट्रपति संविधान के प्रारंभ से 5 वर्ष की समाप्ति पर तथा तत्पश्चात् ऐसे प्रारंभ से 10 वर्ष की समाप्ति पर आदेश द्वारा एक आयोग गठित करेगा।

अध्याय 18

कुछ वर्गों के संबंध में विशेष उपबंध

कुछ वर्गों के संबंध में विशेष उपबंध

अनुसूचित जाति एवं जनजाति से संबंधित संवैधानिक प्रावधान

अनुसूचित जाति

- भारतीय संविधान का अनुच्छेद 341 राष्ट्रपति को किसी राज्य या केंद्रशासित प्रदेश में हाशिए पर रहने वाले और सामाजिक-आर्थिक रूप से गरीब जातियों और वर्गों को अनुसूचित जाति घोषित करने का अधिकार देता है; इसमें यह भी कहा गया है कि संसद किसी भी जाति या जनजाति को सूची में शामिल या बाहर कर सकती है।

अनुसूचित जातियों की सामाजिक-आर्थिक स्थितियाँ

- अधिकतर जनसंख्या उत्पीड़ित और शोषित हो।
- जनसंख्या अधिकतर अशिक्षित हो।
- वे आर्थिक रूप से उच्च जाति पर आश्रित हो।

अनुसूचित जनजाति

- अनुच्छेद 342 राष्ट्रपति को जनजातियों या जनजातीय समुदायों के भीतर के समूहों को उस राज्य या केंद्रशासित प्रदेश के संबंध में अनुसूचित जनजाति के रूप में निर्दिष्ट करने का आदेश देता है।
- जनसंख्या मूल रूप से वनवासी होनी चाहिए।
- जनगणना 2011 के अनुसार जनसंख्या 8% से अधिक नहीं होनी चाहिए।
- कुल 500 व्यक्ति + आदिवासी समूह होने चाहिए।

अनुसूचित जनजातियों की सामाजिक-आर्थिक स्थितियाँ

- दूरस्थ वन निवासी जो आधुनिक दिखते हों, सामाजिक-आर्थिक पहुँच से वंचित, भूमि और स्वायत्तता से वंचित हों।
- अधिकतर जनसंख्या गरीब, अशिक्षित, कृषि में संलग्न होनी चाहिए। इनकी अनोखी पहचान और संस्कृति हो।

संवैधानिक प्रावधान

- संविधान अनुसूचित जाति की रक्षा करता है, विशिष्ट या सामान्य नागरिकों के अधिकारों को सुनिश्चित करता है।
- संविधान अनुसूचित जातियों के शैक्षिक और आर्थिक हितों की विशेष अभिवृद्धि और सभी प्रकार के शोषण से उनकी संरक्षा करता है।

आरक्षण एवं सकारात्मक कार्रवाई

- जनसंख्या के आधार पर शिक्षा और रोजगार में सीटें आरक्षित करना।

मौलिक अधिकारों से संबंधित प्रावधान

- **अनुच्छेद 14** - जाति, नस्ल, धर्म, जन्म स्थान या लिंग के आधार पर किसी भी प्रकार के भेदभाव को अस्वीकार करता है।
- **अनुच्छेद 15** - राज्य किसी भी नागरिक के खिलाफ केवल धर्म, मूलवंश, जाति, लिंग, जन्म स्थान या इनमें से किसी के आधार पर भेदभाव नहीं करेगा।
- **अनुच्छेद 17** - इसके द्वारा अस्पृश्यता का उन्मूलन किया गया है।

अनुसूचित जाति के लिए राष्ट्रीय आयोग

- संविधान के अनुच्छेद 338(2) के अंतर्गत वर्ष 2004 में इसका गठन किया गया।; एक अध्यक्ष, एक उपाध्यक्ष और तीन अतिरिक्त सदस्य होते हैं।
- इनकी नियुक्ति राष्ट्रपति के हस्ताक्षर और मुहर के अंतर्गत एक वारंट द्वारा की जाती है।

पिछड़े वर्ग से संबंधित संवैधानिक प्रावधान

अन्य पिछड़ा वर्ग

- अनुच्छेद 340 के अंतर्गत सरकार को ओबीसी आयोग नियुक्त करने का अधिकार दिया गया है।
- अन्य पिछड़ा वर्ग आयोग
- संविधान पिछड़ा वर्ग समूह को निर्दिष्ट नहीं करता है।

काका कालेलकर आयोग

- इस आयोग का गठन वर्ष 1953 में किया गया था।

संवैधानिक प्रावधान

- स्थानीय स्वशासन की संस्था में महिलाओं के लिए न्यूनतम 33% सीटों का आरक्षण किया गया है।

मूलभूत प्रावधान

- अनुच्छेद 14 समानता के मौलिक अधिकार का प्रावधान प्रदान करता है।
- अनुच्छेद 15 किसी के खिलाफ केवल धर्म, मूलवंश, जाति, लिंग, जन्म स्थान या इनमें से किसी के आधार पर भेदभाव पर रोक लगाता है।
- अनुच्छेद 16 किसी भी सरकारी कार्यालय में रोजगार में भेदभाव पर रोक लगाता है।
- अनुच्छेद 19 वाक् एवं अभिव्यक्ति की स्वतंत्रता प्रदान करता है।

SOURCE New NCERT Class VIII हाशियाकरण की समझ, हाशियाकरण से निपटना, Old NCERT Class VIII अस्पृश्यता : भारतीय समाज का कलंक, अनुसूचित जातियों और जनजातियों का कल्याण, New NCERT Class XII भारतीय राजनीति : नए बदलाव, Old NCERT Class XII असमानता : सामाजिक तथा आर्थिक, कमजोर वर्ग का विकास : अनुसूचित जातियाँ, अनुसूचित जनजातियाँ और अन्य पिछड़ा वर्ग, NIOS Module-5 Chap-22

1 निम्नलिखित कथनों पर विचार कीजिए

(Chap 7, Class-VIII, Old NCERT)

1. संविधान के अनुच्छेद 340 में पिछड़े वर्गों के लिए आयोग के गठन का उपबंध है।
2. अब तक दो पिछड़े वर्ग आयोग अपनी सिफारिशें दे चुके हैं।

उपर्युक्त में से कौन-सा/से कथन सही है/हैं?

(a) केवल 1 (b) केवल 2
(c) 1 और 2 (d) न तो 1 और न ही 2

उत्तर *(c)*

व्याख्या दिए गए दोनों कथन सही हैं।

भारतीय संविधान के अनुच्छेद 340 में सरकार को यह अधिकार दिया गया है कि वह एक आयोग का गठन करे, जिसका कार्य अन्य पिछड़े वर्गों की स्थिति का आकलन कर रिपोर्ट प्रस्तुत करना है। पिछड़े वर्गों को समुदायों तथा जातियों के आधार पर पहचानने का मापदंड प्रस्तुत करने के लिए वर्ष 1953 तथा वर्ष 1978 में दो पिछड़े वर्ग आयोग अपनी सिफारिशें दे चुके हैं, जिनकी रिपोर्ट के आधार पर कई बदलाव किए गए हैं।

2 निम्नलिखित कथनों में से असत्य कथन की पहचान कीजिए

(Chap 5, Class-VIII, Old NCERT)

(a) जातियों को अनुसूचित जाति में शामिल करने का अधिकार राष्ट्रीय अनुसूचित जाति आयोग के अध्यक्ष को है
(b) संविधान का अनुच्छेद 17 छुआछूत को समाप्त करता है और किसी भी रूप में अस्पृश्यता संबंधी व्यवहार पर प्रतिबंध लगाता है
(c) संविधान का अनुच्छेद 46 राज्य को निर्देश देता है कि वह समाज के असहाय वर्ग, अनुसूचित जातियों और जनजातियों के शैक्षिक और आर्थिक हितों को बढ़ावा देगा
(d) छुआछूत पर रोक लगाने हेतु छुआछूत (अपराध) अधिनियम, 1955 को व्यापक करने तथा सजा को और कठोर बनाने के लिए वर्ष 1976 में इसमें संशोधन किया गया

उत्तर *(a)*

व्याख्या दिए गए कथनों में से कथन (a) असत्य है, क्योंकि जातियों को अनुसूचित जाति में शामिल करने की शक्ति राष्ट्रपति को है। वह संवैधानिक उपबंधों तथा राज्यपाल/प्रशासक से परामर्श कर जातियों को अनुसूचित जाति की सूची में शामिल करता है।

3 अनुसूचित जाति आयोग से संबंधित कथनों पर विचार कीजिए

(Chap 8, Class-VIII, New NCERT)

1. राष्ट्रीय अनुसूचित जाति आयोग एक संवैधानिक निकाय है।
2. इसका उद्देश्य भारत में अनुसूचित जातियों के हितों की रक्षा हेतु कार्य करना है।

उपर्युक्त में से कौन-सा/से कथन सही है/हैं?

(a) केवल 1
(b) केवल 2
(c) 1 और 2 दोनों
(d) न तो 1 और न ही 2

उत्तर *(c)*

व्याख्या अनुसूचित जाति आयोग से के संदर्भ में दोनों कथन सही है।

राष्ट्रीय अनुसूचित जाति आयोग एक संवैधानिक निकाय है, इसका उद्देश्य भारत में अनुसूचित जातियों के हितों की रक्षा करना है।

अनुच्छेद-338 के अन्तर्गत 65 वे संविधान संशोधन अधिनियम, 1990 के द्वारा इस आयोग को संवैधानिक दर्जा दिया गया।

इस आयोग में अध्यक्ष, उपाध्यक्ष तथा तीन अन्य सदस्यों की नियुक्ति राष्ट्रपति द्वारा की जाती है। इस आयोग के पास सिविल कोर्ट की शक्तियाँ प्राप्त हैं।

4 अनुसूचित जाति और अनुसूचित जनजाति (अत्याचार निवारण) अधिनियम 1989 के अंतर्गत किसी निर्णय, दंडादेश या आदेश के विरुद्ध उच्च न्यायालय में अपील होती है

(Chap 8, Class-VIII, New NCERT) (MPPSC Pre 2020)

(a) केवल तथ्यों के संबंध में (b) केवल विधि के संबंध में
(c) तथ्यों और विधि दोनों के संबंध में (d) इनमें से कोई नहीं

उत्तर *(c)*

व्याख्या अनुसूचित जाति और अनुसूचित जनजाति (अत्याचार निवारक) अधिनियम, 1989 के अंतर्गत किसी निर्णय, दंडादेश या आदेश के विरुद्ध तथ्यों तथा विधि दोनों के संदर्भ में उच्च न्यायालय में अपील की जा सकती है। इस प्रकार की व्यवस्था से अनुसूचित जाति तथा अनुसूचित जनजाति के अधिकारों का संरक्षण किया जा सकता है।

5 निम्न में से किस कृत्य को अनुसूचित जाति एवं अनुसूचित जनजाति (अत्याचार निवारण) अधिनियम, 1989 के अंतर्गत अपराध की श्रेणी में शामिल किया गया है? *(Chap 8, Class-VIII, New NCERT)*

1. अनुसूचित जाति या जनजाति के किसी व्यक्ति को कोई अखाद्य अथवा गंदा पदार्थ पीने या खाने के लिए विवश करना।
2. अनुसूचित जाति/जनजाति के किसी व्यक्ति को उसके चेहरे अथवा शरीर पर रंग लगाना या कोई ऐसा कृत्य करना जो मानवीय प्रतिष्ठा के अनुरूप न हो।
3. अनुसूचित जाति/जनजाति के किसी व्यक्ति के नाम पर आवंटित या स्वामित्व वाली जमीन पर कब्जा अथवा खेती करना या उसे अपने नाम पर स्थानांतरित करवा लेना।

कूट

(a) 1 और 3 (b) 1 और 2 (c) 2 और 3 (d) ये सभी

उत्तर *(d)*

व्याख्या प्रश्न में दिए गए सभी कथनों को अनुसूचित जाति एवं अनुसूचित जनजाति अधिनियम, 1989 के अंतर्गत अपराध की श्रेणी में शामिल किया गया है। इस अधिनियम के अंतर्गत सम्मिलित अपराध निम्न हैं

- यदि अनुसूचित जाति या अनुसूचित जनजाति के किसी व्यक्ति को कोई अखाद्य अथवा गंदा पदार्थ पीने या खाने के लिए विवश किया जाता है।
- अनुसूचित जाति या अनुसूचित जनजाति के किसी व्यक्ति के चेहरे अथवा देह पर रंग लगाते हैं या कोई और ऐसा कुछ कृत्य करते हैं, जो मानवीय प्रतिष्ठा के अनुरूप नहीं है।
- अनुसूचित जाति या अनुसूचित जनजाति के किसी व्यक्ति के नाम पर आवंटित की गई या उसके स्वामित्व वाली जमीन पर कब्जा करता है या खेती करता है या उसे अपने नाम पर स्थानांतरित करवा लेता है।
- अनुसूचित जाति या अनुसूचित जनजाति की किसी महिला को अपमानित करते हैं।

6 मंडल आयोग के संबंध में निम्नलिखित कथनों पर विचार कीजिए

(Chap 9, Class-XII, New NCERT) (Chap 22, Module 5, NIOS)

1. यह पिछड़ा वर्ग से संबंधित दूसरा आयोग था, जिसके अध्यक्ष बिंदेश्वरी प्रसाद मंडल थे।
2. इस आयोग ने पिछड़ी जातियों के समूहों के लिए शिक्षा संस्थाओं तथा सरकारी नौकरियों में 27% सीट आरक्षित करने की सिफारिश की।
3. भारत सरकार ने वर्ष 1990 में इस आयोग की सिफारिशों को लागू किया।

उपर्युक्त में से कौन-सा/से कथन सही है/हैं?

(a) 1 और 2 (b) 1 और 3 (c) 2 और 3 (d) ये सभी

उत्तर *(d)*

व्याख्या मंडल आयोग के संबंध में सभी कथन सही हैं।

दूसरे पिछड़े वर्ग आयोग की नियुक्ति 1976 में बिंदेश्वरी प्रसाद मंडल की अध्यक्षता में की गई थी।

इस आयोग ने सरकारी नौकरियों, सार्वजनिक प्रतिष्ठानों, राष्ट्रीयकृत बैंकों, विश्वविद्यालयों और इससे संबद्ध महाविद्यालयों और सरकारी सहायता प्राप्त निजी क्षेत्र की कंपनियों में 27% नौकरियाँ अन्य पिछड़े वर्गों के लिए आरक्षित करने का सुझाव दिया। भारत सरकार ने अगस्त, 1990 में मंडल आयोग की सिफारिशों को स्वीकार करने की घोषणा की।

7 इंदिरा साहनी के संबंध में निम्नलिखित में कौन-सा/से कथन सही है/हैं? *(Chap 10, Class-XII, Old NCERT)*

(a) इसका संबंध पिछड़ा वर्ग आरक्षण से है।
(b) सर्वोच्च न्यायालय ने वर्ष 1992 के अपने निर्णय में जातीय मापदंड को महत्त्वपूर्ण माना।
(c) सर्वोच्च न्यायालय ने पिछड़े वर्ग के संपन्न वर्ग क्रीमीलेयर के सिद्धांत पर आधारित निष्कासन का नियम भी दिया।
(d) उपर्युक्त सभी

उत्तर *(d)*

व्याख्या इंदिरा साहनी के संबंध में सभी कथन सही हैं।

सर्वोच्च न्यायालय में वर्ष 1992 में पिछड़े वर्ग आयोग के विरुद्ध इंदिरा साहनी नाम से अर्जी दर्ज की गई थी, परंतु सर्वोच्च न्यायालय ने 16 नवंबर, 1992 में अपने फैसले में आरक्षण के लिए जातीय मापदंड को महत्त्वपूर्ण माना।

सर्वोच्च न्यायालय ने इस निर्णय में संपन्न लोगों को पिछड़े वर्ग से निकालने के लिए संपन्न वर्ग के सिद्धांत पर आधारित निष्कासन का नियम भी बनाया था।

8 एम्प्लॉयमेंट ऑफ मैन्युअल स्कैवेंजर्स एंड कंस्ट्रक्शन ऑफ ड्राई लैट्रीन्स (प्रॉहिबिशन) एक्ट, 1993 के संबंध में निम्नलिखित में एक कौन-सा कथन सही नहीं है? *(Chap 8, Class-VIII, New NCERT)*

(a) यह सिर पर मैला उठाने वालों को काम पर रखने पर प्रतिबंध लगाता है।
(b) यह सूखे शौचालयों के निर्माण पर प्रतिबंध लगाता है।
(c) यह सूखे शौचालयों के निर्माण को प्रोत्साहित करता है।
(d) उपर्युक्त में से कोई नहीं

उत्तर *(c)*

व्याख्या प्रश्नानुसार कथन (c) सही नहीं है, क्योंकि एम्प्लॉयमेंट ऑफ मैन्युअल स्कैवेंजर्स एंड कंस्ट्रक्शन ऑफ ड्राई लैट्रीन्स एक्ट 1993 सूखे शौचालय के निर्माण को प्रोत्साहित नहीं करता है।

9 अनुसूचित जातियों और अनुसूचित जनजातियों के लिए एक राष्ट्रीय आयोग गठित करने का प्रावधान संविधान के किस अनुच्छेद के अंतर्गत किया गया है?

(Chap 10, Class-XII, Old NCERT) (UPPSC Pre 2013)

(a) अनुच्छेद 338 एवं अनुच्छेद 338A
(b) अनुच्छेद 337
(c) अनुच्छेद 334
(d) अनुच्छेद 339

उत्तर *(a)*

व्याख्या संविधान के अनुच्छेद 338 के अंतर्गत राष्ट्रीय अनुसूचित जाति आयोग तथा अनुच्छेद 338A के अंतर्गत राष्ट्रीय अनुसूचित जनजाति आयोग के गठन का प्रावधान किया गया है। अनुसूचित जनजाति आयोग की पृथक् स्थापना के लिए 89वाँ संविधान संशोधन 2003 पारित किया गया था।

10 अनुसूचित जातियों और अनुसूचित जनजातियों से संबंधित आयोग के संदर्भ में निम्न में से कौन-सा कथन सही है?

(Chap 10, Class-XII, Old NCERT)

(a) 65वें संशोधन द्वारा अनुसूचित जातियों और अनुसूचित जनजातियों के लिए एक राष्ट्रीय आयोग की स्थापना की गई थी।
(b) 89वें संविधान संशोधन, 2003 के द्वारा राष्ट्रीय अनुसूचित जनजाति आयोग का गठन पृथक् किया गया।
(c) इस आयोग का कार्य संविधान या किसी अन्य कानून के अंतर्गत अनुसूचित जातियों/अनुसूचित जनजातियों के संरक्षण संबंधी मामलों की जाँच पड़ताल और उन पर निगरानी रखना है।
(d) उपर्युक्त सभी

उत्तर *(d)*

व्याख्या अनुसूचित जातियों और अनुसूचित जनजातियों से संबंधित आयोग के संदर्भ में सभी कथन सही हैं।

संविधान के अनुच्छेद 338 के अंतर्गत विशेष अधिकारी के पद को हटाकर वर्ष 1990 में 65वें संविधान संशोधन के द्वारा अनुसूचित जातियों और अनुसूचित जनजातियों के लिए राष्ट्रीय आयोग की स्थापना की गई। 89वें संविधान संशोधन 2003 के द्वारा राष्ट्रीय अनुसूचित जनजाति आयोग को राष्ट्रीय अनुसूचित जाति आयोग से पृथक् गठन किया गया।

संविधान या किसी अन्य कानून के अंतर्गत इन आयोगों द्वारा अनुसूचित जातियों और अनुसूचित जनजातियों के संरक्षण संबंधी मामलों की जाँच पड़ताल और उन पर निगरानी रखी जाती है।

11 अल्पसंख्यकों के संदर्भ में निम्नलिखित में से कौन-सा/से कथन सही नहीं है/हैं? *(Chap 7, Class-VIII, New NCERT)*

(a) अल्पसंख्यक शब्द सामान्यत: ऐसे समुदायों के लिए प्रयोग किया जाता है, जो संख्या की दृष्टि से शेष आबादी के मुकाबले बहुत कम हैं।
(b) संविधान में केवल धार्मिक अल्पसंख्यकों का उल्लेख है।
(c) भारतीय संविधान इस बात को मानता है कि बहुसंख्यक समुदाय की संस्कृति और समाज सरकार की अभिव्यक्ति को प्रभावित कर सकती है।
(d) संविधान भारत की सांस्कृतिक विविधता की सुरक्षा तथा समानता व न्याय की स्थापना के प्रति संकल्पबद्ध है।

उत्तर *(b)*

व्याख्या अल्पसंख्यकों के संदर्भ में कथन (b) सही नहीं है, क्योंकि भारतीय संविधान मौलिक अधिकारों के अंतर्गत धार्मिक और भाषायी अल्पसंख्यकों को सुरक्षा प्रदान करता है।

12 भारत में मुस्लिम समुदाय की स्थिति की जाँच हेतु वर्ष 2005 में गठित उच्चस्तरीय समिति के संबंध में निम्नलिखित कथनों पर विचार कीजिए। *(Chap 7, Class-VIII, New NCERT)*

1. यह समिति राजिंदर सच्चर की अध्यक्षता में बनाई गई थी।
2. इस समिति ने विभिन्न सामाजिक, आर्थिक एवं शैक्षणिक संकेतकों में मुसलमानों की स्थिति, अनुसूचित जाति और अनुसूचित जनजाति समुदायों के समान पाई।

उपर्युक्त में से कौन-सा/से कथन सही है/हैं?

(a) केवल 1 (b) केवल 2
(c) 1 और 2 (d) न तो 1 और न ही 2

उत्तर *(c)*

व्याख्या भारत में मुस्लिम समुदाय की स्थिति की जाँच हेतु वर्ष 2005 में गठित उच्चस्तरीय समिति के संबंध में दोनों कथन सही हैं।

भारत में मुस्लिम समुदाय की स्थिति के आकलन के लिए वर्ष 2005 में एक उच्चस्तरीय समिति का गठन न्यायमूर्ति राजिंदर सच्चर की अध्यक्षता में किया गया। इस समिति ने भारत में मुस्लिम समुदाय की सामाजिक, आर्थिक और शैक्षणिक स्थिति का मूल्यांकन किया।

इस समिति की रिपोर्ट के अनुसार, विभिन्न सामाजिक, आर्थिक एवं शैक्षणिक संकेतकों के अनुसार, मुसलमानों की स्थिति अनुसूचित जाति और अनुसूचित जनजाति जैसे अन्य हाशियाई समुदायों के समान है।

13 अन्य पिछड़े वर्ग के संबंध में निम्नलिखित कथनों में से कौन-सा सही नहीं है? *(Chap 4, Class-IX, New NCERT)*

(a) अन्य पिछड़ा वर्ग के अंतर्गत कमजोर वर्ग के लोग शामिल हैं, जो सामाजिक, शैक्षणिक तथा आर्थिक दृष्टिकोण से पिछड़े होते हैं

(b) वर्ष 1953 में गठित काका कालेलकर की अध्यक्षता में प्रथम पिछड़े वर्ग आयोग वर्ग ने पहचानने हेतु 41 मापदंड प्रस्तुत किए थे

(c) वर्ष 1970 में बी.पी. मंडल की अध्यक्षता में गठित दूसरे पिछड़े वर्ग आयोग के वर्ग को चार जातिगत सामाजिक पिछड़ेपन से, तीन शैक्षिक पिछड़ने और चार आर्थिक पिछड़ेपन से जोड़कर कुल 11 सूचक बनाए गए थे

(d) मंडल आयोग ने सरकारी नौकरियों, बैंकों और विश्वविद्यालयों हेतु प्रवेश में 25% अन्य पिछड़े वर्गों के लिए आरक्षित करने का सुझाव दिया था

उत्तर *(d)*

व्याख्या अन्य पिछड़े वर्ग के संबध में कथन (d) सही नहीं है, क्योंकि मंडल आयोग ने सरकारी नौकरियों और विश्वविद्यालयों में प्रवेश हेतु प्राप्त 27% नौकरियाँ पिछड़े वर्गों के लिए आरक्षित करने का सुझाव दिया था, न कि 25% का। मंडल आयोग ने वर्ष 1980 में अपनी रिपोर्ट सौंपी थी तथा इस आयोग के अध्यक्ष श्री बिंदेश्वरी प्रसाद मंडल थे।

14 निम्नलिखित युग्मों में से कितने युग्म सही सुमेलित नहीं हैं? *(Chap 12, Class-XII, Old NCERT)*

	अनुच्छेद		संबंधित प्रावधान
1.	अनुच्छेद 15 (4)	–	सरकारी नौकरियों में आरक्षण की व्यवस्था
2.	अनुच्छेद 330	–	लोकसभा में स्थानों का आरक्षण
3.	अनुच्छेद 16 (4)	–	सामाजिक और शैक्षिक दृष्टि से पिछड़े वर्गों से संबंधित प्रावधान
4.	अनुच्छेद 332	–	राज्य विधानसभाओं में स्थानों का आरक्षण

कूट

(a) केवल एक (b) केवल दो
(c) केवल तीन (d) ये सभी

उत्तर *(c)*

व्याख्या दिए गए युग्मों में केवल तीन युग्म अर्थात् युग्म (1, 2 और 3) सही सुमेलित नहीं हैं।

अनुच्छेद 15 (4) में प्रावधान किया गया है कि सामाजिक और शैक्षिक दृष्टि से पिछड़े वर्गों के लोगों के विकास के लिए राज्य व्यवस्था करेगा।

अनुच्छेद 330 व 332 में विशेषतया उल्लेख किया गया है कि लोकसभा और राज्य विधानसभाओं में अनुसूचित जातियों और अनुसूचित जनजातियों के लिए स्थान आरक्षित किए जाएँगे।

अनुच्छेद 16 (4) में प्रावधान है कि राज्य पिछड़े वर्ग के लोगों के लिए सरकारी नौकरियों में पर्याप्त आरक्षण की व्यवस्था करेगा।

15 महिलाओं के लिए आरक्षण से संबंधित कथनों पर विचार कीजिए *(Chap 22, Module-5, NIOS)*

1. महिलाओं की जनसंख्या लगभग आधा भाग है, लेकिन भारत में शिक्षा, गरीबी और पिछड़े सामाजिक मूल्यों के कारण महिलाओं की स्थिति दयनीय है।
2. भारतीय लोकतंत्र में प्रत्येक प्रतिनिधि संस्था तथा राज्य की प्रशासनिक सेवाओं में महिलाओं के लिए आरक्षण दिया गया है।
3. पंचायती राजव्यवस्था के अंतर्गत महिलाओं के लिए पंचायत, ब्लॉक एवं जिला स्तर पर सीटों को आरक्षित कर दिया गया है।

उपर्युक्त में से कौन-सा कथन सही नहीं है?

(a) केवल 1 (b) 1 और 2 (c) केवल 2 (d) 1 और 3

उत्तर *(c)*

व्याख्या महिलाओं के लिए आरक्षण से संबंधित कथन (2) सही नहीं है, क्योंकि भारतीय लोकतंत्र में प्रत्येक प्रतिनिधि संस्था तथा राज्य प्रशासनिक सेवाओं में महिलाओं के लिए आरक्षण नहीं दिया गया है, उल्लेखनीय नारी शक्ति वंदन अधिनियम, 2023 के द्वारा लोकसभा, राज्य विधानसभाओं और राष्ट्रीय राजधानी क्षेत्र दिल्ली की विधानसभाओं में महिलाओं के लिए एक-तिहाई (33%) सीटें आरक्षित करने का प्रावधान है, यद्यपि यह अभी लागू नहीं हुआ है।

अध्याय 19

स्थानीय स्वशासन (पंचायती राज)

स्थानीय स्वशासन

स्थानीय स्वशासन एवं पंचायती राजव्यवस्था

स्थानीय स्वशासन
- भारत में विकेंद्रीकरण और लोगों की भागीदारी सुनिश्चत करने का उद्देश्य

भारत में स्थानीय स्वशासन का विकास
- सरकार का यह तीसरा स्तर है
- ग्रामीण क्षेत्रों में पंचायतें और शहरी क्षेत्रों में नगर पालिकाएँ हैं
- स्थानीय-स्वशासन का जनक लॉर्ड रिपन
- रिपन ने 1882 ई. में संकल्प पारित किया था
- मॉण्टेग्यू चेम्सफोर्ड सुधार अधिनियम 1919-73वें और 74वें संविधान संशोधन अधिनियम 1993 में
- गॉडगिल समिति के माध्यम से इसे संवैधानिक दर्जा प्रदान किया गया।
- गॉडगिल समिति का गठन वर्ष 1988 में किया गया।

पंचायती राजव्यवस्था से संबंधित प्रमुख समितियाँ

बलवंत राय मेहता समिति
- इसका गठन वर्ष 1957 में
- इन्होंने लोकतांत्रिक विकेंद्रीकरण को सिफारिश की, जिसे पंचायती राज के नाम से जाना जाता है
- त्रिस्तरीय प्रणाली प्रस्तावित की।
- राजस्थान ने सबसे पहले वर्ष 1959 में पंचायती राज की स्थापना की

अशोक मेहता समिति
- इसका गठन वर्ष 1977 में
- दो स्तरीय पंचायत प्रणाली की सिफारिश की; जिला स्तर पर जिला परिषद् और गाँव स्तर पर मंडल पंचायत की सिफारिश की

जी. वी. के. राव समति
- गठन वर्ष 1985 में
- नियुक्ति योजना आयोग द्वारा

थुंगन समिति
- त्रिस्तरीय प्रणाली को प्रस्तावित किया
- संवैधानिक दर्जे के लिए प्रस्तावित
- पंचायतों के लिए 5 वर्ष का निश्चित कार्यकाल सुझाया गया

73वाँ संविधान संशोधन

73वाँ संविधान संशोधन अधिनियम, 1992
- 1992 में अधिनियमित किया गया
- 73वाँ संविधान संशोधन अधिनियम 24 अप्रैल, 1993 से प्रभावी
- भारतीय संविधान में भाग IX जोड़ा गया
- अनुच्छेद 243 से 243-0 तक है

त्रिस्तरीय संरचना
- त्रिस्तरीय पंचायती राज
- ग्राम पंचायत (गाँव स्तर पर)
- पंचायत समिति (ब्लॉक स्तर पर)
- जिला परिषद् (जिला स्तर पर)

ग्राम सभा
- गाँव का लघु विधानमंडल भी कहते हैं
- राज्य विमानमंडल द्वारा ग्राम सभा की शक्तियाँ निर्धारित
- गाँव के सभी वयस्क सदस्यों द्वारा चुना गया
- ग्राम सभा की शक्ति एवं कार्य
- ग्राम सभा का चुनाव करता है
- वार्षिक बजट स्वीकृत करता है
- सीधे सरपंच का चुनाव करता है

- ग्राम पंचायत
- ग्राम प्रशासन के लिए ग्राम सभा द्वारा निर्वाचित कार्यकारी निकाय
- **मुखिया** सरपंच
- **सरपंच** सीधे निर्वाचित

- ग्राम पंचायत की संरचना
- प्रधान (सरपंच)
- यूपी में प्रधान और अध्यक्ष ग्राम पंचायत द्वारा चुने जाते
- यूपी प्रधान, प्रधान की अनुपस्थिति में कर्त्तव्यों का पालन करते हैं

- पंचायत समिति
- मध्य स्तर पर पंचायत व्यवस्था
- ब्लॉक स्तर पर
- सदस्य ग्राम पंचायत के सरपंच ब्लॉक स्तर पर
- प्रमुख प्रखंड विकास पदाधिकारी

नगरपालिका एवं 74 वाँ संविधान संशोधन

74वाँ संविधान संशोधन अधिनियम, 1992
- शहरी स्थानीय स्वशासी संस्थानों के लिए वैधानिक प्रावधान स्थापित किए

नगरपालिका की संरचना
- प्रत्येक नगरपालिका अपनी अनुपस्थिति में अध्यक्ष के रूप में कार्य करने के लिए एक उपाध्यक्ष का चुनाव करती है।
- स्थायी अधिकारी, कार्यकारी अधिकारी, सचिव, स्वास्थ्य अधिकारी आदि

नगर निगम
- जनसंख्या 1 लाख करोड़ या उससे अधिक होने पर नगरपालिका की संरचना
- प्रतिनिधियों का निर्वाचन पाँच वर्ष के लिए
- सदस्य अपने में से एक अध्यक्ष का चुनाव करते हैं

नगरपरिषद् के कार्य
- जल आपूर्ति, अस्पताल, सड़कें आदि

सहकारी समितियाँ

प्रमुख उपबंध

अनुच्छेद	विषय
243 ZH	परिभाषाएँ
243 ZI	सहकारी समितियों का संस्थापन
243 ZJ	बोर्ड के सदस्यों की संख्या व पदावधि
243 ZK	बोर्ड के सदस्यों का निर्वाचन
243 ZL	बोर्ड का दमन और निलम्बन
243 ZM	सहकारी समिति का लेखा परीक्षण
243 ZN	सहकारी समिति की सामान्य सभा की बैठक
243 ZO	सदस्यों को सूचना प्राप्त करने का अधिकार
243 ZP	विवरणी
243 ZQ	अपराध और जुर्माना
243 ZR	इस भाग के प्रावधान का बहुराज्यिक सहकारी समितियों पर लागू होना
243 ZS	संघ-राज्य क्षेत्रों का लागू होना
243 ZT	विद्यमान विधि का जारी रहना

SOURCE New NCERT Class VI पंचायती राज, गाँव का प्रशासन, नगर प्रशासन, Old NCERT Class VI गाँवों की प्रगति और सामुदायिक विकास, हमारा आर्थिक जीवन और सहकारिता, ग्राम पंचायत, पंचायती राज, नगरपालिकाएँ और नगर निगम, जिला प्रशासन, Old NCERT Class IX & X हमारा स्थानीय शासन, New NCERT Class X संघवाद, New NCERT Class XI स्थानीय शासन, भारतीय प्रशासन, संगठन एवं कार्य, Old NCERT Class XII बहुस्तरीय नियोजन एवं जिला विकास अभिकरण की भूमिका NIOS, Module-3 Chap 16, Tamil Nadu Board Class XI Unit 12

पंचायती राज व्यवस्था : विकेंद्रीकरण

1 विकेंद्रीकरण की आवश्यकता के संदर्भ में निम्न कथनों पर विचार करें *(Chap 9, Class-XII, Old NCERT)*

1. भारत जैसे बड़े देश में जहाँ विस्तृत विभिन्नताएँ मौजूद हैं, विकास की सफलता हेतु विकेंद्रीकरण एक आवश्यक साधन है।
2. केंद्र, राज्य व राज्य स्तर से नीचे जिला, प्रखंड तथा ग्राम स्तर पर उपयुक्त योजना तंत्र की स्थापना हेतु विकेंद्रीकरण आवश्यक हैं।

उपर्युक्त में से कौन-सा/से कथन सही है/हैं?

(a) केवल 1 (b) केवल 2
(c) 1 और 2 (d) न तो 1 और न ही 2

उत्तर (c)

व्याख्या विकेंद्रीकरण की आवश्यकता के संदर्भ में दोनों कथन सही हैं। भारत जैसे बड़े देश में जहाँ विस्तृत विभिन्नताएँ, असंतुलन और आवश्यकताओं में भिन्नताएँ हैं, विकास की सफलता के लिए विकेंद्रीकरण एक अनिवार्य साधन है, जिससे शासन में सुदृढ़ता आती है और सरकारी योजना का लाभ समाज के सभी व्यक्तियों तक पहुँचता है।

केंद्र, राज्य व राज्य स्तर से नीचे जिला, प्रखंड तथा ग्राम स्तर पर उपयुक्त योजना तंत्र की स्थापना हेतु विकेंद्रीकरण आवश्यक है। इसके लिए विभिन्न स्तरों पर उपयुक्त योजना तंत्र की स्थापना की आवश्यकता होती है।

2 स्थानीय शासन के संबंध में निम्नलिखित कथनों पर विचार कीजिए *(Chap 8, Class-XI, New NCERT)*

1. इन संस्थाओं को वर्ष 1992 में संवैधानिक दर्जा प्रदान किया गया।
2. गाँव व जिला स्तर के शासन को स्थानीय शासन कहते हैं।
3. स्थानीय हित और स्थानीय ज्ञान लोकतांत्रिक फैसला लेने के अनिवार्य घटक हैं।
4. जीवंत और मजबूत स्थानीय शासन सक्रिय भागीदारी और उद्देश्यपूर्ण जवाबदेहिता को सुनिश्चित करता है।

उपर्युक्त कथनों में से कौन-से सही हैं?

(a) 1 और 3 (b) 2, 3 और 4
(c) 1, 2 और 3 (d) ये सभी

उत्तर (d)

व्याख्या स्थानीय शासन के संबंध में सभी कथन सही हैं। संविधान में स्थानीय शासन की व्यवस्था को वर्ष 1989 में बनी थुंगन समिति के द्वारा संवैधानिक दर्जा की सिफारिश की गई थी, जिसे 73वें और 74वें संविधान संशोधन अधिनियम, 1992 में पूर्ण रूप से संवैधानिक मान्यता दे दी गई। गाँव व जिला स्तर के शासन की व्यवस्था को स्थानीय शासन कहते हैं तथा इसे स्थानीय हित के विषयों पर लोकतांत्रिक फैसला लेने का अधिकार है।

एक मजबूत स्थानीय शासन सक्रिय सहभागिता और उद्देश्यपूर्ण जवाबदेहिता को सुनिश्चित करता है।

3 सामुदायिक विकास कार्यक्रम के संबंध में दिए गए कथनों पर विचार करें *(Chap 3, Class-VI, Old NCERT)*

1. यह कार्यक्रम 2 अक्टूबर, 1952 को प्रारंभ किया गया।
2. सामुदायिक विकास खंड के द्वारा यह कार्यक्रम संपूर्ण भारत में संचालित किया जा रहा है।
3. इस कार्यक्रम का उद्देश्य गाँवों का विकास करना है।

उपर्युक्त में से कौन-सा/से कथन सही है/हैं?

(a) 1 और 3 (b) 2 और 3
(c) केवल 3 (d) ये सभी

उत्तर (d)

व्याख्या सामुदायिक विकास कार्यक्रम के संबंध में सभी कथन सही हैं। भारतीय गाँवों में पिछड़ेपन को दूर करने के लिए 2 अक्टूबर, 1952 में सामुदायिक विकास कार्यक्रम की शुरुआत की गई थी। प्रारंभ में यह कार्यक्रम भारत के चुनिंदा गाँवों में शुरू किया गया था, परंतु बाद में यह कार्यक्रम भारत के लगभग सभी गाँवों में शुरू किया गया।

सामुदायिक विकास कार्यक्रम को संचालित करने के लिए सामुदायिक विकास खंड बनाए गए। वर्तमान में भारत में लगभग 5000 से अधिक सामुदायिक विकास खंड हैं।

इस कार्यक्रम का मुख्य उद्देश्य गाँव का विकास करना है। यह विकास तीन बातों पर निर्भर करता है—अनाज और अन्य पदार्थों के उत्पादन में वृद्धि, ग्रामीण जनता का पूर्ण विकास और ग्रामीण जनता का गाँव के विकास में सहयोग।

4 निम्न कथनों पर विचार करें *(Chap 3, Class-VI, Old NCERT)*

1. खंड विकास पदाधिकारी ब्लॉक स्तर पर कार्यरत् समिति की सहायता करता है।
2. बी. डी. ओ. की सहायता हेतु कई विस्तार अधिकारी होते हैं।
3. गाँव के विकास कार्यों में ग्राम सेवक सबसे महत्त्वपूर्ण पद होता है।

उपर्युक्त में कौन-सा/से कथन सही है/हैं?

(a) केवल 1 (b) 2 और 3
(c) 1 और 2 (d) ये सभी

उत्तर (d)

व्याख्या दिए गए सभी कथन सही हैं।

खंड विकास पदाधिकारी ब्लॉक स्तर पर कार्यरत् समिति की सहायता करता है। बी. डी. ओ. को विकास कार्यक्रम संबंधी सभी जानकारी होती है। बी. डी. ओ. की सहायता के लिए कई विस्तार अधिकारी होते हैं। ये अधिकारी कृषि, सहकारिता, पशुपालन, शिक्षा आदि के विशेषज्ञ होते हैं।

गाँव के विकास कार्यों में ग्राम सेवक सबसे महत्त्वपूर्ण पद होता है। यह गाँव के लोगों को कुछ सलाह देता है; जैसे—खेती किस प्रकार की जाए, पशुओं की प्राथमिक चिकित्सा किस प्रकार की जाए, गाँव के लोग स्वस्थ जीवन किस प्रकार बिताएँ इत्यादि।

5 पंचायती राजव्यवस्था के संदर्भ में निम्नलिखित कथनों पर विचार कीजिए *(Unit 12, Class-XI, Tamil Nadu Board)* *(Chap 16, Module-3, NIOS)*

1. पंचायती राजव्यवस्था का ढाँचा त्रि-स्तरीय प्रणाली पर आधारित है।
2. 74वें संविधान संशोधन द्वारा ग्राम सभा का बनना अनिवार्य कर दिया गया है।
3. पंचायत के सभी व्यक्ति ग्राम सभा के सदस्य होते हैं।
4. ग्राम सभा की भूमिका और कार्य का फैसला प्रदेश के कानूनों से होता है।

उपर्युक्त कथनों में से कौन-से कथन सही नहीं हैं?

(a) 1, 3 और 4
(b) 2 और 3
(c) 1 और 3
(d) उपर्युक्त में से कोई नहीं

उत्तर (b)

व्याख्या पंचायती राजव्यवस्था के संदर्भ में कथन (2) और (3) सही नहीं हैं, क्योंकि 74वें संविधान संशोधन के द्वारा नहीं, बल्कि 73वें संविधान संशोधन के द्वारा ग्राम पंचायत को बनना अनिवार्य कर दिया तथा पंचायती क्षेत्र में मतदाता के रूप में पंजीकृत प्रत्येक वयस्क व्यक्ति, जिसकी न्यूनतम आयु 18 वर्ष या उससे अधिक है, वह ग्राम सभा का सदस्य होता है।

6 बलवंत राय मेहता समिति की मुख्य संस्तुतियों के संबंध में कौन-सा कथन सही नहीं है? *(Chap 7, Class-XI, Old NCERT)*

(a) इस समिति द्वारा एक त्रिस्तरीय पंचायती राज व्यवस्था की संकल्पना की गई।

(b) इसमें जिला स्तर पर जिला परिषद्, खंड स्तर पर पंचायत समिति तथा ग्राम स्तर पर ग्राम पंचायत की कल्पना की गई।

(c) इस समिति ने इन संस्थाओं को सत्ता के वास्तविक हस्तांतरण की बात नहीं की।

(d) संस्थाओं को पर्याप्त संसाधन उपलब्ध कराए जाने चाहिए तथा विकास की समस्त योजनाओं को इन्हीं के माध्यम से आगे बढ़ाया जाना चाहिए।

उत्तर (c)

व्याख्या बलवंत राय मेहता समिति की मुख्य संस्तुतियों के संबंध में कथन (c) सही नहीं है, क्योंकि बलवंत राय मेहता समिति की मुख्य संस्तुतियों में ग्राम संस्थाओं को सत्ता के वास्तविक हस्तांतरण की बात कही गई थी। बलवंत राय मेहता की संस्तुतियों को पंचायती राजव्यवस्था, त्रिस्तरीय व्यवस्था, विकेंद्रीकृत योजना इत्यादि भिन्न नामों से जाना जाता है।

7 अशोक मेहता समिति से संबंधित मुख्य संस्तुतियों के संबंध में दिए गए कथनों पर विचार करें *(Chap 7, Class-XI, Old NCERT)*

1. द्विस्तरीय पंचायती राजव्यवस्था की स्थापना।
2. एक अलग संस्था के रूप में न्याय पंचायत की स्थापना।
3. पंचायती राज संस्थाओं के निर्वाचन में राजनीतिक दलों की खुली सहभागिता।

उपर्युक्त में से कौन-सा/से कथन सही है/हैं?

(a) केवल 1 (b) 1 और 3 (c) 2 और 3 (d) ये सभी

उत्तर (d)

व्याख्या अशोक मेहता समिति से संबंधित मुख्य संस्तुतियों के संबंध में सभी कथन सही हैं।

द्विस्तरीय पंचायती राजव्यवस्था की स्थापना, जिसमें जिला स्तर पर जिला परिषद् तथा इसके नीचे 15 हजार से 20 हजार तक की जनसंख्या वाले गाँवों के समूह के लिए मंडल पंचायत की स्थापना।

एक अलग संस्था के रूप में न्याय पंचायत की स्थापना, जिसकी अध्यक्षता न्यायाधीश द्वारा की जाए।

पंचायती राज संस्थाओं के निर्वाचन में राजनीतिक दलों की खुली सहभागिता हो तथा इन संस्थाओं के निर्वाचन की व्यवस्था मुख्य निर्वाचन आयुक्त की सलाह से राज्य के मुख्य निर्वाचन अधिकारी द्वारा की जाए।

8 पंचायती राज पर अशोक मेहता समिति प्रतिवेदन (1977) की प्रमुख सिफारिशों के संदर्भ में निम्नलिखित कथनों में से कौन-सा/से सही है/हैं? *(Chap 16, Module-3, NIOS)* *(UPPSC Pre 2023)*

1. पंचायती राज की तीन स्तरीय व्यवस्था के स्थान पर द्विस्तरीय व्यवस्था होनी चाहिए।
2. राज्य स्तर के नीचे पर्यवेक्षण हेतु खंड को विकेंद्रीकरण का प्रथम बिंदु माना जाना चाहिए।

कूट

(a) केवल 1
(b) केवल 2
(c) 1 और 2 दोनों
(d) न तो 1 और न ही 2

उत्तर (a)

व्याख्या पंचायती राज पर अशोक मेहता समिति प्रतिवेदन (1977) की प्रमुख सिफारिशों के संदर्भ में कथन (1) सही है। पंचायती राज की तीन स्तरीय व्यवस्था के स्थान पर द्विस्तरीय व्यवस्था होनी चाहिए। इस समिति ने अगस्त, 1978 में अपनी रिपोर्ट प्रस्तुत की थी। इसमें जनपद स्तर पर जिला परिषद् तथा उससे नीचे गाँवों के समूह पर मंडल पंचायत के गठन का सुझाव था।

कथन (2) सही नहीं है, क्योंकि समिति की अनुशंसा थी कि राज्य स्तर के नीचे पर्यवेक्षण हेतु जनपद को विकेंद्रीकरण का प्रथम बिंदु माना जाना चाहिए।

9 पंचायती राज संस्थाओं की 29 कार्यों की सूची किस अनुच्छेद के अंतर्गत दी गई है? *(Chap 8, Class-XI, New NCERT)* *(Unit 12, Class-XI, Tamil Nadu Board)(BPSC Pre 2020)*

(a) अनुच्छेद 243(H) (b) अनुच्छेद 243(E)
(c) अनुच्छेद 243(F) (d) अनुच्छेद 243(G)

उत्तर (d)

व्याख्या अनुच्छेद 243(G) के अंतर्गत पंचायती राज संस्थाओं के 29 कार्यों की सूची दी गई है। इन कार्यों में ऐसे 29 विषयों को जो पूर्व में राज्य सूची की 11वीं अनुसूची में शामिल थे। इन कार्यों का वास्तविक हस्तांतरण राज्यों के कानून पर निर्भर करता है, किंतु भारतीय संविधान के अनुच्छेद 243(G) में पंचायतों की शक्ति, प्राधिकार तथा उत्तरदायित्व में इसे शामिल किया गया है।

10 जब संविधान बना तो स्थानीय शासन को अनिवार्य प्रावधान न बनाकर इसे 'राज्य के नीति-निदेशक सिद्धांत' के अंतर्गत शामिल करने के कारण थे *(Chap 8, Class-XI, New NCERT)*

1. देश विभाजन से उत्पन्न परिस्थितियों के कारण संविधान का झुकाव केंद्र को मजबूत बनाने का रहा।
2. नेहरू शक्ति के अति-स्थानीयता को राष्ट्र की एकता और अखंडता के लिए खतरा मानते थे।
3. डॉ. बी. आर. अंबेडकर ग्रामीण भारत में बड़े स्तर पर विद्यमान जाति व्यवस्था की नकारात्मक प्रकृति के कारण स्थानीय शासन के निकायों को आपत्तिजनक मानते थे।
4. महात्मा गाँधी स्थानीय शासन के समर्थक नहीं थे।

कूट

(a) 1 और 2 (b) केवल 4
(c) 2 और 3 (d) 3 और 4

उत्तर (b)

व्याख्या प्रश्नानुसार कथन (4) सही नहीं है, क्योंकि महात्मा गाँधी स्थानीय शासन के समर्थक थे। उनका मानना था कि गाँवों को आत्मनिर्भर बनाने एवं आर्थिक व राजनीतिक सत्ता के विकेंद्रीकरण के स्थानीय शासन को अनिवार्य रूप से लागू किया जाना चाहिए।

11 हनुमंत राव समिति ने जिला नियोजन अभिकरण हेतु जिन कार्यों का निर्धारण किया, उनमें निम्न में से क्या शामिल नहीं है? *(Chap 9, Class-XII, Old NCERT)*

(a) स्थानीय आवश्यकताओं और उद्देश्यों को निश्चित रूप देना।
(b) जिला योजनाओं का निर्माण करना।
(c) केवल मानवीय विकास के कार्यों को सूचीबद्ध करना।
(d) जिला योजनाओं और कार्यक्रमों का पुनरावलोकन और निरीक्षण करना।

उत्तर (c)

व्याख्या हनुमंत राव समिति ने जिला नियोजन अभिकरण हेतु जिन कार्यों का निर्धारण किया उनमें कथन (c) शामिल नहीं है, क्योंकि हनुमंत राव समिति ने जिला प्रशासन अभिकरण हेतु प्राकृतिक और मानवीय विकास को सूचीबद्ध किया था। इस समिति की सिफारिशों के अनुसार, योजना आयोग की सहायता और प्रेरणा से जिला नियोजन अभिकरण बहुत से राज्यों में स्थापित किए गए।

12 **73वें संविधान संशोधन अधिनियम, 1992 द्वारा निर्दिष्ट कथनों के संबंध में निम्न में से कौन-सा कथन सही है?**

(Chap 3, Class-IX & X, Old NCERT) (IAS Pre 2000)

(a) ग्रामीण क्षेत्रों में बेरोजगार एवं अल्परोजगार वाले पुरुषों एवं महिलाओं के लिए अर्जक रोजगार का सृजन
(b) मंद कृषि मौसम की अवधि में सहायतार्थ तथा कार्य हेतु इच्छुक समर्थ वयस्कों के लिए रोजगार का सृजन
(c) जीवन के अधिकार, व्यक्ति की स्वतंत्रता एवं सुरक्षा, विधि के समक्ष समता एवं बिना भेदभाव के सुरक्षा की गारंटी
(d) देश में मजबूत एवं जीवंत पंचायती राज संस्थाओं की बुनियाद सुनिश्चित करना

उत्तर (d)

व्याख्या 73वें संविधान संशोधन अधिनियम, 1992 के संबंध में कथन (d) सही है। 73वें संविधान संशोधन अधिनियम, 1992 द्वारा देश में मजबूत एवं जीवंत पंचायती राज संस्थाओं की बुनियाद सुनिश्चित करने हेतु विभिन्न प्रावधान किए गए। यह निर्धारित किया गया कि स्थानीय स्वशासी निकायों के चुनाव प्रत्येक 5 वर्ष पर कराए जाएँगे। इसके निर्वाचन में प्रत्याशियों के लिए न्यूनतम आयु 21 वर्ष निर्धारित की गई है।

राज्य में पंचायत और नगरपालिका चुनाव संपन्न कराने के लिए राज्य चुनाव आयोग नामक स्वतंत्र संस्था गठित की गई, जिसकी चर्चा अनुच्छेद 243 (K) में की गई है। प्रत्येक नगरपालिका में प्रत्यक्ष निर्वाचन द्वारा भरे जाने वाले कुल स्थानों का एक-तिहाई (1/3) स्थान स्त्रियों के लिए आरक्षित किया गया।

13 **ग्राम सभा के संबंध में कौन-सा कथन सही है?**

(Chap 5, Class-VI, New NCERT)

(a) ग्राम सभा एक पंचायत क्षेत्र के अंतर्गत वयस्कों की सभा है।
(b) ग्राम सभा के सदस्य 18 वर्ष या उससे अधिक आयु के व्यक्ति होते हैं।
(c) ग्राम सभा का सदस्य बनने की योग्यता वही व्यक्ति रखता है, जिसका नाम गाँव की मतदाता सूची में हो।
(d) उपर्युक्त सभी

उत्तर (d)

व्याख्या ग्राम सभा के संबंध में सभी कथन सही हैं।

ग्राम सभा एक पंचायत के क्षेत्र में रहने वाले सभी वयस्कों की सभा होती है जिसमें एक या एक से अधिक गाँव होते हैं। जिस व्यक्ति की आयु 18 वर्ष या उससे अधिक हो, उसे वोट देने का अधिकार प्राप्त होता है और जिसका नाम गाँव की मतदाता सूची में हो, वह ग्राम सभा का सदस्य होता है।

14 **निम्नलिखित कथनों में से ग्राम सभा के संबंध में कौन-सा कथन सही नहीं है?** *(Chap 16, Module-3, NIOS) (UPPSC Pre 2023)*

(a) इसके कार्य और शक्तियाँ ग्राम स्तर पर उसी प्रकार हैं, जैसे राज्य व्यवस्थापिका के राज्य स्तर पर होते हैं
(b) इसकी शक्तियों का निर्धारण केंद्रीय सरकार के द्वारा होता है
(c) यह एक ग्राम स्तर की सभा है, जिसमें पंचायत के क्षेत्र के सभी पंजीकृत मतदाता सम्मिलित होते हैं
(d) 'a' और 'c'

उत्तर (b)

व्याख्या ग्राम सभा के संदर्भ में कथन (b) सही नहीं है, क्योंकि ग्राम सभा की शक्तियों का निर्धारण केंद्रीय सरकार द्वारा न होकर राज्य सरकार (राज्य की विधायिका) द्वारा होता है। संविधान के अनुसार, ग्राम सभा के पास वे शक्तियाँ होंगी और ऐसे कार्यों के सम्पादन का दायित्व होगा, जो राज्य की विधायिका द्वारा विधि सम्मत तरीके से उसे प्रदान किए जाएँगे। ग्राम सभा, ग्राम पंचायत के कार्य का निरीक्षण तथा मूल्यांकन करती है।

15 **ग्राम पंचायत के संबंध में दिए गए कथनों पर विचार करें**

(Chap 3, Class-IX & X, Old NCERT)
(Unit 12, Class-XI, Tamil Nadu Board)

1. ग्राम पंचायत के प्रधान का निर्वाचन ग्राम सभा द्वारा अप्रत्यक्ष मतदान से होता है।
2. ग्राम पंचायत के कार्यों में स्थानीय कर लगाना तथा कर संग्रहण करना शामिल है।
3. ग्राम पंचायतों को अधिकतम धन केंद्र सरकार के अनुदान से प्राप्त होता है, जिसमें राज्य सरकार एक महत्त्वपूर्ण भूमिका निभाती है।

उपर्युक्त में से कौन-सा/से कथन सही नहीं है/हैं?

(a) केवल 1 (b) 1 और 2 (c) 2 और 3 (d) 1 और 3

उत्तर (d)

व्याख्या ग्राम पंचायत के संबंध में कथन (1) और (3) सही नहीं हैं, क्योंकि ग्राम पंचायत के प्रधान का निर्वाचन ग्राम सभा द्वारा प्रत्यक्ष मतदान से होता है, जिसे सरपंच भी कहते हैं। ग्राम पंचायत को अधिकतम धन राज्य सरकार के अनुदान से प्राप्त होता है।

16 **संविधान का 73वाँ संशोधन अधिनियम, 1992, जिसका लक्ष्य देश में पंचायती राज संस्थानों को प्रोत्साहित करना है, निम्नलिखित में से किस/किन चीजों की व्यवस्था करता है?**

(Chap 7, Class-XI, Old NCERT) (IAS Pre 2011)

1. जिला योजना समितियों का गठन करने की
2. राज्य निर्वाचन आयोगों द्वारा सभी पंचायतों का चुनाव करने की
3. राज्य वित्त आयोगों की स्थापना करने की

कूट

(a) केवल 1
(b) 1 और 2
(c) 2 और 3
(d) 1, 2 और 3

उत्तर (c)

व्याख्या संविधान का 73वा संशोधन अधिनियम, 1992 जिसका लक्ष्य देश में पंचायती राज संस्थानों को प्रोत्साहित करना है। यह राज्य निर्वाचन आयोग द्वारा सभी पंचायती राज संस्थाओं का चुनाव करने तथा राज्य वित्त आयोग की स्थापना करने की व्यवस्था करता है। जबकि जिला योजना समितियों के गठन तथा संवैधानिक मान्यता के लिए 74वें संविधान संशोधन में उपबंध किए गए थे।

17 **राज्य के निर्वाचन आयोग के संबंध में कौन-सा कथन सही है?**

(Chap 7, Class-XI, Old NCERT)

(a) पंचायतों के समस्त निर्वाचनों का संचालन करता है
(b) यह राज्यपाल द्वारा नियुक्त किया जाता है
(c) इन्हें अपने पद से उसी प्रक्रिया के द्वारा हटाया जाता है, जिस प्रकार उच्च न्यायालय के न्यायाधीश को अपदस्थ किया जाता है
(d) उपर्युक्त सभी

उत्तर (d)

व्याख्या राज्य के निर्वाचन आयोग के संबंध में सभी कथन सही हैं।

राज्य का निर्वाचन आयोग पंचायतों के समस्त निर्वाचनों का संचालन, अधीक्षण, निर्देशन तथा नियंत्रण करता है। राज्य के निर्वाचन आयुक्त की नियुक्ति राज्यपाल के द्वारा होती है तथा उसे उसी प्रकार और उन्हीं कारणों से अपदस्थ किया जा सकता है, जिस प्रकार उच्च न्यायालय का कोई न्यायाधीश अपदस्थ किया जाता है।

18 **निम्न कथनों पर विचार कीजिए।** *(Chap 3, Class-IX & X, Old NCERT)*

1. जिला परिषद्, राज्य सरकार और ग्रामीण प्रशासन के बीच की एक महत्त्वपूर्ण कड़ी है।
2. जिला परिषद् के सदस्यों की सूची में संबंधित जिलों की पंचायत समिति के अध्यक्ष को छोड़कर अन्य सभी संसद सदस्य, विधानसभा तथा विधान परिषद् के सदस्य, सहकारी समितियों के प्रतिनिधियों को भी सम्मिलित किया गया है।
3. राज्यों में कृषि, समाज कल्याण तथा सामुदायिक विकास से संबंधित सभी कार्यों को संपन्न कराने की जिम्मेदारी जिला परिषद् पर होती है।

उपर्युक्त में से कौन-सा/से कथन सही है/हैं?

(a) केवल 1 (b) केवल 2
(c) 1 और 2 (d) 1, 2 और 3

उत्तर *(a)*

व्याख्या दिए गए कथनों में से केवल कथन (1) सही है।

जिला परिषद्, राज्य सरकार और ग्रामीण प्रशासन के बीच एक महत्त्वपूर्ण कड़ी है। यह पंचायती राजव्यवस्था का शीर्ष निकाय है। यह जिला स्तर पर कार्य करता है।

कथन (2) और (3) सही नहीं हैं, क्योंकि जिला परिषद् के सदस्यों में पंचायत समिति के अध्यक्ष, उस क्षेत्र के संसद सदस्य, विधानसभा एवं विधान परिषद् के सदस्य, जिला परिषद् के सदस्य शामिल होते हैं। महिलाएँ, सहकारी समितियों के प्रतिनिधि भी इसमें शामिल होते हैं।

राज्यों में कृषि, समाज कल्याण तथा सामुदायिक विकास से संबंधित कुछ कार्यों को संपन्न कराने की जिम्मेदारी जिला परिषद् की होती है। जिला परिषद् जिले की पंचायत व्यवस्थाओं के कार्यों का पर्यवेक्षण भी करती है।

19 **निम्नलिखित कथनों पर विचार कीजिए** *(Chap 3, Class-IX & X, Old NCERT) (IAS Pre 2016)*

1. किसी भी व्यक्ति के लिए पंचायत का सदस्य बनने के लिए न्यूनतम निर्धारित आयु 25 वर्ष है।
2. पंचायत के समय-पूर्व भंग होने के पश्चात पुनर्गठित पंचायत केवल अवशिष्ट समय के लिए ही जारी रहती है।

उपर्युक्त में से कौन-सा/से कथन सही नहीं है/हैं?

(a) केवल 1 (b) केवल 2
(c) 1 और 2 दोनों (d) न तो 1 और न ही 2

उत्तर *(a)*

व्याख्या दिए गए कथनों में से कथन (1) सही नहीं है, क्योंकि पंचायती राज संस्थाओं के किसी भी सदस्य के निर्वाचन के लिए 21 वर्ष की न्यूनतम आयु निर्धारित की गई है।

73वें संविधान संशोधन द्वारा पंचायती राज संस्थाओं के निर्वाचन के लिए प्रत्येक 5 वर्षों पर चुनाव कराने की जिम्मेदारी राज्य सरकार की है, जिसके लिए राज्य सरकार द्वारा राज्य निर्वाचन आयोग का गठन किया जाता है।

20 **भारत में ब्लॉक स्तर पर बनी पंचायत समिति केवल है** *(Chap 3, Class-IX & X, Old NCERT) (BPSC Pre 2008)*

(a) सलाहकारी निकाय (b) सलाहकारी समिति
(c) समन्वय और पर्यवेक्षी प्राधिकारी (d) प्रशासनिक प्राधिकारी

उत्तर *(d)*

व्याख्या ब्लॉक स्तर पर पंचायत समिति एक प्रशासनिक प्राधिकारी है। यह ग्राम पंचायत, जिला परिषद् के मध्य संपर्क स्थापित करती है।

पंचायत समिति अपने चुने गए सदस्यों में से प्रमुख तथा उपप्रमुख का निर्वाचन करती है।

21 **निम्नलिखित कथनों पर विचार कीजिए** *(BPSC Pre 2023)* *(Chap 16, Module-3, NIOS)*

73वें संशोधन के बाद विकेंद्रीकरण किया गया

1. निर्णय लेने की शक्तियों का
2. पूर्ण व्यवस्था का
3. न्यायिक शक्तियों का
4. प्रशासनिक शक्तियों का

उपर्युक्त कथनों में से कौन-सा/से कथन सही है/हैं?

(a) 2, 3 और 4 (b) 1, 2 और 3
(c) 1, 2 और 4 (d) इनमें से एक से अधिक

उत्तर (c)

व्याख्या दिए गए कथनों में से कथन (1), (2) और (4) सही हैं।

73वें संविधान संशोधन के बाद निर्णय लेने की शक्तियों का, पूर्ण व्यवस्था का तथा प्रशासनिक शक्तियों की भागीदारी का विकेंद्रीकरण किया गया।

73वें संविधान संशोधन अधिनियम को वर्ष 1992 में पारित किया गया तथा यह भारत में पंचायती राज व्यवस्था लागू करने की दिशा में एक बड़ा कदम था। इस संशोधन अधिनियम के द्वारा संविधान में एक नए भाग IX को जोड़ा गया, जो पंचायत के विषय से संबंधित है। इस भाग में अनुच्छेद 243 से 243 (O) तक नए अनुच्छेदों को जोड़ा गया।

कथन (3) सही नहीं है, क्योंकि इसमें न्यायिक शक्तियों का विकेंद्रीकरण नहीं किया गया है।

22 **निम्नलिखित कथनों पर विचार कीजिए** *(Chap 16, Module-3, NIOS)* *(CGPSC Pre 2023)*

1. संविधान के 73वें और 74वें संशोधन के द्वारा संविधान में त्रिस्तरीय सरकार का प्रावधान किया गया।
2. यह व्यवस्था ऑस्ट्रेलिया के संविधान से ली गई है।
3. 74वाँ संविधान संशोधन विधेयक पंचायतों को संवैधानिक मान्यता प्रदान करने से संबंधित है।

उपर्युक्त कथनों में से कौन-सा/से कथन सही है/हैं?

(a) 1, 2 और 3 (b) 1 और 3
(c) केवल 1 (d) इनमें से कोई नहीं

उत्तर (c)

व्याख्या दिए गए कथनों में से कथन (1) सही है। 73वें और 74वें संविधान संशोधन द्वारा त्रिस्तरीय सरकार का प्रावधान किया गया है। कथन (2) और (3) सही नहीं है, क्योंकि पंचायती राज व्यवस्था को भारतीय संविधान में गाँधीजी के ग्राम स्वराज्य के सपने को साकार करने के लिए अपनाया गया था तथा 74वाँ संविधान संशोधन नगरपालिकाओं को संवैधानिक मान्यता देने से संबंधित है।

23 **अभिकथन (A) 73वाँ संविधान संशोधन भारत के स्थानीय शासन के इतिहास में एक आधार स्तम्भ के रूप में माना जाता है।**

कारण (R) 73वें संविधान संशोधन ने पंचायतों को अति अपेक्षित संवैधानिक दर्जा प्रदान किया। *(UPPSC Pre 2022)* *(Class-XI, Old NCERT)*

कूट

(a) A तथा R दोनों सही हैं तथा R, A की सही व्याख्या है
(b) A तथा R दोनों सही हैं, परंतु R, A की सही व्याख्या नहीं है
(c) A सही है, किंतु R गलत है
(d) A गलत है, किंतु R सही है

उत्तर *(a)*

व्याख्या A और R दोनों सही हैं तथा R, A की सही व्याख्या है।

73वाँ संविधान संशोधन भारत के स्थानीय शासन के इतिहास में एक आधार स्तम्भ के रूप में माना जाता है।

साथ ही इस अधिनियम ने पंचायतों को अति अपेक्षित संवैधानिक दर्जा प्रदान किया। संविधान के अनुच्छेद 40 को इस अधिनियम ने एक व्यावहारिक रूप दिया, जिसमें कहा गया कि "ग्राम पंचायतों को गठित करने के लिए राज्य कदम उठाएगा और उन्हें उन आवश्यक शक्तियों और अधिकारों को प्रदान कर विभूषित करेगा, जिससे वे स्वशासन की इकाई की तरह कार्य करने में सक्षम हों।'

नगर निगम एवं नगरपालिका

24 74वें संविधान संशोधन, 1992 के तहत निम्न प्रावधानों पर विचार कीजिए *(Chap 8, Class-XI, Old NCERT)*

1. शहरी स्थानीय निकायों में SC/ST के लिए उनकी जनसंख्या के अनुपात में सीटें आरक्षित करना।
2. महिलाओं के लिए एक तिहाई सीटें आरक्षित करना।
3. पंचायती राज संस्थाओं के वित्तीय मामलों को देखने के लिए गठित राज्य वित्त आयोग स्थानीय शहरी स्वशासी निकायों के वित्तीय मामलों को भी देखेगा।

उपर्युक्त में से कौन-सा/से कथन सही है/हैं?

(a) 1 और 2 (b) केवल 3 (c) 1 और 3 (d) 1, 2 और 3

उत्तर *(d)*

व्याख्या 74वें संविधान संशोधन, 1992 के प्रावधानों के संदर्भ में सभी कथन सही हैं।

यह संशोधन शहरी स्थानीय शासन से संबंधित है तथा वर्ष 1993 में इस संसोधन को लागू किया गया था। इस अधिनियम के तहत संविधान में भाग-9(A) जोड़ा गया तथा अनुच्छेद-243P से 243(ZG) में इसका प्रावधान किया गया। इस संशोधन के द्वारा नगरों स्थानीय स्वशासी संस्थाओं की स्थापना, उनकी शक्तियाँ तथा कार्यों के संबंध में संवैधानिक प्रावधान किए गए। इस अधिनियम के प्रावधानों को दो वर्गों में विभाजित किया गया है-अनिवार्य और ऐच्छिक प्रावधान। इन प्रावधानों के अतिरिक्त इसमें पंचायती राज संस्थाओं के निर्वाचनों की व्यवस्था करने हेतु गठित राज्य निर्वाचन आयोग द्वारा नगरों की स्थानीय संस्थाओं के निर्वाचन की व्यवस्था का भी प्रावधान है।

25 निम्न कथनों पर विचार कीजिए *(Chap 7, Class-XI, Old NCERT)*

1. नगर के उन स्वशासी क्षेत्रों में, जिनकी जनसंख्या पाँच लाख या उससे अधिक हो, एक या अधिक वार्डों को मिलाकर वार्ड समितियाँ गठित की जानी चाहिए।
2. राज्य का विधानमंडल विधि द्वारा वार्ड समितियों के संगठन की व्यवस्था करता है।

उपर्युक्त में से कौन-सा/से कथन सही नहीं है/हैं?

(a) केवल 1 (b) केवल 2
(c) 1 और 2 दोनों (d) न तो 1 और न ही 2

उत्तर *(a)*

व्याख्या दिए गए कथनों में से कथन (1) सही नहीं है, क्योंकि नगर के उन स्वशासी क्षेत्रों में जिनकी जनसंख्या तीन लाख या उससे अधिक हो, एक या अधिक वार्डों को मिलाकर वार्ड समितियाँ गठित की जानी चाहिए।

26 नगर निगम के संबंध में दिए गए कथनों पर विचार कीजिए *(Chap 3, Class-IX & X, Old NCERT)*

1. नगर निगम की स्थापना संबंधित राज्य विधानमंडल द्वारा बनाए गए कानून के द्वारा की जाती है।
2. नगर निगमों की आय के स्रोत का निर्धारण राज्य का संवैधानिक प्रमुख करता है।
3. अग्निशमन सेवा का संचालन नगर निगम के द्वारा किया जाता है।
4. जल आपूर्ति, बिजली, साफ-सफाई आदि जैसी आवश्यक सार्वजनिक सेवाएँ नगर निगम द्वारा प्रबंधित की जाती हैं।

उपर्युक्त में से कौन-सा/से कथन सही है/हैं?

(a) 1 और 3 (b) केवल 2 (c) केवल 1 (d) 1, 3 और 4

उत्तर *(d)*

व्याख्या नगर निगम के संबंध में कथन (1), (3) और (4) सही हैं।

नगर निगम की स्थापना राज्य विधानमंडल द्वारा बनाए गए कानून के द्वारा की जाती है। प्रत्येक निगम की क्या शक्तियाँ होंगी, इसका निर्णय संबंधित विधानमंडल ही करता है।

अग्निशमन सेवा का संचालन तथा चिड़ियाघर, पार्कों तथा अजायबघरों का प्रबंधन नगर निगम के द्वारा किया जाता है।

जल आपूर्ति, बिजली, सफाई तथा सड़कों पर रोशनी जैसी आवश्यक सार्वजनिक सेवाएँ नगर निगम द्वारा की जाती हैं।

कथन (2) सही नहीं है, क्योंकि नगर निगमों की आय के स्रोत का निर्धारण राज्य विधानमंडल द्वारा किया जाता है, ताकि नगर-निगम अपने कार्य सुचारू रूप से कर सकें।

27 निम्न कथनों में से कौन-सा सही नहीं है? *(Chap 3, Class-IX & X, Old NCERT)*

(a) नगर निगम का सबसे महत्त्वपूर्ण अधिकारी महापौर (मेयर) होता है और वह राज्य सरकार द्वारा चुना जाता है।
(b) नगर निगमों के कार्यों को विभिन्न समितियों तथा उपक्रमों के माध्यम से संपन्न कराया जाता है।
(c) नगर निगम का कार्यकारी अधिकारी निगम आयुक्त कहलाता है।
(d) नगर निगम की नीतियों के क्रियान्वयन का उत्तरदायित्व निगम आयुक्त का होता है।

उत्तर *(a)*

व्याख्या दिए गए कथनों में से कथन (a) सही नहीं है, क्योंकि नगर निगम का सबसे महत्त्वपूर्ण अधिकारी महापौर (मेयर) होता है। वह जनता द्वारा प्रत्यक्ष रूप से निर्वाचित किया जाता है न कि राज्य सरकार द्वारा उसका कार्य निगम की बैठकों की अध्यक्षता करना और उनका संचालन करना है।

28 नगरपालिका के संबंध में दिए गए कथनों में कौन-सा सही है? *(Chap 7, Class-VI, Old NCERT)*

(a) नगरपालिका के सदस्यों की संख्या नगर की कुल जनसंख्या पर निर्भर करती है।
(b) शहरों की स्थानीय संस्थाओं को नगरपालिका कहा जाता है।
(c) नगरपालिका में जनता द्वारा चुने हुए प्रतिनिधि कभी-कभी कुछ अनुभवी व्यक्तियों का चुनाव भी करते हैं, जिन्हें विशिष्ट सदस्य या ऐल्डरमैन कहा जाता है।
(d) उपर्युक्त सभी

उत्तर *(d)*

व्याख्या नगरपालिका के संबंध में सभी कथन सही हैं।

नगरपालिका के सदस्यों की संख्या नगर की कुल जनसंख्या पर निर्भर करती है। प्राय: इनकी संख्या पंद्रह से लेकर साठ वर्ष तक होती है। छोटे शहरों की स्थानीय संस्थाओं को नगरपालिका कहा जाता है।

नगरपालिका में जनता द्वारा चुने हुए प्रतिनिधि कभी-कभी कुछ अनुभवी व्यक्तियों का चुनाव भी करते हैं, इन्हें विशिष्ट सदस्य या 'ऐल्डरमैन' कहा जाता है। नगरपालिका का सदस्य बनने के लिए कम-से-कम आयु 21 वर्ष निर्धारित की गई है।

राज्य वित्त आयोग/योजना समितियाँ

29 राज्य वित्त आयोग के संबंध में दिए गए कथनों पर विचार कीजिए। *(Chap 8, Class-XI, Old NCERT)*

1. वर्ष 1992 में पारित संविधान के 73वें तथा 74वें संविधान संशोधनों के द्वारा प्रत्येक राज्य में एक वित्त आयोग के गठन और उसके अधिकारों की भी व्यवस्था की गई है।
2. राज्य का राज्यपाल 5 वर्ष की अवधि के लिए राज्य वित्त आयोग की नियुक्ति करता है।
3. राज्य का विधानमंडल राज्य वित्त आयोग के गठन व नियुक्ति संबंधी प्रक्रिया की व्यवस्था विधि द्वारा करेगा।
4. राज्य वित्त आयोग पंचायतों तथा नगरपालिकाओं की वित्तीय स्थिति की समीक्षा करता है।

उपर्युक्त में से कौन-सा/से कथन सही है/हैं?

(a) 1 और 2 (b) 3 और 4
(c) 1, 2 और 4 (d) ये सभी

उत्तर *(d)*

व्याख्या राज्य वित्त आयोग के संबंध में सभी कथन सही हैं।

वर्ष 1992 में पारित संविधान के 73वें तथा 74वें संशोधनों के द्वारा प्रत्येक राज्य में एक वित्त आयोग के गठन और उसके अधिकारों की भी व्यवस्था की गई है।

राज्य का राज्यपाल 5 वर्ष की अवधि के लिए वित्त आयोग की नियुक्ति करता है। राज्य का विधानमंडल विधि द्वारा वित्त आयोग के गठन, उसके सदस्यों की नियुक्ति के लिए आवश्यक योग्यता तथा उनकी नियुक्ति की प्रक्रिया विषयक व्यवस्था करता है।

राज्य वित्त आयोग को यह अधिकार है कि वह पंचायतों तथा नगरपालिकाओं की वित्तीय स्थिति की समीक्षा करें।

30 राज्य वित्त आयोग, राज्यपाल को दिए गए किस/किन विषयों पर अपनी संस्तुति प्रस्तुत करता है? *(Chap 8, Class-XI, Old NCERT)*

1. राज्य द्वारा लगाए गए करों, शुल्कों, पथ-करों और फीस को राज्य और नगरीय संस्थाओं तथा राज्य और पंचायतों के बीच वितरित किए जाने संबंधी विषय पर।
2. किसी अन्य विषय पर जिसे राज्यपाल ने पंचायतों/नगरपालिकाओं के हित में आयोग को विचारार्थ भेजा हो।

कूट

(a) केवल 1
(b) केवल 2
(c) 1 और 2 दोनों
(d) न तो 1 और न ही 2

उत्तर *(c)*

व्याख्या राज्य वित्त आयोग राज्यपाल को निम्नलिखित विषय पर अपनी संस्तुति प्रदान करता है

- इसके आधार पर राज्य द्वारा लगाए गए करों, शुल्कों, पथ करों और फीस को राज्य और नगरीय संस्थाओं तथा राज्य और पंचायतों के बीच वितरित किया जाए।
- किसी अन्य विषय पर जिसे राज्यपाल ने पंचायतों/ नगरपालिकाओं के हित में वित्त आयोग को विचारार्थ भेजा हो।
- स्थानीय स्वशासन, संस्थाओं में वित्तीय स्थिति को सुधारने से संबंधित सुझाव।

31 जिला योजना समिति के संबंध में कौन-सा कथन सही है? *(Chap 7, Class-XI, Old NCERT)*

(a) इसके गठन का उद्देश्य संबंधित जिले की पंचायतों तथा नगरीय संस्थाओं द्वारा तैयार की गई योजनाओं को संग्रहीत कर एक विकास की रूपरेखा में परिणत करना।
(b) इस प्रकार योजनाओं के निर्माण में पंचायत और नगरपालिका के हितों का ध्यान रखना।
(c) इस समिति के अध्यक्ष का कार्य जिले से संबंधित योजनाओं को राज्य सरकार तक पहुँचाना है।
(d) उपर्युक्त सभी

उत्तर *(d)*

व्याख्या जिला योजना समिति के संबंध में सभी कथन सही हैं।

प्रत्येक राज्य के जिला स्तर पर एक जिला योजना समिति गठित की जाती है, जो जिले की पंचायतों तथा नगरीय संस्थाओं द्वारा तैयार की गई योजनाओं को संग्रहीत करके पूरे जिले के लिए एक विकास योजना का प्रारूप तैयार करती है। यह समिति योजना का प्रारूप बनाते समय पंचायतों तथा नगरीय संस्थाओं के बीच समान हित को ध्यान में रखती है। जिला योजना समिति का अध्यक्ष जिले की योजना को राज्य सरकार के पास अग्रसर करता है।

32 निम्नलिखित कथनों पर विचार कीजिए *(Chap 7, Class-XI, Old NCERT) (IAS Pre 2011)*

भारत में महानगर योजना समिति

1. भारतीय संविधान के प्रावधानों के अंतर्गत गठित होती है।
2. महानगर क्षेत्र की घोषणा राज्यपाल द्वारा की जाती है।
3. महानगर योजना समिति संबंधित महानगर क्षेत्र के लिए विकास योजना तैयार करती है।
4. उस महानगरीय क्षेत्र में सरकार की प्रायोजित योजनाओं को लागू करने का पूर्ण दायित्व पूरा करती है।

उपर्युक्त में से कौन-सा/से कथन सही है/हैं?

(a) 1 और 2 (b) केवल 2 (c) 1 और 3 (d) ये सभी

उत्तर *(d)*

व्याख्या भारत में महानगर योजना समिति के संबंध में सभी कथन सही हैं।

10 लाख या उससे अधिक जनसंख्या वाले क्षेत्र को, जिसमें एक या अधिक जिले समाविष्ट हों तथा जो दो या दो से अधिक नगरीय संस्थाओं अथवा पंचायतों से मिलकर बनता हो, को राज्यपाल एक महानगर क्षेत्र घोषित कर सकता है।

महानगर क्षेत्र में उस क्षेत्र की विकास योजना तैयार करने के लिए एक महानगर योजना समिति होती है।

महानगर योजना समिति का दायित्व होता है कि वह सरकार की योजनाओं को महानगरों में लागू करें।

33 राज्य वित्त आयोग की निम्न सिफारिशों पर विचार कीजिए *(Unit 12, Class-XI, Tamil Nadu Board)*

1. राज्य सरकार और नगरपालिकाओं के बीच राज्य द्वारा सौंपे जाने वाले करों, कर्त्तव्यों, टोल और शुल्क की शुद्ध आय का वितरण,
2. नगरपालिकाओं द्वारा सौंपे या विनियोजित किए जाने वाले करों, शुल्कों और शुल्कों का निर्धारण,
3. राज्य को वित्तपोषित करने के लिए सहायता अनुदान।

उपर्युक्त में से कौन-सा/से कथन सही है/हैं?

(a) 1 और 3 (b) 1 और 2 (c) 2 और 3 (d) 1, 2 और 3

उत्तर *(d)*

व्याख्या राज्य वित्त आयोग की सिफारिशों के संबंध में सभी कथन सही हैं।

राज्य वित्त आयोग एक संवैधानिक निकाय है, पंचायतों एवं नगरपालिकाओं के साझे हित के लिए इस आयोग के गठन की प्रक्रिया को 73वें तथा 74वें संविधान संशोधन अधिनियम में उपबंध किया गया है। भारतीय संविधान के अनुच्छेद-243(I) के तहत राज्य वित्त आयोग का राज्यपाल द्वारा प्रत्येक 5 वर्ष की अवधि के लिए नियुक्ति किया जाएगा। अनुच्छेद-280 के तहत, केंद्र के वित्त आयोग के तर्ज पर वर्ष 1993 में भारत के सभी राज्यों में राज्य वित्त आयोग का गठन किया गया था। इसके तहत पंचायतों की वित्तीय स्थिति की समीक्षा की जाती है।

जिला प्रशासन एवं सहकारिता

34 जिला प्रशासन के कार्यों के संबंध में दिए गए कथनों में से कौन-सा कथन सही नहीं है? *(Chap 8, Class-XI, Old NCERT)*

(a) जिला प्रशासन नियामकीय कार्यों जिसमें भूमि प्रशासन, शांति एवं व्यवस्था स्थापित करना, खाद्य एवं नागरिक आपूर्ति का नियंत्रण, विनियमन तथा वितरण आदि आते हैं, की व्यवस्था करता है।

(b) जिला प्रशासन कुछ विकास कार्य; जैसे—कृषि उत्पादन, सहकारिता, पशुपालन, शिक्षा, स्वास्थ्य आदि की भी व्यवस्था हेतु उत्तरदायी होता है।

(c) यह आपात सेवाओं की व्यवस्था करता है तथा प्राकृतिक आपदा आदि से राहत हेतु कार्य भी संपन्न कराता है।

(d) संसद, राज्य विधानमंडल तथा स्थानीय संस्थाओं (ग्रामीण तथा नगरीय दोनों) के निर्वाचनों की व्यवस्था राज्य निर्वाचन आयोग करता है न कि जिला प्रशासन।

उत्तर *(d)*

व्याख्या जिला प्रशासन के कार्यों के संबंध में कथन (d) सही नहीं है, क्योंकि जिला प्रशासन संसद, राज्य विधानमंडल तथा स्थानीय संस्थाओं (ग्रामीण एवं नगरीय दोनों) के निर्वाचनों की व्यवस्था करता है। निर्वाचन की संपूर्ण व्यवस्था का नियंत्रण केंद्रीय निर्वाचन आयोग करता है। जिला प्रशासन निर्वाचन आयोग के निर्देशों का पालन तथा उसे लागू करने का कार्य करता है।

35 निम्नलिखित कथनों पर विचार कीजिए *(Chap 3, Class-IX & X, Old NCERT)*

1. उपायुक्त जिले के लिए बजट तैयार करता है और राज्य के उच्चतर अधिकारियो के समक्ष प्रस्तुत करता है।
2. तहसीलों एवं उपमंडलों के प्रशासनिक अधिकारी उपायुक्त के नियंत्रण व देख-रेख में कार्य करते हैं।
3. उपायुक्त के अन्य कई कार्यों में से एक है, संबंधित जिले में अपने अधीनस्थों के माध्यम से मालगुजारी एकत्र करवाना।

उपर्युक्त में से कौन-सा/से कथन सही है/हैं?

(a) केवल 1 (b) 1 और 2

(c) केवल 3 (d) ये सभी

उत्तर *(d)*

व्याख्या दिए गए सभी कथन सही हैं।

उपायुक्त जिले के लिए बजट तैयार करता है और राज्य के उच्चतर अधिकारियों के समक्ष प्रस्तुत करता है। वह प्रतिवर्ष अपने जिले के प्रशासन के संबंध में राज्य सरकार को एक प्रतिवेदन भेजता है।

तहसीलों तथा उपमंडलों के प्रशासनिक अधिकारी उपायुक्त के नियंत्रण व देख-रेख में कार्य करते हैं।

उपायुक्त के अन्य कई कार्यों में से एक है, संबंधित जिले में अपने अधीनस्थों के माध्यम से मालगुजारी एकत्र करवाना। वह यह भी सुनिश्चित करता है कि जिले के लोग सरकार को कर अदा कर दें तथा अन्य बकाया रकम का भुगतान कर दें, इसलिए उसे जिला कलक्टर भी कहा जाता है।

36 सहकारिता के संबंध में दिए गए कथनों में से कौन-सा कथन सही नहीं है? *(Chap 4, Class-VI, Old NCERT)*

(a) सहकारी समिति का सदस्य वही बन सकता है, जो ग्राम पंचायत में अपने मताधिकार का प्रयोग कर चुका हो।

(b) उपभोक्ता सहकारी समितियों का उद्देश्य बाजार में बढ़ती हुई कीमतों को रोकना है।

(c) सहकारी समिति का सदस्य बनने के लिए प्रत्येक व्यक्ति को एक शुल्क देना पड़ता है।

(d) सहकारी समितियाँ अपने सदस्यों को उनकी वास्तविक आवश्यकताओं की पूर्ति के लिए कम सूद पर कर्ज देती हैं।

उत्तर *(a)*

व्याख्या सहकारिता के संबंध में कथन (a) सही नहीं है, क्योंकि सहकारिता की सबसे बड़ी विशेषता यह है कि लोग अपनी इच्छा से सहकारी समिति के सदस्य वही बनते हैं। सभी सदस्यों को समान अधिकार प्राप्त होते हैं।

अध्याय 20

निर्वाचन प्रणाली एवं दलीय व्यवस्था

निर्वाचन प्रणाली एवं दलीय व्यवस्था

निर्वाचन का परिचय एवं निर्वाचन आयोग

परिचय
- सार्वभौमिक वयस्क मताधिकार के आधार पर मतदान किया जाता है
- अनुच्छेद 326 में निर्वाचन से संबंधित प्रावधान दिए गए हैं
- 18 वर्ष या उससे अधिक आयु के व्यक्ति को वोट देने का अधिकार है

वोट देने की अयोग्यता की शर्त
- मानसिक रूप से अस्वस्थ, चुनाव संबंधी अपराधों के लिए दंडित, भारत का गैर नागरिक
- **निर्वाचन प्रक्रिया** निर्वाचन आयोग मतदान निर्वाचन की तारीख निर्धारित एवं घोषित करता है।
- गुप्त मतदान किया जाता है
- **नामांकन** चयन के बाद उम्मीदवार निर्वाचन कार्यालयों में नामांकन दाखिल करते है

भारत निर्वाचन आयोग
- यह एक संवैधानिक निकाय है
- इसे 26 जनवरी, 1950 में स्थापित किया गया।
- यह स्वतंत्र और निष्पक्ष निर्वाचन की देखरेख करता है

नियुक्ति एवं कार्यकाल
- इनकी नियुक्ति राष्ट्रपति द्वारा की जाती है
- नियुक्ति के बाद सेवा में परिवर्तन नहीं किया जा सकता है

निर्वाचन आयोग के सदस्यों का निष्कासन और त्यागपत्र
- मुख्य निर्वाचन आयुक्त को सर्वोच्च न्यायालय के न्यायाधीश की तरह पद से हटाया जा सकता है।
- अन्य निर्वाचन आयुक्त को हटाने के लिए मुख्य निर्वाचन आयुक्त की अनुशंसा की आवश्यकता होती है।

शक्तियाँ एवं कार्य
- मतदाता सूची तैयार करने का प्रत्यक्ष पर्यवेक्षण एवं नियंत्रण करना
- उम्मीदवार के निर्वाचन खर्च की जाँच करना

निर्वाचन प्रणाली एवं दल-बदल विरोधी कानून

निर्वाचन प्रणाली
- बहुलता प्रणाली उम्मीदवार **फर्स्ट-पास्ट-द-पोस्ट** वोटिंग के माध्यम से चुना जाता है देश को एकल सदस्य निर्वाचन क्षेत्र में विभाजित किया गया है
- मतदाता एक उम्मीदवार को चुनते हैं।
- सबसे अधिक वोट पाने वाला उम्मीदवार, भले ही उससे आधे भी कम वोट प्राप्त करता हो, जीत जाता है

बहुमत प्रणाली
- दूसरा मतपत्र प्रणाली फर्स्ट -पास्ट-द-पोस्ट सिस्टम की तरह एकल विकल्प मतदान का उपयोग करती है, पहला मतपत्र जीतने के लिए उम्मीदवार को समग्र बहुमत की आवश्यकता होती है।
- **वैकल्पिक मतदान प्रणाली** अधिमान्य मतदान, जीतने वाले उम्मीदवार को कुल वोटों का कम से कम 50% वोट मिलना चाहिए।

निर्वाचन संबंधी कानून जन-प्रतिनिधित्व अधिनियम, 1950
- राज्य, जिला और निर्वाचन क्षेत्र स्तर पर चुनाव मशीनरी स्थापित करता है
- मतदाता सूची की तैयारी और पुनरीक्षण करता है

जन प्रतिनिधित्व अधिनियम, 1951
- निर्वाचन संचालन के लिए कानूनी स्वीकृति प्रदान करता है
- निर्वाचन के दौरान शांति व्यवस्था सुनिश्चित करना, निष्पक्षता, नागरिक सेवा तटस्थता सुनिश्चित करना
- चुनाव चिह्न (आरक्षण एवं आवंटन आदेश, 1968)

दल-बदल विरोधी कानून
- 52वें संशोधन अधिनियम, 1985 के माध्यम से संविधान में शामिल किया गया
- दल-बदल कानून के तहत किसी भी विधायक या सांसद को अयोग्य घोषित किया जा सकता है।

निर्वाचन सुधार एवं राजनीतिक दल

निर्वाचन सुधार
- इसका उद्देश्य निर्वाचन परिणामों में जनता की इच्छा का प्रतिनिधित्व बढ़ाना है
- इसके द्वारा निर्वाचन आयोग की शक्तियाँ सुदृढ़ की गईं हैं

निर्वाचन आयोग द्वारा निर्वाचन संबंधी सुधार
- आदर्श आचार संहिता को लागू करना एवं उसका पालन करवाना
- उम्मीदवारों को आपराधिक रिकॉर्ड का खुलासा करने वाला हलफनामा जमा करना होगा
- निर्वाचन में धांधली रोकने के लिए इलेक्ट्रॉनिक वोटिंग मशीन (एतच्) की शुरुआत की गई है

भारत में राजनीतिक दल
- **राष्ट्रीय दल**
  - लोकसभा या राज्यों के विधानसभा निर्वाचन में 4 अलग-अलग राज्यों से कुल वैध मतों के 6% मत प्राप्त करे तथा इसके अतिरिक्त 4 लोकसभा सीटों पर जीत दर्ज करे।
  - कम-से-कम 4 राज्यों में पिछले आम निर्वाचन में कुल वोटों का 4% या उसके बराबर प्राप्त किया हो।
- प्रमुख राष्ट्रीय दल
  - भारतीय राष्ट्रीय कांग्रेस
  - कम्युनिस्ट पार्टी ऑफ इंडिया (मार्क्सवादी)
  - भारतीय जनता पार्टी (भाजपा)
  - बहुजन समाज पार्टी (बसपा)
  - आम आदमी पार्टी (आप)
  - नेशनल पीपुल्स पार्टी
- **राज्य स्तरीय दल के पुनर्संगठित होने के मानदंड**
  - संबंधित राज्य विधानसभा के आम निर्वाचन में राज्य में डाले गए वैध मतों का 6% मत प्राप्त किया हो और साथ ही यह उसी राज्य की विधानसभा में 2 सीटें जीता हो
  - लोकसभा के आम चुनाव में राज्य में कुल वैध मतों का 6% प्राप्त किया हो, विधानसभा के आम चुनाव में विधानसभा में 3% सीटें जीता हो

SOURCE New NCERT Class VI सरकार क्या है, New NCERT Class VIII हमें संसद क्यों चाहिए, New NCERT Class IX चुनावी राजनीति, New NCERT Class X जन संघर्ष और आंदोलन, राजनीतिक दल, Old NCERT Class X लोकतंत्र, Old NCERT Class IX & X निर्वाचन, राजनीतिक दल, लोकतंत्र, New NCERT Class XI चुनाव और प्रतिनिधित्व, New NCERT Class XII एक दल के प्रभुत्व का दौर, कांग्रेस प्रणाली : चुनौतियाँ और पुनर्स्थापना, लोकतांत्रिक व्यवस्था का संकट, भारतीय राजनीति : नए बदलाव, Old NCERT Class XII वयस्क मताधिकार तथा चुनावी सहभागिता, चुनाव सुधार, चुनाव आयोग एवं चुनाव प्रक्रिया, राजनीतिक दल और दल प्रणाली, हित समूह और दबाव समूह NIOS Module-4 Chap-17, Tamil Nadu Board Class-XI Unit 11

निर्वाचन प्रणाली

1 लोकतंत्र के संदर्भ में निम्नलिखित में से कौन-सा कथन सही नहीं है? *(Chap 9, Class-IX & X, Old NCERT)*

(a) प्रत्येक लोकतंत्र में जनता स्वयं अपना शासन संचालित करती है।
(b) लोकतांत्रिक सरकार नागरिकों को पर्याप्त स्वतंत्रता प्रदान करती है।
(c) अप्रत्यक्ष लोकतंत्र में जनता अपने प्रतिनिधियों का चुनाव करती है।
(d) अप्रत्यक्ष लोकतंत्र में महत्त्वपूर्ण निर्णय लेने और प्रशासन चलाने में नागरिकों की भूमिका महत्त्वपूर्ण होती है।

उत्तर *(d)*

व्याख्या लोकतंत्र के संदर्भ में कथन (d) सही नहीं है, क्योकि अप्रत्यक्ष लोकतंत्र में महत्त्वपूर्ण निर्णय लेने और प्रशासन चलाने में नागरिकों (जनता) की नहीं, बल्कि नागरिकों (जनता) द्वारा चुने हुए प्रतिनिधियों की भूमिका महत्त्वपूर्ण होती है।

2 भारत में विभिन्न चुनावों के लिए निम्नलिखित में से कौन-सी निर्वाचन प्रणाली अपनाई जाती है? *(Chap 2, Class-XII, Old NCERT)*

1. फर्स्ट पास्ट दि पोस्ट व्यवस्था
2. आनुपातिक प्रतिनिधित्व की सूची प्रणाली
3. एकल संक्रमणीय आनुपातिक प्रतिनिधित्व की प्रणाली

कूट

(a) 1 और 2 (b) 1 और 3 (c) 2 और 3 (d) 1, 2 और 3

उत्तर *(b)*

व्याख्या भारत में विभिन्न चुनावों के लिए अपनाई जाने वाली निर्वाचन प्रणाली के संबंध में कथन (1) और (3) सही हैं। भारत में लोकसभा तथा राज्य विधानसभाओं के चुनावों में बहुलवादी प्रणाली अपनाई गई है। इस प्रणाली को ही 'फर्स्ट पास्ट दी पोस्ट व्यवस्था' कहा जाता है। इसका अर्थ है कि जो सबसे आगे है उसकी जीत है।

राष्ट्रपति तथा उपराष्ट्रपति के निर्वाचन में तथा राज्यसभा व राज्य विधान परिषदों के चुनावों में एकल संक्रमणीय आनुपातिक प्रतिनिधित्व प्रणाली अपनाई जाती है।

यह प्रणाली निर्वाचन एवं निर्वाचक मंडल द्वारा संपन्न होता है। इसमें सदस्यों के मत का मूल्य एक विधि द्वारा निर्धारित कर दिया जाता है।

3 निर्वाचन प्रणाली के संदर्भ में निम्नलिखित में से एक कौन-सा/से युग्म सही सुमेलित है/हैं? *(Chap 2, Class-XII, Old NCERT)* *(Chap 17, Module-4, NIOS)*

1. बहुलवादी व्यवस्था-सर्वाधिक मत प्राप्त करने वाले उम्मीदवार को विजयी घोषित किया जाता है।
2. आनुपातिक प्रतिनिधित्व प्रणाली-संसद या राज्य विधायिकाओं में राजनीतिक दलों को उनके द्वारा प्राप्त मतों के अनुपात में सीटें प्राप्त होती हैं।
3. बहुमतीय प्रणाली-एक व्यक्ति को 50% से अधिक मत प्राप्त करने पर विजयी घोषित किया जाता है।

कूट

(a) केवल 1 (b) 1 और 2
(c) 1 और 3 (d) 1, 2 और 3

उत्तर *(d)*

व्याख्या निर्वाचन प्रणाली के संदर्भ में सभी युग्म सही सुमेलित हैं।

बहुलवादी व्यवस्था में जिस उम्मीदवार को सर्वाधिक मत प्राप्त होते हैं, भले ही वे डाले गए कुल मतों के आधे से कम ही क्यों न हों, विजयी घोषित किया जाता है।

आनुपातिक प्रतिनिधित्व शब्द का प्रयोग चुनाव की उस व्यवस्था के सिद्धांत को दर्शाता है, जिसके अनुरूप संसद या राज्य विधायिकाओं में राजनीतिक दलों को उनके द्वारा प्राप्त मतों के अनुपात में सीटें प्राप्त होती हैं।

बहुमतीय प्रणाली में एक व्यक्ति एकल चुनाव क्षेत्र से तभी विजयी घोषित किया जाता है, जब उसे स्पष्ट बहुमत अर्थात् 50% से अधिक मत प्राप्त होता हो।

4 संविधान के किस अनुच्छेद में यह प्रावधान किया गया है कि लोकसभा तथा राज्य विधानसभाओं के सदस्यों का चुनाव वयस्क मताधिकार के आधार पर होगा? *(Unit 11, Class-XI, Tamil Nadu Board)* *(Chap 1, Class-XII, Old NCERT) (CGPSC Pre 2018)*

(a) अनुच्छेद 326
(b) अनुच्छेद 325
(c) अनुच्छेद 324
(d) अनुच्छेद 323

उत्तर *(a)*

व्याख्या भारतीय संविधान के अनुच्छेद 326 में यह प्रावधान किया गया है कि लोकसभा तथा राज्य विधानसभाओं के सदस्यों का चुनाव वयस्क मताधिकार के आधार पर होगा अर्थात् 18 वर्ष का (वर्ष 1989 से पहले यह आयु सीमा 21 वर्ष निर्धारित थी) भारतीय नागरिक मताधिकार का प्रयोग करेगा, जो संबद्ध विधायिका द्वारा निर्मित नियमानुसार निर्धारित होगा।

5 सूची I को सूची II से सुमेलित कीजिए *(Chap 3, Class-IX, New NCERT)*

सूची I (सिद्धांत)	सूची II (चुनाव प्रणाली की विशेषता)
A. सार्वभौम वयस्क मताधिकार	1. हर चुनाव क्षेत्र में लगभग बराबर मतदाता
B. कमजोर वर्गों को प्रतिनिधित्व	2. 18 वर्ष और उससे अधिक आयु के सभी व्यक्तियों को मताधिकार
C. खुली राजनीतिक प्रतिद्वंद्विता	3. सभी को पार्टी बनाने या चुनाव लड़ने की स्वतंत्रता
D. एक मत, एक मोल	4. अनुसूचित जातियों/जनजातियों के लिए सीटों का आरक्षण

कूट

	A	B	C	D
(a)	1	2	3	4
(b)	2	4	3	1
(c)	2	4	1	3
(d)	2	3	1	4

उत्तर *(b)*

व्याख्या सही सुमेलन A-2, B-4, C-3, D-1 हैं।

सार्वभौम वयस्क मताधिकार के अंतर्गत भारत में 18 वर्ष और उससे अधिक आयु के सभी व्यक्तियों को मताधिकार प्राप्त है।

भारतीय राजनीति में कमजोर वर्गों को प्रतिनिधित्व देने हेतु अनुसूचित जाति/जनजाति आदि के लिए सीटों के आरक्षण की व्यवस्था की गई है, ताकि उन्हें अपनी भूमिका का निर्वहन करने में सहायता मिल सके।

खुली राजनीतिक प्रतिद्वंद्विता एक स्वस्थ लोकतंत्र की ओर संकेत करती है, जिसमें कोई भी व्यक्ति या समूह राजनीतिक दल बनाने और चुनाव लड़ने के लिए स्वतंत्र है।

एक मत, एक मोल का आशय प्रत्येक चुनाव क्षेत्र में मतदाताओं के लगभग बराबर मतों को दर्शाता है।

6 निम्नलिखित में कौन-सा कथन राज्यसभा और लोकसभा के सदस्यों के चुनाव की प्रणाली में समान है? *(Chap 3, Class-XI, New NCERT)*

(a) 18 वर्ष से ज्यादा की उम्र का हर नागरिक मतदान करने योग्य है
(b) विभिन्न प्रत्याशियों के बारे में मतदाता अपनी पसंद को वरीयता क्रम में रख सकता है
(c) प्रत्येक मत का समान मूल्य होता है
(d) विजयी उम्मीदवार को आधे से अधिक मत प्राप्त होने चाहिए

उत्तर *(c)*

व्याख्या दिए गए कथनों में से कथन (c) राज्यसभा और लोकसभा के सदस्यों के चुनाव की प्रणाली में समानता है, क्योंकि लोकसभा तथा राज्यसभा के चुनावों में प्रत्येक मत का मूल्य समान होता है। भारत में लोकसभा तथा विधानसभा के चुनावों में 'फर्स्ट पास्ट-द-पोस्ट' चुनाव पद्धति को अपनाया गया है, किंतु राज्यसभा के लिए समानुपातिक प्रतिनिधित्व प्रणाली को अपनाया गया है।

लोकसभा के निर्वाचन में जनता प्रत्यक्षत: भाग लेती है, किंतु राज्यसभा चुनाव में विधानसभा में, जनता के चुने प्रतिनिधि हिस्सा लेते हैं।

7 भारत के चुनाव लोकतांत्रिक हैं, यह बताने के लिए कौन-सा कारण सही नहीं है? *(Chap 3, Class-IX, New NCERT Exercise)*

(a) भारत में दुनिया के सबसे ज्यादा मतदाता हैं
(b) भारत में चुनाव आयोग काफी शक्तिशाली है
(c) भारत में 18 वर्ष से अधिक आयु का हर व्यक्ति मतदाता है
(d) भारत में चुनाव हारने वाली पार्टियाँ जनादेश स्वीकार कर लेती हैं

उत्तर *(d)*

व्याख्या भारत में चुनाव लोकतांत्रिक हैं, इसे प्रमाणित करने का कारण चुनाव हारने वाली पार्टियों द्वारा जनादेश स्वीकार करना नहीं है।

भारत में चुनाव के लोकतांत्रिक होने का कारण इसकी विशालता, सर्वस्वीकार्यता तथा सार्वभौम वयस्क मताधिकार का होना है।

निर्वाचन आयोग

8 वयस्क मताधिकार (ऐडल्ट फ्रेंचाइज) से संबंधित कथनों पर विचार कीजिए *(Chap 17, Module-4, NIOS)* *(Unit 11, Class-XI, Tamil Nadu Board)*

1. ऐडल्ट फ्रेंचाइज शब्द की उत्पत्ति फ्रेंच भाषा के 'फ्रेंक' शब्द से हुई है, जिसका अर्थ 'स्वतंत्र' होता है।
2. यह सार्वभौमिक मताधिकार है, जो अपने प्रतिनिधि को चुनने का अधिकार देता है।
3. 61वें संविधान संशोधन, 1987 द्वारा चुनाव में मतदान की आयु 21 वर्ष से घटाकर 18 वर्ष कर दी गई।

उपर्युक्त में से कितने कथन सही नहीं हैं?

(a) केवल एक (b) केवल दो
(c) सभी तीन (d) इनमें से कोई भी नहीं

उत्तर *(a)*

व्याख्या वयस्क मताधिकार (ऐडल्ट फ्रेंचाइज) से संबंधित केवल एक कथन (3) सही नहीं है, क्योंकि 61वें संविधान संशोधन, 1989 द्वारा चुनावों में मतदान की आयु को घटाकर 21 से 18 वर्ष कर दिया गया था ना कि वर्ष 1987 में। जनता द्वारा मत डालने तथा अपने प्रतिनिधि चुनने के अधिकार को वयस्क मताधिकार कहते हैं। इसके अंतर्गत प्रत्येक वह व्यक्ति जिसने 18 वर्ष की आयु पूरी कर ली है, उसे मत देने का अधिकार प्रदान किया गया हैं।

9 निर्वाचन आयोग के संदर्भ में निम्नलिखित में से एक कौन-सा कथन सही है? *(Chap 2, Class-XII, New NCERT)*

(a) भारत में चुनाव आयोग का गठन जनवरी 1950 में हुआ
(b) भारतीय संविधान के अनुच्छेद 324 में निर्वाचन आयोग के गठन का प्रावधान है
(c) सुकुमार सेन भारत के पहले चुनाव आयुक्त थे
(d) उपर्युक्त सभी

उत्तर *(d)*

व्याख्या निर्वाचन आयोग के संदर्भ में सभी कथन सही हैं।

निर्वाचन आयोग एक स्थायी व स्वतंत्र निकाय है। इसका गठन भारत के संविधान द्वारा देश में स्वतंत्र व निष्पक्ष चुनाव संपन्न कराने हेतु जनवरी, 1950 में किया गया था। भारतीय संविधान के अनुच्छेद 324 के अनुसार, संसद, राज्य विधानमंडल, राष्ट्रपति व उपराष्ट्रपति के पदों के निर्वाचन के लिए संचालन, निर्देशन व नियंत्रण की जिम्मेदारी निर्वाचन आयोग की है।

जनवरी 1950 से अक्टूबर, 1989 तक निर्वाचन आयोग एक सदस्यीय निकाय के रूप में कार्य करता था, जिसमें केवल मुख्य निर्वाचन अधिकारी होता था। भारत के प्रथम चुनाव आयुक्त सुकुमार सेन थे।

10 निर्वाचन आयोग के कार्यों के संदर्भ में निम्नलिखित कथनों पर विचार कीजिए *(Chap 3, Class-XI, New NCERT)*

1. मतदाता सूचियाँ बनाना
2. आचार संहिता लागू करवाना
3. मतदान तथा मतगणना की तिथि घोषित करना
4. चुनाव परिणामों की घोषणा करना।

उपर्युक्त कथनों में से कौन-सा/से कथन सही हैं?

(a) 1, 3, और 4 (b) 1 और 2 (c) 1, 2, 3 (d) ये सभी

उत्तर *(d)*

व्याख्या निर्वाचन आयोग के कार्यों के संदर्भ में सभी कथन सही हैं।

निर्वाचन आयोग एक स्वायत्त एवं अर्द्ध-न्यायिक संस्था है, जिसकी स्थापना 25 जनवरी, 1950 को की गई थी। भारतीय संविधान के अनुच्छेद 324 में निर्वाचन आयोग के गठन का प्रावधान है। निर्वाचन आयोग की सहायता के लिए प्रत्येक राज्य में एक निर्वाचन अधिकारी होता है। आयोग में एक मुख्य चुनाव आयुक्त और दो चुनाव आयुक्त होते हैं, इनकी नियुक्ति भारत का राष्ट्रपति करता है।

11 निम्न कथनों पर विचार कीजिए *(Chap 3, Class-XI, New NCERT)*

1. निर्वाचन आयोग में मुख्य निर्वाचन आयुक्त के अतिरिक्त कुछ अन्य सदस्य भी होते हैं और इन सभी की नियुक्ति राष्ट्रपति द्वारा की जाती है।
2. कार्यों को संपन्न करने में सहायता करने के लिए राष्ट्रपति निर्वाचन आयोग के परामर्श से कुछ क्षेत्रीय आयुक्त भी, जिन्हें वह उचित समझे, नियुक्त कर सकता है।

उपर्युक्त में से कौन-सा/से कथन सही है/हैं?

(a) केवल 1 (b) केवल 2
(c) 1 और 2 (d) न तो 1 और न ही 2

उत्तर *(c)*

व्याख्या दिए गए दोनों कथन सही हैं।

संविधान के अनुच्छेद 324 में यह वर्णित है, कि निर्वाचन आयोग मुख्य निर्वाचन आयुक्त और अन्य आयुक्तों से मिलकर बना है। इन सभी की नियुक्ति राष्ट्रपति द्वारा की जाती है। राष्ट्रपति, निर्वाचन आयोग की सलाह पर प्रादेशिक आयुक्तों की नियुक्ति कर सकता है, जिसे वह निर्वाचन आयोग की सहायता के लिए आवश्यक समझे।

12 भारत के निर्वाचन आयोग के संदर्भ में निम्नलिखित कथनों पर विचार कीजिए *(Chap 8, Class-XI, Old NCERT) (IAS Pre 2002)*

1. मुख्य चुनाव आयुक्त और अन्य चुनाव आयुक्तों को समान अधिकार प्राप्त है, किंतु मिलने वाले वेतन में असमानता है।
2. मुख्य चुनाव आयुक्त वही वेतन पाने का हकदार है, जितना उच्चतम न्यायालय के न्यायाधीशों को दिया जाता है।
3. मुख्य निर्वाचन आयुक्त को उसी प्रकार और उन्हीं आधारों पर अपदस्थ किया जाता है जिस प्रकार और जिन आधारों पर उच्चतम न्यायालय का कोई भी न्यायाधीश अपदस्थ किया जाता है।
4. चुनाव आयुक्तों का कार्यकाल पदग्रहण की तिथि से 5 वर्ष के लिए या 62 वर्ष की आयु (जो भी पहले हो) तक होता है।

उपर्युक्त में से कौन-सा/से कथन सही है/हैं?

(a) 1 और 2
(b) 2 और 3
(c) 1 और 4
(d) 2 और 4

उत्तर (b)

व्याख्या भारत के निर्वाचन आयोग के संदर्भ में कथन (2) और (3) सही हैं, क्योंकि मुख्य चुनाव आयुक्त तथा अन्य चुनाव आयुक्तों के अधिकार, वेतन तथा भत्ता समान हैं।

उन्हें वही वेतन मिलता है, जो उच्चतम न्यायालय के न्यायाधीशों को प्राप्त है। मुख्य चुनाव आयुक्त अपने पद पर 6 वर्ष या 65 वर्ष की आयु (जो पहले आए) तक रह सकता है। उसे उसी प्रकार हटाया जाता है, जो उच्चतम न्यायालय के न्यायाधीशों के लिए वर्णित है।

13 निर्वाचन आयोग के कार्यों के संदर्भ में निम्नलिखित में से कौन-से कथन सही हैं? *(Chap 2, Class-XII, Old NCERT)*

1. मतदाता सूची तैयार करना।
2. राजनीतिक दलों को मान्यता देना।
3. चुनावों के कार्यक्रम का निर्धारण करना।
4. उम्मीदवारों एवं मतदाताओं के लिए दिशा-निर्देश जारी करना।
5. चुनाव परिणामों की घोषणा करना।

कूट

(a) 1, 2 और 5
(b) 1, 3 और 4
(c) 1 और 3
(d) उपर्युक्त सभी

उत्तर (d)

व्याख्या निर्वाचन आयोग के कार्यों के संदर्भ में सभी कथन सही हैं।

निर्वाचन आयोग के प्रमुख कार्य निम्न हैं

- समय-समय पर निर्वाचक-नामावली (मतदाता सूची) तैयार करना और सभी योग्य मतदाताओं को पंजीकृत करना।
- निर्वाचन की तिथि और समय-सारणी निर्धारित करना एवं नामांकन पत्रों का परीक्षण करना।
- राजनीतिक दलों को मान्यता प्रदान करना एवं उन्हें निर्वाचन चिह्न आवंटित करना।
- निर्वाचन के समय दलों एवं उम्मीदवारों के लिए आचार-संहिता निर्मित करना।
- चुनाव के परिणामों की घोषणा करना आदि।

14 भारतीय चुनाव आयोग द्वारा संसदीय और विधानसभा क्षेत्रों के चुनावों में इलेक्ट्रॉनिक वोटिंग मशीन (EVMs) और वोटर वेरीफाइएबल पेपर ऑडिट ट्रायल (VVPAT) का उपयोग किया जाता है। निम्नलिखित कथनों पर विचार करें *(Chap 18, Module-4, NIOS) (HPSC Pre 2023)*

1. केरल के त्रिसुर चुनाव क्षेत्र में पहली बार पायलट आधार पर EVM का उपयोग किया गया था।
2. EVMs का निर्माण भारत इलेक्ट्रॉनिक्स लिमिटेड और इलेक्ट्रॉनिक्स कॉर्पोरेशन ऑफ इण्डिया लिमिटेड द्वारा किया जाता है।
3. अरुणाचल प्रदेश के खोनसा विधानसभा चुनाव क्षेत्र के उप-चुनावों में पहली बार VVPAT का प्रयोग किया गया था।
4. VVPAT एक अतिरिक्त इकाई है, जो EVM के साथ जुड़ी हुई होती है, जिसमें केवल वोट किए गए प्रत्याशी की क्रम संख्या व चुनाव चिह्न प्रिण्ट होता है।

उपर्युक्त कथनों में से कौन-से कथन सही नहीं हैं?

(a) 1 और 2
(b) 3 और 4
(c) 1, 3 और 4
(d) 1, 2 और 4

उत्तर (c)

व्याख्या उपर्युक्त सन्दर्भ के संबंध में कथन (1), (3) और (4) सही नहीं हैं, क्योंकि भारत में पहली बार पायलट आधार पर EVM का उपयोग वर्ष 1982 में केरल के पारूर विधानसभा क्षेत्र में किया गया था, जबकि वर्ष 2004 के लोकसभा चुनाव के बाद से भारत में प्रत्येक लोकसभा और विधानसभा चुनाव में मतदान की प्रक्रिया पूरी तरह से EVM द्वारा ही सम्पन्न होती है।

भारत में VVPAT का सर्वप्रथम प्रयोग वर्ष 2013 में नागालैण्ड की नोकसेन सीट के उप-चुनाव में हुआ था, न कि अरुणाचल प्रदेश में।

VVPAT एक मतदाता मत प्रणाली का उपयोग करते हुए मतदाताओं का फीडबैक देने का एक तरीका है।

15 निर्वाचन आयुक्त हटाया जा सकता है *(Chap 3, Class-XI, New NCERT) (UPPSC Pre 2014)*

(a) मुख्य निर्वाचन आयुक्त द्वारा
(b) प्रधानमंत्री द्वारा
(c) मुख्य निर्वाचन आयुक्त के परामर्श पर राष्ट्रपति द्वारा
(d) भारत के मुख्य न्यायाधीश द्वारा

उत्तर (c)

व्याख्या राष्ट्रपति निर्वाचन आयुक्तों को मुख्य निर्वाचन आयुक्त के परामर्श द्वारा पद से हटाया जा सकता है।

मुख्य निर्वाचन आयुक्त को कार्यकाल के पूरा होने से पूर्व राष्ट्रपति द्वारा हटाया जा सकता है, किंतु इसके लिए संसद के दोनों सदनों की विशेष बहुमत से पारित एक आशय का प्रतिवेदन राष्ट्रपति को भेजना होगा।

16 निम्न कथन (A) व कारण (R) को पढ़िए और नीचे दिए गए कूट की सहायता से सही उत्तर का चयन कीजिए *(Chap 3, Class-XI, New NCERT)*

कथन (A) **चुनाव प्रक्रिया के दौरान राज्य और केंद्र सरकार के प्रशासनिक अधिकारियों पर निर्वाचन आयोग का पूर्ण नियंत्रण होता है।**

कारण (R) **निर्वाचन आयोग इन अधिकारियों का स्थानांतरण कर सकता है या स्थानांतरण को रोक सकता है।**

कूट

(a) A और R दोनों सही हैं तथा R, A की सही व्याख्या है
(b) A और R दोनों सही हैं, परंतु R, A की सही व्याख्या नहीं है
(c) A सही है, किंतु R गलत है
(d) A गलत है, किंतु R सही है

उत्तर (a)

व्याख्या A तथा R दोनों सही हैं और R, A की सही व्याख्या है।

चुनाव प्रक्रिया के दौरान राज्य और केंद्र सरकार के प्रशासनिक अधिकारियों को चुनाव संबंधी कार्य दिए जाते हैं और इस संबंध में निर्वाचन आयोग का उन पर पूर्ण नियंत्रण होता है।

निर्वाचन आयोग के पास बहुत ही सीमित कर्मचारी होते हैं। वह प्रशासनिक मशीनरी की सहायता से चुनाव कराता है, लेकिन एक बार चुनाव प्रक्रिया प्रारंभ हो जाने पर चुनाव संबंधी कार्यों के संबंध में आयोग का पूरी प्रशासनिक मशीनरी पर नियंत्रण हो जाता है।

17 चुनाव प्रक्रिया के दौरान उम्मीदवारों अथवा पार्टियों द्वारा निम्न में से किसके उपयोग को आचार-संहिता का उल्लंघन माना जाता है? *(Chap 3, Class-IX, New NCERT)*

(a) चुनाव प्रचार के लिए किसी धर्मस्थल का उपयोग
(b) सरकारी वाहन, विमान या अधिकारियों का चुनाव में उपयोग
(c) चुनाव की अधिघोषणा हो जाने के पश्चात् मंत्री द्वारा किसी बड़ी योजना का शिलान्यास करना
(d) उपर्युक्त सभी

उत्तर (d)

व्याख्या चुनाव प्रचार के दौरान चुनाव लड़ने वाले उम्मीदवारों तथा राजनीतिक दलों से यह अपेक्षा की जाती है, कि निर्वाचन आयोग द्वारा राजनीतिक दलों की आम सहमति के आधार पर तैयार की गई आदर्श आचार संहिता का वे पालन करेंगे। इस आदर्श आचार-संहिता में निम्न बातें शामिल हैं

- चुनाव प्रचार के लिए धर्मस्थल के उपयोग का निषेध।
- सरकारी वाहन, विमान या अधिकारियों का चुनाव में उपयोग प्रतिबंधित।
- चुनाव की अधिघोषणा के पश्चात् किसी मंत्री द्वारा किसी बड़ी योजना का शिलान्यास, बड़े नीतिगत फैसले या लोगों को सुविधाएँ देने वाले वायदे का निषेध।

18 संविधान के अंतर्गत चुनाव आयोग को चुनाव के निरीक्षण, निर्देशन एवं नियंत्रण के साथ-साथ चुनाव संपन्न कराने का अधिकार प्राप्त है। निम्नलिखित में से कौन-से संसदीय कानून निर्वाचन आयोग के इस कार्य में सहायक हैं? *(Chap 2, Class-XII, Old NCERT)*

1. जन-प्रतिनिधित्व कानून, 1951
2. राष्ट्रपति एवं उपराष्ट्रपति अधिनियम, 1952
3. मतदाता पंजीकरण अधिनियम, 1960

कूट

(a) केवल 1 (b) 1 और 2
(c) 1 और 3 (d) 1, 2 और 3

उत्तर (d)

व्याख्या प्रश्नानुसार दिए गए सभी कथन संसदीय कानून निर्वाचन आयोग के उपर्युक्त कार्य में सहायक हैं।

संविधान के अनुच्छेद 324 में निर्वाचन आयोग के कार्यों से संबंधित प्रावधान दिए गए हैं। अनेक संसदीय कानून भी इसमें सहायक होते हैं, जिनमें से प्रमुख जनप्रतिनिधित्व कानून, 1950 और 1951, राष्ट्रपति एवं उपराष्ट्रपति अधिनियम, 1952, मतदाता पंजीकरण अधिनियम, 1960, चुनाव के नियमों का पालन, 1961 एवं केंद्रशासित प्रदेश अधिनियम, 1963 हैं।

19 परिसीमन आयोग के संदर्भ में निम्नलिखित कथनों पर विचार कीजिए *(Chap 3, Class-XI, New NCERT)*

1. इसका गठन पूरे देश में निर्वाचन क्षेत्रों की सीमा निर्धारण के उद्देश्य से किया जाता है।
2. यह एक स्वतंत्र संस्था है तथा इसकी नियुक्ति प्रधानमंत्री के द्वारा की जाती है।

उपर्युक्त में से कौन-सा/से कथन सही नहीं है/हैं?

(a) केवल 1 (b) केवल 2
(c) 1 और 2 (d) न तो 1 और न ही 2

उत्तर (b)

व्याख्या परिसीमन आयोग के संदर्भ में कथन (2) सही नहीं है, क्योंकि भारत में निर्वाचन क्षेत्रों के आरक्षण संबंधी निर्णय एक स्वतंत्र संस्था के द्वारा लिए जाते हैं, जिसे परिसीमन आयोग कहते हैं। इस आयोग का गठन राष्ट्रपति के द्वारा होता है। परिसीमन आयोग चुनाव आयोग के साथ मिलकर कार्य करता है।

इसके गठन का उद्देश्य पूरे देश में अथवा राज्य में निर्वाचन क्षेत्रों की सीमा निर्धारित करना है।

20 चुनाव क्षेत्रों के पुनर्निर्धारण के संबंध में निम्नलिखित में से कौन-सा सही है? *(Chap 2, Class-XII, Old NCERT)*

(a) लोकसभा एवं राज्य विधानसभाओं की सीटें वर्ष 1971 की जनगणना पर आधारित हैं
(b) 91वें संविधान संशोधन द्वारा चुनाव क्षेत्रों के निर्धारण को वर्ष 2026 तक के लिए निश्चित कर दिया गया
(c) बढ़ती हुई जनसंख्या तथा नागरिकों के एक स्थान से दूसरे स्थान पर बस जाने से चुनाव क्षेत्र काफी सीमा तक असंतुलित हुए हैं
(d) उपर्युक्त सभी

उत्तर (d)

व्याख्या चुनाव क्षेत्रों के पुनर्निर्धारण के संबंध में सभी कथन सही हैं।

संविधान के 42वें संशोधन द्वारा वर्ष 1976 में चुनाव क्षेत्रों के पुनर्निर्धारण पर वर्ष 2000 तक रोक लगा दी गई और लोकसभा एवं राज्य विधानसभा की सीटें वर्ष 1971 की जनगणना पर आधारित की गईं। ऐसा प्रावधान जनसंख्या में वृद्धि को रोकने के लिए किया गया था।

वर्ष 2002 में किए गए 91वें संविधान संशोधन द्वारा चुनाव क्षेत्रीय निर्धारण को वर्ष 2026 तक के लिए निश्चित कर दिया गया। इसके अनुसार सीटों का पुनर्निर्धारण देश की जनसंख्या की गणना के आधार पर वर्ष 2026 के बाद किया जाएगा।

सीटों का पुनर्निर्धारण मुख्यत: इसलिए किया गया है, क्योंकि बढ़ती हुई जनसंख्या तथा नागरिकों के एक स्थान से दूसरे स्थान पर आकर बस जाने से चुनाव क्षेत्र काफी सीमा तक असंतुलित हो गए हैं।

21 निम्नलिखित कथनों पर विचार कीजिए *(Chap 3, Class-XI, NCERT)*

1. समानुपातिक प्रतिनिधित्व प्रणाली में निर्वाचन क्षेत्र के मतदाता जानते हैं, कि उनका प्रतिनिधि कौन है और वे उसे उत्तरदायी ठहरा सकते हैं।
2. 'सर्वाधिक वोट से जीत' वाली व्यवस्था में मतदाता को किसी दल को चुनने का विकल्प होता है, लेकिन प्रत्याशियों का चयन पार्टी द्वारा जारी की गई सूची के अनुसार होता हैं।

उपर्युक्त कथनों में से कौन-सा/से कथन सही है/हैं?

(a) केवल 1 (b) केवल 2
(c) 1 और 2 दोनों (d) न तो 1 और न ही 2

उत्तर (c)

व्याख्या दिए गए दोनों कथन सही नहीं हैं।

समानुपातिक प्रतिनिधित्व प्रणाली में, मतदाताओं को किसी एक दल को चुनने का विकल्प दिया जाता है, लेकिन प्रत्याशियों का चयन पार्टी द्वारा जारी की गई सूची के अनुसार होता है। इस प्रकार, किसी क्षेत्र विशेष का प्रतिनिधित्व करने वाला और उसके प्रति उत्तरादायी, कोई एक प्रतिनिधि नहीं होता है।

सर्वाधिक वोट से जीतने वाली व्यवस्था में मतदाता को पता होता है कि उनका प्रतिनिधि कौन है उसे उत्तरदायी ठहरा सकते हैं।

22 पीठासीन अधिकारी के संदर्भ में निम्नलिखित कथनों पर विचार कीजिए *(Chap 2, Class-XII, Old NCERT)*

1. प्रत्येक चुनाव क्षेत्र में चुनाव का कार्य इसी के निर्देशन में किया जाता है।
2. इसका मनोनयन चुनाव आयोग राज्य सरकार की सलाह से करता है।
3. एक व्यक्ति को एक से अधिक निर्वाचन क्षेत्रों के लिए पीठासीन अधिकारी मनोनीत नहीं किया जा सकता।

उपर्युक्त में से कौन-सा/से कथन सही है/हैं?

(a) केवल 1 (b) 1 और 2
(c) 1 और 3 (d) 2 और 3

उत्तर *(b)*

व्याख्या पीठासीन अधिकारी के संदर्भ में कथन (1) और (2) सही हैं। प्रत्येक चुनाव क्षेत्र में चुनाव का कार्य जिस अधिकारी के निर्देशन में संपन्न होता है, उसे पीठासीन अधिकारी कहते हैं। पीठासीन अधिकारी का मनोनयन किया जाता है, जो चुनाव आयोग राज्य सरकार की सलाह से करता है।

कथन (3) सही नहीं है, क्योंकि एक व्यक्ति को एक से अधिक निर्वाचन क्षेत्रों के लिए पीठासीन अधिकारी मनोनीत किया जाता है। उसके एक या अधिक सहायक पीठासीन अधिकारी होते हैं।

23 निम्नलिखित कथनों पर विचार कीजिए *(Chap 2, Class-XII, Old NCERT)* *(MPPSC Pre 2021)*

1. भारत के निर्वाचन आयोग के मुख्य निर्वाचन आयुक्त को सर्वोच्च न्यायालय के न्यायाधीश के बराबर वेतन दिया जाता है।
2. भारत के निर्वाचन आयोग के मुख्य निर्वाचन आयुक्त का कार्यकाल पद ग्रहण करने की तिथि से 6 वर्ष की अवधि या 65 वर्ष की आयु जो भी पहले आता है, तक रहेगा।
3. एक चुनाव आयुक्त, किसी समय भी मुख्य चुनाव आयुक्त को संबोधित एवं हस्ताक्षरित लेख द्वारा, अपना पद त्याग सकता है।

उपर्युक्त में से कौन-सा/से कथन सही है/हैं?

(a) 1 और 2 (b) 2 और 3
(c) 1 और 3 (d) केवल 3

उत्तर *(a)*

व्याख्या दिए गए कथनों में से कथन (1) और (2) सही हैं। भारत के निर्वाचन आयोग के मुख्य निर्वाचन आयुक्त को सर्वोच्च न्यायालय के न्यायाधीश के बराबर वेतन दिया जाता है, जबकि इस आयोग का कार्यकाल 6 वर्ष की अवधि या 65 वर्ष की आयु तक रहेगा।

कथन (3) सही नहीं है, क्योंकि निर्वाचन आयोग का कोई चुनाव आयुक्त मुख्य चुनाव आयुक्त को संबोधित एवं हस्ताक्षरित लेख द्वारा अपने पद से त्याग-पत्र नहीं दे सकता। मुख्य निर्वाचन आयुक्त तथा अन्य निर्वाचन आयुक्त राष्ट्रपति को संबोधित लेख द्वारा अपना पद त्याग सकते हैं।

चुनाव सुधार

24 जन प्रतिनिधित्व कानून 1951 के संदर्भ में निम्नलिखित में से कौन-से कथन सही हैं? *(Chap 3, Class-XII, Old NCERT)*

1. यह धर्म के नाम पर वोट माँगने वाले उम्मीदवार पर प्रतिबंध नहीं लगाता है।
2. कोई व्यक्ति जिसे कुछ मामलों में दोषी करार दिया गया है, उसे चुनाव में उम्मीदवार बनने से प्रतिबंधित करता है।
3. ऐसे व्यक्ति जिसके विरुद्ध कोई मामला दर्ज है, किंतु उसे दोषी करार नहीं दिया गया है, वह चुनाव लड़ सकता है।

कूट

(a) 1 और 2 (b) 2 और 3 (c) 1 और 3 (d) 1, 2 और 3

उत्तर *(b)*

व्याख्या जन प्रतिनिधित्व कानून 1951 के संदर्भ में कथन (2) और (3) सही हैं। जन प्रतिनिधित्व कानून 1951 की धारा (क) के अनुसार जिस किसी भी व्यक्ति को कुछ विशेष मामलों में दोषी करार दिया गया हो, तो वह उम्मीदवार नहीं बन सकता, परंतु जो दोषी करार नहीं दिए गए हैं, उन पर ऐसा कोई प्रतिबंध नहीं है। ऐसे व्यक्ति जिनके विरुद्ध मामले दर्ज तो हैं, परंतु उन्हें दोषी करार नहीं दिया गया है, वे चुनाव लड़ सकते हैं।

कथन (1) सही नहीं है, क्योंकि जन प्रतिनिधित्व कानून, 1951 की धारा 123 (3) (क) धर्म के नाम पर वोट माँगने वाले उम्मीदवार पर प्रतिबंध लगाती है।

25 दिनेश गोस्वामी समिति का संबंध निम्नलिखित में से किससे था? *(Chap 3, Class-XII, Old NCERT) (IAS Pre 1995)*

(a) बैंकों के राष्ट्रीयकरण से (b) चुनाव सुधार से
(c) पूर्वोत्तर में शांति बहाल करने से (d) चकमा समस्या से

उत्तर *(b)*

व्याख्या दिनेश गोस्वामी समिति का संबंध चुनाव सुधार से था। वर्ष 1990 में वी. पी. सिंह के नेतृत्व वाली राष्ट्रीय मोर्चा की सरकार ने तत्कालीन कानून मंत्री दिनेश गोस्वामी की अध्यक्षता में एक समिति गठित की।

समिति ने चुनाव प्रणाली का विस्तार से अध्ययन कर और प्रणालियों में व्याप्त कमियों को दूर करने हेतु अपनी अनुशंसाएँ वर्ष 1990 में सरकार को सौंप दीं गई। इन सुधारों को वर्ष 1996 में लागू किया गया।

26 निम्नलिखित कथनों पर विचार कीजिए *(Chap 2, Class-XII, New NCERT)*

1. 1990 के दशक के अंत में चुनाव आयोग द्वारा इलेक्ट्रॉनिक वोटिंग मशीन (ईवीएम) का उपयोग शुरू किया गया।
2. वर्ष 2004 तक संपूर्ण भारत में इलेक्ट्रॉनिक वोटिंग मशीन का उपयोग प्रारंभ हो गया।

उपर्युक्त में से कौन-सा/से कथन सही है/हैं?

(a) केवल 1 (b) केवल 2
(c) 1 और 2 (d) न तो 1 और न ही 2

उत्तर *(c)*

व्याख्या दिए गए दोनों कथन सही हैं।

भारत में प्रथम दो आम चुनावों के बाद बैलेट पेपर का उपयोग किया जाने लगा। बैलेट पेपर में मतदाता को मतपत्र पर अपने पसंद के उम्मीदवार के नाम पर मुहर लगानी होती थी। यह तरीका लगभग 40 साल तक अमल में रहा। वर्ष 1990 के दशक के अंत में चुनाव आयोग ने इलेक्ट्रॉनिक वोटिंग मशीन का उपयोग शुरू किया।

वर्ष 1998 में प्रयोग के तौर पर पहली बार दिल्ली, राजस्थान और मध्य प्रदेश विधानसभा चुनाव में ईवीएम का उपयोग हुआ था। वर्ष 1999 के गोवा विधानसभा चुनाव में पहली बार ईवीएम का पूरे राज्य में उपयोग हुआ था। वर्ष 2004 तक संपूर्ण भारत में ईवीएम का उपयोग आरंभ हो गया था।

27 वर्ष 1996 में जन प्रतिनिधित्व कानून में किए गए संशोधनों के संदर्भ में निम्नलिखित कथनों पर विचार कीजिए *(Chap 3, Class-XII, Old NCERT) (IAS Pre 1999)*

1. राष्ट्रीय ध्वज, राष्ट्रगान या संविधान के अपमान के दोषी व्यक्ति को सजा की तिथि से 6 वर्षों तक चुनाव लड़ने पर रोक।
2. लोकसभा के चुनाव लड़ने हेतु उम्मीदवारों द्वारा की जाने वाली सुरक्षित जमा राशि में वृद्धि की गई।

3. एक उम्मीदवार दो या दो से अधिक संसदीय निर्वाचन क्षेत्रों से निर्वाचन के लिए खड़ा नहीं हो सकता।
4. चुनाव लड़ने वाले किसी अभ्यर्थी की मृत्यु हो जाने की स्थिति में चुनाव नहीं रोका जाएगा।

उपर्युक्त में से कौन-सा/से कथन सही है/हैं?

(a) 2 और 3 (b) 1, 2 और 4
(c) 1 और 3 (d) 1, 2, 3 और 4

उत्तर *(b)*

व्याख्या वर्ष 1996 में जन प्रतिनिधित्व कानून में किए गए संशोधनों के संदर्भ में कथन (1), (2) और (4) सही हैं।

वर्ष 1996 में 'जन प्रतिनिधित्व कानून' में कई संशोधन किए गए। संशोधनों में शामिल बिंदु हैं

- राष्ट्रीय ध्वज, राष्ट्रगान या भारत के संविधान के अपमान के दोषी व्यक्ति को सजा होने की तिथि से 6 वर्षों तक चुनाव लड़ने पर रोक लगाना।
- संसदीय क्षेत्र से चुनाव लड़ने वाले अभ्यर्थियों की सुरक्षित जमा राशि में वृद्धि करना।
- चुनाव लड़ने वाले किसी अभ्यर्थी की मृत्यु हो जाने पर, अब किसी निर्वाचन को रद्द नहीं किया जाएगा, लेकिन अभ्यर्थी किसी राष्ट्रीय पार्टी या राज्यस्तरीय पार्टी से संबंधित है, तो चुनाव नहीं होता है या स्थगित हो जाता है। परन्तु पंजीकृत अभ्यर्थी के मृत्यु होने पर चुनाव स्थगित नहीं होता है।

कथन (3) सही नहीं है, क्योंकि कोई उम्मीदवार दो या दो से अधिक संसदीय निर्वाचन क्षेत्रों से निर्वाचन में भाग ले सकता है।

दलीय व्यवस्था

28 निम्नलिखित में से कौन-सा एक राजनीतिक दल का कार्य है?

(Chap 4, Class-XII, Old NCERT)

1. निर्वाचन में भाग लेना
2. लोकतंत्र में प्रतिनिधित्व प्रदान करना
3. जनमत का निर्माण करना
4. सरकार का निर्माण करना

कूट

(a) 1 और 2 (b) 1 और 3
(c) 1, 3 और 4 (d) 1, 2, 3 और 4

उत्तर *(d)*

व्याख्या प्रश्न में दिए गए सभी कथन राजनीतिक दल के कार्य हैं। राजनीतिक दल के प्रमुख कार्य निम्न हैं

- निर्वाचन की प्रक्रिया में हिस्सा लेना।
- लोकतंत्र में प्रतिनिधित्व प्राप्त करना।
- जनमत के निर्माण की दिशा में कार्य करना।
- जनमत के आधार पर सरकार का निर्माण करना।

29 भारत में दलीय व्यवस्था की कौन-सी प्रणाली पाई जाती है?

(Chap 11, Class-IX & X, Old NCERT)

(a) एकदलीय प्रणाली (b) द्विदलीय प्रणाली
(c) बहुदलीय प्रणाली (d) तीन दलीय प्रणाली

उत्तर *(c)*

व्याख्या भारत में दलीय व्यवस्था की बहुदलीय प्रणाली पाई जाती है। इस प्रणाली के अंतर्गत सत्ता प्राप्ति की प्रतियोगिता में अनेक दल भाग लेते हैं, जिसके कारण किसी एक दल को बहुमत प्राप्त करने के अवसर कम रहते हैं। बड़े राजनीतिक दलों की संख्या निश्चित नहीं होती। वस्तुत: इस प्रणाली में छोटे-छोटे दलों को महत्त्वपूर्ण भूमिका निर्वाह करने का अवसर प्राप्त होता है।

30 निम्नलिखित में कौन-सा/से राजनीतिक दल राष्ट्रीय राजनीतिक दल है/हैं?

(Chap 6, Class-X, New NCERT)

1. ऑल इंडिया फॉरवर्ड ब्लॉक
2. ऑल इंडिया तृणमूल कांग्रेस
3. समाजवादी पार्टी
4. नेशनलिस्ट कांग्रेस पार्टी

कूट

(a) 1, 2 और 4 (b) 2 और 4
(c) 2 और 3 (d) 1 और 4

उत्तर *(b)*

व्याख्या ऑल इंडिया तृणमूल कांग्रेस तथा नेशनलिस्ट कांग्रेस पार्टी राष्ट्रीय राजनीतिक दल हैं। भारत में मान्यता प्राप्त अन्य राष्ट्रीय राजनीतिक दल निम्न हैं—बहुजन समाज पार्टी, भारतीय जनता पार्टी, भारतीय राष्ट्रीय कांग्रेस, भारतीय कम्युनिस्ट पार्टी, भारतीय कम्युनिस्ट पार्टी (मार्क्सवादी), नेशनल पीपुल्स पार्टी। वर्तमान में 8 मान्यता प्राप्त राष्ट्रीय राजनीतिक दल हैं।

31 सूची I को सूची II से सुमेलित कीजिए और नीचे दिए गए कूट से सही उत्तर का चुनाव कीजिए

(Chap 5, Class-XII, Old NCERT) (UPPSC Mains 2011)

सूची I (राजनीतिक दल)	सूची II (गठन वर्ष)
A. कम्युनिस्ट पार्टी ऑफ इंडिया	1. 1972
B. कम्युनिस्ट पार्टी ऑफ इंडिया (मार्क्सवादी)	2. 1925
C. ए.आई.ए.डी.एम.के.	3. 1964
D. तेलुगू देशम	4. 1982

कूट

	A	B	C	D
(a)	2	3	1	4
(b)	3	2	4	1
(c)	1	2	3	4
(d)	4	1	3	2

उत्तर *(a)*

व्याख्या सही सुमेलन A-2, B-3, C-1, D-4 है।

कम्युनिस्ट पार्टी ऑफ इंडिया का गठन वर्ष 1925 में कानपुर में किया गया था।

कम्युनिस्ट पार्टी ऑफ इंडिया (मार्क्सवादी) का गठन वर्ष 1964 में कलकत्ता में किया गया था।

ए.आई.ए.डी.एम.के. का गठन वर्ष 1972 में एम. जी. रामाचंद्रन द्वारा मदुरै में किया गया था।

तेलुगू देशम का गठन वर्ष 1982 में एन. टी. रामा राव द्वारा हैदराबाद में किया गया था।

32 राजनीतिक दलों की मान्यता के संदर्भ में निम्नलिखित कथनों पर विचार कीजिए

(Chap 6, Class-X, New NCERT)

1. किसी राजनीतिक दल को राज्य स्तरीय दल के रूप में मान्यता के लिए राज्य विधानसभा के चुनाव में पड़े कुल मतों का 6% और कम-से-कम दो सीटों पर जीत दर्ज करना आवश्यक होता है।
2. किसी राजनीतिक दल को राष्ट्रीय दल के रूप में मान्यता के लिए लोकसभा चुनाव में पड़े कुल वोट का अथवा चार राज्यों के विधानसभा चुनाव में पड़े कुल वोटों का 6% प्राप्त करना और लोकसभा चुनाव में कम-से-कम चार सीटों पर जीत दर्ज करना आवश्यक होता है।

उपर्युक्त में कौन-सा/से कथन सही है/हैं?

(a) केवल 1 (b) केवल 2
(c) 1 और 2 (d) न तो 1 और न ही 2

उत्तर (c)

व्याख्या राजनीतिक दलों की मान्यता के संदर्भ में दोनों कथन सही हैं। किसी राजनीतिक दल को राज्य स्तरीय दल के रूप में तब मान्यता दी जाती है, जब उस दल ने राज्य की विधानसभा के आम चुनाव में उस राज्य से कुल वैध मतों का 6% प्राप्त किया हो तथा इसके अतिरिक्त उसने संबंधित राज्य में दूसरा स्थान प्राप्त किया हो। साथ ही लोकसभा हेतु उसने संबंधित राज्य में कम-से-कम 2 सीट जीतीं हों।

किसी राजनीतिक दल को राष्ट्रीय दल के रूप में मान्यता तब दी जाती है, जब उसने लोकसभा या विधानसभा के आम चुनावों के चार अथवा अधिक राज्यों में वैध मतों का 6% मत प्राप्त किया हो तथा इसके साथ ही उसने किसी राज्य या राज्यों से लोकसभा में 4 सीटें प्राप्त की हों, यदि कोई दल कम-से-कम चार राज्यों में राज्य स्तरीय दल के रूप में मान्यता प्राप्त हो।

33 निम्नलिखित में से किन दलों की स्थापना डॉ. भीमराव अंबेडकर ने की थी? *(Chap 2, Class-XII, New NCERT) (IAS Pre 2012)*

1. पीजेंट्स एंड वर्कर्स पार्टी ऑफ इंडिया
2. ऑल इंडिया शिड्यूल्ड कास्ट्स फेडरेशन
3. इंडिपेंडेंट लेबर पार्टी

कूट

(a) 1 और 2 (b) 2 और 3 (c) 1 और 3 (d) 1, 2 और 3

उत्तर (b)

व्याख्या डॉ. भीमराव अंबेडकर से संबंधित दल इंडिपेंडेंट लेबर पार्टी (वर्ष 1936) तथा ऑल इंडिया शिड्यूल कास्ट्स फेडरेशन (वर्ष 1942) थे। इसके अतिरिक्त पीजेंट्स एंड वर्कर्स पार्टी ऑफ इंडिया की स्थापना वर्ष 1948 में केशव राव जेधे तथा शंकरराव मोरे ने की थी।

34 निम्नलिखित में से कौन-सा कथन सही नहीं है? *(Chap 2, Class-XII, New NCERT)*

(a) प्रथम आम चुनाव में भारतीय राष्ट्रीय कांग्रेस ने लोकसभा की कुल 489 सीटों में से 346 सीटों पर जीत दर्ज की
(b) प्रथम आम चुनाव में भारतीय कम्युनिस्ट पार्टी दूसरी सबसे बड़ी पार्टी थी
(c) वर्ष 1957 में भारतीय कम्युनिस्ट पार्टी के नेतृत्व में एक गठबंधन की सरकार बनी
(d) केरल की सरकार को अगस्त, 1960 में अनुच्छेद 356 के अंतर्गत बर्खास्त कर दिया गया

उत्तर (d)

व्याख्या दिए गए कथनों में से कथन (d) सही नहीं है, क्योंकि वर्ष 1959 में केंद्र की कांग्रेस सरकार ने संविधान के अनुच्छेद 356 के अंतर्गत केरल की कम्युनिस्ट सरकार को बर्खास्त कर दिया था। इसका प्रमुख कारण वर्ष 1957 के चुनाव में कांग्रेस की केरल में हार हुई थी। यह प्रथम अवसर था, जब कम्युनिस्ट पार्टी की सरकार लोकतांत्रिक चुनावों के द्वारा बनी थी।

35 सूची I को सूची II से सुमेलित कीजिए और नीचे दिए गए कूट से सही उत्तर का चुनाव कीजिए *(Chap 2, Class-XII, New NCERT)*

सूची I (नेताओं के नाम)	सूची II (दलों के नाम)
A. एस. ए. डांगे	1. भारतीय जनसंघ
B. श्यामा प्रसाद मुखर्जी	2. स्वतंत्र पार्टी
C. मीनू मसानी	3. प्रजा सोशलिस्ट पार्टी
D. अशोक मेहता	4. भारतीय कम्युनिस्ट पार्टी

कूट

	A	B	C	D
(a)	4	1	2	3
(b)	2	1	3	4
(c)	4	1	3	2
(d)	1	2	3	4

उत्तर (a)

व्याख्या सही सुमेलन A-4, B-1, C-2, D-3 है।

श्रीपद अमृत (एस. ए.) डांगे भारतीय कम्युनिस्ट पार्टी के संस्थापक सदस्यों में से एक थे।

श्यामा प्रसाद मुखर्जी भारतीय जनसंघ के संस्थापक तथा हिंदू महासभा के नेता थे।

मीनू मसानी भारत के स्वतंत्रता संग्राम के सेनानी, राजनेता, पत्रकार, लेखक एवं सांसद थे। इनका संबंध स्वतंत्र पार्टी से था।

अशोक मेहता का संबंध प्रजा सोशलिस्ट पार्टी से था। वर्ष 1964 में इस पार्टी से निकाले जाने के बाद वे कांग्रेस में शामिल हो गए थे।

36 निम्नलिखित कथनों पर विचार कीजिए *(Chap 5, Class-XII, New NCERT)*

1. राममनोहर लोहिया एक समाजवादी नेता, विचारक और गैर-कांग्रेसवाद के रणनीतिकार थे।
2. के. कामराज ने यह प्रस्ताव रखा था कि सभी वरिष्ठ कांग्रेसी नेताओं को इस्तीफा दे देना चाहिए, ताकि युवा पार्टी कार्यकर्ता कमान संभाल सकें।
3. सी. एन. अन्नादुरई जस्टिस पार्टी से संबंधित थे, इन्होंने हिंदी विरोधी आंदोलन का नेतृत्व किया।
4. इंदिरा गाँधी के नेतृत्व वाले कांग्रेस खेमे को कांग्रेस ओ (ऑर्गेनाइजेशन) कहा गया।

उपर्युक्त में कौन-सा/से कथन सही नहीं है/हैं?

(a) 1 और 2 (b) 2 और 3
(c) केवल 4 (d) केवल 3

उत्तर (c)

व्याख्या दिए गए कथनों में से कथन (4) सही नहीं है, क्योंकि वर्ष 1969 में इंदिरा गाँधी के नेतृत्व वाले कांग्रेसी खेमे को कांग्रेस आर (रिक्विजिनिस्ट) कहा गया और के. कामराज की अगुवाई वाले कांग्रेसी खेमे सिंडिकेट को कांग्रेस ओ (ऑर्गेनाइजेशन) कहा गया।

37 निम्नलिखित में से कौन-सा कथन सही है? *(Chap 6, Class-XII, New NCERT)*

(a) वर्ष 1977 के चुनाव के पश्चात् मोरारजी देसाई के नेतृत्व में जनता पार्टी की सरकार बनी
(b) जनता पार्टी का निर्माण प्रमुख रूप से पाँच पार्टियों के विलय से हुआ था
(c) जनता पार्टी की सरकार ने अपना पाँच वर्ष का कार्यकाल पूरा किया
(d) 'a' और 'b'

उत्तर (d)

व्याख्या दिए गए कथनों में से कथन (a) और (b) सही हैं।

आपातकाल के 18 महीने पश्चात् हुए लोकसभा चुनाव में (जनवरी, 1977) मोरारजी देसाई की जनता पार्टी की सरकार बनी और मोरारजी देसाई भारत के प्रधानमंत्री बने।

1 मई, 1977 को कांग्रेस, भारतीय लोकदल, जनसंघ, समाजवादी पार्टी, कांग्रेस फॉर डेमोक्रेसी तथा कुछ पूर्व कांग्रेसी जिन्होंने आपातकाल की घोषणा के समय कांग्रेस छोड़ दी थी, के विलय के साथ जनता पार्टी का उद्भव हुआ था।

कथन (c) सही नहीं है, क्योंकि वर्ष 1977 में सत्ता में आई जनता पार्टी की सरकार ने मात्र 18 महीने में ही अपना बहुमत खो दिया था। अत: वह पाँच वर्ष तक शासन करने में असफल रही थी।

38 निम्न कथन (A) व कारण (R) को पढ़िए और नीचे दिए गए कूट की सहायता से सही उत्तर का चयन कीजिए *(Chap 9, Class-XII, New NCERT)*

कथन (A) भारत में वर्ष 1989 के पश्चात् केंद्र में गठबंधन सरकारों का दौर शुरू हुआ और क्षेत्रीय पार्टियों ने इसमें महत्त्वपूर्ण भूमिका निभाई।

कारण (R) गठबंधन की राजनीति के इस दौर में राजनीतिक दल विचारधारागत अंतर की जगह सत्ता में हिस्सेदारी की बातों पर बल दे रहे हैं।

कूट

(a) A और R दोनों सही हैं तथा R, A की सही व्याख्या है।
(b) A और R दोनों सही हैं, परंतु R, A की सही व्याख्या नहीं है।
(c) A सही है, किंतु R गलत है।
(d) A गलत है, किंतु R सही है।

***उत्तर** (b)*

व्याख्या A और R दोनों सही हैं, परंतु R, A की सही व्याख्या नहीं है।

भारत में वर्ष 1989 के बाद के लोकसभा चुनावों में कभी भी किसी एक पार्टी को पूर्ण बहुमत नहीं मिला और यह सिलसिला वर्ष 2014 के चुनाव तक चला। वर्ष 1989 और वर्ष 1990 में राष्ट्रीय मोर्चा वाली सरकार को वाम मोर्चा और भाजपा का समर्थन तथा वर्ष 2014 में बनी सरकार को क्षेत्रीय दल जदयू का समर्थन क्षेत्रीय पार्टियों के गठबंधन की सरकार के महत्त्वपूर्ण योगदान को दर्शाते हैं।

गठबंधन की राजनीति का यह दौर विचारधारा के साथ-साथ सत्ता में हिस्सेदारी, क्षेत्रीय आकांक्षाएँ तथा दलित और पिछड़े वर्गों की सहभागिता का साक्षी था।

39 संविधान की किस अनुसूची के अंतर्गत दल-बदल के संदर्भ में उल्लेख किया गया है? *(Chap 4, Class-XII, Old NCERT)*

(a) संविधान की पाँचवीं अनुसूची में (b) संविधान की आठवीं अनुसूची में
(c) संविधान की दसवीं अनुसूची में (d) संविधान की नौवीं अनुसूची में

***उत्तर** (c)*

व्याख्या संविधान की दसवीं अनुसूची में दल-बदल विरोधी कानून के संबंध में उल्लेख किया गया है, जिसे 52वाँ संविधान संशोधन अधिनियम, 1985 के रूप में जाना जाता है। इसके अंतर्गत संसद एवं राज्य विधानमंडल के सदस्यों को दल-बदल के मामले में अयोग्य ठहराने की व्यवस्था का विस्तार से उल्लेख किया गया है।

40 दल-बदल के संदर्भ में निम्नलिखित कथनों पर विचार कीजिए *(Chap 5, Class-XI, New NCERT)*

1. दल-बदल से संबंधित विवादों पर अंतिम निर्णय सदन का अध्यक्ष लेता है।
2. किसी सदस्य के दल-बदल सिद्ध होने पर उसकी सदन की सदस्यता समाप्त हो जाती है और उसे किसी भी राजनीतिक पद के लिए अयोग्य घोषित कर दिया जाता है।
3. दल-बदल को रोकने हेतु 52वें संविधान संशोधन के माध्यम से दल-बदल निरोधक कानून लाया गया है।

उपर्युक्त में से कौन-सा/से कथन सही है/हैं?

(a) 1 और 3 (b) 1 और 2 (c) 2 और 3 (d) 1, 2 और 3

***उत्तर** (d)*

व्याख्या दल-बदल के संदर्भ में सभी कथन सही हैं।

स्वतंत्रता के बाद काफी समय तक दल-बदल की समस्या बनी रही। अंतत: वर्ष 1985 में 52वाँ संविधान संशोधन किया गया, जिसे दल-बदल निरोधक कानून कहा जाता है।

इसे 91वें संविधान संशोधन द्वारा दोबारा संशोधित किया गया। इसके अंतर्गत यदि सिद्ध हो जाए कि किसी सदस्य ने दल-बदल किया है, तो उसकी सदन की सदस्यता समाप्त हो जाती है। सदन का अध्यक्ष दल-बदल से संबंधित विवादों पर अंतिम निर्णय देता है।

इसके अतिरिक्त यह भी व्यवस्था की गई है कि दल-बदल करने पर किसी राजनेता की सदस्यता को अयोग्य घोषित कर दिया जाता है।

41 भारत में दल-बदल विरोधी कानून के संदर्भ में निम्नलिखित कथनों पर विचार कीजिए *(Chap 6, Class-X, New NCERT)* *(IAS Pre 2022)*

1. यह कानून विनिर्दिष्ट करता है कि कोई नाम निर्दिष्ट विधायक सदन में नियुक्त होने के छ: माह के अंदर किसी राजनीतिक दल में शामिल नहीं हो सकता।
2. यह कानून कोई समयावधि नहीं देता, जिसके अंदर पीठासीन अधिकारी को दल-बदल मामला विनिश्चित करना होता है।

उपर्युक्त कथनों में से कौन-सा/से कथन सही है/हैं?

(a) केवल 1 (b) केवल 2
(c) 1 और 2 दोनों (d) न तो 1 और न ही 2

***उत्तर** (b)*

व्याख्या भारत में दल-बदल विरोधी कानून के संदर्भ में कथन (2) सही है। दल-बदल विरोधी कानून के अंतर्गत दल-बदल के आधार पर सदस्यों की अयोग्यता का निर्णय संबंधित सदन के अध्यक्ष/सभापति के द्वारा किया जाता हैं, किंतु यह कानून कोई समयावधि नहीं देता, जिसके अंदर पीठासीन अधिकारी को दल-बदल मामला विनिश्चित करना होता है।

कथन (1) सही नहीं है, क्योंकि 52वें संविधान संशोधन, 1985 द्वारा संविधान में 10वीं अनुसूची को शामिल कर निर्वाचन के पश्चात् दल-बदल करने वाले सदस्यों को अयोग्य घोषित करने के संबंध में प्रावधान किया गया है। इसके अंतर्गत किसी सदस्य को निम्नलिखित स्थितियों में अयोग्य घोषित किया जा सकता है

- कोई मनोनीत सदस्य शपथ ग्रहण के 6 माह पश्चात् किसी (न की 6 माह के अंदर) राजनीतिक दल में शामिल हो जाता है।
- जब कोई निर्दलीय सदस्य निर्वाचन के पश्चात् किसी राजनीतिक दल में शामिल हो जाता है।
- यदि वह उस राजनीतिक दल की सदस्यता स्वेच्छा से त्याग देता है।
- यदि वह उस राजनीतिक दल द्वारा दिए गए निर्देशों के विरुद्ध सदन में मतदान करता है।

42 राजनीतिक दलों के स्तर पर सुधार हेतु निम्न में से कौन-से प्रावधान किए गए हैं? *(Chap 6, Class-X, New NCERT)*

1. राजनीतिक दलों के आंतरिक कामकाज को व्यवस्थित करने हेतु कानून बनाया गया है।
2. सरकार दलों को चुनाव लड़ने के लिए धन प्रदान करती है।
3. राजनीतिक दलों के लिए दल के प्रमुख पदों पर महिलाओं के लिए एक-तिहाई स्थान अथवा चुनाव में प्रतिनिधित्व देने का प्रावधान।

कूट

(a) केवल 1 (b) केवल 2
(c) 2 और 3 (d) इनमें से कोई नहीं

***उत्तर** (d)*

व्याख्या प्रश्न में दिए गए सभी कथन राजनीतिक दलों के स्तर पर सुधार हेतु प्रावधानों में शामिल नहीं हैं, बल्कि ये राजनीतिक दलों के सुधार हेतु की गई अनुशंसाएँ थीं, जिन्हें अभी तक माना नहीं गया है।

राजनीतिक दलों के स्तर पर सुधार हेतु निम्न प्रावधान किए गए हैं

- दल-बदल की प्रक्रिया को रोकने हेतु 52वाँ और 91वाँ संविधान संशोधन।
- उच्चतम न्यायालय द्वारा पैसे और अपराधियों के प्रभाव को कम करने हेतु जारी किया गया आदेश।
- चुनाव आयोग द्वारा एक आदेश के द्वारा सभी दलों के सांगठनिक चुनाव कराना और आयकर का रिटर्न भरना आवश्यक बना दिया गया।

दबाव समूह

43 दबाव समूह के संदर्भ में निम्नलिखित में से कौन-सा कथन सही नहीं है? *(Chap 7, Class-XII, Old NCERT)*

(a) ये समूह संगठित होते हैं और सरकार की नीतियों को प्रभावित करने का प्रयास करते हैं
(b) इन समूहों का लक्ष्य सत्ता पर नियंत्रण करने अथवा उसमें हिस्सेदारी करने का नहीं होता, बल्कि उसकी दिशा और नीतियों को विशेष ढंग से बदलना होता है।
(c) इन समूहों के सदस्य अपने व्यक्तिगत हितों के लिए कार्य करते हैं
(d) इन समूहों का ध्यान कुछ मुद्दों तक ही सीमित रहता है और प्राय: वे किसी विशेष लक्ष्य अथवा एक विशेष समूहों के हितों से ही सरोकार रखते हैं

उत्तर *(c)*

व्याख्या दबाव समूह के संदर्भ में कथन (c) सही नहीं है, क्योंकि दबाव समूह के सदस्य सामूहिक हितों के लिए कार्य करते हैं न कि व्यक्तिगत हितों के लिए। दबाव समूह का निर्माण तब होता है, जब समान पेशे, हित, आकांक्षा अथवा मत के लोग एकसमान उद्देश्य को प्राप्त करने हेतु संगठित या एकजुट होते हैं।

44 निम्नलिखित में से कौन-सा दबाव समूह व्यापार व उद्योग समूह से संबंधित है? *(Chap 7, Class-XII, Old NCERT)*

1. ऑल इंडिया ट्रेड यूनियन कांग्रेस
2. चैंबर ऑफ कॉमर्स एंड इंडस्ट्रीज और उनके परिसंघ
3. ऑल इंडिया फार्मर्स यूनियन

कूट

(a) केवल 1 (b) केवल 2
(c) 1 और 2 (d) 2 और 3

उत्तर *(b)*

व्याख्या चैंबर ऑफ कॉमर्स एंड इंडस्ट्रीज और उनके परिसंघ एक दबाव समूह का उदाहरण है, जो व्यापार और उद्योग समूह से संबंधित है, जबकि ऑल इंडिया ट्रेड यूनियन कांग्रेस दबाव समूह मजदूर संघ समूह से संबंधित हैं।

45 निम्नलिखित में कौन-सा युग्म सही सुमेलित है?
(Chap 7, Class-XII, Old NCERT) (Chap 21 Module-4, NIOS)

	समूह		विषय
1.	उद्देश्य समूह	—	ये सामाजिक विषयों-पर्यावरण संरक्षण, मानवाधिकार व नागरिक स्वतंत्रताओं की रक्षा से संबंधित होते हैं।
2.	संस्थागत समूह	—	ये सरकार के भीतर और सरकारी मशीनरी के द्वारा दबाव अथवा प्रभाव डालने का प्रयास करते हैं।
3.	तदर्थ समूह	—	ये किसी उद्देश्य विशेष के लिए किसी समय सरकार पर दबाव डालने के लिए अस्तित्व में आते हैं।

कूट

(a) केवल 1 (b) 1 और 2
(c) 2 और 3 (d) 1, 2 और 3

उत्तर *(d)*

व्याख्या दिए गए सभी युग्म सही सुमेलित हैं।

उद्देश्य समूहों का मुख्य उद्देश्य सामान्य सामाजिक विषयों को आगे बढ़ाना होता है। ये समूह सुसंगठित भी हो सकते हैं और नहीं भी। उनकी सफलता सक्रिय रूप से जनता और जन संचार साधनों के सहयोग पर निर्भर करती है।

संस्थागत समूह ऐसे समूह होते हैं, जो सरकार के भीतर और सरकारी मशीनरी द्वारा दबाव अथवा प्रभाव डालने का प्रयास करते हैं। अफसरशाही और सेना इसके स्पष्ट उदाहरण हैं।

तदर्थ समूह अपने उद्देश्य की पूर्ति हेतु सरकार पर दबाव डालने हेतु सक्रिय हो जाते हैं। वे उद्देश्य के पूरा होने तक ही सक्रिय अथवा संगठित होते हैं।

46 सूची I को सूची II से सुमेलित कीजिए और नीचे दिए कूट की सहायता से सही उत्तर चुनिए *(Chap 5, Class-X, New NCERT)*

सूची I (संघर्ष)		सूची II (संगठन)	
A.	आंदोलन	1.	किसी विशेष वर्ग या समूह के हितों को बढ़ावा देने वाले संगठन
B.	राजनीतिक दल	2.	जन-सामान्य के हितों को बढ़ावा देने वाले संगठन
C.	वर्ग-विशेष के हित समूह	3.	किसी सामाजिक समस्या के समाधान के लिए चलाया गया एक ऐसा संघर्ष जिसमें सांगठनिक संरचना हो भी सकती है और नहीं भी
D.	लोक कल्याणकारी हित समूह	4.	ऐसा संगठन जो राजनीतिक सत्ता पाने की गरज से लोगों को लामबंद करता है।

कूट

	A	B	C	D
(a)	3	4	2	1
(b)	3	4	1	2
(c)	4	3	2	1
(d)	2	3	4	1

उत्तर *(b)*

व्याख्या सही सुमेलन A-3, B-4, C-1, D-2 है।

आंदोलन राजनीतिक भागीदारी को प्रभावित करने के उद्देश्य का परिचायक है, जो सांगठनिक रूप से अनौपचारिक फैसले पर आधारित होता है और इसके फैसले भी लचीले होते हैं।

राजनीतिक दल केवल सत्ता की लालसा हेतु व्यक्तियों या जनता को संगठित करने का प्रयास करते हैं।

वर्ग-विशेष हित समूह का मुख्य उद्देश्य पूरे समाज का नहीं, बल्कि अपने सदस्यों की बेहतरी और कल्याण होता है। ये वर्ग-विशेषी होते हैं, जो किसी समाज के विशेष वर्ग; जैसे—मजदूर, कर्मचारी, व्यवसायी, उद्योगपति, धर्म विशेष के अनुयायी आदि का प्रतिनिधित्व करते हैं।

लोक कल्याणकारी हित समूह किसी विशेष हित के अतिरिक्त सामूहिक हित का प्रतिनिधित्व करते हैं। इसमें उदाहरण के तौर पर बंधुआ मजदूरी के विरुद्ध लड़ने वाले समूहों का नाम लिया जा सकता है।

अध्याय 21

कुछ राज्यों से संबंधित विशेष प्रावधान एवं क्षेत्रीय आकांक्षाएँ

कुछ राज्यों से संबंधित विशेष प्रावधान एवं क्षेत्रीय आकांक्षाएँ

पूर्वोत्तर भारत के लिए विशेष प्रावधान

नागालैण्ड
- अनुच्छेद 371(A)
- **छूट वाले मामले** धार्मिक और सामाजिक प्रथाएँ, नागा प्रथागत कानून, नागरिक और आपराधिक न्याय आदि
- **तुएनसांग जिले के विशेष प्रावधान** राज्य में नागालैण्ड विधानसभा द्वारा तुएनसांग मामलों के मन्त्री को तुएनसांग जिले के सदस्य के रूप में नियुक्त किया जाता है। राज्यपाल के पास सभी तुएनसांग जिले के मामलों पर अंतिम विभाजन के लिए विवेकाधीन शक्ति है।

असम
- अनुच्छेद 371 (B) राष्ट्रपति को असम में एक समिति बनाने का अधिकार देता है
- यह समिति असम विधानसभा का एक भाग होती है
- **असम आंदोलन क्षेत्रीय लोगों की महत्त्वाकांक्षा** असम आंदोलन 1979-85, संदिग्ध अवैध बंगाली मामला, बांग्लादेश में बसे मुस्लिम
- **आरंभकर्ता** ऑल असम छात्र संघ 1979
- **उद्देश्य** बंगाली प्रभुत्व के विरुद्ध विदेशी विरोधी आन्दोलन
- वर्ष 1985 में असम संधि समझौता, राजीव गाँधी सरकार ने AASU नेता के साथ बातचीत की, यह समझौता असम में प्रवास करने वाले विदेशियों की पहचान कर उन्हें निर्वासित करने पर केंद्रित था

मणिपुर
- अनुच्छेद 371 (C)
- राष्ट्रपति, मणिपुर विधानसभा में पहाड़ी क्षेत्रों के सदस्यों के लिए एक समिति बना सकते हैं
- राज्यपाल पहाड़ी क्षेत्रों के प्रशासन पर राष्ट्रपति को वार्षिक रिपोर्ट सौंपता है

मिजोरम
- अनुच्छेद 371 (G)
- विशिष्ट मामलों पर संसद के अधिनियम तब तक लागू नहीं होते, जब तक राज्य विधानसभा उस पर निर्णय न ले
- मिजोरम विधानसभा में न्यूनतम 40 सदस्य होने चाहिए

सिक्किम
- 36वाँ संविधान संशोधन, 1975
- अनुच्छेद 371 (F)
- सिक्किम विधानसभा में कम-से-कम 30 सदस्य होंगे
- राज्यपाल सिक्किम की जनता के शुद्ध और न्यायसंगत विकास के लिए विशेष जिम्मेदारी रखता हैं

अरुणाचल प्रदेश
- अनुच्छेद 371 (H)
- कानून व्यवस्था की विशेष जिम्मेदारी राज्यपाल की होती है
- अरुणाचल प्रदेश विधानसभा में न्यूनतम 30 सदस्य होंगे

अन्य राज्यों के लिए विशेष प्रावधान

महाराष्ट्र और गुजरात
- अनुच्छेद 371
- राष्ट्रपति द्वारा राज्यपालों को विशेष उत्तरादायित्व देने के लिए अधिकृत किया गया

कर्नाटक
- अनुच्छेद 371 (J)
- राष्ट्रपति, कर्नाटक, हैदराबाद क्षेत्र के लिए राज्यपाल को विशेष जिम्मेदारी सौंप सकते हैं
- राज्यपाल क्षेत्र में विकासात्मक व्यय के लिए समान राशि आवंटित करते हैं

गोवा
- अनुच्छेद 371 (I)
- गोवा विधानसभा में नयूनतम 30 सदस्य होंगे।

आन्ध्र प्रदेश और तेलंगाना
- अनुच्छेद 371 (D) और 371(E)
- अनुच्छेद 371 (D) राष्ट्रपति को विशेष प्रावधानों के तहत सार्वजनिक रोजगार और चुनाव में न्यायसंगत अवसर प्रदान करने का अधिकार देता है
- अनुच्छेद 371 (E) संसद को आन्ध्र प्रदेश में एक केंद्रीय विश्वविद्यालय स्थापित करने का अधिकार देता है

SOURCE New NCERT Class XI संघवाद, New NCERT Class XII क्षेत्रीय आकांक्षाएँ, NIOS Module-4 Chap-20

1 संविधान में वर्णित अनुच्छेद 371 के संबंध में कौन-सा कथन सही नहीं है? *(Chap 7, Class-XI, New NCERT)*

(a) यह अनुच्छेद कुछ राज्यों के लिए उनकी विशिष्ट सामाजिक और ऐतिहासिक परिस्थितियों के अनुरूप कुछ विशेष अधिकारों की व्यवस्था करता है

(b) इस अनुच्छेद के अंतर्गत दिए गए अधिकतर प्रावधान पूर्वोत्तर के राज्यों के लिए हैं, जहाँ विशिष्ट इतिहास और संस्कृति वाली जनजातीय बहुल जनसंख्या निवास करती है

(c) इन पूर्वोत्तर राज्यों में असम, नागालैंड, अरुणाचल प्रदेश, मिजोरम आदि शामिल हैं, जहाँ के निवासी अपनी संस्कृति और इतिहास को बनाए रखना चाहते हैं

(d) इस अनुच्छेद में वर्णित प्रावधान पूर्वोत्तर क्षेत्रों के कुछ भागों में अलगाववाद और सशस्त्र विद्रोह को रोकने में सफल रहे हैं

उत्तर (d)

व्याख्या संविधान में वर्णित अनुच्छेद 371 के संबंध में कथन (d) सही नहीं है।

भारतीय संविधान के भाग 21 में अनुच्छेद 369 से 392 तक में 'टेंपरेरी, ट्रांजिशनल एंड स्पेशल प्रोविजिंस' का नाम दिया गया है, जो राज्यों तथा अन्य विशेष प्रावधान का उल्लेख करता है।

इसके अंतर्गत अनुच्छेद 371 पूर्वोत्तर राज्यों के लिए विशेष प्रावधान का उल्लेख करता है। राज्यों के लिए विशेष प्रावधान इसलिए बनाए गए थे, क्योंकि वे अन्य राज्यों के मुकाबले काफी पिछड़े हुए थे एवं उनका विकास समय के साथ सही तरीके से नहीं हो पाया था। साथ ही यह अनुच्छेद उनकी जनजातीय संस्कृति को संरक्षण प्रदान करता है।

2 निम्न घटनाओं को कालानुक्रम में व्यवस्थित कीजिए तथा नीचे दिए गए कूटों से सही उत्तर का चयन कीजिए *(Chap 8, Class-XII, New NCERT) (UPPSC Pre 2019)*

1. महाराजा हरि सिंह ने विलय-पत्र पर हस्ताक्षर किए।
2. भारत का संविधान लागू हुआ।
3. जम्मू-कश्मीर की प्रभुसत्ता संपन्न संविधान सभा ने भारत में विलय को अनुमोदित किया।
4. जम्मू-कश्मीर राज्य का नया संविधान लागू हुआ।

कूट

(a) 1, 3, 4, 2 (b) 3, 4, 1, 2 (c) 1, 2, 3, 4 (d) 4, 3, 2, 1

उत्तर (c)

व्याख्या प्रश्न में दी गई घटनाओं का सही कालानुक्रम 1, 2, 3, 4 है।

अक्टूबर, 1947 में कश्मीर घाटी में घुसपैठियों के घुसने पर जम्मू-कश्मीर के तत्कालीन शासक हरि सिंह ने विलय-पत्र पर हस्ताक्षर किए। यहाँ भारत का संविधान लागू किया गया।

सितंबर, 1951 में जम्मू-कश्मीर की प्रभुसत्ता संपन्न संविधान सभा ने भारत में विलय को अनुमति दी।

नवंबर, 1956 को जम्मू-कश्मीर का अपना संविधान अंगीकृत किया गया, जो 26 जनवरी, 1957 को लागू हुआ।

3 निम्न कथनों पर विचार कीजिए *(Chap 8, Class-XII, New NCERT)*

1. वर्ष 1965 में जम्मू-कश्मीर राज्य के प्रधानमंत्री का पदनाम बदलकर राज्यपाल कर दिया गया।
2. वर्ष 1996 में राज्य में संपन्न हुए विधानसभा चुनाव में मुफ्ती मोहम्मद सईद की पीडीपी पार्टी जम्मू-कश्मीर के लिए क्षेत्रीय स्वायत्तता की माँग के साथ सत्ता में आई।

उपर्युक्त में से कौन-सा/से कथन सही है/हैं?

(a) केवल 1 (b) केवल 2
(c) 1 और 2 (d) न तो 1 और न ही 2

उत्तर (d)

व्याख्या दिया गया कोई भी कथन सही नहीं है।

वर्ष 1965 में जम्मू-कश्मीर के संविधान के प्रावधान में एक परिवर्तन किया गया, जिसके अंतर्गत राज्य के प्रधानमंत्री का पदनाम बदलकर मुख्यमंत्री कर दिया गया। इसके अनुसार, भारतीय राष्ट्रीय कांग्रेस के गुलाम मोहम्मद सईद राज्य के पहले मुख्यमंत्री बने।

जम्मू-कश्मीर राज्य में वर्ष 1996 में विधानसभा चुनाव हुए जिसमें फारूख अब्दुल्ला के नेतृत्व वाली नेशनल कॉन्फ्रेंस जम्मू-कश्मीर के लिए क्षेत्रीय स्वायत्तता की माँग के साथ सत्ता में आई।

4 निम्न कथनों पर विचार कीजिए *(Chap 8, Class-XII, New NCERT)*

1. अगस्त, 2019 में जम्मू-कश्मीर पुनर्गठन अधिनियम, 2019 द्वारा अनुच्छेद 370 को समाप्त कर दिया गया।
2. इस अधिनियम द्वारा राज्य को पुनर्गठित कर दो केंद्रशासित प्रदेश जम्मू-कश्मीर तथा लद्दाख में परिवर्तित किया गया।

उपर्युक्त में से कौन-सा/से कथन सही है/हैं?

(a) केवल 1 (b) केवल 2
(c) 1 और 2 (d) न तो 1 और न ही 2

उत्तर (c)

व्याख्या दिए गए दोनों कथन सही हैं।

वर्तमान में अनुच्छेद 370 के अंतर्गत जम्मू-कश्मीर को दिया गया विशेष दर्जा समाप्त कर दिया गया। जम्मू-कश्मीर पुनर्गठन अधिनियम, 2019 द्वारा राज्य को दो केंद्रशासित प्रदेशों; जैसे—जम्मू-कश्मीर तथा लद्दाख में विभाजित किया गया है।

केंद्रशासित प्रदेश जम्मू-कश्मीर में विधानसभा का प्रावधान दिया गया, जबकि लद्दाख में कोई विधानसभा नहीं होगी। अनुच्छेद 370 का केवल एक खण्ड जिसमें राष्ट्रपति किसी बदलाव का आदेश जारी कर सकते हैं, को रखा गया तथा बाकी प्रावधानों को समाप्त कर दिया गया।

5 जम्मू-कश्मीर क्षेत्र की विविधता के संबंध में कौन-सा कथन सही नहीं है? *(Chap 8, Class-XII, New NCERT)*

(a) जम्मू-कश्मीर तीन सामाजिक और राजनीतिक क्षेत्रों, जम्मू-कश्मीर और लद्दाख से बना हुआ है।

(b) जम्मू क्षेत्र में छोटी पहाड़ियाँ और मैदानी भाग हैं, जिसमें मुख्य रूप से हिंदू रहते हैं।

(c) कश्मीर क्षेत्र में मुख्य रूप से कश्मीर घाटी है, जिसमें अधिकांश कश्मीरी मुसलमान रहते हैं।

(d) लद्दाख मुख्य रूप से पहाड़ी क्षेत्र है, जहाँ की जनसंख्या बहुत कम है, जिसमें लगभग बराबर संख्या में सिख और मुसलमान निवास करते हैं।

उत्तर (d)

व्याख्या जम्मू-कश्मीर की विविधता के संबंध में कथन (d) सही नहीं है, क्योंकि जम्मू-कश्मीर क्षेत्र के अंतर्गत लद्दाख (वर्तमान केंद्रशासित प्रदेश) एक ऊँचा पठारी क्षेत्र है, जिसका अधिकतर हिस्सा 3500 मीटर (9800 फीट) से ऊँचा है। यह क्षेत्र हिमालय एवं कराकोरम पर्वत श्रृंखला एवं सिंधु नदी की ऊपरी घाटी में फैला है। यहाँ की जनसंख्या बहुत कम है, जिसमें लगभग बराबर संख्या में बौद्ध एवं मुस्लिम हैं।

6 पंजाब राज्य के संदर्भ में दिए गए कथनों पर विचार कीजिए *(Chap 8, Class-XII, New NCERT)*

1. 1980 के दशक के पूर्वार्द्ध में हरियाणा और हिमाचल प्रदेश का निर्माण पंजाब के कुछ हिस्सों से हुआ।
2. 1966 में पंजाबी भाषी प्रांत का गठन हुआ।
3. 1970 के दशक में अकालियों द्वारा पंजाब के लिए स्वायत्तता की माँग उठाई गई।

उपर्युक्त में कितने कथन सही है/हैं?

(a) केवल एक (b) केवल दो
(c) केवल तीन (d) इनमें से कोई नहीं

उत्तर *(c)*

व्याख्या पंजाब राज्य के संदर्भ में सभी तीन कथन सही हैं।

1980 के दशक में पंजाब में भी बड़े बदलाव आए। इस प्रांत की सामाजिक बनावट विभाजन के समय पहली बार बदली थी, बाद में इसके कुछ हिस्सों से हरियाणा एवं हिमाचल प्रदेश नामक राज्य बनाए गए, इससे भी पंजाब की संरचना बदली।

हालाँकि 1950 के दशक में देश के शेष हिस्से को भाषाई आधार पर पुनर्गठित किया गया था, परंतु पंजाब बी भाषी प्रांत का गठन वर्ष 1966 को हुआ था। इस वर्ष 1970 के दशक में आनंदपुर साहिब में हुए सम्मेलन के पश्चात् पंजाब में अलगाववादी शक्तियाँ सक्रिय हुईं।

7 'ऑपरेशन ब्लू स्टार' से संबंधित निम्न कथनों पर विचार कीजिए *(Chap 8, Class-XII, New NCERT)*

1. यह ऑपरेशन पंजाब के लिए स्वायत्तता की माँग कर रहे नरमपंथी अकालियों के विरुद्ध चलाया गया था।
2. भारत सरकार द्वारा वर्ष 1983 में इसे प्रारंभ किया गया था।
3. यह स्वर्ण मंदिर में की गई सैन्य कार्रवाई का कूट नाम था।
4. तत्कालीन प्रधानमंत्री की हत्या इसी ऑपरेशन के बदले के परिणामस्वरूप की गई थी।

उपर्युक्त में से कौन-सा/से कथन सही है/हैं?

(a) 1, 2 और 3 (b) 1, 3 और 4
(c) 1, 2 और 3 (d) 3 और 4

उत्तर *(d)*

व्याख्या 'ऑपरेशन ब्लू स्टार' से संबंधित कथन (3) और (4) सही हैं।

ऑपरेशन ब्लू स्टार भारतीय सेना द्वारा 3 से 6 जून, 1984 को अमृतसर (पंजाब) में स्थित हरमंदिर साहिब (स्वर्ण मंदिर) में की गई सैन्य कार्रवाई थी। स्वर्ण मंदिर परिसर को आतंकी जरनैल सिंह भिंडरांवाले एवं उनके समर्थकों से मुक्त कराने के लिए यह सैन्य अभियान चलाया गया था।

31 अक्टूबर, 1984 को तत्कालीन प्रधानमंत्री श्रीमती इंदिरा गाँधी की हत्या उनके सुरक्षा गार्डों द्वारा इसी ऑपरेशन के बदले के रूप में कर दी गई थी।

8 'पंजाब समझौता' के संबंध में दिए गए कथनों का परीक्षण कर सही कथन की पहचान कीजिए *(Chap 8, Class-XII, New NCERT)*

1. यह समझौता राजीव गाँधी और अकाली दल के तत्कालीन अध्यक्ष हरचंद सिंह लोंगोवाल के मध्य हुआ था।
2. यह पंजाब में हिंसात्मक कार्रवाइयों को समाप्त कर शांति स्थापित करने की दिशा में एक प्रमुख कदम था।
3. समझौते में चंडीगढ़ को पंजाब के पक्ष में देने की बात पर सहमति बनी।
4. सरकार द्वारा पंजाब में उग्रवाद से प्रभावित लोगों को मुआवजा देने और बेहतर व्यवहार करने पर एक आम सहमति बनी।

कूट

(a) 1 और 2 (b) 2 और 4
(c) 1, 2 और 4 (d) 1, 2, 3 और 4

उत्तर *(d)*

व्याख्या 'पंजाब समझौते' के संबंध में सभी कथन सही हैं।

जुलाई, 1985 में अकाली दल के तत्कालीन अध्यक्ष हरचंद सिंह लोंगोवाल एवं प्रधानमंत्री राजीव गाँधी के बीच एक समझौता हुआ, जिसे 'पंजाब समझौता' कहा जाता है। पंजाब समझौते के प्रमुख बिंदु निम्न थे

- पंजाब में शांति के लिए कार्य करने पर सहमति
- चंडीगढ़ को पंजाब को सौंपने पर सहमति बनी
- हरियाणा तथा पंजाब के बीच सीमा विवाद सुलझाने के लिए आयोग की नियुक्ति
- जल बँटवारे को लेकर ट्रिब्यूनल गठन को स्वीकृति
- उग्रवाद प्रभावित लोगों का मुआवजा देने पर सहमति।

9 निम्न कथनों में से कौन-सा कथन सही है? *(Chap 8, Class-XII, New NCERT)*

(a) नागालैंड को वर्ष 1963 में पूर्ण राज्य बनाया गया।
(b) मणिपुर, त्रिपुरा और मेघालय वर्ष 1972 में राज्य बने।
(c) मिजोरम और अरुणाचल प्रदेश को वर्ष 1989 में पूर्ण राज्य का दर्जा प्राप्त हुआ।
(d) 'a' और 'b'

उत्तर *(d)*

व्याख्या दिए गए कथनों में से कथन (a) और (b) सही हैं। भारत के पूर्वोत्तर क्षेत्र में वर्ष 1947 के बाद से अनेक बदलाव आए। त्रिपुरा, मणिपुर एवं मेघालय का खासी पहाड़ी क्षेत्र, पहले अलग-अलग रियासत थे। आजादी के बाद भारत संघ में इनका विलय हुआ। पूर्वोत्तर के पूरे क्षेत्र का बड़े व्यापक स्तर पर राजनीतिक पुनर्गठन हुआ। नागालैंड को वर्ष 1963 में राज्य बनाया गया, मणिपुर, त्रिपुरा एवं मेघालय वर्ष 1972 में राज्य बने, जबकि मिजोरम एवं अरुणाचल प्रदेश को वर्ष 1987 में राज्य का दर्जा दिया गया न कि वर्ष 1987 में ।

10 पूर्वोत्तर राज्यों के संदर्भ में स्वायत्तता की माँग के संबंध में दिए गए कथनों पर विचार कीजिए *(Chap 8, Class-XII, New NCERT)*

1. स्वतंत्रता के समय मणिपुर और मिजोरम को छोड़कर अन्य पूरा क्षेत्र असम कहलाता था।
2. 'ईस्टर्न इंडिया ट्राइबल यूनियन' छोटे जनजातीय समुदाय के लोगों द्वारा गठित एक संस्था थी।
3. 'ऑल पार्टी हिल्स कॉन्फ्रेन्स' का गठन 1968 के दशक में किया गया, जो स्वायत्तता की माँग हेतु समर्पित था।

उपर्युक्त में से कितने कथन असत्य है/हैं?

(a) केवल एक (b) केवल दो
(c) सभी तीन (d) इनमें से कोई नहीं

उत्तर *(c)*

व्याख्या पूर्वोत्तर राज्यों के संदर्भ में स्वायत्तता की माँग के संबंध में सभी तीन कथन असत्य हैं।

आजादी के समय मणिपुर एवं त्रिपुरा को छोड़कर यह पूरा क्षेत्र असम कहलाता था।

बड़े जनजाति समुदाय के नेता असम से अलग होना चाहते थे, इन लोगों ने 'ईस्टर्न इंडिया ट्राइबल यूनियन' का गठन किया, जो 1960 में कहीं अधिक व्यापक 'ऑल पार्टी हिल्स कॉन्फ्रेन्स' में परिवर्तित हो गयी।

11 'असम आंदोलन' के संबंध में कौन-सा कथन सही है?

(Chap 8, Class-XII, New NCERT)

(a) यह आंदोलन वर्ष 1979-85 तक सक्रिय रहा
(b) वर्ष 1979 में 'आसू-AASU' ने विदेशियों के विरोध में एक आंदोलन चलाया
(c) असम में तेल, चाय और कोयले जैसे प्राकृतिक संसाधनों की मौजूदगी के बावजूद गरीबी है
(d) उपर्युक्त सभी

उत्तर *(d)*

व्याख्या 'असम आंदोलन' के संबंध में सभी कथन सही हैं।

वर्ष 1979 से 1985 तक चला असम आंदोलन बाहरी लोगों के विरुद्ध चले आंदोलनों का सबसे अच्छा उदाहरण है।

विदेशियों के विरोध में वर्ष 1979 में ऑल असम स्टूडेंट्स यूनियन (AASU) का गठन किया।

'AASU' का आंदोलन अवैध अप्रवासी, बंगाली एवं अन्य लोगों के दबदबे तथा मतदाता सूची में लाखों अप्रवासियों के नाम दर्ज कर लेने के विरुद्ध था।

असम में तेल, चाय एवं कोयला जैसे प्राकृतिक संसाधनों के होने के बावजूद राज्य में गरीबी व्याप्त है। स्थानीय जनता का मानना था कि असम के प्राकृतिक संसाधन बाहर भेजे जा रहे हैं, जिससे क्षेत्र के लोगों को लाभ नहीं हो रहा।

12 निम्नलिखित युग्मों पर विचार कीजिए

(Chap 8, Class-XII, New NCERT Exercise)

	क्षेत्रीय आकांक्षाओं की प्रकृति		राज्य
1.	सामाजिक-धार्मिक पहचान के आधार पर राज्य का निर्माण	–	नागालैंड/असम
2.	भाषायी पहचान तथा केंद्र के साथ तनाव	–	झारखंड/छत्तीसगढ़
3.	क्षेत्रीय असंतुलन के फलस्वरूप राज्य का निर्माण	–	पंजाब
4.	आदिवासी पहचान के आधार पर अलगाववादी माँग	–	तमिलनाडु

उपर्युक्त कथनों में से कितने युग्म सही सुमेलित हैं?

(a) केवल एक
(b) केवल दो
(c) केवल तीन
(d) इनमें से कोई नहीं

उत्तर *(d)*

व्याख्या दिए गए युग्मों में से कोई भी युग्म सही सुमेलित नहीं हैं।

सामाजिक-धार्मिक पहचान पर पंजाब को पृथक् राज्य बनाने की माँग 1920 के दशक से ही मुखर हो गई थी।

तमिलनाडु राज्य अपनी भाषायी पहचान और केंद्र सरकार से तनाव में प्रायः संलग्न रहता है।

क्षेत्रीय असंतुलन के फलस्वरूप नागालैंड तथा असम को पृथक् किया गया। आदिवासी पहचान के अंतर्गत पृथक् राज्य की माँग झारखंड तथा छत्तीसगढ़ में चली। वर्ष 2000 में इन राज्यों का गठन हुआ।

13 पूर्वोत्तर में असम आंदोलन से संबंधित कथनों पर विचार कीजिए

(Chap 7, Class-XI, NCERT) (Chap 20, Module-4, NIOS)

1. असम आंदोलन वर्ष 1979 से 1995 तक चला था।
2. यह आंदोलन मुख्य रूप से बांग्लादेश से आई मुस्लिम जनसख्या के विरुद्ध था।
3. आंदोलन की माँग थी कि वर्ष 1951 के बाद जितने लोग असम में आकर बसे हैं, उन्हें असम से बाहर किया जाए।
4. इस आंदोलन का नेतृत्व आसू ने किया था, जो एक राज्य स्तरीय राजनीतिक दल था।

उपर्युक्त में से कितने कथन सही हैं?

(a) केवल एक
(b) केवल दो
(c) केवल तीन
(d) उपर्युक्त सभी

उत्तर *(b)*

व्याख्या पूर्वोत्तर में असम आंदोलन से संबंधित केवल दो कथन अर्थात् (2 और 3) सही हैं। यह आंदोलन मुख्य रूप से बांग्लादेश से आई मुस्लिम जनसंख्या के विरुद्ध था। जिसकी माँग थी कि वर्ष 1951 के बाद जितने लोग असम में आकर बसे हैं, उन्हें असम से बाहर किया जाए।

कथन (1) और (4) सही नहीं हैं, क्योंकि असम आंदोलन वर्ष 1979 से वर्ष 1985 तक चला था। यह एक क्षेत्रीय और जातीय आंदोलन था, जो अवैध प्रवासियों की पहचान और निष्कासन से संबंधित विषय पर केंद्रित था।

इस आंदोलन का नेतृत्व आसू संगठन ने किया था, जो एक छात्र संगठन था न कि राज्य स्तरीय राजनीतिक दल।

राजीव गाँधी के नेतृत्व वाली सरकार ने आसू के नेताओं से बातचीत करके वर्ष 1985 में असम समझौता किया था। कथन (2) और (4) सही नहीं हैं, क्योंकि जिसमें निर्णय लिया गया कि जो लोग बांग्लादेश युद्ध के दौरान अथवा उसके बाद के वर्षों में असम आए हैं, उनकी पहचान की जाएगी और उन्हें वापस भेजा जाएगा।

अध्याय 22

संवैधानिक एवं गैर-संवैधानिक निकाय

संवैधानिक एवं गैर-संवैधानिक निकाय

संवैधानिक निकाय

(भारत के संविधान द्वारा स्थापित)

वित्त आयोग

- केंद्र और राज्यों के बीच संबंध को पारिभाषित करता है
- अनुच्छेद 280
- पहला आयोग वर्ष 1951 में बना
- संघ और राज्यों के बीच वित्तीय वितरण पर राष्ट्रपति को सलाह देना

संरचना, नियुक्ति एवं योग्यताएँ

- अध्यक्ष और चार अन्य सदस्य
- राष्ट्रपति द्वारा नियुक्ति
- संसद द्वारा योग्यता निर्धारित

कार्यकाल

- पाँच साल
- राष्ट्रपति के प्रसादपर्यन्त (इच्छा)

नियंत्रक एवं महालेखा परीक्षक

- अनुच्छेद 148
- स्वायत्त निकायों सहित भारत सरकार और राज्यों की सभी प्राप्तियों और व्यय का लेखा परीक्षा करने का अधिकार
- भारतीय लेखा परीक्षा और लेखा विभाग के प्रमुख के रूप में काम करना

नियुक्ति और कार्यकाल

- राष्ट्रपति द्वारा नियुक्त
- राष्ट्रपति के समक्ष शपथ या प्रतिज्ञान लेता है
- कार्यकाल 6 वर्ष या 65 वर्ष की आयु तक
- राष्ट्रपति को पत्र लिखकर त्याग-पत्र दे सकता है

कार्य एवं शक्ति

- अनुच्छेद 149
- केंद्र के खातों की लेखा परीक्षा रिपोर्ट, राष्ट्रपति को सौंपना (अनुच्छेद 151)

भारत के अटॉर्नी जनरल

- अनुच्छेद 76
- देश का सर्वोच्च कानून अधिकारी

योग्यता

- भारत का नागरिक, पाँच वर्ष तक उच्च न्यायालय का न्यायाधीश, 10 वर्ष तक उच्च न्यायालय का वकील

कार्यकाल, वेतन और भत्ते

- कार्यकाल तय नहीं
- राष्ट्रपति के प्रसादपर्यन्त (इच्छा) पद धारण करते हैं
- किसी भी समय राष्ट्रपति को पत्र लिखकर इस्तीफा दे सकते हैं
- वेतन राष्ट्रपति द्वारा निर्धारित

कर्त्तव्य

- कानूनी मामलों पर भारत सरकार को सलाह देना
- राष्ट्रपति द्वारा दिए अन्य कर्त्तव्य निभाना

कार्य

- सर्वोच्च न्यायालय के मामलों में भारत सरकार का प्रतिनिधित्व करना
- अनुच्छेद 143 के तहत राष्ट्रपति से सर्वोच्च न्यायालय के संदर्भ को संभालना

गैर-संवैधानिक निकाय

(अधिनियम द्वारा निर्मित, संविधान में उल्लेख नहीं)

योजना आयोग

- पंचवर्षीय योजना बनाई
- 15 मार्च, 1950 को स्थापित
- वर्ष 2015 में समाप्त कर दिया गया

नीति आयोग

- वर्ष 2015 में स्थापित
- भारतीय सरकार के लिए नीति थिंक टैंक

राष्ट्रीय मानवाधिकार आयोग

- मानवाधिकार संरक्षण अधिनियम द्वारा वर्ष 1993 में स्थापित; वर्ष 2006 में संशोधित
- जीवन, स्वतंत्रता, समानता और गरिमा के अधिकारों के लिए एक प्रहरी के रूप में कार्य करता है

राज्य मानवाधिकार आयोग

- मानवाधिकार संरक्षण अधिनियम, 1993 द्वारा स्थापित
- राज्य सूची और समवर्ती सूची में सूचीबद्ध विषयों में मानवाधिकार उल्लंघन की जाँच करता है

केंद्रीय सतर्कता आयोग

- सरकारी भ्रष्टाचार से निपटने के लिए वर्ष 1964 में स्थापित
- संथानम समिति की सिफारिशों पर आधारित
- स्वायत्त निकाय
- केंद्र सरकार में सतर्कता गतिविधि पर दृष्टि रखता है।
- केन्द्रीय सतर्कता आयुक्त का कार्यकाल 4 वर्ष या 65 वर्ष की आयु तक

लोकपाल और लोकायुक्त

- भ्रष्टाचार विरोधी संस्था
- लोकपाल एवं लोकायुक्त अधिनियम, 2013 के तहत स्थापित
- संघ के लिए लोकपाल और राज्यों के लिए लोकायुक्त के निर्माण को नियंत्रित करता है

केंद्रीय सूचना आयोग

- सूचना का अधिकार अधिनियम, 2005 के तहत स्थापित
- व्यक्तिगत मंत्रालय के अंतर्गत पीआईओ नागरिकों को जानकारी प्रदान करने के लिए जिम्मेदार है
- राज्य सूचना आयोग की भी स्थापना की गई

SOURCE New NCERT Class IX लोकतांत्रिक अधिकार, Old NCERT Class XI भारतीय प्रशासन : संगठन एवं कार्य, Old NCERT Class XI भारतीय संविधान : प्रस्तावना, मुख्य विशेषताएँ तथा भारतीय संघ, Old NCERT Class XI भारत की न्यायपालिका, Old NCERT Class XII कमजोर वर्ग का विकास : महिलाएँ, NIOS Module-5 Chap 25

संवैधानिक संस्थाएँ

1 निम्नलिखित में से कौन-सा कथन सही नहीं है? *(Chap 8, Class-XI, Old NCERT)*

(a) वित्त आयोग में एक अध्यक्ष तथा चार अन्य सदस्य होते हैं, जिनकी नियुक्ति संसद के द्वारा की जाती है।
(b) वित्त आयोग का अध्यक्ष ऐसा व्यक्ति होता है, जिसे सार्वजनिक कार्यों का अनुभव होता है।
(c) अन्य सदस्य उन व्यक्तियों में से चुने जाते हैं, जिसने अधिवक्ता के रूप में किसी न्यायालय में कम-से-कम तीन वर्ष तक कार्य किया हो।
(d) 'a' और 'c' दोनों

उत्तर (d)

व्याख्या दिए गए कथनों में से कथन (a) और (c) सही नहीं हैं, क्योंकि वित्त आयोग में एक अध्यक्ष तथा चार अन्य सदस्य होते हैं। इनकी नियुक्ति राष्ट्रपति द्वारा की जाती है। आयोग का अध्यक्ष ऐसा व्यक्ति होता है, जिसे सार्वजनिक कार्यों का अनुभव हो।

अन्य चार सदस्य उन व्यक्तियों में से चुने जाते हैं, जो उच्च न्यायालय के न्यायाधीश बनने की योग्यता रखते हों, सरकार के लेखाओं तथा वित्त की विशेष जानकारी रखते हों, जिन्हें वित्तीय विषयों और प्रशासन का विस्तृत अनुभव हो तथा जिन्हें अर्थशास्त्र का विशेष ज्ञान हो।

2 वित्त आयोग के सदस्यों की पदावधि के संबंध में दिए गए कथनों पर विचार कीजिए *(Chap 8, Class-XI, Old NCERT)*

1. वित्त आयोग के सदस्य पूर्णकाल तक अथवा आंशिक काल तक, जैसा भी राष्ट्रपति निश्चित करे कार्यरत् रहते हैं।
2. वित्त आयोग के सदस्यों की पुनर्नियुक्ति संभव है।

उपर्युक्त में से कौन-सा/से कथन सही है/हैं?

(a) केवल 1 (b) केवल 2
(c) 1 और 2 (d) न तो 1 और न ही 2

उत्तर (c)

व्याख्या वित्त आयोग के सदस्यों की पदावधि के संबंध में दोनों कथन सही हैं।

वित्त आयोग के सदस्य उस अवधि तक अपने पद पर आरूढ़ रहते हैं, जितनी अवधि उनके नियुक्ति पत्र में राष्ट्रपति द्वारा उल्लिखित हो। उनकी पुनर्नियुक्ति हो सकती है।

संविधान के अनुच्छेद 280 के तहत वित्त आयोग का गठन किया गया। इसके सदस्यों की नियुक्ति हेतु योग्यता एवं कार्यकाल का निर्धारण राष्ट्रपति द्वारा किया जाता है। ये अपने पद पर पूर्णकाल अथवा आंशिक काल तक जैसा भी राष्ट्रपति निश्चित करे, निर्धारित रहते हैं।

3 वित्त आयोग के अधिकार एवं कार्यों में कौन-सा/से शामिल है/हैं? *(Chap 8, Class-XI, Old NCERT)*

1. आयोग को यह अधिकार है कि वह किसी भी व्यक्ति से किसी भी प्रश्न पर कोई भी सूचना, जिसे वह उपयोगी समझे, प्राप्त कर सकता है।
2. आयोग राष्ट्रपति को कर द्वारा प्राप्त आय का बँटवारा अथवा वितरण से संबंधित विषयों पर अपनी संस्तुतियाँ दे सकता है।

उपर्युक्त में से कौन-सा/से कथन सत्य है/हैं?

(a) केवल 1
(b) केवल 2
(c) 1 और 2
(d) न तो 1 और न ही 2

उत्तर (c)

व्याख्या वित्त आयोग के अधिकार एवं कार्यों के संदर्भ में दोनों कथन सत्य हैं। वित्त आयोग को यह अधिकार है कि वह किसी भी व्यक्ति से किसी भी प्रश्न पर कोई भी सूचना, जिसे वह उपयोगी समझे, प्राप्त कर सकता है। वित्त आयोग राष्ट्रपति को कर द्वारा प्राप्त आय का बँटवारा अथवा वितरण, भारत की संचित निधि में राज्यों को दिए जाने वाली सहायता व अनुदानों के सिद्धांतों का निर्धारण तथा राष्ट्रपति द्वारा स्वस्थ वित्तीय हितों के संदर्भ में माँगे गए किसी भी विषय पर अपनी संस्तुतियाँ दे सकता है।

4 निम्नलिखित कथनों पर विचार कीजिए *(Chap 8, Class-XI, Old NCERT) (IAS Pre 2003)*

वित्त आयोग का/के कार्य है/हैं

1. भारत की संचित निधि से धन निकालने की अनुमति देना
2. प्राप्त करों के भागों को राज्यों के बीच में बाँटना
3. सहायता अनुदान के लिए राज्यों के आवेदन पर विचार
4. संघ तथा राज्य सरकारें बजट के प्रावधानों के अनुसार करों की उगाही कर रही हैं या नहीं इसकी देख-रेख करना तथा उस पर रिपोर्ट देना

उपर्युक्त में से कौन-सा/से कथन सत्य है/हैं?

(a) केवल 1 (b) 2 और 3
(c) 3 और 4 (d) 1, 2 और 4

उत्तर (b)

व्याख्या वित्त आयोग के कार्य के संबंध में कथन (2) और (3) सत्य हैं। वित्त आयोग के कार्यों में निम्नलिखित शामिल हैं

- कर द्वारा प्राप्त आय का बँटवारा या वितरण करना
- सहायता अनुदान के लिए राज्यों के आवेदन पर विचार करना
- राष्ट्रपति द्वारा माँगे गए वित्तीय हितों के संदर्भ में किसी विषय पर विचार प्रस्तुत करना।

कथन (1) और (4) असत्य हैं, क्योंकि भारत की संचित निधि से धन निकालने की अनुमति संसद द्वारा दी जाती है। संघ या राज्यों के बजटीय प्रावधानों से वित्त आयोग का संबंध नहीं है।

5 भारत के वित्त आयोग के संदर्भ में निम्नलिखित कथनों पर विचार करें *(Chap 8, Class-XI, Old NCERT) (BPSC Pre 2022)*

1. वित्त आयोग एक सांविधिक निकाय है।
2. संविधान के अनुच्छेद 280 के अंतर्गत वित्त आयोग स्थापित किया गया था।
3. वित्त आयोग द्वारा की गई सिफारिशें प्रकृति में केवल सलाहकार हैं।
4. पहला वित्त आयोग वर्ष 1950 में स्थापित किया गया था।

उपर्युक्त में से कौन-सा/से कथन सही है/हैं?

(a) 1 और 4 (b) 3 और 4
(c) 2 और 3 (d) 2 और 4

उत्तर (c)

व्याख्या भारत के वित्त आयोग के संदर्भ में कथन (2) और (3) सही हैं। वित्त आयोग एक संवैधानिक निकाय है, जो राजकोषीय संघवाद की धुरी है, जिसका गठन संविधान के अनुच्छेद 280 के अन्तर्गत किया जाता है। वित्त आयोग की सिफारिशों की प्रकृति सलाहकारी होती है और इनको मानने के लिए सरकार बाध्य नहीं होती है। यद्यपि सरकार द्वारा सामान्यत: इसकी सिफारिशों को मान लिया जाता है।

कथन (1) और (3) सही नही हैं, क्योंकि वित्त आयोग सांविधिक निकाय नहीं है। प्रथम वित्त आयोग वर्ष 1951 में के. सी. नियोगी की अध्यक्षता में गठित किया गया था न की वर्ष 1950 में। अब तक 15 वित्त आयोग गठित किए जा चुके हैं।

6 भारत के महान्यायवादी के संबंध में दिए गए कथनों पर विचार कीजिए *(Chap 8, Class-XI, Old NCERT)*

1. भारत का महान्यायवादी एक ऐसा व्यक्ति होता है, जो उच्च न्यायालय के न्यायाधीश के रूप में नियुक्त होने की योग्यता रखता हो।
2. महान्यायवादी का यह कर्त्तव्य है कि वह भारत सरकार को वैधानिक विषयों से संबंधित सलाह दे, जिसे मानना बाध्यकारी है।

उपर्युक्त में से कौन-सा/से कथन सही नहीं है/हैं?

(a) केवल 1
(b) केवल 2
(c) 1 और 2
(d) न तो 1 और न ही 2

उत्तर (c)

व्याख्या भारत के महान्यायवादी के संबंध में दोनों कथन सही नहीं हैं। राष्ट्रपति किसी ऐसे व्यक्ति को भारत का महान्यायवादी नियुक्त करता है, जिसमें उच्चतम न्यायालय के न्यायाधीश नियुक्त होने की योग्यता हो।

महान्यायवादी का यह कर्त्तव्य है कि वह भारत सरकार को वैधानिक विषयों से संबंधित वैधानिक सलाह दे तथा वैधानिक स्वरूप के ऐसे कर्त्तव्यों का पालन करे, जिन्हें समय-समय पर राष्ट्रपति उसके सम्मुख रखें। महान्यायवादी की सलाह को मानना बाध्यकारी नहीं है।

7 महान्यायवादी से संबंधित कथनों पर विचार कीजिए *(Chap 2, Class XI, New NCERT)*

1. राष्ट्रपति किसी ऐसे व्यक्ति को नियुक्त करता है, जो उच्चतम न्यायालय के न्यायाधीश के रूप में नियुक्त होने की योग्यता रखता है।
2. उसे उच्च न्यायालय में वकालत का 10 वर्षों का अनुभव, 5 अथवा वर्षों तक न्यायाधीश के रूप में अनुभव प्राप्त हो।
3. राष्ट्रपति के मतानुसार न्यायिक मामलों में योग्य व्यक्ति हो।
4. संविधान में उसके वेतन संबंधी व्यवस्था का उल्लेख हैं।

उपर्युक्त में से कितने कथन सही हैं?

(a) केवल दो (b) केवल तीन (c) केवल चार (d) इनमें से कोई नहीं

उत्तर (b)

व्याख्या महान्यायवादी से संबंधित केवल तीन कथन अर्थात् (1, 2 और 3) सही नहीं हैं, क्योंकि भारत के महान्यायवादी की नियुक्ति राष्ट्रपति द्वारा अनुच्छेद 76 के अंतर्गत की जाती है। यह देश का सर्वोच्च कानून आधिकारी होता है। यह समय-समय पर ऐसे वैधानिक कार्यों का निवर्हन करता है, जो उसे राष्ट्रपति द्वारा दिए जाते हैं।

महान्यायवादी के लिए निम्न योग्यताएँ हैं

- भारत का नागरिक हो
- वह न्यायिक मामलों में योग्य व्यक्ति हो
- उच्च न्यायालय में 10 वर्षों तक वकालत करने का अनुभव हो।
- उच्च न्यायालय में 5 वर्ष तक न्यायाधीश के पद का अनुभव हो।
- उच्चतम न्यायालय के न्यायाधीश के रूप में नियुक्त होने की योग्यता रखता हो।

कथन (4) सही हैं। महान्यायवादी से संबंधित वेतन संबंधी व्यवस्था का उल्लेख संविधान में नहीं किया गया है। इसे राष्ट्रपति द्वारा निर्धारित पारिश्रमिक के रूप में वेतन प्राप्त होता है।

8 महान्यायवादी के संदर्भ में निम्नलिखित कथनों पर विचार कीजिए *(Chap 8, Class-XI, Old NCERT) (IAS Pre 2013)*

1. लोकसभा की कार्यवाही में भाग ले सकता है।
2. लोकसभा की किसी समिति का सदस्य हो सकता है।
3. लोकसभा में बोल सकता है।
4. लोकसभा में मतदान कर सकता है।

उपर्युक्त में से कौन-सा/से कथन सही है/हैं?

(a) केवल 1 (b) 2 और 4
(c) 1, 2 और 3 (d) 1 और 3

उत्तर (c)

व्याख्या महान्यायवादी के संदर्भ में कथन (1), (2) और (3) सही हैं।

अपने कर्त्तव्यों का पालन करते समय महान्यायवादी लोकसभा की कार्यवाही में भाग ले सकता है तथा किसी समिति का सदस्य बन सकता है।

महान्यायवादी को संसद के किसी भी सदन अथवा दोनों सदनों के संयुक्त अधिवेशन अथवा संसद की किसी भी समिति में बोलने तथा उसमें भाग लेने का अधिकार है।

कथन (4) सही नहीं है, क्योंकि महान्यायवादी को संसद के किसी भी सदन में मतदान का अधिकार प्राप्त नहीं है।

9 निम्न कथनों पर विचार कीजिए *(Chap 8, Class-XI, Old NCERT)*

1. भारत के नियंत्रक एवं महालेखा परीक्षक की नियुक्ति राष्ट्रपति करता है।
2. नियंत्रक एवं महालेखा परीक्षक के वेतन एवं भत्ते भारत की संचित निधि पर भारित होते हैं।

उपर्युक्त में से कौन-सा/से कथन सही है/हैं?

(a) केवल 1 (b) केवल 2
(c) 1 और 2 (d) न तो 1 और न ही 2

उत्तर (c)

व्याख्या दिए गए दोनों कथन सही हैं।

भारतीय संविधान के अनुच्छेद 148 में राष्ट्रपति के द्वारा भारत के नियंत्रक एवं महालेखा परीक्षक की नियुक्ति की व्यवस्था है। भारत के नियंत्रक एवं महालेखा परीक्षक के वेतन एवं भत्ते तथा पेंशन भारत की संचित निधि पर भारित होते हैं।

10 भारत के नियंत्रक एवं महालेखा परीक्षक के कार्यों के संबंध में दिए गए कथनों में से कौन-सा सही है? *(Chap 8, Class-XI, Old NCERT)*

(a) वह संसद द्वारा निर्धारित कर्त्तव्यों का पालन करता है।
(b) वह केंद्र सरकार के लेखा से संबद्ध प्रतिवेदन को राष्ट्रपति को सौंपता है।
(c) केंद्र व राज्य के लेखाओं का निर्धारण नियंत्रक एवं महालेखा परीक्षक के परामर्श से राष्ट्रपति करता है।
(d) उपर्युक्त सभी

उत्तर (d)

व्याख्या भारत के नियंत्रक एवं महालेखा परीक्षक के कार्यों के संबंध में दिए गए सभी कथन सही हैं। भारत का नियंत्रक एवं महालेखा परीक्षक संघ तथा राज्यों के अथवा किसी अन्य अधिकारी के लेखाओं से संबद्ध ऐसे कर्त्तव्यों का पालन तथा ऐसे अधिकारों का पालन करता है, जो संसद द्वारा निर्धारित किए गए हैं।

केंद्र व राज्य के लेखाओं का निर्धारण नियंत्रक एवं महालेखा परीक्षक के परामर्श से राष्ट्रपति करता है।

नियंत्रक एवं महालेखा परीक्षक संघ शासन के लेखाओं से संबद्ध प्रतिवेदन राष्ट्रपति को सौंपता है, जो उसे संसद के दोनों सदनों के सम्मुख रखता है।

11 निम्न कथनों पर विचार कीजिए *(Chap 8, Class-XI, Old NCERT) (MPPSC Pre 2021)*

1. नियंत्रक महालेखा परीक्षक का कर्त्तव्य होगा कि वह उन सभी प्राप्तियों की लेखा परीक्षा करे, जो भारत की संचित निधि में संदेय हैं।
2. नियंत्रक महालेखा परीक्षक को संघ या किसी राज्य के किसी कार्यालय या विभाग में रखे गए भंडारों या स्टॉक के लेखाओं की लेखा परीक्षा करने और उनके बारे में रिपोर्ट देने का प्राधिकार होगा।

उपर्युक्त में से कौन-सा/से कथन सही है/हैं?
(a) केवल 1 (b) 1 और 2 (c) केवल 2 (d) इनमें से कोई नहीं

उत्तर *(b)*

व्याख्या दिए गए दोनों कथन सही हैं।
नियन्त्रक एवं महालेखा परीक्षक का कर्त्तव्य होगा कि वह उन सभी प्राप्तियों की लेखा परीक्षा करे, जो भारत सरकार की संचित निधि में सन्देय है।
नियन्त्रक एवं महालेखा परीक्षक संघ या किसी राज्य के किसी कार्यालय या विभाग में रखे गए भण्डारों या स्टॉक के लेखाओं की लेखा परीक्षा करने और इसके सम्बन्ध में रिपोर्ट देने का प्राधिकारी होता है। इसके अतिरिक्त वह संघ या राज्य के विभिन्न विभागों द्वारा किए गए सभी व्यापार, निर्माण, लाभ तथा हानि लेखाओं की सम्परीक्षा करता है तथा उस पर अपना प्रतिवेदन देता है।

12 संविधान में उल्लिखित महाधिवक्ता के पद के संबंध में दिए गए कथनों में से कौन-सा सत्य है? *(Chap 8, Class-XI, Old NCERT)*
(a) वह राज्यपाल के प्रसादपर्यंत अपने पद पर बना रहता है।
(b) वह राज्य सरकार का सर्वोच्च वैधानिक परामर्शदाता है।
(c) वह उस मंत्रिपरिषद् की कार्यावधि तक पदासीन रहता है, जिसने उसे नियुक्त किया है।
(d) उपर्युक्त सभी

उत्तर *(d)*

व्याख्या संविधान में उल्लिखित महाधिवक्ता के पद के संबंध में सभी कथन सत्य है। महाधिवक्ता राज्यपाल के प्रसादपर्यंत अपने पद पर बना रहता है, किंतु यथार्थ में वह उस मंत्रिपरिषद् की कार्यावधि तक पदासीन रहता है, जिसने उसे नियुक्त किया। महाधिवक्ता राज्य सरकार का सर्वोच्च वैधानिक परामर्शदाता है। वह राज्य सरकार को विधि संबंधित ऐसे विषयों पर सलाह देता है, जो राष्ट्रपति द्वारा निर्धारित किए गए हों।

13 निम्न कथनों पर विचार करें *(Chap 8, Class-XI, Old NCERT)*
1. राज्य का महाधिवक्ता वही व्यक्ति नियुक्त होता है, जो उच्च न्यायालय का न्यायाधीश बनने योग्य हो।
2. राज्य का महाधिवक्ता विधानसभा का सदस्य होता है। अत: वह सदन में बोलने का अधिकारी होता है।
3. विधानमंडल में मतदान संबंधी अधिकार राज्य के महाधिवक्ता को प्राप्त हैं।

उपर्युक्त में से कौन-सा/से कथन सही नहीं है/हैं?
(a) केवल 2 (b) 1 और 2 (c) 2 और 3 (d) 1, 2 और 3

उत्तर *(c)*

व्याख्या दिए गए कथनों में से कथन (2) और (3) सही नहीं हैं, क्योंकि महाधिवक्ता राज्य विधानमंडल का सदस्य नहीं होता तथापि उसे विधानमंडल में विधि विषयक स्पष्टीकरण के लिए बुलाया जा सकता है। महाधिवक्ता को विधानमंडल में बोलने तथा उसकी कार्यवाही में भाग लेने का अधिकार होता है, किंतु वह उसमें मतदान नहीं कर सकता।

14 राज्य के महाधिवक्ता के कार्यों में कौन-सा शामिल है? *(Chap 8, Class-XI, Old NCERT)*
(a) वह उन सब कार्यों को करता है, जो विधि द्वारा उसके लिए निर्धारित किए जाते हैं।
(b) वह राज्य सरकार की ओर से सभी न्यायालयों में सरकारी पक्ष रखता है।
(c) उच्च न्यायालय के प्रारंभिक अधिकार क्षेत्र में आने वाले सभी अभियोगों में सरकार की ओर से वह अभियोग लगाता है।
(d) उपर्युक्त सभी

उत्तर *(d)*

व्याख्या राज्य के महाधिवक्ता के कार्यों से संबंधित सभी कथन सही हैं। महाधिवक्ता उन सब कार्यों को करता है, जो विधि द्वारा उसके लिए निर्धारित किए जाते हैं। इसके अतिरिक्त वह राज्य सरकार की ओर से सभी न्यायालयों में सरकारी पक्ष रखता है। महाधिवक्ता उच्च न्यायालय के प्रारंभिक अधिकार क्षेत्र में आने वाले सभी अभियोगों में सरकार की ओर से अभियोग लगाता है।

15 भारत के निम्नलिखित संगठनों/निकायों पर विचार कीजिए *(Chap 25, Module-5, NIOS) (IAS Pre 2023)*
1. राष्ट्रीय पिछड़ा वर्ग आयोग 2. राष्ट्रीय मानव अधिकार आयोग
3. राष्ट्रीय विधि आयोग 4. राष्ट्रीय उपभोक्ता विवाद निवारण आयोग

उपर्युक्त में से कितने संवैधानिक निकाय हैं?
(a) केवल एक (b) केवल दो (c) केवल तीन (d) सभी चार

उत्तर *(a)*

व्याख्या भारत के संगठनों के संबंध में केवल एक कथन अर्थात् (1) संवैधानिक निकाय है। राष्ट्रीय पिछड़ा वर्ग आयोग (NCBC) की स्थापना वर्ष 1993 में की गई थी। 102वें संविधान संशोधन अधिनियम द्वारा इस आयोग को संवैधानिक दर्जा प्रदान किया गया।
इस उद्देश्य (सवैधानिक दर्जा) के लिए संशोधन के अन्तर्गत एक नए 388 (B) का प्रावधान किया गया। इस आयोग में एक अध्यक्ष, एक उपाध्यक्ष तथा तीन सदस्य होते हैं। यह आयोग प्रतिवर्ष अपना प्रतिवेदन राष्ट्रपति को सौंपता है।

गैर-संवैधानिक संस्थाएँ

16 राष्ट्रीय महिला आयोग के संबंध में दिए गए कथनों पर विचार करें *(Chap 11, Class-XII, Old NCERT)*
1. महिलाओं के अधिकार और कानूनी अधिकारों की सुरक्षा के लिए संसद द्वारा राष्ट्रीय महिला आयोग की स्थापना की गई।
2. 31 जनवरी, 1992 को यह आयोग अस्तित्व में आया।
3. आयोग के कार्यों में कानून की समीक्षा, अत्याचारों की विशिष्ट व्यक्तिगत शिकायतों में हस्तक्षेप आदि सम्मिलित हैं।

उपर्युक्त में से कौन-सा/से कथन सही है/हैं?
(a) केवल 3 (b) 1 और 2
(c) 2 और 3 (d) 1, 2 और 3

उत्तर *(d)*

व्याख्या राष्ट्रीय महिला आयोग के संबंध में सभी कथन सही हैं।
महिलाओं के अधिकार और कानूनी अधिकारों की सुरक्षा के लिए वर्ष 1990 में संसद ने महिलाओं के लिए राष्ट्रीय महिला आयोग की स्थापना करने के लिए एक कानून बनाया। यह आयोग 31 जनवरी, 1992 को अस्तित्व में आया था।
महिला आयोग के कार्यों में कानूनों की समीक्षा, अत्याचारों की विशिष्ट व्यक्तिगत शिकायतों में हस्तक्षेप और जहाँ कहीं भी उपयुक्त और संभव हो, महिलाओं के हितों की रक्षा के उपाय सम्मिलित हैं।

17 राष्ट्रीय मानवाधिकार आयोग के संदर्भ में कथनों का विश्लेषण कीजिए *(Chap 2, Class-XI, New NCERT)* *(MPPSC Pre 2023)*
1. मानव अधिकार आयोग, मानव अधिकार के क्षेत्र में कार्यरत् संस्थाओं को प्रोत्साहित करता है।
2. आयोग का काम मानवाधिकार क्षेत्र में अनुसंधान करना भी है।

कूट
(a) कथन 1 सही है
(b) कथन 2 सही है
(c) कथन 1, कथन 2 की सही व्याख्या करता है
(d) कथन 1 और 2 दोनों सही हैं

उत्तर *(d)*

व्याख्या राष्ट्रीय मानवाधिकार आयोग के संदर्भ में दोनों कथन सही हैं। राष्ट्रीय मानवाधिकार आयोग के प्रमुख कार्य निम्नलिखित हैं

- मानवाधिकारों के उल्लंघन की जाँच तथा किसी पीड़ित की याचिका पर सुनवाई करना।
- मानवाधिकार के क्षेत्र में कार्यरत् गैर-सरकारी संगठनों के प्रयासों की सराहना करना।
- मानवाधिकार के क्षेत्र में शोध करना व कार्यरत् संस्थानों तथा शोधकार्यों को प्रोत्साहित करना आदि।

18 राष्ट्रीय मानवाधिकार आयोग के संदर्भ में सही कथनों पर विचार कीजिए *(Chap 2, Class-XI, New NCERT)* *(Chap 25, Module 5, NIOS)*

1. इसका गठन वर्ष 1994 में किया गया।
2. इसका अध्यक्ष केवल सर्वोच्च न्यायालय का सेवानिवृत्त मुख्य न्यायाधीश होता है।
3. यह आयोग जाँच के दौरान किसी अदालत की तरह गवाहों को समन नहीं जारी कर सकता है।
4. आयोग की नियुक्ति सर्वोच्च न्यायालय के मुख्य न्यायाधीश द्वारा की जाती है।

उपर्युक्त में से कौन-सा सही कथन है/हैं?

(a) केवल 2 (b) 1 और 3
(c) 1, 3 और 4 (d) इनमें में से कोई नहीं

उत्तर *(d)*

व्याख्या राष्ट्रीय मानवाधिकार आयोग के संदर्भ में कोई भी कथन सही नहीं है। राष्ट्रीय मानवाधिकार आयोग की स्थापना 12 अक्टूबर, 1993 में की गई थी, न कि वर्ष 1994 में।

इस आयोग के अध्यक्ष, सर्वोच्च न्यायालय के सेवानिवृत्त मुख्य न्यायाधीश के अतिरिक्त अन्य न्यायाधीश को भी नियुक्त किया जा सकता है, न कि केवल मुख्य न्यायाधीश को ही।

इस आयोग के पास जाँच संबंधी विषयों पर समन जारी करने का भी अधिकार होता हैं। जैसे अन्य न्यायालयों में समन जारी किया जाता हैं।

इस आयोग के अध्यक्ष व अन्य सदस्यों की नियुक्ति राष्ट्रपति द्वारा की जाती है, न कि सर्वोच्च न्यायालय के मुख्य न्यायाधीश द्वारा।

अन्य मानवाधिकार संस्थाएँ

19 एमनेस्टी इंटरनेशनल क्या है? *(Chap 5, Class-IX, New NCERT)* *(IAS Pre 2015) (BPSC Pre 2015)*

(a) गृह युद्धों के शरणार्थियों की मदद के लिए संयुक्त राष्ट्र का एक अभिकरण
(b) विश्वव्यापी मानव अधिकार आंदोलन
(c) अति निर्धन लोगों की मदद के लिए एक गैर-सरकारी स्वैच्छिक संगठन
(d) युद्ध से विनष्ट हुए क्षेत्रों में चिकित्सा आकस्मिकताओं को पूरा करने के लिए एक अंतर्सरकारी अभिकरण

उत्तर *(b)*

व्याख्या एमनेस्टी इंटरनेशनल एक अंतर्राष्ट्रीय विश्वव्यापी मानव अधिकार आंदोलन है। यह संगठन स्वतंत्र रूप से कार्य करता है।

एमनेस्टी इंटरनेशनल मानव अधिकारों तथा उसके उल्लंघन पर सार्वजनिक रिपोर्ट जारी करता है। इस संस्था की रिपोर्ट विश्व के विभिन्न देशों के लिए एक मानक होती है।

20 निम्नलिखित में से कौन-सा कथन राष्ट्रीय विकास परिषद् के सम्बन्ध में सही नहीं है? *(Chap 5, Class-XI, New NCERT)* *(UKPSC Pre 2022)*

(a) इसके अन्तर्गत सभी राज्यों के मुख्यमन्त्री होते हैं
(b) यह एक गैर-संवैधानिक निकाय है
(c) यह एक वैधानिक निकाय है
(d) प्रत्येक वर्ष में कम-से-कम दो बार इसकी बैठक होनी चाहिए

उत्तर *(c)*

व्याख्या राष्ट्रीय विकास परिषद् के सम्बन्ध में कथन (c) सहीं नहीं हैं, क्योंकि यह एक वैधानिक निकाय नहीं, बल्कि एक गैर-संवैधानिक निकाय है। इसका गठन मंत्रिपरिषद् के एक प्रस्ताव के माध्यम से किया गया था।

कथन (a), (b) और (c) सहीं है। राष्ट्रीय विकास परिषद् के अन्तर्गत सभी राज्यों के मुख्यमंत्री परिषद् के सदस्य होते हैं। प्रत्येक वर्ष कम-से-कम दो बार इसकी बैठक होती थी। यद्यपि वर्तमान में यह परिषद् पूर्ण रूप से सक्रिय नहीं है। संघीय व्यवस्था को मजबूत करने में इस परिषद् की भूमिका अधिक महत्त्वपूर्ण मानी जाती है।

अध्याय 23

संविधान संशोधन

संविधान संशोधन

संशोधन का अर्थ, प्रकार एवं प्रक्रिया

संविधान संशोधन का अर्थ
- दक्षिण अफ्रीका के संविधान से प्रेरित
- कठोर और लचीली प्रक्रिया का एक संयोजक है
- **अनुच्छेद 368** में उल्लिखित
- भाग XX संवैधानिक संशोधन की प्रक्रिया की विशिष्ट विशेषताओं को रेखांकित करता है
- संविधान की मूल संरचना बनाने वाले कुछ प्रावधानों में संशोधन नहीं किया जा सकता है (केशवानन्द भारती मामले, 1973 में निर्णय)

सवैधानिक संशोधन के प्रकार
- संसद कानून द्वारा कई अनुच्छेदों में संशोधन किया
- किसी विशेष प्रक्रिया की आवश्यकता नहीं, सामान्य कानून से कोई अंतर नहीं
- साधारण बहुमत से अनुच्छेद 368 के दायरे से बाहर संशोधन

विशेष बहुमत
- मौलिक अधिकार
- राज्य के नीति-निदेशक सिद्धांत
- अन्य को राज्य की सहमति की आवश्यकता नहीं है

विशेष बहुमत और राज्यों की सहमति
- राष्ट्रपति का चुनाव और उसकी रीति
- संघ एवं राज्यों को कार्यकारी शक्ति
- उच्चतम न्यायालय और उच्च न्यायालय
- सातवीं अनुसूची का कोई भी विषय

संशोधन की प्रकृति
- कुछ संशोधन प्रशासनिक तकनीकी है, जिसमें वर्गीकरण और मामूली संशोधन शामिल हैं
- 44वें संविधान संशोधन अधिनियम, 1978 में वर्गीकृत किया गया है कि संसदीय सरकार में राष्ट्रपति सामान्यतः मंत्रिपरिषद् की सलाह का पालन करेगा
- अनुच्छेद 74 (1) में संशोधन कर इस बात पर बल दिया गया कि राष्ट्रपति मंत्रिपरिषद् की सलाह के अनुसार कार्य करेगा

विवादास्पद संशोधन
- आपातकाल के दौरान बनाए गए 38वें, 39वें, 42वें संविधान संशोधन अधिनियम अधिक विवादास्पद थे 42वाँ संशोधन व्यापक था, जिसमें केशवानंद भारतीय मामले में सर्वोच्च न्यायालय के फैसले को पलटने का प्रयास किया गया था।
- लोकसभा का कार्यकाल पाँच से छः वर्ष तक बढ़ाया गया और मूलभूत कर्त्तव्य पेश किए गए
- वर्ष 1977 में नई सरकार द्वारा पेश किए गए 43वें, 44वें संशोधन ने विवादास्पद संशोधन में से अधिकांश परिवर्तन को निरस्त कर दिया

राजनीतिक सर्वसम्मति से संशोधन
- राजनीतिक सर्वसम्मति से प्रेरित संशोधन, सामाजिक आकांक्षाओं के साथ तालमेल दर्शाता है
- वर्ष 1984 के बाद प्रमुख परिवर्तनों में दल-बदल (52वाँ, 91वाँ), मतदान की आयु कम करने वाला 61वाँ संशोधन और विकेंद्रीकरण के लिए 73वें तथा 74वें संविधान संशोधन अधिनियम को शामिल किया गया है।

संविधान की मूल संरचना और संवैधानिक संशोधन
- केशवानंद भारती (1973) के बुनियादी सिद्धांत ने संविधान पर प्रभाव डाला
- संसद की शक्ति पर सीमाएँ निर्धारित, यह कहते हुए कि कोई भी संशोधन बुनियादी ढाँचे का उल्लंघन नहीं कर सकता

संशोधन की प्रक्रिया
- केवल संसद में शुरू किया गया, राज्य विधान मंडल में नहीं
- मंत्री या निजी सदस्य द्वारा पेश किया जाता है, राष्ट्रपति के पूर्व सहमति की आवश्यकता नहीं
- विशेष बहुमत की आवश्यकता है
- यदि विधेयक संघीय प्रावधान में संशोधन करता है, तो राज्य विधेयक को साधारण बहुमत से इसको पुष्टि करनी होगी
- राष्ट्रपति विधेयक को न रोक सकते और न ही वापस कर सकते हैं

संविधान संशोधन के संबंध में प्रमुख मामले

चंपकम दोरायराजन बनाम मद्रास राज्य (1951)
- इस मामले में सर्वोच्च न्यायालय ने शिक्षण संस्थाओं में पिछड़े वर्गों के आरक्षण को समता के अधिकार के उल्लंघन के आधार पर अवैध घोषित किया था, जिसे संसद ने प्रथम संविधान संशोधन कर ऐसे आरक्षण को वैध बना दिया।

शंकरी प्रसाद बनाम भारत संघ (1951)
- इस मामले ने यह निर्धारित किया गया कि यदि अनुच्छेद 368 का प्रयोग करते हुए संविधान संशोधन किया जाता है, तो वह अनुच्छेद 13 (2) के अधीन विधि नहीं माना जाएगा।

गोलकनाथ बनाम पंजाब राज्य (1967)
- सर्वोच्च न्यायालय ने इस मामले में निर्णय दिया कि अनुच्छेद 368 के अन्तर्गत संसद को यह शक्ति प्राप्त नहीं है कि वह मूल अधिकारों को न्यून कर सके। अनुच्छेद 13 (2) प्रयुक्त विधि के अंतर्गत सभी प्रकार की विधियाँ आती हैं।

केशवानंद भारती बनाम केरल राज्य (1973)
- इस मामले में सर्वोच्च न्यायालय ने निर्धारित किया कि संसद अनुच्छेद 368 के अंतर्गत मूल अधिकारों में संशोधन कर सकती है।
- इस मामले में यह भी निर्णय दिया गया कि अनुच्छेद 13 में प्रयुक्त विधि शब्द में अनुच्छेद 368 के अंतर्गत होने वाले संशोधन अधिनियम शामिल नहीं हैं।

मिनर्वा मिल्स बनाम भारत संघ (1980)
- सर्वोच्च न्यायालय ने अनुच्छेद 368 (4) तथा (5) को मिनर्वा मिल्स बनाम भारत संघ मामले 1980 में अवैध घोषित कर दिया गया।
- मिनर्वा मिल्स तथा केशवानंद भारती मामले के निर्णय के उपरांत यह निश्चित हो गया कि जिन अनुच्छेदों में संशोधन से संविधान के मूल ढाँचे का उल्लंघन होता है, उनमें संशोधन नहीं किया जाएगा।

SOURCE New NCERT Class XI संविधान : एक जीवंत दस्तावेज, NIOS Module-2 Chap 11, Tamil Nadu Board Class-XII Unit 2

1 **निम्न विधेयकों में से किस एक का भारतीय संसद के दोनों सदनों द्वारा अलग-अलग विशेष बहुमत से पारित होना आवश्यक है?**

(Chap 9, Class-XI, New NCERT) (IAS Pre 2003)

(a) साधारण विधेयक (b) धन विधेयक
(c) वित्त विधेयक (d) संविधान संशोधन विधेयक

उत्तर *(d)*

व्याख्या संविधान संशोधन विधेयकों को संसद के दोनों सदनों में विशेष बहुमत के साथ स्वतंत्र रूप से अलग-अलग पारित करना पड़ता है। भारतीय संविधान में संशोधन के लिए व्यापक बहुमत की आवश्यकता पड़ती है।

इसका तात्पर्य यह है कि जब तक प्रस्तावित विधेयक पर पर्याप्त सहमति न बन पाए तब तक उसे पारित नहीं किया जा सकता। इस प्रकार की संशोधन प्रक्रिया के पीछे बुनियादी भावना यह है कि उसमें राजनीतिक दलों तथा सांसदों की व्यापक भागीदारी होनी चाहिए।

2 **अनुच्छेद-368 के अंतर्गत 'संविधान संशोधन प्रक्रिया' के संबंध में निम्नलिखित कथनों पर विचार कीजिए**

(Chap-9, Class-XI, New NCERT)

1. विधायिका में किसी विधेयक को पारित करने के लिए सदन में उपस्थित सदस्यों के साधारण बहुमत की आवश्यकता होती हैं।
2. संशोधन विधेयक के पक्ष में मतदान करने वाले सदस्यों की संख्या सदन के कुल सदस्यों की संख्या से कम-से-कम आधी होनी चाहिए।
3. संशोधन विधेयक का समर्थन करने वाले सदस्यों की संख्या मतदान में भाग लेने वाले सभी सदस्यों की दो-तिहाई होनी चाहिए।

उपर्युक्त में से कितने कथन सही हैं?

(a) केवल एक
(b) केवल दो
(c) सभी तीन
(d) उपर्युक्त में से कोई नहीं

उत्तर *(b)*

व्याख्या दिए गए कथनों में से केवल दो कथन अर्थात् (2 और 3) सही हैं। अनुच्छेद-368 के अंतर्गत संविधान में संशोधन करने के लिए दो प्रकार के 'विशेष बहुमत' की आवश्यकता होती है

संशोधन विधेयक के पक्ष में मतदान करने वाले सदस्यों की संख्या सदन के कुल सदस्यों की संख्या से कम-से-कम आधी होनी चाहिए। लोकसभा में 543 सदस्य (अधिकतम 550) होते हैं। अतः किसी भी संशोधन विधेयक का समर्थन करने के लिए 273 सदस्यों की आवश्यकता होती हैं।

संशोधन विधेयक का समर्थन करने वाले सदस्यों की संख्या मतदान में भाग लेने वाले सभी सदस्यों की दो तिहाई होनी चाहिए। यदि मतदान में 300 सदस्यों ने भाग लिया हैं, तो 273 सदस्यों के समर्थन की आवश्यकता होगी, किंतु यदि मतदान में 420 सदस्यों ने भाग लिया है, तो विधेयक को पारित कराने के लिए 280 सदस्यों के समर्थन की आवश्यकता होगी।

कथन (1) सही नहीं है, क्योंकि साधारण बहुमत से पारित विधेयक संविधान के अनुच्छेद-368 के अंतर्गत नहीं आते हैं, जैसे-संविधान के अनुच्छेद-2 और 3 के तहत पारित संशोधन विधेयक।

3 **निम्नलिखित प्रक्रियाओं में से कौन-सी संविधान संशोधन में अपनाई जाती है?**

(Chap 9, Class-XI, New NCERT)
(Unit 2, Class-XII, Tamil Nadu Board)

(a) संसद में सामान्य बहुमत के आधार पर।
(b) संसद के दोनों सदनों में अलग-अलग विशेष बहुमत के आधार पर।
(c) विशेष बहुमत + कुल राज्यों की आधी विधायिकाओं की संस्तुति के आधार पर।
(d) उपर्युक्त सभी

उत्तर *(d)*

व्याख्या दी गई सभी प्रक्रियाएँ संविधान संशोधन में अपनाई जाती हैं। अनुच्छेद 368 में संविधान संशोधन की प्रक्रिया का वर्णन किया गया है, जिसमें संसद के दोनों सदनों में अलग-अलग विशेष बहुमत के आधार पर तथा विशेष बहुमत तथा कुल राज्यों की आधी विधायिकाओं के फलस्वरूप संशोधन की प्रक्रिया का वर्णन है।

लेकिन संविधान में ऐसे कई अनुच्छेद (2 और 3) हैं, जिनमें संसद सामान्य कानून के द्वारा भी संशोधन कर सकती है।

4 **निम्नलिखित कथनों पर विचार कीजिए**

(Chap 9, Class-XI, New NCERT)
(Chap 11, Module-2 NIOS)

1. संविधान संशोधन की प्रक्रिया संसद से प्रारंभ होती है।
2. संसद या कुछ मामलों में राज्य विधानपालिकाओं में संशोधन पारित होने के पश्चात् इस संशोधन की पुष्टि हेतु जनमत संग्रह की आवश्यकता होती है।
3. अन्य सभी विधेयकों की तरह संशोधन विधेयक को भी राष्ट्रपति के अनुमोदन के लिए भेजा जाता है तथा राष्ट्रपति इस पर पुनर्विचार करता है।

उपर्युक्त में से कितने कथन सही नहीं है/हैं?

(a) केवल एक
(b) केवल दो
(c) केवल तीन
(d) उपर्युक्त में से कोई नहीं

उत्तर *(b)*

व्याख्या दिए गए कथनों में से केवल दो कथन अर्थात् (2 और 3) सही नहीं हैं। संसद या कुछ मामलों में राज्य विधानपालिकाओं में संशोधन पारित होने के पश्चात् इसकी पुष्टि करने हेतु किसी प्रकार के जनमत संग्रह की आवश्यकता नहीं होती है।

अन्य सभी विधेयकों की तरह संशोधन विधेयक को भी राष्ट्रपति के पास अनुमोदन हेतु भेजा जाता है, परंतु राष्ट्रपति को इस विधेयक पर पुनर्विचार का कोई अधिकार प्राप्त नहीं है।

5 **संविधान में संशोधन हेतु अपनाई जाने वाली विधि, विशेष बहुमत की प्रक्रिया पर विचार कीजिए** *(Chap 9, Class-XI, New NCERT)*

1. संशोधन विधेयक के पक्ष में मतदान करने वाले सदस्यों की संख्या सदन के कुल सदस्यों की संख्या की एक-तिहाई होनी चाहिए।
2. संशोधन का समर्थन करने वाले सदस्यों की संख्या मतदान में भाग लेने वाले सभी सदस्यों की दो-तिहाई होनी चाहिए।

उपर्युक्त में से कौन-सा/से कथन सही नहीं है/हैं?

(a) केवल 1
(b) केवल 2
(c) 1 और 2
(d) न तो 1 और न ही 2

उत्तर *(a)*

व्याख्या संविधान में संशोधन हेतु अपनाई जाने वाली विधि, विशेष बहुमत की प्रक्रिया के संदर्भ में कथन (1) सही नहीं है, क्योंकि संविधान में संशोधन करने के लिए दो प्रकार के विशेष बहुमत की आवश्यकता होती है, जो निम्नवत् हैं

- संशोधन विधेयक के पक्ष में मतदान करने वाले सदस्यों की संख्या सदन के कुल सदस्यों की संख्या की कम-से-कम आधी होनी चाहिए।
- संशोधन विधेयक का समर्थन करने वाले सदस्यों की संख्या मतदान में भाग लेने वाले सभी सदस्यों की दो-तिहाई होनी चाहिए।

6 निम्न में से उन संशोधनों की पहचान कीजिए जिनके लिए राज्यों से परामर्श करना तथा उनकी सहमति प्राप्त करना आवश्यक है?

(Chap 9, Class-XI, New NCERT)

1. केंद्र एवं राज्य सरकार के बीच शक्तियों के वितरण से संबंधित।
2. जन प्रतिनिधित्व से संबंधित।

कूट

(a) केवल 1
(b) केवल 2
(c) 1 और 2
(d) न तो 1 और न ही 2

उत्तर *(c)*

व्याख्या प्रश्न में दिए गए दोनों संशोधनों के लिए राज्यों से परामर्श करना तथा उनकी सहमति प्राप्त करना आवश्यक है।

संविधान के कई अनुच्छेदों में संशोधन करने के लिए विशेष बहुमत पर्याप्त नहीं होता।

राज्यों और केंद्र सरकार के बीच शक्तियों के वितरण से संबंधित या जन प्रतिनिधित्व से संबंधित अनुच्छेदों में संशोधन करने के लिए राज्यों से परामर्श करना और उनकी सहमति प्राप्त करना आवश्यक होता है।

7 निम्नलिखित में कौन-सा कथन सही है?

(Chap 9, Class-XI, New NCERT Exercise)

(Chap 11, Module-2, NIOS)

संविधान में समय-समय पर संशोधन करना आवश्यक होता है, क्योंकि

(a) परिस्थितियाँ बदलने पर संविधान में उचित संशोधन करना आवश्यक हो जाता है
(b) किसी समय विशेष में लिखा गया दस्तावेज कुछ समय बाद अप्रासंगिक हो जाता है
(c) हर पीढ़ी के पास अपनी पसंद का संविधान चुनने का विकल्प होना चाहिए
(d) संविधान में मौजूद सरकार का राजनीतिक दर्शन प्रतिबिंबित होना चाहिए

उत्तर *(a)*

व्याख्या दिए गए कथनों में से कथन (a) सही है। संविधान में समय-समय पर संशोधन करना आवश्यक होता है, क्योंकि परिस्थितियाँ बदलने पर संविधान में उचित संशोधन करना आवश्यक हो जाता है। संविधान एक जीवंत दस्तावेज है।

इसका तात्पर्य यह है कि लगभग एक जीवित प्राणी की तरह यह दस्तावेज भी समय-समय पर पैदा होने वाली परिस्थितियों के अनुरूप कार्य करता है। लोकतांत्रिक संविधान का असली मानदंड यह है कि वह अपनी गतिशीलता, व्याख्याओं तथा परिवर्तनशीलता के अनुरूप कार्य करे और परिस्थिति के अनुसार परिवर्तन की नम्यता इसमें उपस्थित हो।

8 42वें संविधान संशोधन विधेयक के संबंध में दिए गए कथनों पर विचार कीजिए

(Chap 9, Class-XI, New NCERT)

1. यह सर्वोच्च न्यायालय द्वारा केशवानंद मामले में दिए गए निर्णय को एक चुनौती थी।
2. संविधान में मूल कर्त्तव्यों का जोड़ा जाना।
3. सातवीं अनुसूची तथा 53 अनुच्छेदों में परिवर्तन किए गए।
4. न्यायपालिका की समीक्षा शक्तियों पर प्रतिबंध

उपर्युक्त में से कितने कथन सही हैं?

(a) केवल दो
(b) केवल तीन
(c) सभी चार
(d) उपरोक्त में से कोई नहीं

उत्तर *(c)*

व्याख्या 42वें संविधान संशोधन विधेयक के संबंध में सभी चार कथन सही हैं।

42वाँ संविधान संशोधन विशेष रूप से विवादास्पद रहा है। यह संशोधन आपातकाल की पृष्ठभूमि से तैयार हुआ था, जिसका लक्ष्य संविधान के कई महत्त्वपूर्ण हिस्सों में बुनियादी परिवर्तन करना था। इसके अंतर्गत निम्न परिवर्तन किए गए

- 42वाँ संविधान संशोधन अधिनियम 1976 वस्तुत: वर्ष 1973 में आए केशवानंद भारती मामले को संसदीय चुनौती दी।
- इस संशोधन द्वारा संविधान में मूल कर्तव्यों की सूची जोड़ी गई।
- सातवीं अनुसूची तथा कुल 53 अनुच्छेदों में परिवर्तन 42वें संविधान संशोधन द्वारा किया गया।
- 42वें संविधान संशोधन में न्यायपालिका की संविधान की समीक्षा की शक्तियों को प्रतिबंधित करने का प्रयास किया गया था।

9 संविधान का 42वाँ संशोधन अब तक का सबसे विवादास्पद संशोधन रहा। इस विवाद का कारण था

(Chap 9, Class-XI, New NCERT Exercise)

(a) यह संशोधन आपातकाल के दौरान किया गया था। आपातकाल की घोषणा अपने आप में ही एक विवाद का मुद्दा थी
(b) यह संशोधन विशेष बहुमत पर आधारित नहीं था
(c) इसे राज्य विधानपालिकाओं का समर्थन प्राप्त नहीं था
(d) संशोधन के कुछ उपबंध विवादास्पद थे

उत्तर *(d)*

व्याख्या संविधान का 42वाँ संशोधन अपने विवादास्पद उपबंधों के कारण यह विवादों में रहा। 42वाँ संविधान संशोधन, वर्ष 1976 में आपातकाल के दौरान अस्तित्व में आया था। इस संविधान संशोधन ने वृहद पैमाने पर संवैधानिक उपबंधों में परिवर्तन किया।

यह एक बड़ा संविधान संशोधन था, जिसने भारतीय संविधान को गहराई तक प्रभावित किया। इस संशोधन के अंतर्गत लोकसभा के कार्यकाल को 5 वर्ष से बढ़ाकर 6 वर्ष कर दिया गया था। मूल कर्तव्यों को इसी संविधान संशोधन द्वारा भाग-IV(A) में शामिल किया गया।

10 निम्न संविधान संशोधनों में से किस एक के द्वारा पहली बार संविधान में 'दल बदल विरोधी' प्रावधान किया गया?

(Chap 9, Class-XI, New NCERT)

(Unit 2, Class-XII, Tamil Nadu Board) (MPPSC Pre 2015)

(a) 54वाँ संशोधन
(b) 53वाँ संशोधन
(c) 52वाँ संशोधन
(d) 51वाँ संशोधन

उत्तर *(c)*

व्याख्या 52वें संविधान संशोधनों के माध्यम से 'दल बदल विरोधी' कानून अस्तित्व में आया। संविधान संशोधनों की प्रक्रिया में कई संशोधन व्यापक आम सहमति पर आधारित थे।

52वाँ संविधान संशोधन वर्ष 1985 में अस्तित्व में आया था। इस संविधान संशोधन ने दलबदल विरोधी कानूनों की सुदीर्घ परंपरा की शुरुआत की।

11 निम्नलिखित कथनों पर विचार कीजिए

(Chap 9, Class-XI, New NCERT) (IAS Pre 2022)

1. किसी संविधान संशोधन विधेयक को प्रस्तुत करने से पूर्व भारत के राष्ट्रपति की पूर्व सिफारिश की अपेक्षा होती है।
2. जब कोई संविधान संशोधन विधेयक भारत के राष्ट्रपति के समक्ष प्रस्तुत किया जाता है, तो भारत के राष्ट्रपति के लिए यह बाध्यकर है कि वे अपनी अनुमति दें।
3. संविधान संशोधन विधेयक लोकसभा और राज्यसभा दोनों द्वारा विशेष बहुमत से पारित होना ही चाहिए और इसके लिए संयुक्त बैठक का कोई उपबन्ध नहीं है।

उपर्युक्त कथनों में से कौन-से कथन सही हैं?

(a) 1 और 2 (b) 2 और 3 (c) 1 और 3 (d) 1, 2 और 3

उत्तर *(b)*

व्याख्या दिए गए कथनों में से कथन (2) और (3) सही हैं। जब कोई संविधान संशोधन विधेयक राष्ट्रपति के समक्ष प्रस्तुत किया जाता है, तो भारत के राष्ट्रपति के लिए यह बाध्यकर है कि वे अपनी अनुमति दें। 24वें संविधान संशोधन अधिनियम, 1971 द्वारा संविधान संशोधन विधेयकों पर राष्ट्रपति को स्वीकृति देना बाध्यकर बना दिया गया है।

संविधान संशोधन विधेयक का लोकसभा और राज्यसभा दोनों सदनों द्वारा अलग-अलग विशेष बहुमत से पारित होना अनिवार्य है। इस विधेयक के सम्बन्ध में दोनों सदनों में मतभेद होने की स्थिति में संयुक्त बैठक/अधिवेशन का कोई प्रावधान नहीं है।

कथन (1) सही नहीं है, क्योंकि किसी संविधान संशोधन विधेयक को प्रस्तुत करने के पूर्व भारत के राष्ट्रपति की सिफारिश होना (अनुमति) आवश्यक नहीं है।

12 निम्नलिखित युग्मों में से कौन-सा/से सही सुमेलित है/हैं?

(Chap-9, Class-XI, New NCERT)

(a) उच्च न्यायालय के न्यायाधीशों की सेवानिवृत्ति की आयु सीमा को 60 से 62 वर्ष करना -15वाँ संविधान संशोधन

(b) सर्वोच्च न्यायालय के न्यायाधीशों का वेतन बढ़ाने संबंधी -45वाँ संविधान संशोधन

(c) मंत्रिपरिषद् की सलाह राष्ट्रपति हेतु बाध्यकारी -44वाँ संविधान संशोधन

(d) 'b' और 'c'

उत्तर *(a)*

व्याख्या दिए गए युग्मों में से युग्म (a) सही सुमेलित है। 15वें संविधान संशोधन के द्वारा उच्च न्यायालय के न्यायाधीशों की सेवानिवृत्ति की आयु सीमा को 60 वर्ष से बढ़ाकर 62 वर्ष कर दिया गया।

सर्वोच्च न्यायालय के न्यायाधीशों का वेतन बढ़ाने संबंधी संशोधन 54वें संविधान संशोधन के अंतर्गत किया गया था।

मूल संविधान में यह माना गया था कि हमारी संसदीय व्यवस्था में राष्ट्रपति सामान्यतः मंत्रिपरिषद् की सलाह के अनुसार कार्य करेगा। इस संबंध में 42वें संविधान संशोधन द्वारा अनुच्छेद 74(1) को भारतीय संविधान में शामिल किया गया, जिसके अंतर्गत मंत्रिपरिषद् की सलाह को राष्ट्रपति के लिए बाध्यकारी बनाया गया।

13 सुची I को सूची II से सुमेलित कीजिए

(Chap 9, Class-XI, New NCERT) (UPPSC Pre 2023) (CGPSE Pre 2023) (MPPSC Pre 2023)

सूची I (संशोधन)	सूची II (प्रावधान)
A. 52वाँ	1. नौकरियों में आरक्षण सीमा बढ़ाने हेतु
B. 61वाँ	2. दल-बदल विरोधी कानून
C. 77वाँ	3. मताधिकार की आयु सीमा को घटा दिया गया।
D. 91वाँ	4. मंत्रिपरिषद् के आकार को निश्चित कर दिया गया।

कूट

	A	B	C	D
(a)	1	2	3	4
(b)	3	4	2	1
(c)	2	3	1	4
(d)	2	3	4	1

उत्तर *(c)*

व्याख्या सही सुमेलन A-2, B-3, C-1, D-4 है।

52वें संशोधन अधिनियम, 1985 को दल-बदल विरोधी कानून के रूप में जाना जाता है। इसके अंतर्गत संसद एवं राज्य विधानमंडल के सदस्यों को दल-बदल के मामले में निरर्हक (अयोग्य) ठहराने की व्यवस्था है। इसके लिए विस्तारपूर्वक दसवीं अनुसूची में बताया गया है।

61वें संविधान संशोधन अधिनियम, 1989 में लोकसभा एवं विधानसभा चुनाव में मतदान की आयु को 21 से घटाकर 18 वर्ष कर दिया गया।

77वें संशोधन अधिनियम, 1995 में सरकारी नौकरियों में अनुसूचित जाति एवं जनजाति के लोगों की प्रोन्नति के लिए आरक्षण की व्यवस्था की गई। साथ ही इस संशोधन ने उच्चतम न्यायालय द्वारा प्रोन्नति के संबंध में दिए गए निर्णय को समाप्त कर दिया।

91वें संशोधन अधिनियम, 2003 के द्वारा मंत्रिपरिषद् के आकार को निश्चित कर दिया गया। इसका उद्देश्य दोषियों को लोक पद धारण करने से रोकना और दल-बदल कानून को मजबूती प्रदान करना है।

अध्याय 24

राजनीति की प्रमुख अवधारणाएँ एवं सिद्धांत

राजनीति की प्रमुख अवधारणाएँ एवं सिद्धांत

राजनीति की प्रमुख अवधारणाएँ

परिचय
- राजनीति की आवश्यकता मानव जीवन के सामूहिक आचरण से उत्पन्न होती है। यह जीवन को प्रभावित करती है और संस्थाओं के माध्यम से राजसत्ता को नियंत्रित करता है।
- इसमें स्वतंत्रता, न्याय, संपत्ति का अधिकार, कानून और प्राधिकारी द्वारा कानून का प्रवर्तन शामिल है

कानून
- व्यवस्था और संतुलित विकास के लिए मानव समाज को नियंत्रित करने वाले आम तौर पर स्वीकृत नियम
- प्रकृति और समाज में व्यवहार या नियमितताओं के लिए नियम; ऑस्टिन, हॉलैंड बार्कर आदि

कानून के अन्य दृष्टिकोण
- मानक दृष्टिकोण - सकारात्मक दृष्टिकोण

कानून के स्रोत
- प्राकृतिक नियम
- **कानून के अन्य स्रोत** (संविधान, कानून, रूपांतरण, संधियाँ आदि)

कानून के प्रकार
- निजी कानून
- सार्वजनिक कानून

स्वतंत्रता

स्वतंत्रता की दो अवधारणा
- नकारात्मक स्वतंत्रता
- सकारात्मक स्वतंत्रता

स्वतंत्रता के प्रकार
- राजनीतिक स्वतंत्रता
- आर्थिक स्वतंत्रता
- नैतिक स्वतंत्रता

समानता

समानता के प्रकार
- राजनीतिक समानता
- नागरिक समानता या कानून के समक्ष समानता
- आर्थिक समानता
- **प्राकृतिक एवं सामाजिक असमानताएँ**
- प्राकृतिक असमानताएँ
- सामाजिक असमानताएँ

न्याय

न्याय की अवधारणा
- न्याय की संख्यात्मक अवधारणाएँ
- न्याय की ज्यामितीय अवधारणाएँ
- सामाजिक न्याय
- भारत में सामाजिक न्याय

न्याय की अवधारणा में द्वंद्व
- कानूनी और नैतिक न्याय
- सामान्य आदेश और व्यक्तिगत रुचि
- रूढ़िवादी और सामाजिक न्याय

अधिकार

अधिकार के प्रकार
- राजनीतिक अधिकार
- नागरिकता
- शांतिवाद
- शांति के लिए समकालीन चुनौतियाँ

धर्मनिरपेक्षता
- धर्मनिरपेक्ष राज्य
- धर्मनिरपेक्षता के लिए भारतीय मॉडल
- धर्मनिरपेक्षता का मॉडल
- धर्मनिरपेक्षता का पश्चिमी मॉडल

धर्मनिरपेक्ष राज्य
- रॉलसियन का विचार स्वतंत्रता और राज्य के लिए
- कीनेसियन का विचार मुक्ति के लिए
- अनुभवजन्य उदारवाद
- **कार्ल मार्क्स द्वारा समाजवाद की विशेषता-**
- धर्म समतामूलक समाज

राजनीति के प्रमुख सिद्धांत

उदारवाद
- मॉण्टेस्क्यू की पुस्तक **दि स्पिरिट ऑफ द लॉज**, जेरेमी बेन्थम की **फ्रेगमेंट ऑफ गवर्नमेंट** तथा एडम स्मिथ की **वेल्थ ऑफ नेशन्स** उदारवाद के क्रमिक विकास की महत्त्वपूर्ण ऐतिहासिक अव्यवस्थाओं का बोध कराती हैं।
- उदारवादियों का तर्क था कि प्रत्येक व्यक्ति स्वयं निर्णय लेने वाला एक विवेकशील नागरिक है।

समाजवाद
- एक विचारधारा के रूप में समाजवाद अनेक सिद्धांतों को समाहित किए हुए है; जैसे–अराजकतावाद, श्रमिक संघवाद तथा लोकतांत्रिक समाजवाद।
- समाजवाद की यह मान्यता थी कि पूँजीवाद समतावाद का निषेध करता है, वह अक्षम है तथा वह सभी के सुख तथा न्याय की उपेक्षा करता है।

मार्क्सवाद
- मानवीय आधार पर समाज को रूपांतरित करने के लिए मार्क्स उत्सुक था, उसकी तलाश अनिवार्यतः एक मानवोचित सामाजिक व्यवस्था की स्थापना से संबंधित थी।

फासीवाद
- साम्यवाद के विपरीत, फासीवादी एक सुगठित सिद्धांत न होकर एक दृष्टिकोण अधिक था।
- जनसाधारण के प्रति अपना प्रभाव बढ़ाने के लिए फासीवाद 'सबके लिए सब कुछ' होना था।

गाँधीवाद
- महात्मा गाँधी राष्ट्रीय आंदोलन के सर्वोच्च नेता थे। वे एक ऐसे विचारक भी थे।

मानववाद
- मानववाद की अवधारणा का प्राथमिक रूप से उस विचारधारा से संबंध है, जिसकी दृष्टि व्यक्ति की स्वायत्तता पर केंद्रित है।

SOURCE New NCERT Class XI राजनीतिक सिद्धांत : एक परिचय, स्वतंत्रता, समानता, सामाजिक न्याय, अधिकार, नागरिकता, राष्ट्रवाद, धर्मनिरपेक्षता, शांति, विकास, Old NCERT Class XII कानून, स्वतंत्रता, समानता, न्याय, मानव अधिकार, धर्म, उदारवाद, समाजवाद, मार्क्सवाद, फासीवाद, गाँधीवाद, मानववाद, Tamil Nadu Board Class-XI Unit 7&8

राजनीतिक सिद्धांत

1 राजनीतिक सिद्धांत के अंतर्गत संवैधानिक दस्तावेजों के निर्माण/उत्पत्ति के संबंध में निम्नलिखित कथनों पर विचार कीजिए

(Chap 1, Class-XI, New NCERT)

1. संवैधानिक दस्तावेजों का निर्माण उन विचारों और सिद्धांतों के आधार पर हुआ, जिन पर कौटिल्य और अरस्तू से लेकर गाँधी और अंबेडकर के समय तक वाद-विवाद होता आया है।
2. आधुनिक काल में सबसे पहले रूसो ने सिद्ध किया कि स्वतंत्रता मानव मात्र का मौलिक अधिकार है।

उपर्युक्त में से कौन-सा/से कथन सत्य है/हैं?

(a) केवल 1
(b) केवल 2
(c) 1 और 2
(d) न तो 1 और न ही 2

उत्तर (c)

व्याख्या राजनीतिक सिद्धांत के अंतर्गत संवैधानिक दस्तावेजों के निर्माण/उत्पत्ति के संबंध में दोनों कथन सत्य हैं। संवैधानिक प्रावधानों का निर्माण उन विचारों तथा सिद्धांतों पर आधारित है, जिन पर लंबे समय से चिंतन होता आया है। प्राचीनकाल में कौटिल्य तथा अरस्तू एवं आधुनिक काल में गाँधीजी तथा बी. आर. अंबेडकर जैसे चिंतकों ने इसे एक-सूत्रता प्रदान की है।

फ्रांस की क्रांति के उत्प्रेरक रूसो ने सबसे पहले स्वतंत्रता, समानता और बंधुत्व का विचार दिया, जिसकी स्पष्ट अवधारणाओं को संविधान के जीवंत उपबंधों में शामिल किया गया।

2 निम्न कथन (A) व कारण (R) को पढ़िए और नीचे दिए गए कूट की सहायता से सही उत्तर का चयन कीजिए

(Chap-10, Class-XI, New NCERT)

कथन (A) व्यक्तिगत स्वतंत्रताएँ उदारवादी विचारधारा का अभिन्न अंग हैं।

कारण (R) भारतीय संविधान का चरित्र मजबूत उदारवादी बुनियाद पर प्रतिष्ठित है।

कूट

(a) A और R दोनों सही हैं तथा R, A की सही व्याख्या है
(b) A और R दोनों सही हैं, परंतु R, A की सही व्याख्या नहीं है
(c) A सही है, किंतु R गलत है
(d) A गलत है, किंतु R सही है।

उत्तर (b)

व्याख्या A और R दोनों सही हैं, परंतु R, (A) की सही व्याख्या नहीं है।

एक राजनीतिक विचारधारा के रूप में उदारवाद को सहनशीलता के मूल्य के साथ जोड़कर देखा जाता है। उदारवादी चाहे किसी व्यक्ति से असहमत हों, तब भी वे उसके विचार एवं विश्वास रखने एवं व्यक्त करने के अधिकार का पक्ष लेते हैं। उदारवाद के लिए परिवार, समाज या समुदाय जैसी इकाइयों का स्वयं में कोई महत्त्व नहीं है, उनके लिए इन इकाइयों का महत्त्व तभी है, जब व्यक्ति उन्हें महत्त्व दे। ऐतिहासिक रूप से उदारवाद ने मुक्त बाजार एवं राज्य की न्यूनतम भूमिका का पक्ष लिया है।

3 निम्नलिखित कथनों पर विचार कीजिए

(Chap 3, Class-XI, New NCERT)

1. 18वीं शताब्दी के उत्तरार्द्ध में हुई फ्रांसीसी क्रांति में भू-सामंती, अभिजन-वर्ग और राजशाही के खिलाफ विद्रोह के दौरान 'स्वतंत्रता, समानता, भाईचारा' फ्रांसीसी क्रांतिकारियों का नारा था।
2. समानता की माँग 20वीं शताब्दी में उत्तरी अमेरिकी तथा यूरोपीय देशों के उपनिवेश विरोधी स्वतंत्रता संघर्षों के दौरान उठी थी।

उपर्युक्त में से कौन-सा/से कथन असत्य है/हैं?

(a) केवल 1
(b) केवल 2
(c) 1 और 2
(d) न तो 1 और न ही 2

उत्तर (b)

व्याख्या दिए गए कथनों में से कथन (2) असत्य है, क्योंकि समानता की माँग 20वीं शताब्दी में एशिया एवं अफ्रीका के उपनिवेश विरोधी स्वतंत्रता संघर्षों के दौरान भी उठी थी एवं यह लगातार उन संघर्षरत् समूहों द्वारा उठाई जा रही है, जो महसूस करते हैं कि उन्हें समाज की मुख्य धारा से पृथक् हाशिए पर डाल दिया गया है।

आज समानता व्यापक रूप से स्वीकृत आदर्श है, जिसे अनेक देशों के संविधान और कानूनों में सम्मिलित किया गया है।

4 निम्न कथन (A) व कारण (R) को पढ़िए और नीचे दिए गए कूट की सहायता से सही उत्तर का चयन कीजिए

(Chap 3, Class-XI, New NCERT)

कथन (A) **समानता की अवधारणा एक राजनीतिक आदर्श के रूप में उन विशिष्टताओं पर बल देती है, जिसमें सभी मनुष्य रंग, लिंग, वंश या राष्ट्रीयता के अंतर के बाद भी साझेदार होते हैं।**

कारण (R) **समानता का दावा है कि समान मानवता के कारण सभी मनुष्य समान महत्त्व और सम्मान पाने योग्य हैं। साझी मानवता की यह धारणा ही 'सार्वभौम मानवाधिकार' या 'मानवता के प्रति अपराध' जैसी धारणाओं के पीछे रहती है।**

कूट

(a) A और R दोनों सही हैं तथा R, A का सही स्पष्टीकरण है
(b) A और R दोनों सही हैं, परंतु R, A का सही स्पष्टीकरण नहीं है
(c) A सही है, किंतु R गलत है
(d) A गलत है, किंतु R सही है

उत्तर (a)

व्याख्या A और R दोनों सही हैं तथा R, A का सही स्पष्टीकरण है।

समानता एक शक्तिशाली, नैतिक एवं राजनीतिक आदर्श के रूप में कई शताब्दियों से मानव समाज को प्रेरित एवं निर्देशित करती रही है, इसलिए समानता में विभेद होने के बाद भी साझेदार होते हैं। समानता की बात सभी आस्थाओं एवं धर्मों में सम्मलित है। प्रत्येक धर्म ईश्वर की रचना के रूप में प्रत्येक मनुष्य के समान महत्व की घोषणा करता है। साझी मानवता इसी धारणा के आधार पर सार्वभौम मानवाधिकार को पीछे रखती है।

5 समानता के आयाम के संबंध में निम्न कथनों पर विचार कीजिए

(Chap 3, Class-XI, New NCERT)

1. समाज में व्याप्त अलग-अलग तरह की असमानताओं की पहचान कर विचारकों ने समानता के चार आयामों को रेखांकित किया।
2. समानता के आयामों में सांस्कृतिक आयाम महत्त्वपूर्ण है।

उपर्युक्त में से कौन-सा/से कथन असत्य है/हैं?

(a) केवल 1
(b) केवल 2
(c) 1 और 2
(d) न तो 1 और न ही 2

उत्तर (c)

व्याख्या समानता के आयाम के संबंध में दोनों कथन असत्य है।

असमानता ही समानता के वक्षधर लोगों के सरोकार का स्रोत हैं, वे चाहते हैं कि परिवेश में जन्मी असमानता को न्यूनतम एवं समाप्त किया जाए।

समाज में व्याप्त अलग-अलग तरह की असमानता को पहचानते समय विभिन्न विचारकों एवं विचारधाराओं ने समता के राजनीतिक, सामाजिक और आर्थिक तीन आयामों को रेखांकित किया है।

6 निम्नलिखित कथनों पर विचार कीजिए
(Chap 3, Class-XI, New NCERT)

1. राजनीतिक सिद्धांत में प्राकृतिक और समाज जनित असमानता एक-दूसरे के पूरक होते हैं।
2. प्राकृतिक असमानताएँ लोगों में उनकी विभिन्न क्षमताओं, प्रतिभा और उनके अलग-अलग चयन के कारण पैदा होती हैं।
3. समाज जनित असमानताएँ समाज में अवसरों की असमानता होने या किसी समूह का दूसरे के द्वारा शोषण किए जाने से पैदा होती हैं।

उपर्युक्त में से कौन-सा/से कथन असत्य है/हैं?

(a) केवल 1 (b) 1 और 3
(c) केवल 3 (d) 2 और 3

उत्तर *(a)*

व्याख्या दिए गए कथनों में से कथन (1) असत्य है, क्योंकि राजनीतिक सिद्धांत में प्राकृतिक असमानताओं एवं समाज जनित असमानताओं में अंतर किया जाता है।

प्राकृतिक असमानताएँ लोगों की जन्मजात विशिष्टताओं एवं योग्यताओं का परिणाम मानी जाती हैं, जबकि सामाजिक असमानताएँ समाज में पैदा हुई हैं।

7 महिलाओं को सामाजिक समानता प्रदान करने में राज्य की भूमिका के संदर्भ में निम्न में से कौन-से तत्त्व सही हैं?
(Chap-3, Class-XI, New NCERT)

(a) महिलाओं को समान कानूनी अधिकार प्रदान करना।
(b) सार्वजनिक स्थलों या रोजगार में भेदभाव और परेशानी से बचाने वाली नीतियाँ बनाना।
(c) शिक्षण या कुछ अन्य पेशों में प्रवेश के लिए प्रोत्साहन देने जैसे उपाय करना।
(d) उपर्युक्त सभी

उत्तर *(d)*

व्याख्या महिलाओं को सामाजिक समानता प्रदान करने में राज्य की भूमिका के संदर्भ में सभी तत्त्व सही हैं।

देश के विभिन्न भागों में महिलाओं को उत्तराधिकार का समान अधिकार नहीं मिलता। कुछ गतिविधियों में उनके शामिल होने पर पाबंदी होती है एवं उन्हें उच्च शिक्षा प्राप्त करने से भी हतोत्साहित किया जाता है। ऐसे मामलों में राज्य की महत्त्वपूर्ण भूमिका होती है।

महिलाओं को समान कानूनी अधिकार प्रदान करना, सार्वजनिक स्थलों या रोजगार में भेदभाव एवं परेशानी से बचाने वाली नीतियाँ बनाना एवं शिक्षण या कुछ अन्य पेशों में प्रवेश के लिए प्रोत्साहन देने जैसे उपाय करके राज्य यह भूमिका निभाता है। कि लोगों में जागरूकता बढ़ाने एवं इन अधिकारों का प्रयोग करने वाले को समर्थन देकर भी राज्य अपनी भूमिका निभा सकता है।

8 निम्नलिखित कथनों पर विचार करें *(Chap 3, Class-XI, New NCERT)*

1. मार्क्सवाद और उदारवाद हमारे समाज की दो प्रमुख राजनीतिक विचारधार हैं।
2. कार्ल मार्क्स 18वीं सदी के एक प्रमुख विचारक थे।
3. मार्क्स का मानना है कि असमानताओं का मुख्य कारण समाज में खाईनुमा स्तरहीनता है।

उपर्युक्त में से कितने कथन सही नहीं हैं?

(a) केवल एक
(b) केवल दो
(c) सभी तीन
(d) उपरोक्त में से कोई नहीं

उत्तर *(b)*

व्याख्या दिए गए कथनों में से केवल दो कथन अर्थात् (2) और (3) सही नहीं हैं, क्योंकि कार्ल मार्क्स 19वीं सदी के एक प्रमुख विचारक थे, इन्होंने दलील दी कि खाईनुमा असमानताओं का बुनियादीकरण महत्त्वपूर्ण आर्थिक संसाधनों; जैसे-जल, जंगल, जमीन या तेल समेत अन्य प्रकार की संपत्ति का निजी स्वामित्व है।

निजी स्वामित्व मालिकों के वर्ग को केवल अमीर केवल नहीं बनाता, बल्कि उन्हें राजनीतिक ताकत भी देता है। यह ताकत उन्हें राज्य की नीतियों एवं कानूनों को प्रभावित करने के सक्षम बनाती है तथा वे लोकतांत्रिक सरकार के लिए खतरा साबित हो सकती है।

9 गाँधीवाद और मार्क्सवाद के बीच एक समान सहमति पाई जाती है। यह निम्नलिखित में से कौन-सी है?
(Chap 16, Class-XII, Old NCERT), (IAS Pre 2020)

(a) एक अंतिम लक्ष्य के रूप में राज्य विहीन समाज
(b) वर्ग संघर्ष
(c) निजी संपत्ति की समाप्ति
(d) आर्थिक नियतिवाद

उत्तर *(c)*

व्याख्या गाँधीवादी और मार्क्सवाद के बीच एक समान सहमति निजी संपत्ति की समाप्ति पर पाई जाती है।

गाँधीजी ने मार्क्स की भाँति ही श्रम पर बल दिया तथा श्रम को ही वास्तविक संपत्ति माना। गाँधीजी निजी संपत्ति का पूरी तरह खंडन करते थे और इसे ईश्वर प्राप्ति में बाधक मानते थे। इसी संदर्भ में गाँधीजी ने पूँजीपतियों और जमींदारों से न्यासी बनने का आग्रह किया था।

10 निम्नलिखित में धर्मनिरपेक्षता का कौन-सा सिद्धांत भारत के संविधान में अपनाया गया है? *(Chap 8, Class-XI, New NCERT)*

(a) राज्य का धर्म से कोई लेना-देना नहीं है।
(b) राज्य का धर्म से नजदीकी रिश्ता है।
(c) राज्य धर्मों के बीच भेदभाव कर सकता है।
(d) राज्य धार्मिक समूहों के अधिकार को मान्यता देगा।

उत्तर *(a)*

व्याख्या धर्मनिरपेक्षता का सिद्धांत कि 'राज्य का धर्म से कोई लेना-देना नहीं है', भारत के संविधान में अपनाया गया है। भारतीय संविधान ने धर्म को आधिकारिक अथवा सार्वजनिक महत्त्व प्रदान नहीं किया है। धर्मनिरपेक्षता के आधार पर भारत में 'सैद्धांतिक दूरी' को स्थान दिया गया है।

यह माना गया है कि राज्य की निष्ठा धर्म के प्रति न होकर नागरिक अधिकारों के प्रति होगी और राज्य धर्म से एक सम्मानजनक दूरी बना कर चलेगा।

11 निम्न कथन (A) व कारण (R) को पढ़िए और नीचे दिए गए कूट की सहायता से सही उत्तर का चयन कीजिए
(Chap 3, Class-XI, New NCERT)

कथन (A) **स्वतंत्र और निष्पक्ष परिस्थितियों में लोगों के बीच प्रतिस्पर्द्धा ही समाज में लाभांशों के वितरण का सबसे न्यायपूर्ण और कारगर उपाय होतीं है।**

कारण (R) **उदारवादियों का मानना है कि जब तक प्रतिस्पर्द्धा स्वतंत्र और खुली होगी असमानताओं की खाइयाँ नहीं बनेंगी और लोगों को अपनी प्रतिभा और प्रयासों का लाभ मिलता रहेगा।**

कूट

(a) A और R दोनों सही हैं तथा R, A का सही स्पष्टीकरण है
(b) A और R दोनों सही हैं, परंतु R, A का सही स्पष्टीकरण नहीं है
(c) A सही है, किंतु R गलत है
(d) A गलत है, किंतु R सही है

उत्तर *(a)*

व्याख्या A और R दोनों सही हैं तथा R, A का सही स्पष्टीकरण है। उदारवादी समाज में संसाधनों एवं लाभांश के वितरण के सर्वाधिक कारगर एवं उचित तरीके के रूप में प्रतिद्वंद्विता के सिद्धांत का समर्थन करते हैं, इसलिए समाज में लाभांशों के वितरण का सबसे न्यायपूर्ण एवं कारगर उपाय होता है।

उदारवादियों के जीवन-यापन के लिए स्वतंत्र प्रतिस्पर्द्धा एवं खुली असमानताओं को दूर करने से लोगों में प्रतिभा एवं प्रयासों का लाभकारी परिणाम मिलता है।

12 सामाजिक न्याय के संबंध में दिए गए कथनों पर विचार करें *(Chap 4, Class-XII, Old NCERT)*

1. न्यायपूर्ण समाज को लोगों के लिए न्यूनतम बुनियादी स्थितियाँ उपलब्ध करानी चाहिए।
2. स्वस्थ और सुरक्षित जीवन जीने योग्य प्रवृत्तियाँ जरूरी हैं।
3. समान अवसरों के माध्यम से लक्ष्य तक पहुँचने में मदद करना।
4. रहन-सहन के तरीकों में समानता और एकरूपता प्रदान करना

उपर्युक्त में से कितने कथन सत्य है/हैं?

(a) केवल एक (b) केवल दो
(c) केवल तीन (d) ये सभी

उत्तर *(c)*

व्याख्या सामाजिक न्याय के संबंध में केवल तीन कथन अर्थात् (1, 2 और 3) सत्य हैं।

जबकि कथन (4) असत्य है, क्योंकि 'सामाजिक न्याय' की अवधारणा को पूर्ण करने के लिए समाज के विभिन्न स्तरों के लोगों के जीवन-यापन के भिन्न स्तरों की चर्चा नहीं मिलती है।

13 न्याय के संबंध में दिए गए कथनों पर विचार करें *(Chap 4, Class-XII, Old NCERT)*

1. यह परस्पर व्यक्तियों में और समानता, स्वतंत्रता तथा सहयोग के सिद्धांतों में सामंजस्य स्थापित करता है।
2. आधुनिक उदार लोकतंत्र न्याय की सांख्यिक अवधारणा पर आधारित है।
3. प्लेटो और अरस्तू न्याय की ज्यामितीय अवधारणा के पक्षधर थे।
4. प्लेटो की पुस्तक 'रिपब्लिक' में न्याय आर्थिक व्यवस्था से जुड़ा है।

उपर्युक्त में से कौन-सा/से कथन असत्य है/हैं?

(a) केवल 2 (b) 1, 2 और 3
(c) 2, 3 और 4 (d) केवल 4

उत्तर *(b)*

व्याख्या न्याय के संबंध में कथन (4) असत्य है, क्योंकि प्लेटो की पुस्तक 'रिपब्लिक' में भी न्याय सामाजिक व्यवस्था से जुड़ा हुआ है। इसके अनुसार आत्मा में निहित न्याय का विचार वास्तव में राय में निहित न्याय का ही सादृश्य है। व्यक्ति की आत्मा में निहित न्याय व्यक्तित्व के विभिन्न पक्षों को परस्पर संतुलित करता है।

14 भारत में सामाजिक न्याय के संबंध में कौन-सा कथन असत्य है? *(Chap 4, Class-XII, Old NCERT)*

(a) मंडल आयोग की सिफारिशों के आधार पर सरकार ने अन्य पिछड़े वर्गों के उत्थान हेतु नौकरियों में 17% स्थान आरक्षित करने का प्रावधान किया है।
(b) 'जनजागरण कार्यक्रम' के अंतर्गत सरकार द्वारा सामान्य वर्ग को छोड़कर अन्य वर्ग के सभी व्यक्तियों की स्थिति को सुधारने का प्रयास किया गया।
(c) राजस्थान में 'अंत्योदय योजना' निर्धनतम लोगों के उत्थान हेतु चलाई गई।
(d) 'a' और 'b'

उत्तर *(d)*

व्याख्या भारत में सामाजिक न्याय के संबंध में कथन (a) और (b) दोनों असत्य हैं, क्योंकि मंडल आयोग की सिफारिशों के अनुसार सरकार द्वारा अन्य पिछड़े वर्गों के उत्थान हेतु नौकरियों में 27% स्थान आरक्षित करने का विशेष प्रावधान किया गया, ताकि देश में सर्वाधिक रूप से रहने वाली पिछड़ी जातियों का विकास हो सके। जनजागरण कार्यक्रम के अंतर्गत सरकार ने सामाजिक जागरूकता के माध्यम से महिलाओं की स्थिति सुधारने हेतु कार्यक्रम लागू किए हैं।

15 निम्न कथनों पर विचार कीजिए *(Chap 5, Class-XI, New NCERT)*

1. संयुक्त राष्ट्र महासभा ने 10 दिसंबर, 1948 को 'मानवाधिकारों की सार्वभौमिक घोषणा' को स्वीकार किया।
2. 'मानवाधिकारों की सार्वभौमिक घोषणा' को विश्व में स्वतंत्रता, न्याय तथा शांति की आधारशिला माना गया है।

उपर्युक्त में कौन-सा/से कथन सही है/हैं?

(a) केवल 1 (b) केवल 2
(c) 1 और 2 (d) न तो 1 और न ही 2

उत्तर *(c)*

व्याख्या दिए गए दोनों कथन सही हैं।

10 दिसम्बर, 1948 को संयुक्त राष्ट्र की महासभा ने मानवाधिकारों की सार्वभौमिक घोषणा को स्वीकार किया।

इस घोषणा में उन तत्त्वों को शामिल किया गया, जो वैश्विक स्वतंत्रता, न्याय और शांति के लिए महत्त्वपूर्ण हैं।

16 निम्नलिखित युग्मों पर विचार करें *(Chap 5, Class-XII, Old NCERT)*

	अधिकार	उदाहरण
1.	राजनीतिक अधिकार	वोट देने और प्रतिनिधि चुनने का अधिकार
2.	नागरिक स्वतंत्रता का अधिकार	विचारों की स्वतंत्रता, अभिव्यक्ति का अधिकार
3.	सांस्कृतिक अधिकार	अपनी मातृभाषा में प्राथमिक शिक्षा पाने का अधिकार।

उपर्युक्त में से कितने युग्म सही सुमेलित हैं?

(a) केवल एक (b) केवल दो
(c) सभी तीन (d) इनमें से कोई नहीं

उत्तर *(c)*

व्याख्या दिए गए सभी तीन युग्म सही सुमेलित हैं।

राजनीतिक अधिकार में नागरिकों को कानून की समझ, बराबरी तथा राजनीतिक प्रक्रिया में भागीदारी का अधिकार दिया जाता है। इनमें वोट देने एवं प्रतिनिधि चुनने, चुनाव लड़ने इत्यादि के अधिकार शामिल हैं।

नागरिक स्वतंत्रता का अधिकार के अंतर्गत विचारों की स्वतंत्रता, अभिव्यक्ति का अधिकार, स्वतंत्र व निष्पक्ष न्यायिक जाँच का अधिकार, प्रतिवाद करने व असहमति प्रकट करने का अधिकार इत्यादि प्रदान किए गए हैं।

सांस्कृतिक अधिकार में अपनी मातृभाषा में प्राथमिक शिक्षा पाने का अधिकार, अपनी भाषा एवं संस्कृति के शिक्षण के लिए संस्थाएँ बनाने के अधिकार इत्यादि दिए गए हैं।

17 निम्न कथनों पर विचार कीजिए *(Chap 1, Class-XI, New NCERT)*

1. 17वीं और 18वीं शताब्दी में राजनीतिक सिद्धांतकारों ने अधिकारों को ईश्वर या प्रकृति प्रदत्त के रूप में उल्लेखित किया हैं।
2. सिद्धांतकारों ने मनुष्य के दो प्राकृतिक अधिकार बताए थे, जिनमें जीवन का अधिकार तथा स्वतंत्रता का अधिकार सम्मिलित था।

3. प्राकृतिक अधिकारों के विचार का इस्तेमाल राज्यों अथवा सरकारों के द्वारा स्वेच्छाचारी शक्ति के प्रयोग का विरोध करने और व्यक्तिगत स्वतंत्रता की रक्षा करने के लिए किया जाता था।

उपर्युक्त में से कितने कथन सत्य है/हैं?

(a) केवल एक (b) केवल दो
(c) सभी तीन (d) इनमें से कोई नहीं

उत्तर (b)

व्याख्या दिए गए कथनों में केवल दो कथन अर्थात् (1) और (3) सत्य हैं। अधिकार उन बातों का घोतक है, जिन्हें मै और अन्य लोग सम्मान एवं गरिमा का जीवन बसर करने के लिए महत्त्वपूर्ण एवं आवश्यक होते हैं। 17वीं और 18वीं सदी में राजनीतिक विचारकों एवं सिद्धांतकारों ने अधिकार की प्रकृति एंव इसके लक्षण को उल्लेखित किया है।

प्राकृतिक अधिकार शब्द से ज्यादा मानवाधिकार शब्द का प्रयोग हो रहा है। ऐसा इसलिए क्योंकि उनके प्राकृतिक होने का विचार आज अस्वीकार्य लगता है। कथन (2) असत्य है, क्योंकि सिद्धांतकारों ने मनुष्य के तीन प्राकृतिक अधिकार (जीवन का अधिकार, स्वतंत्रता का अधिकार व संपत्ति का अधिकार) चिह्नित किए हैं।

18 निम्नलिखित कथनों पर विचार कीजिए *(Chap 5, Class-XII, Old NCERT)*

1. मानव अधिकारों की अवधारणा की उत्पत्ति 'औद्योगिक क्रांति' के काल में देखी जाती है।
2. मानववाद व्यक्ति की वांछनीय महत्ता एवं गरिमा पर बल देता है। साथ ही व्यक्ति की स्वतंत्रता एवं नैसर्गिक अधिकारों की घोषणा करता है।

उपर्युक्त में कौन-सा/से कथन असत्य है/हैं?

(a) केवल 1 (b) केवल 2
(c) 1 और 2 (d) न तो 1 और न ही 2

उत्तर (a)

व्याख्या दिए गए कथनों में से कथन (1) असत्य है, क्योंकि मानव अधिकारों की अवधारणा की उत्पत्ति पुनर्जागरण के काल में देखी जा सकती है एवं कालांतर में ज्ञानोदय से भी इसकी उत्पत्ति का संबंध रहा है। इन कालों में मानववाद महत्त्वपूर्ण सिद्धांत रहा है। मानववाद व्यक्ति की अनुशंसा संबंधित मत को लेकर चलता है तथा यह व्यक्ति की वांछनीय महत्ता एवं गरिमा पर बल देता है।

19 मानव अधिकारों की सार्वभौमिक घोषणा के संदर्भ में निम्नलिखित कथनों पर विचार करें *(Chap 5, Class-XII, Old NCERT)*

1. मानव अधिकारों की विषय-वस्तु को परिभाषित करने के लिए वर्ष 1945 में संयुक्त राष्ट्र मानव अधिकार आयोग की स्थापना की गई।
2. मानव अधिकार आयोग का मुख्य कार्य एक अंतर्राष्ट्रीय विधेयक तैयार करना तथा चार्टर एवं उल्लिखित अधिकारों एवं स्वतंत्रताओं को परिभाषित करना था।
3. संयुक्त राष्ट्र की चार्टर की धारा 3 में संयुक्त राष्ट्र के लक्ष्यों का निर्धारण किया गया है।
4. प्रत्येक वर्ष 15 दिसंबर को 'मानव अधिकार दिवस' के रूप में मनाने की भी घोषणा की गई।

उपर्युक्त में से कितने कथन असत्य हैं?

(a) केवल एक (b) केवल दो (c) केवल तीन (d) सभी चार

उत्तर (b)

व्याख्या मानव अधिकारों की सार्वभौमिक घोषणा के संदर्भ में केवल दो कथन अर्थात् (3 और 2) असत्य हैं, क्योंकि संयुक्त राष्ट्र चार्टर की धारा 1 में कहा गया है कि प्रजाति, लिंग, भाषा या धर्म के आधार पर किसी भी भेदभाव के बिना, सभी के लिए मौलिक स्वतंत्रताओं एवं मानव अधिकारों के सम्मान को विकसित करने एवं बढ़ावा देने में अंतर्राष्ट्रीय सहयोग प्रदान करना है।

संयुक्त राष्ट्र की महासभा द्वारा सभी लोगों एवं राष्ट्रों के लिए उपलब्धियों को समान स्तरों के रूप में मानव अधिकारों के लिए प्रति वर्ष 10 दिसंबर को 'मानव अधिकार दिवस' के रूप में मनाने का निर्णय लिया गया।

20 निम्न कथनों पर विचार कीजिए *(Chap 6, Class-XI, New NCERT)*

1. नागरिकता प्रदान करने में इजराइल या जर्मनी जैसे देशों में धर्म या जातीय मूल जैसे तत्त्वों को वरीयता दी जाती है।
2. जर्मनी में जन्म से और पालन-पोषण पर आधारित नागरिकता तुर्की के मजदूरों हेतु की गई थी, जो आज भी विवाद का विषय है।

उपर्युक्त में से कौन-सा/से कथन सही है/हैं?

(a) केवल 1
(b) केवल 2
(c) 1 और 2
(d) न तो 1 और न ही 2

उत्तर (c)

व्याख्या दिए गए दोनों कथन सही हैं।

नागरिकता के नए आवेदनों को अनुमति देने की कसौटी प्रत्येक देश में भिन्न होती है। नागरिकता प्रदान करने में इजराइल या जर्मनी जैसे देशों में धर्म या जातीय मूल जैसे तत्त्वों को वरीयता दी जाती है।

एक समय तुर्की के मजदूरों को जर्मन में आने एवं काम करने के लिए प्रोत्साहित किया गया था। उनकी स्थायी माँग है कि जर्मनी में ही जन्मे एवं पले-बढ़े उनके बच्चों को अपने आप जर्मनी की नागरिकता मिल जानी चाहिए, इस पर आज भी बहस जारी है।

21 नागरिकता के संबंध में अंग्रेज समाजशास्त्री टी. एच. मार्शल के विचारों में कौन-सा कथन शामिल है? *(Chap-6, Class-XI, New NCERT)*

(a) नागरिकता किसी समुदाय के सभी सदस्यों को प्राप्त प्रतिष्ठा है।
(b) नागरिकता की मूल संकल्पना समानता है।
(c) नागरिक अधिकार व्यक्ति के जीवन, आजादी और संपत्ति की रक्षा करते हैं।
(d) उपर्युक्त सभी

उत्तर (d)

व्याख्या नागरिकता के संबंध में अंग्रेज समाजशास्त्री टी. एच. मार्शल के विचारों में दिए गए सभी कथन शामिल हैं। नागरिकता एक कानूनी अवधारणा नहीं है। इसका समानता एवं अधिकारों के व्यापक उद्देश्यों से भी घनिष्ठ संबंध है। इस संबंध का सर्वसम्मत सूत्रीकरण अंग्रेज समाजशास्त्री टी. एच. मार्शल ने किया है।

इन्होने अपनी पुस्तक 'नागरिकता एवं सामाजिक वर्ग' (1950) में नागरिकता को परिभाषित किया है। इन्होंने नागरिकता की मूल संकल्पना 'समानता' को माना है। नागरिकता के तीन प्रकार के अधिकारों—नागरिक, राजनीतिक व सामाजिक को इन्होंने परिभाषित किया है। टी. एच. मार्शल ने नागरिकता अधिकारों को व्यक्ति की स्वतंत्रता, जीवन तथा संपत्ति के अधिकार का संरक्षक माना है।

22 **राष्ट्रवाद के संबंध में दिए गए कथनों पर विचार कीजिए**
(Chap 7, Class-XI, New NCERT)

1. राष्ट्रवादी-संघर्षों ने राष्ट्रों और साम्राज्यों की सीमाओं के निर्धारण-पुनर्निर्धारण में योगदान किया है।
2. 18वीं शताब्दी के यूरोप में राष्ट्रवाद ने कई छोटी-छोटी रियासतों के एकीकरण से वृहत्तर राष्ट्र-राज्यों की स्थापना का मार्ग प्रशस्त किया।
3. 19वीं शताब्दी के आरंभ में ऑस्ट्रियाई-हंगेरियाई और रूसी साम्राज्य के विघटन के मूल में राष्ट्रवाद ही था।

उपर्युक्त में कितने कथन सही नहीं हैं?

(a) केवल एक (b) केवल दो
(c) सभी तीन (d) इनमें से कोई नहीं

उत्तर *(b)*

व्याख्या राष्ट्रवाद के संबंध में केवल दो कथन अर्थात् (2 और 3) सही नहीं हैं, क्योंकि राष्ट्रवाद कई चरणों से गुजर चुका है। 19वीं शताब्दी के यूरोप में इसने कई छोटी-छोटी रियासतों के एकीकरण से वृहत्तर राष्ट्र-राज्यों की स्थापना का मार्ग प्रशस्त किया। जर्मनी एवं इटली का गठन एकीकरण एवं सुदृढ़ीकरण इसी प्रक्रिया के द्वारा हुआ था।

यूरोप में 20वीं शताब्दी के आरंभ में ऑस्ट्रियाई-हंगेरियाई एवं रूसी साम्राज्य एवं इनके साथ एशिया एवं अफ्रीका में ब्रिटिश, फ्रांसीसी, डच एवं पुर्तगाली साम्राज्य के विघटन के मूल में राष्ट्रवाद ही था।

23 **धर्मनिरपेक्षता के संदर्भ में भारतीय राजनीतिक सिद्धांत की मान्यताओं पर विचार कीजिए** *(Chap-10, Class-XI, New NCERT)*

1. भारत में धर्म और राज्य दोनों एक-दूसरे के अंदरूनी मामलों से पृथक् हैं।
2. नागरिकों को अधिकार प्रदान करने के दौरान धर्म को आधार नहीं बनाया गया है।
3. भारत में धर्म और राज्य के अलगाव का अर्थ राज्य की धर्म से सिद्धांतगत दूरी है।

उपर्युक्त में से कौन-सा/से कथन सत्य है/हैं?

(a) 1 और 2 (b) केवल 2 (c) 1, 2 और 3 (d) 2 और 3

उत्तर *(c)*

व्याख्या धर्मनिरपेक्षता के संदर्भ में भारतीय राजनीतिक सिद्धांत की मान्यताओं के संबंध में सभी कथन सत्य हैं।

भारतीय संविधान में 'धर्मनिरपेक्षता' को आधारभूत संरचना के रूप में मान्यता दी गई है। भारतीय मान्यताओं के आधार पर यह तय किया गया है कि भारत में धर्म और राज्य एक-दूसरे के अंदरूनी मामलों से पृथक् हैं।

भारतीय संविधान नागरिकों को अधिकार, नागरिक तथा मनुष्य के रूप में प्रदान करते हैं।

धर्म नागरिक अधिकारों का मानदंड नहीं है। भारत में धर्म और राज्य के बीच अलगाव 'पारस्परिक निषेध' नहीं है, बल्कि यह सिद्धांतगत दूरी है।

24 **धर्मनिरपेक्षता के भारतीय मॉडल की आलोचना किन-किन आधारों पर की जाती है?** *(Chap 8, Class-XI, New NCERT)*

1. धर्म-विरोधी 2. अल्प संख्यकवाद
3. अतिशय हस्तक्षेपकारी 4. वोट-बैंक की राजनीति
5. पश्चिम से आयातित

कूट

(a) 2, 3 और 4 (b) 1, 2, 3 और 5
(c) 2, 3, 4 और 5 (d) 1, 2, 3, 4 और 5

उत्तर *(d)*

व्याख्या धर्मनिरपेक्षता के भारतीय मॉडल की आलोचना के संदर्भ में सभी विकल्पों को शामिल किया जाता है।

धर्मनिरपेक्षता संस्थाबद्ध धार्मिक वर्चस्व का विरोध करती है, इसे सत्य नहीं कहा जा सकता, क्योंकि सभी धर्मों को उचित सम्मान दिया गया है।

भारतीय धर्मनिरपेक्षता अल्पसंख्यक अधिकारों की पैरवी अवश्य करती है, परंतु यह पैरवी न्याय के अनुसार होती है। इसमें भी सत्यता नहीं बताई जाती।

कुछ आलोचकों का तर्क है कि भारतीय धर्मनिरपेक्षता अधिक हस्तक्षेप करती है, जबकि ऐसा नहीं है यह सुधारवाद को अपनाती है।

आलोचकों का कहना है कि धर्मनिरपेक्षता वोट बैंक की राजनीति को बढ़ाती है, जो एक धर्मनिरपेक्ष राष्ट्र के तौर पर देश की सबसे बड़ी चुनौती है।

धर्मनिरपेक्षता को पश्चिम से आयातित बताया जाता है, जबकि यह कहीं से आयातित नहीं, मौलिक है।

25 **निम्नलिखित युग्मों पर विचार कीजिए**
(Chap 1, Class-XII, Old NCERT)

	कानून के रूप		सम्बन्धित तथ्य
1.	निजी कानून	–	सरकार एवं उसके सहायक यंत्रों के कार्यों एवं शक्तियों का नियंत्रण
2.	सार्वजनिक कानून	–	राष्ट्र, अंतर्राष्ट्रीय संगठन तथा व्यक्तियों के आचारों का नियंत्रण
3.	अंतर्राष्ट्रीय कानून	–	संपत्ति कानून उत्तराधिकार के कानून का उल्लेख
4.	सांविधिक कानून	–	राज्य की सत्ता का उल्लेख

उपर्युक्त युग्मों में से कितने युग्म सही सुमेलित हैं?

(a) केवल एक
(b) केवल दो
(c) केवल तीन
(d) उपर्युक्त में से कोई नहीं

उत्तर *(d)*

व्याख्या दिए गए युग्मों में से कोई भी युग्म सही सुमेलित नहीं हैं।

निजी कानून उन अधिकारों, वस्तुओं एवं सेवाओं का उल्लेख करता है, जो व्यक्ति को राज्य के अस्तित्व पर ध्यान दिए बिना उपलब्ध कराए जाते है, इसमें परिवार कानून, संपत्ति कानून एवं उत्तराधिकार के कानून शामिल होते है।

सार्वजनिक कानून नागरिकों एवं राज्य के अधिकारों (सत्ता) से संबंधित है।

अंतर्राष्ट्रीय कानून सामान्यत: स्वीकृत नियमों एवं नियमनों का एक ऐसा समूह है, जो राष्ट्रों, अंतर्राष्ट्रीय संगठनों एवं व्यक्तियों के आधार को नियंत्रित करता है।

सांविधिक कानून सरकार एवं उसके सहायक यंत्रो के कार्यों एवं शक्तियों का नियंत्रण करता है। नियमों एवं व्यवहारों शक्तियों को नियंत्रित करता है।

मूल अवधारणाएँ

26 **समाजवाद की विशेषताओं में शामिल तत्त्व हैं**
(Chap 13, Class-XII, Old NCERT)

1. समतावादी समाज 2. मूल आवश्यकताओं की पूर्ति
3. सेवा का आदर्श 4. सार्वजनिक स्वामित्व

कूट

(a) 1 और 2 (b) 2 और 3
(c) केवल 3 (d) 1, 2, 3 और 4

उत्तर *(d)*

व्याख्या समाजवाद की विशेषताओं के संदर्भ में सभी तत्त्वों को शामिल किया जाता है।

जी. डी. एच. कोल के शब्दों में समतावादी समाज ऐसी मानव बंधुत्व की व्यवस्था पर बल देता है, जो वर्ग जाति व रंग-विषयक् भेदों का खंडन करती है।

मूल आवश्यकताओं की पूर्ति उस मान्यता पर आधारित है, जो लाभ की इच्छा का स्थान सेवा भाव को लेना चाहिए।

सेवा का आदर्श समाजवाद, सार्वजनिक भलाई अथवा सामान्य जनकल्याण के लिए सभी नागरिकों के समान उत्तरदायित्व पर बल देता है।

सार्वजनिक स्वामित्व समाजवाद, भूमि, शक्ति, बैंक आदि उत्पादन साधनों के सार्वजनिक स्वामित्व व नियंत्रण में विश्वास रखता है।

27 मार्क्सवाद के प्रमुख सिद्धांतों में शामिल हैं

(Chap 14, Class-XII, Old NCERT)

1. वर्ग-संघर्ष
2. ऐतिहासिक भौतिकवाद
3. द्वंद्वात्मक भौतिकवाद
4. वर्गहीन समाज का उदय
5. क्रांति तथा सर्वहारा वर्ग का अधिनायकवाद

कूट

(a) 1, 2 और 3 (b) 2, 3, 4 और 5
(c) 1, 2, 3 और 4 (d) 1, 2, 3, 4 और 5

***उत्तर** (d)*

व्याख्या दिए गए सभी विकल्प मार्क्सवाद के प्रमुख सिद्धांतों में शामिल हैं। कार्ल मार्क्स ने वर्ग-संघर्ष, द्वंद्वात्मक भौतिकवाद, ऐतिहासिक भौतिकवाद, पूँजीवाद की समालोचना, क्रांति एवं सर्वहारा वर्ग का अधिनायकवाद एवं वर्गहीन समाज का उदय के सिद्धांत व इनकी अवधारणाओं को प्रस्तुत किया, जिसे मार्क्सवादी सिद्धांत कहा जाता है। मार्क्स ने एक ऐसे समतामूलक समाज की संकल्पना की, जिसमें स्त्री-पुरुष, अमीर-गरीब, काले-गोरे जैसी विभेद रहित समानता स्थापित हो सके। इन्होंने मानवता को धर्म के ऊपर रखा और धर्म की आलोचना करते हुए उसे अफीम की संज्ञा दी।

28 कार्ल मार्क्स के संबंध में निम्न में से कौन-सा कथन असत्य है?

(Unit 7, Class-XI, Tamil Nadu Board)

(a) कार्ल मार्क्स ने 'द्वंदात्मक भौतिकवाद' सिद्धांत का प्रतिपादन किया।
(b) मार्क्स की पुस्तक 'कम्युनिस्ट मैनिफेस्टो' को 'श्रमिक वर्ग की बाइबिल' कहा जाता है।
(c) मार्क्स की पुस्तक 'दास कैपिटल' में पूँजी के उत्पादन, प्रसार आदि का वर्णन है।
(d) मार्क्स का 'अतिरिक्त मूल्य का सिद्धान्त' पूँजीपतियों द्वारा श्रमिकों के शोषण की प्रक्रिया पर प्रकाश डालता हैं।

***उत्तर** (b)*

व्याख्या कार्ल मार्क्स के कार्यों के संबंध में कथन (b) असत्य है, क्योंकि दास कैपिटल' को श्रमिक वर्ग की बाइबिल कहा जाता है। दास कैपिटल 1867 ई. में बर्लिन में प्रकाशित हुई थी।

29 भारत में 'समाजवाद' के विकास के संबंध में निम्न कथनों पर विचार कीजिए

(Unit 8, Class-XI, Tamil Nadu Board)

1. वर्ष 1951 में पंचवर्षीय योजना का प्रारंभ
2. निजी तथा सार्वजनिक सह-अस्तित्व वाली मिश्रित आर्थिक प्रणाली को अपनाना
3. 44वें संविधान संशोधन द्वारा प्रस्तावना (उद्देशिका) में 'समाजवाद' शब्द को समाहित करना।
4. 42वें संविधान संशोधन द्वारा संपत्ति के अधिकार को मूल अधिकारों के वर्ग से हटाकर भाग-XII, के अंतर्गत कानूनी अधिकार बनाना।

उपर्युक्त में से कौन-सा/से कथन सही है/हैं?

(a) 1 और 2
(b) 1, 2 और 3
(c) 2 और 3
(d) 3 और 4

***उत्तर** (a)*

व्याख्या दिए गए कथनों में से कथन (1) और (2) सही हैं।

भारत में स्वतंत्रता के पश्चात 'समाजवाद' को विकास की मुख्य विचारधारा के रूप में प्रधानमंत्री जवाहरलाल नेहरु द्वारा चुना गया।

सोवियत यूनियन मे पंचवर्षीय योजनाओं की सफलता से प्रेरित होकर भारत में वर्ष 1951 में पंचवर्षीय योजना की शुरुआत की गई। योजना के क्रियान्वयन के लिए 'योजना का योग' का गठन किया गया।

वर्ष 1556 की औद्योगिक नीति द्वारा भारत में आर्थिक विकास की मिश्रित प्रणाली को अपनाया गया। मिश्रित आर्थिक प्रणाली में निजी तथा सार्वजनिक क्षेत्र मिलकर आर्थिक क्रियाओं में भाग लेते हैं।

कथन (3) और (4) सही नहीं हैं, क्योंकि 42वें संविधान संशोधन अधिनियम द्वारा प्रस्तावना में 'समाजवाद' शब्द को अंत:स्थापित किया गया।

इसके अतिरिक्त 44वें संविधान संशोधन अधिनियम, 1978 द्वारा संपत्ति के अधिकार को मूल अधिकार की श्रेणी से हटाकर भाग-XII के अंतर्गत कानूनी अधिकार बना दिया गया।

30 उदारवाद के उदय के संबंध में कौन-सा कथन सत्य है?

(Chap 12, Class-XII, Old NCERT)

(a) उदारवाद एक सिद्धांत है, जिसका अभ्युदय यूरोप में, ज्ञानोदय इंग्लैंड की गौरवपूर्ण क्रांति तथा फ्रांसीसी क्रांति के परिणामस्वरूप हुआ।
(b) इंग्लैंड की गौरवपूर्ण क्रांति ने इस मान्यता को जन्म दिया कि किसी भी प्रकार के शासन तंत्र में दैवी अधिकार का कोई औचित्य नहीं है।
(c) फ्रांसीसी क्रांति ने इस धारणा को जन्म दिया कि व्यक्ति की स्वतंत्रता इतनी पावन है कि कोई भी सत्ता उसकी अवहेलना नहीं कर सकती।
(d) उपर्युक्त सभी

***उत्तर** (d)*

व्याख्या उदारवाद के उदय के संबंध में सभी कथन सत्य हैं।

उदारवाद मुख्यत: यूरोप में हुए सांस्कृतिक पुनर्जागरण, धर्मसुधार आंदोलन, वैज्ञानिक क्रांति एवं औद्योगिक क्रांति की उपज है। यद्यपि उदारवाद शब्द का प्रयोग 19वीं शताब्दी में प्रारंभ हुआ।

इंग्लैंड की गौरवपूर्ण क्रांति ने इस मान्यता को समाप्त किया, जिसमें शासन तंत्र को दैवी अधिकार माना जाता था। फ्रांस की क्रांति ने व्यक्ति की स्वतंत्रता को सार्वभौम माना तथा ऐसा माना कि इसकी अवहेलना किसी सत्ता के लिए आसान नहीं है।

31 'उदारवाद' के संबंध में निम्न कथनों पर विचार कीजिए

(Unit 8, Class-XI, Tamil Nadu Board)

1. जॉन लाक को उदारवाद का जनक माना जाता है।
2. यह व्यक्तिगत स्वतंत्रता का समर्थन करता है।
3. यह राज्य के अहस्तक्षेप या न्यूनतम हस्तक्षेप की नीति का समर्थन करता है।

उपर्युक्त में से कितने कथन सही नहीं हैं?

(a) केवल एक (b) केवल दो
(c) सभी तीन (d) सभी चार

***उत्तर** (d)*

व्याख्या उदारवाद के संबंध में सभी कथन सही हैं।

'उदारवाद' शब्द की उत्पत्ति 'लिबर' (Liber) से हुई है, जिसका तात्पर्य है- लिबर्टी (स्वतंत्रता)।

इस शब्द को लोकप्रिय बनाने का श्रेय स्पेनिश संविधान के समर्थकों को दिया जाता है, जो 19वीं शताब्दी में स्वयं को 'लिबरल' कहते थे।

जॉन लॉक को उदारवाद का जनक माना जाता है।

यह सिद्धांत व्यक्तिगत स्वतंत्रता (Individual Liberty) को सर्वाधिक महत्त्व देता है।

उदारवाद राज्य के अहस्तक्षेप या न्यूनतम हस्तक्षेप की नीति का समर्थन करता है। इसके अनुसार राज्य का मूल कार्य कानून और नियमों का निर्माण करना तथा उन्हें लागू कराना है।

पश्चिमी देशों, जिनमें संयुक्त राज्य अमेरिका, यूनाइटेड किंगडम, कनाड़ा जर्मनी आदि आते हैं, उदारवादी विचारधारा के समर्थक देश हैं।

32 ब्रिटेन के राजनीतिक विचारक जॉन स्टुअर्ट मिल के संबंध में कौन-सा कथन असत्य है? *(Unit 7, Class-XI, Tamil Nadu Board)*

(Chap 2, Class-XI, New NCERT)

(a) स्वसंबद्ध कार्यों पर राज्य का अहस्तक्षेप तथा परसंबद्ध कार्यों पर राज्य द्वारा प्रतिबंध आरोपित किया जाना चाहिए।
(b) मिल ने अपनी पुस्तक 'ऑन लिबर्टी' में अभिव्यक्ति की स्वतंत्रता का उल्लेख किया है।
(c) अभिव्यक्ति की स्वतंत्रता अप्रतिबंधित होनी चाहिए।
(d) मिल ब्रिटेन के एक समाजवादी विचारक थे।

उत्तर (b)

व्याख्या ब्रिटेन के राजनीतिक विचारक जॉन स्टुअर्ट मिल के संबंध में कथन (d) असत्य है, क्योंकि जॉन स्टुअर्ट मिल ब्रिटेन के एक उपयोगितावादी विचारक थे।

स्वसंबद्ध कार्य ऐसे कार्य हैं जो दूसरों पर कोई प्रभाव नहीं डालते हैं तथा परसंबद्ध कार्यों का प्रभाव दूसरों पर भी पड़ता है। इसलिए मिल ने स्वसंबद्ध कार्यों पर कोई प्रतिबंध नहीं तथा परसंबद्ध कार्यों पर प्रतिबंध आरोपित करने का समर्थन किया।

मिल ने अपनी पुस्तक ऑन लिबर्टी (1859) में अभिव्यक्ति की स्वतंत्रता का उल्लेख किया है। वे अभिव्यक्ति की स्वतंत्रता को अप्रतिबंधित किए जाने के समर्थक थे। अपनी पुस्तक 'ऑन लिबर्टी' के उन्होंने चार कारण पेश किए हैं, जिसके अनुसार अभिव्यक्ति की स्वतंत्रता उन्हें भी होनी चाहिए। जिनके विचार आज की स्थितियों में गलत या भ्रामक लग रहे हैं।

33 नारीवाद स्त्री-पुरुष के समान अधिकारों का पक्ष लेने वाला राजनीतिक सिद्धांत है। *(Chap 3 Class-XI, New NCERT)*

कथन (A) नारीवादी सिद्धांत के अनुसार स्त्री-पुरुष के बीच की असमानताएँ न तो नैसर्गिक हैं और न आवश्यक।

कारण (R) नारीवाद के अनुसार, स्त्री-पुरुष असमानता 'पितृसत्ता' का परिणाम है।

कूट

(a) A और R दोनों सही हैं, किंतु R, A की सही व्याख्या नहीं हैं
(b) A और R दोनों सही हैं तथा R, A की सही व्याख्या हैं
(c) A सही है, किंतु R गलत हैं
(d) A गलत है, किंतु R सही हैं

उत्तर (b)

व्याख्या A और R दोनों सही हैं तथा R, A की सही व्याख्या है।

नारीवाद स्त्री-पुरुष के समान अधिकारों का पक्ष लेने वाला राजनीतिक सिद्धांत है। वे स्त्री या पुरुष नारीवादी कहलाते हैं, जो मानते हैं कि स्त्री-पुरुष के बीच अनेक असमानताएँ न तो नैसर्गिक हैं और न आवश्यक हैं।

नारीवाद के अनुसार, स्त्री-पुरुष असमानता पितृसत्ता का परिणाम है।

'पितृसत्ता' से आशय एक ऐसी सामाजिक, आर्थिक और सांस्कृतिक व्यवस्था से है, जिसमें पुरुष को स्त्री से अधिक महत्त्व तथा शक्ति दी जाती है। पितृसत्ता ने श्रम का ऐसा विभाजन किया है कि स्त्री 'निजी तथा घरेलू' कामों के लिए जिम्मेदार है, जबकि पुरुष की जिम्मेदारी बाहरी और सार्वजानिक दुनिया से है।

34 नाजीदल के संबंध में कौन-सा कथन सत्य है?

(Chap 15, Class-XII, Old NCERT)

(a) एडोल्फ हिटलर के नेतृत्व में नाजीदल का गठन हुआ।
(b) जुलाई, 1932 में नाजीदल को 37% समर्थन प्राप्त हुआ।
(c) हिटलर को वर्ष 1933 में जर्मन राज्य का चांसलर नियुक्त किया गया।
(d) उपर्युक्त सभी

उत्तर (d)

व्याख्या नाजीदल के संबंध में सभी कथन सत्य हैं।

प्रथम विश्वयुद्ध के उपरांत जर्मनी को राजनीतिक दृष्टि से भी विभाजित कर दिया गया, उसे अंतर्राष्ट्रीय अपमान झेलना पड़ा। एडोल्फ हिटलर के नेतृत्व में राष्ट्रवादी-समाजवादी जर्मनी मजदूर दल (नाजीदल) का गठन हुआ। हिटलर ने इस स्थिति का लाभ उठाया, जैसे-जैसे आर्थिक स्थिति बिगड़ती गई तथा बेरोजगारों की संख्या बढ़ती गई, वैसे-वैसे नाजीदल की संख्या बढ़ती गई। जुलाई, 1932 के निर्वाचन में नाजीदल कुल मतदाताओं का 37% समर्थन पाने में सफल रहा, राष्ट्रपति हाइडेनबर्ग ने हिटलर को जनवरी, 1933 में जर्मन राज्य का चांसलर नियुक्त किया।

35 निम्न कथनों पर विचार करें *(Chap 15, Class-XII, Old NCERT)*

1. वर्ष 1922 में मुसोलिनी के आगमन से फासीवादी आंदोलन और अधिक सशक्त हो गया।
2. हिटलर के प्रभाव स्वरूप यह आंदोलन अमेरिका के क्षेत्रों तक जा पहुँचा।
3. फासीवाद का अंत मूलत: द्वितीय विश्वयुद्ध के पश्चात् हुआ।
4. फासीवाद में एक व्यक्ति और बहुदलीय पद्धति द्वारा जनता पर शासन किया जाता था।

उपर्युक्त में से कौन-सा/से कथन असत्य है/हैं?

(a) 1 और 2 (b) केवल 3 (c) 2 और 4 (d) 2, 3 और 4

उत्तर (c)

व्याख्या दिए गए कथनों में से कथन (2) और (4) असत्य हैं, क्योंकि जब जर्मनी में हिटलर का प्रभाव बढ़ा, तो फासीवाद अनेक देशों में फैलने लगा। यह आंदोलन ऑस्ट्रिया, हंगरी, रूमानिया एवं स्पेन में भी फैलने लगा। द्वितीय विश्वयुद्ध के पश्चात् फासीवाद का मूलत: अंत हो गया।

ऐसा अनुभव किया गया कि विशेषत: सैन्य-विस्तारवाद एवं मानव अधिकारों का उल्लंघन मात्र हिटलर की फासीवादी नीति का दुष्परिणाम था, इसलिए फासीवाद का न केवल पूर्णत: अंत हुआ, अपितु इसे संपूर्णत: नकार दिया गया।

36 गाँधीजी के प्रमुख विचारों को सार रूप में जिन पाँच शीर्षकों के अंतर्गत प्रस्तुत किया जाता है, उनमें शामिल नहीं है

(Chap 16, Class-XII, Old NCERT)

(a) पूर्वी सभ्यताओं की आलोचना (b) स्वतंत्रता और आर्थिक संगठन
(c) लोकतंत्र पर विचार (d) संघर्ष समाधान की पद्धतियाँ

उत्तर (a)

व्याख्या गाँधीजी के प्रमुख विचारों को सार रूप में जिन पाँच शीर्षकों के अंतर्गत प्रस्तुत किया जाता है, उनमें पूर्वी सभ्यताओं की आलोचना शामिल नहीं है। गाँधीजी के प्रमुख विचारों को सार रूप में पाँच शीर्षकों, जो क्रमश: (1) पश्चिमी सभ्यता की समालोचना, (2) लोकतंत्र का विचार, (3) स्वतंत्रता एवं राज्य, (4) स्वतंत्रता एवं आर्थिक संगठन तथा (5) संघर्ष समाधान की पद्धतियों के अंतर्गत प्रस्तुत किया जाता है।

गाँधीजी ऐसे विचारक थे, जिन्होंने अपने समय की अधिकांश धारणाओं एवं विश्वासों को चुनौती दी थी। इनसे पहले राष्ट्रीय आंदोलन समाज के कुछ भागों तक सीमित था, इन्होंने उसे जन आंदोलन का रूप दिया। इन्होंने भारतीय समाज के सभी वर्गों को राष्ट्रीय स्वतंत्रता संघर्ष से जोड़ने का प्रयास भी किया।

37 निम्न कथनों पर विचार करें *(Chap 16, Class-XII, Old NCERT)*

1. गाँधीजी पश्चिम में प्रचलित राजनीतिक लोकतंत्र के स्वरूप को भी पसंद नहीं करते थे, साथ ही इन्होंने उदारवादी लोकतंत्र को 'मछली बाजार' कहकर अस्वीकार किया, जिसमें लोग केवल अपने निजी स्वार्थों के लिए ही संघर्षरत् रहते हैं।
2. गाँधीजी ने विवेकानंद तथा भारतीय पुनर्जागरण के अन्य नेताओं की भाँति पश्चिमी सभ्यता की आलोचना की थी।

उपर्युक्त में कौन-सा/से कथन सही है/हैं?

(a) केवल 1
(b) केवल 2
(c) 1 और 2
(d) न तो 1 और न ही 2

उत्तर (c)

व्याख्या दिए गए दोनों कथन सही हैं।

गाँधीजी पश्चिमी सभ्यताओं तथा पश्चिमी राजनीतिक सिद्धांतों को पसंद नहीं करते थे। गाँधीजी इस बात को मानते थे कि किसी भी सरकार को जन सहमति पर आधारित होना चाहिए तथा साथ ही राज्य निःस्वार्थ व्यक्तियों के शासन को चरितार्थ करे।

स्वामी विवेकानंद एवं भारतीय पुनर्जागरण के अन्य नेताओं की भाँति गाँधीजी ने पश्चिमी सभ्यताओं की आलोचना की थी। गाँधीजी भारतीय सभ्यता के प्रशंसक थे। इनके अनुसार पश्चिमी सभ्यता उन तार्किक स्वार्थों पर आधारित थी, जो मानव संबंधों को पूर्णतः अव्यवस्थित करने में सक्षम है।

38 गाँधीवाद के लोकतंत्र संबंधी विचारों के संबंध में सत्य कथन की पहचान करें *(Chap 16, Class-XII, Old NCERT)*

1. हिंद-स्वराज में गाँधीजी ने आधुनिक सभ्यता की संस्थाओं, संसद, न्यायालयों, पुलिस, सेना, मशीनरी, अस्पताल तथा रेलवे आदि के मूल्यों और भूमिका के प्रति अति नकारात्मक विचार प्रकट किए।
2. इनके अनुसार आधुनिक सभ्यता की ये सभी संस्थाएँ नैतिकता से जुड़ी नहीं हैं, जबकि इसके विपरीत भारतीय सभ्यता की प्रवृत्तियाँ नैतिक मूल्य को बढ़ावा देती हैं।
3. इन्होंने आधुनिक पाश्चात्य संस्थाओं के स्थान पर वैकल्पिक आदर्श के रूप में स्वशासन पर बल दिया।

उपर्युक्त में से कौन-सा/से कथन सही है/हैं?

(a) केवल 1
(b) 1 और 3
(c) 2 और 3
(d) 1, 2 और 3

उत्तर (d)

व्याख्या गाँधीवाद के लोकतंत्र संबंधी विचारों के संबंध में सभी कथन सही हैं।

वर्ष 1909 में हिंद-स्वराज में गाँधीजी ने आधुनिक सभ्यता पर अपने विचार प्रस्तुत किए थे। इन्होंने संसद, न्यायालयों, पुलिस-प्रशासन, सेना, उद्योग, रेलवे, अस्पताल इत्यादि की कार्यपद्धतियों पर अपनी नकारात्मक धारणा प्रस्तुत की।

इन्होंने आधुनिक सभ्यता से संबंधित इन पश्चिमी संस्थाओं को नकारते हुए कहा कि भारतीय सभ्यता मानव जाति में नैतिक मूल्यों को बढ़ावा देती है। एक आदर्श रूप में राष्ट्र को प्रदर्शित करती है।

इन्होंने आधुनिक पाश्चात्य संस्थाओं के स्थान पर एक वैकल्पिक आदर्श के रूप में वास्तविक गृह शासन 'स्वशासन' एवं 'स्व नियंत्रण' की प्रवृत्तियों पर बल दिया, जो सत्य एवं अहिंसा के आध्यात्मिक मूल्यों पर आधारित थीं।

39 मानववाद के संबंध में निम्न कथनों पर विचार करें *(Chap 17, Class-XII, Old NCERT)*

1. 'मानववाद' शब्द पहली बार मोंटेन नामक विचारक द्वारा प्रयुक्त हुआ।
2. मानववाद, यूरोप में पुनर्जागरण एवं ज्ञानोदय का परिणाम था।
3. मानववाद की पूर्ण अभिव्यक्ति इंग्लैंड की गौरवपूर्ण क्रांति के दौरान हुई।

उपर्युक्त में से कौन-सा/से कथन सही नहीं है/हैं?

(a) केवल 1
(b) केवल 3
(c) 2 और 3
(d) 1 और 2

उत्तर (b)

व्याख्या मानववाद के संबंध में कथन (3) सही नहीं है, क्योंकि मानववाद की पूर्ण अभिव्यक्ति अमेरिकी एवं फ्रांसीसी क्रांतियों के दौरान हुई।

मानववाद एक अवधारणा है, जो सामान्य मानवीय आवश्यकताओं पर बल देती और मानवीय समस्याओं के समाधान के लिए तर्कसंगत समाधान खोजती है।

40 निम्न कथनों पर विचार करें *(Chap 17, Class-XII, Old NCERT)*

1. भारत में एम. एन. राय ने मानववादी विचार को स्पष्ट अभिव्यक्ति प्रदान की है।
2. गाँधी, रसल और टॉलस्टॉय उन्नीसवीं सदी के महान मानववादी विचारक थे।

उपर्युक्त में से कौन-सा/से कथन सही है/हैं?

(a) केवल 1
(b) केवल 2
(c) 1 और 2
(d) न तो 1 और न ही 2

उत्तर (a)

व्याख्या दिए गए कथनों में कथन (1) सही है। भारत के आधुनिक राजनीतिक चिंतकों में मानवेंद्र नाथ राय (एम. एन. राय) को महत्त्वपूर्ण स्थान प्राप्त है, इन्होंने हमारे समक्ष मौलिक मानववाद का आदर्श प्रस्तुत किया, जिसे राजनीतिक चिंतन में नवीन योगदान समझा जाता है। इन्होंने मानव को एक केंद्र के रूप में माना है।

कथन (2) सही नहीं है, क्योंकि गाँधी, रसल एवं टॉलस्टॉय बीसवीं सदी के महान मानववादी थे। मानववाद एक विश्वास अथवा दृष्टिकोण है, जो सामान्य मानवीय आवश्यकताओं पर बल देता है तथा मानव को उत्तरदायी एवं प्रगतिशील बुद्धिजीवी मानता है।

अध्याय 25

विविध (विदेश नीति/गुटनिरपेक्षता/राष्ट्रीय प्रतीक)

विविध (विदेश नीति/गुटनिरपेक्षता/राष्ट्रीय प्रतीक)

भारत की विदेश नीति

भारत की विदेश नीति
- अंतर्राष्ट्रीय शांति, सुरक्षा और शांतिपूर्ण सह-अस्तित्व के लिए
- भारतीय संविधान के अनुच्छेद 51 में स्थान
- (राज्य नीति के निदेशक सिद्धांत में)

भारत की विदेश नीति के प्रभावशाली कारक
- आंतरिक निर्धारक
- इतिहास और संस्कृति
- भौगोलिक कारक
- राष्ट्रीय दर्शन और पहचान
- आर्थिक विकास की माँगे
- भारत की राजनीतिक संरचना
- बाह्य अंतर्राष्ट्रीय निर्धारक

भारत की विदेश नीति का मौलिक सिद्धांत
- संघवाद में नीति निर्माण
- स्वतंत्र विदेश नीति, 1947 से
- विदेश मंत्री विदेश नीति की देख-रेख करते हैं

अंतर्राष्ट्रीय शांति और सुरक्षा को बढ़ावा देना
- पड़ोसियों के साथ शांतिपूर्ण संबंधों पर बल
- घरेलू मामलों में अहस्तक्षेपवाद की नीति

संयुक्त राष्ट्र के लिए समर्थन
- भारतीय दर्शन **वसुधैव कुटुंबकम** को अपनाता है, जो विश्व को एक परिवार के रूप में दर्शाता है

उपनिवेशवाद का विरोध, साम्राज्यवाद का विरोध और नस्लवाद का विरोध
- भारत उपनिवेशवाद और साम्राज्यवाद को औपनिवेशिक लोगों के मौलिक अधिकार के उल्लंघन और वैश्विक संघर्ष के निरंतर श्रोत के रूप में देखता है
- विकासशील देशों के साथ सहयोग

भारत और पड़ोसी देश

भारत और चीन
- चीन का भारत के साथ 2000 वर्ष से भी अधिक पुराना संबंध है
- **भारत-चीन विवाद** तिब्बत, सीमा विवाद, वास्तविक नियंत्रण रेखा (LAC), मैकमोहन लाइन, 1914

भारत-पाकिस्तान संबंध
- भारत और पाकिस्तान के मध्य हुए चार युद्ध (1948, 1965, 1971, 1999)
- **भारत और पाकिस्तान के मध्य हुए संघर्ष** कश्मीर संकट, सिंधु जल संधि, 1965 का युद्ध और ताशकंद समझौता, शिमला समझौता, गुजरात सिद्धांत

भारत-नेपाल संबंध
- नेपाल भारत का निकटतम पड़ोसी देश है, जो भारत के 5 राज्य और 20 झीलों के साथ 1850 किमी की सीमा साझा करता है

भारत-नेपाल के बीच शांति और मित्रता की संधि (1950)
- संधि के अंतर्गत नेपाली नागरिकों को भारत में भारतीयों के समान लाभ प्रदान किया जाता है
- नेपाली नागरिकों को सुविधाओं और अवसर में लाभ प्रदान किया जाता है।

भारत-बांग्लादेश सम्बन्ध
- भारत और बांग्लादेश के मध्य, सांस्कृतिक, सभ्यता और भाषाई संबंध है; भारत-बांग्लादेश को मान्यता देने और राजनयिक संबंध स्थापित करने वाला पहला देश है

भारत-श्रीलंका संबंध
- दोनों देशों में बौद्धिक, धार्मिक और भाषाई संबंधों का एक समृद्ध इतिहास है

गुट निरपेक्ष आन्दोलन (NAM)
- **प्रथम सम्मेलन** 1-6 सितम्बर, 1961 (बेलग्रेड)

राष्ट्रीय प्रतीक

राष्ट्रीय ध्वज
- राष्ट्रीय ध्वज तीन बराबर समानांतर पट्टियों में विभाजित है,
- जो तीन विभिन्न रंगों की हैं।
- इस चक्र को सारनाथ (वाराणसी) में स्थित अशोक स्तंभ (सिंह स्तंभ) से लिया गया है।

राष्ट्रगान
- राष्ट्रीय ध्वज के फहराने के शीघ्र पश्चात् राष्ट्रीय गान गाया जाता है।
- राष्ट्रीय ध्वज हमारी स्वतंत्रता एकता तथा समानता का प्रतीक है।

राष्ट्रीय चिह्न
- भारत का राष्ट्रीय चिह्न अशोक चक्र (अशोक के सिंह स्तंभ की अनुकृति) है।
- यह भारत सरकार का चिह्न है।
- यह भारत सरकार की मोहर भी है।

राष्ट्रीय वृक्ष
- भारत का राष्ट्रीय वृक्ष बरगद है।
- इसका वैज्ञानिक नाम 'फाइकस बेंघालेंसिस' है।

राष्ट्रीय पुष्प
- भारत का राष्ट्रीय पुष्प कमल है।
- इसका वैज्ञानिक नाम 'नेलम्बो-न्यूसिफेरा' है।

राष्ट्रीय फल
- भारत का राष्ट्रीय फल आम (मेंगिफेरा इंडिका) है।
- इस फल का उत्पादन उष्णकटिबंधीय देशों में वृहत पैमाने पर होता है।

SOURCE Old NCERT Class VII हमारे राष्ट्रीय प्रतीक, New NCERT Class XII भारत के विदेश संबंध, Old NCERT Class XII भारत की विदेश नीति : नीति निर्णायक तत्त्व एवं आधारभूत सिद्धांत, Old NCERT Class XII भारत और उसके पड़ोसी : नेपाल, श्रीलंका, चीन, बांग्लादेश, पाकिस्तान Tamil Nadu Board Class XII Unit 10, NIOS Module-5 Chap-24

विदेश नीति/गुटनिरपेक्षता

1 **किसी देश की विदेश नीति निम्नलिखित में से किन कारणों के पारस्परिक प्रभावों द्वारा निर्धारित होती है?** *(Chap 16, Class-XII, Old NCERT)*

1. पड़ोसी देशों से संबंधों के स्वरूप एवं प्रकार
2. अंतर्राष्ट्रीय वातावरण
3. राष्ट्रीय हित
4. भौगोलिक एवं राजनीतिक परिस्थिति

कूट

(a) 1 और 2 (b) 1 और 3
(c) 1, 2 और 3 (d) 1, 2, 3 और 4

उत्तर *(d)*

व्याख्या किसी देश की विदेश नीति साधारणतया चार कारणों के पारस्परिक प्रभावों द्वारा निर्धारित की जाती है, जिनमें पड़ोसी देशों से संबध का स्वरूप एवं प्रकार, अंतर्राष्ट्रीय वातावरण, राष्ट्रीय हित, भौगोलिक एवं राजनीतिक स्थान व परिस्थिति सम्मिलित हैं।

साधारणतया विदेश नीति के निर्धारक तत्त्व के दो कारण हैं। पहला, घरेलू वातावरण जो तत्त्व, राष्ट्रीय हित और भौगोलिक एवं राजनीतिक स्थान एवं परिस्थिति से प्रभावित होता है और दूसरा, अंतर्राष्ट्रीय वातावरण जो तत्त्व विदेशी वातावरण और पड़ोसी देशों से संबंधों के स्वरूप एवं प्रकार से प्रभावित होता है।

2 **निम्न में से कौन-सा कथन भारत की विदेश नीति का उद्देश्य नहीं है?** *(Chap 16, Class-XII, Old NCERT)*

(a) उपनिवेशवाद, साम्राज्यवाद तथा प्रजातिवाद का विरोध करना।
(b) विकासशील देशों के मध्य वर्चस्व स्थापित करना।
(c) नीति निर्माण में स्वतंत्रता बनाए रखना।
(d) संयुक्त राष्ट्र के साथ सहयोग करना।

उत्तर *(b)*

व्याख्या दिए गए कथनों में से कथन (b) भारत की विदेश नीति के उद्देश्यों में शामिल नहीं है।

भारत के राष्ट्रीय हितों की रक्षा करने, क्षेत्रीय अखंडता बनाए रखने एवं आर्थिक विकास का लक्ष्य प्राप्त करने के लिए भारत की विदेशी नीति के निम्नलिखित उद्देश्य हैं

- नीति-निर्माण में स्वतंत्रता बनाए रखना
- अंतर्राष्ट्रीय शांति को बढ़ावा देना
- संयुक्त राष्ट्र के साथ सहयोग करना
- निशस्त्रीकरण
- उपनिवेशवाद, साम्राज्यवाद तथा प्रजातिवाद का विरोध करना
- विकासशील देशों के मध्य सहयोग स्थापित करना।

3 **भारत की विदेश नीति के उद्भव काल में संपन्न सहयोग बैठकों के संदर्भ में कौन-सा कथन सही नहीं है?** *(Chap 16, Class-XII, Old NCERT)*

1. उपनिवेशवाद के विरुद्ध मार्च, 1947 में एशियाई देशों के बीच सहयोग के लिए 28 देशों का सम्मेलन आयोजित किया गया।
2. वर्ष 1949 में नई दिल्ली में स्वतंत्र देशों का एक सम्मेलन आयोजित किया गया, जिसका उद्देश्य नव-स्वतंत्र देशों के बीच सहयोग स्थापित करना था।

कूट

(a) केवल 1 (b) केवल 2
(c) 1 और 2 दोनों (d) न तो 1 और न ही 2

उत्तर *(d)*

व्याख्या कथन भारत की विदेश नीति के उद्भव काल में संपन्न सहयोग बैठकों के संदर्भ में दोनों कथन सही हैं।

भारत के नेतृत्व में मार्च, 1947 में एशियाई देशों के बीच सहयोग के लिए सम्मेलन आयोजित किया गया। इसका उद्देश्य आपसी सहयोग तथा एकता को बढ़ाना था।

वर्ष 1949 में भारत की स्वतंत्रता के उपरांत नव-स्वतंत्र देशों का सम्मेलन नई दिल्ली में आयोजित किया गया, जिसमें समान समस्याओं के समान हल पर विचार किया गया।

4 **गुटनिरपेक्षता के संदर्भ में निम्नलिखित कथनों पर विचार कीजिए** *(Chap 4, Class-XII, New NCERT)*

1. स्वतंत्रता के पश्चात् भारत ने अपनी विदेशी नीति में गुटनिरपेक्षता की नीति को अपनाया।
2. गुटनिरपेक्ष आंदोलन की नींव बांडुंग-सम्मेलन में प्रारंभ हुई।
3. गुटनिरपेक्ष आंदोलन का पहला सम्मेलन वर्ष 1962 में बेलग्रेड में हुआ।
4. गुटनिरपेक्ष आंदोलन की स्थापना में नेहरू जी ने महत्त्वपूर्ण भूमिका निभाई।

उपर्युक्त में से कौन-सा/से कथन सही नहीं है/हैं?

(a) केवल 2
(b) 2 और 3
(c) केवल 3
(d) 3 और 4

उत्तर *(c)*

व्याख्या गुटनिरपेक्षता के संदर्भ में कथन (3) सही नहीं है, क्योंकि गुटनिरपेक्ष आंदोलन का पहला सम्मेलन सितंबर, 1961 में बेलग्रेड में हुआ था।

गुटनिरपेक्षता से संबंधित अन्य मुख्य पहलू निम्नवत् हैं

- शांति, उपनिवेशवाद से मुक्ति, प्रजातीय समानता एवं सैन्य गुटों से निरपेक्षता, स्वतंत्र भारत की विदेश नीति के मुख्य पहलू थे।
- इंडोनेशिया के एक शहर बांडुंग में एफ्रो-एशियाई सम्मेलन, जिसे बांडुंग सम्मेलन के नाम से जाना जाता है, वर्ष 1955 में संपन्न हुआ। इसी सम्मेलन में गुटनिरपेक्षता की नींव पड़ी।
- गुटनिरपेक्ष आंदोलन में जवाहरलाल नेहरू, यूगोस्लाविया के जोसेफ ब्रॉज टीटो, मिस्र के अब्दुल नासिर, इंडोनेशिया के सुकर्णो तथा घाना के वामे एनक्रूमा ने महत्त्वपूर्ण भूमिका निभाई थी। इन्हें गुटनिरपेक्ष आंदोलन के संस्थापक के रूप में भी जाना जाता है।

5 **निम्नलिखित में से कौन-सा ई-गवर्नेंस का सटीक वर्णन बैठता है?** *(Chap 24, Module-5, NIOS) (MPPSC Pre 2023)*

(a) नागरिकों को नियुक्त करना, सक्षम बनाना तथा अधिकार देना
(b) नागरिकों को उचित एवं पक्षपात-विहीन निर्णय देना
(c) तकनीकी आधारित शासन की व्यवस्था देना
(d) ई-वाणिज्य (ई-कॉमर्स) में लोगों का विश्वास सुनिश्चित करना

उत्तर *(a)*

व्याख्या नागरिकों को नियुक्त करना, सक्षम बनाना तथा अधिकार देना ई-गवर्नेंस का सटीक वर्णन बैठता है अर्थात् सटीक वर्णन करता है। ई-गवर्नेन्स का अर्थ होता है-किसी देश के नागरिकों को सरकारी सूचना एवं सेवाएँ प्रदान करने के लिए सूचना एवं प्रौद्योगिकी का समन्वित प्रयोग करना।

इसका उद्देश्य नागरिकों को बेहतर सेवा प्रदान करना, पारदर्शिता एवं जवाबदेयता का पालन करना, शासन दक्षता में सुधार करना आदि हैं। भारत में ई-गवर्नेंस की उत्पत्ति 1970 के दशक में हुई थी। इसके चार स्तम्भ हैं, जिसमें लोग, प्रक्रिया, प्रौद्योगिकी तथा संसाधन शामिल हैं।

6 भारत के प्रथम प्रधानमंत्री जवाहरलाल नेहरू की विदेश नीति का उद्देश्य क्या था? *(Chap 16, Class-XII, Old NCERT)*

(a) कठिन संघर्ष से प्राप्त संप्रभुता को बनाए रखना।
(b) क्षेत्रीय अखंडता को अक्षुण्ण रखना।
(c) आर्थिक विकास की गति को अधिक तीव्र तथा प्रभावी बनाना।
(d) उपर्युक्त सभी

उत्तर *(d)*

व्याख्या दिए गए सभी उद्देश्य भारत के प्रथम प्रधानमंत्री जवाहरलाल नेहरू की विदेश नीति से संबंधित हैं। इनका उद्देश्य कठिन संघर्ष तथा लंबी दासता के उपरांत प्राप्त देश की संप्रभुता को बनाए रखना था। वह क्षेत्रीय अखंडता को अक्षुण्ण रखने की प्रक्रिया से संचालित था, जो अंततः नागरिकों के जीवन को संपन्न बनाने में सक्षम हो। आर्थिक विकास की गति को अधिक तीव्र और प्रभावी बनाना भी विदेश नीति का उद्देश्य था।

7 निम्नलिखित में से कौन-सा एक 'पंचशील' का सिद्धांत नहीं है?

(a) गुट निरपेक्षता *(Chap 16, Class-XII, Old NCERT) (IAS Pre 1997)*
(b) शांतिपूर्ण सह-अस्तित्व
(c) एक-दूसरे की भू-भागीय अखंडता और प्रभुता का पारस्परिक सम्मान
(d) एक-दूसरे के आंतरिक मामलों में अहस्तक्षेप

उत्तर *(a)*

व्याख्या गुटनिरपेक्षता 'पंचशील' का सिद्धांत नहीं है। भारत तथा चीन के बीच 29 अप्रैल, 1954 को एक व्यापक समझौते पर हस्ताक्षर हुआ, जिसे 'पंचशील' कहा जाता है।

ये सिद्धांत थे

- प्रत्येक देश द्वारा एक-दूसरे की संप्रभुता और अखंडता का सम्मान
- एक-दूसरे पर आक्रमण नहीं करना
- एक-दूसरे के आंतरिक मामलों में हस्तक्षेप नहीं करना
- समानता और आपसी हित
- शांतिपूर्ण सह अस्तित्व

8 ई-गवर्नेंस के सम्बन्ध में सूचना और प्रौद्योगिकी अधिनियम, 2000 के निम्नलिखित प्रावधानों को सुमेलित कीजिए *(Chap 24, Module-5, NIOS) (CGPSC Pre 2023)*

	सूची I		सूची II
A.	रिकॉर्ड की कानूनी मान्यता	1.	धारा 5
B.	इलेक्ट्रॉनिक हस्ताक्षरों की कानूनी मान्यता	2.	धारा 4
C.	सरकार और उसकी एजेंसियों में इलेक्ट्रॉनिक रिकॉर्ड और इलेक्ट्रॉनिक हस्ताक्षर का उपयोग	3.	धारा 8
D.	इलेक्ट्रॉनिक राजपत्र में नियम, विनियम आदि का प्रकाशन	4.	धारा 6

कूट

	A	B	C	D		A	B	C	D
(a)	1	2	3	4	(b)	2	1	4	3
(c)	3	4	2	1	(d)	4	3	2	1

उत्तर *(b)*

व्याख्या सही सुमेलन A-2, B-1, C-4, D-3 है।

ई-गवर्नेंस के सम्बन्ध में सूचना और प्रौद्योगिकी अधिनियम, 2000 के प्रावधान निम्न हैं

रिकॉर्ड की कानूनी मान्यता का प्रावधान धारा 4 में निहित है।

इलेक्ट्रॉनिक हस्ताक्षरों की कानूनी मान्यता का प्रावधान धारा 5 में निहित है।

सरकार और उसकी एजेंसियों में इलेक्ट्रॉनिक रिकॉर्ड और इलेक्ट्रॉनिक हस्ताक्षर का उपयोग का प्रावधान धारा 6 में निहित है।

इलेक्ट्रॉनिक राजपत्र में नियम, विनियम आदि के प्रकाशन का प्रावधान धारा 8 में निहित है।

ई-गवर्नेंस का अर्थ, किसी देश के नागरिकों को सरकारी सूचना एवं सेवाएँ प्रदान करने के लिए संचार एवं सूचना प्रौद्योगिका का प्रयोग करना है।

9 वर्ष 1950 में हुए भारत-नेपाल परस्पर मैत्रीपूर्ण संबंधों की संधि निम्नलिखित में किससे संबंधित है? *(Chap 17, Class-XII, Old NCERT)*

(a) पारस्परिक सुरक्षा संबंध
(b) एक-दूसरे के नागरिकों के साथ आवास, संपत्ति के स्वामित्व के विषय में अपने नागरिकों जैसा व्यवहार करना
(c) आर्थिक आदान-प्रदान करना
(d) उपर्युक्त सभी

उत्तर *(d)*

व्याख्या वर्ष 1950 में हुए भारत-नेपाल परस्पर मैत्रीपूर्ण संबंधों की संधि के संदर्भ में सभी विकल्प सत्य हैं।

वर्ष 1950 में भारत और नेपाल के बीच परस्पर मैत्रीपूर्ण संधि के मुख्य पक्ष निम्नवत् हैं

- दोनों देशों की सरकारों ने न केवल सदैव पारस्परिक शांति और मित्रता रखना स्वीकार किया, अपितु देश की सुरक्षा में किसी बाह्य आक्रामक खतरे को सहन न करने का संकल्प भी लिया।
- संधि में नेपाल को भारत से अथवा भारत के माध्यम से रक्षा सामग्री आयात करने की अनुमति प्रदान की गई।
- दोनों देशों की सरकारों ने एक-दूसरे के नागरिकों के साथ आवास, संपत्ति के स्वामित्व, व्यापार और वाणिज्य में भागीदारी के विषय में अपने नागरिकों जैसा व्यवहार करने का निर्णय लिया। तदनुसार दोनों संप्रभु देशों के लोग बिना पासपोर्ट और परमिट के एक-दूसरे के देश में आवागमन कर सकते हैं।

10 'ताशकंद समझौता' के बारे में दिए गए कथनों पर विचार कीजिए *(Chap 17, Class-XII, Old NCERT)*

1. जनवरी, 1966 में भारत तथा पाकिस्तान के मध्य शांति स्थापना के लिए ताशकंद में समझौता किया गया।
2. भारत के तत्कालीन प्रधानमंत्री लाल बहादुर शास्त्री तथा पाकिस्तान के तत्कालीन राष्ट्रपति अयूब खान के बीच यह समझौता हुआ था।
3. 'ताशकंद समझौता' में 9 सूत्री शांतिपूर्ण स्थापना के संबंध बिंदु निहित थे।

उपर्युक्त में से कौन-सा/से कथन सही है/हैं?

(a) 1 और 2
(b) 2 और 3
(c) 1, 2 और 3
(d) केवल 3

उत्तर *(c)*

व्याख्या दिए गए सभी कथन ताशकंद समझौते के सदर्भ में सही हैं।

ताशकंद (उज्बेकिस्तान) में 3 जनवरी से 10 जनवरी, 1966 के बीच भारत तथा पाकिस्तान के बीच समझौते के बिंदुओं पर चर्चा हुई। समझौते पर लाल बहादुर शास्त्री (तत्कालीन भारतीय प्रधानमंत्री) तथा अयूब खान (तत्कालीन पाकिस्तानी राष्ट्रपति) ने हस्ताक्षर किए।

इस समझौते में सामान्य और शांतिपूर्ण सहयोग के लिए 9 सूत्री बिंदुओं पर सहमति बनी। इस समझौते पर वार्ता के दौरान ताशकंद में ही लाल बहादुर शास्त्री का निधन हो गया था।

11 निम्न कथनों पर विचार कीजिए *(Chap 17, Class-XII, Old NCERT)*

1. शिमला समझौते पर हस्ताक्षर वर्ष 1972 में किया गया।
2. यह समझौता भारत तथा पाकिस्तान के बीच हुआ था।
3. शिमला समझौते पर हस्ताक्षर भारत की तत्कालीन प्रधानमंत्री इंदिरा गाँधी तथा पाकिस्तान के तत्कालीन राष्ट्रपति जुल्फिकार अली भुट्टो ने किया था।

उपर्युक्त में से कौन-सा/से कथन सत्य है/हैं?

(a) केवल 1 (b) 1 और 2 (c) 2 और 3 (d) 1, 2 और 3

उत्तर *(d)*

व्याख्या दिए गए सभी कथन सत्य हैं।

भारत तथा पाकिस्तान के बीच 2 जुलाई, 1972 को शिमला समझौते पर हस्ताक्षर किए गए।

यह समझौता वर्ष 1971 में पूर्वी पाकिस्तान के बांग्लादेश नामक स्वतंत्र देश के रूप में अस्तित्व में आने के बाद किया गया था। इस समझौते पर भारत की ओर से तत्कालीन प्रधानमंत्री इंदिरा गाँधी ने हस्ताक्षर किया तथा पाकिस्तान का प्रतिनिधित्व तत्कालीन राष्ट्रपति जुल्फिकार अली भुट्टो ने किया।

इस समझौते में स्थायी शांति तथा मैत्रीपूर्ण संबंधों की स्थापना पर सहमति बनी थी।

12 भारत की 'पूरब की ओर देखो' नीति के संदर्भ में कथनों पर विचार कीजिए *(Chap 20, Class-XII, Old NCERT) (IAS Pre 2011)*

1. भारत पूर्वी एशिया के मामलों में स्वयं को एक महत्त्वपूर्ण क्षेत्रीय शक्ति के रूप में स्थापित करना चाहता है।
2. भारत शीत युद्ध की समाप्ति के बाद व्याप्त निर्वात को भरना चाहता है।
3. भारत दक्षिण-पूर्वी तथा पूर्वी एशिया के अपने पड़ोसियों के साथ ऐतिहासिक एवं सांस्कृतिक संबंधों को पुनर्जीवित करना चाहता है।

उपर्युक्त में से कौन-सा/से कथन सही है/हैं?

(a) केवल 1 (b) 1 और 3 (c) केवल 2 (d) ये सभी

उत्तर *(d)*

व्याख्या भारत की 'पूरब की ओर देखो' नीति के संदर्भ में सभी कथन सही हैं।

भारत पूर्वी एशिया मामलों में स्वयं को एक महत्त्वपूर्ण क्षेत्रीय शक्ति के रूप में स्थापित करना चाहता है, जिससे इस क्षेत्र में चीन की बढ़ती शक्तियों को नियंत्रित किया जा सके।

शीत युद्ध की समाप्ति के बाद भारत के लिए इस क्षेत्र में बने निर्वात का भरना आवश्यक है।

भारत के पूर्वी एशियाई देशों तथा दक्षिण-पूर्वी एशियाई देशों के साथ प्राचीन ऐतिहासिक तथा सांस्कृतिक संबंध रहे हैं, जिसे पुनर्जीवित करने की आवश्यकता है।

13 भारत की विदेश नीति के संबंध में निम्न कथनों पर विचार कीजिए *(Unit 10, Class-XII, Tamil Nadu Board)*

1. 'पूर्व की और देखो नीति' वर्ष 1991 में प्रधानमंत्री नरसिंहमराव द्वारा शुरू की गई थी।
2. संयुक्त प्रगतिशील गठबंधन सरकार में मनमोहन सिंह के नेतृत्व में इसे एक्ट ईस्ट पॉलिसी से प्रतिस्थापित कर दिया।
3. गुजराल सिद्धांत पड़ोसी देशों के साथ संबंधों की एक चार सूत्री योजना हैं।

उपर्युक्त में से कितने कथन सही हैं?

(a) केवल एक (b) केवल दो
(c) सभी तीनों (d) इनमें से कोई नहीं

उत्तर *(a)*

व्याख्या भारत की विदेश नीति के संबंध में से केवल एक कथन अर्थात् (1) सही है। 'पूर्व की ओर देखो नीति' प्रधानमंत्री नरसिंहराव सरकार द्वारा वर्ष 1991 में शुरु की गई थी। यह नीति दक्षिण-पूर्व एशिया के साथ आर्थिक, राजनीतिक तथा सांस्कृतिक संबंधों को बढ़ावा देती है।

कथन (2) और (3) सही नहीं है, क्योंकि प्रधानमंत्री नरेन्द्र मोदी के नेतृत्व में लुक ईस्ट पॉलिसी को 'एक्ट ईस्ट पॉलिसी' में प्रतिस्थापित किया गया था। गुजराल सिद्धांत एक 'पाँच सूत्री कार्य योजना' थी, जिसे पूर्व प्रधानमंत्री आई. के गुजराल द्वारा पड़ोसी देशो के साथ संबंधों को सुधारने के लिए प्रतिपादित किया गया था।

14 भारत तथा श्रीलंका के बीच संबंधों के संदर्भ में निम्न में से कौन-सा कथन सही नहीं है? *(Chap 20, Class-XII, Old NCERT)*

(a) भारत तथा श्रीलंका परस्पर पड़ोसी देश हैं।
(b) भारत तथा श्रीलंका दक्षिण एशियाई क्षेत्रीय सहयोग संगठन सार्क के सक्रिय सदस्य हैं।
(c) भारत तथा श्रीलंका ब्रिटिश औपनिवेशिकता से लगभग एक ही समय में स्वतंत्र हुए।
(d) भारत तथा श्रीलंका के बीच वर्ष 1948 में सीमा विवाद को लेकर युद्ध की स्थिति बनी थी।

उत्तर *(d)*

व्याख्या भारत तथा श्रीलंका के बीच संबंधों के संदर्भ में कथन (d) सही नहीं है, क्योंकि भारत तथा श्रीलंका के बीच सीमा विवाद की स्थिति कभी सामने नहीं आई है।

कथन (a) (b) और (c) सही हैं। भारत तथा श्रीलंका परस्पर पड़ोसी देश हैं। श्रीलंका भारत के दक्षिण में स्थित द्वीपीय देश है। भारत तथा श्रीलंका दक्षिण एशियाई क्षेत्रीय सहयोग संगठन (सार्क) के सदस्य हैं। 'सार्क' (South Asian Association for Regional Cooperation, SAARC) से पृथक् भी दोनों देशों के बीच सहयोग की प्रक्रिया स्थापित है। भारत 15 अगस्त, 1947 तथा श्रीलंका 4 फरवरी, 1948 को ब्रिटिश शासन से स्वतंत्र हुआ था।

15 श्रीलंका के साथ भारत की विदेश नीति में सैद्धांतिक रूप से शामिल नहीं है/हैं *(Chap 20, Class-XII, Old NCERT)*

1. शांतिपूर्ण सह-अस्तित्व
2. क्षेत्रीय सहयोग को बढ़ावा देना
3. निशस्त्रीकरण के लिए प्रयास करना
4. तमिलों को संपूर्ण नागरिकता प्रदान करना

कूट

(a) केवल 1 (b) 1 और 2 (c) 3 और 4 (d) केवल 4

उत्तर *(d)*

व्याख्या श्रीलंका के साथ भारत की विदेश नीति के सैद्धांतिक पक्ष में कथन (4) शामिल नहीं है, क्योंकि तमिलों को संपूर्ण नागरिकता प्रदान करने का बिंदु भारत की श्रीलंका के सापेक्ष विदेश नीति का पहलू नहीं है।

श्रीलंका को लेकर भारत की विदेश नीति में 'गुटनिरपेक्षता' तथा 'सार्क' के सिद्धांतों का समावेश है। इसमें शांतिपूर्ण सह-अस्तित्व, क्षेत्रीय सहयोग तथा निशस्त्रीकरण को बढ़ावा देना शामिल है।

16 दक्षिण एशियाई क्षेत्रीय संगठन सार्क के संदर्भ में निम्न कथनों पर विचार कीजिए *(Chap 20, Class-XII, Old NCERT)*

1. यह भारत की विदेश नीति की धुरी है।
2. इस संगठन के सदस्य देशों की सीमाएँ भारत से जुड़ती हैं।

उपर्युक्त में से कौन-सा/से कथन सही है/हैं?

(a) केवल 1 (b) केवल 2
(c) 1 और 2 दोनों (d) न तो 1 और न ही 2

उत्तर *(c)*

व्याख्या दक्षिण एशियाई क्षेत्रीय संगठन के संदर्भ में दोनों कथन सही हैं। यह संगठन भारत की विदेश नीति की धुरी है। इसकी स्थापना 8 दिसंबर, 1985 को की गई। इसका मुख्यालय काठमांडू (नेपाल) में स्थित है।

भारत की अपनी भू-राजनीतिक स्थिति के कारण इस संस्था में भारत की भूमिका महत्त्वपूर्ण है। 'सार्क' के सदस्यों में बांग्लादेश, भूटान, नेपाल, अफगानिस्तान, पाकिस्तान, मालदीव तथा श्रीलंका सभी भारत के पड़ोसी देश हैं।

17 भारत की परमाणु नीति के संदर्भ में निम्नलिखित कथनों पर विचार कीजिए *(Chap 4, Class-XII, New NCERT)*

1. भारत वैश्विक स्तर पर लागू और भेदभावहीन परमाणु निशस्त्रीकरण के प्रति वचनबद्ध है।
2. भारत अपनी रक्षा के लिए परमाणु हथियार रखेगा, किंतु इन हथियारों का प्रयोग पहले नहीं करेगा।

उपर्युक्त में से कौन-सा/से कथन सही है/हैं?

(a) केवल 1
(b) केवल 2
(c) 1 और 2
(d) न तो 1 और न ही 2

उत्तर *(c)*

व्याख्या भारत की परमाणु नीति के संदर्भ में दोनों कथन सही हैं।

भारत ने परमाणु अप्रसार के लक्ष्य को ध्यान में रखकर की गई संधियों का विरोध किया, क्योंकि ये संधियाँ उन्हीं देशों पर लागू होती थीं, जो परमाणु शक्ति से हीन थे। इन संधियों के द्वारा परमाणु हथियारों से हीन देशों की संख्या को परमाणु शक्ति पर एकाधिकार की वैधता दी जा रही थी।

भारत की परमाणु नीति में सैद्धांतिक रूप से यह बात स्वीकार की गई कि भारत अपनी रक्षा हेतु परमाणु हथियार रखेगा, लेकिन इसका प्रयोग 'पहले नहीं' करेगा तथा भारत वैश्विक स्तर पर लागू भेदभावहीन परमाणु निशस्त्रीकरण के प्रति वचनबद्ध है, ताकि परमाणु हथियारों से मुक्त विश्व का निर्माण संभव हो सके।

18 'संयुक्त राष्ट्र प्रत्यय समिति (यूनाइटेड नेशन्स क्रेडेंशियल्स कमिटी)' के संदर्भ में निम्नलिखित कथनों पर विचार कीजिए *(Chap 30, Module-1, NIOS) (IAS Pre 2022)*

1. यह संयुक्त राष्ट्र (UN) सुरक्षा परिषद् द्वारा स्थापित समिति है और इसके पर्यवेक्षण के अधीन कार्य करती है।
2. पारंपरिक रूप से प्रतिवर्ष मार्च, जून और सितंबर में इसकी बैठक होती है।

उपर्युक्त कथनों में से कौन-सा/से कथन सही है/हैं?

(a) केवल 3 (b) 1 और 3
(c) 2 और 3 (d) 1 और 2

उत्तर *(a)*

व्याख्या संयुक्त राष्ट्र प्रत्यय समिति (साख समिति) के संदर्भ में कथन (3) सही है। संयुक्त राष्ट्र प्रत्यय समिति, सदस्य राज्यों के प्रतिनिधियों की साख की जाँच करती है अर्थात् यह महासभा को अनुमोदन हेतु रिपोर्ट प्रस्तुत करने से पूर्व सभी UN सदस्यों के प्रत्ययों का आकलन करती है।

कथन (1) और (2) सही नहीं हैं, क्योंकि यह संयुक्त राष्ट्र महासभा के द्वारा स्थापित समिति है, जो इसके पर्यवेक्षण के अधीन कार्य करती है। संयुक्त राष्ट्र महासभा प्रत्येक नियमित सत्र की शुरुआत में एक प्रत्यय समिति का गठन करती है, जिसमें नौ सदस्य होते हैं।

सामान्यत: इस प्रत्यय समिति की बैठक नवंबर माह में होती है तथा दिसंबर में आम सभा के समक्ष इसकी रिपोर्ट प्रस्तुत की जाती है और इस पर चर्चा होती है।

19 संयुक्त राष्ट्र शांति अभियानों के संदर्भ में, निम्नलिखित कथनों पर विचार कीजिए *(Class-XI, Old NCERT) (BPSC Re-Exam 2022)*

1. संयुक्त राष्ट्र संघ शान्ति रक्षक बल का प्रयोग केवल अपनी आत्मरक्षा के लिए कर सकते हैं।
2. शान्ति स्थापना अभियान केवल संयुक्त राष्ट्र सुरक्षा परिषद् के एक प्रस्ताव द्वारा वापस लिया जा सकता है।
3. संयुक्त राज्य अमेरिका, संयुक्त राष्ट्र शांति अभियान में सबसे बड़ा बजट योगदानकर्ता है।

उपर्युक्त कथनों में से कौन-सा/से कथन सही है/हैं?

(a) 1 और 2
(b) 2 और 3
(c) केवल 3
(d) 1, 2 और 3

उत्तर *(b)*

व्याख्या संयुक्त राष्ट्र राष्ट्र शांति अभियान के संदर्भ में कथन (2) और (3) सही हैं। संयुक्त राष्ट्र शांति स्थापना अभियान संयुक्त राष्ट्र सुरक्षा परिषद् के एक प्रस्ताव द्वारा वापस लिया जा सकता है। शांति मिशनों को यथार्थवादी और स्पष्ट अधिदेश प्रदान करते हुए सहयोग को सुरक्षित रखने में सुरक्षा परिषद् की महत्त्वपूर्ण भूमिका होती है।

संयुक्त राज्य अमेरिका, संयुक्त राष्ट्र शांति अभियान में सबसे बड़ा बजट योगदानकर्ता है। संयुक्त राष्ट्र शांति अभियान संघर्ष के मुख्य पक्षों की सहमति से चलाए जाते हैं।

कथन (1) सही नहीं है, क्योंकि संयुक्त राष्ट्र संघ शांति रक्षक बल का प्रयोग केवल आत्मरक्षा के लिए नहीं करते हैं, बल्कि वे शांति सुरक्षा बनाए रखने, राजनीतिक प्रक्रिया को सुविधाजनक बनाने, नागरिकों की रक्षा करने, निरस्त्रीकरण आदि का भी प्रयास करते हैं।

20 संयुक्त राष्ट्र महासभा के संबंध में निम्नलिखित कथनों पर विचार कीजिए। *(Chap 30, Module-1, NIOS) (IAS Pre 2022)*

1. UN महासभा, गैर-सदस्य राज्यों को प्रेक्षक स्थिति प्रदान कर सकती है।
2. अंत:सरकारी संगठन UN महासभा में प्रेक्षक स्थिति पाने का प्रयत्न कर सकते हैं।
3. UN महासभा में स्थायी प्रेक्षक UN मुख्यालय में मिशन को बनाए रख सकते हैं।

उपर्युक्त कथनों में से कौन-से कथन सही हैं?

(a) 1 और 2
(b) 2 और 3
(c) 1 और 3
(d) 1, 2 और 3

उत्तर *(d)*

व्याख्या संयुक्त राष्ट्र महासभा के संदर्भ में सभी कथन सही हैं।

UN महासभा, गैर-सदस्य राज्यों, अन्तर्राष्ट्रीय संगठनों और अन्य संस्थाओं को स्थायी पर्यवेक्षक का दर्जा या स्थिति प्रदान कर सकती है। एक स्थायी पर्यवेक्षक का दर्जा मुख्य रूप से अभ्यास पर आधारित होता है। इसका संयुक्त राष्ट्र के चार्टर में कोई प्रावधान नहीं है। इसकी शुरुआत वर्ष 1948 में की गई थी। अंत:सरकारी संगठन UN महासभा में प्रेक्षक की स्थिति पाने का प्रयत्न कर सकते हैं। पर्यवेक्षकों के पास अधिकांश बैठकों और प्रासंगिक दस्तावेजों तक नि:शुल्क पहुँच सुनिश्चित होती है। कई क्षेत्रीय तथा अंतर्राष्ट्रीय संगठन महासभा के कार्य व वार्षिक सूत्रों में पर्यवेक्षक हैं। इसके अतिरिक्त UN महासभा में स्थायी पर्यवेक्षक संयुक्त राष्ट्र मुख्यालय में महासभा के सत्रों एवं कार्यों में भाग ले सकते हैं तथा मिशन को बनाए रख सकते हैं।

राष्ट्रीय प्रतीक

21 राष्ट्रीय ध्वज के संबंध में निम्नलिखित कथनों पर विचार कीजिए।

(Chap 13, Class-VII, Old NCERT) (UPPSC Pre 1990)

1. संविधान सभा ने राष्ट्रीय ध्वज को 24 जनवरी, 1950 को अपनाया था।
2. इस ध्वज की लंबाई-चौड़ाई का अनुपात 2 : 3 है।

उपर्युक्त में से कौन-सा/से कथन सही नहीं है/हैं?

(a) केवल 1 (b) केवल 2
(c) 1 और 2 दोनों (d) न तो 1 और न ही 2

उत्तर *(c)*

व्याख्या राष्ट्रीय ध्वज के संबंध में दोनों कथन सही नहीं हैं।
भारतीय संविधान सभा द्वारा भारत का राष्ट्रीय ध्वज 22 जुलाई, 1947 को अपनाया गया था। ध्वज की लंबाई और चौड़ाई का अनुपात 3 : 2 है। तीन रंगों से निर्मित होने के कारण राष्ट्र ध्वज को 'तिरंगा' भी कहा जाता है। तिरंगे का डिजाइन पिंगली वैंकैया ने तैयार किया था। राष्ट्र ध्वज में रंगों की समानांतर पट्टियाँ हैं। राष्ट्रध्वज के ऊपरी पट्टी का रंग 'केसरिया' तथा निचली पट्टी का रंग 'हरा' है। बीच में सफेद रंग की पट्टी पर नीले रंग के 'अशोक चक्र' को स्थान दिया गया है, जिसमें 24 तीलियाँ बनाई गईं हैं।

22 निम्नलिखित कथनों पर विचार कीजिए

(Chap 13, Class-VII, Old NCERT)

1. राष्ट्रध्वज में शामिल अशोक चक्र सारनाथ के सिंह स्तंभ से लिया गया है।
2. संविधान सभा में राष्ट्रध्वज के लिए एक अस्थायी समिति गठित की गई थी।

उपर्युक्त में से कौन-सा/से कथन सत्य है/हैं?

(a) केवल 1
(b) केवल 2
(c) 1 और 2 दोनों
(d) न तो 1 और न ही 2

उत्तर *(c)*

व्याख्या दिए गए दोनों कथन सत्य हैं।
भारत के राष्ट्रध्वज में शामिल अशोक चक्र मौर्य शासक अशोक द्वारा सारनाथ में स्थापित 'सिंह स्तंभ' से लिया गया है।
यह 'सिंह स्तंभ' भारत का राष्ट्रीय प्रतीक है। भारतीय संविधान सभा ने 23 जून, 1947 को डॉ. राजेंद्र प्रसाद की अध्यक्षता में एक अस्थायी समिति का गठन किया गया, जिसे 'राष्ट्रध्वज' के संदर्भ में अपनी रिपोर्ट पेश करनी थी। इस समिति को 'झंडा समिति' भी कहा जाता है।

23 निम्नलिखित में से कौन-सा/से भारत का/के राष्ट्रीय प्रतीक है/हैं?

(Chap 13, Class-VII, Old NCERT)

1. तिरंगा झंडा 2. वंदे मातरम्
3. जन-गण-मन 4. अशोक चक्र

कूट

(a) 1 और 2 (b) 1, 2 और 3 (c) 1, 3 और 4 (d) 2 और 4

उत्तर *(c)*

व्याख्या दिए गए प्रतीकों में से तिरंगा झंडा, जन-गण-मन व अशोक चक्र भारत के राष्ट्रीय प्रतीक हैं। विश्व के प्रत्येक स्वतंत्र देश का अपना राष्ट्र ध्वज, राष्ट्रगान और राष्ट्रीय चिह्न होता है।
इसी प्रकार भारत का भी राष्ट्र ध्वज (तिरंगा झंडा), राष्ट्रगान (जन-गण-मन) व राष्ट्रीय चिह्न (अशोक चक्र) है। ये भारत की एकता और पहचान के प्रतीक हैं, जो राष्ट्रीय आंदोलन की देन हैं। वंदे मातरम् राष्ट्रीय गीत है।

24 निम्नलिखित कथनों पर विचार कीजिए

(Chap 13, Class-VII, Old NCERT)

1. राष्ट्रीय ध्वज और राष्ट्रीय गीत एक-दूसरे से जुड़े हुए हैं।
2. राष्ट्रगान की रचना बंकिम चंद्र चटर्जी ने की थी।

उपर्युक्त में से कौन-सा/से कथन सही नहीं है/हैं?

(a) केवल 1 (b) केवल 2
(c) 1 और 2 (d) न तो 1 और न ही 2

उत्तर *(c)*

व्याख्या दिए गए दोनों कथन सही नहीं हैं।
राष्ट्रीय ध्वज और राष्ट्रगान दोनों एक-दूसरे से जुड़े हुए हैं, न की राष्ट्रीय ध्वज और राष्ट्रीय गीत। राष्ट्रीय ध्वज फहराने के तुरंत पश्चात् राष्ट्रगान गाया जाता है। राष्ट्रीय ध्वज हमारी स्वतंत्रता, एकता तथा समानता का प्रतीक है, जबकि राष्ट्रगान में हमारी मातृभूमि की प्रशंसा की गई है।
राष्ट्रगान की रचना रबींद्रनाथ टैगोर द्वारा मूल रूप से बांग्ला भाषा में की गई थी। इसके हिंदी संस्करण को संविधान सभा द्वारा भारत के राष्ट्रगान के रूप में स्वीकार किया गया। इसके गायन का समय 52 सेकंड है।

25 राष्ट्रगीत 'वंदे मातरम्' के संदर्भ में कथनों पर विचार कीजिए

(Chap 13, Class-XII, Old NCERT)

1. इसकी रचना बंकिमचंद्र चटर्जी ने की।
2. यह गीत उनकी रचना 'आनंदमठ' का हिस्सा है।

उपर्युक्त में से कौन-सा/से कथन सही नहीं है/हैं?

(a) केवल 1 (b) केवल 2
(c) 1 और 2 (d) न तो 1 और न ही 2

उत्तर *(d)*

व्याख्या राष्ट्रगीत 'वंदे मातरम्' के संदर्भ में दोनों कथन सही हैं। 'वंदे मातरम्' की रचना बंकिमचंद्र चटर्जी ने की तथा सर्वप्रथम इस गीत को 1896 ई. में आयोजित भारतीय राष्ट्रीय कांग्रेस के कोलकाता (कलकत्ता) अधिवेशन में गाया गया था। 'वंदे मातरम्', बंकिमचंद्र चटर्जी की रचना 'आनंदमठ' का हिस्सा है। 'आनंदमठ', संन्यासी विद्रोह की पृष्ठभूमि पर लिखी गई रचना है।

26 निम्न कथनों पर विचार कीजिए

1. भारत का राष्ट्रीय वाक्य 'सत्यमेव जयते' है।
2. भारत का राष्ट्रीय पंचांग 'शक संवत्' पर आधारित है।

उपर्युक्त में से कौन-सा/से कथन सही है/हैं?

(a) केवल 1 (b) केवल 2
(c) 1 और 2 दोनों (d) न तो 1 और न ही 2

उत्तर *(c)*

व्याख्या दिए गए कथन दोनों सही हैं।
भारत का राष्ट्रीय वाक्य 'सत्यमेव जयते' है। 'सत्यमेव जयते' का अर्थ है- सत्य की सदा विजय होती है।
भारत का राष्ट्रीय पंचांग 'शक संवत्' पर आधारित है। इसके आरंभ करने का श्रेय कुषाण शासक कनिष्क को दिया जाता है, जिसने इसकी शुरुआत 78 ई. में की।

27 भारत के राष्ट्रीय चिह्न के संदर्भ में निम्नलिखित कथनों पर विचार कीजिए।

(Chap 13, Class-VII, Old NCERT)

1. इसके शीर्ष भाग में तीन शेर हैं।
2. इसके आधार में बाईं ओर एक घोड़ा, दाईं ओर एक वृषभ और मध्य में चक्र है।
3. इसके शीर्ष के नीचे देवनागरी लिपि में 'सत्यमेव जयते' लिखा हुआ है।

उपर्युक्त में कौन-सा/से कथन सत्य है/हैं?

(a) केवल 1 (b) 1 और 2
(c) 2 और 3 (d) ये सभी

उत्तर *(c)*

व्याख्या भारत के राष्ट्रीय चिह्न के संदर्भ में कथन (2) और (3) सत्य हैं। भारत का राष्ट्रीय चिह्न सारनाथ में स्थित अशोक के सिंह स्तंभ के शीर्ष भाग की अनुकृति है।

यह चिह्न दो भागों में है-शीर्ष और आधार। इसके आधार में बाईं ओर एक घोड़ा, दाईं ओर एक वृषभ और बीच में चक्र है।

इसके शीर्ष के नीचे देवनागरी लिपि में 'सत्यमेव जयते' लिखा हुआ है। इसका अर्थ है—सत्य की विजय होती है। यह मुंडकोपनिषद् से लिया गया है।

कथन (1) असत्य है, क्योंकि राष्ट्रीय चिह्न के शीर्ष में तीन शेर दिखाई देते हैं, जो पट्टीनुमा आधार पर पीठ से पीठ मिलाए हुए हैं, जबकि वास्तव में, यह चार शेर हैं, किंतु चौथा शेर चित्र में दिखाई नहीं देता है।

28 निम्न कथनों पर विचार कीजिए *(Chap 13, Class-VII, Old NCERT)*

1. भारत का प्रतीक चिह्न 'सिंह स्तंभ' 26 जनवरी, 1950 को अपनाया गया।
2. सिंह स्तंभ के फलक पर दाईं ओर सांड तथा बाईं ओर एक गतिमान घोड़ा अंकित है।
3. भारत के राजकीय चिह्न का उपयोग राज्य प्रतीक (अनुचित उपयोग का निषेध) अधिनियम 2005 नियंत्रित है।

उपर्युक्त में कौन-सा/से कथन सत्य है/हैं?

(a) केवल 1 (b) 1 और 2 (c) 2 और 3 (d) 1, 2 और 3

उत्तर *(d)*

व्याख्या दिए गए सभी कथन सत्य हैं।
भारत के प्रतीक चिह्न के रूप में सिंह स्तंभ को 26 जनवरी, 1950 को अपनाया गया। इस स्तंभ के फलक पर चक्र की दाईं और सांड तथा बाईं ओर गतिमान घोड़ा अंकित है। सिंह स्तंभ में चार सिंह निर्मित हैं, जिसमें से तीन दिखाई देते हैं। इस राजकीय चिह्न के उपयोग को राज्य प्रतीक (अनुचित उपयोग निषेध) (अनुचित उपयोग का निषेध) अधिनियम 2005 किया गया है।

29 भारत की ध्वज संहिता, 2002 के अनुसार, भारत के राष्ट्रीय ध्वज के बारे में निम्नलिखित कथनों पर विचार कीजिए

(Chap 13, Class-VIII, Old NCERT) (IAS Pre 2023)

कथन I भारत के राष्ट्रीय ध्वज का एक मानक आमाप 600 मिमी × 400 मिमी है।

कथन II ध्वज की लम्बाई से ऊँचाई (चौड़ाई) का अनुपात 3 : 2 होगा।

कूट

(a) कथन I और कथन II दोनों सही हैं तथा कथन II, कथन I की सही व्याख्या है
(b) कथन I और कथन II दोनों सही हैं, परंतु कथन II , कथन I की सही व्याख्या नहीं है
(c) कथन I सही है, किन्तु कथन II गलत है
(d) कथन I गलत है, किन्तु कथन II सही है

उत्तर *(d)*

व्याख्या कथन I गलत है, किंतु कथन II सही है।

भारतीय ध्वज संहिता 26 जनवरी, 2002 को प्रभावी हुई। भारतीय ध्वज संहिता के खण्ड 2.1 के अनुसार, आम जनता, निजी संगठनों, शिक्षण संस्थानों आदि को राष्ट्रीय ध्वज को फहराने की स्वतन्त्रता दी गई।

राष्ट्रीय ध्वज हाथ से बने, सूती/पॉलिएस्टर/ऊन/रेशम आदि से बने हो सकते हैं। संहिता के अंतर्गत राष्ट्रीय ध्वज का मानक आकार निम्न प्रकार निर्धारित है

ध्वज का आकार	मानक (मिमी)
01	6300 × 4200
02	3600 × 2400
03	2700 × 1800
04	1800 × 1200
05	1350 × 900
06	900 × 600
07	450 × 300
08	225 × 150
09	150 × 100

इस प्रकार राष्ट्रीय ध्वज का एक मानक आमाप 600 मिमी × 400 मिमी नहीं है, किन्तु इसकी लम्बाई एवं चौड़ाई का अनुपात 3 : 2 होगा।

30 भारतीय ध्वज संहिता-2002 के संदर्भ में निम्न कथनों पर विचार कीजिए *(Chap 13, Class-VII, Old NCERT)*

1. क्षतिग्रस्त तथा अस्त-व्यस्त झंडा प्रदर्शित नहीं किया जाना चाहिए।
2. राष्ट्रध्वज को किसी अन्य झंडे अथवा झंडों के साथ एक ही 'ध्वज-दंड' में नहीं फहराया जा सकता है।
3. राष्ट्रध्वज को फहराते समय किसी वक्ता का मुँह झंडे के दाहिनी ओर होना चाहिए।

उपर्युक्त में से कौन-सा/से कथन सही है/हैं?

(a) केवल 1
(b) 1 और 2
(c) 1, 2 और 3
(d) 2 और 3

उत्तर *(c)*

व्याख्या भारतीय ध्वज संहिता-2002 के संदर्भ में सभी कथन सही हैं। इस संहिता में 'राष्ट्रध्वज' फहराने के संदर्भ में विशिष्ट विवरण दिया गया है। इस संहिता के अनुसार किसी प्रकार से विरुपित ध्वज को फहराया नहीं जा सकता। भारत के राष्ट्र ध्वज को किसी अन्य ध्वज के साथ एक ही ध्वज दंड के साथ नहीं फहराया जा सकता है। संहिता के अनुसार राष्ट्रध्वज फहराने वाले वक्ता के मुँह से झंडा हमेशा दाहिनी ओर होना चाहिए।

NCERT MCQ

प्रैक्टिस सेट्स (1-3)

भारतीय राजव्यवस्था एवं प्रशासन